Dem Freund
und "Mit-Strategen"
Holger H. Mey!

T2. [illegible], 10.6.88

# Forschungsbericht 64

Herausgegeben im Auftrag der
Konrad-Adenauer-Stiftung

von Hans-Joachim Veen
und Peter R. Weilemann
Forschungsinstitut

Thomas Enders

# Die SPD und die äußere Sicherheit

## Zum Wandel der sicherheitspolitischen Konzeption der Partei in der Zeit der Regierungsverantwortung (1966–1982)

Verlag Ernst Knoth · Melle

CIP-Kurztitelaufnahme der Deutschen Bibliothek

**Enders, Thomas:**
Die SPD und die äussere Sicherheit : zum Wandel d. sicherheitspolit. Konzeption d. Partei in d. Zeit d. Regierungsverantwortung (1966 – 1982) / Thomas Enders. [In Zs.-Arb. mit d. Konrad-Adenauer-Stiftung e.V., St. Augustin]. – Melle : Knoth, 1987
(Forschungsbericht / Konrad-Adenauer-Stiftung ; 64)
ISBN 3–88368–146–6
NE: Konrad-Adenauer-Stiftung: Forschungsbericht

Verlag Ernst Knoth GmbH, Melle
in Zusammenarbeit mit der Konrad-Adenauer-Stiftung e.V., St. Augustin
Dezember 1987

ISBN 3–88368–146–6

Forschungsbericht
Konrad-Adenauer-Stiftung e.V.
Herstellung: Ernst Knoth GmbH, Melle

# Inhaltsverzeichnis

# Vorbemerkungen

Im Juli 1987 wurde diese Arbeit von der Philosophischen Fakultät der Universität Bonn als politikwissenschaftliche Dissertation angenommen.
Die Idee zu einer Untersuchung der SPD-Sicherheitspolitik war das Produkt meiner Magisterarbeit von 1983, in der ich mich u.a. mit der Entwicklung der sicherheitspolitischen Vorstellungen Helmut Schmidts auseinandergesetzt hatte. Konkrete Formen erhielt diese Idee dann in Gesprächen mit Herrn Professor Dr. Wolfgang Pfeiler, meinem Doktorvater.
Herrn Professor Pfeiler möchte ich an dieser Stelle auch besonders danken. Seine interessierte Betreuung, seine Anregungen und seine Kritik haben zum Gelingen dieser Untersuchung entscheidend beigetragen. Danken möchte ich ferner Herrn Professor Dr. Drs. h.c. Karl Dietrich Bracher, der sich als Zweitgutachter zur Verfügung gestellt hat.
Ohne die Gesprächs- und Informationsbereitschaft vieler Sozialdemokraten hätte diese Arbeit in der vorliegenden Form nicht geschrieben werden können. Hervorheben möchte ich hier Herrn Michael Forster und Herrn Peter Männing, die meinem Vorhaben besonders großes Interesse entgegenbrachten und die mir nicht nur mit wertvollen Informationen behilflich waren, sondern auch bei der Vermittlung von weiteren wichtigen Gesprächspartnern.
Mein Dank gilt außerdem den Archiven und Bibliotheken der Friedrich-Ebert-Stiftung, des Erich-Ollenhauer-Hauses, des Deutschen Bundestages und der Deutschen Gesellschaft für Auswärtige Politik, die mir großzügige Unterstützung gewährten.

Sankt Augustin, im Dezember 1987 — Thomas Enders

# Einleitung

## 1. Untersuchungsgegenstand

Die Bilder von der Einsamkeit Helmut Schmidts und einiger weniger Getreuer auf dem SPD-Sonderparteitag im November 1983 anläßlich der endgültigen Entscheidung der Partei über die NATO-Nachrüstung erlangten Symbolwert für den Wandel der sozialdemokratischen Sicherheitspolitik[1] Anfang der 80er Jahre.

Vierzehn Monate nach dem Verlust der Regierungsfähigkeit zog die Sozialdemokratische Partei einen Schlußstrich unter die sicherheitspolitische Konzeption, der sie sich während der Regierungsjahre 1966–1982 offiziell verschrieben hatte und an deren Entwicklung und innerparteilichen Durchsetzung Helmut Schmidt maßgeblich beteiligt gewesen war.

Dieser Umbruch hatte sich zuvor schon angekündigt durch das seit Anfang der 80er Jahre zunehmende Engagement von SPD-Mitgliedern in der antinuklearen Friedensbewegung und die Suche nach neuen Militärstrategien durch die Sicherheitsexperten der Partei.

Damit hat die sozialdemokratische Sicherheitspolitik zweimal in gut zwei Jahrzehnten einen deutlichen Kurswechsel vollzogen: 1959/60 eine Anpassung an die Sicherheitspolitik der CDU-geführten Bundesregierung und 1982/83 den Ausstieg aus der – im Grunde genommen in bruchloser Kontinuität zur Politik Adenauers stehenden – nuklear akzentuierten Gleichgewichtsstrategie Helmut Schmidts. Während wissenschaftliche Untersuchungen zur Sicherheitspolitik der SPD noch vor zehn Jahren wie selbstverständlich von der Prämisse ausgingen, bei der sicherheitspolitischen Fundamentalopposition der Sozialdemokratie in den 50er Jahren habe es sich um eine Art Ausnahmephase gehandelt – bedingt nicht zuletzt durch die Wiedervereinigungspolitik der SPD[2] – und die berühmte Bundestagsrede Herbert Wehners vom 30. Juni 1960 habe die SPD-Sicherheitspolitik in ihren Normalzustand überführt, so verbietet sich eine solche Grundannahme nach dem neuerlichen Kurswechsel selbstredend. Heute drängt sich vielmehr die Frage auf, ob nicht die Zeit der 60er und 70er Jahre, in der die beiden großen deutschen Parteien in den Grundlinien der Sicherheitspolitik übereinstimmten, eine Aus-

[1] *Sicherheitspolitik* wird hier pragmatisch verstanden als die Gesamtheit der militärischen und nichtmilitärischen Maßnahmen eines Staates oder einer Staatengruppe zur Gewährleistung der *äußeren* Sicherheit und „Freiheit der Eigenentwicklung" (Richard Löwenthal). Verteidigungsanstrengungen einerseits sowie Entspannungsbemühungen (Rüstungskontroll- und Abrüstungspolitik u. a.) sind die Hauptkomponenten gegenwärtiger westlicher Sicherheitspolitik. (Diese allgemeine Definition stimmt mit dem sozialdemokratischen Verständnis im Untersuchungszeitraum überein.) *Sicherheitspolitische Konzeption* meint die Grundvorstellungen z. B. einer Regierung oder Partei über die Einordnung von Sicherheitspolitik im Rahmen der Außenpolitik, die Wahl und Gewichtung der zur Verfügung stehenden Instrumente sowie die Strukturierung des militärischen Dispositivs. Aussagen über sicherheitspolitische Konzeptionen finden sich u. a. in Regierungserklärungen, Parteiprogrammen und -entschließungen.

[2] S. Wilker, Lothar, Die Sicherheitspolitik der SPD 1956–1966. Zwischen Wiedervereinigungs- und Bündnisorientierung, Bonn 1977.

nahmephase gewesen ist. Beschränkt man den Blick nicht auf die letzten vierzig Jahre, sondern bezieht die gesamte Parteigeschichte der SPD ein, so erhält eine solche Fragestellung erst recht ihre Relevanz.
So, wie vor allem der Kurswechsel von 1959/60 die SPD-Sicherheitspolitik in den 70er Jahren zu einem interessanten politikwissenschaftlichen Untersuchungsgegenstand machte, so erhielt auch diese Untersuchung ihren Anstoß durch den Anfang der 80er Jahre allgemein perzipierten Umbruch in der Sozialdemokratie.
Die SPD mußte sich 1982 aus der Regierungsverantwortung zurückziehen. Der Anlaß hierfür war zwar nicht sicherheitspolitischer Natur, aber die Regierungsfähigkeit der SPD war zu diesem Zeitpunkt durch die sicherheitspolitische Zerrissenheit der Partei bereits stark ausgehöhlt.
Die einstigen Rebellen gegen die Gleichgewichtspolitik Kanzler Helmut Schmidts bestimmen heute den sicherheitspolitischen Kurs der Sozialdemokratie. Ihre gegenwärtige, auf dem Parteitag in Nürnberg 1986 beschlossene Sicherheitskonzeption[3] basiert sehr deutlich auf einer – um es mit Hans J. Morgenthau zu sagen – „legalistisch-moralistischen" Einstellung zur internationalen Politik.[4]
Der Tag einer erneuten Regierungsübernahme seitens der SPD ist noch nicht in Sicht, aber er wird – und muß – in einem demokratischen Gemeinwesen wie der Bundesrepublik Deutschland früher oder später kommen. Von daher und weil Fragen der äußeren Sicherheit für einen Staat in einer so prekären geostrategischen Lage wie die Bundesrepublik Kernfragen des staatlichen Überlebens sind, will sich diese Arbeit nicht darauf beschränken, die Entwicklungen und Veränderungen der SPD-Sicherheitspolitik zwischen 1966 und 1982 darzustellen.
Politikwissenschaftlich geboten erscheint vielmehr, tiefergehende Fragen zu stellen, die nicht nur zur Erklärung dessen, was gewesen ist, beitragen, sondern Erkenntnisse mit Aussagewert für Gegenwart und Zukunft zutage fördern.

## 2. Fragestellung und -abgrenzung

Im Mittelpunkt unseres Interesses steht deshalb die Frage nach den Bedingungsfaktoren, den tieferen *Ursachen* für die eingetretenen Wandlungen in der sozialdemokratischen Sicherheitspolitik.
Wenn wir nach den tieferen Ursachen der Wandlungen fragen, so ist damit gleichzeitig die These verbunden, daß z. B. die Neutronenwaffendiskussion 1977/78 oder aber die NATO-Nachrüstung nicht die Ursachen, sondern lediglich Anlässe für sicherheitspolitische Positionsveränderungen der SPD gewesen sind.
Man könnte auch sagen: Neutronenwaffenfrage und Nachrüstungsproblematik hatten eine gewissermaßen katalysatorische Wirkung für innerparteiliche Diskussionen über eine andere, von der Linie Helmut Schmidts abweichende Sicherheitspolitik. Daher

[3] S. den Beschluß „Friedens- und Sicherheitspolitik" des Parteitags, in: Vorstand der SPD (Hrsg.), Protokoll vom Parteitag der SPD in Nürnberg, 25.–29. 8. 1986, Bonn/Nürnberg 1986, S. 861–871.

[4] Morgenthau, Hans J., Macht und Frieden. Grundlegung einer Theorie der internationalen Politik, Gütersloh 1963, S. 57.

sollen nicht die spektakulären SPD-Debatten über nicht minder spektakuläre Rüstungsprojekte im Vordergrund der Betrachtung stehen – zumal diese Debatten (Neutronenwaffendiskussion; Nachrüstungsdiskussion) bereits in einigen wissenschaftlichen Arbeiten recht ausführlich behandelt worden sind –, sondern wichtige, längerfristig wirksame Bedingungsfaktoren sozialdemokratischer Sicherheitspolitik in der Zeit der Regierungsverantwortung und teilweise auch darüber hinaus.

Es gehört zum Wesen der Politik, daß diese sich zum Zeitpunkt ihrer Formulierung oder Implementierung nie allein aus den momentan wirksamen Bedingungen heraus erklären läßt. Politik ist immer auch das Ergebnis von Vorgängen, Entscheidungen und Weichenstellungen in einer mehr oder weniger weit zurückliegenden Vergangenheit. Dies trifft für Regierungen wie auch Parteien zu.

Deshalb kann sich auch diese Arbeit dort, wo es um längerfristig wirksame Faktoren geht, nicht auf Entwicklungen im eigentlichen Untersuchungszeitraum beschränken, sondern muß zum Teil weit zurückgehen in die Geschichte der SPD; einer Partei mit – zumindest für deutsche Verhältnisse – tiefen historischen Wurzeln.

Hier wird nicht der Anspruch erhoben, wirklich *alle* relevanten Faktoren zur Sprache zu bringen. Nur diejenigen, die der Verfasser nach eingehender Recherche für besonders wesentlich und prägend erachtet, sollen dargestellt und untersucht werden. Im einzelnen handelt es sich um (1) die langfristigen Zielvorstellungen der SPD-Außen- und Sicherheitspolitik, (2) Entscheidungsstrukturen in Partei und Fraktion und (3) die sicherheitspolitischen Vorstellungen der Jungsozialisten, insbesondere nach 1969.[5]

Hier handelt es sich zugegebenermaßen um eine subjektive Auswahl, aber doch nicht um blinden Subjektivismus, wie die Behandlung der drei ausgewählten Hauptfaktoren im zweiten Teil dieser Arbeit zeigen wird.

Subjektiv ist freilich auch, daß diese Arbeit sich auf die Untersuchung parteiinterner Faktoren konzentriert und externe Faktoren, also etwa weltpolitische Entwicklungen, nur am Rande bzw. in engem Kontext mit Reaktionen und Entscheidungen in der Sozialdemokratie behandelt. Eine andere Vorgehensweise hätte den Rahmen dieser Arbeit unweigerlich gesprengt. Damit wird selbstverständlich nicht geleugnet, daß im Zeitalter weltweiter Verflechtungen und Kommunikation parteiinterne Entwicklungen, wie hier im Falle der SPD, auch stark von äußeren Ereignissen beeinflußt werden. Das beste Beispiel ist hier der Vietnam-Krieg und dessen Auswirkung auf das Amerika-Bild der jungen SPD-Generation Ende der 60er/Anfang der 70er Jahre.

Diese Arbeit behandelt auch nicht die Regierungspolitik, d. h. das sicherheitspolitische Wirken sozialdemokratischer Kanzler und Verteidigungsminister in den Jahren 1966–1982. Untersuchungsgegenstand ist allein die Sozialdemokratische Partei Deutschlands. Regierungspolitik oder die Politik anderer Parteien wird allenfalls dort berücksichtigt, wo dies für das Verständnis der SPD-Sicherheitspolitik wesentlich ist.

Im ersten Teil dieser Untersuchung geht es allerdings nicht um Bedingungsfaktoren, sondern um die Darstellung und Analyse der SPD-Sicherheitspolitik während der großen Regierungskoalition in den Jahren 1966–1969.

[5] Jeder der drei genannten Untersuchungsbereiche wird umfassend und in seiner historischen Entwicklung behandelt, da nur so tiefgreifende Veränderungen, aber auch Kontinuitäten sichtbar gemacht werden können.

In diesen Jahren hat es in der Bundesrepublik Deutschland keine großen sicherheitspolitischen Debatten gegeben, die vergleichbar wären mit den Debatten der 50er und frühen 80er Jahre. Aber Debatten hat es durchaus gegeben, jedenfalls bis zum Herbst 1968, als Sowjettruppen in die ČSSR einmarschierten.
Die Diskussion in der SPD stand damals unter zwei Vorzeichen: Finanzkrise und anhebende Ost-West-Entspannung. Im Mittelpunkt stand die Frage, ob es für die Bundesrepublik eine billigere und entspannungsförderndere Wehrkonzeption geben könne als die gegenwärtige. Gefragt wurde auch, ob nicht die sicherheitspolitischen Vorstellungen der SPD aus den 50er Jahren, die 1960 ad acta gelegt worden waren, jetzt, unter ungleich günstigeren außenpolitischen Bedingungen, realisierbar wären.
Diese Überlegungen, die bis hin zu Konzeptionen einiger Sicherheitsexperten gediehen, wurden vor allem von der Fraktionsführung aus koalitionspolitischen und sicherheitspolitischen Gründen gestoppt. Aber die Diskussion über eine neue Wehrkonzeption 1967/68 enthielt bereits eine Reihe von Elementen, die erst zehn bis fünfzehn Jahre später zum Tragen kamen. Deshalb ist die sicherheitspolitische Diskussion in jenen Jahren eine Art Vorspiel auf die sich in den 70er Jahren anbahnenden und in den 80er Jahren vollziehenden Wandlungen in der sicherheitspolitischen Konzeption der Partei. Der spätere Grundkonflikt zeichnet sich bereits deutlich ab: Ist eine Politik des militärischen Gleichgewichts Voraussetzung oder Hindernis des Entspannungsprozesses zwischen Ost und West?
Der erste Teil dieser Arbeit erfüllt die Funktion eines Prologs für die nachfolgende Ursachenanalyse.
Die Betrachtung der SPD-Sicherheitspolitik zur Zeit der Großen Koalition ist aber auch ein Stück Zeit- und Parteiengeschichtsschreibung. Hier klaffte bisher noch eine Forschungslücke.

## 3. Forschungsstand

Ausführliche wissenschaftliche Arbeiten zur SPD-Sicherheitspolitik liegen für den Zeitraum 1949–1977 vor. Udo F. Löwke veröffentlichte 1969 eine Untersuchung über die Haltung der SPD zur Wehrfrage zwischen 1949 und 1955.[6] An Löwke zeitlich anschließend analysierte Lothar Wilker in den 70er Jahren die Sicherheitspolitik der deutschen Sozialdemokraten im Zeitraum 1956–1966.[7] Speziell zur Frage der Determinanten des Wandels der sozialdemokratischen Sicherheitspolitik 1959/61 hat Joachim Hütter 1975 eine ausführliche Untersuchung vorgelegt.[8] Ebenfalls 1975 erschien Peter

[6] Löwke, Udo F., Für den Fall, daß ... Die Haltung der SPD zur Wehrfrage 1954–1955, Hannover 1969.
[7] Wilker, Die Sicherheitspolitik der SPD 1956–1966, a.a.O.
[8] Hütter, Joachim, SPD und nationale Sicherheit. Internationale und innenpolitische Determinanten des Wandels der sozialdemokratischen Sicherheitspolitik 1959–1961, Meisenheim a. Glan 1975. – Peter Siebenmorgen hat an der Universität Bonn Ende 1987 eine Dissertation mit dem Titel „Entspannungspolitisches Denken in der Ära Adenauer" eingereicht, in der u. a. die Motive für die außen- und sicherheitspolitische Neuorientierung der SPD in den Jahren 1959/60 auf der Basis reichhaltigen Quellenmaterials neu untersucht werden.

Arends Studie über die innerparteiliche Entwicklung der SPD 1966–1975.[9] Sicherheitspolitik war nur Randthema dieser Untersuchung und wurde ausschließlich auf der Basis der Parteitagsdiskussion jener Jahre behandelt.
Mit zehn Jahren Abstand auf Wilker hat Anfang 1987 Robert Hofmann eine Dissertation über die SPD-Sicherheitspolitik der Jahre 1966–1977 veröffentlicht.[10] Den gewählten Untersuchungszeitraum wertet Hofmann „als in sich geschlossene Periode der ‚Normalität' sicherheitspolitischer Diskussion und Meinungsbildung innerhalb der SPD"[11] vor dem Beginn des Wandels der sozialdemokratischen Sicherheitspolitik Ende der 70er Jahre. Er kommt zu dem Schluß:

„Die Sicherheitspolitik der SPD zu Zeiten der Großen Koalition und der sozialliberalen Koalition bis 1977 war geprägt von klaren, irreversiblen Grundsatzpositionen, wie der NATO-Orientierung, der wirtschaftlichen und politischen Integration in die westlich-kapitalistische Grundordnung und der Priorität der Militärpolitik. Dabei versuchte die Partei auch in Einzelfragen jeweils den größtmöglichen Konsens im Bündnis wie auch innenpolitisch zu erreichen, um eine breite legitimatorische Basis für ihre Politik und damit ihre Regierungsfähigkeit zu erhalten."[12]

Hofmann hat sich allerdings sehr stark auf die Betrachtung von Bundeswehrfragen und der Politik der sozialdemokratischen Verteidigungsminister Schmidt und Leber konzentriert. Er tendiert daher dazu, signifikante innerparteiliche Diskussionen zu vernachlässigen bzw. in ihrer längerfristigen Bedeutung für den Kurs der Partei zu unterschätzen. Dies ist nicht zuletzt ein Resultat seiner „Normalitäts"-Prämisse, die dem Prozeßcharakter der sozialdemokratischen Sicherheitspolitik auch in den Jahren 1966–1977 nicht gerecht wird.
Ungenügende Beachtung findet bei Hofmann insbesondere die SPD-Diskussion über neue Sicherheitskonzeptionen während der Zeit der Großen Koalition in Bonn, die in der vorliegenden Arbeit Gegenstand ausführlicher Betrachtung und Analyse ist.
Eine weitere Dissertation über die SPD-Sicherheitspolitik, die an Hofmann zeitlich anschließt, wird z. Z. von Martin Mendler an der Universität Tübingen vorbereitet (Arbeitstitel: SPD und Nachrüstung. Bestimmungsfaktoren des Wandels der sozialdemokratischen Sicherheitspolitik 1977–1983).
Damit dürften in Kürze drei umfangreiche wissenschaftliche Untersuchungen zur Sicherheitspolitik der deutschen Sozialdemokratie in der Zeit der Regierungsverantwortung existieren, die vorliegende Arbeit eingeschlossen. Die unterschiedlichen Erkenntnisinteressen und Untersuchungsansätze dürften in einer Vielzahl von komplementären, aber auch kontroversen Untersuchungsergebnissen resultieren.
In den letzten Jahren sind auch eine Reihe von Untersuchungen zu den heftigen Debatten in der NATO-Allianz und in der Bundesrepublik Deutschland von Ende der 70er bis Anfang der 80er Jahre über bestimmte nukleare Rüstungsprojekte, Fragen der Militärstrategie und die Rüstungskontrollverhandlungen erschienen. In diesen Arbeiten werden Aspekte sozialdemokratischer Sicherheitspolitik mitbehandelt; überwiegend

[9] Arend, Peter, Die innerparteiliche Entwicklung der SPD 1966–1975, Bonn 1975.
[10] Hofmann, Robert, Die Sicherheitspolitik der SPD 1966–1977, Puchheim 1987.
[11] Ebenda, S. 23.
[12] Ebenda, S. 388f.

allerdings nur am Rande. Hier sind insbesondere zu nennen: Volker Matthées Untersuchung zur Neutronenwaffendebatte 1977/78,[13] Hubertus Hoffmanns umfang- und informationsreiches Werk zum Gesamtkomplex der Modernisierung taktischer Kernwaffen im Verhältnis zwischen Bonn und Washington[14] und die von Thomas Risse-Kappen 1986 vorgelegte Dissertation zur sicherheitspolitischen Diskussion deutscher Parteien und anderer gesellschaftlicher Gruppen in den Jahren 1977–1984.[15]
Den großen außenpolitischen Rahmen, innerhalb dessen sich die sicherheitspolitischen Kontroversen in der Bundesrepublik Deutschland bis zum Ende der Regierung Schmidt abspielten, hat Helga Haftendorn trefflich gezeichnet.[16]
Natürlich gibt es eine Reihe von Aufsätzen und Artikeln zur jüngeren SPD-Sicherheitspolitik in wissenschaftlichen und parteigebundenen Publikationen. Wo auf diese Veröffentlichungen Bezug genommen wurde, ist dies aus den Anmerkungen ersichtlich. Aus Platzgründen können sie an dieser Stelle keine Berücksichtigung finden. Dies gilt auch für nicht veröffentlichte Examensarbeiten (Magister- und Diplomarbeiten).
Der bisherige Forschungsstand ist nicht nur für die SPD-Sicherheitspolitik in der Zeit der Großen Koalition unbefriedigend. Auch im zweiten Teil dieser Arbeit wird überwiegend wissenschaftliches Neuland betreten, insbesondere bei der Untersuchung der sicherheitspolitisch relevanten Entscheidungsstrukturen der SPD und der jungsozialistischen Sicherheitspolitik als wichtigen Ursachen des eingetretenen Wandels.
Zwar haben sowohl Wilker[17] als auch Hütter[18] einige Aussagen zu den sicherheitspolitischen Entscheidungsstrukturen und -prozessen in der SPD gemacht. Aber diese beziehen sich nur auf den jeweiligen Untersuchungszeitraum und sind zudem relativ spärlich und allgemein gehalten. Dies gilt auch für die Arbeit Hofmanns.[19] Harry Nowkas zeitlich sehr weit gespannte Untersuchung zum Machtverhältnis zwischen Parteiorganisation und Parlamentsfraktion in der SPD[20] ist zwar historisch sehr interessant, im Hinblick auf sicherheitspolitische Entscheidungsprozesse in den 50er und 60er Jahren jedoch wenig ergiebig. Sie kann zudem nur den Zeitraum bis Ende der 60er Jahre abdecken.
Die jungsozialistische Sicherheitspolitik hat bislang erstaunlicherweise als wissenschaftlicher Untersuchungsgegenstand überhaupt kein Interesse gefunden, obwohl gerade sie – im Kontext mit personellen Veränderungen auf den mittleren und oberen Füh-

[13] Matthée, Volker, Die Neutronenwaffe zwischen Bündnis- und Innenpolitik. Eine Studie über die Verknüpfung nationaler und allianzinterner Willensbildungsprozesse, Herford/Bonn 1985.
[14] Hoffmann, Hubertus, Die Atompartner Bonn–Washington und die Modernisierung der taktischen Kernwaffen, Koblenz 1986. Siehe auch Boutwell, Jeffrey, External and Domestic Determinants of West German Security Policy: Adenauer, Schmidt and Nuclear Weapons, Diss., Cambridge (MIT) 1984.
[15] Risse-Kappen, Thomas, Gesellschaftlicher Konsens und internationale Kompatibilität. Anforderungen und Entscheidungen zur westdeutschen Sicherheitspolitik 1977–1984, Diss., Frankfurt 1986.
[16] Haftendorn, Helga, Sicherheit und Entspannung. Zur Außenpolitik der Bundesrepublik Deutschland 1955–1982, Baden-Baden 1983.
[17] S. Wilker, Die Sicherheitspolitik der SPD 1956–1966, a.a.O., S. 12ff.
[18] S. Hütter, SPD und nationale Sicherheit, a.a.O., S. 20f.
[19] S. Hofmann, Die Sicherheitspolitik der SPD 1966–1977, a.a.O., S. 13ff.
[20] S. Nowka, Harry, Das Machtverhältnis zwischen Partei und Fraktion in der SPD. Eine historisch-empirische Untersuchung, Berlin/Bonn/München 1973.

rungsebenen der SPD – ein wichtiger Erklärungsfaktor für den Wandel der SPD-Sicherheitskonzeption Anfang der 80er Jahre zu sein scheint.

## 4. Quellenlage und Methode

Eine Untersuchung, die Ereignisse und Entscheidungen der unmittelbaren, zum Teil erst wenige Jahre zurückliegenden Vergangenheit umfaßt, wird selten in den Genuß voller Akteneinsicht kommen können. Es sei denn, der oder die Einsicht Gewährenden vermögen ein Einspruchsrecht gegen die Veröffentlichung der so gewonnenen Erkenntnisse auszuüben – was mit wissenschaftlicher Unabhängigkeit schwer zu vereinbaren ist. Vielleicht aber bietet auch die politische Affinität des um Akteneinsicht Nachsuchenden Gewähr für Untersuchungsergebnisse, die jedenfalls nicht als regierungs- oder „parteischädigend" empfunden werden können.
Diese Probleme sind Politikwissenschaftlern zur Genüge bekannt. Gleichwohl wird jeder Wissenschaftler bemüht sein, möglichst umfassende Einsicht in Protokolle, Nachlässe etc. zu erlangen. In der Regel wird solche Einsicht dann am ehesten gestattet, wenn es (1) um Vorgänge geht, die relativ weit zurückliegen, (2) die Akteure jener Jahre nicht mehr politisch aktiv sind, (3) die betreffenden Akten keine geheimhaltungsbedürftigen Informationen enthalten und (4) wenn es um Unterlagen von relativ unwichtigen, d. h. nachrangigen Entscheidungs- bzw. Beratungsgremien geht. (Faustregel: Je größer die Gremien, desto leichter der Zugang zu Akten über die Arbeit dieser Gremien.)
Für die vorliegende Arbeit waren vor allem folgende nicht veröffentlichte Quellen von Interesse: die Sitzungsprotokolle der SPD-Bundestagsfraktion sowie Protokolle und Unterlagen der sicherheitspolitischen Kommission beim SPD-Parteivorstand und der Arbeitsgruppe (bis 1973: Arbeitskreis) Sicherheitsfragen der Fraktion.
Einsicht in die Sitzungsprotokolle der Fraktion für den Zeitraum 1966–1980, die sich im Archiv der sozialen Demokratie (Friedrich-Ebert-Stiftung) befinden, konnte auf einen entsprechenden Antrag hin erreicht werden. Die Lektüre dieser Protokolle war jedoch – von Ausnahmen abgesehen – wenig hilfreich. Sie ergab im wesentlichen nur, daß es in der SPD-Bundestagsfraktion bis Ende der 70er Jahre sehr selten sicherheitspolitische Aussprachen gegeben hat, die diese Bezeichnung wirklich verdienen. In der Regel ging es in den Vollversammlungen der Abgeordneten um die Vorbereitung von Plenarsitzungen, Anfragen an die Regierung und politische Berichte sozialdemokratischer Regierungsmitglieder (z. B. Bundeskanzler oder Verteidigungsminister).
Soweit die Protokolle klare Stellungnahmen einzelner SPD-Politiker hergaben, waren diese zumeist schon aus Veröffentlichungen bzw. öffentlichen Erklärungen der Betreffenden bekannt.[21]
Unterlagen der sicherheitspolitischen Kommission beim SPD-Parteivorstand und der

[21] Ähnliche Erfahrungen machte Arnulf Baring: Vgl. Baring, Arnulf, Machtwechsel. Die Ära Brandt-Scheel, München 1984, S. 16.

Arbeitsgruppe Sicherheitsfragen der Fraktion blieben dem Verfasser leider verschlossen.[22] Robert Hofmann erging es hier nicht anders.[23]

Um dennoch nähere Informationen über die beiden wichtigen Gremien zu erhalten, wurde zum einen der leicht zugängliche Nachlaß Fritz Erlers im Archiv der sozialen Demokratie ausgewertet und zum anderen eine Reihe von Informationsgesprächen geführt, wie sich überhaupt Gespräche mit Politikern und Referenten als sehr wichtige Quellen für diese Arbeit erwiesen haben.[24] Hier gilt die Feststellung Barings: „Die Auskünfte derer, die als politisch Handelnde – oder besser noch: als deren gut plazierte Beobachter – an den Ereignissen beteiligt waren, sind ganz unentbehrlich, durch nichts zu ersetzen."[25]

Gespräche mit politischen Zeitzeugen sollten nicht als Notlösung im Falle fehlender Akteneinsicht verstanden werden. Sie haben ihren eigenen hohen Informationswert, da viele, Politikwissenschaftler wie Historiker gleichermaßen interessierende Details nie schriftlich festgehalten oder aber nicht dauerhaft in schriftlicher Form aufbewahrt werden. Schriftliche Korrespondenz hat in unserem Jahrhundert infolge fernmündlicher Kommunikationsmöglichkeiten zudem stark abgenommen.

Natürlich ist der Quellenwert von Informationsgesprächen immer problematisch aufgrund der zwangsläufigen subjektiven Einfärbung der so gewonnenen Informationen.[26] Aber das Problem der Subjektivität stellt sich bei schriftlichen Quellen wie etwa Sitzungsprotokollen und Politiker-Nachlässen nicht minder.

Soweit zu den nicht veröffentlichten Quellen dieser Arbeit. Überwiegend konnten jedoch veröffentlichte bzw. öffentlich zugängliche Quellen verwandt werden. Hofmann ist zuzustimmen, wenn er feststellt, daß sich die Quellenlage für die SPD-Sicherheitspolitik seit Anfang der 70er Jahre wesentlich günstiger darstellt als für die Jahre davor.[27]

Eine besonders wichtige veröffentlichte Quelle waren die Protokolle und Beschlüsse der SPD-Bundesparteitage, die in der Regel alle zwei Jahre stattfinden. Antragsbücher und Initiativanträge zu diesen Parteitagen konnten im Archiv der sozialen Demokratie eingesehen werden.

Weitere wichtige Quellen,[28] die vorwiegend über das o. a. Archiv der Friedrich-Ebert-Stiftung, das Archiv des Erich-Ollenhauer-Hauses (SPD-Parteizentrale), die Dokumen-

[22] Der Sekretär der sicherheitspolitischen Kommission beim SPD-Parteivorstand erklärte mir 1985, die Unterlagen der Kommission für die ersten beiden Jahrzehnte (bis 1976) seien leider verschwunden. Für Akten jüngeren Datums könne keine Einsicht gewährt werden.
Ebenfalls 1985 wurde Einsicht in die Akten der Arbeitsgruppe Sicherheitsfragen seitens der SPD-Bundestagsfraktion abgelehnt. Zur Begründung hieß es, diese seien geheimhaltungsbedürftig, weil sie vertrauliche Informationen des Bundesverteidigungsministeriums enthielten.

[23] Vgl. Hofmann, Die SPD-Sicherheitspolitik 1966–1977, a.a.O., S. 20.

[24] Die Liste der Gesprächspartner befindet sich im Quellen- und Literaturverzeichnis dieser Arbeit.

[25] Baring, Machtwechsel, a.a.O., S. 16.

[26] Eine Einhegung der Subjektivität wurde dadurch versucht, daß der Verf. nach Möglichkeit zu jedem untersuchungsrelevanten Thema mehrere Gespräche geführt und zusätzlich zur Überprüfung der Ergebnisse schriftliche Quellen (z. B. Zeitungsberichte) herangezogen hat.

[27] Vgl. Hofmann, Die Sicherheitspolitik der SPD 1966–1977, a.a.O., S. 20.

[28] Eine vollständige Aufstellung der benutzten Quellen befindet sich im Quellen- und Literaturverzeichnis dieser Arbeit.

tationsstelle und die Bibliothek des Deutschen Bundestages sowie die Deutsche Gesellschaft für Auswärtige Politik (DGAP) in Bonn zugänglich waren:

- Mitteilungen der SPD-Bundestagsfraktion und des SPD-Parteivorstandes;
- Pressedienste der SPD;
- Veröffentlichungen von SPD-Politikern und -Referenten zu Fragen der Sicherheitspolitik;
- das SPD-Periodikum „Neue Gesellschaft“ sowie die Partei-Wochenzeitung „Vorwärts“;
- Verhandlungen des Deutschen Bundestages und Bundestagsdrucksachen.

Von besonderem Wert war freilich auch die systematisch-komparative Auswertung von Zeitungen und Zeitschriften im Untersuchungszeitraum. Auch hierfür standen die o. a. Archive zur Verfügung.[29]

Die gegebene Fragestellung ließ eine quantitative Aussagenanalyse der zur Verfügung stehenden Quellen als wenig fruchtbar erscheinen. Infolgedessen wurden *qualitative* Inhaltsanalysen, eine „historische Interpretationstechnik“[30], durchgeführt.

Für die Befragung von Zeitzeugen wurde das Informationsgespräch als Befragungsmethode gewählt. Zum methodischen Vorzug des Informationsgespräches haben von Alemann und Forndran festgestellt: „Da die Gesprächsteilnehmer alle Freiheit der intensiven Erörterung der interessierenden Punkte besitzen, kann der Informationsgehalt sehr viel höher sein als bei vorgegebenen Frage- und Antwortschablonen.“[31]

Die Unterredungen wurden vermittels eines Gesprächsleitfadens oder Fragenkatalogs vorbereitet, der im Gespräch flexibel zur Anwendung gebracht werden konnte. In der Regel konnten die Gespräche auf Tonband aufgezeichnet werden, in einigen Fällen wurden Gedächtnisprotokolle aufgrund von Gesprächsnotizen angefertigt. Dem Wunsch von Gesprächspartnern, mit bestimmten Aussagen nicht in Verbindung gebracht zu werden, wurde Rechnung getragen.[32]

Insgesamt läßt sich die methodische Vorgehensweise bei dieser Untersuchung als *historisch-genetisch* und komparativ bezeichnen. Diese Vorgehensweise ist die sowohl dem Gegenstand – einer Partei mit tiefen historischen Wurzeln – als auch der Fragestellung angemessene Methode.

## 5. Zum eigenen Standort: Normative Prämissen und politische Theorie

Politikwissenschaft wie Zeitgeschichte sind von politischer Wertung nie vollkommen frei. Sie sollten dies auch nicht sein, wenn sie politische Diskussion bewirken wollen. Der Schimäre der vollendeten Objektivität oder objektiven Wahrheit jagt heute eigent-

[29] Die benutzten Zeitungen und Zeitschriften sind im einzelnen im Quellen- und Literaturverzeichnis aufgeführt.

[30] Hütter, SPD und nationale Sicherheit, a.a.O., S. 23.

[31] Von Alemann, Ulrich / Forndran, Erhard, Methodik der Politikwissenschaft, Stuttgart 1974, S. 160.

[32] Diese Aussagen werden im Text als Hintergrundgespräch mit Ortsangabe zitiert.

lich nur noch die ideologieverhaftete Wissenschaft, z. B. die „marxistisch-leninistische Wissenschaft", hinterher.[33]
Auch diese Arbeit nimmt politische Wertungen vor – wie sollte es auch anders sein bei einem so umstrittenen Untersuchungsgegenstand wie der sozialdemokratischen Sicherheitspolitik. Sich mit diesem Thema lediglich deskriptiv befassen zu wollen erscheint kaum möglich, jedenfalls wenig reizvoll im Hinblick auf die angestrebte kontroverse politikwissenschaftliche Diskussion. Ein eigener Standort ist deshalb notwendig. Der Leser kann jedoch erwarten, daß dieser Standort nicht nur in die vorgenommenen Wertungen mit einfließt, sondern a priori klar definiert wird. Deshalb an dieser Stelle einige Bemerkungen zu den im Hintergrund dieser Arbeit stehenden normativen Prämissen und der darauf aufbauenden Theorie der internationalen Politik:

Die Beantwortung der Grundfrage nach der Natur des Menschen ist konstitutiv für die Herausbildung unterschiedlicher philosophischer Schulen und politischer Theorien und damit letztendlich auch für das Verständnis von Sicherheitspolitik. Hier gibt es zwei grundsätzlich verschiedene Auffassungen.
Die eine Auffassung, vertreten durch den „historischen Optimismus"[34] (z. B. Marxismus), besagt, daß der Mensch seinem Wesen nach grundsätzlich gut sei und zu seiner vollen Entfaltung nur der Befreiung von äußeren Zwängen bedürfe.
Demgegenüber ist die zweite Auffassung, daß die menschliche Natur ihrem Wesen nach nicht nur gute, sondern auch schlechte, zerstörerische Anlagen aufweist, die sich in der Unvollkommenheit der Welt widerspiegeln. Diese Auffassung wird u. a. von der „realistischen Schule"[35] der Politikwissenschaft vertreten, der sich auch der Verfasser zugehörig weiß.
Politische Realisten sehen mit Hans J. Morgenthau „in einem System der Kontrollen und des Ausgleichs ein allgemeines Prinzip aller pluralistischen Gesellschaften" und berufen sich „weniger auf abstrakte Grundsätze als auf historische Beispiele". Ihr Ziel „ist nicht so sehr die Verwirklichung des absolut Guten" – vielmehr geben sie sich „mit dem geringeren Übel" zufrieden.[36]
Die Begriffe der Macht – keinesfalls nur verstanden als militärische Gewalt –, des nationalen Interesses und der Moral sind die interdependenten Pfeiler der „realistischen" Theorie von der Politik. Macht[37] ist jedoch der Kernbegriff der Realistischen Schule, da der Mensch allgegenwärtiger Machtausübung unterliegt. Die Zähmung der

[33] Vgl. Seidel, Peter, Nachrüstung oder Modernisierung? Die wissenschaftliche Diskussion um die kontinentalstrategischen Nuklearwaffen in Europa, 1979–1983, Diss., Oldenburg 1986, S. 39f.
[34] Diese Bezeichnung stammt von Reinhold Niebuhr, einem Mitbegründer der „realistischen Schule" in der Politikwissenschaft: Vgl. Niebuhr, Reinhold, The Nature and Destiny of Man, New York 1949, S. 160ff.
[35] Namhafte akademische Vertreter dieser Schule sind, neben Niebuhr, vor allem Hans J. Morgenthau, Raymond Aron und Wilhelm G. Grewe.
[36] Morgenthau, Macht und Frieden, a.a.O., S. 49.
[37] Max Webers klassische Definition von Macht, die auch vom politischen Realismus allgemein akzeptiert wird, lautet: „Macht bedeutet jede Chance, innerhalb einer sozialen Beziehung den eigenen Willen auch gegen Widerstreben durchzusetzen, gleichviel, worauf diese Chance beruht" (Weber, Max, Wirtschaft und Gesellschaft, 1. Teil, Tübingen 1947, S. 28).

Macht kann „nur einer politischen Ethik gelingen, die der Immanenz und Problematik des Machtfaktors in allem politischen Handeln gewahr geworden und somit bestrebt ist, die Macht nicht ausschließlich durch Moral, sondern gleichzeitig auch durch Macht – beispielsweise im Sinne der Gewaltenteilung – zu begrenzen".[38]
Diese Feststellung gilt auch für Macht in der internationalen Politik bzw. der Sicherheitspolitik von Staaten, „über die Jahrhunderte hinweg eine der gefährlichsten Herausforderungen menschlicher Existenz".[39] Das Pendant zur Gewaltenteilung auf innerstaatlicher Ebene ist hier das Gleichgewicht der Kräfte: Macht muß durch Gegenmacht begrenzt, ihre politische wie militärische Instrumentierung verhindert oder zumindest beschränkt werden.
Freilich ist der Gleichgewichtsbegriff ein recht vieldeutiger Begriff.[40] Die wohl einfachste Formel für das Gleichgewicht stammt von Raymond Aron, dem hervorragenden französischen Vertreter der Realistischen Schule: „Niemals darf ein Staat so viel Kräfte besitzen, daß die Nachbarstaaten unfähig werden, ihre Rechte gegen ihn zu verteidigen."[41]
In dieser machtpolitisch bestimmten Theorie der internationalen Politik haben auch Völkerrecht und Vertragspolitik ihren wichtigen Stellenwert. Aber für den politischen Realismus ist das Gleichgewicht der Kräfte unabdingbare Voraussetzung für Existenz und Wirksamkeit des internationalen Rechts,[42] solange Staaten oder Staatengruppen als autonome Machtträger auftreten. Vor dem Glauben, etwa den Ost-West-Konflikt *allein* mit „legalistischen" Methoden (z. B. Kollektives Sicherheitssystem) lösen zu können, warnt der politische Realismus eindringlich.
Nachdem die Theorie der Realistischen Schule in den 60er und – vor allem – in den 70er Jahren als überholt galt, hat neuerdings Hans-Peter Schwarz den Versuch unternommen, die überwiegend zeitlosen Erkenntnisse Niebuhrs, Morgenthaus, Arons u. a. über Macht und Machtpolitik in der deutschen Politikwissenschaft wieder „hoffähig" zu machen.[43]
Schwarz hat in diesem Zusammenhang und mit Blick auf die Erfordernisse deutscher Sicherheitspolitik in der Gegenwart den Begriff von der „verantwortlichen Machtpolitik"[44] geprägt.
Einer solchen Politik, die „Methodensynkretismus"[45] auf der Basis eines zumindest annähernden Gleichgewichts der Kräfte zwischen Ost und West bejaht, weiß sich der Verfasser dieser Arbeit verpflichtet.

[38] Kindermann, Gottfried-Karl, Hans J. Morgenthau und die theoretischen Grundlagen des politischen Realismus, in: Morgenthau, Macht und Frieden, a.a.O., S. 38.
[39] Schwarz, Hans-Peter, Der Faktor Macht im heutigen Staatensystem, in: Kaiser, Karl / Schwarz, Hans-Peter (Hrsg.), Weltpolitik. Strukturen – Akteure – Perspektiven (Schriftenreihe der Bundeszentrale für politische Bildung, Bd. 217), Bonn 1985, S. 55.
[40] Vgl. Claude, Inis L., Power and International Relations, New York 1966, S. 13–25.
[41] Aron, Raymond, Frieden und Krieg. Eine Theorie der Staatenwelt, Frankfurt a. M. 1986 (Originalausgabe Paris 1962), S. 155.
[42] Vgl. Morgenthau, Macht und Frieden, a.a.O., S. 243ff. und 354–360.
[43] S. Schwarz, Hans-Peter, Die gezähmten Deutschen. Von der Machtbesessenheit zur Machtvergessenheit, Stuttgart 1985.
[44] Ebenda, S. 155–175.
[45] Schwarz, Der Faktor Macht im heutigen Staatensystem, a.a.O., S. 72.

# Erster Teil

# SPD-Sicherheitspolitik in der Großen Koalition: Entspannung fördern mit oder ohne Gleichgewichtspolitik? – Ein Grundkonflikt zeichnet sich ab

## 1. Ausgangslage vor Eintritt in die Regierung

### *a) Sicherheitspolitische Vorstellungen im Acht-Punkte-Programm der SPD*

Die Verhandlungen über den Eintritt in eine Regierungskoalition führte die SPD im November 1966 auf der Basis eines Acht-Punkte-Programms, das von den Vorständen der Partei und der Fraktion gemeinsam ausgearbeitet worden war und die Überschrift „Aufgaben einer neuen Bundesregierung“ trug.[1]
Unmittelbaren sicherheitspolitischen Bezug hatten die ersten beiden Punkte dieses Programms.
An die Spitze ihres Punkte-Katalogs stellte die SPD die Forderung, eine neue Regierung müsse, „um unserer äußeren Stabilität und Sicherheit willen, das Verhältnis zu Washington und Paris wieder in Ordnung bringen“.[2]
Die SPD war nämlich der Ansicht, daß die Regierung Erhard ihre Politik zu stark auf die USA gerichtet und darüber die deutsch-französischen Beziehungen vernachlässigt hatte. Erläuternd zu Punkt 1 hieß es in dem Programm-Papier:

„Frankreich hat an Gewicht und Einfluß gewonnen. Die Bundesregierung muß neue Formen für die gemeinsame Verteidigung suchen und damit das Bekenntnis Frankreichs zum Nordatlantischen Bündnis nutzen. Die französischen Truppen sollten auf deutschem Boden bleiben, solange es nicht überhaupt in Ost und West zum Abzug der fremden Truppen aus Deutschland kommt.“[3]

Gleichzeitig gab sich die SPD-Führung überzeugt: „Es gibt keine Sicherheit für Europa ohne die USA“. Und weiter hieß es in diesem Kontext, daß „eine Zusammenarbeit mit den Vereinigten Staaten im Geiste gleichberechtigter Partnerschaft“ angestrebt werden müsse,[4] womit auch gemeint war, daß die Europäer in Zukunft mehr Verantwortung für die eigene Sicherheit übernehmen müßten.
Auf der Grundlage neugeordneter Verhältnisse zu Washington und Paris forderte die SPD von einer künftigen Bundesregierung vor allem dreierlei:

„a) Die Entspannung in der Welt zu fördern, liegt im Interesse Deutschlands. Die Bundesregierung hat entsprechende Initiativen in ihrer Außen-, Verteidigungs- und Deutschlandpolitik zu ergreifen. Dabei ist unsere Sicherheit aufrechtzuerhalten, die gegenwärtig nur im Rahmen des westlichen Bündnisses gewährleistet ist.
b) Unter diesem Gesichtspunkt muß die Bundesregierung mit allen Parteien des Deutschen Bundestages eine umfassende Bestandsaufnahme vornehmen. Dabei wird die Veränderung der politischen und militärischen Weltlage und die sich daraus ergebende Änderung der Voraussetzungen und Bedingungen für unsere äußere Sicherheit berücksichtigt werden müssen.
c) Die Bundesregierung muß versuchen, Vereinbarungen zwischen Ost und West über gleichwertige Truppenreduzierungen und Rüstungsverminderungen auf beiden

[1] Erläuterung des Acht-Punkte-Programms der Bundestagsfraktion der SPD, veröffent. am 12. 11. 1966, zitiert nach: Vorstand der SPD (Hrsg.), SPD-Jahrbuch 1966/67, Bonn 1968, S. 354–361.
[2] Ebenda, S. 354.
[3] Ebenda, S. 355.
[4] Ebenda.

Seiten herbeizuführen. Dabei sollen Ansatzpunkte für Fortschritte in der deutschen Frage erzielt werden."[5]

Aus diesen drei Unterpunkten treten die Umrisse der sozialdemokratischen Sicherheitskonzepte bei Eintritt in die Regierung schon deutlich hervor:
- Fundament der Sicherheit der Bundesrepublik Deutschland ist die Atlantische Allianz;
- darauf aufbauend soll die Bundesregierung „im Interesse Deutschlands" Entspannungsinitiativen starten;
- konkret soll sich die Bundesregierung um gleichwertige Rüstungsverminderungen in Ost und West bemühen, namentlich um Truppenreduzierungen;
- Rüstungsreduzierungen sollen in Verbindung gebracht werden zu Fortschritten in der deutschen Frage.

Allerdings sollte die Lösung des Deutschlandproblems nicht zur Vorbedingung für Entspannungs- und Abrüstungsbereitschaft gemacht werden. Hierin unterschied sich die sozialdemokratische Position von der Politik der Regierung Erhard.
Diese hatte nämlich in ihrer bekannten Friedensnote vom März 1966 eine enge Verknüpfung zwischen Entspannung und Abrüstung einerseits und Fortschritten in der deutschen Frage andererseits vorgenommen.[6] Demgegenüber ging die SPD davon aus, daß durch Entspannungs- und Abrüstungsschritte erst ein Klima des Vertrauens zwischen Ost und West geschaffen werden müsse, in dem dann über konkrete Schritte hin zur Wiedervereinigung gesprochen werden könne.[7]
Interessant, wenngleich sehr allgemein gehalten, ist die Forderung (Unterpunkt „b") nach einer „umfassenden Bestandsaufnahme" in der Sicherheitspolitik.
Veränderte politische und militärische Rahmenbedingungen hatten nach Ansicht der SPD auch die „Voraussetzungen und Bedingungen" der äußeren Sicherheit der Bundesrepublik Deutschland verändert. Näheres dazu ist in dem Acht-Punkte-Programm nicht enthalten. Aber das Verlangen nach einer „umfassenden Bestandsaufnahme", was im Grunde nichts anderes war als die Forderung nach einer veränderten Sicherheitspolitik, machte der SPD in der Folge noch erheblich zu schaffen. Wir werden darauf weiter unten noch ausführlich zu sprechen kommen.
Der zweite Punkt des Programm-Papiers lautete:

„Um der Stabilität des Bündnisses willen und als Beitrag zur Entspannung muß die Bundesregierung den Ehrgeiz auf atomaren Mitbesitz aufgeben."

Dieser Forderung folgten u. a. die folgenden sicherheitspolitischen und militärstrategischen Präzisierungen:

[5] Ebenda, S. 354f.
[6] Vgl. Zirkular-Note der Bundesregierung zur Friedenspolitik vom 25. 3. 1966, in: Europa-Archiv (EA) 7/1966, S. D 171–175.
[7] Vgl. dazu auch Haftendorn, Helga, Sicherheit und Entspannung. Zur Außenpolitik der Bundesrepublik Deutschland 1955–1982, Baden-Baden 1983, S. 104. In gewisser Weise und verglichen mit der Situation in den 50er Jahren war es zu einem Rollentausch gekommen zwischen CDU/CSU und SPD: Waren es in den 50er Jahren die Sozialdemokraten gewesen, die an einer rigiden Verknüpfung von Sicherheitspolitik und Deutschlandpolitik festgehalten hatten, so waren es nun, Mitte der 60er Jahre, die CDU/CSU.

„a) Jede Forderung auf nuklearen Mitbesitz oder nukleare Verfügungsgewalt der Bundesrepublik Deutschland ist unrealistisch, verhindert die Verständigung und Entspannung und hat daher zu unterbleiben. Ein Atomwaffensperrvertrag, der die Bundesrepublik nicht diskriminiert, muß auch aus diesem Grunde unterstützt werden.

b) Zur Erhaltung der Sicherheit Europas ist eine Aufgabenteilung unter den Partnern zweckmäßig und für die Allianz als Ganzes ein ausgewogenes Verhältnis zwischen konventionellen und atomaren Waffen notwendig. Für die Sicherheit Europas bleibt ein Gleichgewicht zwischen Ost und West erforderlich.

c) Die Bundesregierung muß in konsequenter Fortsetzung der Friedensnote vom März 1966 Vorschläge für die Reduzierung der Streitkräfte in Ost und West auf der Basis von Gleichwertigkeit und Gleichartigkeit machen. Als Beginn eigener Vorschläge zur Rüstungsverminderung in Ost und West muß die Bundesregierung zum Einfrieren der Stärke der Bundeswehr auf dem augenblicklichen Stand bereit sein."[8]

Die Frage der Nuklearstrategie und Nuklearbewaffnung war also für die SPD von besonderer Wichtigkeit.

Ein knappes halbes Jahr zuvor war diese Frage auch auf dem Dortmunder Parteitag eingehend behandelt worden. Dabei war es im wesentlichen darum gegangen, die MLF, die Idee einer multilateralen Atomflotte der NATO-Staaten, nachträglich zu Grabe zu tragen.[9]

Deshalb hatte der Parteivorstand in seinem außenpolitischen Leitantrag formuliert: „Deutscher Mitbesitz an nuklearen Waffen ist nicht erforderlich."[10]

Der Parteitagsmehrheit war dies aber zuwenig gewesen. Sie hatte durchgesetzt, daß die vom Parteitag letztlich verabschiedete Fassung um einen charakteristischen Zusatz ergänzt worden war: „Deutscher Mitbesitz an nuklearen Waffen ist nicht erforderlich und *wird auch von uns nicht gewollt.*"[11] Wenn Schmidt in Dortmund gesagt hatte, die sogenannte nukleare Frage müsse „ausschließlich unter dem Aspekt der Sicherheit"[12] angegangen werden, so war ihm in dieser Auffassung die Mehrheit des Parteitages also nicht gefolgt. Denn der oben zitierte Zusatz wollte ja gerade nicht kühle Vernunft zum

8 Acht-Punkte-Programm, a.a.O., S. 356.

9 Auf ihrem Karlsruher Parteitag im November 1964 hatte sich die SPD, auf Betreiben Schmidts und Erlers, ein Ja zur MLF und zur deutschen Beteiligung an dieser Flotte abgerungen. Nur wenige Wochen nach dem SPD-Parteitag ließ der amerikanische Präsident Johnson die MLF-Konzeption jedoch fallen. Dies war für die SPD insofern recht blamabel gewesen, als sie sich gerne ihrer engen Kontakte zur Kennedy/Johnson-Administration rühmte. – Zur Karlsruher MLF-Diskussion der SPD: Vorstand der SPD (Hrsg.), Protokoll der Verhandlungen und Anträge vom Parteitag der SPD vom 23.–27. November 1964 in Karlsruhe, Bonn/Hannover o. J., S. 212–271, 823–843, 972–976 („Entschließung zu Deutschlands und Europas Sicherheit").

10 Vorstand der SPD (Hrsg.), Anträge zum Parteitag der SPD in Dortmund vom 1.–5. Juni 1966, Vorlage Nr. 3, Bonn 1966, S. 33.

11 „Entschließung zur Deutschlandpolitik unter den sich ändernden weltpolitischen Bedingungen", in: Vorstand der SPD (Hrsg.), Protokolle der Verhandlungen und Anträge vom Parteitag der SPD vom 1.–5. Juni 1966 in Dortmund, (im folgenden: Protokoll PT 1966), Hannover/Bonn o. J., S. 1054 (Hervorhebung d. Verf.).

Ausdruck bringen, sondern ein grundsätzliches Nicht-Wollen, eine gefühlsbestimmte Ablehnung nuklearen Mitbesitzes. – Die antinuklearen Resentiments aus der „Kampf dem Atomtod“-Zeit waren eben noch fest verwurzelt in der SPD.

Neben der Ablehnung nuklearen Mitbesitzes für die Bundesrepublik stand im Acht-Punkte-Programm der Sozialdemokraten vom November 1966 die Forderung nach „Aufgabenteilung“ und einem ausgewogenen Verhältnis von konventionellen und nuklearen Waffen. Dieses Postulat läßt sich bis zum Hannoveraner Parteitag von 1960 zurückverfolgen.[13]

Aber, da die Forderung nach „Aufgabenteilung“ ursprünglich gleichbedeutend gewesen war mit der Ablehnung nuklearer Trägerwaffen für die Bundeswehr, warf das Programm-Papier die Frage auf, welche Haltung eine mitregierende SPD zu den Nuklearwaffenträgern der Bundeswehr einnehmen würde. Und diese Frage wurde vor allem auch innerhalb der SPD gestellt, wobei sich schon bald nach Eintritt in die Große Koalition zeigte, daß die Antworten recht unterschiedlich ausfielen.

Interessant ist, daß die „Acht Punkte“ keine Forderung nach einem deutschen Vetorecht beim Einsatz nuklearer Waffen (von deutschem Staatsgebiet aus oder gegen Ziele auf deutschem Boden) enthielten; denn die Vetorechtsforderung hatte die SPD schon bald nach dem Scheitern der MLF entwickelt[14] und seither im Zusammenhang mit Diskussionen über die westliche Nuklearstrategie immer wieder vorgebracht. Zuletzt war dies in Dortmund im Sommer 1966 noch geschehen.[15]

Das im Programm-Papier niedergelegte Bekenntnis zur Notwendigkeit eines militärischen Gleichgewichts in Europa trug eindeutig Helmut Schmidts Handschrift.

Die Bereitschaft zum „Einfrieren der Stärke der Bundeswehr auf dem augenblicklichen Stand“ stand zur Gleichgewichtsforderung nicht in Widerspruch. Denn erstens ging die SPD davon aus, daß ein Gesamtgleichgewicht zwischen Ost und West bereits existierte, und zweitens war der SPD zum Zeitpunkt der Niederschrift ihrer „Acht Punkte“ bereits klar, daß die angespannte Situation bei den Bundesfinanzen zumindest vorübergehend die geplante Aufstellung weiterer Bundeswehrverbände nicht erlauben würde. Ein „Einfrieren“ war also schon allein aus finanziellen Gründen dringend erforderlich. Dies wurde dann auch im Regierungsprogramm der Großen Koalition so festgelegt.

Weitere Ausführungen zur Bundeswehr wurden in dem Koalitions-Programm der SPD nicht gemacht.

Das war auch gar nicht notwendig, denn hierzu hatte die Partei in Karlsruhe 1954 bereits Wesentliches gesagt und beschlossen.

Die sehr detaillierte „Entschließung zur Lage der Bundeswehr“[16], entstanden unter der

[12] Protokoll PT 1966, S. 453.

[13] S. dazu die Entschließung zur Sicherheitspolitik (Antrag 83), eingebracht vom Parteivorstand, in: Vorstand der SPD (Hrsg.), Protokoll der Verhandlungen und Anträge vom Parteitag der SPD in Hannover, 21.–25. November 1960, Bonn/Hannover o. J., S. 715.

[14] S. dazu die Rede Helmut Schmidts im Deutschen Bundestag vom 30. 11. 1965, in: Verhandlungen des 5. Deutschen Bundestages, Stenographische Berichte (im folgenden: Verhandlungen), 8. Sitzung, 30. 11. 1965, S. 217.

[15] S. Protokoll PT 1966, S. 1054.

[16] S. Vorstand der SPD (Hrsg.), Protokoll der Verhandlungen und Anträge vom Parteitag der SPD vom 23.–27. November 1964 in Karlsruhe, Bonn/Hannover o. J., S. 965–971.

Federführung von Helmut Schmidt, war lange Jahre Grundlage sozialdemokratischer Bundeswehrpolitik. Als Schmidt 1969 Bundesverteidigungsminister wurde, ging er daran, die Karlsruher Entschließung in die Tat umzusetzen.

*b) Bedrohungseinschätzung im Jahre 1966*

Die sicherheitspolitisch relevanten Teile des Acht-Punkte-Programms der SPD haben wir nun ausführlich dargestellt und erläutert. Ist damit auch die sicherheitspolitische Konzeption der Partei bei Eintritt in die Große Koalition hinreichend erfaßt? Ein nicht unwesentlicher Analyseteil fehlt noch, nämlich die Bedrohungswahrnehmung der Sozialdemokratie. Dazu blenden wir noch einmal zurück zum Dortmunder Parteitag vom Juni 1966.
Helmut Schmidt analysierte in seiner vielbeachteten Rede u. a. auch die sowjetische Politik. Er vertrat die Ansicht, daß die Sowjetunion aufgrund des atomaren Patts eine Status quo-Macht geworden sei. Dies gelte sowohl in ihrem Verhältnis zu den USA als auch hinsichtlich der Politik Moskaus gegenüber Westeuropa und der Bundesrepublik Deutschland.
Die sowjetische Machtelite, so Schmidt, habe eben aus der veränderten Weltlage Konsequenzen gezogen:

„Sie hat trotz großer Enttäuschungen die Ideologie einer kommunistischen Weltumwälzung sicherlich nicht aufgegeben. Aber die Manipulierung der Ideologie als Werkzeug zur Sicherung der Macht der Zentrale ist wichtiger geworden als der eigentliche Inhalt der Ideologie. Die Ideologie hat Werkzeugcharakter bekommen. Für die Außenpolitik Moskaus ist denn auch nicht die Ideologie die wesentliche Triebkraft, sondern für die Außenpolitik Moskaus kommen die entscheidenden Motive aus den nationalen Interessen der Sowjetunion. Dabei sind gegenwärtig die Ziele, die Interessen der Sowjetunion – ähnlich wie in Amerika – beschränkt auf Konsolidierung des Besitzstandes.“[17]

Es ist auffällig, wie weitgehend Schmidt Politik und Interessen Moskaus mit denen der USA gleichsetzte. Dazu eine charakteristische Passage aus seiner Rede:

„Beide Weltmächte, Moskau und Washington, bleiben durch ihre Rüstungen ökonomisch auf das stärkste angespannt; beide sind ernsthaft um den Weltfrieden besorgt; beide Seiten sind daher aus eigenem Interesse um allgemeine Rüstungsbegrenzungen bemüht, beide sehen die akuteste Gefahr zur Zeit in Asien; beide ringen um die Aufrechterhaltung ihrer Bündnissysteme und um Stabilität. Gleichheit der Interessen aber ist immer ein sicheres Band zwischen Regierungen und Staaten, ganz allgemein gesprochen. Und ich meine, in diesem Falle ergeben sich daraus bessere Chancen für den Weltfrieden oder, praktisch gesprochen, bessere Chancen unter anderem für die allgemeinen Rüstungsbeschränkungen.“[18]

[17] Protokoll PT 1966, S. 438f. Zur Perzeption der Außenpolitik und Militärstrategie der Sowjetunion durch Schmidt in den sechziger Jahren vgl. auch Enders, Thomas, Franz Josef Strauß – Helmut Schmidt und die Doktrin der Abschreckung, Koblenz 1984, S. 72–76 und S. 80–89.

[18] Protokoll PT 1966, S. 441.

Schmidts Analyse der sowjetischen Politik fand auf dem Dortmunder Parteitag ungeteilte Zustimmung. Die Folgerungen indes, die der stellvertretende Vorsitzende der SPD-Bundestagsfraktion aus seiner Analyse für die Sicherheitspolitik der NATO und der Bundesrepublik Deutschland zog, fanden durchaus verhaltenen Widerspruch. Denn während Schmidt einerseits, wie zitiert, von einer „gegenwärtigen" Status quo-Politik Moskaus und einer relativ entspannten Situation in Europa ausging, warnte er doch andererseits recht deutlich vor der „Unterbewertung der Verteidigungsnotwendigkeiten"[19] in den westlichen Ländern:

„Die Sicherheit Westeuropas und auch die gegenwärtige Entspannung in Europa hängen von der Aufrechterhaltung des Kräftegleichgewichts in Europa ab."[20]

Der Sicherheitsexperte der SPD wandte sich vor allem gegen einseitige westliche Truppenreduzierungen in Westeuropa.[21]

Demgegenüber gab es in Dortmund auch eine Reihe von SPD-Delegierten, die aus der Auffassung, daß die Sowjetunion zu einer Status quo-Macht geworden sei, andere politische Konsequenzen ableiteten als Helmut Schmidt.

Bei diesen Kräften stand nicht die Erhaltung des militärischen Gleichgewichts als Conditio sine qua non der Entspannung im Vordergrund, sondern die Abrüstung, um Entspannung voranzutreiben.

Einige Anträge zum Dortmunder Parteitag zielten in diese Richtung. Paradebeispiel ist hier ein Antrag aus Hessen-Süd, dem traditionell „linken" SPD-Bezirk, zur Entspannung und Abrüstung, der weder die Notwendigkeit militärischen Gleichgewichts bzw. gleichgewichtiger Rüstungsbegrenzungen noch die Bedeutung der Atlantischen Allianz für die Sicherheit der Bundesrepublik erwähnte.

Statt dessen wurde auf eine Konzeption der 50er Jahre, das „kollektive Sicherheitssystem", Rekurs genommen.[22]

Daß dieser Antrag auch in den Augen der Parteiführung nicht nur marginale, sondern grundsätzliche Abweichungen von den Positionen des Parteivorstandes, wie sie in dessen Leitantrag zum Ausdruck kamen, beinhaltete, wurde insbesondere durch die scharfe Kritik von Helmut Schmidt an dem hessischen Antrag deutlich.[23]

Nun waren aber die Positionen von Hessen-Süd und den sogenannten Altlinken in bezug auf Entspannung und Abrüstung keineswegs ganz von der Hand zu weisen. Walter Möller, Gegenspieler Schmidts in Dortmund, machte geltend, daß es sehr wohl erlaubt sein müsse, im Jahre 1966 an den Deutschlandplan[24] der SPD vom Frühjahr 1959 anzuknüpfen. Schließlich sei „heute, Mitte der 60er Jahre, ... die Situation noch viel mehr auf diese Vorschläge gemünzt"[25] als Ende der 50er Jahre. Damit traf Möller einen wunden Punkt der Parteiführung. Denn diese hatte, als sie den Plan im Laufe der

[19] Ebenda, S. 440.
[20] Ebenda, S. 441.
[21] Ebenda, S. 441f.
[22] S. Antrag 32 von Hessen-Süd, in: Protokoll PT 1966, S. 1022f.; vgl. auch S. 158ff.
[23] S. Protokoll PT 1966, S. 501f. und 803.
[24] S. Vorstand der SPD (Hrsg.), Deutschlandplan der SPD. Kommentare, Argumente, Begründungen, Bonn, April 1959.
[25] Protokoll PT 1966, S. 487.

Jahre 1959/60 sukzessive aus der öffentlichen und auch innerparteilichen Diskussion zurückgezogen hatte, eine gründliche und grundsätzliche Diskussion der Schwächen des Plans vermieden.[26]

Dazu hätte beispielsweise die klare Feststellung gehört, daß die Sowjetunion Ende der 50er Jahre an kollektiven Sicherheitsvorstellungen à la SPD erkennbar keinerlei Interesse mehr hatte. An diesbezüglichen Erkenntnissen hatte es der SPD-Führung keineswegs gemangelt,[27] sondern allein an der Bereitschaft, diese Erkenntnis der Partei klar vor Augen zu führen.

Dieses Versäumnis rächte sich, als der Warschauer Pakt nur wenige Wochen nach dem Dortmunder Parteitag mit seiner Bukarester Erklärung die Losung einer Überwindung der Teilung Europas in feindliche Machtblöcke aufnahm[28] und damit den Verfechtern eines kollektiven europäischen Sicherheitssystems in der SPD politischen Rückenwind bescherte. Daß es sich hierbei in erster Linie um einen taktischen Schachzug der Sowjetunion handelte,[29] wollten und konnten die „Altlinken" der SPD natürlich nicht glauben.

Kommen wir noch einmal auf den Ausgangspunkt unserer vorstehenden Ausführungen zurück, nämlich die Erkenntnis Schmidts wie auch seiner Kritiker, daß die Sowjetunion zu einer Status quo-Macht geworden sei. Während Schmidt diese Tatsache sowie die relativ entspannte Situation in Europa in unlösbaren Zusammenhang mit der westlichen Gleichgewichtspolitik stellte, verfolgten die „Altlinken" um Möller eine andere Argumentationslinie: Wenn die Sowjetunion nur noch eine Bewahrungs- und Konsolidierungsstrategie verfolgte, dann bedrohte sie nicht mehr die Sicherheit der Bundesrepublik Deutschland. Lag also keine Bedrohung oder zumindest keine akute Bedrohung mehr vor, dann war die Erhaltung des militärischen Gleichgewichts in Europa zweitrangig geworden; einseitige Vorleistungen im Bereich der Rüstungsbegrenzung waren nicht nur möglich geworden, sondern – im Sinne einer Förderung der Entspannung – auch wünschenswert.

Die verdeckt vorgetragene Kritik Walter Möllers an Schmidts Gleichgewichtskonzeption auf dem Dortmunder Parteitag folgte dieser Logik.[30]

Im Grunde handelte es sich hier also um ein statisches Bedrohungsverständnis, während Schmidt die sowjetische Politik, wie er sie sah, mit der bezeichnenden Qualifizierung „gegenwärtig" bedachte.

Allerdings dürfen die perzeptionellen Differenzen innerhalb der SPD, wie sie sich in

[26] Vgl. dazu Wilker, Lothar, Die Sicherheitspolitik der SPD 1956–1966, Bonn-Bad Godesberg 1977, S. 135f.

[27] So schrieb Helmut Schmidt bereits 1961 in seinem Buch „Verteidigung oder Vergeltung" (Stuttgart 1961) über den Deutschlandplan: „Der Verfasser ... ist inzwischen der Meinung, daß selbst diese sehr weitgespannte Konzeption angesichts des der Sowjetführung 1958 bereits bewußt gewesenen Machtzuwachses schon zu spät kam" (S. 191f.); vgl. auch Wilker, a.a.O., S. 56f.

[28] S. die Deklaration der Warschauer-Pakt-Staaten über die Festigung des Friedens und der Sicherheit in Europa vom 4./6. 7. 1966, in: Dokumentation zur Abrüstung und Sicherheit, Band IV: 1966, hrsg. von Heinrich Siegler, Bonn/Wien/Zürich 1967, S. 193–198.

[29] So Löwenthal, Richard, Weltpolitische Betrachtungen. Essays aus zwei Jahrzehnten, Göttingen 1983, S. 146f. und 258.

[30] S. Protokoll PT 1966, S. 488.

den Diskussionen auf dem Dortmunder Parteitag widerspiegelten, nicht überschätzt werden. Schließlich waren Walter Möller und seine Genossen in Dortmund eine kleine Minderheit. Schmidt und mit ihm die Parteiführung trugen einen eindeutigen Sieg davon.
Auch waren sicherheitspolitische Auseinandersetzungen zwischen „Altlinken" bzw. „Idealisten" und Realpolitikern wie Erler, Wehner und Schmidt ja keineswegs neu in der SPD. Diese hatte es bereits in den 50er Jahren gegeben, und sie hatten Godesberg und Wehners Ja zur westlichen Allianz von 1960 überdauert.
Unter der Bedingung allgemein abnehmender Bedrohungswahrnehmungen kam den beschriebenen Differenzen allerdings wieder größere Bedeutung zu. Sie verliefen weder entlang den bekannten Frontstellungen – hier „Realisten", dort altlinke „Idealisten" – noch wurden sie durch den Eintritt der SPD in die Regierung gestoppt. Eher das Gegenteil war der Fall.

## 2. Karl Wienands „Vorschläge für eine zeitgemäße Sicherheitspolitik"

### *a) Der „Vorwärts"-Aufsatz vom 7. Dezember 1966*

Wenige Tage nach dem Eintritt der SPD in eine Regierungskoalition mit der CDU/CSU veröffentlichte der Vorsitzende des Arbeitskreises Sicherheitsfragen der SPD-Bundestagsfraktion, Karl Wienand, im sozialdemokratischen „Vorwärts" einen längeren, programmatischen Artikel zur Sicherheitspolitik.[31]
Schon aus der Überschrift des Artikels wurde deutlich, worum es dem Verfasser ging: „Mit einer neuen Politik die Entspannung fördern. Vorschläge für eine zeitgemäße Sicherheitspolitik". Wienand griff damit nicht nur die Forderung des Acht-Punkte-Programms nach einer „umfassenden Bestandsaufnahme" in der deutschen Sicherheitspolitik auf, sondern präsentierte auch gleich schon Lösungsvorschläge. Der SPD-Wehrexperte ging davon aus, daß das nukleare Patt den Großmächten keine „außenpolitische Bewegungsstrategie" mehr ermöglichte; USA und UdSSR befänden sich in einem Verhältnis gegenseitiger „Neutralisierung". Diese Situation, so der Verteidigungsfachmann, gewähre den kleineren Staaten Ost- und Westeuropas jetzt und in absehbarer Zukunft einen größeren außenpolitischen Spielraum. Die Beispiele Frankreichs und Rumäniens zeigten dies sehr deutlich. Ergo könne und müsse auch die Bundesrepublik Deutschland ihre Außenpolitik neu konzipieren: „Das Koordinatensystem der Adenauerschen Außenpolitik stimmt nicht mehr."
Die Bundesregierung müsse nicht nur an die Entspannungsbemühungen der übrigen europäischen Staaten Anschluß finden, sie müsse darüber hinaus ihre Verbündeten durch „deutsche Beiträge und Entspannungsoffensiven ... in Zugzwang versetzen". Gleichwohl könne vorläufig, bis zur Schaffung eines „stabilen europäischen Sicherheits-

[31] S. Wienand, Karl, Mit einer neuen Politik die Entspannung fördern. Vorschläge für eine zeitgemäße Sicherheitspolitik, in: Vorwärts, 7. 12. 1966 (Den Hinweis auf die besondere Bedeutung des Artikels verdankt der Verf. Bernhard Bussmann, Referent im AK Sicherheitsfragen der SPD-Bundestagsfraktion 1965–1969).

systems", auf die Aufrechterhaltung eines „Qualifizierten Gleichgewichts" in Europa nicht verzichtet werden. Was genau er sich unter einem „europäischen Sicherheitssystem" vorstellte, das sagte Wienand nicht. Er skizzierte nur ganz grob den Weg dorthin: „kleine sukzessive Abrüstungsmaßnahmen" und Maßnahmen zum Abbau des Mißtrauens zwischen Ost und West zwecks Schaffung einer Grundlage für erfolgversprechende Verhandlungen. „Die speziellen Probleme unserer Verteidigungspolitik stellen sich in diesem Zusammenhang", behauptete der Wehrexperte und konkretisierte: „Sie (die Verteidigungspolitik, T.E.) sollte genutzt werden, um bei unseren Nachbarn, besonders den östlichen, eine Atmosphäre des Vertrauens zu schaffen."
Mit anderen Worten, Wienand wollte die militärische Sicherheitspolitik zu einem Instrument der Entspannungspolitik machen. Dies ist, analytisch betrachtet, ein sehr wichtiger Punkt und kam den Vorstellungen, wie sie vor allem aus Hessen-Süd vorgetragen wurden, sehr nahe. Halten wir an dieser Stelle auch fest, daß das Verhältnis von Verteidigung und Entspannung in der Konzeption Wienands grundsätzlich anderer Natur war als in dem wenig später formulierten sogenannten Harmel-Bericht. Denn Harmel ging davon aus, daß Verteidigung bzw. die Aufrechterhaltung des militärischen Gleichgewichts *Voraussetzung* sei für Entspannungsbemühungen.[32] Es wurde also im Harmel-Bericht keine Gleichrangigkeit von Verteidigung und Entspannung behauptet, wie dies Politiker seit 1968 immer wieder öffentlich erklären, geschweige denn, wie bei Wienand, Verteidigung der Entspannung konzeptionell untergeordnet.
Wienands eigentliche sicherheits- und verteidigungspolitische Überlegungen nahmen an diesem Punkt aber erst ihren Ausgang. Er wies auf die schwierige Haushaltslage der Bundesrepublik hin, die geplanten Truppenverdünnungen seitens der Alliierten – die er interessanterweise keineswegs verurteilte (wie etwa Helmut Schmidt), sondern der Bundesregierung implizit zur Nachahmung empfahl – und folgerte daraus, daß sich die neue Regierungskoalition nicht mit dem „Einfrieren" der Stärke der Bundeswehr bescheiden dürfe: „Es ist ein Zeichen guten Willens – mehr nicht."
Nun hätte man aus den bevorstehenden Truppenabzügen der Verbündeten aus der Bundesrepublik und aus Westeuropa militärstrategisch durchaus den Schluß ziehen können, wenn nicht gar müssen, daß die NATO die nukleare „Schwelle" nun niedriger legen müsse als zuvor.[33] Dagegen aber wehrte sich Wienand. Zum einen behauptete er, daß die zu erwartenden Truppenreduzierungen keineswegs das europäische Gleichgewicht gefährdeten; womit er allerdings den Gleichgewichtsbegriff in bedenklicher Weise relativierte, denn immerhin ging es hier um Größenordnungen von einigen zehntausend Soldaten. Und zum anderen plädierte Wienand für eine, in heutiger Terminologie, „Konventionalisierung" von Strategie und Bewaffnung:

„Für uns gilt es ..., das Hauptaugenmerk auf die konventionelle Verteidigung zu richten. Schon heute gibt es Möglichkeiten, durch Anwendung und Ausnutzung extremer

[32] S. Dokument über die zukünftigen Aufgaben der Allianz, in: Dokumentation zur Abrüstung und Sicherheit, Band V: 1967, hrsg. von Heinrich Siegler, Bonn/Wien/Zürich 1968, S. 318f. Die Harmel-Position war, wie noch ausführlich gezeigt werden wird, identisch mit der Position Helmut Schmidts.

[33] So General Gerd Schmückle in dem kenntnisreichen Aufsatz: Strategien für Europa, in: Wehrkunde, H. 11, Nov. 1967, S. 561–564. – Schmückle war an der Erarbeitung des NATO-Dokuments MC 14/3 zwischen den NATO-Ratssitzungen von Mai und Dezember 1967 unmittelbar beteiligt.

Technik neue konventionelle Abwehrwaffen in das Gefüge der Armee einzubauen, die in der Lage sind, einen nichtnuklearen Angriff erfolgreicher und mit geringerem eigenem Risiko abzuwehren, als es mit atomaren Gefechtsfeldwaffen geschehen könnte."

Die Ablehnung der nuklearen Trägersysteme der Bundeswehr spricht deutlich aus diesen Sätzen, auch wenn ihr Abzug nicht ausdrücklich gefordert wurde.
Außerdem bewegte sich Wienands Gedankengang nicht auf der Ebene von Abschreckung und Kriegsverhütung, sondern auf der des klassischen Kriegführungsdenkens – was in der SPD durchaus Tradition hatte.[34] Die verteidigungspolitischen Vorstellungen des SPD-Wehrexperten erschöpften sich allerdings nicht in der Bewaffnungsfrage:

„Eine gleichzeitige Umstrukturierung der Bundeswehr, wobei eine Kernarmee kleiner hochmoderner Kampftruppen mit langdienenden freiwilligen Soldaten und ein wesentlich verstärkter Ausbau der territorialen Verteidigung diskutiert werden sollte, könnte Grundlage für eine Umplanung werden, die den Begriff der Vorwärtsverteidigung mit neuem Inhalt erfüllt. Das Prinzip der linearen Verteidigung, das nie ganz glaubhaft erschien, sollte aufgegeben werden zugunsten des Aufbaus tiefer konventioneller Abwehrzonen, wodurch die Möglichkeit gegeben wird, beweglicher zu operieren und gleichzeitig die unmittelbare Spannungszone entlang der Demarkationslinie zu neutralisieren."

Im Zusammenhang mit dem letztgenannten Punkt schlug Wienand „die Einrichtung eines schmalen truppenfreien Streifens entlang der Zonengrenze" vor. Insgesamt machte er für seine Konzeption geltend, daß ihre Verwirklichung keinen Zweifel mehr an der rein defensiven Orientierung der Bundeswehr aufkommen lassen würde. Auch würde die vorgeschlagene Struktur und Bewaffnung der Bundeswehr verhindern, daß die Bundesrepublik nach einem Teilabzug alliierter Streitkräfte zur „dominierenden Militärmacht" in Westeuropa avancierte.
Karl Wienand brachte seine sicherheitspolitischen Vorstellungen ausdrücklich in Zusammenhang mit einer wie auch immer gearteten Politik zur Lösung der deutschen Frage. Ein enges Junktim zwischen Sicherheits- und Wiedervereinigungspolitik stellte auch er nicht her, sondern forderte eine neue, entspannungsfördernde Sicherheitspolitik der Bundesrepublik als Voraussetzung bzw. Vorleistung für etwaige Fortschritte bei der Lösung der deutschen Frage. Nicht „Bremsklotz", sondern „Vehikel" der Entspannung müsse eine neue Verteidigungspolitik sein.
Zur Bedrohungslage bzw. zur perzipierten sowjetischen Politik äußerte sich Wienand in seinem „Vorwärts"-Aufsatz vom 7. Dezember 1966 nur indirekt, beispielsweise, wenn er beiden Supermächten das Vermögen zu einer außenpolitischen „Bewegungsstrategie" absprach und sie somit als Status quo-Mächte charakterisierte.
Aber knapp anderthalb Wochen zuvor, anläßlich einer Rede auf einer wehrpolitischen Informationstagung des SPD-Bezirks Hessen-Süd, hatte Wienand erhebliche Zweifel an der offiziellen Bedrohungseinschätzung angemeldet und gefragt, inwieweit die Bundesrepublik wirklich vom Osten her bedroht sei.[35] Diese Wiesbadener Rede Wienands war

[34] Beispielhaft ist hier Helmut Schmidts erstes strategisches Werk „Verteidigung oder Vergeltung" (Stuttgart 1961) zu nennen. Vgl. dazu auch Enders, Franz Josef Strauß – Helmut Schmidt und die Doktrin der Abschreckung, a.a.O., S. 118–127.

[35] S. Frankfurter Rundschau, 28. 11. 1966: „Wienand: Militärpolitik ändern".

gleichzeitig die erste öffentliche Rede, in der der Wehrexperte seine neue Sicherheitskonzeption vorstellte.
Wienand ließ in den folgenden Wochen und Monaten von diesem Thema nicht mehr ab. Ende Dezember 1966 trat er mit einem „Dreiervorschlag" zur Rüstungsbegrenzung vor die Presse, der im wesentlichen Punkte des „Vorwärts"-Artikels aufgriff (Verzicht der Bundesrepublik auf atomaren Mitbesitz; Einfrieren der deutschen Truppenstärke; Einrichtung eines truppenfreien Streifens beiderseits der Demarkationslinie) und auch die Forderung aufstellte, Verteidigungspolitik zu einem Instrument „offensiver Entspannung" zu machen.[36]
Im Januar 1967 setzte der AK-Vorsitzende die Werbekampagne für seine neue Sicherheitskonzeption fort. Dabei konkretisierte er seine Ausführungen aus dem „Vorwärts"-Artikel noch weiter, so etwa, wenn er in einem Gespräch mit dem „Kölner Stadt-Anzeiger" offen erklärte, daß seine Konzeption den Abzug der nuklearen Trägersysteme aus der Bundeswehr vorsah.[37]
Beachtung verdient die Tatsache, daß sich Wienand praktisch überhaupt nicht zur Einordnung der alliierten Streitkräfte in Deutschland in seine Konzeption äußerte. Dies ist nur aus der damaligen Situation heraus zu verstehen. In den Jahren 1966/67 gab es in der Bundesrepublik und auch in den anderen NATO-Staaten die verbreitete Ansicht, daß die Nordatlantische Allianz ihren zwanzigsten Geburtstag (1969) wohl nicht überleben werde: zu deutlich waren die Desintegrationstendenzen im westlichen Bündnis. Daß dann schließlich 1969 niemand mehr das NATO-Bündnis für überflüssig hielt, nirgends mehr von einer Krise der Allianz die Rede war, das verdankten Westeuropäer und Amerikaner wohl weniger eigener Einsicht als der Sowjetunion, genauer: deren Einmarsch in die ČSSR.

### *b) Die materielle Grundlage der Konzeption Wienands*

Intensive Kontakte zur deutschen Rüstungsindustrie gingen der Formulierung von Wienands neuer Wehrkonzeption voraus.[38] Hier spielte die Firma Bölkow GmbH eine besondere Rolle.
Mitte des Jahres 1966 – der genaue Zeitpunkt läßt sich nicht mehr rekonstruieren – besuchte der Vorsitzende des Fraktionsarbeitskreises Sicherheitsfragen Dipl.-Ing. Ludwig Bölkow, den Geschäftsführer der Bölkow GmbH in München. Bölkow präsentierte Wienand dort seine wehrtechnischen Ideen und Entwicklungen, insbesondere zu

[36] S. Hannoversche Presse, 23. 12. 1966: „Bonn soll aktiv werden. Dreier-Vorschlag Wienands zur Rüstungsabgrenzung".
[37] S. Kölner Stadt-Anzeiger, 12. 1. 1967: „SPD-Wehrexperte Wienand: Bundeswehr muß nicht so groß sein".
[38] Die nachfolgenden Ausführungen basieren auf Informationen aus Gesprächen des Verf. mit Karl Wienand, seinen damaligen Referenten im Arbeitskreis Sicherheitsfragen der Fraktion, Bernhard Bussmann und Hellmuth Roth, sowie Vertretern der Messerschmitt-Bölkow-Blohm GmbH (MBB). Von MBB erhielt der Verf. auch wehrtechnische Unterlagen zu Flächenfeuerwaffen und Panzerabwehrwaffen, die in den 1960er Jahren von Bölkow u. a. entwickelt wurden.

den Bereichen Flächenfeuerwaffen und Panzerabwehrwaffen. Der Rüstungsingenieur wollte mit diesen Waffen, die zum Teil aber erst auf dem Reißbrett existierten, die Kriegsverhinderung durch Perfektion der konventionellen Defensivsysteme sicherer machen. Neue strategisch-konzeptionelle Vorstellungen verband Bölkow mit den Defensivsystemen nicht.

Für Flächenfeuerwaffen oder – was das gleiche ist – Streuwaffen ist charakteristisch, daß sie nicht gegen ein bestimmtes Einzelobjekt, sondern gegen einen bestimmten Raum eingesetzt werden. Von Flugzeugen oder Raketen werden sie auf das Gefechtsfeld gebracht, und ihre Effizienz wird auf der Grundlage der Wahrscheinlichkeitsgesetze berechnet. Oder anders ausgedrückt: Man schießt mit Flächenwaffen nicht auf einzelne Panzer oder Soldaten, sondern blockiert das Gelände, über das hinweg sie angreifen müssen. Bölkow hatte Mitte der 1960er Jahre gleich mehrere moderne Flächenwaffensysteme in der Entwicklung, zum Teil in Kooperation mit anderen Firmen. Zwei dieser Systeme, „Pandora" und „Meduse", sollen hier kurz vorgestellt werden. Bei beiden handelte es sich um Panzerabwehrminen. „Meduse" war als passive Streumunition konzipiert, die als „Lauermunition" erst bei Annäherung eines gegnerischen Fahrzeugs ab einer bestimmten, vorher genau definierten Fahrzeuggröße zur Wirkung kommen sollte. Als Träger für „Meduse" waren sowohl leichte bis mittlere Artillerie-Raketenwerfer (LAR/MAR) als auch Flugzeuge (F-4/NKF bzw. MRCA) vorgesehen. Das System verfügte über eine Hohlladung, die jede Panzerung durchschlagen konnte. „Pandora" konnte mittels der LAR über Entfernungen bis etwa 15 Kilometer verschossen werden. Je LAR-Gefechtskopf waren acht Stabminen vorgesehen, die mittels Fallschirm über dem Zielgebiet abgesetzt werden konnten. Durch dieses Verfahren ließ sich eine relativ großflächige Minensperre errichten. Die Minen sollten insbesondere auf die Laufketten gepanzerter Fahrzeuge ansprechen. Nach diesem System verminte Flächen sollten, so hatten statistische Berechnungen ergeben, eine Ausfallquote von über neunzig Prozent bewirken.[39]

Bei den Panzerabwehrwaffen konnte Bölkow dem SPD-Wehrexperten die zweite, bereits weitgehend fertig entwickelte Generation der Panzerabwehrlenkraketen vorstellen. Hier handelte es sich um die zusammen mit der französischen Firma Nord Aviation entwickelten Systeme MILAN und HOT. Sie wurden in den 1970er Jahren in die Bundeswehr eingeführt. Wienand war von Bölkows Präsentation, seinen waffentechnischen Vorstellungen, insbesondere zur Flächenverteidigung und defensiven Bewaffnung, sehr beeindruckt. Er lud den Ingenieur deshalb ein, seine Vorstellungen auch vor dem Sicherheitsausschuß des SPD-Parteivorstandes, dessen stellvertretender Vorsitzender Wienand war, vorzutragen. Noch 1966 leistete Bölkow dieser Einladung Folge;[40] wenig später erschien dann Wienands „Vorwärts"-Aufsatz.

[39] Bemerkenswert ist, daß Waffensysteme der beschriebenen Art erst in den 1980er Jahren, also 20–25 Jahre nach Projektions- bzw. Entwicklungsphase, in die Bundeswehr eingeführt werden. So wird etwa der Waffenbehälter MW-1 für MRCA/TORNADO, Container und Verteiler für Submunitionen der o. a. Art erst seit 1984 in die Bundesluftwaffe eingeführt.

[40] Auch hier ist eine exakte Datierung leider nicht möglich, weil es dem Verf. nicht möglich war, Einsicht in die Akten des PV-Sicherheitsausschusses zu erlangen.

### *c) Wienands „Braintrust" – das Referentengespann Bussmann/Roth*

Die wehrtechnische Komponente war ein zweifellos wichtiger Pfeiler der Konzeption Wienands. Aber mit Technik allein ließ sich kein neues politisches Konzept schneidern. Sicherheitspolitische und verteidigungspolitische Überlegungen mußten die politische Richtung bestimmen, einen Rahmen setzen, in den Militärstrategie und Militärtechnik eingebettet werden konnten.

Diese Aufgabe wurde in erster Linie nicht von Wienand wahrgenommen, sondern von den Referenten des Arbeitskreises Sicherheitsfragen (AK VIII) Bernhard Bussmann und Hellmuth Roth; ein Vorgang, der an sich nicht weiter bemerkenswert wäre, denn er entspricht der politisch-parlamentarischen Arbeitsweise und den Funktionen eines Referenten. Aber – und dies ist der Grund, an dieser Stelle etwas näher auf das Referentengespann Bussmann/Roth einzugehen – die beiden Experten waren weit mehr als nur die Erfüllungsgehilfen ihres Vorgesetzten.[41] Sie hatten nämlich in den Jahren 1965/66 selbständig damit begonnen, „Vorschläge für eine zeitgemäße Sicherheitspolitik" zu entwickeln. Dazu hatten sie keinen Auftrag des AK-Vorsitzenden oder gar der Fraktion erhalten. Wienand, der das Unternehmen „wohlwollend duldete",[42] griff die Vorstellungen der beiden Referenten dann auf, als diese ein gewisses Reifestadium erreicht hatten.

Das war Ende 1966 der Fall. Der „Vorwärts"-Aufsatz vom 7. Dezember war ein Kondensat der Überlegungen von Bussmann und Roth. Hellmuth Roth war im Mai 1965 Fraktionsreferent geworden. Er war Oberst der Bundeswehr, also aktiver Offizier; der erste seit Bestehen des AK VIII. Für seine Tätigkeit bei der SPD-Fraktion war er vom Verteidigungsministerium beurlaubt worden. Zuvor, in den Jahren 1962–1965, war Roth an der Führungsakademie der Bundeswehr in Hamburg tätig gewesen. Hier hatte er enge Kontakte zu führenden SPD-Sicherheitspolitikern und der SPD nahestehenden Experten, dem „Hamburger Kreis"[43] um Helmut Schmidt, geknüpft. Als dann die Stelle des Sicherheitspolitischen Referenten der Fraktion vakant wurde, folgte Roth einem Ruf Fritz Erlers und ging nach Bonn. Im Herbst 1965, nach den Bundestagswahlen, stellte die Fraktion noch einen zweiten Referenten für den AK VIII ein, Bernhard Bussmann. Bussmann war promovierter Historiker und zuvor Referent der Deutschen Gesellschaft für Auswärtige Politik (DGAP) in Bonn gewesen. Dort war er mit Sicherheitspolitik, insbesondere den Problemen der Rüstungskontrolle, in Berührung gekommen. Außerdem war er 1965 Wahlkampfleiter Wienands gewesen.

Beide Referenten, auch und gerade der Offizier Roth, sahen ihre Tätigkeit von Anfang an unter dem Aspekt, daß es gelte, die großen Linien deutscher Sicherheits- und Verteidigungspolitik wieder stärker herauszuarbeiten.

Es war in der Tat so, daß, parallel zu dem fortschreitenden Aufbau der Bundeswehr,

[41] Die nachfolgenden Ausführungen beruhen im wesentlichen auf Informationen aus Gesprächen mit Karl Wienand, Karl-Wilhelm Berkhan, Hartmut Soell, Bernhard Bussmann und Hellmuth Roth.

[42] So Hellmuth Roth in einem Gespräch mit dem Verf. am 20. 9. 1984 in Iversheim.

[43] Dem „Hamburger Kreis" gehörten u. a. an: Helmut Schmidt, Karl-Wilhelm Berkhan, Karl Wienand, Eugen Selbmann, Kurt Becker, Theo Sommer und Hellmuth Roth. Von diesem Kreis wurden, unter der Regie von Schmidt, die wichtigen Parteivorstands-Anträge zur Sicherheitspolitik und Bundeswehr für den Karlsruher Parteitag von 1964 erarbeitet.

auch die Überhäufung der Verteidigungspolitiker – und das galt natürlich für alle Fraktionen – mit organisatorischen und beschaffungstechnischen Details stetig zugenommen hatte.
Roth und Bussmann gingen bei ihren Überlegungen davon aus, daß die Bundeswehr unter den Bedingungen des Nuklearzeitalters keinen eigentlich militärischen Wert besitze, sondern nur einen politischen Wert – insofern nämlich, als die Existenz deutscher Streitkräfte dazu diene oder dienen könnte, politischen Einfluß auf die Großmächte auszuüben; Einfluß im Sinne einer Lösung des deutschen Sicherheitsproblems und – längerfristig – auch der deutschen Frage.
Streitkräfte und die Mitgliedschaft in der NATO verhinderten immerhin, daß die Bundesrepublik einflußloses Objekt machtpolitischer Rivalitäten zwischen den beiden Großen würde. Aber, die Bundeswehr sei nicht nur ein Einflußfaktor in den Beziehungen zu den USA und zur NATO, sondern auch im Verhältnis zur Sowjetunion. Für die SPD-Experten war die Bundeswehr sicherlich nicht *nur* ein Verhandlungschip, aber doch ein Verhandlungs- und Einflußhebel. Vor dem Hintergrund dieser Einschätzung, die auch Wienand Ende 1966 in verklausulierter Form an die Öffentlichkeit trug,[44] waren eine militärstrategisch bemessene Struktur und Stärke der Bundeswehr zweitrangig.
War der militärische Wert der Bundeswehr bestenfalls gering, dann konnte sie auch ohne Gefahr als entspannungsförderndes Instrument vis-à-vis dem Ostblock eingesetzt werden. Dann war es möglich, sie in ihrer Stärke deutlich herabzusetzen und in ihrer Bewaffnung und Gliederung so umzustellen, daß selbst Böswillige in ihr nur noch eine Defensivarmee erblicken konnten.
Die Aufrechterhaltung eines militärischen Gleichgewichts in Europa war in dieser Logik kein unbedingtes Sicherheitspostulat, im Gegenteil konnte ein Ausbrechen aus der Gleichgewichtsfixierung genutzt werden, um politische Bewegung in die festgefahrenen Ost-West-Beziehungen zu bringen.
Die von Bussmann und Roth erarbeiteten und von Wienand Ende 1966 in die Öffentlichkeit gebrachten Vorschläge zur Änderung der Bundeswehrstruktur liefen im Kern auf eine kleine Berufsarmee mit Milizkomponente hinaus. Beide Experten waren Anhänger der Berufsarmee. Als Vorbild schwebte ihnen das englische Modell vor.
Die Milizkomponente fand nur deshalb Eingang in das Konzept, weil dieses so für die Sozialdemokratie akzeptabler wurde; denn eine reine Berufsarmee, darüber waren sich die beiden Referenten im klaren, paßte eigentlich nicht zur Geschichte der SPD.[45]

[44] S. Frankfurter Rundschau, 28. 11. 1966: „Wienand: Militärpolitik ändern". – So äußerte der Politiker in seiner von der FR wiedergegebenen Rede vor südhessischen Parteigenossen, die militärische und strategische Bedeutung der Bundeswehr sei zwar „eine notwendige Komponente, nicht aber der Kern der Sicherheitspolitik". Als vordringliche Aufgabe der westdeutschen Sicherheitspolitik bezeichnete er die Herstellung eines Vertrauensverhältnisses zu den östlichen Nachbarn.

[45] So hatte die SPD bereits in ihrem Erfurter Programm von 1891 eine „Volkswehr an Stelle der stehenden Heere" gefordert. S. Protokoll über die Verhandlungen des Parteitages der Sozialdemokratischen Partei Deutschlands, abgehalten zu Erfurt vom 14. bis 20. Oktober 1891, Berlin o. J., S. 3ff. Nach dem Zweiten Weltkrieg fühlte sich die SPD in ihrer Ablehnung von Freiwilligen-Streitkräften durch die negativen Erfahrungen mit der Reichswehr bestätigt.

Bernhard Bussmann und Hellmuth Roth hatten den Ehrgeiz, etwas in der sozialdemokratischen Sicherheitspolitik zu bewegen.[46]
Als im Laufe des Jahres 1967 die Wahrscheinlichkeit, daß ihre Vorschläge bei den Fraktionsoberen Gehör finden würden, immer geringer wurde, ergriffen sie selbst die Initiative. – Davon wird weiter unten noch die Rede sein.[47]

### Exkurs: Die Diskussion über neue Wehrkonzeptionen außerhalb der SPD

Nicht nur in der SPD wurden 1966/67 Vorschläge für eine neue Sicherheitspolitik entwickelt. In diesen Jahren hatten – was heute weitgehend in Vergessenheit geraten ist – alternative sicherheitspolitische und verteidigungspolitische Konzeptionen Hochkonjunktur in der Bundesrepublik Deutschland. Dafür gab es mehrere Gründe:

1. Der Austritt Frankreichs aus der militärischen Integration der NATO sowie die Truppenabzüge der Westalliierten aus der Bundesrepublik führten zu der weitverbreiteten Perzeption, daß die NATO in einem unaufhaltsamen Erosionsprozeß begriffen sei.
2. Die aufkeimende Ost-West-Entspannung führte, trotz der offenkundigen Schwächung der NATO, zu abnehmenden Bedrohungsperzeptionen und warf die Frage nach dem Verhältnis von Entspannung und Verteidigung in der Sicherheitspolitik auf.
3. Das Scheitern der nuklearen Gemeinschaftslösung im Rahmen der NATO sowie das starke gemeinsame Interesse von USA und UdSSR an einem Atomwaffensperrvertrag brachten Struktur und Bewaffnung der Bundeswehr, insbesondere ihre nuklearen Trägersysteme, erneut in die Diskussion.
4. Neue konventionelle Waffentechnologien, wie die weiter oben bereits skizzierten, schienen die Aussicht zu bieten, die Nuklearwaffen vom Gefechtsfeld zu verbannen.
5. Schließlich und nicht zuletzt gingen von der Regierungskrise 1966 und der damit eng zusammenhängenden Finanzkrise starke Impulse in Richtung auf neue konzeptionelle Überlegungen aus.

Solche Überlegungen wurden 1966/67 vor allem von der FDP und von konservativen Militärkreisen sowie der Rüstungswirtschaft angestellt.

#### *a) Die FDP-Konzeption*

Noch bevor Karl Wienand Ende November/Anfang Dezember 1966 mit seinen Überlegungen an die Öffentlichkeit trat, hatte die FDP bereits Vorschläge für eine neue Wehrkonzeption unterbreitet. Auf einem wehrpolitischen Kongreß in München am 5./6. November, acht Tage nach dem Rücktritt der FDP-Bundesminister, stellte die

[46] Für ihren politischen Ehrgeiz und ihre außergewöhnliche Aktivität ist es bezeichnend, daß sie beide ihre Karriere nicht als SPD-Referenten beendeten, sondern 1969 weiter aufstiegen: Bussmann wurde Bundestagsabgeordneter (bis 1980) und Roth wurde, nach einem kurzen Zwischenspiel im Planungsstab Egon Bahrs, Nachfolger Schnippenkoetters als Abrüstungsbeauftragter der Bundesregierung im Auswärtigen Amt (bis 1977).

[47] S. dazu S. 57ff.

Partei ein – wie es in der Presse hieß – „neues“[48] verteidigungspolitisches Konzept vor. Kernpunkte des Konzepts, das von dem FDP-Wehrexperten Fritz-Rudolf Schultz erläutert wurde, waren:

- Abschaffung der nuklearen Trägersysteme der Bundeswehr – die FDP sprach hier bewußt undeutlich von der „atomaren Bewaffnung“ der Bundeswehr – und statt dessen Ausrüstung der deutschen Streitkräfte mit modernen konventionellen Waffen;
- Verkürzung der Grundwehrpflicht von achtzehn auf sechs Monate, gekoppelt mit häufigeren Wehrübungen und einer verstärkten Nutzung des Reservistenpotentials;
- demgemäß Ausbau der Territorialverteidigung und der Wehrpflicht zu einer allgemeinen Verteidigungsdienstpflicht;
- Reduzierung des stehenden Heeres und Aufstellung von Kadereinheiten.[49]

Ziel der FDP-Vorschäge war erklärtermaßen dreierlei, nämlich eine „Effektivierung“ der Verteidigung, die Sicherheitskonzeption „politisch auf die Bedingungen der 70er Jahre“ zuzuschneiden, insbesondere den defensiven Auftrag der Bundeswehr stärker zu akzentuieren, und nicht zuletzt die Präsentation einer kostengünstigen Alternative zur Regierungspolitik.

Dies war keineswegs ein ganz neues Konzept, sondern die Freien Demokraten knüpften damit an Vorschläge an, die ihr Wehrexperte Reinhold Kreitmeyer bereits 1964 vorgestellt hatte.[50]

Interessanterweise hatte die SPD damals das Urheberrecht an den sogenannten Kreitmeyer-Plänen reklamiert;[51] und zwar durchaus mit einigem Recht.

Das Kreitmeyer-Konzept war dann zwei Jahre lang nicht mehr erwähnt worden, wohl um den Koalitionspartner nicht allzusehr zu reizen. Von der Koalitionskrise[52] wurde es im Herbst 1966 wieder an die politische Oberfläche gespült.[53]

Erst recht nach Bildung der Großen Koalition, die die FDP auf die Oppositionsbänke verbannte, propagierten die Liberalen eine neue Verteidigungskonzeption für die Bundesrepublik. In einer schriftlichen Erklärung zur Aussprache über die Regierungserklärung vom 16. Dezember machte Schultz den Standpunkt der FDP ganz deutlich.[54]

[48] S. Süddeutsche Zeitung, 7. 11. 1966: „Wie sich die FDP unsere Verteidigung vorstellt. Auf einem wehrpolitischen Kongreß in München trägt die Partei ein neues Konzept für die Bundeswehr vor.“

[49] S. dazu, Willner, Herbert, Neue verteidigungspolitische Orientierung der FDP, in: Freie Demokratische Korrespondenz (fdk) 17/84, Bonn, 8. 11. 1966.

[50] Kreitmeyer veröffentlichte sein Konzept erstmals Anfang Oktober 1964 in der Illustrierten „Revue“. Eine Kurzfassung erschien in „Christ und Welt“, 6. 11. 1964, unter der Überschrift „Milizsoldaten“.

[51] S. Christ und Welt, 16. 10. 1964: „Kriegsspiel mit Milizsoldaten“.

[52] Die Koalitionskrise war in erster Linie finanzpolitisch bedingt. Im Mittelpunkt stand die Frage, wie der Bundeshaushalt 1967 ausgeglichen werden sollte: durch Steuererhöhung (CDU/CSU) oder Kürzung des Verteidigungsetats (FDP).

[53] S. Kommunique der Bundesvorstandssitzung der FDP am 8./9. September 1966 in Nürnberg, in: fdk 17/68, 13. 9. 1966, S. 5f.; Fritz-Rudolf Schultz, in: Verhandlungen, 57. Sitzung, 21. 9. 1966, S. 2851.

[54] S. Schriftliche Erklärung des Abgeordneten Schultz (FDP) zu Punkt 4 der Tagesordnung, Anlage 16, in: Verhandlungen, 83. Sitzung, 16. 12. 1966, S. 3901f.

Er bedauerte, „daß die Regierungserklärung zur Verteidigungspolitik nichts aussagt", und kritisierte insbesondere das Fehlen von Vorschlägen zur Rüstungskontrolle und Abrüstung. Die Haltung der neuen Bundesregierung zur Nuklearfrage sei unbefriedigend, befand Schultz und gab zu verstehen, daß die FDP *jede* Form nuklearen Mitbesitzes für die Bundesrepublik ablehnte.
Nicht ohne Ironie fügte er hinzu, daß die FDP angesichts der „völlig entgegengesetzten Auffassung maßgeblicher Vertreter der SPD und der CDU/CSU in der atomaren Frage ... den Sozialdemokraten in dieser Angelegenheit nur viel Glück zu ihrer Opposition in der Koalition wünschen" könne.[55]
Dann kam Schultz ausführlich auf die deutsche Verteidigungskonzeption und die Bundeswehr zu sprechen: Wenn der Verteidigungshaushalt häufig als „Reservekasse für andere Ausgaben" angesehen werde, so liege das daran, daß der militärische Auftrag der Bundeswehr „weder dem politischen Wandel der Weltlage noch der technischen Entwicklung" angepaßt worden sei. Und dann ging der freidemokratische Verteidigungsexperte noch einen Schritt weiter. Er behauptete:

„Die Bundeswehr hat von Anbeginn an nur einen politischen und keinen realen militärischen Auftrag gehabt. Der heutige Auftrag für die Bundeswehr berücksichtigt nicht, daß Aggressionen im Stil des Zweiten Weltkriegs angesichts der zerstörenden Wirkung von Atomwaffen nicht mehr möglich sind und daß Aggressionsabsichten im Sinne der 50er Jahre daher heute nicht mehr vermutet werden können."[56]

Geblieben, so Schultz, sei nur noch die Gefahr begrenzter Übergriffe unterhalb der Atomschwelle im konventionellen Bereich. Hiergegen sei ein Schutz durch die Bundeswehr nötig und möglich:

„Es ist allerdings erforderlich, die Bundeswehr in der Weise umzugliedern, daß entlang der Demarkationslinie zur Zone und der Grenze zur Tschechoslowakei tief gestaffelte Panzerabwehrverbände einen Riegel bilden, der eine begrenzte Aggression mit konventionellen Waffen verhindert. Entschließt sich der Gegner angesichts dieser Situation zum Einsatz atomarer Waffen, dann können die Amerikaner ihr atomares Potential sowieso nicht zurückhalten."[57]

In Anknüpfung an die Kreitmeyer-Pläne von 1964 schlug der FDP-Politiker darüber hinaus vor, den Schwerpunkt im Verteidigungssektor auf den Ausbau der Territorialverteidigung zu legen. Auffallend an der Erklärung von Schultz war, daß er praktisch nur in Verteidigungskategorien argumentierte. Oder anders ausgedrückt: er präsentierte Vorschläge für eine wirksame Kriegführung, nicht oder zumindest nicht in erster Linie Vorschläge für eine wirksame Kriegsverhinderung.
Zu Recht wies daher ein Kommentar in der „Mainzer Allgemeinen Zeitung" im Frühjahr 1967 darauf hin, daß der FDP bei der Zusammenstellung ihres Konzepts ein „schwerwiegender Denkfehler" unterlaufen sei:

55 Ebenda.
56 Ebenda.
57 Ebenda, S. 3902; vgl. auch Schultz, Fritz-Rudolf, Der Auftrag der Bundeswehr muß neu überdacht werden, in: fdk-Tagesdienst, Nr. 464/66, 21. 12. 1966.

„Sie mißt der Bundeswehr lediglich eine militärische Aufgabe zu und verkennt vollkommen, daß die Streitkräfte auch einen politischen Auftrag haben. Dieser Auftrag lautet: einen Krieg unter allen Umständen zu verhindern, da kaum damit zu rechnen ist, daß eine bewaffnete Auseinandersetzung in Mitteleuropa auf einen konventionellen Schlagabtausch begrenzt werden könnte."[58]

Zweitens machte die schriftliche Erklärung des FDP-Politikers deutlich, daß seine Partei nur noch begrenzte konventionelle Aggressionen für möglich hielt. Die Frage, wofür dann eine allgemeine Verteidigungspflicht, eine „moderne levée en masse",[59] eingeführt werden mußte, blieb allerdings unbeantwortet.
Deshalb war es durchaus nicht unlogisch, wenn der FDP-Bundesvorsitzende Erich Mende auf der Basis eines begrenzt-konventionellen Kriegsbildes im Januar 1967 die Umwandlung der Bundeswehr in eine Streitmacht von 250000 Berufssoldaten vorschlug.[60] Er setzte sich damit allerdings in seiner Partei nicht durch. Auf dem Hannoveraner Parteitag der Freien Demokraten von Anfang April 1967 stand die Sicherheits- und Verteidigungspolitik ganz oben auf der Tagesordnung; denn mittlerweile war deutlich geworden, daß die Regierungskoalition in diesem Bereich verwundbar war. Aus den Reihen der SPD waren sicherheitspolitische Positionen an die Öffentlichkeit getragen worden, die denen der FDP sehr ähnlich waren.
Daher beschloß die FDP in Hannover ein „Aktionsprogramm", das neben Thesen zur Außen- und Deutschlandpolitik auch elf Thesen zur Verteidigungspolitik enthielt.[61]
Drei Probleme standen im Vordergrund der verteidigungspolitischen Thesen:
– die Frage der nuklearen Komponente in Bündnisstrategie und Bundeswehr;
– die Frage der Arbeitsteilung im Bündnis;
– die Frage der Verkürzung der Wehrdienstzeit.

Zum Nuklearproblem hieß es im Aktionsprogramm:

„Ein Einsatz von atomaren Waffen auch zu Verteidigungszwecken in Mitteleuropa ist wegen der verheerenden Folgen auch für die eigene Bevölkerung weder zu erwarten noch zu verantworten. Die atomare Ausrüstung der Bundeswehr ist daher militärisch ohne Wert, politisch schädlich und eine kostspielige Fehlinvestition."[62]

Die Lösung des Problems sah die FDP in einer „Arbeitsteilung im NATO-Bündnis",die den Amerikanern die nukleare Abschreckung überließ. Aufgabe der Bundeswehr sei „eine wirksame Mitverteidigung der Grenzen der Bundesrepublik bei begrenzten Angriffkriegen". Die Nuklearwaffenträger der Bundeswehr sollten „für den Einsatz im Rahmen der NATO den USA überlassen werden". Dafür sollte die Bundeswehr den Schwerpunkt ihrer konventionellen Rüstung auf moderne panzerbrechende Waffen legen.[63]

[58] Mainzer Allgemeine Zeitung, 4. 5. 1967: „Keine Störung des Gleichgewichts".
[59] So Schultz auf dem wehrpolitischen Kongreß der FDP in München: S. Süddeutsche Zeitung, 7. 11. 1966.
[60] S. Hamburger Abendblatt, 31. 1. 1967.
[61] Ziele des Fortschritts. Aktionsprogramm der FDP: Liberale Thesen zur Außen-, Deutschland- und Verteidigungspolitik, in: fdk, Sonderausgabe, 26. 5. 1967.
[62] Ebenda, S. 5. Kritisch dazu: Basler Nachrichten, 6. 4. 1967.

Zur Begründung der Verminderung der zahlenmäßigen Stärke und teilweisen Kaderung der Bundeswehr führte die FDP aus:

„Die Forderung nach einer in ihrer Gesamtheit ständig aus dem Stand einsatzbereiten Bundeswehr ist in der heutigen politischen Situation nicht gerechtfertigt. Einem kriegerischen Konflikt würde mit hoher Wahrscheinlichkeit eine Spannungszeit vorausgehen, die zur Mobilmachung der auf den Friedenszustand ausgerichteten Einheiten der Bundeswehr benutzt werden kann."[64]

In diesen Kontext stellten die Liberalen auch die Forderung nach einer Verkürzung des Grundwehrdienstes auf zwölf Monate. Gleichzeitig sollten Reservisten verstärkt in die Verteidigungsplanung einbezogen werden.[65] Damit war Mendes Vorschlag, ein Berufsheer einzuführen, gescheitert. Statt dessen setzte die FDP auf eine Mobilmachungsstrategie.
In einem auf den Hannoveraner Parteitag folgenden Interview sagte Schultz, er habe keine Bedenken gegen die geplanten Truppenabzüge der Alliierten. „Selbst gegen ein Herunterschrauben der alliierten Verbände in der Bundesrepublik auf zwei Divisionen oder sogar fünf Bataillone hätte ich keine Bedenken", meinte der Abgeordnete.[66] Und an anderer Stelle erklärte er: „Nicht die Präsenz von alliierten Truppen auf unserem Boden ist ausschlaggebend, sondern die Kooperation unter den Verbündeten."[67] In derselben Presseerklärung sagte Schultz auch, zu einer lückenlosen Abschreckung seien taktische nukleare Gefechtsfeldwaffen nicht notwendig; die strategisch-nuklearen Systeme der USA reichten aus. Damit näherte sich die FDP fast zwangsläufig den verschiedenen Vorschlägen für atomwaffenfreie Zonen in Europa. Schultz war sich dessen bewußt und wies selbst ausdrücklich darauf hin.[68]
Am 24. November 1967 trat der FDP-Verteidigungsexperte mit einer Erklärung „Atomwaffenfreies Mitteleuropa" an die Öffentlichkeit. Darin hieß es u. a.:

„Die FDP hat in dem seit vielen Jahren bekannten Plan einer atomwaffenfreien Zone stets Ansatzpunkte für eine auf Entspannung ausgerichtete konstruktive Innenpolitik gefunden ... Sie sind die bislang immer noch realistischsten Vorschläge, ein gesamteuropäisches Sicherheitssystem vorzubereiten. Die Bundesregierung muß im Hinblick auf ein derartiges Sicherheitssystem initiativ werden."[69]

Die Forderung nach einem atomwaffenfreien Mitteleuropa fand auch Eingang in die verteidigungspolitischen Entschließungsanträge der FDP-Bundestagsfraktion vom 5. Dezember 1967.[70] Ende 1967 konnte die FDP eine geschlossene verteidigungspoliti-

[63] Ziele des Fortschritts, a.a.O., S. 5.
[64] Ebenda.
[65] Ebenda.
[66] Bonner General-Anzeiger, 18. 4. 1967: „Keine Atomwaffen für die Bundeswehr".
[67] Frankfurter Rundschau, 4. 5. 1967: „FDP fragt nach Schröders Konzept".
[68] S. Bonner General-Anzeiger, 18. 4. 1967.
[69] Zit. nach: fdk-Fachdienst für Sicherheits- und Verteidigungspolitik, Nr. 15/1967 (SVP 1/67), 21. 12. 1967, S. 7.
[70] S. ebenda.

sche und sicherheitspolitische Konzeption vorweisen. In den folgenden zwei Jahren wurde diese Konzeption lediglich weiter verfeinert und präzisiert.
So legte Walter Scheel 1968 auf einem wehrpolitischen Kongreß der FDP in Koblenz einen Stufenplan zur Errichtung eines gesamteuropäischen Sicherheitssystems vor.[71] Der sowjetische Einmarsch in die ČSSR war für die FDP kein Grund zur kritischen Überprüfung ihrer Verteidigungskonzeption, insbesondere der Mobilmachungsstrategie. Die Partei fühlte sich im Gegenteil in ihren Vorstellungen bestätigt.[72] Daher vertrat sie ihre in den Jahren 1966/67 sukzessive erarbeitete Konzeption bis zu ihrem erneuten Regierungseintritt. Sogar noch zu Beginn der sozialliberalen Koalition forderte sie die Abschaffung der nuklearen Trägersysteme der Bundeswehr.[73] Der neue Adressat hieß Helmut Schmidt.

Es ist deutlich geworden, daß die sicherheits- und verteidigungspolitischen Vorstellungen der FDP und der Wienand-Gruppe in der SPD in den Jahren 1966/69 sehr dicht beieinanderlagen. Dies traf in gleichem Maße auch für die überwölbenden außenpolitischen Positionen und die Deutschlandpolitik von FDP und Gesamt-SPD zu.
Schon bei den Koalitionsverhandlungen vor Bildung der Großen Koalition war das erkannt worden.[74] Daß die außen- und sicherheitspolitischen Gemeinsamkeiten von FDP und SPD bzw. erheblichen Teilen der SPD die neue SPD-Fraktionsführung unter Helmut Schmidt vor Probleme stellen würde, war also voraussehbar.

*b) Militär und Wirtschaft*

Als Fritz-Rudolf Schultz im Dezember 1966 seine schriftliche Erklärung zur Verteidigungspolitik im Bundestagsprotokoll vermerken ließ, berief er sich auch auf den Oberst a. D. Bogislaw von Bonin.[75]
Bonin war 1966, elf Jahre nach seinem Ausscheiden aus der Bundeswehr, immer noch ein bekannter, wenngleich umstrittener Wehrexperte. Als Leiter der militärischen Planungsabteilung des sogenannten Amtes Blank hatte er Mitte der 50er Jahre Vorschläge für eine künftige Struktur der Bundeswehr unterbreitet und veröffentlicht, die den Planungen der Bundesregierung und der NATO entgegenliefen. So hatte er u. a. gefordert, der Bundeswehr den Auftrag der „taktischen grenznahen Verteidigung" mittels moderner Panzersperrverbände zuzuweisen und nicht die „strategische Defen-

[71] S. Scheel, Walter, Europäische Sicherheit für die siebziger Jahre, in: fdk-Fachdienst für Sicherheits- und Verteidigungspolitik, Nr. 2/1969 (SVP 1/69), S. 2–9.
[72] S. Schultz, Fritz-Rudolf, Mehr Sicherheit für das gleiche Geld, in: fdk-Tagesdienst, Nr. 506/68, 20. 12. 1968; Willner, Herbert, FDP-Verteidigungspolitik eklatant bestätigt, in: fdk-Tagesdienst, 21. 10. 1968.
[73] So kritisierte der FDP-Parlamentarier Kurt Jung nach der Veröffentlichung des Weißbuches 1970, daß Schmidt an den nuklearen Trägerwaffen der Bundeswehr festhielt: S. Stuttgarter Zeitung, 2. 6. 1970.
[74] So hieß es in dem vom SPD-Parteivorstand herausgegebenen SPD-Jahrbuch 1966/67 (Bonn 1968): „Bei den Verhandlungen zeigte sich, daß in den Fragen der Außen- und Deutschlandpolitik mit der FDP weitgehende Übereinstimmung erzielt werden konnte" (S. 22).
[75] S. Schriftliche Erklärung des Abgeordneten Schultz, a.a.O., S. 3902.

sive“, wie nach den Planungen der NATO vorgesehen.[76] Unter dem Eindruck der betont nuklearen Strategie der NATO hatte Bonin sogar gefordert, daß die Bundesrepublik aus der westlichen Militärintegration ausscheiden und ihre Sicherheit in einer nationalen und nichtnuklearen Verteidigungskonzeption suchen müsse.[77]
Im November 1966 trat Bonin erneut an die Öffentlichkeit. In einem programmatischen Aufsatz für den „Spiegel“ postulierte er: „Die Bundeswehr braucht einen neuen Kampfauftrag“.[78] Ausgehend von einer widersprüchlichen Bedrohungsanalyse, die sowohl einen sowjetischen Großangriff auf Westeuropa ausschloß als auch gleichzeitig massive nukleare Präemptivschläge der UdSSR gegen auf westdeutschem Boden stationierte Nuklearwaffen im Konfliktfall annahm, gelangte Bonin zu der Schlußfolgerung, „daß der Schutz Westeuropas vor einem Zugriff der Sowjetunion durch die strategischen Atomwaffen der Vereinigten Staaten gewährleistet wird und nicht durch die hier stehenden Divisionen der NATO“.[79]
Bonin hielt nur noch begrenzte Angriffe seitens der Sowjetunion, die Anwendung einer „Salami-Taktik“, für vorstellbar. Allein auf dieses Kriegsbild hin wollte er die Bundeswehr umstrukturieren. Allen anderen Kriegsformen, also auch einem umfassenden konventionellen Angriff, wollte der ehemalige Oberst – wie das obige Zitat zum Ausdruck bringt – unter Rückgriff auf das nuklearstrategische Dispositiv der USA begegnen, wobei er allerdings die Implikationen des entstehenden nuklearen Patts zwischen den Supermächten übersah.
Bonin forderte folgende strukturelle Änderungen der Bundeswehr:
- Reduzierung der Bundeswehr auf 250000 Mann Berufssoldaten; davon acht Grenzsicherungsdivisionen à 15000 Mann mit dem Schwergewicht auf modernen panzerbrechenden Waffen in einem etwa 100 Kilometer breiten Streifen entlang den östlichen Grenzen der Bundesrepublik;
- Wehrpflichtige nur noch in einer rasch mobilisierbaren Heimatschutzmiliz (Ausbildungsdauer: sechs Monate) mit einer ständigen Präsenzstärke von 40000 Mann;
- eine Luftwaffe von höchstens 60000 Mann mit robusten Flugzeugen zur Erdkampfunterstützung;
- eine Marine von höchstens 30000 Mann zum Schutz der Ostseeküste.[80]

[76] Bonin, Bogislaw von, Denkschrift über Wiederbewaffnung und Verteidigungsplanung der Bundesrepublik Deutschland vom März 1955, zit. nach: Schubert, Klaus von, Sicherheitspolitik der Bundesrepublik Deutschland, Dokumentation 1945–1977, Teil II, Bonn 1978, S. 110–114.

[77] S. Bonin, Bogislaw von, Atomkrieg – unser Ende, Düsseldorf 1955.

[78] Bonin, Bogislaw von, Die Schlacht von Kursk – Ein Modell für die Verteidigung der Bundesrepublik. Die Bundeswehr braucht einen neuen Kampfauftrag, in: Der Spiegel, Nr. 48/1966, 21. 11. 1966, S. 42–53.

[79] Ebenda, S. 47; vgl. auch Bonin, Bogislaw von, Die Bundeswehr halbieren!, in: Stern, Nr. 29/1967, S. 15. – In diesem Interview machte Bonin deutlich, daß er selbst gegen einen vollständigen Abzug der amerikanischen und übrigen alliierten Truppen aus der Bundesrepublik nichts einzuwenden hätte: „Wenn wir sagen: Bitte, der Bundeswehr wollen wir die Grenzsicherung zuweisen, und bitte sehr amerikanische Freunde, euch brauchen wir dazu nicht, zieht eure Truppen ruhig ab – sie würden auf diese Konzeption eingehen ... Unsichtbar bleibt die amerikanische Flagge an der Elbe und der Werra hochgezogen.“

[80] S. Bonin, Die Schlacht von Kursk, a.a.O., S. 52f.

Das oberste Ziel der deutschen Militärpolitik mußte aber nach Bonin die Entfernung sämtlicher Nuklearwaffen und Trägersysteme aus der Bundesrepublik sein.[81]
Bonin untermauerte seine Vorschläge mit der Behauptung, daß der „heutigen Struktur der Bundeswehr ... ein nicht zu widerlegender offensiver Charakter" innewohne. Daß diese Bundeswehr dennoch zum selbständigen Angriff unfähig sei, bleibe politisch wirkungslos.[82] Daher hielt er eine Umgliederung und Verkleinerung der deutschen Streitkräfte auch politisch für geboten.

Ähnliche Pläne wie Bonin entwickelte der bekannte englische Stratege Liddell Hart. Er schlug vor, die Bundeswehr auf eine Friedensstärke von 275000 Mann zu reduzieren. Sie sollte überwiegend aus Berufssoldaten bestehen, im Frieden sechs bis acht mobile Divisionen etwa 150 Kilometer westlich der Demarkationslinie stationieren.[83] Diese Einheiten sollten ergänzt werden durch eine Heimatschutzmiliz „mit guten Panzerabwehrwaffen" (Ausbildungsdauer: drei Monate), die in kürzester Zeit nach Schweizer Vorbild 250000 bis 500000 Mann mobilisieren konnte. Für Luftwaffe und Marine unterbreitete Liddell Hart ähnliche Vorschläge wie Bonin.
Die Entnuklearisierung von Bundesrepublik und Bundeswehr war auch in der Konzeption des englischen Experten oberstes Ziel.[84]

Eine weitere interessante Alternativkonzeption zur Sicherheits- und Verteidigunspolitik der Bundesregierung präsentierte im Januar 1967 die Zeitschrift „Wehr und Wirtschaft", das Organ der deutschen Rüstungslobby.[85] Es handelte sich dabei um eine von einem „Forschungskreis Wehr und Wirtschaft"[86] 1966 erarbeitete Studie, die als „Denkmodell" verstanden werden wollte. Die Studie hatte einen betont konservativen Grundzug. Den Verfassern ging es – ungleich etwa Karl Wienand – nicht darum, entspannungsfördernde Vorschläge zu unterbreiten, sondern ihnen ging es primär um die militärische Sicherheit der Bundesrepublik.
Der Entspannung standen sie unverhohlen mißtrauisch gegenüber:

„Durch den zunehmenden Ausbau der friedlichen Beziehungen schwindet natürlich die Angst vor dem Osten, zumal die Entspanner bemüht sind uns einzureden, daß der Kommunismus gar nicht mehr so gefährlich sei, ohne zu bedenken, wie sehr sich diese Propaganda auf den Wehrwillen der westlichen Völker zersetzend auswirkt. Man übersieht, daß es sich im Ost-West-Konflikt um das Ringen zweier, in ihren Interessen und Zielen unvereinbarer Kulturen handelt."[87]

Ausgangspunkt der Studie war die Einschätzung, daß der Verfall der NATO und das Nachlassen der Idee der Europäischen Union die Bundeswehr ihrer bisherigen psycho-

[81] Ebenda, S. 51.
[82] Ebenda.
[83] S. Liddell Hart, Basil Henry, Schmeißt eure Raketen weg, in: Stern, Nr. 41/1967, S. 132ff.
[84] S. ebenda.
[85] Forschungskreis Wehr und Wirtschaft, Die Krise der deutschen Wehrpolitik, in: Wehr und Wirtschaft, 1/1967, S. 46–55.
[86] Die Mitglieder des Forschungskreises wurden von der Zeitschrift nicht genannt.
[87] Forschungskreis Wehr und Wirtschaft, Die Krise der deutschen Wehrpolitik, a.a.O., S. 47.

logischen Grundlagen beraube und zwinge, „ihren Auftrag nunmehr in einem mehr national betonten Rahmen zu sehen“.[88] Daraus wurde die Forderung nach einer Verteidigungskonzeption abgeleitet, die:

„1. die Sicherheit der Bundesrepublik auf eine Weise gewährleistet, die den Zwang, Atomwaffen zu gebrauchen, vermindert; ein Ziel, das nur durch eine entsprechende Erhöhung des herkömmlichen Kampfpotentials erreicht werden kann. Dies erfordert
2. die rationelle Ausnützung aller Kräfte, um in Krisenlagen trotz der wahrscheinlichen Verringerung der NATO-Streitkräfte die territoriale Integrität im äußersten Notfalle ... auch allein verteidigen zu können.
3. Bei der zunehmenden Allianz-Müdigkeit und allmählichem Abflauen des Interesses an einer gesamteuropäischen Strategie bleibt es auch der Bundesrepublik nicht erspart, in Wehrfragen allmählich auch für die Unversehrtheit des eigenen Territoriums zu planen. Es wäre wichtig, in Fällen von Konflikten wo deutsche Interessen nicht unmittelbar im Spiele sind, sich in eine bewaffnete Neutralität zurückziehen zu können, mit dem Ziele, fremde Truppen vom Durchmarsch des Bundesgebietes abzuhalten.
4. Andererseits wäre es erforderlich, um nicht der Willkür und der Unentschlossenheit der Alliierten völlig ausgeliefert zu sein (wie es 1961 im Falle der Vermauerung Berlins geschah), daß die Bundesregierung auch autonom militärisch handlungsfähig sei. ...
5. Das neugeschaffene Wehrsystem müßte ferner rein defensiven Charakter haben, um weder auf den vermutlichen Gegner provozierend noch im Rahmen der Verbündeten mißtrauenserregend zu wirken.
6. Last not least, *müßte die Bewaffnung und Ausrüstung für die neue Wehrplanung auch zu einem Großteil im Lande selbst* oder auch in gemeinsamer Entwicklung in europäischer Fertigung herstellbar sein.“[89]

Im Unterschied zu Bonin, Liddell Hart und auch dem FDP-Verteidigungsexperten Schultz ging die „Wehr und Wirtschaft“-Studie nicht nur von der Möglichkeit kleinerer sowjetischer Übergriffe mit begrenzter Zielsetzung aus, sondern bezog auch das Szenario eines massiven konventionellen Angriffs gegen die Bundesrepublik und Westeuropa in ihre Überlegungen mit ein.

Folglich wurde eine Rückkehr zur Mobilmachungsstrategie großen Stils und eine „totale Landesverteidigung“ gefordert.

Als Hauptelemente der „totalen Landesverteidigung“[90] waren vorgesehen:

- sechs mechanisierte Bundeswehrdivisionen (4 Panzergrenadierdivisionen und 2 Panzerdivisionen) zwecks beweglicher Kampfführung gegen feindliche Einbrüche;
- eine „Landwehr“, d. h. eine milizartige Organisation, bestehend aus 36 Landwehrinfanterie- und 12 Landwehrpanzerbrigaden, ausgerüstet mit modernen, aber unkom-

[88] Ebenda, S. 52.

[89] Ebenda, S. 51 (Hervorhebung durch Verf.). Das wirtschaftliche Interesse an der vorgeschlagenen Konzeption kam auch an anderen Stellen der Studie zum Ausdruck, so z. B. auf Seite 55: „Solange wir weiterhin Milliarden in kompliziertes Kriegsgerät von bedingter Brauchbarkeit aus dem Auslande investieren müssen kann es keine wirksame Verteidigung der Bundesrepublik geben.“

[90] S. dazu Forschungskreis Wehr und Wirtschaft, Die Krise der deutschen Wehrpolitik, a.a.O., S. 55.

plizierten Panzerabwehrwaffen und mit der Aufgabe der Verteidigung grenznaher Sperrzonen und Bildung von Stützpunkten;
- eine Heimatwehr mit der Aufgabe, das eigene Hinterland zu sichern;
- Bevölkerungsschutz.

Nach diesem Modell sollten fünf der zwölf Bundeswehrdivisionen in Lehreinheiten bzw. Rahmenverbände für die Landwehrkomponente umgebildet werden.
Die Rechnung, die die Verfasser der Studie aufmachten, lautete demnach, daß man für den Preis von fünf Divisionen im Ernstfall rund 50 Brigaden aufstellen könne. Diese Rechnung stand und fiel natürlich mit der Annahme über die zur Verfügung stehende Vorwarnzeit zwecks umfassender Mobilmachung. Hier ging die Studie von einer zwei- bis dreiwöchigen Frist im Falle eines umfassenden Angriffs gegen Westeuropa aus.

Anfang 1969, nach dem sowjetischen Überfall auf die ČSSR, veröffentlichte der Forschungskreis eine weitere Studie.[91] Diese wiederholte im wesentlichen die bekannten Vorschläge, wies aber – nach den Erfahrungen des August 1968 – auf die politischen Imponderabilien einer Mobilmachungsstrategie hin; freilich ohne die Forderung nach einer solchen Strategie fallenzulassen.[92]
Die Interessen der deutschen Rüstungswirtschaft an der vom Forschungskreis vorgeschlagenen Verteidigungskonzeption wurden noch stärker als 1967 zum Ausdruck gebracht.[93]

Abschließend soll noch Erwähnung finden, daß auch der angesehene konservative Militärexperte Ferdinand Otto Miksche, Oberstleutnant der französischen Armee, sich 1967 mit einer neuen Wehrkonzeption für die Bundeswehr zu Wort meldete.[94] Miksches Vorschläge sind weitgehend identisch mit dem Forschungskreismodell, nur detaillierter. Offensichtlich ist Miksche einer der „Väter" der Forschungskreisstudie gewesen. Seine Konzeption sah für die Bundeswehr Landstreitkräfte (mechanisierte Divisionen; Landwehr; Heimatwehr) in Stärke von insgesamt 272600 Soldaten vor. Hinzu kamen noch Bevölkerungsschutz (22000), Luftwaffe (90000) und Marine (30000). Insgesamt ging Miksche von einer Gesamtfriedensstärke von 414800 Mann aus. Nach vollzogener Mobilmachung rechnete der französische Offizier mit einer Kriegsstärke von rund 1,2 Millionen Soldaten.[95] Ausdrücklich warnte Miksche vor einer radikalen Kürzung der Wehrdienstzeit.
Für die mechanisierten Divisionen – sofern diese nicht ausschließlich mit Berufssoldaten bemannt werden konnten – forderte er achtzehn Monate Dienstzeit, für die Land-

[91] S. Forschungskreis Wehr und Wirtschaft, Grundfragen der deutschen Wehrpolitik, in: Wehr und Wirtschaft 1/1969 und 2/1969. Mit der Entspannungspolitik gingen die Autoren noch schärfer ins Gericht als zwei Jahre zuvor. Sie bescheinigten ihr angesichts des sowjetischen Überfalls auf die ČSSR vollständiges Versagen.

[92] Forschungskreis Wehr und Wirtschaft, Grundfragen der deutschen Wehrpolitik, in: Wehr und Wirtschaft 2/1969, S. 87f.

[93] Ebenda, S. 93ff.

[94] Miksche, Ferdinand O., Die Zukunft der Bundeswehr. Gedanken über den Umbau der westdeutschen Verteidigung, Stuttgart 1967; vgl. auch Miksche, Ferdinand O., Vom Kriegsbild, Stuttgart 1976, S. 242–306.

[95] Miksche, Die Zukunft der Bundeswehr, a.a.O., S. 60f.

wehr neun Monate plus drei Wehrübungen zu je einundzwanzig Tagen.[96] Auch Miksche war ein ausgesprochener Gegner der nuklearen Waffen und Trägersysteme in der Bundesrepublik. Schon in den 50er Jahren hatte er diese scharf kritisiert.
Damit wollen wir den Überblick über die in der zweiten Hälfte der 60er Jahre reichlich sprießenden alternativen Verteidigungskonzeptionen abschließen. Es hat in den Jahren der Großen Koalition noch eine Reihe weiterer Pläne und Modelle gegeben.[97] Wir haben vorstehend nur die wichtigsten erfaßt.

*c) Fazit*

Wie gezeigt werden konnte, standen Karl Wienand und seine Genossen mit ihren Vorschlägen für eine „zeitgemäße Sicherheitspolitik" 1966/67 keineswegs allein auf weiter Flur. Im Gegenteil ist es so gewesen, daß sowohl der Kreis um Karl Wienand als auch die FDP ihre Konzeptionen vor dem Hintergrund von Vorschlägen militärischer und rüstungswirtschaftlicher Experten entwickelten. Hier gab es ein breites Spektrum von Vorschlägen, die aber einige charakteristische Gemeinsamkeiten aufwiesen.
Gemeinsam war allen vorgestellten Konzeptionen eine antinukleare Grundtendenz, die sich konkret vor allem in der Ablehnung nuklearer Waffen auf deutschem Boden und nuklearer Trägersysteme der Bundeswehr ausdrückte.
Gemeinsam war ihnen ferner eine weitgehende Verteidigungsfixierung, d. h. ein auf den Kriegsfall beschränkter Analyseansatz. Die der Verteidigung vorgeschaltete Frage nach den Möglichkeiten der *Kriegsverhinderung* bzw. Abschreckung wurde gar nicht oder allenfalls oberflächlich gestellt. So erklärt sich wohl auch die weitgehende Vernachlässigung gleichgewichtsorientierter Denkansätze. Hier liegt die Hauptschwäche aller vorgestellten Modelle. Eine weitere Gemeinsamkeit der Konzeptionen besteht in ihrer starken Ausrichtung auf *nationale* Sicherheit. Praktisch alle Pläne gingen davon aus, daß die Nordatlantische Allianz in einem wahrscheinlich unaufhaltsamen Erosionsprozeß begriffen war und in absehbarer Zeit der Bundesrepublik keinen Schutz mehr gewähren würde.
Unterschiede gibt es, was das Kriegsbild und die Bedrohungseinschätzung anbetrifft. Während Bonin, Liddell Hart und auch die FDP nur noch sowjetische Angriffe mit begrenzter Zielsetzung für möglich hielten,[98] gingen Miksche und der Forschungskreis

[96] Ebenda, S. 68.

[97] Einen Überblick bietet: Kahn. Helmut W., Die Russen kommen nicht. Fehlleistungen unserer Sicherheitspolitik, München/Bern/Wien 1969, S. 107–118. Vgl. auch Uhle-Wettler, Franz, Leichte Infanterie im Atomzeitalter, Darmstadt 1966.

[98] Zur Kritik der Annahme begrenzter konventioneller Angriffsoperationen des Warschauer Pakts in Mitteleuropa: S. Stratmann, K.-Peter, NATO-Strategie in der Krise? Militärische Optionen von NATO und Warschauer Pakt in Mitteleuropa, Baden-Baden 1981, S. 27–39. Stratmann kommt in seiner gründlichen Analyse zu dem Ergebnis, daß die Annahme begrenzter sowjetischer Aggressionsmöglichkeiten in Mitteleuropa das Ergebnis apolitisch-technischer Bedrohungsanalysen gewesen ist, die das sowjetische Risikokalkül vollkommen außer acht ließen. Stratmann weist demgegenüber darauf hin, „daß für den WP bereits eine begrenzte Aggression in Mitteleuropa eine Sache gesamtstrategischen Kalküls sein muß, in dem alle verfügbaren militärischen Kapazitäten, Räume, Reaktionsmöglichkeiten des westlichen Bündnisses als Elemente eines politisch-militärischen Gesamtsystems zu berücksichtigen wären" (S. 38). Folglich habe es eine reale Option der Sowjetunion für eine begrenzte Aggression in Mitteleuropa nie gegeben.

„Wehr und Wirtschaft" bei ihren Vorschlägen von massiven konventionellen Angriffen gegen die Bundesrepublik und Westeuropa aus. Demgemäß wurde auch die Notwendigkeit einer umfassenden Mobilisierungsstrategie unterschiedlich stark betont. Auf die widersprüchliche Haltung der FDP in diesem Zusammenhang wurde bereits hingewiesen.
Es gab in den Jahren 1966/68 in der Verteidigungspolitik eine bemerkenswert breite Koalition zwischen dem Wienand-Flügel in der SPD, der FDP, konservativen Militärs und der deutschen Rüstungswirtschaft. Minimalkonsens waren die Ablehnung der Nuklearwaffe und die Forderung nach einer grundlegend neuen Bundeswehrstruktur.[99] Entsprechend groß war der Veränderungsdruck auf die Bundesregierung und die Koalitionsparteien. Während die CDU/CSU gegenüber diesem Druck weitgehend immun war, tat sich die SPD, die lange Jahre in grundsätzlicher Opposition zur Sicherheits- und Verteidigungspolitik der Bundesregierung gestanden hatte, erheblich schwerer.

## 3. Gleichgewicht erhalten! – Helmut Schmidts Position in der Diskussion über eine neue Wehrkonzeption

Am 13. Dezember 1966 gab Bundeskanzler Kiesinger vor dem Deutschen Bundestag seine Regierungserklärung ab. In der nachfolgenden Aussprache war Helmut Schmidt, nach Herbert Wehners Eintritt in die Regierung amtierender Fraktionschef der SPD, Hauptredner seiner Partei. Er äußerte sich auch zur Sicherheits- und Verteidigungspolitik. So meinte Schmidt, zur notwendigen Bestandsaufnahme der neuen Regierung gehöre auch die Feststellung, „daß in der bisherigen Verteidigungspolitik nach innen wie nach außen manches fragwürdig geworden ist".[100] Die Bundesrepublik sei innerhalb des Bündnisses in der strategischen Debatte in die Gefahr der Isolierung geraten:

„Chancen zu einer gleichwertigen und gleichartigen Reduzierung der Streitkräfte in Ost und West sind weder gesucht noch genutzt worden. Statt dessen mußte die Bundesrepublik all ihren politischen Einfluß aufbieten, um der Gefahr einer einseitigen Truppenreduzierung zu begegnen. Die Großmächte haben sich in zunehmendem Maße am Abschluß eines Atomwaffen-Sperrvertrages interessiert gezeigt; aber die Bundesrepublik geriet immer mehr in die Gefahr, als Störenfried angesehen zu werden."[101]

Allzulange, so fuhr Schmidt fort, habe die Bundesrepublik den Anschein erweckt, sie strebe nach nationaler Verfügungsgewalt oder zumindest atomarem Mitbesitz.
Damit hatte der SPD-Fraktionschef einen wunden Punkt der neuen Koalition berührt. In den vorangegangenen Koalitionsverhandlungen hatten sich nämlich CDU/CSU und SPD über die Behandlung des Nuklearproblems nicht einigen können. Während es den

[99] So gab Hellmuth Roth (Sicherheitspolitischer Referent der SPD-Bundestagsfraktion 1965–1969) in dem o. a. Gespräch mit dem Verf. an, auf der Basis eines „antinuklearen Minimalkonsenses" habe der Kreis um Karl Wienand damals auch Kontakte zu dem „Rechtsaußen" Miksche unterhalten.
[100] Schmidt, in: Verhandlungen, 82. Sitzung, 15. Dez. 1966, S. 3714.
[101] Ebenda.

Unionsparteien zwar keine Schwierigkeiten bereitete, auf *nationalen* Besitz und Verfügungsgewalt zu verzichten, wollten sie doch eine *multi-nationale* Option, nach dem MLF-Modell oder im europäischen Rahmen, offenhalten.
Die SPD hingegen beharrte auf ihren Dortmunder Beschlüssen, daß nuklearer Mitbesitz weder notwendig sei noch von der Sozialdemokratie gewollt werde.
In seiner Regierungserklärung hatte Kiesinger lediglich einen Verzicht auf die nationale Option ausgesprochen und damit den CDU/CSU-Standpunkt bezogen.[102] Schmidt konterte mit der Wiederholung der SPD-Position.
Von Anfang an also war die Große Koalition in der Nuklearfrage und der damit eng zusammenhängenden Frage des NV-Vertrags zerstritten. Die Auseinandersetzung spitzte sich dann später, im Wahlkampf 1969, zu.[103]
Gegen Ende seiner Rede vom 15. Dezember kam Schmidt noch einmal auf die Sicherheitspolitik zu sprechen:

„Wir vermissen in der Regierungserklärung Gedanken über die Gestaltung unseres Bündnisses, über die künftige Verteidigungsstrategie. Hier ist ein Gegensatz zwischen Herrn Barzel und mir: Wir vermissen auch Gedanken über den Auftrag der Bundeswehr. Wir geben zu, daß die Zeit für solch grundlegende Überlegungen und für die dazu notwendigen Führungsmaßnahmen vielleicht noch zu kurz war; wir wissen auch, daß in diesen Tagen in Paris entscheidende Verhandlungen solcherart stattfinden. Immerhin erwarten wir, daß die neue Bundesregierung im Laufe des nächsten Jahres dem Deutschen Bundestag ihre Analysen und ihre Vorstellungen zu dieser wirklich bedrängenden Problematik vorlegt."[104]

Schmidt knüpfte damit an die sicherheitspolitischen Thesen im Acht-Punkte-Programm der SPD an, vermied es aber, ganz bestimmte Forderungen und Vorstellungen auf den Tisch zu legen. Wienands eine Woche zuvor der sozialdemokratischen Leserschaft vorgestellte Konzeption streifte er in seiner Parlamentsrede zwar mit keinem Wort, aber er blieb immerhin so allgemein, daß sich sowohl Anhänger wie Gegner der Wienandschen Vorstellungen in seinen Ausführungen wiederfinden konnten.
Wer Helmut Schmidt in Dortmund aufmerksam zugehört hatte, der wußte jedoch, wo er grundsätzlich anderer Ansicht war als der AK-Vorsitzende Wienand. Dies betraf weniger die Frage der nuklearen Trägersysteme in der Bundeswehr – obwohl Schmidts Position sich hier gegenüber seiner Haltung fünf Jahre zuvor erheblich gewandelt hatte[105] – als vielmehr die konzeptionelle Zuordnung von Entspannung und Sicherheit bzw. Kräftegleichgewicht.

[102] S. Kiesinger, in: Verhandlungen, 80. Sitz., 13. Dez. 1966, S. 3662.
[103] Der NV-Vertrag und die Frage, ob die Bundesrepublik diesem Vertrag beitreten sollte, bestimmte die außenpolitischen Auseinandersetzungen im Wahlkampf 1969, nicht – wie gemeinhin angenommen wird – die Ostpolitik.
[104] Schmidt, in: Verhandlungen, 82. Sitz., 15. Dez. 1966, S. 3724. – Barzel hatte unmittelbar vor Schmidt im Parlament nur den folgenden lapidaren Satz zur Bundeswehr gesagt: „Sie braucht sich und darf sich in keiner Weise in Frage gestellt sehen" (Verhandlungen, 82. Sitz., a.a.O., S. 3712). Barzel und die CDU/CSU bewegten im Zusammenhang mit der Bundeswehr fast ausschließlich finanzielle Sorgen und nicht grundsätzlich-konzeptionelle Gedanken.
[105] S. Schmidt, Verteidigung oder Vergeltung, a.a.O., S. 244ff.

Im Januar 1967 sorgte ein Interview Schmidts mit der Zeitschrift „Wehr und Wirtschaft“ für öffentliches Aufsehen. Die Presse reduzierte dieses Interview nämlich zu der Meldung, nun trete auch Schmidt für eine neue Wehrkonzeption ein.[106] Das war allerdings eine sehr oberflächliche Schlußfolgerung. Tatsächlich hatte sich Schmidt sehr viel differenzierter ausgedrückt. In Übereinstimmung mit seinen Ausführungen vom 15. Dezember äußerte der amtierende Fraktionschef in dem Interview:

„Die neue Bundesregierung wird im Rahmen ihres gesamtpolitischen Konzepts auch die Fragen der Sicherheitspolitik und den Auftrag neu durchdenken müssen, der in Zukunft der Bundeswehr gestellt sein soll. Das Erarbeiten einer neuen Verteidigungskonzeption erfordert unter den veränderten weltpolitischen Bedingungen und unter der Prämisse einer aktiven deutschen Entspannungspolitik eingehende Analysen.“[107]

Diese Sätze konnten als Forderung nach einem neuen Verteidigungskonzept verstanden werden, aber es waren doch sehr vorsichtige, diplomatisch-zurückhaltende Formulierungen. Wichtiger aber noch war, welche konzeptionellen Änderungen Schmidt ausschloß. So antwortete er auf die Frage, ob es demnächst zu einer „Denuklearisierung der Bundeswehr“, also einem Abzug der taktisch-nuklearen Systeme, kommen werde:

„Von einer ‚Denuklearisierung der Bundeswehr‘ ist mir nichts bekannt. Ich halte diese Vorstellung für abwegig. ... Nur im Zuge einer beiderseits befolgten, gleichwertigen Rüstungskontroll- oder Abrüstungspolitik hielte ich Änderungen der gegenwärtigen Schemata (nukleare Trägerwaffen in den Streitkräften der Verbündeten von USA und UdSSR, T. E.) für nützlich.“[108]

Dementsprechend lehnte er eine „Arbeitsteilung“ für die Landstreitkräfte des Bündnisses, wie sie etwa in Wienands Konzeption vorgesehen war, ab. Er blieb lediglich bei der bekannten sozialdemokratischen Forderung nach einem „Vetorecht“.
Die Frage, ob die Bundeswehr künftig ihren Schwerpunkt „in Richtung einer mehr autonomen territorialen Verteidigung“, also einer Miliz, verlagern solle – auch dies bekanntlich eine wichtige Komponente der Wienand-Konzeption –, verwies Schmidt in den „Bereich der Spekulationen“. Die Sozialdemokraten hätten schon seit langem für einen „relativ stärkeren Ausbau der territorialen Verteidigung“ plädiert. Keinesfals aber wolle er hier von einer Schwerpunktverlagerung sprechen.[109]
Am Ende des Interviews kam Schmidt dann auf sein wichtigstes sicherheitspolitisches Prinzip zu sprechen, die Aufrechterhaltung eines annähernden militärischen Kräftegleichgewichts zwischen Ost und West in Europa:

„Wer Verantwortung trägt, muß wissen, daß im Rahmen einer gewollten Entspannungspolitik die Bundeswehr so defensiv wie nur irgend möglich strukturiert sein muß – daß aber die Balance der militärischen Streitkräfte in Ost- und Westeuropa nicht einseitig gefährdet werden darf.“[110]

[106] Vgl. Westfälische Rundschau, 20. 1. 1967: „Schmidt: Neues Verteidigungskonzept“.
[107] Zit. nach: Die SPD-Fraktion teilt mit, Nr. 25/67, 19. 1. 1967, S. 1.
[108] Ebenda, S. 2f.
[109] Ebenda, S. 3.
[110] Ebenda.

Dieser letzte Interview-Satz ist gleichzeitig eine treffende Zusammenfassung der dargestellten Äußerungen Schmidts: Es kann und soll über alles neu nachgedacht werden, aber das – als existent vorausgesetzte – Kräftegleichgewicht, Voraussetzung bzw. Grundlage jeder Ost-West-Entspannung, darf nicht gestört werden. Einseitige Maßnahmen des Westens, wie etwa ohne entsprechende Gegenleistungen des Ostens vorgenommene Truppenreduzierungen, und Maßnahmen, die die Bundeswehr in einen Sonderstatus im Vergleich mit den verbündeten Streitkräften in Westeuropa bringen (Denuklearisierung; autonome Territorialverteidigung), stören das Gleichgewicht, damit die Entspannung und haben daher zu unterbleiben.
Helmut Schmidt war für seine Person ganz offensichtlich auch in ein Gleichgewichtsproblem verstrickt. Er mußte gerade als Fraktionschef die prekäre Balance halten zwischen Wünschen seiner Partei und den von ihm erkannten sicherheitspolitischen Notwendigkeiten. Dazu traten noch weitere, nämlich koalitionspolitische, Gesichtspunkte:
Schmidt war ein erklärter Anhänger der Koalition mit der CDU/CSU. Und nicht nur das, er hatte wesentlich zu ihrem Zustandekommen beigetragen. Deshalb konnte es ihm nicht gleichgültig sein, wenn die nur mühsam zustande gekommenen Kompromisse mit den Unionsparteien in den Bereichen Außen- und Sicherheitspolitik wenig später von seiner Partei in Frage gestellt wurden. Denn CDU und CSU, die seit Anbeginn der Bundeswehr den Verteidigungsminister stellten, waren verständlicherweise an einer Grundsatzdiskussion über Struktur und Bewaffnung der Bundeswehr nicht interessiert. Ihre Aufbauleistung wollten sie ex post nicht schmälern lassen.
Bestand aber die SPD auf einer solchen Diskussion, dann waren nicht nur ernste Auseinandersetzungen zwischen den beiden Koalitionspartnern zu befürchten. Für die SPD stand sehr viel mehr auf dem Spiel.
Wenn sich die SPD nun in offenen Gegensatz zu den sicherheitspolitischen Vorstellungen der CDU/CSU brachte, so war zu befürchten, daß die Sozialdemokratie von der Partei Konrad Adenauers erneut als „Sicherheitsrisiko“ gebrandmarkt werden würde. Eine solche Entwicklung wollte Schmidt unter allen Umständen vermeiden.
Aus seiner Sicht – und sicherlich auch aus der Perspektive anderer Befürworter der Großen Koalition in der SPD – lag es im wohlverstandenen Interesse der Partei, einen großen Konflikt mit der CDU/CSU über die Sicherheitspolitik, wo irgend möglich, zu vermeiden.
Was die ganze Angelegenheit koalitionspolitisch zusätzlich heikel machte, war die sicherheitspolitische Haltung der FDP.
Die Freien Demokraten vertraten nämlich – wie gezeigt wurde – ganz ähnliche Ansichten wie Wienand in seinen Vorschlägen für eine „zeitgemäße Sicherheitspolitik“. Vor allem hatten sie seit etwa 1961 sukzessive alle die antinuklearen Positionen besetzt, die die SPD in ihrem Streben nach Regierungsfähigkeit geräumt hatte.
Als Wienand im Dezember 1966, wenige Tage nach Bildung der Großen Koalition, im „Vorwärts“ seine neue Sicherheitskonzeption vorstellte, versäumte es die FDP nicht, nachzustoßen und auf ihre fast identischen Positionen zu verweisen. Das Resultat waren Presse-Schlagzeilen wie „Wehrexperten der SPD und FDP entwickeln übereinstimmende Vorschläge“,[111] die Schmidt alarmieren mußten.

Der SPD-Fraktionschef mußte also in der Tat einen sehr schwierigen Balanceakt leisten und auf zwei Ebenen gleichzeitig einen mittleren Kurs steuern.
Zum einen galt es, eine mittlere Position zwischen den sicherheitspolitischen Vorstellungen von CDU/CSU einerseits und FDP andererseits einzunehmen, vor allem aber zu verhindern, daß sich die SPD den Positionen der kleinen Oppositionspartei zu sehr annäherte.
Und zum anderen mußte er innerparteilich ein Gegengewicht herstellen zu den sicherheitspolitischen Vorstellungen Wienands und anderer Genossen; denn daß Wienand nicht allein stand, war nach den Auseinandersetzungen Schmidts mit den „Altlinken" um Walter Möller auf dem Dortmunder Parteitag nicht zu erwarten.
Den innerparteilichen oder innerfraktionellen Balanceakt Schmidts beleuchtet ein Vorgang im Frühjahr 1967.[112]

Karl Wienand und die sehr engagierten Fraktionsreferenten Bussmann und Roth wollten dem „Vorwärts"-Artikel vom Dezember 1966 einen weiteren programmatischen Artikel folgen lassen. Diesmal sollte allerdings eine breitere Öffentlichkeit angesprochen werden.
Der Redakteur Theo Sommer, langjähriger „Insider" sozialdemokratischer Sicherheitspolitik, war bereit, den Aufsatz – er sollte wiederum unter Wienands Namen erscheinen – in der Wochenzeitung „Die Zeit" zu veröffentlichen. Wienand und seine Mitarbeiter waren sich der politischen Brisanz des Artikels, seiner potentiellen koalitionspolitischen Sprengkraft durchaus bewußt. Deshalb legten sie Schmidt den Aufsatz zur Genehmigung vor. Der Fraktionschef stoppte das Unternehmen prompt. Er schickte den Aufsatz an den Arbeitskreis Sicherheitsfragen zurück mit dem Kommentar: „Zur Zeit nicht!"
Schmidt vermied es aber, seine Ablehnung inhaltlich zu begründen. Er machte daraus – so jedenfalls mußte es Wienand und den AK-Referenten scheinen – eine taktische Frage, eine Frage des richtigen „timing". Das erlaubte es ihm, die Veröffentlichung des konfliktträchtigen Aufsatzes zu verhindern und gleichzeitig die Wienand-Gruppe nicht zu verprellen. Mit dieser Vorgehensweise ließ sich allerdings, wie sich bald zeigen sollte, das Problem nicht aus der Welt schaffen.
Am 7. März 1967 wurde Karl Wienand zu einem der drei Parlamentarischen Geschäftsführer gewählt. Zu seinem Nachfolger im Vorsitz des AK Sicherheitsfragen bestimmte die Fraktion Karl-Wilhelm Berkhan, einen engen persönlichen Freund Helmut Schmidts.
Die Loyalität Berkhans gegenüber Schmidt führte zunächst zu einem – von Schmidt wohl auch erwarteten – Abflauen der Debatte. Hinzu kam, daß Berkhan an der „neuen Wehrkonzeption" weit weniger Interesse zeigte als sein Vorgänger. Aber im Hintergrund wirkte nach wie vor das Referentengespann Russmann/Roth, was sich auch in Berkhans öffentlichen Verlautbarungen niederschlug.[113]

[111] So der Wiesbadener Kurier am 8. Dezember 1966. – Karl Wienand, der ein erklärter Gegner einer Großen Koalition gewesen war und für ein Regierungsbündnis mit der FDP votiert hatte, empfand Schlagzeilen wie die o. a. wohl eher als späte Bestätigung seines Standpunkts denn als Belastung der Koalition, wie Schmidt.

[112] Die Informationen über den nachfolgend geschilderten Vorgang verdankt der Verf. Hellmuth Roth.

[113] S. Berkhan, Karl-Wilhelm, Neuer Auftrag für die Bundeswehr? Sicherheitspolitik und Finanznot, in: SPD-Pressedienst, 17. März 1967, S. 1–3.

Im April und dann – vor allem – im Mai 1967 verdichtete sich die militärstrategische und sicherheitspolitische Diskussion in einer Weise, daß Schmidt sich zu immer deutlicheren Stellungnahmen gezwungen sah. Dabei ging es zunächst um internationale, außerhalb des Wirkungs- bzw. Einflußkreises der SPD liegende Ereignisse.
Amerikanische Truppenabzüge aus der Bundesrepublik Deutschland wurden schon seit langem diskutiert. Schon in Dortmund 1966 hatte Schmidt, das sich scheinbar unaufhaltsam Anbahnende vorausahnend, vor einseitigen Truppenreduzierungen gewarnt.
Im Frühjahr 1967 war es nun soweit: Am 8. April fand in Washington ein Gespräch zwischen Bundesverteidigungsminister Schröder und US-Verteidigungsminister McNamara statt, in dessen Verlauf McNamara seinem deutschen Amtskollegen den Abzug von etwa 30000 Soldaten aus der Bundesrepublik ankündigte.[114] Kurz darauf trat in Washington ein neu gebildeter Sonderausschuß des Senats zusammen, um die Frage möglicher weiterer Truppenverminderungen in Europa zu untersuchen. Ein ausgesprochener Gegner des militärischen Engagements der USA in Westeuropa, Senator Mansfield, wurde Vorsitzender des Ausschusses.
Helmut Schmidt schlug nun Alarm. In der „Münchner Abendzeitung" veröffentlichte er am 25. April einen Artikel, der es verdient, ausführlich zitiert zu werden, denn hier erläuterte Schmidt in besonders klarer und eindringlicher Form seine Gleichgewichtsphilosophie. Er schrieb also:

„Wenn die USA einseitig erhebliche Truppenabzüge vornehmen, ohne abzuwarten, ob ihre schrittweisen Truppenverminderungen durch gleichwertige Reduzierung der Sowjettruppen in Mitteleuropa honoriert werden, dann werden sich einige im Osten zu neuen politischen Vorstößen geradezu ermuntert fühlen.
Die allseits friedlich und ungefährlich beurteilte Situation Europas ... beruht ja auf dem Gleichgewicht der militärischen Kräfte in West- und Osteuropa. Je stabiler dieses Gleichgewicht, desto sicherer die Erwartung einer friedlichen Zukunftsentwicklung und desto größer der Spielraum für eine aktive Entspannungspolitik. Eine politisch fühlbare Beeinträchtigung des militärischen Gleichgewichts oder gar das Gefühl einer schiefen Ebene würde umgekehrt im Westen Besorgnisse und bei einigen im Osten möglicherweise ein bedenkliches Überlegenheitsbewußtsein entstehen lassen.
Schon jetzt, so scheint mir, hat die amerikanische Ankündigung der – vergleichsweise geringen – Verminderung ihrer europäischen Truppen um zwei Brigaden die Sprache, die einige im Osten führen, beträchtlich versteift. Man kann sich vorstellen, wie dies Superioritätsbewußtsein wachsen könnte, wenn in den kommenden Jahren die Amerikaner ihre weitergehenden Pläne einseitig verwirklichen würden."[115]

Schmidt schloß seinen bemerkenswerten Aufsatz mit einem doppelten Appell; an die Amerikaner und an die Bundesregierung:

„Unsere amerikanischen Verbündeten sollten die Gefahr nicht übersehen, daß auf diese Weise der Entspannungsstrategie in Europa der Boden entzogen werden kann. Unsere eigene Bundesregierung dagegen sollte sehr gründlich prüfen, ob es nicht im Interesse unserer eigenen Entspannungspolitik läge, mit deutschen Vorschlägen für

[114] S. Frankfurter Allgemeine Zeitung, 9. 4. 1967.
[115] Zit. nach: Die SPD-Fraktion teilt mit, Nr. 205/67, 24. 4. 1967.

gleichzeitige und gleichwertige Truppenreduzierungen in West- *und* Osteuropa hervorzutreten."[116]

Damit hatte sich der SPD-Fraktionschef zunächst nur zu den möglichen außenpolitischen bzw. entspannungspolitischen Folgen der amerikanischen Truppenabzüge geäußert, nicht zu den verteidigungspolitischen und militärstrategischen Aspekten. Im Mai bot sich dazu dann ausreichend Gelegenheit.
Am 9. Mai erteilten die alliierten Verteidigungsminister den NATO-Militärbehörden neue strategische Richtlinien auf der Basis der „flexible response"-Strategie.[117]
Diese Strategie stellte, ganz generell, erhöhte Anforderungen an die konventionelle Verteidigungskraft des Bündnisses. Schmidt selbst hatte 1961 kalkuliert, daß die „flexible response" etwa 30 Divisionen in Westeuropa erforderte.[118] Daran war aber im Frühjahr 1967 gar nicht zu denken.
Die USA hatten schließlich nur vier Wochen zuvor den Abzug von wenigstens 30000 Soldaten angekündigt, und, wie nicht anders zu erwarten gewesen war, nahmen die übrigen NATO-Verbündeten diesen Schritt der USA zum Anlaß, um ihrerseits entsprechende Schritte, sprich also Truppenreduzierungen aus der Bundesrepublik Deutschland, einzuleiten. Diese strategisch absolut widersinnige Handlungsweise, nämlich eine betont konventionelle Verteidigungsdoktrin auf den Weg zu bringen und gleichzeitig die konventionellen Streitkräfte zu reduzieren, konnte einen Strategieexperten wie Helmut Schmidt nicht unberührt lassen. Immerhin hatte er sich sechs Jahre lang bemüht, der „flexible response" bündnisweite Geltung zu verschaffen.

Die Pariser NATO-Beschlüsse ließen in der SPD erneut Diskussionen über alternative Wehr- bzw. Bundeswehrkonzeptionen aufflackern.
Den Anfang machte am 11. Mai der SPD-Pressedienst mit einem sehr eigenwilligen Redaktionskommentar über die jüngsten NATO-Beschlüsse. Die Verdünnung der westalliierten Streitkräfte in der Bundesrepublik sei, so der Pressedienst, „der Niederschlag einer der neuen Situation angepaßten militärischen Doktrin, die sich einfügt in die Bemühungen der Politiker, im Verhältnis zum Osten die Politik der Entspannung fortzusetzen".[119] Abschließend warf der Pressedienst die Frage nach dem zukünftigen Auftrag der Bundeswehr „im Rahmen der gewandelten Auffassung über die Strategie"[120] auf.
Auf diese Frage versuchte Wienand vier Tage später mit einem Vortrag an der Bonner Universität eine Antwort zu geben. Er schlug vor, die Bundeswehr zu einer „Friedenspolizei" umzubauen. Dazu sollte sie auf 250000 Freiwillige reduziert werden, zuzüglich einer Milizkomponente von etwa 60000 Mann.[121]

[116] Ebenda (Hervorhebung im Text).
[117] Zu den den NATO-Militärbehörden am 9. Mai 1967 erteilten Direktiven: S. Dokumentation zur Abrüstung und Sicherheit, Band V: 1967, hrsg. von Heinrich Siegler, Bonn/Wien/Zürich 1968, S. 102.
[118] S. Schmidt, Verteidigung oder Vergeltung, a.a.O., S. 229.
[119] „Kein Grund zum Alarm. Zu den Pariser NATO-Beschlüssen", in: SPD-Pressedienst, 11. Mai 1967, S. 3.
[120] Ebenda.
[121] S. Bonner Rundschau, 16. Mai 1967: „Wehrexperte Wienand bietet Alternative an. SPD-Politiker will die Friedenspolizei." Wehrpflichtige sollten in Stärke von etwa 40000 Mann in der Miliz bzw. Territorialverteidigung einen nur sechs Monate dauernden Grundwehrdienst ableisten.

Es handelte sich hier um kein neues Konzept, sondern Wienand hatte lediglich seine Ende 1966 der Öffentlichkeit vorgestellte Wehrkonzeption mit Zahlen ausstaffiert.
Zurück von einem Besuch in den USA trat Helmut Schmidt am 19. Mai vor die Presse in Bonn. Der SPD-Fraktionschef bezeichnete die Truppenabzüge der westlichen Verbündeten als eine „Unlogik" gegenüber der neuen NATO-Strategie der „flexible response", weil diese „zweifellos mehr konventionelle Truppen" erforderte. Gerade deshalb seien aber, so betonte Schmidt, aktuelle deutsche Forderungen nach einer Verringerung der Mannschaftsstärke der Bundeswehr und der Verkürzung der Wehrdienstzeit, die er persönlich ablehne, sehr sorgfältig zu überlegen. Zum einen fördere man damit den Drang nach weiteren westlichen Truppenabzügen und zum anderen entziehe die einseitige „Erodierung" der NATO der Bonner Entspannungspolitik den Boden unter den Füßen.[122]
Damit hatte Schmidt das Problem der einseitigen Truppenreduzierungen in Beziehung gebracht sowohl zur Außen- und Sicherheitspolitik allgemein wie auch zur Militärstrategie der NATO im besonderen. Er gelangte in beiden Fällen zu einer eindeutig negativen Haltung gegenüber den unilateralen Abzügen; denn ausgehend von der bei Schmidt alle sicherheitspolitischen Erwägungen überragenden „Strategie des Gleichgewichts"[123] war ein annäherndes Kräftegleichgewicht zwischen Ost und West Conditio sine qua non sowohl unter entspannungspolitischem als auch – vor allem nach Annahme der „flexible response" – unter militärstrategischem Aspekt.
Wie man leicht zu sehen vermag, liegen „Denkwelten" zwischen diesem Ansatz Schmidts und etwa dem des Redaktionsartikels des SPD-Pressedienstes vom 11. Mai.
Auf seiner Pressekonferenz am 19. Mai begnügte sich der sozialdemokratische Fraktionsvorsitzende nicht damit, seine bereits des öfteren geäußerte Kritik an den Abzugsplänen der Westalliierten zu wiederholen. Er sprach sich auch gegen deutsche, die Bundeswehr betreffende Reduzierungsforderungen aus, und es war klar, daß seine Kritik nicht nur der FDP galt, sondern auch Kräften in der eigenen Partei, allen voran Karl Wienand und den mit seinen Vorstellungen sympathisierenden Parteigenossen.

Noch deutlicher an die Adresse seiner eigenen Partei wandte sich Schmidt am 31. Mai anläßlich einer programmatischen Rede vor einer Landesdelegiertenkonferenz der Hamburger SPD.[124]
Er warnte die Delegierten vor „der allerneuesten Illusion der FDP, wenn wir die Bundeswehr verkleinerten und dazu die Wehrpflicht herabsetzten, so diene dies der Entspannung".[125] Und dann fügte er hinzu: „Es gibt auch einige Sozialdemokraten, die dieser letztgenannten Illusion anheimfallen." Diesen Sozialdemokraten schrieb der Fraktionsvorsitzende ins Stammbuch:

„1. Daß es in Europa seit der Berlinkrise von 1961 und seit der Kubakrise von 1962 so relativ friedlich aussieht, verdanken wir der Tatsache, daß die militärischen Kräfte

[122] Pressekonferenz von Helmut Schmidt zur Außen- und Verteidigungspolitik, in: Die SPD-Fraktion teilt mit, Nr. W 18/67, 24. 5. 1967, S. 8.
[123] So lautet der Titel von Schmidts 1969 veröffentlichtem Buch.
[124] Die Rede wurde wegen ihrer großen Bedeutung von der Pressestelle der SPD-Bundestagsfraktion vollständig veröffentlicht: S. Die SPD-Fraktion teilt mit, Nr. 253/67, 31. 5. 1967.
[125] Ebenda, S. 10.

von Ost und West sich im Gleichgewicht halten. Nur im Gleichgewicht hat Entspannungspolitik eine Chance. *Ginge das Gleichgewicht verloren, so könnte aus Entspannungspolitik bald Anpassungspolitik und daraus schließlich Unterwerfungspolitik werden.*

2. ... wer an Ort und Stelle über überlegene Kräfte verfügt, könnte leicht verführt werden, stärkeren politischen Druck auszuüben, als für den Frieden gut ist.
3. Es wäre deshalb falsch, zusätzlich zu den einseitigen westlichen Truppenabzügen auch die Bundeswehr abzubauen. ...
4. Im übrigen sollte ... die Bundesregierung Vorschläge ausarbeiten, um das Rüstungsniveau, die fremden Truppen wie die jeweils eigenen Truppen, gleichmäßig auf beiden Seiten abzubauen – in West- und Osteuropa."[126]

Wenn bis dato noch Unklarheiten über die sicherheitspolitische Position des SPD-Fraktionschefs in der aktuellen Debatte bestanden haben sollten, so waren sie mit der Hamburger Rede Schmidts beseitigt.
Dies bedeutete allerdings nicht, daß die Diskussion in der SPD über eine neue Wehrkonzeption ein Ende gehabt hätte.[127] Im Gegenteil trieb diese Diskussion im Sommer 1967 einem Höhepunkt zu. Diese Phase soll nachfolgend dargestellt und untersucht werden.

## 4. Sommer 1967: Höhepunkt der Diskussion in der SPD

### *a) Verteidigungsminister Schröder zieht neuen Konzeptionen enge Grenzen*

Kurz vor der parlamentarischen Sommerpause stand am 13. Juni 1967 im Bundestag der Haushalt des Bundesverteidigungsministers zur Debatte. Gerhard Schröder nutzte die Aussprache, um für die Regierung einige Klarstellungen zur Verteidigungspolitik vorzunehmen. Anlaß hierzu boten sowohl die anhaltenden Forderungen nach Neuformulierung des Auftrags der Bundeswehr[128] als auch die in der Öffentlichkeit vielfach entstandenen Mißverständnisse hinsichtlich der Beschlüsse der Pariser NATO-Ratssitzung vom 9. Mai.
Schröder nannte dem Parlament sechs Leitgedanken, nach denen sich Stärke und Struktur der Bundeswehr richten müßten: Erstens, das neue Verteidigungskonzept der flexiblen Reaktion erfordere die Fähigkeit zur Abschreckung gegenüber *allen* Erscheinungsformen eines Angriffs, einschließlich eines begrenzten Krieges. Dazu seien, zweitens, *präsente* Streitkräfte in ausreichender Stärke notwendig. Deren Stärke müsse

[126] Ebenda, S. 10f. (Hervorhebung im Text).
[127] So forderte ein weiterer prominenter SPD-Parlamentarier, Wilhelm Dröscher, nur einen Tag nach Schmidts Rede in Hamburg in einem vielbeachteten Zeitungsinterview eine radikale Änderung der Bundeswehrkonzeption, im Sinne der Vorstellungen Karl Wienands: S. Frankfurter Rundschau, 30. 5. 1967. Die mangelnde Fraktionsdisziplin der SPD in Sachen Sicherheitspolitik im ersten Halbjahr 1967 ist frappierend. Offensichtlich war Helmut Schmidt in dieser Phase noch bemüht, seine Stellung als Fraktionsvorsitzender zu festigen. Jedenfalls hat er die Fraktion in den ersten Monaten der Großen Koalition keineswegs fest „im Griff" gehabt.
[128] Vgl. hierzu auch Schröder, Gerhard, Der Auftrag der Bundeswehr, in: Bulletin, Nr. 44, 27. 4. 1967, S. 373.

sich nach der effektiven Stärke des mutmaßlichen Gegners richten, und diese werde bekanntlich nicht vermindert, sondern wachse noch. Drittens erfordere das Präsenzprinzip insbesondere die Aufrechterhaltung einer starken konventionellen Verteidigungskomponente.
Die verringerte Präsenz der alliierten Streitkräfte als Folge der deutsch-britisch-amerikanischen Dreiervereinbarungen zwinge, viertens, zur Erhöhung der Beweglichkeit und zur Stärkung der konventionellen Feuerkraft der in Europa-Mitte stationierten Kräfte. Fünftens: Die Präsenz ausreichend starker deutscher Streitkräfte sei nur auf der Grundlage der allgemeinen Wehrpflicht möglich.
Daraus folge, sechstens, daß der Grundwehrdienst nicht verkürzt werden könne. Denn erst nach einjähriger Ausbildung sei ein Rekrut sofort einsatzbereit; zu den präsenten Streitkräften könne man ihn demnach erst in den letzten sechs Monaten seines Wehrdienstes rechnen.[129]
Zur umstrittenen Ausstattung der Bundeswehr mit nuklearen Trägerwaffen bemerkte Schröder, diese entspreche voll und ganz den Forderungen der NATO.[130] In einem Interview hatte er vierzehn Tage zuvor betont:

„Auf Grund der strategischen Konzeption der Allianz und angesichts des bestehenden Kräfteverhältnisses kann und wird die Bundeswehr nicht auf ihre nukleare Trägerkapazität verzichten."[131]

Insgesamt gesehen boten Schröders Ausführungen in der Haushaltsdebatte den Befürwortern einer grundlegend neuen Verteidigungskonzeption keinerlei Anhaltspunkte für die Hoffnung, die Bundesregierung werde sich ihre Vorstellungen zu eigen machen.
Die Betonung des Gleichgewichtsprinzips und des Präsenzprinzips, das Festhalten an der nuklearen Trägerkomponente der Bundeswehr, zogen jeder neuen Verteidigungskonzeption sehr enge Grenzen.
Der sozialdemokratische Redner in der Haushaltsdebatte, der Vorsitzende des Arbeitskreises Sicherheitsfragen Karl-Wilhelm Berkhan, hielt eine sehr verhaltene Rede. Wer erwartet hatte, daß der Wienand-Nachfolger dem Parlament eine neue Verteidigungskonzeption seiner Partei vorlegen würde, sah sich enttäuscht.
Berkhan forderte die Bundesregierung auf, dem Bundestag bis zum Ende des Jahres ihre verteidigungspolitischen Absichten und Vorstellungen bekanntzugeben.
Die Bundesregierung werde dem Deutschen Bundestag und der Öffentlichkeit sagen müssen, wie sie die Verteidigungspolitik in ihre auf Erhaltung des Friedens und der Entspannung ausgerichtete Außenpolitik einbetten wolle. Sie werde weiter sagen müssen, welche Aufgaben im Rahmen des atlantischen Bündnisses und unter Berücksichtigung der vom NATO-Rat am 9. Mai verabschiedeten Direktive der Bundeswehr in Zukunft zu stellen seien. Und schließlich werde sie wenigstens den Rahmen ihrer Vorstellungen über eine aktive Mitwirkung an der internationalen Diskussion zur Rüstungskontrolle und zur europäischen Sicherheitspolitik abstecken müssen.[132]

[129] Schröder, in: Verhandlungen, 114. Sitzung, 13. 6. 1967, S. 5600.
[130] S. ebenda, S. 5634.
[131] Schröder, Gerhard, Die Verteidigungskonzeption der flexiblen Reaktion, in: Bulletin, Nr. 58, 2. 6. 1967, S. 493f.
[132] Berkhan, in: Verhandlungen, 114. Sitzung, 13. 6. 1967, S. 5615.

Berkhan vertrat die Auffassung, daß die Glaubwürdigkeit deutscher Friedens- und Entspannungspolitik eine über den erreichten Stand hinausgehende Vergrößerung der Bundeswehr (460000 Soldaten) verbiete.[133]
Allerdings sprach er sich gegen einseitige Rüstungsverminderungen des Westens in Mitteleuropa aus. Diese konnten seiner Ansicht nach leicht die erreichte politische Stabilität in Europa ins Wanken bringen.
Interessant ist, daß Berkhan die verteidigungspolitischen Vorschläge der FDP (Verkürzung des Grundwehrdienstes; Herauslösung der nuklearen Waffenträger aus der Bundeswehr) nicht prinzipiell attackierte, wie die Vertreter der CDU/CSU, sondern lediglich als „isolierte Einzelschritte" bewertete, denen es an einem sicherheitspolitischen Gesamtkonzept mangelte.[134]
Aber für die Anhänger einer grundlegend neuen sicherheits- und verteidigungspolitischen Konzeption in der SPD mußte die Rede Berkhans dennoch eine Enttäuschung sein. Nur: der Vorsitzende des AK Sicherheitsfragen hatte gegenüber dem Fraktionschef beim besten Willen nicht mehr Spielraum. Und hier war die auf engen freundschaftlichen Bindungen beruhende Loyalität Berkhans gegenüber Schmidt zweitrangig.
Der SPD-Fraktionsvorsitzende hatte seit Mai seinen Kurs gegenüber der innerfraktionellen sicherheitspolitischen Opposition um Karl Wienand und Wilhelm Dröscher verschärft, und es sah nun Mitte Juni so aus, als sei es ihm gelungen, die Kritiker in den eigenen Reihen zum Schweigen zu bringen, sie in die Fraktionsdisziplin einzubinden.
Die Protagonisten einer neuen Sicherheits- und Verteidigungspolitik in der SPD standen vor der Frage, ob sie ihre Ziele – zumindest zeitweilig – aufgeben sollten. Gegen Schröder *und* Schmidt war ein Erfolg schwerlich möglich.
Es verblieb nur noch eine außerparlamentarische Möglichkeit, die Mobilisierung der Öffentlichkeit für die eigenen Vorstellungen. Eine Gelegenheit dazu bot sich bald.

### *b) Der „Stern" veröffentlicht die Bussmann/Roth-Studie*

In der ersten Juliwoche, unmittelbar vor der Kabinettsentscheidung über Kürzungen am Wehretat im Rahmen der mittelfristigen Finanzplanung, erschien die Hamburger Illustrierte „Stern" mit dem Aufmacher: „Ist die Bundeswehr zu nichts nütze?"[135]
Die Bundeswehr sei falsch organisiert, ausgerüstet und ausgebildet. Und außerdem sei sie viel zu teuer. Daher, so die Autoren des Reports, Bissinger und Kahn, müsse endlich eine neue Verteidigungskonzeption entwickelt werden. Dergleichen gebe es bereits, informierten die beiden Journalisten weiter, beispielsweise im Panzerschrank der SPD-Bundestagsfraktion. Hier liege „hochexplosive Munition", nämlich eine Studie sozialdemokratischer Wehrexperten über die „Bundeswehr von morgen".[136]

[133] Ebenda. – Von derlei Bedenken fühlte sich allerdings Georg Leber fünf Jahre später, als er die Bundeswehr auf rund eine halbe Million Soldaten aufstockte, nicht geplagt. Leber ging es um eine andere Glaubwürdigkeit, nämlich die Glaubwürdigkeit der Abschreckung, die für ihn Grundlage der Entspannung war (Gespräch mit Georg Leber am 18. 3. 1985 in Schönau am Königssee).
[134] Berkhan, in: Verhandlungen, 114. Sitzung, 13. 6. 1967, S. 5615f.
[135] Bissinger, Manfred und Kahn, Helmut W., Ist die Bundeswehr zu nichts nütze?, in: Stern, Nr. 28, 9. 7. 1967, S. 18–24 und 91.
[136] Ebenda, S. 20.

Die Konzeption von Oberst Hellmuth Roth und Dr. Bernhard Bussmann vom SPD-Arbeitskreis für Sicherheitsfragen empfehle eine kleinere, billigere und dennoch schlagkräftigere Bundeswehr:

- Die Mannschaftsstärke der Bundeswehr solle von 461000 auf maximal 250000 längerdienende Freiwillige reduziert werden.
- Als Rückendeckung der Armee solle eine Heimatschutztruppe aus 60000 Soldaten, bestehend aus 20000 Freiwilligen als Kern und 40000 Wehrpflichtigen (statt bisher 217000), fungieren.
- Die Wehrpflicht in ihrer gegenwärtigen Form werde abgeschafft; die 40000 Mann der Heimatschutztruppe sollten nicht länger als sechs Monate Grundwehrdienst leisten. Sie würden allerdings zu jährlichen Wehrübungen herangezogen werden können.
- Die Truppe solle mit modernsten konventionellen Flächenfeuerwaffen ausgerüstet werden.[137]

Zur Entlastung der deutschen Ostpolitik schlügen Bussmann und Roth außerdem vor, beim Auftrag und bei der Ausrüstung der Bundeswehr alles zu vermeiden, was nach atomarem Ehrgeiz aussehen und die Deutschen in den Verdacht bringen könnte, sie seien angriffslüstern.[138] Deshalb müsse die Bundeswehr auf ihre „atomare Bewaffnung" – gemeint war wohl die Ausrüstung mit nuklearen Trägersystemen – verzichten. Die Luftwaffe solle dementsprechend ganz von ihrer Beteiligung am nuklearen „Strike" entbunden werden.[139]

Der „Stern"-Bericht verursachte im sommerlichen Bonn erheblichen Wirbel, vor allem natürlich in der SPD-Fraktion.
Schon nach Vorabveröffentlichungen des Reports trat Karl-Wilhelm Berkhan mit einer Gegenerklärung vor die Presse.[140] Berkhan behauptete, die Studie sei ein für ihn und in seinem Auftrage angefertigtes Arbeitspapier, das keinerlei Verbindlichkeit für die SPD-Fraktion besitze. Es sei bis dato vom Arbeitskreis weder diskutiert noch gebilligt, noch dem Fraktionsvorstand oder der Fraktion zugeleitet worden.
Dies war korrekt, bis auf die Behauptung Berkhans, die Studie sei in seinem Auftrag angefertigt worden. Das war eindeutig nicht der Fall gewesen; sondern das Papier war bereits, wie wir wissen, unter dem Vorsitz Karl Wienands entstanden.[141] Berkhan erklärte weiter, daß die Studie mehrere Alternativen enthalte und nicht nur die vom „Stern" zitierte Konzeption. Dies mochte zwar zutreffen, aber genauso zutreffend war, daß die Präferenzen der beiden Referenten bei dem vom „Stern" vorgestellten Modell lagen. Dies unterstreichen nicht zuletzt auch Wienands Äußerungen seit November 1966.

137 Ebenda, S. 20–22.
138 Ebenda, S. 22.
139 Ebenda.
140 S. Informationen der Sozialdemokratischen Fraktion im Deutschen Bundestag, Nr. 340/67, 3. 7. 1967.
141 Darauf, daß die Studie ganz auf der politischen Linie von Wienand lag, mit dessen seit Bildung der Großen Koalition mehrfach geäußerten sicherheitspolitischen Vorstellungen nahtlos übereinstimmte, machte ein bemerkenswert gut informierter Beitrag in der Süddeutschen Zeitung vom 4. 7. 1967 aufmerksam: „Differenzen in der SPD über Wehrpolitik".

Schließlich behauptete Berkhan noch, die Studie koppele die vom „Stern“ herausgestellte Alternative an gleichgewichtige Truppenverdünnungen auch im Osten. Dies hätte jedoch dem Denkansatz seiner beiden Experten widersprochen. Zudem läßt sich auch hier anhand der zuvor erfolgten Äußerungen Wienands zu einer „neuen Sicherheitspolitik“ nachweisen, daß das Gleichgewichtsargument so gut wie keine Rolle spielte.

Bussmann und Roth geben heute zu, daß der „Stern“ ihre Konzeption im wesentlichen richtig dargestellt habe.[142]

Wie hatten die „Stern“-Reporter den Inhalt der angeblich streng geheimen SPD-Studie in Erfahrung gebracht?

Aufmerksam geworden auf die sicherheitspolitischen Differenzen in der SPD waren die Hamburger Journalisten durch die bereits erwähnte Rede Wienands an der Bonner Universität im Mai 1967. Hier hatte der Ex-Vorsitzende des AK Sicherheitsfragen bekanntlich erstmals konkrete Zahlen genannt.

Nach *einer* Version suchte der Journalist Bissinger anschließend die beiden AK-Referenten zu Gesprächen auf und trug so bruchstückhaft die Studie zusammen.[143]

Nach einer anderen Darstellung hingegen hat Bussmann dem „Stern“-Redakteur die entsprechenden Papiere zugespielt.[144]

In der Presse wurde die SPD-Studie durchweg mit kritischen Kommentaren bedacht. So bezeichnete die „Westdeutsche Allgemeine Zeitung“ die Überlegungen der SPD-Wehrexperten als „Spiele im Sandkasten“. Die Sparsamkeit werde für den geeigneten Ausgangspunkt gehalten, um auch zu entscheidenden strukturellen Veränderungen der Bundeswehr zu gelangen. Mit dem Grundsatz gleichzeitiger Rüstungsbegrenzung in Ost und West habe das jedoch nichts mehr zu tun: „Das ist vielmehr die Befürwortung einer Bonner Vorleistung mit entsprechenden Empfehlungen, über die es in der Koalition, falls die SPD sie sich zu eigen macht, gewiß noch einigen Streit geben wird.“[145]

Und die „Kieler Nachrichten“ gaben zu bedenken, 250000 längerdienende Freiwillige werde die Bundeswehr in Zeiten normaler Konjunktur nie zusammenbekommen. „Soll diese Armee endgültig auch auf die mittelbare Atombewaffnung verzichten“, so schrieb die Zeitung, „dann wird sie sich selbst bei einer allgemeinen Abrüstung als NATO-Armee niemals auf 250000 Mann beschränken dürfen: Die amerikanischen Forderungen belaufen sich auf 600000 von ursprünglich 750000 Mann bei konventioneller Bewaffnung.“[146]

Mit Aufmerksamkeit werde in Bonn registriert, daß die Vorschläge der beiden SPD-Referenten mit einer Entlastung der deutschen Ostpolitik motiviert würden, schrieb die „Stuttgarter Zeitung“[147] und berührte damit den eigentlichen Kern des Themas, nämlich das Verhältnis von Entspannungs- und Verteidigungspolitik.

[142] Gespräche mit Bernhard Bussmann am 7. 6. 1984 in Bonn und Hellmuth Roth am 20. 9. 1984 in Iversheim. – Die Studie selbst konnte d. Verf. trotz intensiver Bemühungen nicht ausfindig machen.

[143] Gespräch mit Bernhard Bussmann am 7. 6. 1984 in Bonn.

[144] Gespräch mit Karl Wienand am 24. 11. 1984 in Windeck.

[145] Westdeutsche Allgemeine Zeitung, 4. 7. 1967: „Spiele im Sandkasten“.

[146] Kieler Nachrichten, 5. 7. 1967: „Sparen an der Bundeswehr“.

[147] Stuttgarter Zeitung, 4. 7. 1967: „SPD-Studie über die Bundeswehr erregt Aufsehen“.

Auch wurde verschiedentlich darauf hingewiesen, daß Außenminister Brandt den Vorstellungen der Wienand-Gruppe nicht sehr fernstehe.[148]
Ferner berichtete die „Süddeutsche Zeitung“ am 4. Juli, sozialdemokratische Abgeordnete hätten sich in den letzten Wochen darüber beklagt, daß ihre Fraktionsführung an eine Verkürzung des Grundwehrdienstes nicht habe herangehen wollen. In Bonn wisse man von beträchtlichen Differenzen zwischen dem Fraktionsvorsitzenden Schmidt und seinem parlamentarischen Geschäftsführer Wienand in diesen Fragen.[149]
In der aktuellen Auseinandersetzung über den „Stern“-Report hielt sich Wienand aber auffallend zurück; eine öffentliche Erklärung gab er nicht ab.
Eine eindeutig positive Stellungnahme zu der Bussmann/Roth-Studie kam übrigens nur von dem SPD-Abgeordneten Wilhelm Dröscher. In einem Leserbrief an den „Stern“ verwies er darauf, daß er die Grundgedanken der Studie schon seit 1962 immer wieder vertreten habe, ganz obenan das Postulat, die Bundeswehr müsse „plakativ defensiv“ sein.[150]
Nicht unerwähnt bleiben soll schließlich, daß auch die Sowjetunion Gefallen an den Vorstellungen der Wienand-Gruppe in der SPD fand. Noch 1975, im Zusammenhang mit scharfen Angriffen gegen Verteidigungsminister Leber, bedauerte Radio Moskau, daß die Bussmann/Roth-Studie keine Umsetzung in praktische Politik erfahren habe, sondern immer noch im Panzerschrank der SPD-Bundestagsfraktion ruhe.[151]

### *c) SPD-Arbeitsgruppe zur Überprüfung der Verteidigungskonzeption*

Helmut Schmidt sei über die Veröffentlichung der Sicherheitsstudie im „Stern“ nicht nur verärgert gewesen, regelrecht getobt habe er, berichtet Karl Wienand. Schmidt habe die vom „Stern“ gepriesenen Referenten auf der Stelle entlassen wollen, was er, Wienand, aber habe verhindern können.[152]
Nun, da die mehr oder weniger konkreten Gedankenspiele aus dem Arbeitskreis VIII den Weg in die Öffentlichkeit gefunden hatten, mußte der Fraktionsvorsitzende reagieren, um größeren Schaden für die Koalition und die deutsche Sicherheitspolitik zu verhindern.
Er nahm die Sache selbst in die Hand und drang auf eine überarbeitete bzw. entschärfte Fassung der Studie. Vor allem die in dem Papier genannten Zahlen, die in der Öffentlichkeit besonderes Aufsehen erregt hatten, wollte Schmidt eliminiert sehen.[153]
Noch in den Sommermonaten setzte Helmut Schmidt eine kleine Arbeitsgruppe ein, die sich mit den drängenden verteidigungspolitischen Fragen und insbesondere mit der Überarbeitung des Bussmann/Roth-Papiers beschäftigte. Der Fraktionschef selbst führte die Regie.[154]

148 S. Die Tat, 8. 7. 1967: „Militärreformer in der SPD“; Süddeutsche Zeitung, 4. 7. 1967.
149 Süddeutsche Zeitung, a.a.O.
150 Dröscher, in: Stern, Nr. 31, 30. 7. 1967, S. 4.
151 S. Radio Moskau, „Gefährliche Tendenzen in der Bonner Militärpolitik“, in: Ost-Informationen (BPA), 6. 1. 1975.
152 Gespräch mit Karl Wienand am 24. 11. 1984 in Windeck.
153 Gespräch mit Bernhard Bussmann am 7. 6. 1984 in Bonn.
154 Ebenda.

Außerdem richtete Schmidt, nachdem das Kabinett am 6. Juli Kürzungen des Verteidigungshaushalts im Rahmen der mittelfristigen Finanzplanung beschlossen hatte, am 10. Juli eine Große Anfrage zur Verteidigungspolitik an die Bundesregierung.[155]
Die Anfrage war neutral in Ton und Inhalt und ließ keinerlei verteidigungspolitische Präferenzen erkennen. Die atomaren Trägerwaffen wurden interessanterweise mit keinem Wort erwähnt.
Etwas deutlicher war dann eine Stellungnahme des SPD-Präsidiums „Zur Diskussion in der Bundeswehr", die der „Vorwärts" am 20. 7. 1967 veröffentlichte.[156] Hier war immerhin von der Notwendigkeit einer Reform der Bundeswehr die Rede. In den kommenden Wochen seien alternative Vorschläge zu Umfang und Struktur der Bundeswehr vorzubereiten, befand das Parteipräsidium und vermied ansonsten ebenfalls Präzisierungen in der einen oder anderen Richtung.
Besagte Alternativen sollte die ad hoc-Arbeitsgruppe Helmut Schmidts erarbeiten. Diese erstellte eine Studie mit dem Titel „Überprüfung der Verteidigungskonzeption" für die Diskussion in Fraktion und Partei;[157] veröffentlicht wurde das Papier nie.
Nach dem Verständnis ihrer Verfasser stellte die Studie lediglich ein Arbeitspapier dar, das „nach Billigung durch die zuständigen Gremien der Partei" als allgemeine Grundlage für die weitere Behandlung des Themas in Parlament, Regierung und Öffentlichkeit dienen sollte. Ausdrücklich wurde darauf hingewiesen, daß es sich hier *nicht* um eine neue Wehrkonzeption der SPD handele.[158]
Die Studie war deutlich ein Kompromißpapier. Sie beinhaltete sowohl Positionen der Wienand-Gruppe als auch die Vorstellungen Helmut Schmidts. Bei genauerem Hinsehen ist leicht festzustellen, daß die ersten beiden Teile des Papiers („Analyse der Lage"; „Die Neuformulierung einer zukünftigen Sicherheitspolitik") im wesentlichen der umstrittenen Bussmann/Roth-Studie entstammten, während Schmidts Handschrift in den letzten beiden Kapiteln („Alternativen zur bisherigen Bundeswehrkonzeption") deutlich wurde.
Zweifellos aber war der Schmidtsche Part der Studie für die aktuelle Diskussion in der SPD sehr viel wichtiger als der vorstehende langatmige Analyseteil. So mag dem Fraktionschef der Kompromiß mit der Reformer-Gruppe um Wienand und Dröscher nicht allzu schwergefallen sein. Aber die Auffassung Schmidts lag in einer Reihe von Punkten bemerkenswert weit entfernt von den Auffassungen seiner dissentierenden Parteigenossen. Dies soll nun ausschnittartig kurz dargestellt werden. Zunächst eine Passage aus dem Bussmann/Roth-Teil der Studie:

„Es kann im Interesse der deutschen Bundesregierung liegen, die Ernsthaftigkeit ihrer Absichten (zur Spannungsverminderung, T. E.) durch Vorleistungen unter Beweis zu stellen, wobei ein kalkulierbares und kalkuliertes Risiko in Kauf genommen werden

[155] S. Große Anfrage der Fraktion der SPD betr. Verteidigungspolitik vom 10. 7. 1967, in: Drucksachen des Deutschen Bundestages, 5. Wahlperiode, Drs. V/206.
[156] Sorgfältig prüfen, dann entscheiden. Stellungnahme des Präsidiums der SPD zur Diskussion um die Bundeswehr, in: Vorwärts, 20. 7. 1967.
[157] Studie Überprüfung der Verteidigungskonzeption, Bonn o. J. (Archiv Verf.). – Das Dokument wurde dem Verf. von dem ehemaligen Fraktionsreferenten Michael Forster freundlicherweise zugänglich gemacht.
[158] Ebenda, S. 31.

muß. Diese Vorleistungen können sowohl in einer Reduzierung der Bundeswehr als auch in einer Umstrukturierung und möglichst defensiven Rüstung der Bundeswehr unter Ausnutzung moderner konventioneller Waffentechniken bestehen. Von einer Überprüfung des Umfangs, der Struktur und der zukünftigen Bewaffnung der Bundeswehr kann die sogenannte „nukleare Komponente", d. h. Umfang und Art der Aufrüstung der Bundeswehr mit Waffenträgern, die für den Einsatz nuklearer Sprengköpfe geeignet sind, nicht ausgeschlossen werden.
Die bereits in der Karlsruher Parteitags-Erklärung „Deutschlands und Europas Sicherheit" geforderte Aufgabenteilung im Bündnis bietet den Ansatzpunkt für solche Überprüfungen."[159]

Demgegenüber hieß es in dem Helmut Schmidt zuzuschreibenden Schlußteil der Studie, die Ausstattung der Bundeswehr mit A-Träger-Waffen sei „ständig im Gleichmaß mit den auf unserem Territorium stehenden verbündeten Streitkräften"[160] zu halten. Umfangkürzungen der Gesamtstreitkräfte sollten „unter 20000"[161] liegen.
Während Bussmann und Roth bei ihren Überlegungen von einer mehrwöchigen strategischen Warnzeit ausgingen,[162] setzte Schmidt durch, daß die Studie eine Warnzeit von nur einer Woche nannte.[163]
Auf die Fülle der militärspezifischen Einzelvorschläge zur Verbesserung der finanziellen und organisatorischen Lage der Bundeswehr soll hier nicht näher eingegangen werden.
Viel wichtiger waren die sechs Prinzipien, die Schmidt seinen Überlegungen voranstellte[164] und mit denen er prägend auf die SPD-Sicherheitspolitik wirkte:

1. Das Gleichgewichtsprinzip als wichtigste Leitlinie jeder Verteidigungs- und Entspannungspolitik.
2. Das Defensivprinzip. Es bedinge politisch-psychologisch und militärisch defensives Verhalten.
3. Das Prinzip der Bündniserhaltung und Bündnistreue. Solange es weder eine kontrollierte Abrüstung noch ein umfassendes europäisches Sicherheitssystem gebe, hänge deutsche Sicherheit weitgehend von der Funktionsfähigkeit der Atlantischen Allianz ab.
4. Das Prinzip des angemessenen Verhältnisses zwischen politischem Auftrag und militärischen Mitteln. Maßstab für Entscheidungen über Umfang und Bewaffnung der Bundeswehr blieben die von der Staatsführung den Streitkräften im Frieden, in Krisen und in Verteidigungsfällen gestellten Aufgaben.
5. Das Prinzip des „bargaining power" zur Erhaltung und Erweiterung des außenpolitischen Handlungsspielraums gegenüber Ost und West. Dies verlange auch eine angemessene Beteiligung am nuklearen „Strike".

159 Ebenda, S. 22.
160 Ebenda, S. 29.
161 Ebenda, S. 27.
162 Gespräch mit Bernhard Bussmann am 7. 6. 1984 in Bonn.
163 S. Studie Überprüfung der Verteidigungskonzeption, a.a.O., S. 29.
164 Ebenda, S. 26f.

6. Das Prinzip des nationalen Sicherheitsinteresses. Ungeachtet der Notwendigkeit, die Allianz und ihre Organisation zu erhalten, dürfe die Sicherheit der Bundesrepublik Deutschland nicht von der Funktionsfähigkeit der NATO alleine abhängen.

Diese Prinzipien bildeten sozusagen Helmut Schmidts Sicherheitsdoktrin in den nächsten Jahren bis zu seinem Einzug auf der Hardthöhe und wohl auch darüber hinaus. Mit einer einzigen Ausnahme: Prinzip Nr. 5, das „bargaining power“-Prinzip – die englische Schreibweise verriet deutlich Schmidt als den Vater des Gedankens –, verschwand 1969 aus dem Grundsatzkatalog des Sicherheitspolitikers.

In seiner programmatischen Rede auf dem wehrpolitischen Forum der SPD in Bad Honnef am 27. April 1969 verzichtete Schmidt erstmals auf die Nennung des „bargaining“-Prinzips,[165] welches im Grunde genommen ja nichts anderes beinhaltete als die Rechtfertigung der nuklearen Trägersysteme der Bundeswehr.

Das Verschwinden des Prinzips Nr. 5 hatte, folgt man dem ehemaligen Referenten Bussmann, einen einfachen Grund: Er und sein Kollege Roth hätten – so Bussmann – nie zu den Anhängern des „bargaining power“-Arguments gehört, sondern den Gedanken abgelehnt. Deshalb habe man das Prinzip einfach aus dem Rede-Entwurf Helmut Schmidts für Bad Honnef gestrichen.[166] Damit vermochten die beiden Wehrexperten freilich nicht zu verhindern, daß Schmidt, als er Ende des Jahres das Verteidigungsministerium übernahm, an den nuklearfähigen Trägersystemen der Bundeswehr festhielt.

Die atomaren Trägerwaffen blieben, auch nachdem Schmidts ad hoc-Gruppe ihre sicherheits- und verteidigungspolitischen Vorstellungen zu Papier gebracht hatte, im Sommer 1967 ein kontroverses Thema in der SPD.

Zwar hatte Verteidigungsminister Schröder bekanntlich bereits im Juni klargemacht, daß die Bundeswehr auch im Rahmen der neuen Strategie der flexiblen Reaktion nicht auf ihre nuklearen Trägersysteme verzichten könne,[167] aber nachdem die Bundesregierung in ihren finanzpolitischen Beschlüssen vom 6. Juli die „Entwicklung einer neuen Verteidigungskonzeption“[168] und eine gründliche Kabinettsaussprache über das Thema nach der Sommerpause in Aussicht gestellt hatte, schien manchem in der SPD das nukleare Thema wieder offen.

Mitte August wurde deutlich, daß es nicht nur in der Fraktion, sondern auch in der Parteiorganisation namhafte Gegner der atomaren Trägerwaffen gab. Am 16. August meldete der Korrespondent der „Frankfurter Allgemeinen Zeitung“ Günther Gillessen aus Bonn, in der SPD kündige sich wegen der Trägerwaffen eine offene Auseinandersetzung an.[169] Gillessen verwies auf einen zwei Tage zuvor erschienenen Artikel im

165 S. Schmidt, Helmut, Sozialdemokratische Sicherheits- und Verteidigungspolitik, Bonn 1969, S. 6ff.

166 Gespräch mit Bernhard Bussmann am 18. 4. 1984 in Bonn. Auch in Helmut Schmidts wichtigem Buch „Strategie des Gleichgewichts“ von 1969 taucht das „bargaining“-Prinzip nicht mehr auf: S. Schmidt, Strategie des Gleichgewichts, a.a.O., S. 252f.

167 S. S. 56.

168 Die Finanzplanung des Bundes. Beschluß der Bundesregierung vom 6. Juli 1967, in: Bulletin, Nr. 73, 8. 7. 1967, S. 627.

169 Gillessen, Günther, Differenzen in der SPD wegen der atomaren Trägerwaffen, in: Frankfurter Allgemeine Zeitung, 16. 8. 1967.

SPD-Pressedienst, der Meldungen, Kanzler und Verteidigungsminister hätten sich auf die Beibehaltung der Nuklearträger verständigt, heftig dementiert hatte.[170]
Zwar sprach sich der Artikel nicht offen für die Abschaffung der Trägersysteme aus, aber der ablehnende Unterton war unüberhörbar. Bedeutung gewann der Artikel auch dadurch, daß er vom Chefredakteur des Pressedienstes, Günter Markscheffel, persönlich verfaßt worden war. Markscheffel galt zudem als Vertrauter und Sprachrohr von Parteichef Brandt.
Für Gillessen vertrat der Chefredakteur des SPD-Pressedienstes die Meinung pazifistischer Gruppen in der Partei. Schmidt sei über den Artikel sehr verärgert gewesen; zumal, da er erst kurz zuvor ein längeres Gespräch mit Verteidigungsminister Schröder geführt habe, bei dem beide darin übereingestimmt hätten, daß sich die Bundeswehr um ihrer Stellung im Bündnis willen nicht der technischen Fähigkeiten zum nuklearen „Strike" begeben dürfe.[171]
Brandt selbst hat in der Debatte über die nuklearen Trägerwaffen nie konkret Stellung bezogen. Für ihn stellte sich dieses Problem in einem größeren Zusammenhang und auch zeitlichen Rahmen, nämlich dem einer anzustrebenden „europäischen Friedensordnung".[172]
In einer Rede vor den Führungsgremien der SPD Anfang Juli 1967, über die Markscheffel im Pressedienst berichtete, benannte Brandt die Elemente, die die Bundesrepublik seiner Ansicht nach in ein System einer dauerhaften europäischen Friedensordnung bzw. ein europäisches Sicherheitssystem einbringen könnte:
- Verzicht auf Atomwaffen;
- Reduzierung des Truppenniveaus;
- völkerrechtlich verbindlicher Verzicht auf Gewaltanwendung.[173]

Markscheffels Artikel über die Rede Brandts, mit einer Hervorhebung der Friedenselemente, erschien am 4. Juli, also just an dem Tag, an dem fast alle deutschen Zeitungen über den „Stern"-Report und die Bussmann/Roth-Studie berichteten. Als Widerspruch gegen die Thesen der Reformer-Gruppe um Wienand und Dröscher konnte die Brandt-Eloge des Pressedienst-Chefs schwerlich verstanden werden.

170 SPD-Pressedienst, XXII. Jhrg., Nr. 153, 14. 8. 1967, S. 1.
171 Gillessen, Differenzen in der SPD wegen der atomaren Trägerwaffen, a.a.O.
172 Dazu ausführlich: S. 122–126.
173 Markscheffel, Günter, Brandt steht vor großen Aufgaben. Auf dem Wege zu einer dauerhaften europäischen Friedensordnung, in: SPD-Pressedienst, XXII Jhrg., Nr. 124, 4. 7. 1967, S. 1.

## 5. Die sicherheitspolitische Debatte im Deutschen Bundestag am 6. und 7. Dezember 1967

### *a) Die Vorgeschichte*

Die SPD-Bundestagsfraktion richtete, wie erwähnt, am 10. Juli 1967 eine Große Anfrage zur Verteidigungspolitik an die Regierung. FDP und CDU/CSU folgten diesem Vorgehen der Sozialdemokraten und formulierten ebenfalls verteidigungspolitische Anfragen.[174]

Die Parteien gingen davon aus, daß eine umfassende sicherheits- und verteidigungspolitische Debatte im Zusammenhang mit der Beantwortung der gestellten Fragen durch die Bundesregierung unmittelbar nach der parlamentarischen Sommerpause, also im September oder Oktober, stattfinden würde. Je früher, desto besser, lautete das Kalkül derjenigen, die auf eine grundlegend neue Verteidigungskonzeption abzielten und sich darin auch durch die Beschlüsse des Kabinetts zur mittelfristigen Finanzplanung von Anfang Juli ermutigt fühlten.

Ein möglichst früher Debattenzeitpunkt erschien vor allem deshalb notwendig, weil auf der NATO-Ratstagung Mitte Dezember 1967 weitreichende Planungsvorlagen zur Beschlußfassung anstanden.

Eine längere Krankheit von Verteidigungsminister Schröder führte dann allerdings dazu, daß die Debatte erst wenige Tage vor der Brüsseler Tagung der Verteidigungsminister stattfand.

Damit war klar, daß die Debatte schon aus rein zeitlichen Gründen keinen Einfluß auf die Konzeption der Bundesregierung mehr ausüben konnte. Dieser Umstand nahm ihr viel von der Bedeutung, die ihr in den Monaten zuvor in der Öffentlichkeit zugeschrieben worden war. Aber immerhin handelte es sich um die erste sicherheitspolitische Debatte nach Bildung der Großen Koalition ein Jahr zuvor, und man durfte zumindest eine Klärung der Positionen erwarten.

### *b) Vorbereitung in der SPD-Fraktion: Kritik und Belehrung*

Unmittelbar vor der Plenardebatte hatte auch die SPD-Fraktion ihre erste ausführliche sicherheitspolitische Aussprache seit 1966.[175]

Heinz Frehsee, einer der parlamentarischen Geschäftsführer, teilte der Fraktion mit, daß Karl-Wilhelm Berkhan die Große Anfrage der SPD im Parlament begründen

[174] S. Große Anfrage der Fraktion der FDP betr. Verteidigungskonzeption der Bundesrepublik Deutschland vom 17. Juli 1967, in: Drucksachen des Deutschen Bundestages, 5. Wahlperiode, Drs. V/2025; Große Anfrage der Fraktion der CDU/CSU betr. Verteidigungspolitik vom 24. Juli 1967, in: Drucksachen, 5. Wahlperiode, Drs. V/2041.

[175] S. Protokoll der Sitzung der Sozialdemokratischen Bundestagsfraktion vom 6. 12. 1967, Archiv der sozialen Demokratie / Friedrich-Ebert-Stiftung (FES), Ak. Nr. 1042, S. 3–7. Lediglich im April war das Thema Sicherheitspolitik in der Fraktion noch einmal kurz zur Sprache gekommen: S. Protokoll der Sitzung der Sozialdemokratischen Bundestagsfraktion vom 26. 4. 1967, S. 4. – Nachdem der Abgeordnete Fellermaier eine Generalaussprache der Fraktion über den politischen und militärischen Auftrag der Bundeswehr gefordert hatte, hatte Schmidt die Arbeitskreise I und VIII aufgefordert, hierzu Ausarbeitungen zu machen. Diese wurden jedoch – falls sie denn je angefertigt worden sein sollten – in der Fraktion nie vorgestellt oder diskutiert.

werde. Frehsee benannte noch fünf weitere Sprecher der Fraktion, unter ihnen auch Fraktionschef Helmut Schmidt. Anschließend trug Berkhan der Fraktion in großen Zügen seine Rede zur Verteidigungsdebatte vor.[176]

„Während des Vortrages Berkhans“, so vermerkt das Protokoll der Sitzung, „entspann sich eine Diskussion mit Helmut Schmidt über die Frage der Begründung der Ausrüstung der Bundeswehr mit nuklearen Waffenträgern.“[177] Dies ist ein interessanter Hinweis darauf, daß die Frage der A-Trägerwaffen Anfang Dezember 1967 in der SPD immer noch virulent war.

Nachdem Berkhan seine Ausführungen beendet hatte, setzten sich mehrere Abgeordnete kritisch mit dem Kurs der Fraktionsführung auseinander.[178]

Die Kritik galt u. a. der nuklearen Trägerkomponente, die als eine politische und finanzielle Belastung bezeichnet wurde, ferner einer als ungenügend empfundenen Konzipierung der Sicherheitspolitik als Teil der Entspannungspolitik. Gefordert wurde eine stärkere Betonung der Rüstungskontrolle, eine Reduzierung der Truppenstärke der Bundeswehr zugunsten einer modernen Ausrüstung und die Verkürzung der Wehrdienstzeit.

Daraufhin sah sich Klaus Richter, einer der Verteidigungsexperten der Partei, veranlaßt, die Sprecher der Fraktion in der Verteidigungsdebatte zur Disziplin aufzufordern.[179]

Auf Disziplinierung war auch die anschließende Rede Helmut Schmidts angelegt.[180]

Der Fraktionschef stellte zunächst klar, daß es keine vom Urgrund neue Verteidigungskonzeption gebe und auch nicht geben könne. Eine völlig neue Verteidigungskonzeption sei von sozialdemokratischer Seite auch nicht gefordert worden. Hingegen sei die in den Koalitionsvereinbarungen festgelegte SPD-Forderung, die Bundeswehr auf ihrem bisherigen Stand einzufrieren, verwirklicht worden.

Zur Frage einer zahlenmäßigen Reduzierung der Bundeswehr erklärte Schmidt, die deutsche Ankündigung einer Verringerung der Truppenstärke würde in der Folge zu einer Verringerung der alliierten Truppenpräsenz in der Bundesrepublik führen.

Einseitige westliche Truppenreduzierungen würden der Entspannungspolitik schaden. Man müsse sich ein Verhandlungsangebot gegenüber dem Osten erhalten. Verteidigungsanstrengungen und Bündnisverpflichtungen seien die eine, Rüstungsbegrenzung und -kontrolle die andere Seite der Medaille.

Zur nuklearen Komponente meinte Schmidt, solange Polen und andere Ostblockstaaten über nukleare Trägerwaffen verfügten, sollte keine einseitige Aufgabe dieser Bewaffnung für die Bundeswehr vorgenommen werden. Außerdem wäre ein politisches Vetorecht im Bündnis gegen den Einsatz nuklearer Waffen sonst hinfällig.

Pessimistisch äußerte sich der Fraktionsvorsitzende im Hinblick auf die Zukunft der Atlantischen Allianz. Er betonte, daß die Sicherheit der Bundesrepublik in drei bis fünf Jahren nicht optimistisch zu beurteilen sei. Schmidt befürchtete, daß die Alliierten im

176 S. Protokoll der Sitzung der Sozialdemokratischen Bundestagsfraktion vom 6. 12. 1967, a.a.O., S. 3.
177 Ebenda.
178 S. ebenda, S. 3f. und 7.
179 S. ebenda, S. 4.
180 S. ebenda, S. 4ff.

Laufe der nächsten Jahre ihre Truppenpräsenz in Deutschland herabsetzten und daß in der Folge ein Druck auf die Deutschen zur Begrenzung ihrer Rüstung ausgeübt werden könnte. Die künftige Zusammenarbeit der Westalliierten sei von außerordentlichen Schatten bedroht. Man müsse deshalb bedenken, daß die Bundesrepublik mit dem Bündnis nicht auf ewig verheiratet sei. Die deutschen Sicherheitsinteressen sollten neu überlegt werden.
Abschließend nannte der Fraktionschef den Abgeordneten die Grundsätze sozialdemokratischer Sicherheitspolitik, wie sie bereits die im Sommer eingesetzte Arbeitsgruppe formuliert hatte.
Interessant ist, daß sich während der Aussprache die beiden Hauptprotagonisten einer neuen Sicherheits- und Verteidigungskonzeption, Karl Wienand und Wilhelm Dröscher, nicht zu Wort meldeten. Auch in der unmittelbar folgenden Plenardebatte ließen sich die beiden Sicherheitspolitiker nicht vernehmen, weder als Redner noch als Zwischenfrager.
Offensichtlich also war es Helmut Schmidt gelungen, die Kritiker, wenn schon nicht zu überzeugen, dann doch zumindest zum Stillhalten zu bewegen. Damit war die Voraussetzung gegeben, daß die SPD die wichtige Bundestagsaussprache zur Sicherheitspolitik „diszipliniert", wie der Abgeordnete Richter gefordert hatte, absolvierte.

### *c) Die Großen Anfragen der Fraktionen*

Karl-Wilhelm Berkhan stellte die Große Anfrage der SPD im Bundestag vor und begründete sie. Zwei der sechs Fragen der SPD-Fraktion waren im engeren Sinne sicherheitspolitischer Natur. Sie lauteten:
- „Ergeben sich aus der außenpolitischen Gesamtvorstellung, welche die Bundesregierung seit dem Dezember 1966 entwickelt hat, Konsequenzen für unsere Sicherheitspolitik und welche sind das?"
- „Welche Folgerung zieht die Bundesregierung aus der politischen Direktive, die der Ausschuß für Verteidigungsplanung der NATO in seiner Sitzung am 9. Mai 1967 verabschiedete, für die weitere Entwicklung der Bundeswehr im Rahmen des Bündnisses?"[181]

Die Sozialdemokraten hatten zwar, wie erwähnt, keine Frage zur nuklearen Problematik formuliert, aber Berkhan stellte trotzdem klar: „Die Ausstattung des Heeres mit nuklearen Trägerwaffen sollte jener entsprechen, welche die auf unserem Boden stationierten verbündeten Truppen besitzen."[182]
Mit dieser Feststellung sowie mit weiteren, verteidigungsspezifischen Äußerungen, die hier nicht dargestellt zu werden brauchen, vertrat Berkhan die Position der ad-hoc-Arbeitsgruppe vom Sommer, also Helmut Schmidts.

Die FDP stellte bei ihrer Großen Anfrage das nukleare Thema ganz in den Vordergrund. Sieben ihrer insgesamt achtzehn Fragen galten der Nuklearwaffe.

[181] Große Anfrage der SPD-Fraktion betr. Verteidigungspolitik vom 10. Juli 1967, a.a.O.
[182] Berkhan, in: Verhandlungen, 140. Sitzung, 6. 12. 1967, S. 7120.

Die argumentative Marschroute der Liberalen in diesem Zusammenhang kam deutlich in folgender Frage zum Ausdruck: „Ist die nukleare Ausstattung der Bundeswehr geeignet, die friedlichen Absichten der Bundesrepublik in den Augen unserer Nachbarstaaten zu unterstreichen?“[183]
Hier wurde zum einen durch eine bewußt unklare Formulierung der Eindruck erweckt, die Bundeswehr verfüge über Nuklearwaffen, während sie doch nur mit Trägermitteln für nukleare Sprengkörper bewaffnet war, und andererseits eine Unvereinbarkeit von Bundeswehrbewaffnung und Entspannungspolitik suggeriert.

Der Anfrage der CDU/CSU merkte man an, daß die Fraktion lediglich eine parlamentarische Pflichtübung absolvierte. Die Christdemokraten fühlten sich sicherheitspolitisch in die Defensive gedrängt; eine grundlegend neue Verteidigungskonzeption wurde aus den schon dargelegten Gründen nicht gewünscht. Entsprechend rhetorisch waren die Fragen der konservativen Regierungsparteien formuliert:
- „Ist die Bundesregierung der Auffassung, daß eine erfolgreiche Entspannungspolitik ein ausgewogenes militärisches Gleichgewicht zwischen Ost und West voraussetzt?“
- „Liegen der Bundesregierung Erkenntnisse über die sicherheitspolitische Lage in Europa, insbesondere im Bereich der Warschauer-Pakt-Staaten, vor, die eine tiefgreifende Änderung der Abschreckungsfunktion und der Verteidigungskonzeption der NATO rechtfertigen?“[184]

Der CDU-Verteidigungsexperte Rommerskirchen begründete diese Fragen damit, daß eine Erläuterung des unmittelbaren Zusammenhangs zwischen Entspannungswillen und Sicherheitsbeitrag durch die Bundesregierung notwendig sei. Wörtlich führte er aus:

„Diejenigen, die auch für die Zukunft die Fähigkeit fordern, sich gegen Unzumutbares zur Wehr zu setzen, werden heute in unserem Lande nicht selten, nein: zunehmend als Gegner der Entspannung oder als Spielverderber beim Mühen um eine Friedensordnung angesehen. Aber ich meine, Entspannung sei nicht gleichbedeutend mit Sicherheit. Für nicht wenige in unserem Volke sind Vorleistungen im Sinne von Preisgabe bestehender Anrechte, einseitiges Abrüsten und Vermindern der Abwehrfähigkeit anscheinend ein wirksames Mittel zur Entspannung. Ich darf für meine politischen Freunde sagen: wir sind leidenschaftlich für eine Entspannungs- und Friedenspolitik, aber deshalb auch nur für Maßnahmen, die diesem Ziele wirklich dienen.“[185]

### *d) Gerhard Schröders Regierungserklärung*

Verteidigungsminister Schröder beantwortete für die Bundesregierung die Großen Anfragen der drei Fraktionen. Er gab damit gleichzeitig – wie er ausdrücklich betonte –

183 Große Anfrage der Fraktion der FDP betr. Verteidigungskonzeption der Bundesrepublik Deutschland vom 17. Juli 1967, in: Drucksachen des Deutschen Bundestages, 5. Wahlperiode, Drs. V/2025. Vgl. auch den Antrag der Fraktion der FDP betr. Ausrüstung der Bundeswehr vom 29. Juni 1967, in: Drucksachen des Deutschen Bundestages, 5. Wahlperiode, Drs. V/1990.

184 Große Anfrage der Fraktion der CDU/CSU betr. Verteidigungspolitik vom 24. Juli 1967, in: Drucksachen des Deutschen Bundestages, 5. Wahlperiode, Drs. V/2041.

185 Rommerskirchen, in: Verhandlungen, 140. Sitzung, 6. 12. 1967, S. 7131.

die erste Regierungserklärung der Großen Koalition zur Sicherheits- und Verteidigungspolitik ab.

Das Ziel deutscher Außenpolitik sei, so Schröder, „eine Friedensordnung Europas, die allen europäischen Staaten ausreichende Stabilität sichert und eine gerechte und dauerhafte Lösung der deutschen Frage vorsieht".[186] Die Regierung wisse, daß sich nur in einer Periode der Entspannung der Weg für eine solche europäische Friedensregelung bereiten lasse.

Bis zur Schaffung einer europäischen Friedensordnung könne die Sicherheit der Bundesrepublik nur durch ein politisch geschlossenes und militärisch starkes NATO-Bündnis gewährleistet werden. Ohne den festen Rückhalt in der Allianz könne die Bundesrepublik keine Entspannungspolitik betreiben. Aus dieser außenpolitischen Gesamtvorstellung leitete Schröder für die deutsche Sicherheitspolitik eine doppelte Zielsetzung ab:

„Erstens. Die deutsche Regierung wird auch künftig in Übereinstimmung mit den Verpflichtungen, die sie gegenüber der Nordatlantischen Allianz übernommen hat, einen militärisch wirksamen und ihren Möglichkeiten angemessenen Beitrag zur gemeinsamen Verteidigung leisten.

Zweitens. Die deutsche Regierung strebt an, im Zusammenwirken mit ihren Verbündeten zu Ost-West-Absprachen und Vereinbarungen über Entspannungsmaßnahmen und insbesondere auch über Rüstungskontrollmaßnahmen zu gelangen. Sie tritt dafür ein, durch eine ausgewogene Verminderung der Streitkräfte beiderseits der Demarkationslinie zur Sicherheit Europas und damit zum Frieden in der Welt beizutragen."[187]

Beide Ziele deutscher Sicherheitspolitik, von Schröder gewissermaßen im Vorgriff auf den Harmel-Bericht formuliert, seien nur erreichbar, wenn das bestehende militärische Kräfteverhältnis nicht zum Nachteil des Westens verändert werde. Die Verbündeten und die deutsche Regierung handelten unverantwortlich, wenn sie ohne Gegenleistung die Kampfkraft ihrer Streitkräfte verringern würden: „Die deutsche Regierung würde damit nicht nur ihrer Sicherheitspolitik, sondern auch ihrer Entspannungspolitik die Grundlage entziehen."[188]

In diesen Zusammenhang ordnete Schröder auch die Frage der Trägermittel für nukleare Sprengkörper ein.[189]

Zur Bedrohungslage stellte der Verteidigungsminister fest, daß der Warschauer Pakt über ein militärisches Instrument verfüge, mit welchem er in der Lage wäre, Angriffsoperationen jeder Art und Größe durchzuführen. An dieser Tatsache könne man nicht vorbeigehen, auch wenn im Westen gegenwärtig keine Angriffsabsichten der Sowjetunion angenommen würden.

Niemand könne jedoch übersehen, so Schröder weiter, „daß das vorhandene Machtinstrumentarium des Warschauer Pakts zum Zwecke der politischen Pression benutzt werden könnte".[190] Dies war ein Punkt, der bekanntlich auch Helmut Schmidt sehr

[186] Schröder, in: Verhandlungen, 140. Sitzung, 6. 12. 1967, S. 7135.
[187] Ebenda.
[188] Ebenda.
[189] S. ebenda.
[190] Ebenda, S. 7136.

stark beschäftigte und zehn Jahre später seine Haltung in der Mittelstreckenraketenkontroverse determinierte.
Schröder ging in seiner Rede auch kurz auf das den Verteidigungsplanungen der Allianz zugrundeliegende Kriegsbild ein. Einen allgemeinen nuklearen Krieg hielt er, unter der Bedingung einer Zweitschlagskapazität jeder der beiden Seiten, für unwahrscheinlich. Dagegen hielt er Kriege, die nach politischer Zielsetzung, nach Raum oder Kräften begrenzt seien, für nicht ebenso unwahrscheinlich.
Den *begrenzten* Krieg definierte Schröder allerdings sehr weitgefaßt als „von örtlichen Kampfhandlungen über begrenzte Angriffe stärkerer Kräfte bis zum umfassenden konventionellen Angriff“[191] reichend.
Ausdrücklich wies der Minister darauf hin, daß sich die Strategie der NATO an der Leistungsfähigkeit der gegnerischen Streitkräfte und der langfristigen Zielsetzung des Gegenübers orientieren müsse, nicht hingegen „an den im Augenblick erkennbaren Absichten“.[192]
Die Strategie der flexiblen Reaktion wolle es dem Gegner unmöglich machen, die Antwort der NATO auf eine Aggression vorauszusagen und sein Risiko zu kalkulieren. Daher müsse das Bündnis auch weiterhin zum nuklearen Ersteinsatz bereit sein.
Flexible Reaktion und das in ihr enthaltene Prinzip der Vorneverteidigung erforderten ferner konventionelle und nukleare Streitkräfte in ausreichender Präsenz und Stärke. Zwar *könne* einem Angriff eine Vorwarnzeit vorausgehen, doch sei ein Überraschungsangriff keineswegs auszuschließen.[193]
Aus den am 9. Mai 1967 festgelegten Richtlinien für die NATO-Strategie leitete Schröder u. a. folgende Forderungen für die Verteidigungskonzeption der Bundesrepublik ab:

„1. Die Bundeswehr muß in Aufbau, Gliederung und Ausrüstung klar die ausschließlich defensive Zielsetzung der Nordatlantischen Allianz und der deutschen Verteidigungspolitik erkennen lassen.
2. Die Bundeswehr muß einen Beitrag zur abgestuften Abschreckung leisten, der auch Trägermittel für atomare Sprengkörper einschließt.
3. Die Streitkräfteplanung der Bundeswehr hat sich vornehmlich nach den Erscheinungsformen eines begrenzten Krieges auszurichten. Die Möglichkeit von Überraschungsangriffen ... erfordern ausreichend starke, präsente, einsatzbereite Verbände.
4. Die Möglichkeit einer Vorwarnzeit erlaubt es, sich für die Teile der benötigten Streitkräfte auf Mobilmachung abzustützen.“[194]

Von diesen Punkten ausgehend folgerte Schröder, daß die Bundeswehr weder zu einer Berufs- noch zu einer Milizarmee umgebildet werden könne. Möglich sei allerdings eine Senkung der Betriebskosten durch die Einführung des Prinzips der „abgestuften Präsenz“ bei den Heeresverbänden.[195]

[191] Ebenda.
[192] Ebenda.
[193] Ebenda.
[194] Ebenda, S. 7136f.
[195] Ebenda, S. 7139.

Ausführlich begründete der Verteidigungsminister die politische und militärische Notwendigkeit einer deutschen Beteiligung an den taktischen Nuklearstreitkräften des Bündnisses. Seinen Kritikern in dieser Frage rief er zu:

„Die Ausrüstung unserer Streitkräfte mit diesen Trägermitteln (für nukleare Sprengkörper, T. E.) steht nicht im Widerspruch zu den friedlichen Absichten und zu der Entspannungspolitik der Bundesrepublik Deutschland."[196]

Das Protokoll vermerkt nach diesem Satz bezeichnenderweise lediglich Zustimmung in der Mitte, also von seiten der CDU/CSU.

*e) Die Reden Helmut Schmidts und Willi Brandts*

In der sich an die Regierungserklärung Schröders anschließenden Aussprache war Helmut Schmidt Hauptredner der SPD-Fraktion.[197]

Er begann seine Ausführungen damit, daß er Schröder für seine Erklärung, aus der ein zusammenhängendes sicherheitspolitisches Konzept der Bundesregierung abzulesen sei, ausdrücklich die Anerkennung der SPD aussprach.

Daß Schröder keine grundlegend neue Verteidigungskonzeption vorgestellt hatte, begrüßte der SPD-Fraktionsvorsitzende:

„Ich stehe nicht an zu sagen: wenn es (Formulierung einer vollkommen neuen Verteidigungskonzeption, T. E.) geschehen wäre, würde ich hier im Augenblick wahrscheinlich mit großen Bedenken stehen."[198]

Diese Aussage brachte Schmidt lobende Zurufe aus den Reihen der CDU/CSU, nicht jedoch von der eigenen Fraktion ein.

Über die im Sommer im Bulletin der Bundesregierung enthaltene Ankündigung einer grundlegend neuen Verteidigungskonzeption äußerte sich der Fraktionschef verärgert. Offensichtlich war er der Ansicht, daß diese Meldung wesentlich zu den sicherheitspolitischen Querelen mit den eigenen Parteifreunden während der Sommerpause beigetragen hatte.

Noch einmal machte Schmidt deutlich, daß er „eine zahlenmäßig wesentlich zu Buch schlagende Verringerung des Umfangs der Bundeswehr" vor allem deshalb ablehnte, weil er Reaktionen, d. h. weitere Truppenreduzierungen der westlichen Verbündeten befürchtete.[199]

Wie wenig übertrieben Schmidts diesbezügliche Sorge war, wissen wir mittlerweile aus den Memoiren Gerd Schmückles, der 1967 Militärberater der deutschen NATO-Botschaft in Brüssel war.[200]

[196] Ebenda, S. 7137.

[197] Außer Helmut Schmidt meldeten sich, am 6. und 7. Dezember, aus der SPD-Fraktion nur noch die Abgeordneten Richter, Herold und Haase zu Wort. Sie sprachen allerdings nicht zu sicherheitspolitischen Themen, sondern zu ganz speziellen Verteidigungsfragen (Rüstungsforschung; Wehrgerechtigkeit; Probleme von Unteroffizieren).

[198] Schmidt, in: Verhandlungen, 140. Sitzung, 6. 12. 1967, S. 7151.

[199] Ebenda.

[200] S. Schmückle, Gerd, Ohne Pauken und Trompeten, Stuttgart 1982, S. 315f. – Laut Schmückle waren die USA und Großbritannien im Herbst 1967 entschlossen, erhebliche, d. h. mehrere zehntausend Mann umfassende Reduzierungen bei der Bundeswehr mit der Ankündigung weiterer alliierter Truppenabzüge zu beantworten.

Einseitige westliche Abrüstungsschritte lehnte Schmidt ab:

„Wenn man ernsthaft Entspannungspolitik treiben will ..., dann kann man nicht vorzeitig, ohne durch die Macht der Verhältnisse dazu gezwungen zu sein, die westliche Seite dieses bipolaren europäischen Systems bewußt und absichtlich einseitig zahlenmäßig verringern in der Hoffnung, daß die östliche vielleicht auch von ihrem hohen Rüstungsniveau heruntersteigt."[201]

Auch diesen Ausführungen des sozialdemokratischen Fraktionschefs war bemerkenswerterweise nur Zustimmung aus den Reihen der Christdemokraten beschieden. Die SPD-Fraktion schwieg.

In der Frage der nuklearen Trägerwaffen unterstützte Schmidt uneingeschränkt die diesbezüglichen Ausführungen des Verteidigungsministers. Diese Haltung provozierte allerdings den FDP-Abgeordneten Walter Scheel zu einer ganzen Reihe von Zwischenfragen, in denen er Schmidt mit dessen Aussagen zu diesem Thema sechs Jahre zuvor in „Verteidigung oder Vergeltung" konfrontierte.[202] Sicherlich hätte auch mancher Sozialdemokrat Schmidt diese Fragen gerne gestellt.

Einen längeren Abschnitt seiner Rede widmete Schmidt, wie schon vor der Fraktion, dem für ihn offenkundigen Erosionsprozeß des Bündnisses. Er stellte die Frage, wie das sicherheitspolitische Konzept für die Bundesrepublik in einigen Jahren aussehen müßte, wenn sich die Lage so weiterentwickeln werde wie bisher. Wenn man nicht wolle, daß es zu einer solchen Lage komme, dann müsse man versuchen, „jetzt, solange die Entspannungsepoche in Europa noch andauert, die Themata der Rüstungsbegrenzung und Rüstungskontrolle gleichzeitig und gleichgewichtig voranzutreiben".[203]

Zum Schluß seiner Rede stellte Schmidt dann wiederum seine sechs Grundprinzipien der Verteidigungspolitik vor.[204]

Den zweiten Debattentag eröffnete Außenminister Brandt.[205] Wenn es bis dato Anhaltspunkte für sicherheitspolitische Differenzen zwischen Brandt und Schmidt gegeben hatte, so war Brandt mit seiner Rede erkennbar bemüht, Gemeinsamkeit mit Schmidt und auch Verteidigungsminister Schröder zu demonstrieren.

Thematische Schwerpunkte seiner Rede waren die Rüstungskontrolle und die Perspektiven für eine europäische Friedensordnung und ein europäisches Sicherheitssystem.

Mit Blick auf die Truppenreduzierungen der USA und Großbritanniens machte Brandt klar, daß nun die andere Seite gefordert sei. Es werde interessant sein zu sehen, ob die tatsächlichen, wenn auch begrenzten Veränderungen in Westeuropa, d. h. die Reduzierungen der präsenten Streitkräfte, eine Entsprechung „im Raum des sowjetischen Interesses" finden würden oder nicht.[206]

Durch ein adäquates Verhalten der östlichen Seite wäre die Chance gegeben, die Entspannung zu fördern. Durch „Indifferenz oder Schwerhörigkeit" hingegen könne Mos-

[201] Schmidt, in: Verhandlungen, 140. Sitzung, 6. 12. 1967, S. 7152.
[202] S. ebenda, S. 7152ff.
[203] Ebenda, S. 7156.
[204] Ebenda, S. 7157f.
[205] S. Brandt, in: Verhandlungen, 141. Sitzung, 7. 12. 1967, S. 7229–7233.
[206] Ebenda, S. 7230.

kau die Entspannungsbemühungen und die realen, wenn auch begrenzten Entspannungschancen behindern oder stoppen.
Brandt fuhr dann fort:

„Damit nichts unklar bleibt, meine Damen und Herren: Für die Außenpolitik ist es von ganz großer Bedeutung, daß unser Verteidigungsbeitrag, das heißt die Stärke der Bundeswehr, den eingegangenen Verpflichtungen entspricht. Von dieser Basis aus ergibt sich dann hoffentlich in der weiteren Entwicklung die Möglichkeit, bei gleichmäßigen Schritten bei anderen wie auch bei uns verminderte Stärken ins Auge zu fassen."[207]

Brandt äußerte sich auch zur nuklearen Frage, die ja bekanntlich in den vorausgegangenen Monaten besonders kontrovers in der SPD diskutiert worden war. Zwar ging er nicht konkret auf die Trägerwaffen der Bundeswehr ein, aber er machte doch deutlich, daß der deutsche Besitz an Trägermitteln für nukleare Sprengkörper weder den Entspannungsbemühungen zuwiderlaufe noch mit dem sich abzeichnenden Nichtverbreitungsvertrag unvereinbar sei. Ausdrücklich wies Brandt auf die „vierfache Selbstbeschränkung der Bundesrepublik Deutschland auf nuklearem Gebiet" hin.[208]
Der Außenminister ordnete die Sicherheitspolitik in den Rahmen der allgemeinen Außenpolitik ein, deren Ziel es sei, eine Friedensordnung in Europa schaffen zu helfen, die allen europäischen Staaten ausreichende Stabilität sichere und die auch eine gerechte und dauerhafte Lösung der deutschen Frage möglich mache. Eine solche Friedensordnung bedeute mehr als ein Sicherheitssystem:

„Eine Friedensordnung muß daraufhin konzipiert werden, daß es nicht ausreicht, die Anhäufung militärischer Macht abzubauen, ... sondern daß es darüber hinaus auf den Abbau der politischen Spannungen, den Ausgleich der Interessen, die Verständigung der Völker, die Zusammenarbeit der Staaten ankommen wird, damit solide Grundlagen für eine gute europäische Zukunft geschaffen werden können."[209]

Das setze aber voraus oder müsse notwendigerweise einschließen, daß die militärische Konfrontation abgebaut und schließlich überwunden werde.
Brandt forderte die Allianz auf, die Elemente einer europäischen Friedensordnung und eines europäischen Sicherheitssystems zu beraten. Das deutsche Volk wie auch die anderen Völker Europas wollten wissen, „wie der Plan aussieht, nach dem das große gemeinsame europäische Haus gebaut werden kann".[210]
Für Willi Brandt arbeitete Egon Bahr als Leiter des Planungstabs im Auswärtigen Amt an einem solchen Plan. Darauf wird später noch zurückzukommen sein.

*Fazit*

Die sicherheitspolitische Bundestagsdebatte vom 6. und 7. Dezember 1967 brachte sowohl Klärung innerhalb der Koalition als auch – vor allem – innerhalb der SPD.

[207] Ebenda.
[208] Ebenda, S. 7231.
[209] Ebenda, S. 7232.
[210] Ebenda.

Verteidigungsminister Schröder, SPD-Fraktionschef Schmidt und der Außenminister und SPD-Parteivorsitzende Brandt demonstrierten Gleichklang in der Sicherheits- und Verteidigungspolitik, wenn sie auch bei einzelnen Fragen unterschiedliche Akzente setzten.

Alle drei Hauptredner gingen davon aus, daß die äußere Sicherheit der Bundesrepublik Deutschland auf zwei Pfeilern ruhen müsse: Verteidigungsfähigkeit und Entspannungsbemühungen. Schmidt und Schröder betonten in diesem Zusammenhang, daß ein annäherndes militärisches Gleichgewicht zwischen Ost und West und die Fähigkeit zu Abschreckung und Verteidigung *Voraussetzung* sei für erfolgreiche Entspannungspolitik.

Die Kernaussage des Harmel-Berichts, den die NATO erst eine Woche später in Brüssel der Öffentlichkeit vorstellte, wurde somit in der Bundestagsdebatte am 6. und 7. Dezember bereits vorweggenommen.

Für die sicherheits- und verteidigungspolitische Diskussion innerhalb der SPD, in Fraktion und Partei, war der Gleichklang von Schmidt und Brandt sehr wesentlich; denn wie gezeigt werden konnte, hat es in der Fraktion bis zuletzt, noch unmittelbar vor der Parlamentsdebatte, Auseinandersetzungen über den Kurs der künftigen Sicherheitspolitik gegeben, in deren Mittelpunkt die sogenannte nukleare Frage stand.

Dahinter stand bei vielen SPD-Abgeordneten eine große Unsicherheit über das Verhältnis von Verteidigung und Abschreckung einerseits und Entspannung andererseits. Natürlich spielte hier auch das antinukleare Erbe der Partei aus der „Kampf dem Atomtod"-Zeit, die noch keine zehn Jahre zurücklag, eine signifikante Rolle.

Deshalb war es von großer Bedeutung, daß Willy Brandt in die Debatte eingriff und deutlich machte, daß es keinen Widerspruch zwischen Entspannung und Verteidigung gebe, daß der Besitz von Trägermitteln für nukleare Sprengkörper sowohl mit dem sich abzeichnenden Nichtverbreitungsvertrag als auch mit der von ihm, Brandt, betriebenen „Friedenspolitik" durchaus vereinbar sei.

Zugleich skizzierte Brandt als erstes Ziel deutscher Außenpolitik eine europäische Friedensordnung, die abwehrende Sicherheit herkömmlicher Art überflüssig machen würde.

Angesichts dieser großen Perspektiven schien es wohl auch den Kritikern der Gleichgewichtspolitik Helmut Schmidts erträglich, die ungeliebte Konzeption des Fraktionschefs mitzutragen.

### Exkurs: Flexible Reaktion, Harmel-Bericht und das „Signal von Reykjavik"

Nach dem Rückzug Frankreichs aus der militärischen Integration der NATO wurden in den Jahren 1967 und 1968 im Bündnis Entscheidungen getroffen, die die Sicherheitspolitik und die Militärstrategie der Allianz – und damit auch der Bundesrepublik Deutschland – langfristig bestimmten und zum wesentlichen Teil auch heute noch Gültigkeit besitzen.

Die drei wichtigsten Entscheidungen dieser Jahre, die allesamt auf NATO-Ratsebene (Verteidigungs- bzw. Außenminister) fielen, sollen nachfolgend kurz vorgestellt werden.

*a) Die NATO-Strategie der Flexiblen Reaktion*

Wie bereits vorstehend erwähnt wurde, erteilten die Verteidigungsminister der NATO-Staaten – Frankreich ausgenommen – auf ihrer Frühjahrstagung am 9. Mai 1967 den Militärbehörden der Allianz die Weisung für eine neue Strategie, die „flexible response".

Den Begriff hatte rund acht Jahre zuvor der ehemalige Generalstabschef des amerikanischen Heeres, Maxwell D. Taylor, aus der Taufe gehoben.[211]

Der Grundgedanke von „flexible response" war, die amerikanischen und alliierten Streitkräfte in den Stand zu versetzen, im Kriegsfall möglichst auch ohne den Einsatz nuklearer Waffen erfolgreich kämpfen zu können.

Angereichert und verfeinert durch Vorstellungen der „limited war"-Schule der strategischen Wissenschaft in den USA, zu der auch Henry Kissinger[212] gehörte, fand die neue Strategie Eingang in die sicherheitspolitische Konzeption John F. Kennedys. Sein Einzug in das Weiße Haus bedeutete den offiziellen Triumph der „flexible response".[213]

Kennedy, der es als seine wichtigste Aufgabe als Präsident ansah, „to get the nuclear genie back in the bottle",[214] berief Taylor zu seinem persönlichen Militärberater.

Verteidigungsminister McNamara kam die Aufgabe zu, den europäischen Verbündeten der USA die neue Strategie schmackhaft zu machen. Hierbei war er jedoch zunächst wenig erfolgreich. Vor allem der deutsche Verteidigungsminister Strauß und der französische Präsident de Gaulle leisteten hartnäckig Widerstand.

Strauß fürchtete, daß die USA den über Westeuropa aufgespannten nuklearen Schutzschirm abbauen wollten und daß dann – wie er es ausdrückte – das Schießen in Europa wieder risikolos würde.[215] Heute wissen wir, daß Strauß' Bedenken durchaus berechtigt waren, daß McNamara und Kennedy „flexible response" im Kern als eine „no first use"-Politik bei nuklearen Waffen interpretierten.[216]

Engagierter Fürsprecher der „flexible response" in der Bundesrepublik war der Sozialdemokrat Helmut Schmidt, der sein erstes Strategie-Buch vor allem der Werbung für die neue antinukleare Strategie der USA widmete.[217]

Nach dem Ausscheiden Frankreichs aus der militärischen Integration 1966 wurde in der NATO der Weg frei für eine Einigung über die neue Strategie zwischen Amerikanern und Europäern.

Beide Seiten mußten Kompromisse schließen, wobei die nichtnuklearen westeuropäischen Staaten darauf achteten, daß die Abschreckung und die Verteidigung in Europa

[211] S. Taylor, Maxwell D., The Uncertain Trumpet, New York 1959.

[212] S. dazu Kissinger, Henry A., The Necessity for Choice, New York 1960.

[213] Zur Rezeption der „flexible response" durch Kennedy und seine Administration sowie zur Kritik der Strategie: Brodie, Bernard, War and Politics, London 1974, S. 396ff.; ders., The McNamara Phenomenon, in: World Politics, Vol. 17, No. 4 (July 1965), S. 672–686.

[214] Neustadt, Richard E., Kennedy in the Presidency: A Premature Appraisal, in: Political Science Quarterly, Vol. 74, No. 3 (September 1964), S. 325.

[215] Strauß, in: Verhandlungen, 151. Sitzung, 15. 3. 1961, S. 8633.

[216] S. dazu McNamara, Robert S., The Military Role of Nuclear Weapons, in: Foreign Affairs, Vol. 62, No. 1 (Fall 1983), S. 79.

[217] S. Schmidt, Helmut, Verteidigung oder Vergeltung, Stuttgart 1961. Zur Perzeption der „flexible response" durch Schmidt und Strauß: Enders, a.a.O., S. 118–147.

nicht von dem amerikanischen Nuklearpotential abgekoppelt wurden. Unterschiedliche strategische Interessen auf beiden Seiten des Atlantiks, oder genauer: zwischen den Nuklearmächten USA und Großbritannien einerseits und den nichtnuklearen westeuropäischen NATO-Staaten andererseits, bedingten unterschiedliche Interpretationen der neuen Strategie.

Dies wurde bereits bei der Ministerweisung am 9. Mai 1967 deutlich: Der amerikanische Verteidigungsminister McNamara und sein britischer Amtskollege Healey werteten die Weisung als Schritt in die richtige Richtung und somit als Beginn (!) einer Entwicklung.[218]

Dieser Interpretation wurde deutscherseits nicht zugestimmt. Sie wurde im Gegenteil für bedenklich und gefährlich gehalten, weil man das deutsche Sicherheitsinteresse durch eine „no first use"-Strategie – und darauf liefen McNamaras und Healeys Interpretationen der Ministerweisung erkennbar hinaus – für gefährdet hielt.[219]

Nach der Sitzung der Verteidigungsminister vom 9. Mai war es den NATO-Militärbehörden, insbesondere den Stabschefs, aufgegeben, die Ministerweisung zu exekutieren und ein für alle verbindliches Dokument über die neue Strategie auszuarbeiten.

Die Militärs mußten dabei feststellen, daß konzeptioneller Anspruch und Wirklichkeit weit auseinanderklafften. Der damalige Militärberater des deutschen NATO-Botschafters, Gerd Schmückle, schreibt dazu:

„Die neue Strategie, die auszuarbeiten den Militärs befohlen war, benötigte Überlegenheit, da sie im Verteidigungsfall dem Gegner unseren Willen aufzwingen sollte. Dieser Aufwuchs konventioneller Streitkräfte fand aber nirgends statt. Im Gegenteil."[220]

„Flexible response" sollte die atlantische Abschreckung und Verteidigung erklärtermaßen stärker als bisher auf konventionelle Streitkräfte abstützen. Die Reduzierungspläne und tatsächlichen Truppenreduzierungen der Amerikaner, Briten, Belgier und Niederländer liefen dieser Intention jedoch entgegen.

Bekanntlich hat Helmut Schmidt schon bald nach der Mai-Tagung der Minister auf diesen offensichtlichen Widerspruch hingewiesen.[221]

Die NATO-Stabschefs konnten das Problem nicht lösen, denn es war ein originär politisches. Da aber die Politiker alles zugleich wollten, nämlich eine Denuklearisierung der Strategie *und* Truppenreduzierungen bzw. eine Kürzung der Verteidigungsbudgets, kam die den Militärs gestellte Aufgabe der Quadratur eines Kreises gleich. Sie entledigten sich ihrer Aufgabe, indem sie das neue Militärdokument mit dehnbaren Formeln und Begriffen konstruierten.

Das Dokument MC 14/3 wurde dann auf der NATO-Ratstagung am 12. Dezember 1967 von den Verteidigungsministern der an der integrierten Verteidigungsplanung teilnehmenden Staaten formell gebilligt.[222]

218 Gespräch mit Ulrich de Maizière, Generalinspekteur der Bundeswehr 1966–1972, am 29. 5. 1985 in Bonn. – General de Maizière war auf deutscher Seite maßgeblich an der Ausarbeitung der neuen Strategie beteiligt.

219 Ebenda.

220 Schmückle, Ohne Pauken und Trompeten, a.a.O., S. 311.

221 S. S. 53ff.

222 S. Schlußkommunique über die Ministertagung der NATO in Brüssel, in: Bulletin der Bundesregierung, Nr. 149, 16. 12. 1967, S. 1256.

Im „Amerika-Dienst" der amerikanischen Botschaft wurde zu MC 14/3 mitgeteilt, das neue militärische Konzept teile die Kriegführung in drei Phasen ein:

- die *direkte Verteidigung,* in der einem beginnenden Angriff zunächst mit konventionellen Kräften begegnet werden solle, die aber den selektiven Einsatz nuklearer Gefechtsfeldwaffen nicht von vornherein ausschließe;
- die *bewußte Eskalation* mittels taktischer Nuklearwaffen in der Form von demonstrativen Atomwarnschlägen ohne Zerstörungswirkung oder selektiven Schlägen gegen militärische Ziele;
- den *allgemeinen Atomschlag,* falls die Aggression weder durch Direktverteidigung noch durch begrenzte Eskalation gestoppt werden konnte.[223]

Die hier vorgestellten drei Phasen wurden seither als NATO-Triade bekannt. Die deutsche Sicht der Strategie der „angemessenen Reaktion" wurde in den Weißbüchern der Bundesregierung 1969 und 1970 eingehend dargestellt. Besonders kompakt informiert das Weißbuch 1970:

„Laut NATO-Definition beruht sie (die Strategie der angemessenen Reaktion, T. E.) auf zwei Grundsätzen: Der erste Grundsatz besteht darin, jeder Aggression durch eine direkte Verteidigung auf etwa der gleichen Ebene entgegenzutreten, und der zweite darin, durch die Möglichkeit der Eskalation abschreckend zu wirken. Es ist das wesentliche Merkmal der neuen Strategie, daß ein Angreifer davon überzeugt sein muß, die NATO werde erforderlichenfalls Kernwaffen einsetzen, jedoch muß er gleichzeitig hinsichtlich des Zeitpunktes und der Umstände dieses Einsatzes im Ungewissen bleiben ...

Die Strategie der flexiblen Reaktion kennt keinen militärischen Automatismus. Sie beläßt der politischen Führung die Möglichkeit, nach dem Prinzip der Verhältnismäßigkeit der Mittel alle von ihr für notwendig erachteten Maßnahmen zu ergreifen. Sie schreckt ab, ohne für den Fall des Versagens der Abschreckung die Verteidigung unglaubwürdig zu machen."[224]

Verteidigungsminister Schröder wies in seinem ersten und einzigen Weißbuch Anfang 1969 ausdrücklich darauf hin, daß die Durchführung der „flexible response" die Ausstattung der Streitkräfte der Bündnispartner mit Trägermitteln für nukleare Waffen voraussetze.[225]

Die elegant formulierten Beschreibungen der Strategie der angemessenen Reaktion in den deutschen Weißbüchern können nicht darüber hinwegtäuschen, daß es sich hier um einen problematischen Kompromiß handelte. Militärexperte Adelbert Weinstein stellte zutreffend fest, daß MC 14/3 angesichts der offenkundigen Widersprüche und militärischen Defizite der NATO „mehr mit Scharlatanerie" denn mit Strategie zu tun habe.[226]

[223] Zit. nach: Dokumentation zur Abrüstung und Sicherheit, Band V: 1967, a.a.O., S. 317.

[224] Bundesminister der Verteidigung (Hrsg.), Weißbuch 1970. Zur Sicherheit der Bundesrepublik Deutschland und zur Lage der Bundeswehr, Bonn 1970, S. 27 und 29.

[225] Bundesminister der Verteidigung (Hrsg.), Weißbuch 1969. Zur Verteidigungspolitik der Bundesregierung, Bonn 1969, S. 18.

[226] Zit. nach: Der Spiegel, Nr. 52, 18. 12. 1967, S. 96.

*b) Der Harmel-Bericht*

Auf Initiative des belgischen Außenministers Harmel betraute der NATO-Rat auf seiner Sitzung im Dezember 1966 eine außerordentliche Arbeitsgruppe damit, „die künftigen Aufgaben der Allianz und ihre Verfahren zu deren Erfüllung zu untersuchen, um die Allianz als einen Faktor des dauernden Friedens zu stärken".[227]
Fünf namhafte Politiker des Bündnisses erarbeiteten daraufhin im Laufe des Jahres 1967 verschiedene Studien, die schließlich zu dem sogenannten Harmel-Bericht zusammengefaßt wurden.
Der Bericht wurde am 14. Dezember 1967 auf der Brüsseler NATO-Ratstagung von den Außenministern der Allianz verabschiedet.
Bekannt wurde das Dokument vor allem dadurch, daß es der NATO neben der bisherigen Abschreckungs- und Verteidigungsfunktion nun auch die Funktion einer Plattform bzw. einer Koordinationsstelle für eine gemeinsame Entspannungspolitik gegenüber dem Osten zuschrieb.
Selten wohl ist ein Dokument der NATO häufiger falsch zitiert oder interpretiert worden als der Harmel-Bericht. Dabei nimmt es nicht wunder, daß die Irrtümer mit wachsendem zeitlichem Abstand zu der Entstehung und Verabschiedung des Berichts zunehmen. Wir wollen uns daher an dieser Stelle den Luxus leisten, den Bericht in seinen entscheidenden Passagen ausführlich zu zitieren:

„5. Die Atlantische Allianz hat zwei Hauptfunktionen. Die erste besteht darin, eine ausreichende militärische Stärke und politische Solidarität aufrechtzuerhalten, um gegenüber Aggression und anderen Formen von Druckanwendung abschreckend zu wirken und das Gebiet der Mitgliedstaaten zu verteidigen, falls es zu einer Aggression kommt. Seit ihrer Gründung hat die Allianz diese Aufgabe erfolgreich erfüllt. Aber die Möglichkeit einer Krise kann nicht ausgeschlossen werden, solange die zentralen politischen Fragen in Europa, zuerst und zunächst die Deutschlandfrage, ungelöst bleiben. Außerdem schließt die Situation mangelnder Stabilität und Ungewißheit noch immer eine ausgewogene Verminderung der Streitkräfte aus. Unter diesen Umständen werden die Bündnispartner zur Sicherung des Gleichgewichts der Streitkräfte das erforderliche militärische Potential aufrechterhalten und dadurch ein Klima der Stabilität und des Vertrauens schaffen.
In diesem Klima kann die Allianz ihre zweite Funktion erfüllen: die weitere Suche nach Fortschritten in Richtung auf dauerhafte Beziehungen, mit deren Hilfe die grundlegenden politischen Fragen gelöst werden können. Militärische Sicherheit und eine Politik der Entspannung stellen keinen Widerspruch, sondern eine gegenseitige Ergänzung dar. Die kollektive Verteidigung ist ein stabilisierender Faktor in der Weltpolitik. Sie bildet die notwendigen Voraussetzungen für eine wirksame, auf größere Entspannung gerichtete Politik."[228]

[227] Kommuniqué über die Tagung des NATO-Ministerrats vom 16. 12. 1966 und Entschließung über die zukünftigen Aufgaben der NATO, in: Europa-Archiv, Folge 2/1967, S. D 42–46.
[228] Die künftigen Aufgaben der Allianz. Anhang zum Schlußkommunique der NATO-Ministertagung, in: Bulletin der Bundesregierung, Nr. 149, 16. 12. 1967, S. 1257.

Die zitierte Passage macht deutlich, daß die weitverbreitete Auffassung, der Harmel-Bericht stelle Verteidigung und Entspannung als gleichwertige Aufgaben des Bündnisses nebeneinander (Sicherheit = Verteidigung + Entspannung) oder verpflichte die NATO gar zu einer Entspannungspolitik, falsch ist.
Priorität wird der Abschreckungs- und Verteidigungsfähigkeit der Allianz beigemessen. Außerdem wird die positive Funktion des militärischen Gleichgewichts unterstrichen: es schaffe ein „Klima der Stabilität, Sicherheit und des Vertrauens".
Militärisches Gleichgewicht und Verteidigungsfähigkeit im Rahmen der NATO werden als *Voraussetzungen* wirksamer Entspannungspolitik bezeichnet.
Hier handelt es sich somit um keinen grundsätzlich neuen konzeptionellen Ansatz, sondern eine Fortsetzung der von den westlichen Ländern schon in den Jahren zuvor betriebenen Politik auf Bündnisebene.
Es wurde bereits darauf hingewiesen, daß in der SPD insbesondere Helmut Schmidt die Position vertrat, militärisches Gleichgewicht und Verteidigungsfähigkeit seien die Grundlage für Entspannungs- und Abrüstungsbemühungen.[229] Seine Sicherheitskonzeption stimmt mit dem Harmel-Ansatz nahtlos überein, was man von den entspannungsfixierten Konzeptionen seiner innerparteilichen Widersacher nicht sagen kann.[230]
„Das höchste politische Ziel der Allianz ist es, eine gerechte und dauernde Friedensordnung in Europa mit geeigneten Sicherheitsgarantien zu erreichen",[231] formulierte der Bericht. Hier ist die Handschrift Außenminister Brandts unverkennbar; aber nicht nur in der Bundesrepublik Deutschland wurde Mitte der 60er Jahre über eine „europäische Friedensordnung" nachgedacht. Ähnliche Überlegungen wurden vor allem von der amerikanischen und der französischen Regierung angestellt.[232]
Der Harmel-Bericht läßt allerdings offen, wie eine dauerhafte Friedensordnung in Europa ausgestaltet sein und mit welchen konkreten Schritten sie realisiert werden sollte.
Helga Haftendorn weist in diesem Zusammenhang darauf hin, „daß der Harmel-Bericht kein Programm der Allianz für eine gemeinsame Entspannungspolitik, sondern vielmehr ein Instrument der Bündnispolitik war, mit dem sich die NATO-Staaten zur Aufrechterhaltung der militärischen Verteidigungsfähigkeit und zur politischen Geschlossenheit des Bündnisses verpflichteten sowie gleichzeitig anerkannten, daß sie sowohl einzeln als auch gemeinsam ein legitimes – und mit den militärischen Aufgaben der Allianz zu vereinbarendes – Interesse an besseren Beziehungen zur Sowjetunion und den osteuropäischen Staaten hatten".[233]
Politische Geschlossenheit tat der Allianz Ende 1967 not, auch wenn der Harmel-Bericht in seinen einführenden Leitsätzen behauptete: „Die Untersuchung hat ergeben,

[229] S. S. 47–55.
[230] S. S. 26ff., 29ff.
[231] Die künftigen Aufgaben der Allianz, a.a.O., S. 1257.
[232] Vgl. die Rede des amerikanischen Präsidenten Johnson vor der Konferenz amerikanischer Leitartikler am 7. 10. 1966 in New York, in: Europa-Archiv, Folge 20/1966, S. D 517–521; Gemeinsame französisch-sowjetische Erklärung vom 30. 6. 1966 anläßlich des Besuches von Staatspräsident de Gaulle in der Sowjetunion, in: Europa-Archiv, Folge 15/1966, S. D 389–392.
[233] Haftendorn, Helga, Sicherheit und Entspannung. Zur Außenpolitik der Bundesrepublik Deutschland 1955–1982, Baden-Baden 1983, S. 209.

daß die Allianz eine dynamische und lebenskräftige Organisation ist, die sich ständig den wechselnden Bedingungen anpaßt."[234]
Zeitgenössische Beobachter hielten diese Behauptung allerdings für Wunschdenken. Sie glaubten, daß die NATO in Brüssel „in ihren wahrscheinlich letzten, mit Sicherheit aber kläglichsten Lebensabschnitt"[235] eingetreten sei.
Die Erosion der NATO wurde auch nicht durch den Harmel-Bericht gestoppt, sondern wesentlich durch die sowjetische Aggression gegen die ČSSR im August 1968.

### c) *Das „Signal von Reykjavik"*

Die anstehenden substantiellen Verringerungen der alliierten Streitkräfte auf deutschem Boden bewog die Verfasser des Harmel-Berichts dazu, aus der Not des Bündnisses eine Tugend zu machen. In Punkt 13 des Berichts hieß es deshalb:

„Die Verbündeten prüfen zur Zeit Maßnahmen zur Abrüstung und praktischen Rüstungskontrolle einschließlich der Möglichkeit ausgewogener Truppenverminderungen. Diese Studien werden intensiviert werden. Ihre aktive Durchführung ist Ausdruck des Willens der Bündnispartner, an einer wirksamen Entspannung im Verhältnis zum Osten zu arbeiten."[236]

Die Studien zur Möglichkeit ausgewogener Truppenreduzierungen[237] zwischen Ost und West waren bis zum Frühjahr 1968 so weit gediehen, daß sie eines der Hauptthemen auf der Tagung des Nordatlantikrats am 24. und 25. Juni in der isländischen Hauptstadt Reykjavik waren.
Hier verabschiedeten die Minister über das übliche Kommuniqué hinaus eine „Erklärung der Außenminister und Vertreter der am NATO-Verteidigungsprogramm beteiligten Länder über beiderseitige und ausgewogene Truppenverminderung".[238] In dieser Erklärung hieß es u. a.:

„4. Die Minister betonten die Notwendigkeit, daß das Bündnis militärisch wirksam bleiben und ein Kräftegleichgewicht zwischen der NATO und dem Warschauer Pakt sicherstellen müsse. Da die Sicherheit der NATO-Länder und die Aussichten auf beiderseitige Truppenverminderungen geschwächt würden, wenn nur die NATO Verminderungen vornähme, bekennen sich die Minister zu dem Gedanken, daß das militärische Gesamtpotential der NATO nicht vermindert werden sollte, es sei denn im Rahmen eines nach Umfang und zeitlichem Ablauf ausgewogenen Systems beiderseitiger Truppenverminderungen."[239]

[234] Die künftigen Aufgaben der Allianz, a.a.O., S. 1257.
[235] Der Spiegel, Nr. 52, 18. 12. 1967, S. 96.
[236] Die künftigen Aufgaben der Allianz, a.a.O., S. 1258.
[237] Bis Anfang der 70er Jahre konnte allerdings keine Einigkeit über die Definition von „ausgewogen" erzielt werden.
[238] Erklärung der Außenminister und Vertreter der am NATO-Verteidigungsprogramm beteiligten Länder über beiderseitige und ausgewogene Truppenverminderung, in: Europa-Archiv, Folge 15/1968, S. D 359f.
[239] Ebenda, S. D 360.

Die Ständigen Vertreter wurden in der Erklärung angewiesen, ihre weitere Arbeit nach bestimmten, von den Ministern vereinbarten Grundsätzen fortzusetzen. Danach sollten beiderseitige Truppenreduzierungen:

- auf Gegenseitigkeit beruhen und nach Umfang und zeitlichem Ablauf ausgewogen sein;
- einen wesentlichen und bedeutsamen Schritt darstellen und dazu dienen, den jetzigen Grad der Sicherheit bei verminderten Kosten aufrechtzuerhalten, jedoch nicht so geartet sein, daß sie eine nachteilige Veränderung der Lage in Europa zur Folge haben könnten;
- mit dem Ziel in Einklang stehen, in Europa allgemein und zwischen den Beteiligten Vertrauen zu schaffen.[240]

Zum Schluß ihrer Erklärung riefen die Minister die Sowjetunion und die osteuropäischen Staaten auf, sich der „Suche nach Fortschritt auf dem Wege zum Frieden anzuschließen“ und in einen Dialog mit der NATO über beiderseitige Truppenreduzierungen einzutreten.[241] Dies war das eigentliche, später so genannte „Signal von Reykjavik“.

Westliche Hoffnungen auf rasche Fortschritte in der Ost-West-Entspannung im allgemeinen und in der Frage der beiderseitigen Truppenreduzierungen im besonderen wurden dann allerdings durch den sowjetischen Einmarsch in die ČSSR zunichte gemacht.

Hinzu traten Bedenken der NATO-Militärbehörden gegen bestimmte, aus militärischer Sicht sicherheitsgefährdende Verhandlungsansätze.[242]

Erst Ende 1969[243] kam der sogenannte MBFR-Prozeß, also das Bemühen um beiderseitig ausgewogene Streitkräfte-Reduzierungen in Europa, wieder langsam in Gang.[244]

## 6. Sicherheitspolitik im Zeichen von Vietnam-Krieg und Prager Frühling

### *a) Wilhelm Dröscher kartet nach*

Die Bundestagsdebatte vom Dezember 1967 und die deutlichen Reden Schmidts und Brandts anläßlich dieser Debatte brachen der sozialdemokratischen Kritik an der Sicherheitspolitik der Bundesregierung die Spitze; sie brachten sie indes nicht zum Verstummen.

[240] Ebenda.
[241] Ebenda.
[242] Vgl. Ruehl, Lothar, Suche nach der Balance auf der schiefen Ebene des Machtgefälles, in: Die Welt, 23. 4. 1970.
[243] S. die Erklärung der Mitgliedstaaten des Nordatlantischen Bündnisses vom 5. 12. 1969 zu Fragen der europäischen Sicherheit, in: Europa-Archiv, Folge 4/1970, S. D 79–82.
[244] Zum Verlauf der MBFR-Verhandlungen bis Anfang der 80er Jahre: Mutz, Reinhard (Hrsg.), Die Wiener Verhandlungen über Truppenreduzierungen in Mitteleuropa. Chronik, Dokumentation, Bibliographie, Baden-Baden 1983.

Wortführer der Kritiker in Partei und Fraktion war nun, nachdem sich Karl Wienand als Parlamentarischer Geschäftsführer Zurückhaltung hatte auferlegen müssen, Wilhelm Dröscher. Unverdrossen und unbeeindruckt von den Argumenten seines Fraktionsvorsitzenden forderte er auch 1968 die Abschaffung der existierenden Wehrpflicht, die Einführung eines Milizsystems und einer Berufsarmee sowie die betont defensive Gestaltung der deutschen Verteidigungspolitik.[245]

Dabei schien ihm, der die weltpolitische Entwicklung der kommenden Jahrzehnte zu kennen glaubte, „für eine Übergangszeit eine gewisse Präsenz der USA in Europa noch nötig zu sein – bis zu einer europäischen Friedensordnung".[246]

Dröscher war übrigens eindeutig dem linken SPD-Flügel zuzuordnen. Die Auffassung Herbert Wehners, die SPD müsse sich nach links deutlich abgrenzen, lehnte er ab. Statt dessen forderte er die Entwicklung der SPD hin zu einer „progressiven linken Volkspartei".[247]

Am 19. Juni 1968 trat Dröscher mit seinem verteidigungspolitischen Ceterum censeo schriftlich an Helmut Schmidt heran.[248] Er glaube, so Dröscher, jetzt sei der Zeitpunkt gekommen, wo seine alte Vorstellung vom Abbau des 18monatigen Grundwehrdienstes als Forderung der Partei erhoben werden müßte:

> „Man sollte sich langfristig jetzt klar zur Berufsarmee und zum vorläufig daneben bestehenden Milizdienst (Schweizer Muster) bekennen.
> Man könnte eine Übergangszeit von vier bis acht Jahren dazu vorsehen, ohne das Sicherheitsbedürfnis der Nation zu vernachlässigen. Ich bin bereit, weitere konkrete Vorschläge zu machen."[249]

Wilhelm Dröscher schrieb seinen Vorstellungen ausdrücklich „eine günstige massenpsychologische Wirkung" zu. Helmut Schmidt zeigte sich jedoch wenig beeindruckt. Er ließ dem rheinland-pfälzischen Abgeordneten von einem seiner Geschäftsführer lediglich mitteilen, seine Vorschläge seien in den zuständigen Arbeitsgruppen bereits in Beratung.[250]

Dröscher war aber 1968 keineswegs verteidigungspolitischer Einzelkämpfer in der SPD geworden. Dies machte insbesondere der Nürnberger Bundesparteitag der Sozialdemokraten im März 1968 deutlich.

### *b) Der Nürnberger Parteitag*

Von den dem Parteitag vorliegenden achtzig, in einem weiteren Sinne sicherheitspolitischen Anträgen äußerte sich *kein einziger* positiv zur Verteidigungskonzeption der

[245] S. Mainzer Allgemeine Zeitung, 17. 1. 1968; Frankfurter Rundschau, 13. 6. 1968.

[246] Mörbitz, Eghard, Entspannungspolitik ohne Geschenke für Moskau, in: Frankfurter Rundschau, 8. 2. 1968.

[247] Guha, Anton-Andreas, SPD wird nach links offen sein. Bundestagsabgeordneter Dröscher gibt Abgrenzungsthese kaum Chancen, in: Frankfurter Rundschau, 13. 6. 1968.

[248] S. Schreiben Wilhelm Dröschers an Helmut Schmidt vom 19. 6. 1968, in: Korrespondenz des SPD-Fraktionsgeschäftsführers Heinz Frehsee, Archiv der sozialen Demokratie (FES), AK.-Nr. 1322.

[249] Ebenda.

[250] Schreiben Heinz Frehsees an Wilhelm Dröscher vom 5. 7. 1968, in: Korrespondenz des SPD-Fraktionsgeschäftsführers Heinz Frehsee, a.a.O.

Bundesregierung vom Dezember 1967. Drastisch formulierte ein Antrag aus Hessen-Nord: „Wir halten es für ein Trauerspiel, daß sich die SPD-Bundestagsfraktion in der Verteidigungsdebatte Mitte Dezember 1967 hinter die verstaubten Vorstellungen des Herrn Schröder stellte."[251]

Viele weitere Anträge schlossen sich dieser Kritik – wenngleich weniger explizit – an. Leitvorstellung praktisch aller Anträge war die Schaffung eines „europäischen Sicherheitssystems" und einer „europäischen Friedensordnung", auf deren inhaltliche Ausgestaltung hier nicht näher eingegangen werden soll; ferner: ein zumindest verkürztes Verständnis vom Wesen der Außenpolitik, wie es exemplarich in einem Antrag aus Südbayern zum Ausdruck kam: „Sozialdemokratische Außenpolitik ist Friedens- und Entspannungspolitik."[252]

Im verteidigungspolitischen Bereich dominierten die folgenden Forderungen:

- Ablehnung jeder Form von nuklearer Teilhabe, einschließlich der nuklearfähigen Trägerwaffen der Bundeswehr;
- Kürzung oder zumindest Einfrieren des Verteidigungshaushaltes;
- Reduzierung der Bundeswehr und Umstellung auf eine Berufsarmee.

Darüber hinaus gab es eine ganze Reihe von Bezirken, Unterbezirken und Ortsvereinen, die grundsätzlich die Entwicklung einer neuen „defensiven" Verteidigungskonzeption beantragten. Die sachkundigen Gegenargumente Helmut Schmidts hatten hier offensichtlich wenig beeindruckt.

Ein für die Antragslage in Nürnberg typischer Antrag kam aus dem Bezirk Rheinland-Hessen-Nassau, dessen Vorsitzender Wilhelm Dröscher hieß:

„Die SPD-Bundestagsfraktion wird aufgefordert, eine neue Verteidigungskonzeption zu erarbeiten, die folgende Zielsetzung hat:

1. Überprüfung der Möglichkeiten eines reibungslosen Übergangs beim Auslaufen des NATO-Vertrages (1969 kündbar) in ein europäisches Sicherheitssystem, das dem gegenseitigen Sicherheitsbedürfnis Rechnung trägt. (Evtl. in Form eines Nichtangriffspaktes)
2. Errichtung eines weltweiten Inspektionssystems unter Aufsicht der UNO.
3. Verzicht auf den Besitz und Mitbesitz an nuklearen Waffen.
4. Allmähliche Verminderung des Waffenpotentials und der Truppenstärke zur allgemeinen Entspannung und zur Senkung des Verteidigungsetats.
5. Abbau der Allgemeinen Wehrpflicht und Einführung eines Berufsheeres zur Verteidigung.

Eine neue Verteidigungskonzeption erscheint in Anbetracht der Bemühungen zur allgemeinen Entspannung und der offensiven Friedenspolitik gegenüber den osteuropäischen Staaten dringend erforderlich, da diese Bemühungen bei der gegenwärtigen Konzeption unglaubwürdig erscheinen und eine realistische Annäherung ausklammern."[253]

[251] Antrag 159, in: Vorstand der SPD (Hrsg.), Parteitag der SPD vom 17.–21. März 1968 in Nürnberg, Anträge, Vorlage Nr. 3, Bonn 1968 (im folgenden kurz: Anträge PT 1968), S. 109.
[252] Antrag 197, in: Anträge PT 1968, S. 123.
[253] Antrag 219, in: Anträge PT 1968, S. 135.

Hier wurde also eine neue Verteidigungskonzeption zur Voraussetzung für wirksame Entspannung mit dem Osten deklariert, eine Vorleistung speziell der Bundesrepublik Deutschland gefordert. Dieser Ansatz kam auch in vielen anderen Anträgen zum – mehr oder weniger expliziten – Ausdruck. Er entsprach allerdings weder dem gleichgewichtsorientierten sicherheitspolitischen Credo Helmut Schmidts noch den Vorstellungen Willy Brandts.

Daß Anträge wie der oben zitierte in Nürnberg keine Mehrheit fanden, sondern abgelehnt oder – wie im o. a. Fall – an Fraktion und Parteivorstand überwiesen wurden, war vor allem auf die Person Willy Brandts zurückzuführen; zu einem geringeren Teil sicherlich auch auf eine geschickte Parteitagsregie.

Nicht etwa, daß Brandt sich nun zum Fürsprecher der verteidigungspolitischen Konzeption seines Kabinettskollegen Schröder gemacht hätte, sondern er malte seinen Parteigenossen in inspirierenden Farben das Ziel seiner „Friedenspolitik“, eine „europäische Friedensordnung“. Bis dahin, so seine Argumentation, brauche man noch Gleichgewicht und Bündnis.[254]

Brandt genoß bereits in Nürnberg 1968 das Charisma des „Friedenspolitikers“. Selbst für die starke Parteilinke war er, anders als etwa Wehner und Schmidt, sakrosankt.

Wenn der Bundesaußenminister die Delegierten nun beschied, seine „Friedenspolitik“ erfordere für die absehbare Zukunft die feste Verankerung im westlichen Bündnis und die Erfüllung der von diesem Bündnis auferlegten Pflichten, gleichzeitig aber die langfristige Überwindung dieser Erfordernisse verhieß, war es sehr schwer, dem zu widersprechen oder die politische Unterstützung zu versagen. „Wer dem Frieden dienen will, muß die Politik Willy Brandts unterstützen“, verkündete das SPD-Präsidium am 4. April 1968 lapidar und apodiktisch zugleich.[255]

Anhaltenden lebhaften Beifall notierte das Protokoll, nachdem Brandt in seiner Eröffnungsrede den Delegierten zugerufen hatte, Entspannungspolitik sei, wenn man die Chance dazu habe, „die beste und vor allem billigste Sicherheitspolitik“.[256]

Dieser des Merkens werte Satz wurde zur sicherheitspolitischen Doktrin der Partei, jedenfalls einer großen Mehrheit der SPD in den 70er Jahren. Er bildete gewissermaßen auch den Ausgangspunkt für eine Überforderung der Entspannungspolitik.

Der außenpolitische Leitantrag des Parteivorstandes enthielt für jeden etwas: für Helmut Schmidt und die (relativ wenigen) Anhänger seiner Politik die Forderung nach Beibehaltung des militärischen Gleichgewichts und gleichgewichtigen Rüstungskontrollmaßnahmen, für die Nuklearwaffengegner ein klares Ja zum Nichtverbreitungs-Vertrag und – wie schon in Dortmund 1966 – die Ablehnung des Besitzes sowie des Mitbesitzes an nuklearen Waffen. Für die bündnispolitischen Kritiker bzw. Skeptiker wartete der Parteitagsbeschluß mit der Formulierung auf, die NATO müsse erhalten werden, „bis ein funktionierendes System europäischer Sicherheit geschaffen ist“,[257] womit das

[254] S. Vorstand der SPD (Hrsg.), Parteitag der SPD vom 17. bis 21. März 1968 in Nürnberg, Protokoll der Verhandlungen, Bonn 1968 (im folgenden kurz: Protokoll PT 1968), S. 96.

[255] Beschluß des SPD-Präsidiums zur Ostermarsch-Bewegung vom 4. April 1968, in: Vorstand der SPD (Hrsg.), SPD-Jahrbuch 1968/69, Bonn 1970, S. 448.

[256] Protokoll PT 1968, S. 91.

[257] Ebenda, S. 995.

Atlantische Bündnis als lediglich transitorische Notwendigkeit qualifiziert wurde. In diesem Zusammenhang ist interessant, daß die laut Presseberichten in dem ursprünglichen PV-Antrag enthaltene ausdrückliche Feststellung, die NATO sei das „Fundament unserer Sicherheit“,[258] in dem Beschluß des Parteitages nicht mehr auftauchte. Nicht minder interessant war, daß derselbe Beschluß der Westpolitik und der Ostpolitik erstmals „gleichen Rang“[259] einräumte.

*c) „Sozialdemokratische Perspektiven im Übergang zu den siebziger Jahren“*

Ein wichtiges Thema des Nürnberger Parteitages bildeten die „Sozialdemokratischen Perspektiven im Übergang zu den siebziger Jahren“. Dieses programmatische Papier war im Januar vom Parteivorstand der Öffentlichkeit erstmals vorgestellt worden. Änderungsvorschläge von seiten der Parteiuntergliederungen führten zu einer überarbeiteten Fassung, die dann in Nürnberg den Delegierten als Antrag vorgelegt und verabschiedet wurde.[260]

Die „Perspektiven“ begannen mit einem breitangelegten außenpolitischen Teil. Hierauf, vor allem auf die Unterschiede zwischen dem ursprünglichen[261] und dem verabschiedeten Text,[262] sollen im folgenden kurz einige Schlaglichter gerichtet werden.

In dem in Nürnberg gebilligten Text hieß es zur Weltlage:

„Nach 1945 verloren die großen europäischen Mächte an weltpolitischem Einfluß oder mußten ihn aufgeben. Die Sowjetunion benutzte die Entwicklung, um in einem großen Teil Europas kommunistische Systeme durchzusetzen. Im Gegenzug fanden sich die westeuropäischen Staaten unter Führung der USA zum westlichen Bündnissystem zusammen. Die Weltpolitik stand dadurch im Zeichen der Rivalität der beiden Weltmächte. Es ging um Machterhaltung und neuen Machterwerb.“[263]

Dies war eine Analyse – in dem ursprünglichen Entwurf war sie übrigens nicht enthalten –, die von einer äquidistanten Haltung gegenüber Washington und Moskau zumindest nicht allzuweit entfernt war. Ohne Zweifel hatte der Vietnam-Krieg dazu wesentlich beigetragen.

Gegenwärtig werde nicht nur die Führungsrolle der Sowjetunion im kommunistischen Lager angezweifelt; auch die Führungsrolle der USA in der westlichen Welt sei „besonders durch das Engagement in Vietnam ins Schwanken gekommen“.[264]

Nürnberg war der amerikakritischste Parteitag der SPD in den 60er Jahren, vielleicht sogar nach 1945 überhaupt. Fast 40 Anträge lagen dem Parteitag zum Thema Vietnam vor. Sie reichten inhaltlich von „kritisch“ bis „aggressiv antiamerikanisch“. Kein einziger Antrag bemühte sich auch nur ansatzweise um Verständnis für die Vietnam-Politik der USA.

[258] Vgl. Titzrath, Werner, Die SPD wieder auf dem Weg nach links?, in: Die Welt, 22. 3. 1968.
[259] Protokoll PT 1968, S. 996.
[260] Zur Entstehung und Entwicklung der „Perspektiven“: Ehmke, Horst (Hrsg.), Perspektiven. Sozialdemokratische Perspektiven im Übergang zu den siebziger Jahren, Reinbek 1969.
[261] S. PV-Antrag „Perspektiven“, in: Anträge PT 1968, S. 2–7.
[262] Antrag 376, in: Protokoll PT 1968, S. 1021–1035.
[263] Protokoll PT 1968, S. 1024.
[264] Ebenda, S. 1025.

Speziell zur Sicherheitspolitik hieß es in dem ersten Entwurf vom Januar 1968, solange die eine Seite hochgerüstet sei, zwinge sie die andere Seite, es auch zu sein. „Sonst wird die Basis des militärischen Gleichgewichts gefährdet, von der die Bemühungen um Entspannung und um eine gleichzeitige und gleichwertige Abrüstung beider Seiten praktisch ausgehen müssen."[265]
Auch diese Aussage, die die Erhaltung des militärischen Gleichgewichts zum Kern hatte und somit ganz der Argumentationslinie Helmut Schmidts entsprach, fand nicht die Zustimmung der Partei. In Nürnberg wurde daraus ein die Abrüstung in den Mittelpunkt stellender Text mit dramatisierendem Unterton:

„... weitsichtige Politiker in aller Welt haben erkannt, daß dem Rüstungswettlauf Einhalt geboten werden muß, und daß unter Erhaltung des bestehenden Ost-West-Gleichgewichtes eine Reduzierung der Rüstungen immer dringlicher erforderlich wird, um politische Lösungen zur Bereinigung bestehender internationaler Spannungen und zur Überwindung zukünftiger Konflikte zu erleichtern."[266]

Noch ein letzter Textvergleich betreffend das Kapitel „Friedenspolitik":
Hier heiß es in der ursprünglichen Fassung, Friedenspolitik erfordere den Abbau der Konfliktstoffe zwischen den Völkern. Um diesen Weg „in Sicherheit" gehen zu können, sei die Freundschaft mit den westlichen Ländern unentbehrlich. „Die Bundesrepublik erfüllt ihre Verpflichtungen im atlantischen Bündnis, das mit einer abgestuften Abschreckung den Krieg verhindert."[267] Sie wolle führenden Anteil an Bemühungen um Truppenreduzierung, Abrüstung und Gewaltverzicht nehmen, die Elemente eines Systems der Sicherheit in Europa für die 70er Jahre werden könnten.
Gegenüber dem Januar-Entwurf der „Perspektiven" erhielt die „Friedenspolitik" in der Nürnberger Fassung den etwa fünffachen Umfang. Auch hier wurde festgestellt, daß die Freundschaft mit den westlichen Staaten unentbehrlich sei. Dann aber hieß es lapidar, die Bundesrepublik müsse ihre Verpflichtungen gegenüber ihren Bündnispartnern erfüllen. Von der kriegsverhindernden Strategie der abgestuften Abschreckung war keine Rede mehr.
Statt dessen war von einer besonderen Verpflichtung der Bundesrepublik die Rede, eine „ausschließlich defensive Verteidigungspolitik zu betreiben".[268] Das Ziel der Rüstungskontroll- und Abrüstungspolitik sei, „ein ganz Europa umschließendes gemeinsames System der Sicherheit, das die heutigen Militärblöcke ersetzt",[269] zu schaffen. Eine Begrenzung der Rüstung sei auch aus wirtschaftlichen Gründen notwendig. In diesem Rahmen werde auch die Frage Wehrpflicht- oder Freiwilligen-Armee erneut zu prüfen sein.
Soweit eine knappe Vorstellung der außen- und sicherheitspolitisch wesentlichen Passagen der „Sozialdemokratischen Perspektiven im Übergang zu den siebziger Jahren".

[265] Anträge PT 1968, S. 3.
[266] Protokoll PT 1968, S. 1025.
[267] Anträge PT 1968, S. 7.
[268] Protokoll PT 1968, S. 1032.
[269] Ebenda.

Die Unterschiede zwischen der ursprünglichen, vom SPD-Parteivorstand vorgelegten Fassung der „Perspektiven" und dem Nürnberger Text sollen hier nicht überinterpretiert werden. Aber es wird doch deutlich, daß Parteiführung und Parteivolk, d. h. nachgeordnete Parteigliederungen, bemerkenswert verschiedene Ansichten zur Außen- und Sicherheitspolitik hatten. Letztere zeichneten sich vor allem durch sehr großen Entspannungsoptimismus im Zeichen des „Prager Frühlings" einerseits und eine betont amerikakritische Haltung vor dem Hintergrund des Vietnam-Krieges andererseits aus. Offene Abstimmungsniederlagen konnte die Parteiführung in Nürnberg nur durch Zugeständnisse an den starken linken Delegiertenflügel und – wie bereits erwähnt – die Person und das Charisma Willy Brandts verhindern.

Zwar hatten sich auf der parlamentarischen und Regierungsebene Ende 1967 die Realpolitiker unter der Führung Schmidts und mit Beihilfe Brandts in der Sicherheitspolitik durchsetzen können, aber in der Partei rumorte es weiter, und zwar um so mehr, als im Frühjahr 1968 die Ereignisse in der ČSSR weitgespannte Hoffnungen auf Demokratisierung und Liberalisierung in ganz Osteuropa freisetzten. Die „europäische Friedensordnung" schien vielen in der SPD plötzlich greifbar nahe, die erstarrten Blockstrukturen schienen in Bewegung geraten.

Mit der „herkömmlichen" Sicherheitsphilosophie, mit Gleichgewichts- und Abschreckungsargumenten gaben sich im Frühjahr 1968 nur noch wenige Sozialdemokraten zufrieden. Nur ein halbes Jahr später allerdings waren die hochfliegenden Hoffnungen zerstoben: die Sowjetunion hatte den „Kommunismus mit menschlichem Antlitz" Alexander Dubceks mit militärischen Mitteln zerschlagen.

## 7. Der sowjetische Einmarsch in die ČSSR und seine Konsequenzen für die sicherheitspolitische Diskussion in der SPD

### *a) Erste politische Reaktionen der SPD*

Am 20. August 1968, um 23.20 Uhr rückten sowjetische, polnische, ungarische, bulgarische und Truppen der DDR in das tschechoslowakische Staatsgebiet ein. Diejenigen im Westen, die die Prager Reformbestrebungen mit großen Erwartungen und Sympathien verfolgt hatten – und dazu gehörte ohne Zweifel eine große Mehrheit der deutschen Sozialdemokratie –, empfanden den sowjetischen Einmarsch als „Schock".

Der sozialdemokratische „Vorwärts" sprach von einem europäischen „Scherbenhaufen"[270]; eine allgemeine Ernüchterung kennzeichnete die Stimmung in der SPD.

Bereits am 21. August schrieb der Bundesgeschäftsführer der SPD, Hans-Jürgen Wischnewski, im Pressedienst seiner Partei:

„Für die freien Bürger Deutschlands beweisen die Vorkommnisse im Bereich des Warschauer Paktes, daß die NATO als ausschließlich zur Verteidigung der freien Welt

[270] Vorwärts, 5. 9. 1968: „Europas Scherbenhaufen".

geschaffenes Bündnis auch in der Zukunft weiterhin von entscheidender Bedeutung ist."[271]

Wischnewski brachte damit die unmittelbarste Folge der tschechischen Ereignisse zum Ausdruck: praktisch über Nacht hielt niemand mehr, innerhalb oder außerhalb der SPD, die NATO für verzichtbar. Überlegungen, das Bündnis 1969 aufzulösen bzw. in ein wie auch immer beschaffenes europäisches Sicherheitssystem einzubringen, fanden ein abruptes Ende.
Für Helmut Schmidt unterstrich die Okkupation der ČSSR die Notwendigkeit eines Gleichgewichts in Europa. Die Funktionsfähigkeit der NATO sei in den letzten Jahren „durch einseitige Maßnahmen einiger unserer Verbündeter leider beeinträchtigt worden".[272] In der nahen Zukunft gehe es um die sichere Basis des militärischen Gleichgewichts in Europa:

„Unter dem Eindruck des militärischen Einmarsches in die ČSSR werden die Mitglieder des westlichen Bündnissystems sich stärker der Notwendigkeit auch des militärischen Gleichgewichts bewußt sein müssen, als es in einigen Hauptstädten in den letzten Jahren der Fall war; der innere Zusammenhalt und die Defensivkraft der NATO dürfen nicht durch einseitige Aktionen ihrer Mitglieder gestört, sondern müssen konsolidiert werden."[273]

Zur Entspannungspolitik stellte der Fraktionsvorsitzende klar, sie dürfe nie gleichgesetzt werden mit einseitigen Zugeständnissen. Sie bedeute vielmehr fairen Ausgleich der sich entgegenstehenden Interessen. „Dieser Ausgleich setzt zu jeder Zeit ein Mächtegleichgewicht voraus und basiert deshalb auf der Funktionsfähigkeit unseres eigenen Defensivbündnisses gegenüber der militärischen und politischen Macht des Warschauer Paktes."[274]
Den dritten wesentlichen Akzent setzte Willy Brandt, als er unmittelbar nach dem sowjetischen Überfall auf die ČSSR klarstellte, daß die Entspannungspolitik unbeirrt forgesetzt werden müsse. Es gebe für Bonn keine Alternative zur Sicherung des Friedens und der Freiheit.
In seinem Lagebericht vor dem SPD-Präsidium räumte er allerdings ein, daß die Bemühungen vieler europäischer Regierungen um Entspannung zwischen West und Ost und um eine europäische Friedensordnung durch die Vorgänge in der Tschechoslowakei einen Rückschlag erlitten hätten, der lange nachwirken könnte.[275]
Wenige Wochen später, nachdem sich die von der tschechischen Krise erzeugten Wogen etwas geglättet hatten, konnte Brandt vor der Fraktion erklären, die Bundesrepublik sei infolge ihrer sachlichen Politik – womit er natürlich seine „Friedenspolitik"

[271] Wischnewski, Hans-Jürgen, Zu den Ereignissen in der ČSSR, in: SPD-Pressedienst, Nr. 157/68, Bonn, 21. 8. 1968, S. 1.
[272] Schmidt, Helmut, Prag und wir, in: Informationen der Sozialdemokratischen Fraktion im Deutschen Bundestag, Tagesdienst, Nr. 405/68, Bonn, 23. 8. 1968, S. 1.
[273] Ebenda, S. 1f.
[274] Ebenda, S. 1.
[275] S. Parlamentarisch-Politischer Pressedienst, Meldungsdienst, Bonn, 22. 8. 1968, S. 3: „Entspannungspolitik wird unbeirrt fortgesetzt. Brandts Lageanalyse findet in Bonn volle Zustimmung".

meinte – „heute sicherer als früher".[276] Dies war gewissermaßen die Premiere einer Formel, die zum sicherheitspolitischen Standardvokabular der SPD gehörte, solange die Partei in der Regierung war.
Die ersten politischen Reaktionen der SPD auf die ČSSR-Invasion waren also dreifacher Art:

- Erkenntnis der Notwendigkeit des westlichen Bündnisses für die Sicherheit und Freiheit der Bundesrepublik Deutschland;
- Hervorhebung der Bedeutung des militärischen Gleichgewichts für die Friedenssicherung in Europa;
- Bekenntnis zur unveränderten Fortsetzung der Entspannungspolitik, auch unter den erheblich verschlechterten Bedingungen – was im übrigen auch der Standpunkt des Bundeskanzlers war.

*b) Perzeption der veränderten militärischen Situation*

Nach dem „Prager Schock" dauerte es einige Zeit, bis eine nüchterne militärische Lagebeurteilung vorgenommen und die Frage, welche Konsequenzen aus der veränderten Lage zu ziehen seien, beantwortet werden konnte.
Allgemein vorherrschend war in der deutschen Öffentlichkeit und politischen Führung die Wahrnehmung einer gewachsenen sowjetischen Bedrohung.
Der entspannungsfeindlicher Tendenzen gewiß unverdächtige „Spiegel" schrieb am 16. September:

„Tatsächlich erschien die militärische Situation der Bundesrepublik noch nie so hoffnungslos wie heute: den 1,5 Millionen Soldaten des Warschauer Paktes, zum großen Teil in voller Kampfbereitschaft, stehen in Europa nur 650000 NATO-Soldaten gegenüber. Und was auf den Reißbrettern und in den Sandkästen seit langem klar war – durch den Prager Schock ist es physisch anschaulich geworden: Die Sicherheit der Bundesrepublik ist mit konventionellen Mitteln überhaupt nicht zu gewährleisten."[277]

Die NATO-Strategie der flexiblen Reaktion, so das Magazin weiter, habe sich als fadenscheiniges Rezept erwiesen. Weder verfüge die NATO über ausreichend konventionelle Streitkräfte noch stimme die Annahme einer Vorwarnzeit. Der wahre Schutz der Bundesrepublik liege daher nicht in konventionellen militärischen Mitteln, sondern „in dem Willen jeder der beiden Weltmächte, den Machtbereich der anderen zu respektieren",[278] mithin im nuklearen Patt der USA und der Sowjetunion.
In der Aussprache über die Erklärung des Bundeskanzlers zu den Vorgängen in der ČSSR wies Helmut Schmidt darauf hin, daß die Sowjetunion die Zahl der westlich ihrer Grenzen stationierten Truppen um die Hälfte vermehrt habe. Dies bedeute eine Verkürzung der Aufmarschzeiten auf sowjetischer Seite für den Fall eines Krieges.
Demgegenüber habe es auf seiten der NATO keine Veränderung der bisherigen Truppendislozierung gegeben, auch keine Verstärkung in Mitteleuropa:

[276] Informationen der Sozialdemokratischen Fraktion im Deutschen Bundestag, Tagesdienst, Nr. 435/68, Bonn, 24. 9. 1968, S. 1.
[277] Der Spiegel, 16. 9. 1968, S. 27.
[278] Ebenda, S. 29.

„Man muß deshalb am heutigen Tage die Verteilung der militärischen Kräfte auf beiden Seiten Europas als zuungunsten des Westens verändert beurteilen."[279]

Insgesamt gesehen bestehe jedoch, „insbesondere im Hinblick auf die globalen strategischen Waffen der Sowjetunion und der Vereinigten Staaten, das Gleichgewicht der auf Europa wirkenden östlichen und westlichen militärischen Kräfte fort, so wie es vorher bestand".

Schmidt setzte also angesichts der gewachsenen konventionellen Bedrohung Westeuropas durch die Sowjetunion verstärkt auf die nukleare Abschreckung. In seinem Buch „Strategie des Gleichgewichts" wurde dies 1969 besonders deutlich.[280]

Er mochte, insbesondere nach den Diskussionen im Jahre 1967, zu der Auffassung gelangt sein, daß schon viel erreicht wäre, wenn weitere Truppenabzüge der Alliierten gestoppt werden könnten. Allein die Amerikaner und Briten hatten bis zum 21. August 1968 etwa 40000 Soldaten aus der Bundesrepublik abgezogen.

Auch der Vorsitzende des Arbeitskreises Sicherheitsfragen der SPD-Fraktion, Karl-Wilhelm Berkhan, betonte die Bedeutung des nuklearen Kräfteverhältnisses für die Sicherheit der Bundesrepublik. Nach seiner Auffassung hatten die sowjetischen Divisionen das *weltweite* Gleichgewicht kaum verändert. Dafür sorge das nukleare Patt der Weltmächte.[281]

In Verbindung mit dem Problem der verkürzten Aufmarschzeiten auf sowjetischer Seite stellte sich für Schmidt noch ein weiteres, nicht minder wichtiges Problem, nämlich das der Vorwarnzeit.

Zwar habe sich, so sagte er im September 1968 in einem Interview mit dem Zweiten Deutschen Fernsehen, die amerikanische Doktrin von einer politischen Vorwarnzeit im Falle der ČSSR bestätigt, da aber die Vorwarnzeit auf westlicher Seite absichtlich nicht zu irgendwelchen Konsequenzen geführt habe, müsse man annehmen, daß dies auch in zukünftigen Krisen geschehen könne.

Infolgedessen sei die amerikanische These, in der Vorwarnzeit könnten die USA der NATO schnell außereuropäische Truppen zuführen, jetzt noch fragwürdiger als vor der ČSSR-Invasion. Die verschämt „Rotation" genannten Abzugspläne der USA sollten deshalb nicht verwirklicht werden.[282]

Hinter dieser Kritik stand die Überzeugung des sozialdemokratischen Experten, daß es unter abschreckungs- und verteidigungspolitischem Aspekt keinen Ersatz für die reale Präsenz von deutschen und alliierten, insbesondere amerikanischen Truppen in der Bundesrepublik geben könne; eine Auffassung im übrigen, die mit der von Verteidigungsminister Schröder und der CDU/CSU nahtlos übereinstimmte.[283]

[279] Verhandlungen, 186. Sitzung, 26. 9. 1968, S. 10090.

[280] S. Schmidt, Helmut, Strategie des Gleichgewichts, a.a.O., S. 213f.

[281] S. dazu den Bericht über einen Vortrag Berkhans vor dem Arbeitskreis Sicherheitspolitik des SPD-Landesverbandes Berlin mit dem Titel „Unsere Sicherheit nach den Ereignissen in der ČSSR", in: Telegraf (Berlin-West), 30. 10. 1968.

[282] Informationen der Sozialdemokratischen Fraktion im Deutschen Bundestag, Tagesdienst, Nr. 417/68, Bonn, 30. 9. 1968.

[283] S. Schröder, in: Verhandlungen, 200. Sitzung, 29. 11. 1968, S. 10783f.

Damit attackierte Schmidt aber auch ein zentrales Element der Verteidigungskonzeptionen seiner Parteifreunde Dröscher und Wienand sowie der FDP, nämlich den Milizgedanken, der ja eine Abkehr vom Präsenzprinzip beinhaltete.
Es ist daher wohl auch kein Zufall, daß das Milizkonzept in der SPD nach dem 21. August 1968 praktisch keine Rolle mehr spielte; und zwar, von einigen Ausnahmen abgesehen,[284] bis zum Ende der sozialliberalen Koalition 1982.
Hierzu trug vor allem die in den 70er Jahren ständig wachsende Fähigkeit des Warschauer Paktes zu Angriffen „aus dem Stand", d. h. nach nur sehr kurzer Vorbereitung bzw. Vorwarnzeit, gegen Westeuropa bei.[285]
Die Perzeption einer gewachsenen politischen und militärischen Bedrohung durch die Sowjetunion hatte in der SPD unzweifelhaft auch einen gewissen Einschüchterungseffekt.
Die Drohgebärden des Kreml gegenüber der Bundesrepublik im Zusammenhang mit den sowjetischen Gewaltmaßnahmen gegen die ČSSR[286] ließen es angezeigt scheinen, den gereizten Bären nicht noch mehr zu reizen.
In diesem Sinne forderte Karl-Wilhelm Berkhan im Deutschen Bundestag:

„Unsere Verteidigungsanstrengungen müssen immer eindeutig defensiv sein. Das gilt für die Ausrüstung und Bewaffnung der Bundeswehr und für die Zahl der bei uns unter Waffen stehenden Soldaten, das gilt aber auch für jede Äußerung in Wort und Schrift seitens der verantwortlichen deutschen Politiker."[287]

Auf dem wehrpolitischen Forum seiner Partei in Bad Honnef, im April 1969, machte Berkhan weitere Ausführungen zum Defensivprinzip, welches ja keineswegs neu war, sondern seit einer Reihe von Jahren in der sicherheitspolitischen Diskussion in der SPD – insbesondere in den Alternativ-Konzeptionen Wienands und Dröschers – eine wichtige Rolle spielte.
Die Bundesrepublik solle um ihrer Sicherheit willen keine perfekte Verteidigung anstreben, sondern lieber ein gewisses militärisches Risiko auf sich nehmen, riet der Arbeitskreis-Vorsitzende. Er betonte ausdrücklich, er sei nicht gegen hervorragend ausgerüstete deutsche Streitkräfte, deren Quantität müsse aber so bemessen sein, daß der Osten daraus keine wahre Bedrohung ableiten könne.[288]
Willy Brandt setzte sich auf derselben Konferenz entschieden dafür ein, trotz der gestiegenen Bedrohung durch den Sowjet-Einmarsch in die ČSSR keinerlei quantitative Aufrüstungsmaßnahmen im westlichen Bündnis zu ergreifen, sondern lediglich Mobili-

284 S. Dröscher, Wilhelm, Den Wind im Rücken, in: Rhein-Zeitung, 5. 3. 1970. – Überlegungen zur Miliz wurden auch in der Wehrstruktur-Kommission der Bundesregierung 1970/72 angestellt. Dabei ging es jedoch lediglich um eine kleine Milizkomponente im Rahmen des Feldheeres: S. Wehrstruktur-Kommission der Bundesregierung (Hrsg.), Die Wehrstruktur in der Bundesrepublik Deutschland. Analyse und Optionen, Bonn 1972, S. 102ff.

285 S. dazu Karber, Phillip A., Die konventionellen Kräfteverhältnisse in Europa 1965–1980, in: Nerlich, Uwe (Hrsg.), Sowjetische Macht und westliche Verhandlungspolitik im Wandel militärischer Kräfteverhältnisse, Baden-Baden 1982, S. 117ff.

286 S. z. B. das Aide-mémoire der Sowjetregierung an die Bundesregierung vom 5. 7. 1968, in: Dokumentation zur Abrüstung und Sicherheit, Band VI: 1968, a.a.O., S. 223ff.

287 Verhandlungen, 201. Sitzung, 4. 12. 1968, S. 10853.

288 S. Münchner Merkur, 28. 4. 1969: „Berkhan: Perfekte Verteidigung führt zur Zerstörung".

tät und Einsatzfähigkeit der deutschen und verbündeten Streitkräfte zu erhöhen. Quantitative Aufrüstung der NATO bedeutete für ihn „die Einleitung eines neuen Rüstungswettlaufs in Europa“.[289]

Aus Berkhans Ausführungen in Bad Honnef machte der „Bayern-Kurier“ ein Konzept „Sicherheit durch Schwäche“.[290] Das war sicherlich übertrieben und verzerrte den Sinn von Berkhans Intentionen.

Problematisch war allerdings, daß Defensivprinzip und Gleichgewichtsprinzip nicht ohne weiteres zu vereinbaren sind.

Helmut Schmidt zählte das Defensivprinzip bekanntlich ebenfalls zu den Grundprinzipien sozialdemokratischer Sicherheitspolitik. Er ordnete es allerdings dem Gleichgewichtsprinzip eindeutig unter, und er befand, daß die exponierte Lage der Bundesrepublik es erforderlich machte, das eigene Verteidigungspotential an den Potentialen und Fähigkeiten des Ostens zu orientieren, nicht an wechselnden Intentionen und Perzeptionen.[291]

*Fazit:*

Insgesamt gesehen hat der sowjetische Überfall auf die ČSSR in der SPD ernüchternd gewirkt. Allzu euphorische Stimmungen und Forderungen, die sich im Laufe der Jahre 1966–1968 aufgebaut hatten, erhielten einen Dämpfer. Aber ein dreiviertel Jahr nach dem 21. August 1968 war der „Prager Schock“ kein Thema mehr, nicht nur in der SPD. Daran hatte eine geschickte sowjetische Politik, die die Abrüstung und eine europäische Sicherheitskonferenz nur wenige Wochen nach der Okkupation der ČSSR erneut thematisierte,[292] wesentlichen Anteil.

Die wichtigste und langwirksame Folge der Prager Ereignisse war, daß die SPD sich des Wertes des NATO-Bündnisses wieder bewußt wurde. Niemand mehr wollte die NATO zugunsten eines wie auch immer beschaffenen „europäischen Sicherheitssystems“ auflösen. Diese vor dem 21. August 1968 in der Partei populäre Forderung begann erst nach Abschluß der ersten Phase der Ost- und Entspannungspolitik Willy Brandts, ab etwa 1973/74, wieder eine gewisse Rolle zu spielen.

Ein zweiter wesentlicher Punkt war die Aufwertung der Gleichgewichtspolitik. Helmut Schmidt war in den Jahren 1966/68 fast einsamer Mahner und Fürsprecher einer gleichgewichtsorientierten Sicherheitspolitik gewesen. Daß ein annäherndes militärisches Gleichgewicht in Europa Voraussetzung für Entspannung war, hatte er vielen Parteigenossen nicht mehr vermitteln können. Demgegenüber hatte die Auffassung, Verteidi-

[289] Brandt, Willy, Sicherheitspolitik als Problem des äußeren Ausgleichs und der inneren Stabilität, in: Vorstand der SPD (Hrsg.), Grundsätze sozialdemokratischer Wehrpolitik, Bonn 1969, S. 14.

[290] Bayern-Kurier, 3. 5. 1969: „Verteidigung eigener Art“.

[291] S. Schmidt, Strategie des Gleichgewichts, a.a.O., S. 117. Schmidt befand sich hier in Übereinstimmung mit Verteidigungsminister Schröder (S. Verhandlungen, 200. Sitzung, 29. 11. 1968, S. 10778) und dem CDU/CSU-Fraktionsvorsitzenden Barzel (S. Verhandlungen, 186. Sitzung, 26. 9. 1968, S. 10082).

[292] S. die Rede des sowjetischen Außenministers Gromyko vor der Vollversammlung der UN am 3. 10. 1968, in: Europa-Archiv, Folge 22/1968, S. D 550–560.

gungspolitik solle als Instrument der Entspannungspolitik eingesetzt werden, an Boden gewonnen.
Prag rückte auch hier die Perspektive gerade, stärkte Schmidt und seinen realpolitischer Einsicht entspringenden Gleichgewichtsansatz. Die 70er Jahre hindurch und fast bis zum Ende der Kanzlerschaft Schmidts war dieser Ansatz in der SPD weitgehend unbestritten.
Schließlich bewirkte die sowjetische Aggression im August 1968 auch, daß die militärische Entspannung, die die NATO kurz zuvor noch mit dem sogenannten Signal von Reykjavik zu starten bemüht gewesen war, zurückgestellt wurde. Man erkannte auch in der SPD, daß ein gewisses Niveau politischer Entspannung erreicht werden mußte, bevor man mit dem Warschauer Pakt bzw. der Sowjetunion in Rüstungsbegrenzungsverhandlungen eintreten konnte. Hier setzte dann die Ostpolitik der Regierung Brandt/Scheel an, nachdem allerdings schon wesentliche Vorbereitungen, etwa in der Gewaltverzichtsfrage, in der Großen Koalition geleistet worden waren.
Auf der verteidigungspolitischen und militärischen Ebene war zunächst bemerkenswert – aber nicht erstaunlich –, daß der Einmarsch in Prag die öffentliche Diskussion alternativer Verteidigungskonzepte in der SPD abrupt beendete. Er deckte die Schwächen der Vorwarnzeit-Theorie auf und machte somit deutlich, daß eine substantielle Abstützung auf Milizen und Mobilmachung ein hohes Sicherheitsrisiko beinhaltete.
Die Konsequenz war, daß die NATO fortan gesteigerten Wert auf einen hohen Präsenzgrad ihrer Streitkräfte in Mitteleuropa legen mußte.
„Einmal mehr lehren uns die ČSSR-Krise und die Breschnew-Doktrin die steigende Bedeutung überlegener konventioneller Streitkräfte in der Epoche des andauernden nuklearen Patts zwischen den Weltmächten“, schrieb Helmut Schmidt in einer Nachlese zu den Vorgängen im August 1968.[293]
Aber gleichzeitig war in der SPD die Tendenz groß, die gestiegene konventionelle Bedrohung durch die Sowjetunion mit Verweis auf die nukleare Abschreckung zu kontern. Dies tat, wie wir gesehen haben, auch Helmut Schmidt, der damit eine Abkehr von seinem langgehegten Grundsatz, konventionelle Aggressionen dürften nur mit konventionellen Mitteln bekämpft werden, vollzog.[294]
Daß ausgerechnet eine betont antinukleare Partei wie die SPD nun zum „Stammkunden“ der nuklearen Abschreckung wurde, war sehr bemerkenswert.
Aber wenn man davon ausging, daß ein konventionelles Gleichgewicht in Europa nicht erreichbar (finanzielle Restriktionen) oder nicht wünschenswert (Defensiv-Fixierung) war, dann machte der Rückgriff auf die nukleare Abschreckung und hier insbesondere auf das Ende der 60er Jahre noch eindeutig überlegene strategisch-nukleare Dispositiv der USA durchaus Sinn. Und natürlich war das Vertrauen in das „weltweite Gleichgewicht“ billiger als etwa eine Aufstockung der Bundeswehr.
Schwierig wurde es allerdings in den 70er Jahren, als die strategische Überlegenheit der Amerikaner dahinschwand, große Teile der SPD aber dennoch konventionelle und

[293] Schmidt, Helmut, Konsequenzen der Breschnew-Doktrin, in: Gedanken zur Politik. Eine „Vorwärts“-Beilage, Bonn, Februar 1969, S. 6.
[294] S. dazu Enders, Thomas, Franz Josef Strauß – Helmut Schmidt und die Doktrin der Abschreckung, a.a.O., S. 130ff.

taktisch-nukleare Rüstungsprogramme der NATO mit Verweis auf die strategischen Waffen der USA zu blockieren oder zu beschneiden suchten.

## 8. Zusammenfassung

Die Fragen der äußeren Sicherheit waren in den Jahren der Großen Koalition nicht das beherrschende Thema deutscher Politik. Wirtschafts- und Haushaltsprobleme, Notstandsgesetzgebung und Außerparlamentarische Opposition sowie die „neue Ostpolitik" der Regierung Kiesinger/Brandt rangierten vor der Sicherheitspolitik, zumindest in der Perzeption der Öffentlichkeit.

Die Diskussion um den Kernwaffen-Nichtverbreitungsvertrag, die 1966–1969 ebenfalls einen prominenten Platz auf der politischen Tagesordnung in der Bundesrepublik einnahm – insbesondere im Wahlkampf 1969 –, ist nur zum Teil als sicherheitspolitische Diskussion anzusprechen. Sie wurde wesentlich bestimmt von wirtschaftlich-technologischen und allgemeinen außenpolitischen Aspekten.

Gleichwohl ist die zweite Hälfte der 60er Jahre für die wissenschaftliche Beschäftigung mit der bundesdeutschen, vor allem der sozialdemokratischen Sicherheitspolitik eine sehr wichtige und interessante Phase, und zwar wegen der veränderten außenpolitischen, militär-strategischen und koalitionspolitischen Rahmenbedingungen:

1. Ab Mitte der 60er Jahre kam es zu einer im Westen allgemein wahrgenommenen Entspannung des Ost-West-Verhältnisses. Was zunächst als amerikanisch-sowjetischer Bilateralismus (z. B. Begrenztes Teststoppabkommen 1963) begonnen hatte, fand ab 1965/66 durch sowjetische Offerten für eine europäische Sicherheitskonferenz eine europäische Entsprechung.

   Damit stellte sich nicht nur die Frage nach dem Verhältnis von Verteidigungs- und Entspannungspolitik, sondern es wurde im Westen auch zunehmend über die Existenzberechtigung der NATO diskutiert. De Gaulle setzte hier mit dem Rückzug Frankreichs aus der militärischen Integration der NATO deutliche Zeichen.
2. Der Schritt de Gaulles erlaubte die Beilegung des seit dem Amtsantritt Präsident Kennedys schwelenden strategischen Streits zwischen Amerikanern und Europäern. Obwohl es nicht zu der von den Amerikanern angestrebten Denuklearisierung der NATO-Strategie kam, wurde doch die Frage nach der Abschreckungs- und Verteidigungsfunktion nuklearer Waffen neu gestaltet und diskutiert. Ein zusätzliches strategisches Problem stellten die in Aussicht genommenen Truppenabzüge der USA und Großbritanniens aus der Bundesrepublik Deutschland dar.
3. Im Dezember 1966 trat die SPD erstmals seit 36 Jahren wieder in eine deutsche Regierung ein. Sie bildete eine Koalition mit der stärksten Parlamentsfraktion, deren Sicherheitspolitik sie bis 1960 heftig und grundsätzlich bekämpft hatte. Hinsichtlich der nuklearen Waffen bestanden immer noch erhebliche Meinungsverschiedenheiten zwischen den beiden Volksparteien.

Vor dem Hintergrund anhebender Ost-West-Entspannung perzipierte eine große Mehrheit der Sozialdemokraten die Sowjetunion bereits vor dem Regierungeintritt als Status quo-Macht. Auf dem Dortmunder Parteitag im Sommer 1966 kam diese Einschätzung in Reden von Helmut Schmidt bis Walter Möller zum Audruck.
Allerdings sah Helmut Schmidt die Status quo-Orientierung der Sowjetunion in enger Verbindung mit dem nuklearen Patt und einer Politik des militärischen Gleichgewichts auf westlicher Seite. Das militärische Gleichgewicht war für ihn auch *Voraussetzung* für eine dauerhafte Ost-West-Entspannung.
Demgegenüber konnte für die Sozialdemokraten um Walter Möller, die „Altlinken", ein statisches Bedrohungsverständnis festgestellt werden. Das heißt, hier wurde unausgesprochen und unkonditioniert davon ausgegangen, daß die sowjetische Westpolitik auch in Zukunft nichtaggressiven und nichtexpansiven Charakter haben würde.
Ein Kausalzusammenhang zwischen westlicher Festigkeit in Form militärischer Gleichgewichtspolitik und sowjetischer Entspannungsbereitschaft wurde nicht gesehen.
Daher war für die „Altlinken" – im Gegensatz etwa zu Helmut Schmidt – militärisches Gleichgewicht keine Conditio sine qua non für Entspannung, sondern stand im Gegenteil früher oder später der weiteren Annäherung von Ost und West im Wege. In dieser Logik waren Abrüstungsvorleistungen nicht entspannungsgefährdend, sondern entspannungsfördernd.
Als Ziel wurde ein „kollektives Sicherheitssystem" in Europa angestrebt, wie es die Partei offiziell bis Ende der 50er Jahre vertreten hatte.
Nachdem die SPD in ihrem Acht-Punkte-Programm für eine Regierungsbeteiligung eine „umfassende Bestandsaufnahme" in der Sicherheitspolitik gefordert hatte, fühlte sich der Vorsitzende des Fraktionsarbeitskreises Sicherheitsfragen, Karl Wienand, berechtigt, Vorschläge für eine „zeitgemäße" Sicherheitspolitik zu unterbreiten.
Mit seinem Vorschlag, die Verteidigungspolitik zu einem Instrument offensiver Entspannung zu machen, womit er die Verteidigung der Entspannung konzeptionell unterordnete, bewegte er sich auf der Linie der „Altlinken".
Um keine Zweifel an der rein defensiven Orientierung der deutschen Verteidigungspolitik aufkommen zu lassen, forderte er konkret eine Reduzierung der Präsenzstärke der Bundeswehr, die einhergehen sollte mit einer Umstrukturierung auf eine Freiwilligenstreitmacht mit Milizkomponente, die Einrichtung eines truppenfreien Streifens entlang der Zonengrenze sowie den Abzug nuklearer Trägersysteme aus der Bundeswehr und deren Ersetzung durch moderne konventionelle Flächenfeuerwaffen.
Wienands Vorschläge, die übrigens bemerkenswerte Parallelen zu verteidigungspolitischen Überlegungen in der SPD seit 1982 aufweisen, hatten in Partei und Fraktion Gewicht; denn Wienand war – als Vorsitzender eines der acht Arbeitskreise der Fraktion, als stellvertretender Vorsitzender des PV-Sicherheitsausschusses und nicht zuletzt aufgrund seiner Mitgliedschaft im Parteivorstand – nach Helmut Schmidt die sicherheitspolitische Nummer zwei der SPD.
Außerdem entsprachen Wienands Vorschläge für eine „zeitgemäße" Sicherheitspolitik einer entspannungsoptimistischen Grundströmung in der SPD zu Beginn der Großen Koalition. Quantifizieren läßt sich die Anhängerschaft Wienands in der Partei nicht, weil seine Konzeption nie zur Abstimmung gestellt wurde. Aber analysiert man etwa die Anträge und die Diskussion auf dem Nürnberger Parteitag 1968, so kann davon

ausgegangen werden, daß eine Mehrheit der Delegierten mit den Militärreformern um Wienand und Dröscher sympathisierte.
Helmut Schmidt war der Hauptgegenspieler dieser Gruppe. Einseitige Abrüstungsschritte, im NATO-Rahmen durchgeführt und erst recht als bundesdeutsche Alleingänge, lehnte er ab; er glaubte nicht, daß Vorleistungen die Entspannung fördern und vertiefen würden. Das Gegenteil hielt er für wahrscheinlich:
Die sowjetische Seite würde Vorleistungen als Schwäche und mangelnden Willen zur Selbstbehauptung wahrnehmen. Sie würde daraus möglicherweise den Schluß ziehen, daß man sich mit einem schwächlichen Westen nicht verständigen müsse, sondern ihm mittels politischem und militärischem Druck die eigenen Vorstellungen über die Ordnung Europas und der Welt aufzwingen könne.
Außerdem war Schmidt sicher, daß signifikante deutsche Truppenreduzierungen die westlichen Alliierten zu weiteren Kürzungen ihrer Streitkräfte in der Bundesrepublik anspornen würden. Daß eine Verminderung der konventionellen Streitkräfte mit der neuen NATO-Doktrin unvereinbar war, hat Schmidt ebenfalls klar erkannt.
Nicht zuletzt bestimmte wohl auch koalitionspolitisches Kalkül seine ablehnende Haltung zu den Plänen Wienands, Dröschers u. a.

Längere Zeit herrschte Unklarheit über die Haltung von Parteichef Brandt zu einer neuen Verteidigungskonzeption. Aus seiner engeren Umgebung drangen antinukleare Äußerungen in die Öffentlichkeit. Ende des Jahres 1967 aber leistete der Außenminister dem in der SPD bedrängten Schmidt und seinem Kabinettskollegen Schröder Schützenhilfe. In einer wichtigen Bundestagsdebatte trat Brandt für eine gleichgewichtsorientierte Verteidigungspolitik und gegen Abrüstungsvorleistungen des Westens ein.
Noch wichtiger war, daß er sich auch für eine Beibehaltung der nuklearfähigen Trägerwaffen der Bundeswehr aussprach. Allerdings blieb Brandt, wo irgend möglich, verteidigungspolitisch vage. Indem er rüstungskontrollpolitische Bestrebungen und die „europäische Friedensordnung“ als Ziel deutscher Außenpolitik sehr stark in den Vordergrund seiner Argumentation rückte, relativierte er seine Parteinahme für die Verteidigungskonzeption Schmidts und Schröders. Er signalisierte den sicherheitspolitischen Reformern in der Partei, daß ihre Vorstellungen z. Z. noch nicht realisierbar seien, im Zuge der Umsetzung seiner „Friedenspolitik“ aber in den Bereich des politisch Machbaren rücken würden.
Immerhin aber bleibt festzuhalten, daß der Außenminister – wenn auch spät – Helmut Schmidt den Rücken in der Auseinandersetzung mit wesentlichen Teilen der Fraktion stärkte, auch wenn einzelne, wie Wilhelm Dröscher, weiterhin opponierten.
Aber in der Partei hatten die diversen Vorschläge für eine „zeitgemäße“ Sicherheitspolitik weiterhin eine breite Basis. Dies zeigte sich insbesondere auf dem Nürnberger Parteitag im März 1968, der ganz im Zeichen des Prager Frühlings einerseits und des Vietnam-Krieges andererseits stand.
Hier erwies sich allerdings die von der Parteispitze ausgegebene Parole, wer für den Frieden sei, unterstütze die Politik Willy Brandts, als brauchbares innerparteiliches Disziplinierungsinstrument.
Erst der sowjetische Einmarsch in die ČSSR führte zu einer merklichen, aber nicht sehr lange anhaltenden sicherheitspolitischen Ernüchterung in der SPD.

Mit der Wahl Willy Brandts zum Kanzler im Herbst 1969 und der Forcierung der bereits unter Kiesinger eingeleiteten „neuen Ostpolitik“ allerdings wurden in der Partei wieder weitgespannte außen- und sicherheitspolitische Erwartungen geweckt.
Die Entspannungspolitik hätten damals alle euphorisch begrüßt, aber die Konditionen einer erfolgreichen Entspannungspolitik – militärisches Gleichgewicht und Einbettung in das westliche Bündnis – seien in der Partei nicht in gleichem Maße gesehen worden, so Hans Apel, Verteidigungsminister in der Endphase der sozialliberalen Regierungskoalition.[295]
Die Ursache für diese Schieflage, welche sich zu Beginn der „Entspannungsdekade“ in weitgehender Vernachlässigung der Sicherheitspolitik durch die SPD ausdrückte, Ende der 70er/Anfang der 80er Jahre jedoch in Frustration und Alarmismus und damit verbunden in die Suche nach alternativen Militärstrategien und neuen Sicherheitskonzeptionen umschlug, soll in Kapitel I des nächsten Arbeitsteils ausführlich untersucht werden.

[295] Gespräch mit Hans Apel am 12. 6. 1985 in Bonn.

# Zweiter Teil

## SPD-Sicherheitspolitik im Umbruch der 70er und frühen 80er Jahre: Ausgewählte Faktoren des Wandels

# I. Zielvorstellungen – Von der internationalen proletarischen Revolution zur Europäischen Friedensordnung

## 1. Anfänge sozialdemokratischer Außen- und Sicherheitspolitik

Die Sozialdemokratische Partei Deutschlands begann ihr Wirken im letzten Jahrhundert als Klassenpartei mit weitgehend marxistisch determinierten Zielvorstellungen. Die klassenlose und konfliktlose Gesellschaft war ihr Endziel. In ihrem Erfurter Programm von 1891 beschloß die junge Arbeiterpartei:

„Die Sozialdemokratische Partei Deutschlands kämpft ... nicht für neue Klassenprivilegien und Vorrechte, sondern für die Abschaffung der Klassenherrschaft und der Klassen selbst und für gleiche Rechte und gleiche Pflichten aller ohne Unterschied des Geschlechts und der Abstammung. Von diesen Anschauungen ausgehend, bekämpft sie in der heutigen Gesellschaft nicht bloß die Ausbeutung und Unterdrückung der Lohnarbeiter, sondern jede Art der Ausbeutung und Unterdrückung, richte sie sich gegen eine Klasse, eine Partei, ein Geschlecht oder eine Rasse."[1]

In dieser Zielbeschreibung, die interessanterweise weitgehend identisch ist mit dem „positiven Frieden", wie ihn die sogenannte Kritische Friedensforschung Ende der 60er Jahre postuliert hat,[2] ist praktisch auch schon das außenpolitische Programm der damaligen Sozialdemokratie enthalten.

Denn die klassen- und konfliktlose Gesellschaft sollte nicht nur für Deutschland, sondern – getreu der internationalistischen Tradition des Marxismus („Proletarier aller Länder, vereinigt Euch!") – für alle Länder mit „kapitalistischer Produktionsweise" erkämpft werden.

Die Abschaffung des Privateigentums werde, so das Erfurter Programm, „die Befreiung nicht bloß des Proletariats, sondern des gesamten Menschengeschlechts" herbeiführen.[3] Mit ökonomischen Umwälzungen auf vorgeblich „wissenschaftlicher" (d. h. marxistischer) Basis sollte also eine Art Weltfriedensordnung errichtet, die menschliche Geschichte ihrer finalen Bestimmung zugeführt werden.

Die Produktionsverhältnisse machten den Kern des sozialdemokratischen Friedensbegriffs aus. In einem Kommentar zum Erfurter Programm schrieb der die programmatische Entwicklung der SPD jahrzehntelang stark beeinflussende Karl Kautsky:

„Der Krieg ist unausrottbar in der Gesellschaft der Warenproduktion, welche nicht bloß Klassenkampfgegensätze, sondern auch nationale Gegensätze erzeugt. Der Krieg ist die einzige Form, in der die schärfsten Interessengegensätze, die sich nicht überbrük-

[1] Programm der Sozialdemokratischen Partei Deutschlands, beschlossen auf dem Parteitag in Erfurt 1891 (im folgenden: Erfurter Programm der SPD), zit. nach: Dowe, Dieter und Klotzbach, Kurt (Hrsg.), Programmatische Dokumente der deutschen Sozialdemokratie, Berlin/Bonn 1984, S. 189f.

[2] S. dazu Kaiser, Karl, Friedensforschung in der Bundesrepublik, Göttingen 1970, S. 31.

[3] Erfurter Programm der SPD, a.a.O., S. 187.

ken lassen, zwischen selbständigen, souveränen Staaten zum Ausdruck gebracht werden können. Den Krieg zu beseitigen gibt es nur ein Mittel: die Gegensätze zu beseitigen, die ihn erzeugen. Das können nur die Arbeiter, welche die Interessengemeinschaft, die Solidarität untereinander, die an Stelle der Gesellschaft der Warenproduktion die Produktion aller für alle, die Produktion für die Gesellschaft und durch die Gesellschaft setzen will. Den sozialen und nationalen Frieden, den die Völker herbeisehnen, kann nur die Sozialdemokratie bringen."[4]

Für Kautsky gab es somit einen ursächlichen Zusammenhang zwischen Kapitalismus und Krieg. Frieden war für ihn – wie Friedhelm Boll formuliert hat – eine „postrevolutionäre Kategorie".[5] Diese Auffassung wurde von der großen Mehrheit der deutschen wie der ausländischen Sozialisten geteilt.
Mit der Vorstellung des Sozialismus verband sich also eine zweifache Heilserwartung: die Schaffung einer klassen- und konfliktlosen Gesellschaft *innerhalb* eines Staates sowie die Herstellung konfliktfreier Beziehungen *zwischen* den Staaten, wobei allerdings in der Sozialdemokratie durchaus umstritten war, ob der Staat als „Mittel der Klassenherrschaft" nicht auch mit dieser verschwinden würde.[6]
Aber die deutsche Sozialdemokratie konnte sich Ende des letzten Jahrhunderts nach ihrer Wiederzulassung nicht auf die Formulierung eschatologischer Heilserwartungen und -versprechungen beschränken. Im politischen Konkurrenzkampf mit anderen Parteien und unter den kritischen Augen der monarchischen Obrigkeit setzte sie auf eine reformerische Übergangsstrategie, die quasi automatisch zur proletarischen Revolution und sozialistischen Gesellschaft führen sollte. Die Sozialdemokratie sei zwar eine revolutionäre, nicht aber eine Revolutionen machende Partei, beschrieb Karl Kautsky treffend den Kurs seiner Partei.[7] Er hat sich damit freilich, gewissermaßen stellvertretend für seine Partei, den Vorwurf des „historischen Fatalismus"[8] eingehandelt.
Wegen der großen Kluft zwischen den Endzielen sozialdemokratischer Politik und der politischen Realität einigte sich die SPD in Erfurt (wie auch schon zuvor) auf reformerische Übergangsforderungen.
Dazu gehörte die Forderung nach einer „Schlichtung aller internationalen Streitigkeiten auf schiedsgerichtlichem Wege". Ferner sollte die „Entscheidung über Krieg und Frieden" durch die Volksvertretung getroffen werden.[9]
Verteidigungspolitisch plädierten die Sozialdemokraten für eine „Volkswehr an Stelle der stehenden Heere" auf der Basis einer Erziehung zur „allgemeinen Wehrhaftigkeit".[10]

4 Kautsky, Karl und Schoenlank, Bruno, Grundsätze und Forderungen der Sozialdemokratie. Erläuterungen zum Erfurter Programm, Berlin 1892, S. 26f.
5 Boll, Friedhelm, Frieden ohne Revolution? Friedensstrategien der deutschen Sozialdemokratie vom Erfurter Programm 1891 bis zur Revolution 1918, Bonn 1980, S. 17.
6 Diese Position nahm z. B. Friedrich Engels ein: S. Blumenberg, W. (Hrsg.), August Bebels Briefwechsel mit Friedrich Engels, London/ The Hague/Paris 1965, S. 30 und 32.
7 Kautsky, Karl, Der Weg zur Macht (Reprint der 2. Auflage von 1910), Frankfurt a. M. 1972, S. 52.
8 S. Papcke, Sven, Karl Kautsky und der historische Fatalismus, in: Pozzoli, Claudio (Hrsg.), Jahrbuch Arbeiterbewegung, Bd. 3: Die Linke in der Sozialdemokratie, Frankfurt a. M. 1975, S. 231–246.
9 Erfurter Programm der SPD, a.a.O., S. 190.
10 Ebenda.

Die Forderung nach einer Volkswehr oder Miliz war sowohl innenpolitisch als auch außen- bzw. sicherheitspolitisch motiviert: Denn zum einen galt der SPD das stehende preußisch-deutsche Heer als potentielles Repressionsinstrument gegen die Sozialdemokratie, als „Organisation zur Aufrechterhaltung der Klassenherrschaft", und zum anderen wurde in der Existenz von stehenden Heeren eine der Ursachen von Angriffskriegen und ruinös hohen Rüstungsausgaben gesehen.[11]
Die Milizforderung wurde von der SPD bis zum Ersten Weltkrieg unverändert aufrechterhalten. Sie galt auch nach dem Kriege als wünschenswert, war allerdings aufgrund des Versailler Vertrages auch von einer SPD-geführten Reichsregierung nicht zu verwirklichen. Zweifellos hat dieser Umstand stark zur Distanz zwischen SPD und Reichswehr in der Weimarer Republik beigetragen.

## 2. Perspektiven des Heidelberger Programms

Der Erste Weltkrieg und die Nachkriegswirren der Jahre 1918/19 führten zur Spaltung der SPD. Die Mehrheits-Sozialdemokratie bewies die Richtigkeit der These Karl Kautskys, daß die SPD keine Revolutionen machende Partei sei. In der Regierungsverantwortung wirkte sie reformerisch und bekämpfte die linken Revolutionäre mit den ihr von der Monarchie überlassenen Machtmitteln.
Gleichwohl knüpfte die SPD, nach einem kurzen „revisionistischen" Zwischenspiel (Görlitzer Programm 1921), 1925 mit dem vom Heidelberger Parteitag beschlossenen Programm an die marxistisch determinierten Analysen und Zielvorstellungen des Erfurter Programms an. Unverändert waren die sozioökonomischen Bedingungen Ausgangspunkt aller politischen Analysen und Forderungen.
Im „imperialistischen Machtstreben" und „Hochkapitalismus" wurde die größte Gefahr für den Frieden ausgemacht. Aber gleichzeitig wurde auch auf die gewachsene Stärke der Arbeiterbewegung verwiesen:

„Mächtiger denn je erhebt sich der Wille, das kapitalistische System zu überwinden und durch internationalen Zusammenschluß des Proletariats, durch Schaffung einer zwischenstaatlichen Rechtsordnung, eines wahren Bundes gleichberechtigter Völker, die Menschheit vor neuer kriegerischer Vernichtung zu schützen. ... Das Ziel der Arbeiterklasse kann nur erreicht werden durch die Verwandlung des kapitalistischen Privateigentums an den Produktionsmitteln in gesellschaftliches Eigentum. ... Dann erst wird die Gesellschaft aus der Unterwerfung unter blinde Wirtschaftsmacht und aus allgemeiner Zerrissenheit zu freier Selbstverwaltung in harmonischer Solidarität emporsteigen."[12]

[11] S. Koschnick, Hans (Hrsg.), Sozialdemokratie und Streitkräfte, Bonn, April 1982, S. 4ff. Vgl. Engels, Friedrich, Kann Europa abrüsten? (1893), zit. nach: Drott, Karl (Hrsg.), Sozialdemokratie und Wehrfrage. Dokumente aus einem Jahrhundert Wehrdebatten, Berlin/Hannover 1956, S. 33–37.

[12] Programm der Sozialdemokratischen Partei Deutschlands, beschlossen auf dem Parteitag in Heidelberg 1925, zit. nach: Dowe/Klotzbach, a.a.O., S. 217f.

Im Aktionsteil des Heidelberger Programms, der wiederum eine Brücke bilden sollte zwischen dem idealen Endziel und der gegebenen politischen Situation, forderte die SPD – wie schon in Erfurt 1891 – „die friedliche Lösung internationaler Konflikte und ihrer Austragung vor obligatorischen Schiedsgerichten".

Darüber hinaus verlangte sie die „internationale Abrüstung", die „Demokratisierung des Völkerbundes und seine Ausgestaltung zu einem wirksamen Instrument der Friedenspolitik".[13]

Erstmals setzte die SPD ihrer Außenpolitik eine dezidiert europäische Perspektive, indem sie die Bildung der „Vereinigten Staaten von Europa" forderte.[14] Dieses Postulat ist gewissermaßen der Vorläufer der erst nach dem Zweiten Weltkrieg auftauchenden Zielvorstellung einer „Europäischen Friedensordnung".

Es ist auffällig, daß das Heidelberger Programm zwar die friedliche Konfliktlösung, „Friedenspolitik" und internationale Abrüstung verlangt, allerdings keinerlei Aussagen zu den Erfordernissen militärischer Landesverteidigung enthält.

Das erklärt sich daraus, daß die Partei in der Frage der Landesverteidigung, ja, der Machtpolitik überhaupt, tief gespalten war.

Diese Spaltung wurde nicht nur durch das schwierige Verhältnis der SPD zur Reichswehr verursacht, die vielen Sozialdemokraten wie zu Kaisers Zeiten als „Hort der Reaktion" galt, d. h., es ging nicht nur um die „richtige", sozialdemokratischen Zielvorstellungen gemäße Wehrverfassung.

Spaltend wirkten auch der nach dem Ersten Weltkrieg in der SPD weitverbreitete Pazifismus sowie die nach wie vor vertretene klassenkämpferische Linie, die in der Reichswehr nicht das Verteidigungsinstrument einer demokratischen Republik, sondern einer kapitalistischen Gesellschaftsordnung sah. Diese beiden Strömungen, Pazifisten und Marxisten, wurden durch die Vertreter einer realistisch-reformerischen Politik in der SPD ausbalanciert.

Für die letztgenannte Gruppe sprach Julius Leber, als er 1929 in einer Versammlungsrede in Lübeck formulierte:

„Und wir sollen uns scheuen, unsere Bereitschaft zu erklären, die Republik, ihre Freiheit und ihre Selbstbestimmung zu verteidigen, weil uns an ihr vieles nicht gefällt? Das kann nicht sein. Dann hätten wir lieber auf jede staatliche Mitarbeit verzichtet, um zu lustwandeln in dem blumenreichen Paradies der Ideale."[15]

Das „verworrene Knäuel der Wehrfragen" habe die SPD, so Leber, bisher in der Hoffnung auf bessere Zeiten immer vor sich hergeschoben. In der Opposition habe man sich um den Fragenkomplex gewöhnlich überhaupt nicht gekümmert, sondern ihn allenfalls „zu stimmungsmäßig sehr dankbarer Propaganda" genutzt.

In der weniger bequemen Position der Regierungspartei habe sich die Sozialdemokratie von Fall zu Fall aus der Verlegenheit gezogen, „an die bei solchen Gelegenheiten mit absoluter Sicherheit entstehende, unerfreuliche Parteidebatte gewöhnte man sich mit der Zeit".[16]

[13] Ebenda, S. 224.
[14] Ebenda.
[15] Leber, Julius, Versammlungsrede in Lübeck 1929, zit. nach: Drott, Sozialdemokratie und Wehrfrage, a.a.O., S. 94.
[16] Ebenda, S. 94f.

## 3. Die Panzerkreuzer-Kontroverse und die Magdeburger Richtlinien zur Wehrpolitik

Eine solche „unerfreuliche Parteidebatte“, auf die Leber wohl auch anspielte, entzündete sich 1928 an dem geplanten Bau des Panzerkreuzers A. Die Auseinandersetzung um dieses Rüstungsprojekt,[17] das von einer Mehrheit der Sozialdemokraten kategorisch abgelehnt wurde – nicht zuletzt infolge der Emotionalisierung der Debatte im Wahlkampf 1928 („Kinderspeisung oder Panzerkreuzer?“) –, machte das sicherheitspolitische Dilemma, in dem sich die Partei befand, deutlich: die SPD besaß keine einheitlichen Vorstellungen darüber, welcher Stellenwert militärischer Machtpolitik im Rahmen ihrer Außenpolitik zukam.

Im Heidelberger Programm hatte sie sich an dieser zentralen Frage vorbeigemogelt und lediglich nichtmilitärische Mittel zur Friedenssicherung erwähnt.

Die Panzerkreuzer-Debatte führte der SPD-Führung die Notwendigkeit sicherheitspolitischer Richtlinien für die Sozialdemokratie vor Augen. Deshalb setzte der Parteivorstand im September 1928 eine Kommission ein, die solche Richtlinien dem Magdeburger Parteitag 1929 zur Beschlußfassung vorlegen sollte.[18]

In Magdeburg kam es zu einer sehr interessanten und lebhaften Debatte über die von der Wehrkommission erarbeiteten Leitsätze. Es ist hier nicht der Ort, auf diese Debatte näher einzugehen.[19] Allerdings sei festgestellt, daß die Auseinandersetzungen im wesentlichen entlang den oben bereits aufgezeigten Linien verliefen: Realisten bzw. Pragmatiker standen gegen Pazifisten und dogmatische Marxisten. Die beiden letztgenannten Gruppen könnte man auch unter der Bezeichnung „Idealisten“ zusammenfassen. Ganz klare Fronten gab es jedoch in der Magdeburger Wehrdebatte nicht, was auch daran zu erkennen ist, daß sowohl der zum rechten Parteiflügel gehörende Julius Leber als auch der in der Partei weit links stehende Paul Levi *gegen* die Annahme des Richtlinienpapiers stimmten.

Die Realisten, die auch in der Kommission die Mehrheit innegehabt hatten, setzten sich letztlich durch, und der Parteitag nahm die vorgelegten „Richtlinien zur Wehrpolitik“ mit einer Mehrheit von 242 : 147 Stimmen an.[20]

Aber diese waren nur von geringem politisch-operativem Wert, da sie weitgehend allgemein gehalten waren und deutlich Kompromißcharakter trugen. Ein „Wehrprogramm“ wollten auch die Befürworter der Richtlinien nicht beschließen:

„Es ist kein Programm, weil die Sozialdemokratie ein Wehrprogramm überhaupt nicht haben kann, weil der Sozialismus programmäßig, in seinem Ziel und seiner Verwirkli-

[17] S. dazu Vorstand der SPD (Hrsg.), Jahrbuch der Deutschen Sozialdemokratie für das Jahr 1928, Berlin 1929, S. 124ff.

[18] Zur Zusammensetzung, zum Auftrag und zum Richtlinien-Entwurf der Kommission: Jahrbuch der Deutschen Sozialdemokratie für das Jahr 1928, a.a.O., S. 127ff.

[19] Ausführlich: Vorstand der SPD (Hrsg.), Protokoll über die Verhandlungen des SPD-Parteitags in Magdeburg 1929, Berlin 1929, S. 105–154.

[20] Ebenda, S. 154.

chung eine gewaltlose Gesellschaft darstellt, in der kein Raum mehr vorhanden ist für irgendeine gewaltsame Auseinandersetzung."[21]

Nur in bezug auf die angestrebte Umgestaltung der Reichswehr enthielt das Wehrpapier konkrete Forderungen.[22]
Soweit als irgend möglich berücksichtigte der in Magdeburg verabschiedete Text die wehr- bzw. machtkritischen Positionen des idealistischen Parteiflügels, vor allem hinsichtlich der Beschreibung des chiliastischen Endziels:

„Das sozialistische Endziel bildet eine Gesellschaft ohne Ausbeutung und Unterdrükkung, also ohne Klassen und ohne Klassenkämpfe, eine Gesellschaft ohne Streben nach Ausdehnung von Ausbeutungszielen, also ohne Rüstungen und ohne Kriege.
Der Sozialismus ist die Macht, die der Welt den dauernden Frieden bringen wird."[23]

Mit dieser apodiktischen Aussage wurde sozialdemokratische oder sozialistische Außen- und Sicherheitspolitik zur „Friedenspolitik" schlechthin verklärt. „Friedenspolitik" ist weder dem Begriff nach (siehe Heidelberger Programm) noch dem Inhalt nach ein Produkt der Ära Brandt, wie vielfach angenommen wird. Sondern sie ist von ihrer Entstehung her das abstrakt-semantische Produkt einer selbstgewissen, vorgeblich wissenschaftlich fundierten und den „ewigen Frieden" versprechenden Ideologie.
Die Magdeburger Richtlinien beschäftigten sich neben der Reichswehr schwerpunktmäßig mit Möglichkeiten friedlicher Konfliktlösung und der internationalen Abrüstung. In diesem Kontext verstieg sich die SPD sogar zu der Behauptung, der deutschen Republik sei „die historische Mission zugefallen, Vorkämpferin der internationalen Abrüstung zu sein".[24]
Die Kröte, die die SPD-Führung die Magdeburger Delegierten schlucken ließ, war die Anerkennung militärischer Macht als Mittel der Friedenssicherung in Form der Reichswehr. Allerdings wurde die Reichswehr deutlich als Interimslösung, als temporäre Erscheinung eingestuft:

„Solange diese Gefahren (Machtpolitik imperialistischer und faschistischer Staaten, T. E.) bestehen, braucht die deutsche Republik eine Wehrmacht zum Schutz ihrer Neutralität und der politischen, wirtschaftlichen und sozialen Errungenschaften der Arbeiterklasse."[25]

Militärische Machtpolitik wurde somit als vorübergehend notwendiges Übel dargestellt. Damit ging die SPD zwar einen Schritt weiter als im Heidelberger Programm, blieb jedoch nach wie vor von einer nüchternen und realistischen Einschätzung der Machtpolitik weit entfernt.
Das utopische Endziel Sozialismus, der Hang großer Teile der SPD zum Lustwandeln im „blumenreichen Paradies schöner Ideale" (Julius Leber), verhinderte die unvoreingenommene Prüfung der Möglichkeiten einer verantwortlichen Machtpolitik.

[21] So der Berliner Delegierte Crispien, Mitglied der Wehrkommission, während der Aussprache über die Richtlinien, in: Protokoll PT Magdeburg 1929, a.a.O., S. 137.
[22] Richtlinien zur Wehrpolitik, beschlossen auf dem Parteitag 1929 in Magdeburg, in: Protokoll PT Magdeburg 1929, a.a.O., S. 288f.
[23] Ebenda, S. 289.
[24] Ebenda, S. 288.
[25] Ebenda.

## 4. „Entmarxifizierung" der sozialdemokratischen Programmatik nach dem Zweiten Weltkrieg

Fortschreitende Entideologisierung kennzeichnete die SPD-Politik in den anderthalb Jahrzehnten zwischen dem Ende des Zweiten Weltkriegs und der Verabschiedung des Godesberger Programms.

Die marxistische Terminologie, deren sich der kämpferische Kurt Schumacher zunächst noch gerne bediente, verschwand in den 50er Jahren zunehmend aus dem Sprachgebrauch der Partei. Auch die marxistische Methode zur Analyse der innerstaatlichen und internationalen Beziehungen und Machtverhältnisse verlor sukzessive an Bedeutung und verkümmerte in den 50er und 60er Jahren zum esoterischen Objekt der relativ kleinen Gruppe der „Altlinken" in der Partei sowie der Geschichtswissenschaft.

Der primäre Grund hierfür war, daß Leninismus und Stalinismus in der Sowjetunion die reine Lehre von Marx und Engels gründlich diskreditiert hatten. Nicht mehr der „Hochkapitalismus" (Heidelberger Programm 1925) und der mit diesem angeblich einhergehende „Imperialismus" galten der Sozialdemokratie als Hauptbedrohung, sondern der „östliche Totalitarismus".

Der Totalitarismus war in dem ausgeklügelten Theoriegebäude von Marx und Engels nicht vorgesehen gewesen, aber die Wesensähnlichkeiten von Nationalsozialismus und Sowjetkommunismus, die ihren deutlichsten Ausdruck in der Kumpanei der beiden Diktaturen in den Jahren 1939–1941 fanden, machten einen neuen Analyseansatz zwingend erforderlich.

Sozialdemokraten nahmen nach dem Zweiten Weltkrieg die Totalitarismus-Theorie, die die konkrete Herrschaftsausübung und nicht die ideologischen Endziele in den Vordergrund rückte, bereitwillig auf. Entsprach sie auch nicht der marxistischen Lehre, so doch den persönlichen Erfahrungen: viele Sozialdemokraten hatten sowohl in den Kerkern Hitlers als auch in den Gefängnissen Stalins eingesessen.

Die Übernahme des Totalitarismus-Begriffs wie auch „die Rezeption der westlichen Demokratiekultur in den Exiljahren"[26] hatte zur Folge, daß das sozialdemokratische Politik früher dominierende Gegensatzpaar Kapitalismus – Sozialismus abgelöst wurde durch die Gegenüberstellung von totalitärer Diktatur und freiheitlicher Demokratie.

Sofern weiterhin von Sozialismus die Rede war, so nicht im marxistischen Sinne einer Abschaffung des Privateigentums an Produktionsmitteln und des Aufbaus einer klassen- und konfliktlosen Gesellschaft, sondern im Sinne eines permanenten Strebens nach einer besseren, gerechteren Gesellschaftsordnung. Der Sozialismus werde stets Aufgabe bleiben, formulierte der Berliner Parteitag 1954.[27]

Sozialismus wurde auf dem Wege zum Godesberger Programm ein verschwommener Begriff, der sowohl eine Methode als auch – immer noch – ein Ziel bezeichnete.

[26] Klotzbach, Kurt, Der Weg zur Staatspartei. Programmatik, praktische Politik und Organisation der deutschen Sozialdemokratie 1945–1965, Berlin/Bonn 1982, S. 597.

[27] Aktionsprogramm der Sozialdemokratischen Partei Deutschlands, beschlossen auf dem Parteitag in Dortmund 1952 und erweitert auf dem Parteitag in Berlin 1954, zit. nach: Dowe/Klotzbach, a.a.O., S. 315.

Im Berliner Aktionsprogramm war die Orientierung auf das ideologische Endziel noch deutlich gegeben:

„Das Menschheitsziel des Sozialismus macht ihn zu einer internationalen Bewegung. Er anerkennt das Lebensrecht und die Freiheit jedes Volkes und jeder Gemeinschaft. Er allein kann die verhängnisvollen Wirkungen bloßer Machtpolitik und imperialistischer Herrschaftsmethoden durch eine Gemeinschaft freier Völker überwinden, die auf den Grundlagen der Vernunft, Toleranz und Gerechtigkeit ruht."[28]

Davon, daß der Sozialismus das „Menschheitsziel" sei, war fünf Jahre später im Godesberger Grundsatzprogramm allerdings nicht mehr die Rede. Statt dessen hieß es, die Sozialdemokratische Partei erstrebe eine Lebensordnung im Geiste der Grundwerte Freiheit, Gerechtigkeit und Solidarität. Auf diesen Grundwerten aufbauend wolle der demokratische Sozialismus eine „menschenwürdige Gesellschaft, frei von Not und Furcht, frei von Krieg und Unterdrückung" schaffen, „in Gemeinschaft mit allen, die guten Willens sind".[29]

Marx und Engels, denen der Berliner Parteitag 1954 immerhin noch das Verdienst, „wissenschaftliche Grundlagen für den Sozialismus" geschaffen zu haben, eingeräumt hatte, kamen im Godesberger Programm überhaupt nicht mehr vor. Der demokratische Sozialismus sei „in christlicher Ethik, im Humanismus und in der klassischen Philosophie verwurzelt", wurde in bewußter Verkürzung der geschichtlichen Realität behauptet.[30]

Entideologisierung, die man auch ganz konkret als „Entmarxifizierung" bezeichnen könnte, war der vorherrschende Zug der programmatischen Entwicklung der SPD in den 50er Jahren. Godesberg 1959 bezeichnete den Abschluß dieses Prozesses. Der Revisionismus, der schon sechzig Jahre zuvor Abstand von den marxistischen Dogmen gesucht hatte, hatte letztlich obsiegt.

Entideologisierung bedeutete freilich nicht Entidealisierung. Die SPD blieb eine stark idealistisch geprägte Partei, wie auch die zuletzt zitierte Passage aus dem Godesberger Programm deutlich macht. Mangels einer geschlossenen Ideologie,[31] über die die Partei fast ein Jahrhundert lang verfügt hatte, wuchs die Bedeutung idealer Vorstellungen und Ziele, sogenannter „konkreter Utopien", sogar noch.

[28] Berliner Aktionsprogramm der SPD, a.a.O., S. 315.

[29] Grundsatzprogramm der Sozialdemokratischen Partei Deutschlands, beschlossen auf dem außerordentlichen Parteitag in Bad Godesberg 1959, zit. nach: Dowe/Klotzbach, a.a.O., S. 383.

[30] Godesberger Grundsatzprogramm der SPD, a.a.O., S. 364.

[31] Nach K. D. Bracher kann „Ideologie" definiert werden als „ein handlungsorientiertes Glaubenssystem zur Erklärung der Welt wie zur Rechtfertigung von Entscheidungen, zum Begrenzen und Eindeutigmachen von Alternativen wie zur Schaffung einer möglichst umfassenden und intensiven Solidarität. Im Grunde aber beruht Ideologisierung auf einem Konglomerat von Täuschungen und Selbsttäuschungen: Psychoreligiöse Bedürfnisse, Idealismus, Vollkommenheitswahn stützen schließlich gar die ‚ideologische Selbstermächtigung zur Gewalt'. Zu der religiös-moralischen Legitimierung kommt der Anspruch auf ‚Wissenschaftlichkeit' und zugleich Aufhebung aller Widersprüche durch die Zauberformeln der Dialektik" (Bracher, Karl Dietrich, Zeit der Ideologien. Eine Geschichte politischen Denkens im 20. Jahrhundert, Stuttgart 1982, S. 14f.).
Eine Ideologie enthält in ihrem Kern immer idealistische Zielsetzungen. Diese können aber durchaus unabhängig von einer Ideologie existieren, obwohl Idealismus leicht in Ideologien einmünden kann. Dies zeigt sich nicht zuletzt am Beispiel der Jungsozialisten, die bereits Ende der 60er Jahre wieder zur marxistischen Ideologie zurückkehrten.

Die SPD verzichtete in Godesberg auf den Anspruch, im Alleinbesitz einer „wissenschaftlich“ unterfütterten Wahrheit zu sein. Sie blieb aber im Grunde genommen eine Weltanschauungspartei, auch und gerade in der Außen- und Sicherheitspolitik.

## 5. Kurt Schumachers Offensivkonzept und die Tradition einer legalistischen Außenpolitik

Die Außen- und Sicherheitspolitik der SPD war bis Ende der 50er Jahre eng verwoben mit der Wiedervereinigungsfrage. „Als das große nationale Ziel der Gegenwart sieht die Sozialdemokratie die deutsche Einheit in Freiheit und Frieden an“, schrieb Kurt Schumacher im Juli 1952. Für die Sozialdemokratie, so fügte er hinzu, sei die deutsche Einheit „kein Fernziel, sondern das Nahziel“.[32]

Bis 1960 versuchte die SPD dieses Ziel durch Bündnislosigkeit zu erreichen. Bündnislosigkeit, d. h. *militärische* Neutralität, wurde konkretisiert in der Konzeption eines „Systems kollektiver Sicherheit in Europa“.

Von der „unbedingten Notwendigkeit eines Systems internationaler kollektiver Sicherheit“[33] für Europa sprach die SPD-Führung allerdings bereits zu einem Zeitpunkt – nämlich im Dezember 1948 –, als Wiedervereinigung und kollektives Sicherheitssystem noch in kein enges Ziel-Mittel-Verhältnis gebracht worden waren.

Mit anderen Worten: – und dies ist in der Wissenschaft bislang zuwenig beachtet worden – die Idee einer Schaffung eines kollektiven Sicherheitssystems hatte für die SPD einen hohen Eigenwert *bevor* diese Konzeption mit der Wiedervereinigungsfrage verschmolzen wurde. Dies ist keineswegs erstaunlich, denn die Tendenz zu einer „legalistischen Betrachtungsweise der Probleme der internationalen Politik“[34] war schon für die Weimarer SPD charakteristisch gewesen.

Hier sei nur an die Aussagen des Heidelberger Programms zur internationalen Politik verwiesen, die weiter oben bereits zitiert wurden.

Die Idee kollektiver Sicherheit ist ein Ergebnis des Ersten Weltkriegs gewesen und erfreute sich in den 20er Jahren bei den liberalen und sozialistischen Parteien in Europa großer Beliebtheit.

Aber es wäre falsch, in den Diskussionen der 20er Jahre und in der Völkerbund-Idee die alleinige Wurzel für die SPD-Konzeption eines kollektiven Sicherheitssystems nach dem Zweiten Weltkrieg zu sehen; denn die „legalistische Betrachtungsweise“ der internationalen Politik ist, wie im Erfurter Programm festgestellt werden konnte, schon für die Bebel-Partei des ausgehenden 19. Jahrhunderts kennzeichnend gewesen. Die For-

[32] Kurt Schumacher im Vorwort zu dem auf dem Dortmunder Parteitag 1952 beschlossenen Aktionsprogramm, in: Dowe/Klotzbach, a.a.O., S. 312.

[33] So der SPD-Parteivorstand in einem am 10./11. 12. 1948 gefaßten Beschluß, dessen Text abgedruckt ist in: Vorstand der SPD (Hrsg.), Jahrbuch der Sozialdemokratischen Partei Deutschlands 1948/49, Hannover/Bonn o. J., S. 136.

[34] Löwke, Udo F., Für den Fall, daß ... / Die Haltung der SPD zur Wehrfrage 1949–1955, Hannover 1969, S. 225.

derung des Erfurter Programms nach Schlichtung internationaler Streitigkeiten durch Schiedsgerichte wurde bereits zitiert.

Diese Forderung wurde im Prinzip schon von Karl Marx erhoben, der in der Inauguraladresse der Internationalen Arbeiterassoziation 1864 schrieb, es müsse den Proletariern darum gehen, „die einfachen Gesetze der Moral und des Rechts, welche die Beziehungen von Privatpersonen regeln sollten, als die obersten Gesetze des Verkehrs von Nationen geltend zu machen".[35]

Die Konzeption kollektiver Sicherheit, die der SPD-Parteivorstand am 11. Dezember 1948 erstmals der Öffentlichkeit vorstellte, knüpfte also durchaus an die lange legalistische Tradition sozialdemokratischer Außenpolitik an.

Löwke hat die interessante Beobachtung gemacht, daß der Vorstandsbeschluß zur „unbedingten Notwendigkeit" eines kollektiven Sicherheitssystems zu einem Zeitpunkt erfolgte, als Kurt Schumacher infolge einer Operation an das Krankenbett gefesselt war.[36]

In der Tat unterschieden sich Kurt Schumachers sicherheitspolitische Vorstellungen ja erheblich von denjenigen der Anhänger kollektiver Sicherheit. Der SPD-Vorsitzende vertrat in den Jahren 1950–1952 eine aus heutiger Sicht besonders erstaunliche Konzeption: Er plädierte für eine betont offensive Verteidigung der Bundesrepublik im Falle eines östlichen Angriffs. Mit einem massiven Gegenangriff wollte Schumacher den Sowjets Mittel- und Ostdeutschland entreißen, die Kriegsentscheidung zwischen Weichsel und Njemen suchen.[37]

Nachdem Schumacher diese Konzeption im August 1950 erstmals der Presse präsentiert hatte, schrieb die Schweizer Zeitung „Die Tat":

„Das ist nicht die Sprache eines in Illusionen befangenen Pazifisten, wie sie so viele, auch namhafte deutsche Sozialdemokraten in den letzten Wochen gesprochen haben, sondern die eines Politikers, der weiß, daß jede große Politik in unserer Welt Machtpolitik sein muß."[38]

Mit seiner harten machtpolitischen Einschätzung der internationalen Lage war Schumacher aber eher untypisch für die deutsche Sozialdemokratie. Dies zeigte sich bereits, als die Partei nach dem Tode Kurt Schumachers recht bald auch seine bemerkenswerte Verteidigungskonzeption ad acta legte. Im Rückblick, nach mehr als dreißig Jahren, wird die Singularität des Machtpolitikers Schumacher in seiner Partei noch deutlicher: Kein anderer prominenter Sozialdemokrat hat seit dem Tode des ersten Vorsitzenden der Nachkriegs-SPD eine auch nur vergleichbar offensive, in der tiefen Überzeugung von der moralischen Überlegenheit freiheitlicher Demokratien über den „östlichen Totalitarismus"[39] verwurzelte Verteidigungskonzeption entwickelt.

[35] Marx, Karl, Inauguraladresse der Internationalen Arbeiterassoziation 1864, zit. nach: Dowe/Klotzbach, a.a.O., S. 158.

[36] S. Löwke, Für den Fall, daß ..., a.a.O., S. 41.

[37] S. dazu Buczylowski, Ulrich, Kurt Schumacher und die deutsche Frage. Sicherheitspolitik und strategische Offensivkonzeption vom August 1950 bis September 1951, Stuttgart 1973.

[38] Zit. nach: Scholz, Arno und Oschilewski, Walter G., Turmwächter der Demokratie. Ein Lebensbild von Kurt Schumacher, Band I: Sein Weg durch die Zeit, Berlin 1954, S. 351.

[39] So Kurt Schumacher im Vorwort zu dem auf dem Dortmunder Parteitag 1952 beschlossenen Aktionsprogramm, in: Dowe/Klotzbach, a.a.O., S. 311.

## 6. Die Konzeption kollektiver Sicherheit – Ausdruck einer machtvergessenen Sicherheitspolitik

Die Idee kollektiver Sicherheit ist von Anfang an maßgeblich von Carlo Schmid entwikkelt und propagiert worden. Hierfür ist sicherlich wesentlich gewesen, daß Schmid als Staats- und Völkerrechtler prädisponiert war für ein legalistisches Herangehen an die Probleme internationaler Politik und Sicherheit.

Am 14. Dezember 1948, also nur wenige Tage nach dem PV-Beschluß zur Wehrfrage, nannte Schmid als entscheidende Voraussetzung für ein „internationales kollektives Sicherheitssystem", „daß die Staaten, die einem solchen System angehören, sich für ihre Streitigkeiten einer allgemeinen, obligatorisch umfassenden internationalen Schiedsgerichtsbarkeit unterwerfen, daß sie Organe schaffen, die ihnen eine einwandfrei kontrollierbare Koordinierung ihrer Außenpolitik ermöglichen und daß sie eine bewaffnete Macht aufstellen, die im Kommando und im Aufbaue so international ist, wie auf ganz anderer Ebene die Schweizer Armee trotz der Dreisprachigkeit eine durchgehende Einheit ist".[40]

Für den Ost-West-Konflikt, der Ende 1948 mit der Blockade Berlins durch die Sowjets bereits voll ausgebrochen war, interessierte sich Schmid hier scheinbar nicht. Das Sicherheitsproblem Deutschlands und Westeuropas glaubte er durch filigrane völkerrechtliche Konstruktionen lösen zu können. Militärallianzen herkömmlicher Art hielt er für überholt.

Anknüpfend an den (ohne Schumacher gefaßten) Vorstandsbeschluß vom Dezember 1948, wurde die Forderung nach einem kollektiven Sicherheitssystem bereits im September 1952 in das Aktionsprogramm der SPD aufgenommen: Der Dortmunder Parteitag sprach sich aus für „ein wirksames System kollektiver Sicherheit ..., an dem Deutschland gleichberechtigt und ohne Gefährdungen seiner Wiedervereinigung beteiligt ist".[41] Diese Formulierung bot Spielraum für die Interpretation, daß für die SPD die deutsche Wiedervereinigung *keine* Conditio sine qua non für die Bildung eines kollektiven Sicherheitssystems in Europa war. Erst der Berliner Parteitag brachte 1954 eine Klärung im Sinne der festen Verklammerung beider Problemkreise:

„Die Sozialdemokratie fordert energische Anstrengungen der westlichen Welt, mit dem derzeitigen Machtbereich der Sowjets zu Verhandlungen über die Errichtung regionaler Sicherheitssysteme im Rahmen der Satzung der Vereinten Nationen zu kommen. In einem allumfassenden System kollektiver Sicherheit soll auch das wiedervereinigte Deutschland auf der Grundlage gleicher Rechte und gleicher Risiken seinen Beitrag zur Erhaltung des Friedens leisten."[42]

Weiter hieß es in der Berliner Resolution, europäische Sicherheit und Wiedervereinigung Deutschlands müßten „als zusammengehörige Aufgabe" behandelt werden.

[40] Schmid, Carlo, Remilitarisierung Deutschlands. Statt eines ausweglosen Problems – Ein neuer Vorschlag, in: Die Welt (Berliner Ausgabe), 14. 12. 1948.

[41] Vorstand der SPD (Hrsg.), Aktionsprogramm der Sozialdemokratischen Partei Deutschlands, beschlossen auf dem Dortmunder Parteitag 1952, Bonn, Oktober 1952, S. 12.

[42] Berliner Aktionsprogramm der SPD, a.a.O., S. 319f.

Wenige Monate nach dem Berliner Parteitag bemühte sich Fritz Erler in einem „Vorwärts“-Aufsatz um eine Präzisierung der Konzeption kollektiver Sicherheit. Es sei eine Irreführung, so schrieb er, jedes Militärbündnis als ein System kollektiver Sicherheit anzupreisen:

„Ein Militärbündnis richtet sich gegen eine außerhalb des Bündnisses stehende Macht: ein System der kollektiven Sicherheit schließt auch den möglichen Angreifer ein. Es funktioniert dadurch, daß sich in diesem System alle Teilnehmer verpflichten, gegen denjenigen *unter ihnen* zusammenzustehen, der den Frieden bricht.“[43]

Ein wiedervereintes Deutschland, so meinte Erler, „würde auf allen anderen Gebieten als dem militärischen nach dem freien Willen seiner Bevölkerung eindeutig auf der Seite der demokratischen Freiheiten und nicht bei der kommunistischen Knechtschaft stehen“. Deutschland wäre „weder ‚neutralisiert‘ noch im klassischen Sinne neutral. Es nimmt einfach nicht teil an Militärbündnissen“.[44]

Es ist erstaunlich, wie Erler zwar einerseits den fundamentalen Gegensatz zwischen West und Ost, zwischen „demokratischen Freiheiten“ und der „kommunistischen Knechtschaft“, wie der SPD-Politiker formulierte, richtig einzuschätzen wußte, andererseits aber glaubte, diesen Gegensatz ausgerechnet auf militärischem Gebiet ausblenden zu können.

Dabei galt Erler als einer der – keineswegs zahlreichen – pazifistischer Neigungen unverdächtigen Realpolitiker in der SPD. Ihm hätte eigentlich klar sein müssen, daß gerade angesichts der tiefen weltanschaulichen und politischen Gegensätze zwischen West und Ost die militärischen Blockstrukturen nicht einfach durch ein apolitisches Vertragswerk aufgebrochen werden konnten.

Selbst wenn alle Staaten in Europa, nebst USA und Sowjetunion, ihre Bündnisse aufgelöst hätten und sich zu dem von Erler und seiner Partei gewünschten System kollektiver Sicherheit zusammengeschlossen hätten, so hätte sich doch – ceteris paribus – an den Frontstellungen in Europa de facto überhaupt nichts geändert.

Das Ergebnis wäre ein mit wohlklingender Semantik übertünchter Selbstbetrug über die realen Macht- und Konfliktverhältnisse in Europa gewesen. Angesichts der unterschiedlichen Geschlossenheit von West und Ost hätte ein kollektives europäisches Sicherheitssystem für Deutschland nicht mehr, sondern weniger Sicherheit bedeutet.

Fritz Erlers stellvertretend für seine Partei proklamierte „Lösung“, Deutschland nehme „einfach nicht teil an Militärbündnissen“, war Ausdruck eines politischen Eskapismus, der sich von einem Ideal inspirieren ließ, die diesem entgegenstehenden machtpolitischen Realitäten hingegen ignorierte.

Udo Löwke, der sich besonders ausführlich mit der sozialdemokratischen Konzeption kollektiver Sicherheit auseinandergesetzt hat, kommt zu folgendem Ergebnis:

„Im Ganzen setzte die Konzeption allzu große Hoffnungen auf das Zustandekommen und funktionsfähige Wirken eines internationalen Rechtssystems unter dem Dach der Vereinten Nationen. Sie wies die Tendenz auf, die mit der dazu notwendigen Umwand-

[43] Erler, Fritz, Was ist kollektive Sicherheit?, in: Vorwärts, 15. 10. 1954.

[44] Ebenda.

lung der Blocksysteme entstehenden Schwierigkeiten nicht hinreichend zu betrachten. Hinter dieser Idee verbarg sich auch eine wesentliche Stimmung, die ein wenig weltfremd und zu einem gewissen Grad romantisch in der *bestehenden* UNO eine *wünschenswerte* UNO mit der Fähigkeit zur Erhaltung eines permanenten Weltfriedens sah. Dies war eine Sprache, die der Tradition der Parteigeschichte entsprach."[45]

Aus einer etwas anderen Perspektive hat Wilhelm Cornides festgestellt, daß es sich bei der Idee kollektiver Sicherheit im Grunde genommen um ein „Verfahren der Sicherheitspolitik" gehandelt habe, „das ohne die Veränderung des Machtgleichgewichts zwischen Ost und West die Staatenordnung Europas etwa so wiederherstellen sollte, wie sie zur Zeit der Verträge von Locarno und Berlin bestanden hatte. Die gesellschaftspolitischen und ideologischen Spannungen wurden dabei ausgeklammert oder dialektisch aufgehoben durch den Begriff der ‚kompetitiven Koexistenz' verschiedener Gesellschaftssysteme innerhalb des Systems der kollektiven Sicherheit".[46]

Ein weiterer Schlüsselbegriff, der Anfang der 50er Jahre von SPD-Politikern in die Diskussion eingeführt wurde und zunächst für Verwirrung sorgte, war „europäisches Sicherheitssystem".

Von Ollenhauer in der Auseinandersetzung um die EVG zunächst als westeuropäischer Zwischenschritt auf dem Wege zu einem kollektiven Sicherheitssystem definiert,[47] wurde der Begriff danach bald zum Synonym für ein System kollektiver Sicherheit in Europa gebraucht. Diese Gleichsetzung ist besonders deutlich im Deutschland-Plan der SPD von 1959 enthalten. Im Godesberger Grundsatzprogramm ist dann wenig später nur noch von einem „europäischen Sicherheitssystem" die Rede.[48]

In der zweiten Hälfte der 50er Jahre taucht dann in offiziellen Verlautbarungen der SPD der Begriff „europäische Friedensordnung" auf. Im Jahrbuch 1956/57 bezeichnet dieser Begriff den angestrebten Zustand in Europa *nach* Aufbau eines kollektiven Sicherheitssystems, unter Garantie der USA und der Sowjetunion.[49] In der Stuttgarter Entschließung zur Wehrpolitik 1959 wurde „Der Weg zur europäischen Friedensordnung" – so die Überschrift eines Abschnitts der Entschließung – weiter präzisiert. Dazu jedoch weiter unten.

*Kollektive Sicherheit* war ohne Zweifel die vorherrschende sicherheitspolitische Zielvorstellung der SPD in den 50er Jahren, angefangen beim Dortmunder Parteitag 1952 über die Disengagement-Vorschläge 1957/58 bis hin zum Deutschland-Plan im Frühjahr 1959.

Auch im Godesberger Programm wurde die Außen- und Sicherheitspolitik der SPD deutlich – wenngleich nicht mehr explizit – auf das Ziel „kollektive Sicherheit" ausge-

45 Löwke, Für den Fall, daß ..., a.a.O., S. 225.

46 Cornides, Wilhelm / Kahn, Hans Wolfgang, Die Hoffnungen auf ein Disengagement und ihr Scheitern im Frühjahr 1957, in: Cornides, Wilhelm (Hrsg.), Die internationale Politik 1956/57 (Jahrbuch des Forschungsinstituts der Deutschen Gesellschaft für Auswärtige Politik), München 1961, S. 49f.

47 S. die Rede Erich Ollenhauers während der 3. Lesung des EVG- und Generalvertrags am 19. März 1953, in: Verhandlungen, 255. Sitzung, 19. 3. 1953, S. 12327.

48 Godesberger Grundsatzprogramm der SPD, a.a.O., S. 381.

49 Vorstand der SPD (Hrsg.), Jahrbuch der Sozialdemokratischen Partei Deutschlands 1956/57, Bonn 1958, S. 13f.

richtet. Sie blieb gekennzeichnet durch eine legalistisch-idealistische Grundorientierung:

„Internationale Schiedsgerichte, Vergleichsverträge, Selbstbestimmungsrecht und Gleichberechtigung aller Völker, die Unverletzlichkeit der Staatsgebiete und die Nichteinmischung in die Angelegenheiten anderer Völker sollen den Frieden sichern, den eine Weltorganisation garantiert ...
Als Schritt auf dem Wege zu einer allgemeinen Abrüstung und Entspannung internationaler Beziehungen sind regionale Sicherheitssysteme im Rahmen der Vereinten Nationen aufzubauen. Das wiedervereinigte Deutschland soll mit allen Rechten und Pflichten Mitglied eines europäischen Sicherheitssystems werden."[50]

Im Kapitel „Landesverteidigung" wurde, semantisch leicht modifiziert, die Zielperspektive des Deutschland-Plans bekräftigt:

„Die Sozialdemokratische Partei erstrebt die Einbeziehung ganz Deutschlands in eine europäische Zone der Entspannung und der kontrollierten Begrenzung der Rüstung, die im Zuge der Wiederherstellung der Einheit Deutschlands in Freiheit von fremden Truppen geräumt wird und in der Atomwaffen und andere Massenvernichtungsmittel weder hergestellt noch gelagert oder verwendet werden dürfen."[51]

Ob nun von einem europäischen Sicherheitssystem oder von einer europäischen Zone der Entspannung die Rede war – gemeint war im Grunde genommen nach wie vor das kollektive Sicherheitssystem, dessen Kernelemente für die SPD schon Ende der 40er Jahre festgestanden hatten. Allerdings erforderte die sukzessive Anpassung an die erfolgreiche Außen- und Sicherheitspolitik der Bundesregierung ein Abstreifen der alten, stark umstrittenen Begrifflichkeiten. Dazu gehörte auch das „System kollektiver Sicherheit in Europa".
Deutlicher formuliert: Die neuen, oben zitierten Begriffe bzw. Formeln dienten vor allem dem Zweck, das fortgesetzte Festhalten an den alten Zielen zu verschleiern. Die Realisierbarkeit dieser Ziele wurde allerdings – und dies machte den Kern der sicherheitspolitischen „Wende" der SPD Anfang der 60er Jahre aus – nicht mehr als Aufgabe kurz- oder mittelfristig angelegter Politik verstanden, sondern die SPD akzeptierte die von der Regierung Adenauer geschaffenen Realitäten (Westintegration; Bundeswehr; NATO-Mitgliedschaft) als Grundlage für einen „langen Marsch" mit dem Endziel einer blockübergreifenden „europäischen Friedensordnung".

[50] Godesberger Grundsatzprogramm der SPD, a.a.O., S. 380f.
[51] Ebenda, S. 368.

## 7. Fragen zur „Wende" sozialdemokratischer Sicherheitspolitik 1960

Das Abrücken der SPD von ihrer bisherigen sicherheitspolitischen Linie im Jahre 1960 wirft, in Anknüpfung an die oben bereits vorgenommene summarische Einschätzung, vor allem zwei wichtige Fragen auf: erstens, die Frage nach dem Motiv oder den Motiven für den neuen Kurs und zweitens nach dem Zusammenhang von sozialdemokratischer Sicherheits- und Deutschlandspolitik bis 1960.

### *a) Regierungsverantwortung als primäres Ziel*

Wenngleich sicher Lothar Wilker recht zu geben ist, der festgestellt hat, daß der Wandel der SPD-Sicherheitspolitik durch monokausale Erklärungen nicht hinreichend erfaßt werden kann,[52] soll hier dennoch die These gewagt werden, daß die Wehner-Rede und der nachfolgende Anpassungskurs der SPD-Sicherheitspolitik – von der Parteilinken später als „Überanpassung" scharf kritisiert – in erster Linie macht- bzw. wahlstrategisch motiviert war.[53]

Die SPD-Spitze hatte nach bitteren Wahlniederlagen erkannt, „daß sie nur dort sicherheitspolitisch wirksam agieren konnte, wo sie auch die Chance einer Realisierung ihrer Politik, d. h. der Regierungsübernahme besaß".[54]

So bekannte z. B. Fritz Erler in der die außenpolitische Bundestagsdebatte vom 30. Juni vorbereitenden Fraktionssitzung, daß er nach wie vor zu den „Disengagement"-Plänen der SPD stehe. Man könne diese aber erst durchsetzen, wenn man in der Regierungsverantwortung stehe. Dies müsse zuerst erreicht werden und insofern sei das „Disengagement" im Augenblick nicht die Hauptfrage.[55] – Für Erler war also offensichtlich die Machterlangung die Hauptfrage.

Für die Strategie-These spricht ferner, daß der Zeitraum zwischen „Kampf dem Atomtod", Deutschland-Plan, Godesberger Programm – wo die NATO mit keinem Wort erwähnt, geschweige denn ein Bekenntnis zur Notwendigkeit der NATO-Mitgliedschaft abgelegt wurde – und dem Schwenk Herbert Wehners nur sehr kurz war. Für eine tiefgreifende Umorientierung, zumal wenn sie die ganze Partei betroffen hätte, wäre sehr viel mehr Zeit notwendig gewesen. Gerade in den Jahren 1957–1959 aber hatte die SPD-Sicherheitspolitik einen Höchststand an Emotionalisierung erreicht.[56] Lediglich eine kleine Gruppe von SPD-Verteidigungsexperten um Fritz Erler und Helmut Schmidt befand sich Ende der 50er Jahre auf einem stetigen Annäherungskurs an die Regierungspolitik, aber auch dies mehr im Hinblick auf die Bundeswehr als in Fragen der „großen" Sicherheitspolitik.

[52] S. Wilker, Lothar, Die Sicherheitspolitik der SPD 1956–1966. Zwischen Wiedervereinigungs- und Bündnisorientierung, Bonn 1977, S. 231.
[53] Zu diesem Ergebnis kommt auch: Hütter, SPD und nationale Sicherheit, a.a.O., S. 155ff.
[54] Wilker, Die Sicherheitspolitik der SPD 1956–1966, a.a.O., S. 233.
[55] S. Protokoll der Sitzung der SPD-Bundestagsfraktion vom 21. 6. 1960, S. 2, in: Archiv der sozialen Demokratie, Fraktionssitzungs-Protokolle, Ak.-Nr. 1028.
[56] Vgl. Wilker, Die Sicherheitspolitik der SPD 1956–1966, a.a.O., S. 70–95.

Wehners Rede vom Juni 1960 kam für die große Mehrheit seiner Parteigenossen ziemlich überraschend. Dies bestätigen sowohl Zeitzeugenberichte[57] als auch Nachforschungen in den Sitzungsprotokollen von Fraktion und Fraktionsvorstand.
Außerdem war die Rede des stellvertretenden Fraktionsvorsitzenden keineswegs gleichbedeutend mit der Durchsetzung des neuen Kurses in der Gesamtpartei.
Noch im November 1960, auf dem Parteitag in Hannover, gab es erheblichen Widerstand gegen den neuen Kurs der Parteiführung. Dies läßt sich am deutlichsten aus den Anträgen zur äußeren Sicherheit ablesen.
Von den insgesamt 13 Anträgen zu diesem Thema sprach sich neben dem Leitantrag des Parteivorstands nur ein weiterer Antrag offen für die NATO-Mitgliedschaft der Bundesrepublik aus; zwei Anträge formulierten unpräzise, man wolle die mit dem Westen geschlossenen Verträge loyal erfüllen. Die übrigen Anträge äußerten sich überhaupt nicht zur NATO oder aber lehnten diese ausdrücklich ab.[58]
Letztgenannte Richtung vertraten Anträge aus dem mächtigen, traditionell linken Parteibezirk Hessen-Süd. Hier wurde auch unverändert für die Etablierung eines kollektiven Sicherheitssystems in Europa plädiert.[59]
Im Mittelpunkt aller Anträge aber stand die Ablehnung der „atomaren Bewaffnung der Bundeswehr". Dies war der Preis, der der Parteiführung für ein Ja zur NATO abverlangt wurde und den sie auch gerne entrichtete, insbesondere da sie – wie Willy Brandt in Hannover durchblicken ließ – zwischen der Ausrüstung der Bundeswehr mit Trägersystemen für den nuklearen Einsatz und der Verfügungsgewalt über nukleare Sprengkörper durchaus zu differenzieren wußte.[60]
Zum Erfolg der Parteivorstandslinie in Hannover trugen aber auch wesentlich die engagierten Redebeiträge Herbert Wehners und Fritz Erlers bei.
Erler argumentierte, wie schon ein halbes Jahr zuvor in der Fraktion, vor allem damit, daß es der SPD darauf ankommen müsse, Regierungspartei zu werden:

„Jede Formel, die den sozialdemokratischen Weg zu dieser Position erschwert, begünstigt in Wahrheit die Einbeziehung der Bundesrepublik Deutschland in das atomare Wettrüsten, weil sie ja von der anderen Seite gerade betrieben wird. Die einzige Kraft, die ehrlich versuchen wird, dieses Wettrüsten zu bremsen und einen deutschen Beitrag zu jedem denkbaren Schritt der Rüstungsbegrenzung und -kontrolle zu leisten, der mit unserer Sicherheit vereinbar ist, die einzige Kraft in Deutschland, die das kann und ehrlich betreibt, ist die Sozialdemokratische Partei!"[61]

An einer anderen Stelle rief der SPD-Spitzenpolitiker den Parteitagsdelegierten zu,

[57] Gespräch mit Wolfgang Schult am 16. 5. 1984 in Königswinter – Schult war zum Zeitpunkt der Wehner-Rede Referent der SPD-Bundestagsfraktion für Sicherheitsfragen und weiß von einer allgemeinen Überraschung in der SPD über die Ausführungen H. Wehners am 30. 6. 1960 vor dem Deutschen Bundestag zu berichten.

[58] S. Vorstand der SPD (Hrsg.), Protokoll der Verhandlungen und Anträge vom Parteitag der Sozialdemokratischen Partei Deutschlands vom 21.–25. November 1960 in Hannover, Bonn/Hannover o. J., S. 708–715.

[59] S. ebenda, S. 709f.

[60] Willy Brandt zur Frage einer „atomaren Bewaffnung" der Bundeswehr, in: Protokoll PT Hannover 1960, a.a.O., S. 556f.

[61] Protokoll PT Hannover 1960, a.a.O., S. 551.

Atomwaffen verschwänden nicht dadurch, daß die SPD ihr Programm möglichst oft zitiere, sondern „nur durch eine andere Politik auch der Weltmächte". Wenn nun die SPD auf die Weltmächte einwirken wolle, dann müsse sie auch regieren. Es genüge nicht, an der „Klagemauer" zu stehen: „Jedes Wort, das den Weg der Sozialdemokratie in die Regierung zu verbauen geeignet ist, bestätigt das atomare Wettrüsten, weil andere es fortsetzen werden." – An dieser Stelle notiert das Protokoll lebhaften Beifall der Delegierten.[62]

Ob nun Erler mit dieser der Regierungsübernahme der SPD absolute Priorität zumessenden Argumentation die Delegierten für den neuen Kurs der Parteiführung nur ködern wollte oder ob seine Argumentation gleichzeitig sein persönliches Motiv für das Bekenntnis zur NATO bezeichnet, ist unerheblich.

Sicher scheint allerdings, daß es die Regierungs-These Erlers u. a. war, die die große Mehrheit der SPD-Mitgliedschaft für den Kurs der Parteiführung zu gewinnen vermochte, nicht irgendwelche kühlen Analysen über veränderte weltpolitische Konstellationen, die sowjetische Politik oder militärstrategische Notwendigkeiten.

Damit wurde die Unterstützung für den neuen Kurs mit der Aufrechterhaltung alter und dem Wecken neuer Illusionen erkauft.

Trotz des Erfolgs des Parteivorstands in Hannover gab es in Partei und Fraktion aber auch nach dem Parteitag zunächst noch erhebliche Widerstände gegen die neue Politik. Anfang Dezember 1960 äußerten Helmut Schmidt und Karl-Wilhelm Berkhan in einem gemeinsamen Schreiben an Erich Ollenhauer große Besorgnis hinsichtlich der retardierenden Kräfte in der Partei:

„Schon nach der außenpolitischen Debatte am 30. 6. d. J. hat sich gezeigt, daß manche Mitglieder der Bundestagsfraktion sich zu Hause in ihrer örtlichen oder regionalen Parteiorganisation nur widerwillig oder zögernd zum Fürsprecher der nach Fraktionsbeschluß durch Herbert Wehner dargelegten außenpolitischen Linie gemacht haben.

Inzwischen ist festzustellen, daß auch nach dem Hannoveraner Parteitag manche Angehörigen unserer Fraktion, die in Hannover durch positive Abstimmung an der Festlegung der Linie unserer Partei sich beteiligt haben, gleichwohl in ihrer heimatlichen Organisation kurztreten und glauben, die Ergebnisse des Parteitages in ‚neutraler Berichterstattungsform' zum Zwecke einer allgemeinen bewertenden Diskussion innerhalb der Partei preisgeben zu können. Es ist deutlich geworden, daß manche Parteitagsteilnehmer zu Hause so tun, als ob sie persönlich an der ‚neuen Linie' ‚schuldlos' seien. ...

Uns scheint deshalb notwendig, daß der Fraktionsvorstand bei Gelegenheit der nächsten Fraktionssitzung seine Schäfchen in geeigneter Weise moralisch verpflichtet. ... Die Fraktion muß quasi am Portepee gefaßt werden."[63]

[62] Ebenda, S. 175.

[63] Schreiben Helmut Schmidts und Karl-Wilhelm Berkhans vom 2. 12. 1960 an Erich Ollenhauer, in: Archiv der sozialen Demokratie, Korrespondenz Erich Ollenhauer, Ak.-Nr. 1321. – Auch in der Fraktionsvorstandssitzung vom 6. Dezember 1960 wurde die Notwendigkeit eines einheitlichen Auftretens der Gesamtpartei auf der Basis der Hannoveraner Beschlüsse betont: S. Protokoll der Vorstandssitzung der SPD-Bundestagsfraktion vom 6. 12. 1960, in: Archiv der sozialen Demokratie, Fraktionsvorstandssitzungs-Protokolle, Ak.-Nr. 1019.

Viel zuwenig beachtet worden ist bisher, daß Wehner in seiner Rede nicht nur ein Bekenntnis zum westlichen Bündnis als „Grundlage und Rahmen" deutscher Außenpolitik ablegte, sondern daß er auch – in Übereinstimmung mit dem Godesberger Programm – weiterhin die Zielvorstellung „kollektive Sicherheit" vertrat. Die entscheidende Passage seiner Rede hierzu lautet:

„Die Sozialdemoratische Partei Deutschlands hat nicht gefordert und beabsichtigt nicht, das Ausscheiden der Bundesrepublik aus den Vertrags- und Bündnisverpflichtungen zu betreiben. Sie ist der Auffassung, daß ein *europäisches Sicherheitssystem* die geeignete Form wäre, den Beitrag des wiedervereinigten Deutschlands zur Sicherheit in Europa und in der Welt leisten zu können."[64]

Tentatives Fazit: Der 30. 6. 1960 markiert keine „Wende" in den eigentlichen Zielvorstellungen sozialdemokratischer Außen- und Sicherheitspolitik, sondern eine Neubestimmung der operativen Politik und Strategie zur Machtgewinnung durch die Parteiführung.
Die Unterstützung der Parteibasis für die neue Politik wurde vornehmlich mit dem Argument gewonnen, diese Politik sei notwendige Voraussetzung für die Regierungsfähigkeit und -beteiligung der SPD. Nach der Übernahme der Regierungsverantwortung würden dann die im Godesberger Programm beschlossenen Ziele verwirklicht werden.

### *b) Nur ein Element der Deutschlandpolitik? – Zum Verhältnis sozialdemokratischer Sicherheits- und Deutschlandpolitik in den 50er Jahren*

Es wird in der Wissenschaft vielfach die These vertreten, die sozialdemokratische Sicherheitspolitik in den 50er Jahren sei ein Element der Deutschland- bzw. Wiedervereinigungspolitik der Partei gewesen, die sicherheitspolitischen Konzepte der SPD in jenen Jahren seien fast ausschließlich auf das Ziel der Wiedervereinigung ausgerichtet gewesen. Diese These haben vor allem zwei in den 70er Jahren erschienene Standardwerke zur SPD-Sicherheitspolitik vertreten.[65] – Kann diese Einschätzung, die ja von erheblicher Relevanz ist für die Beurteilung des Kurswechsels von 1960, aufrechterhalten werden?
Es wurde bereits weiter oben darauf hingewiesen, daß die Konzeption eines kollektiven Sicherheitssystems in Europa schon zu einem Zeitpunkt im Zentrum sozialdemokratischer Zielvorstellungen zur Außen- und Sicherheitspolitik stand, als es eine enge Verklammerung von Wiedervereinigungs- und Sicherheitsfragen in parteioffiziellen Verlautbarungen noch nicht gab.
In der historischen Rückschau zeigt sich zudem, daß es in der SPD schon immer eine starke Tendenz zu einer „legalistischen Betrachtungsweise der Probleme der internationalen Politik" (Löwke) gegeben hat.

[64] Verhandlungen des Deutschen Bundestages, 122. Sitzung, 30. 6. 1960, S. 7056 (Hervorhebung durch Verf.).
[65] S. Wilker, Die Sicherheitspolitik der SPD 1956–1966, a.a.O.; Hütter, SPD und nationale Sicherheit, a.a.O., S. 60–66.

Stellt man diese Konstante sozialdemokratischer Außen- und Sicherheitspolitik in Rechnung, und berücksichtigt man zudem die antimilitärische Grundstimmung in der Parteimitgliedschaft, insbesondere den „Atompazifismus“ in der zweiten Hälfte der 50er Jahre, so kann angenommen werden, daß viele Sozialdemokraten das Wiedervereinigungspostulat als Vehikel für ihre idealistischen außen- und sicherheitspolitischen Zielvorstellungen benutzten.

Wesentlich schärfer hat zu diesem Punkt der erste verteidigungspolitische Referent der SPD-Bundestagsfraktion, Dr. Friedrich Beermann, Stellung bezogen. In einem vertraulichen, bislang unveröffentlichten Schreiben an Fritz Erler vom 17. Oktober 1958 behauptete Beermann, die Sorge um die Wiedervereinigung werde in der SPD als „politische Tarnformel“ für eine pazifistische Grundeinstellung benutzt. Der entscheidende Impuls gegen die Wiederbewaffnung sei „aus rein pazifistischen und parteitaktischen Motiven“ erfolgt.[66]

Diese „antimilitärischen Urgründe“, so Beermann, habe man „mit politischen Tarnformeln zugedeckt, z. B. die Allgemeine Wehrpflicht verhindere die Wiedervereinigung, wovon in den Vorjahren keine Rede gewesen ist“.[67] Und dann folgte eine vernichtende Kritik an der SPD-Sicherheitspolitik jener Jahre:

„Die Sozialdemokraten sollten sich nun endlich einmal bemühen, diese politischen und unglaubwürdigen Tarnnetze fallen zu lassen und zuzugeben, daß ihnen seit Jahren die militärische Sicherheit der Bundesrepublik entweder gleichgültig ist oder sie es nicht wagten, ihrer jeder Landesverteidigung abholden Mitgliedschaft, die für den Schutz der Bundesrepublik notwendige Allgemeine Wehrpflicht, selbst in Form einer Kurzdienstpflicht abzufordern und zumindestens eine brauchbare Luftabwehr (gemeint waren nukleare FlaRak-Systeme, T.E.) zuzulassen.“[68]

Vielleicht werde die Erkenntnis der Sozialdemokraten, „daß ihr das Wehrpflicht- und Atomverbot nicht nur die sichere Niederlage bei den diesjährigen Wahlkämpfen, sondern auch bei der Bundestagswahl 1961 beschert, veranlassen, sich unter ein anderes Gesetz zu stellen“.[69]

Beermann schloß seinen denkwürdigen Brief an Erler mit der Feststellung, wenn eine große Partei die Verteidigung, die andere hingegen die Kapitulation auf ihre Fahnen geschrieben habe, fehle eine gemeinsame Basis auf einem Gebiet, „wo es letztlich um Selbsterhaltung oder Versklavung geht“.[70]

1959 quittierte Friedrich Beermann seinen Dienst in der SPD-Bundestagsfraktion und trat in die Bundeswehr ein.

Sicherlich ist die Wiedervereinigungsforderung nicht für alle Sozialdemokraten eine „politische Tarnformel“ gewesen. Und ob nun eine Mehrheit in der Parteispitze und/

[66] Schreiben Friedrich Beermanns vom 17. 10. 1958 an Fritz Erler, S. 1, in: Archiv der sozialen Demokratie, Nachlaß Erler (NLE), Ak.-Nr. 138. – Den Hinweis auf dieses Schreiben verdankt der Verfasser Peter Siebenmorgen.

[67] Ebenda, S. 2.

[68] Ebenda.

[69] Ebenda, S. 3.

[70] Ebenda.

oder der Parteimitgliedschaft oder nur eine starke Minderheit ihre pazifistischen oder internationalistisch-legalistischen Zielvorstellungen mit deutschlandpolitischen Forderungen kaschierte, wird auch eine sehr gründliche Analyse nicht feststellen können.
Klar ist allerdings, daß die These, Sicherheitspolitik sei für die SPD in den 50er Jahren *nur* Element bzw. Instrument der Deutschlandpolitik gewesen, zu kurz greift. Sie kann sich allein auf die deklaratorische Politikebene abstützen.
Interessanterweise hat der Hauptvertreter dieser These, Lothar Wilker, den oben zitierten Brief Beermanns aus dem von ihm ansonsten gründlich durchforsteten Erler-Nachlaß unerwähnt gelassen. Daß er diesen Brief übersehen haben könnte, ist kaum anzunehmen.
Schließlich: Die Wiedervereinigungsforderung war für Teile der SPD auch insofern eine „Tarnformel" als über die Vereinigung beider Teile der Nation die Regierungsmacht in Gesamtdeutschland errungen werden sollte. Denn nachdem die Westdeutschen dem demokratischen Sozialismus 1949 und vor allem 1953 eine deutliche Absage erteilt hatten, hoffte die Sozialdemokratie darauf, in einem wiedervereinigten Deutschland die maßgebliche politische Kraft zu werden.[71]
Als Ende der 50er Jahre unübersehbar wurde, daß die Wiedervereinigung in weite Ferne gerückt war und damit auch als Instrument zur Machtgewinnung wegfiel, verlor die Wiedervereinigungsforderung ihre deklarierte Vorrangigkeit im sozialdemokratischen Zielkatalog. Die SPD konzentrierte sich nun ganz auf das Erreichen der Regierungsbeteiligung in der Bundesrepublik Deutschland. Unerläßliche Bedingung hierfür aber war, neben Entideologisierung und Akzeptanz der sozialen Marktwirtschaft, das Bekenntnis zu Westintegration, NATO und Bundeswehr.
Wir treffen hier nun wieder auf die Antwort zur ersten Frage, nämlich nach dem *Motiv* für die sozialdemokratische „Wende" in der Außen- und Sicherheitspolitik 1960.
Für Waldemar Besson markierte die Rede Herbert Wehners „den Abschluß eines sozialdemokratischen Lernprozesses, der die außenpolitischen Bedingungen für die Existenz des westdeutschen Staates zum Inhalt hatte".[72]
Aber dieses Urteil berücksichtigt zuwenig erstens den unbedingten Willen der Sozialdemokraten zur Regierungsübernahme und zweitens das Fortwirken der – nunmehr langfristig angelegten – außen- und sicherheitspolitischen Zielvorstellungen der SPD, wie sie in den 50er Jahren konzipiert worden waren.
Deshalb soll hier, in Abwandlung der Bessonschen Formulierung, die These vertreten werden, daß die Wehner-Rede den Abschluß eines Lernprozesses der Parteiführung bezeichnet, der die Bedingungen der Regierungsfähigkeit der SPD zum Inhalt hatte.

[71] Vgl. dazu: Rede Erich Ollenhauers auf dem Parteikongreß zur Neuordnung Deutschlands am 14. 1. 1956, in: Vorstand der SPD (Hrsg.), Die Neuordnung Deutschlands. Sozialdemokratische Vorschläge und Forderungen zu innenpolitischen Gegenwartsaufgaben, vorgetragen auf dem SPD-Kongreß in Köln am 14./15. Januar 1956, Bonn o. J., 9ff.; Wehner, Herbert, Voraussetzungen der Wiedervereinigung Deutschlands (März/April 1956), zit. nach: Bundesministerium für Gesamtdeutsche Fragen (Hrsg.), Dokumente zur Deutschlandpolitik, III. Reihe / Band 2: 1. Januar bis 31. Dezember 1956 (Erster Halbband), Bonn/Berlin 1963, S. 205–221.
[72] Besson, Waldemar, Die Außenpolitik der Bundesrepublik, München 1970, S. 247f.

## 8. Die Phase der „Überanpassung" und programmatischen Flaute 1960–1966

Die SPD-Sicherheitspolitik zwischen Wehner-Rede und Regierungseintritt Ende 1966 war geprägt durch eine für sozialdemokratische Verhältnisse ungewohnte Nüchternheit in Form und Inhalt.

Die großen Formeln der 50er Jahre, insbesondere die Forderung nach einem kollektiven europäischen Sicherheitssystem, verschwanden aus den offiziellen Verlautbarungen der Partei. Sie hätten nur die Pfeile konservativer Kritik auf sich gezogen und damit dem strikt auf Regierungsbeteiligung abzielenden Kurs der Parteiführung geschadet.

Allerdings entstand eine erhebliche Spannung zwischen den Forderungen des Godesberger Programms, auf die sich vor allem die Parteibasis (d. h. Bezirke, Unterbezirke und Ortsvereine) immer wieder berief, und dem Pragmatismus von Partei- und Fraktionsführung. Diese Spannung spiegelt sich wider in den Parteitagsentschließungen der Jahre 1960–1966.

Sie war, verständlicherweise, auf dem Parteitag von Hannover 1960 besonders stark. Hier mußte der Parteivorstand die Zustimmung der Mehrheit der Delegierten zur NATO-Mitgliedschaft der Bundesrepublik mit einem pauschalen Bekenntnis zu den außen- und sicherheitspolitischen Zielen des Godesberger Programms und insbesondere – wie bereits erwähnt – mit der Ablehnung der „atomaren Bewaffnung" der Bundeswehr „erkaufen". Weiter hieß es in der Hannoveraner Entschließung zur Sicherheitspolitik, nur eine „allgemeine und wirksam kontrollierte Abrüstung sowie die Stärkung der UNO in ihrer Aufgabe, den Frieden zu sichern", seien imstande, „die Menschheit vor dem Alpdruck des Wettrüstens zu erlösen und die Gefahr ihres Unterganges zu bannen".[73]

Dies waren Formulierungen, wie sie für die sicherheitspolitischen Entschließungen der SPD in den 50er Jahren charakteristisch gewesen waren. Sie wurden indes in den folgenden Jahren seltener bzw. abgeschwächt und die Bekenntnisse zur Atlantischen Allianz deutlicher.

Einen gewissen Höhepunkt erreichte der sozialdemokratische Anpassungskurs an die Politik der NATO und der Bundesregierung, als Helmut Schmidt und Fritz Erler ihrer Partei auf dem Karlsruher Parteitag 1964 die Zustimmung zur Bildung einer multilateralen Nuklearstreitmacht (MLF) unter Einschluß der Bundesrepublik abrangen. Der MLF-Beschluß weist interessante Parallelen zum „Doppelbeschluß" der Sozialdemokraten von 1979 auf: 1964 wie 1979 vermied es die Parteiführung, dem Parteivolk reinen Wein einzuschenken und die Notwendigkeit des Beschlusses mit dem eigentlichen Kernargument, nämlich der Aufrechterhaltung der Glaubwürdigkeit der amerikanischen Nuklearabschreckung für Europa, zu begründen. Statt dessen wurden rüstungskontrollpolitische Aspekte in den Vordergrund gerückt. 1964 war dies die Verhinderung einer weiteren Ausdehnung „der nationalen Verfügungsgewalt über atomare Waffen".[74]

[73] Antrag Nr. 83, in: Protokoll PT Hannover 1960, a.a.O., S. 715.

[74] Antrag Nr. 162, in: Protokoll der Verhandlungen und Anträge vom Parteitag der Sozialdemokratischen Partei Deutschlands vom 23.–27. November 1964 in Karlsruhe, hrsg. vom Vorstand der SPD, Hannover/Bonn o. J., S. 973.

Der MLF-Beschluß des Karlsruher Parteitags geriet zu einer Blamage für die Parteispitze, als die amerikanische Führung das Projekt nur wenige Tage nach dem Parteitag der deutschen Sozialdemokraten „wie eine Kartoffel, die zu heiß war,“[75] fallen ließ.
Wenn es in den Jahren 1960–1966 ein Surrogat für die großen Ziele der 50er Jahre gab, dann war dies der Kampf gegen das „Wettrüsten“,[76] womit in erster Linie die nukleare Rüstungskonkurrenz der Großmächte gemeint war. Daß die Ablehnung des „Wettrüstens“ in den Jahren der programmatischen Dürre der SPD-Sicherheitspolitik in den Vordergrund trat, war sicherlich kein Zufall, denn hierauf konnten sich alle Gruppen in der Partei, die dominierenden Realpolitiker wie auch die idealistisch orientierten Gruppen, leicht einigen. Man könnte hier auch von einem Minimalkonsens sprechen.
Fritz Erler hatte 1960 sinngemäß argumentiert, wer gegen das „Wettrüsten“ sei, müsse die Regierungsverantwortung der Sozialdemokraten wollen. Diese sei jedoch nur zu erlangen, wenn die SPD die NATO-Mitgliedschaft der Bundesrepublik akzeptiere.
Damit hatte Erler den innerparteilichen NATO-Gegnern geschickt ein Lieblingsargument aus der Hand geschlagen, nämlich die Behauptung, die deutsche NATO-Zugehörigkeit heize das ost-westliche „Wettrüsten“ an. In der Folgezeit war es daher möglich, als Sozialdemokrat gleichzeitig *für* eine Einbindung der Bundesrepublik in die westliche Militärallianz und *gegen* das „Wettrüsten“ einzutreten. In den 50er Jahren hätte dies in der Partei weithin als Widerspruch gegolten.
Von einer Zügelung des „Wettrüstens“, von Rüstungskontrolle und Abrüstung versprach sich die SPD entspannende Effekte für die Situation in Europa und insbesondere Erleichterungen für die Bemühungen um die deutsche Wiedervereinigung. Aber es fehlte in allen SPD-Verlautbarungen der Jahre 1960–1966 an der mehr oder weniger präzisen Formulierung langfristiger idealer Zielvorstellungen, die die SPD-Außen- und Sicherheitspolitik – wie in den 50er Jahren – von der Politik der Regierungsparteien erkennbar unterschieden hätte. Die Partei versuchte, sich dem Wähler als die bessere CDU zu präsentieren, spotteten Kritiker. Die SPD-Linke sprach später von einer Phase der „Überanpassung“ der sozialdemokratischen Sicherheitspolitik an die Regierungspolitik. Nach 1960 sei „jegliches alternative Denken und Konzipieren in der SPD im Bereich der Sicherheits- und Militärpolitik verdrängt und tabuisiert“ worden.[77]

[75] So Helmut Schmidt 1966 auf dem Dortmunder Parteitag, in: Protokoll PT Dortmund 1966, a.a.O., S. 544.

[76] Kampf gegen das „atomare Wettrüsten“ war eine der Hauptparolen der Anti-„Atomtod“-Kampagne der SPD Ende der 50er Jahre. – Die Existenz des „Wettrüstens“ oder des „Rüstungswettlaufs“ (oft noch mit dem Attribut „wahnsinnig“ versehen) galt und gilt in der SPD als quasinaturwissenschaftliche Erkenntnis. Eine nüchterne und differenziertere Analyse der Rüstungsprozesse und des Rüstungsverhaltens der Staaten in Ost und West hat die Partei nie versucht. – Vgl. dazu Wohlstetter, Albert, Is There a Strategic Arms Race? (Part 1), in: Foreign Policy, No. 15, Summer 1974, S. 3–20; ders., Rivals But No „Race“ (Part 2), in: Foreign Policy, No. 16, Fall 1984, S. 48–81.

[77] Wieczorek-Zeul, Heidemarie, Jungsozialisten und Sicherheitspolitik, in: Friedensanalysen für Theorie und Praxis, 7. Sonderband Jungsozialisten und Jungdemokraten zur Friedens- und Sicherheitspolitik, hrsg. von der Hessischen Stiftung für Friedens- und Konfliktforschung, Frankfurt a. M. 1977, S. 14.

## 9. „Europäische Friedensordnung" und „Europäisches Sicherheitssystem" – Renaissance alter Ziele und Konzepte zur Zeit der Großen Koalition

Ab etwa 1966 übte die Parteibasis verstärkt Druck auf die SPD-Führung aus, die aktuelle Außen- und Sicherheitspolitik wieder stärker an der Godesberger Programmatik auszurichten. Die Meinungsführerschaft übernahmen traditionell linke SPD-Parteibezirke wie Hessen-Süd.

Die Gründe für die Forderung nach einer Kurskorrektur waren außenpolitischer Natur: erste Schritte einer amerikanisch-sowjetischen Kooperation im Rüstungsbereich, eine deutlich entspanntere Situation in Berlin, Auflockerungstendenzen im westlichen Militärbündnis und insbesondere spezielle Entspannungsofferten der neuen sowjetischen Führung an die Westeuropäer (z. B. Bukarester Erklärung vom Juli 1966).

Auf dem Dortmunder Parteitag im Juni 1966 kam es – wie schon gezeigt wurde – zu einer sehr grundsätzlichen Auseinandersetzung zwischen dem inoffiziellen Sprecher der „Altlinken" in der SPD, Walter Möller, und dem Vertreter des realpolitischen Flügels Helmut Schmidt.

Zwar fand auch Schmidt, daß der „*Gedankenfaden* (!) eines europäischen Sicherheitssystems"[78] unter den veränderten weltpolitischen Bedingungen wieder aufgenommen werden sollte, die Entspannungseuphorie der Möller-Gruppe teilte er indes nicht.

Walter Möller wiederum machte deutlich, daß die SPD-Linke Schmidts oberstes sicherheitspolitisches Prinzip, das Gleichgewichtsprinzip, und das Bündnisprinzip[79] geringschätzte in einer Zeit scheinbar verringerter Bedrohung. Das deutsche Volk, so formulierte ein Antrag von Hessen-Süd, sei „vor allem berufen, einen Beitrag zur Entspannung zu leisten".[80]

In diesem Sinne forderte die Parteilinke, daß angesichts der günstigen politischen Bedingungen nun endlich die Realisierung des Godesberger Programms in Angriff genommen werden müsse, vor allem in Hinblick auf die Schaffung eines kollektiven Sicherheitssystems in Europa.

### *a) Eine „Europäische Friedensordnung" als Ziel der „Friedenspolitik" Willy Brandts*

Der Regierungseintritt der SPD Ende 1966 schraubte die Erwartungen der Parteibasis an die Führung und an die sozialdemokratischen Bundesminister besonders hoch, denn schließlich hatte diese sechs Jahre zuvor für den Fall sozialdemokratischer Regierungsverantwortung die Realisierung der idealistischen außen- und sicherheitspolitischen Zielvorstellungen des Godesberger Programms versprochen.

Andererseits aber war die Enttäuschung in der Partei groß, weil der Koalitionspartner ausgerechnet die konservative CDU/CSU war.

So sah sich die Parteiführung Ende 1966/Anfang 1967 vor keine leichte Aufgabe gestellt. Die größten sicherheitspolitischen Erwartungen und Hoffnungen der Partei

[78] Helmut Schmidt, in: Protokoll PT Dortmund 1966, a.a.O., S. 455 (Hervorhebung durch Verf.).

[79] S. dazu S. 27ff.

[80] Antrag Nr. B 32, in: Protokoll PT Dortmund 1966, a.a.O., S. 1022.

ruhten auf dem sozialdemokratischen Außenminister, da das Verteidigungsressort bei der CDU verblieb.
Brandt versuchte diesen Erwartungen zunächst dadurch Rechnung zu tragen, daß er seine Außenpolitik – durchaus in alter sozialistischer Tradition[81] – in „Friedenspolitik" umbenannte und damit gegen Kritik von außen weitgehend unempfindlich machte.[82] Bundeskanzler Kiesingers Versuche, eine Monopolisierung des Begriffs „Friedenspolitik" durch Brandt und die SPD zu verhindern, scheiterten, nicht zuletzt infolge der Unterstützung Brandts durch die Medien.
Sehr viel wichtiger aber war, daß Brandt 1966/67 das Konzept bzw. die Zielvorstellung einer „europäischen Friedensordnung" neu belebte. Damit kam er dem in seiner Partei weitverbreiteten Bedürfnis nach einer Reidealisierung der SPD-Außen- und Sicherheitspolitik, einer Reduzierung der Rolle militärischer Machtpolitik in Europa und dem Anknüpfen an die internationalistisch-legalistischen Konzepte der 50er Jahre entgegen. Ende der 50er Jahre hatte der Begriff „europäische Friedensordnung" bekanntlich den Zustand in Europa *nach* Aufbau eines kollektiven, die Militärblöcke ablösenden Sicherheitssystems bezeichnet. Dies war besonders deutlich in der „Entschließung zur Wehrpolitik" des Stuttgarter Parteitags im Jahre 1958 herausgearbeitet worden. Ausgangspunkt war hier zunächst der bekannte legalistische Politikansatz gewesen:

„Die Sozialdemokratische Partei ringt darum, daß auch in den Beziehungen der Völker zueinander das Faustrecht abgelöst wird durch die Herrschaft des Rechts, durch Gesetz und Vertrag und ihre Durchsetzung durch Gericht und Polizei. Deshalb müssen die Bemühungen der internationalen Politik auf die Herstellung einer Friedensordnung gerichtet sein, in welcher die Vereinten Nationen über ausreichende Machtmittel verfügen, um den Frieden zu bewahren."[83]

Ein wiedervereinigtes Deutschland werde keinem Militärblock angehören können und daher „im Rahmen eines europäischen Sicherheitssystems zur eigenen und zur europäischen Sicherheit mit finanziellen und militärischen Leistungen beitragen". Deutschland und seine Nachbarn würden „einer vertraglich vereinbarten Begrenzung und Kontrolle ihrer Streitkräfte zustimmen müssen, wenn überhaupt eine dauerhafte Friedensordnung in Europa" geschaffen werden sollte.

„Die Vereinbarungen der europäischen Teilnehmerstaaten über Zahl und Bewaffnung ihrer Streitkräfte müssen in die zwischen den Weltmächten zu treffenden Vereinbarungen über deren Rüstungsstand eingepaßt werden. Darüber hinaus würden die Weltmächte die Garantie für die zu schaffende europäische Friedensordnung geben, weil die Sicherung des Friedens in Europa auch in ihrem Interesse liegt."[84]

Zu notwendigen Schritten auf dem Wege zu einer „europäischen Friedensordnung" erklärte die SPD:

[81] Vgl. dazu S. 103.
[82] Vgl. Bergsdorf, Wolfgang, Politik und Sprache, München/Wien 1978, S. 107.
[83] Entschließung zur Wehrpolitik, in: Vorstand der SPD (Hrsg.), Protokoll der Verhandlungen und Anträge vom Parteitag der Sozialdemokratischen Partei Deutschlands in Stuttgart 18.–23. Mai 1958, Bonn/Hannover o. J., S. 486.
[84] Entschließung zur Wehrpolitik, a.a.O., S. 486.

- die Einstellung von Kernwaffentests;
- den „Verzicht auf die Hereinziehung weiterer Staaten in das Atomwettrüsten";
- „Abreden über die kontrollierte Begrenzung bestimmter Waffen und der Heeresstärken sowie ... über die kontrollierte Begrenzung der Rüstungen in bestimmten Gebieten";
- „vor allem die Schaffung einer atomwaffenfreien Zone in Mitteleuropa, der Abzug fremder Truppen aus diesem Gebiet und Vereinbarungen über den eigenen Rüstungsstand der Länder darin".[85]

Die Stuttgarter Entschließung enthielt also eine relativ präzise Beschreibung des Ziels „europäische Friedensordnung". Dies machte aber zugleich die Schwäche des Konzepts aus, seine Verwundbarkeit gegenüber realpolitischer Kritik.

Wann genau Willy Brandt dazu überging, den in der ersten Hälfte der 60er Jahre von der SPD-Führung weitgehend tabuisierten Begriff wieder zu verwenden, ist unerheblich. Allerdings sprach Brandt schon bald nach Einzug in das Auswärtige Amt so häufig von der angestrebten „europäischen Friedensordnung",[86] daß der Begriff spätestens Mitte des Jahres 1967 eng mit seiner Person verknüpft wurde und verstärkt das Interesse der Medien auf sich zog. Die Häufigkeit der Verwendung ging jedoch, wie dies bei populären Formeln sehr häufig der Fall ist, einher mit einer mangelhaften Konkretisierung.

In einem Rundfunk-Interview Anfang Juli 1967 sah sich der Außenminister und SPD-Parteivorsitzende dann allerdings genötigt, präzisere Angaben über seine Zielvorstellungen zu machen. Brandt stellte klar, daß man zwischen den Begriffen „europäisches Sicherheitssystem" und „europäische Friedensordnung" unterscheiden müsse.

Ein „europäisches Sicherheitssystem" sei, so Brandt, im Prinzip nach zwei Modellen denkbar:

„Entweder, indem es vom Weiterbestehen der gegenwärtigen Bündnisse ausgeht und sie in ein Verhältnis zueinander bringt, oder, indem man daran geht, in Europa die beiden Pakte NATO und Warschauer Pakt stufenweise abzulösen und Neues an ihre Stelle zu setzen. Um nicht Mißdeutungen ausgesetzt zu sein, will ich gleich hinzufügen, daß die eine wie die andere Konstruktion keine Einbußen an tatsächlicher Sicherheit bedeuten darf. So oder so wird man weiter davon auszugehen haben, daß das europäische Sicherheitssystem nicht völlig losgelöst sein kann von den Weltmächten, das heißt, es müßte verflochten werden mit Rechten und Pflichten der Vereinigten Staaten und der Sowjetunion. Jedenfalls führen alle solche Überlegungen hinaus über einen sterilen Status quo, zu dem ja die Konfrontation der Armeen und der Rüstungen gehört."[87]

In späteren Äußerungen Brandts zu diesem Thema findet sich die Einschätzung, daß praktische Politik bei der Verwirklichung eines „europäischen Sicherheitssystems" wohl

[85] Ebenda, S. 487.
[86] S. z. B. die Rede Willy Brandts vor der Beratenden Versammlung des Europarates in Straßburg am 24. Januar 1967, in: Brandt, Willy, Außenpolitik, Deutschlandpolitik, Europapolitik. Grundsätzliche Erklärungen während des ersten Jahres im Auswärtigen Amt, Berlin 1968, S. 22.
[87] Interview mit dem Deutschlandfunk am 2. Juli 1967, in: Brandt, Außenpolitik, Deutschlandpolitik, Europapolitik, a.a.O., S. 86.

vom ersten „Modell“, also dem Weiterbestehen von NATO und Warschauer Pakt, ausgehen müsse.[88] Dieses Modell stellte für Brandt gewissermaßen einen Zwischenschritt auf dem Wege zu einer Auflösung der Bündnisse dar.[89]
Das weitergehende Ziel einer „europäischen Friedensordnung“ definierte Brandt in dem o. a. Interview wie folgt:

„Eine europäische Friedensordnung soll man sich ... nicht so vorstellen, als ob einfach nur zu bestätigen wäre, was der Zweite Weltkrieg in Europa hinterlassen hat. Die europäische Friedensordnung müßte Grenzen einebnen und neue Formen der Zusammenarbeit möglich machen. Zu ihr müßte ... auch ein europäisches Völkerrecht gehören. Sie müßte die Menschenrechte nicht nur deklarieren, sondern auf wesentlichen Gebieten praktizieren. Eine europäische Friedensordnung bedeutet schließlich auch einen wirtschaftlichen Verbund ...“[90]

In einem weiteren Interview wenige Tage später führte Brandt aus, das Denkmodell einer „europäischen Friedensordnung“ laufe darauf hinaus, „die NATO und den Warschauer Pakt stufenweise abzulösen und etwas Neues an ihre Stelle zu setzen, sofern es nicht weniger Sicherheit bedeutet“.[91] Der Unterschied zwischen einem „europäischen Sicherheitssystem“ und einer „europäischen Friedensordnung“ bestehe darin, daß die von ihm erstrebte Friedensordnung „mehr als Sicherheit und Entspannung“ bedeute, „nämlich einen weitgehenden Ausgleich, ein Auffüllen der Gräben und Klüfte, ein Einebnen der Mauern und Grenzen, die es heute noch gibt; also auch eine Lösung der politischen Fragen“.[92] In einem so geordneten Europa würden „die Völker als Gleiche unter Gleichen miteinander um Frieden, Gerechtigkeit und Wohlstand für alle wetteifern“.[93] In diesem Rahmen könnte und müßte dann auch die deutsche Frage gelöst werden.[94] Hinter dem Idealbild einer solchen harmonischen Friedensordnung steht auch bei Brandt die in den 60er Jahren im Westen weitverbreitete Vorstellung von einer Konvergenz der Gesellschaftsordnungen in Ost und West.[95]
Im Vergleich mit der sozialdemokratischen Definition einer „europäischen Friedensordnung“ in den 50er Jahren waren Brandts Konkretisierungen immer noch sehr vage. Immerhin aber lassen seine zahlreichen schriftlichen und mündlichen Äußerungen in den Jahren 1967/68 den Schluß zu, daß er
- den Begriff „europäisches Sicherheitssystem“ uminterpretierte bzw. verwässerte (und damit kritikunempfindlicher machte), indem er ihn nicht mehr – wie die Parteiführung Ende der 50er Jahre – mit der Konzeption kollektiver Sicherheit gleichsetzte;

88 Vgl. Brandt, Willy, Entspannungspolitik mit langem Atem, Artikel in „Außenpolitik“ vom 11. August 1967, in: Brandt, Außenpolitik, Deutschlandpolitik, Europapolitik, a.a.O., S. 99; Brandt, Willy, Friedenspolitik in Europa, Frankfurt a. M. 1968, S. 189.
89 S. Brandt, Friedenspolitik in Europa, a.a.O., S. 160.
90 Interview mit dem Deutschlandfunk am 2. Juli 1967, a.a.O.
91 Markscheffel, Günter, Europäische Friedensordnung vorbereiten! Interview mit Bundesaußenminister Willy Brandt, in: SPD-Pressedienst, XXII. Jhrg., Nr. 132, 14. 7. 1967, S. 2.
92 Ebenda, S. 2a.
93 Brandt, Friedenspolitik in Europa, a.a.O., S. 119.
94 Ebenda, S. 172.
95 Ebenda, S. 216ff.

Brandt hielt eine Zwischenstufe vor Auflösung von NATO und Warschauer Pakt für möglich und wahrscheinlich;
- die „europäische Friedensordnung“ wesentlich ambitiöser definierte als etwa die Stuttgarter Entschließung, und zwar in Richtung auf die Herstellung eines „positiven Friedens“ in Europa.

Wenn Brandt gemeint haben sollte, daß eine „Friedensordnung“ und also die Auflösung der Militärpakte in Europa erst möglich wäre nach einer „Lösung der politischen Fragen“, so hätte er u. U. einen realistischeren Ansatz vertreten als die SPD mit ihrer Konzeption der kollektiven Sicherheit in den 50er Jahren.

Brandt hätte dann jedoch die „politischen Fragen“ klar nennen und hier insbesondere darauf hinweisen müssen, daß eine grundlegende Änderung der sowjetischen Politik gegenüber Ost- und Westeuropa und des sowjetischen Systems überhaupt Voraussetzung für die von ihm skizzierte Friedensordnung wäre.

Da er diese Klarstellung nicht vornahm, mußte sein ständiges Reden von der „europäischen Friedensordnung“, das den Eindruck erweckte, die Verwirklichung dieses Ziels sei eine unmittelbare Aufgabe der Tagespolitik, fast zwangsläufig Illusionen hervorrufen oder verstärken – in seiner Partei, aber auch über diese hinaus in großen Teilen der deutschen Öffentlichkeit.

### *b) Kontraste: Helmut Schmidts Vorstellungen von einer „Europäischen Friedensordnung“*

Es ist interessant und aufschlußreich, die Brandtsche Definition mit der Vorstellung Helmut Schmidts über eine „europäische Friedensordnung“ zu vergleichen:

In einem Vortrag vor dem Hamburger Übersee-Club am 20. 3. 1967 führte der SPD-Fraktionsvorsitzende aus, Ziel der Entspannungspolitik sei „die Herstellung einer europäischen Friedensordnung, die von allen Beteiligten als zuverlässig und dauerhaft empfunden und dergestalt zur Grundlage der weiteren Normalisierung der mitteleuropäischen Situation gemacht“[96] werden könnte. Ihre „hauptsächlichen Komponenten“ seien:

„a) Aufrechterhaltung des militärischen Gleichgewichts; aber Angebot des Abbaus des Rüstungsniveaus in Ost- und Westeuropa und der Zahl der fremden Stationierungstruppen auf beiden Seiten.
b) Verzicht der mitteleuropäischen Staaten auf nationale Verfügungsgewalt oder Mitverfügung über nukleare Waffen.
c) Angebot gegenseitiger Kontrolle über die zu verabredenden militärischen Beschränkungen.
d) Angebot eines allseitig ausgesprochenen völkerrechtlichen Verzichts auf Gewaltanwendung, insbesondere hinsichtlich aller gegenwärtigen Grenzen und Demarkationslinien. Keinerlei Gebiet oder Gebietsteil Mitteleuropas darf aus diesem System ausgeklammert werden.

[96] Schmidt, Helmut, Die deutsche Frage im nächsten Jahrzehnt, in: Die SPD-Fraktion teilt mit, Nr. 150/67, 20. 3. 1967, S. 1.

e) Diplomatische Beziehungen zu allen Staaten Osteuropas – ohne irgendwelche gegenseitigen Bedingungen.
f) Bereitschaft zur bilateralen oder multilateralen Vervielfältigung eines kontinuierlichen technischen, wirtschaftlichen, wissenschaftlichen und kulturellen Austausches sowie des Verkehrs – jenseits von politischen Bedingungen, aber unter Einschluß auch des anderen deutschen Teiles."[97]

Helmut Schmidts Vorstellung von einer „europäischen Friedensordnung" unterschied sich also ganz erheblich von der Willy Brandts. Sie war zum einen sehr viel nüchterner und ohne den schwärmerischen Unterton der Brandtschen Definition und zum anderen bedeutend konkreter gefaßt.

Während für Brandt eine „europäische Friedensordnung" die Auflösung von NATO und Warschauer Pakt voraussetzte, ihre Ablösung durch „etwas Neues", war dies für Schmidt überhaupt kein Thema. Eher im Gegenteil: Als erste Hauptkomponente einer Friedensordnung nannte er – wohl nicht gerade zufällig – die „Aufrechterhaltung des militärischen Gleichgewichts".

Für Schmidt war die „europäische Friedensordnung" auch kein Endziel, sondern nur Grundlage für eine weitere „Normalisierung der mitteldeutschen Situation".

Vergleicht man die Zielvorstellungen Schmidts von 1967 mit der europäischen Situation Mitte der 80er Jahre, so stellt man fest, daß die meisten „hauptsächlichen Komponenten" des damaligen SPD-Fraktionsvorsitzenden heute Realität sind. Lediglich auf Rüstungsreduzierungen haben sich Ost und West bisher noch nicht einigen können. Dies beweist die Realitätsbezogenheit der Friedensordnungs-Vorstellungen Schmidts.

Aber dennoch oder besser wohl: gerade deshalb hat seine Konzeption einer „europäischen Friedensordnung" in der Sozialdemokratischen Partei kaum Resonanz gefunden. Die weitschweifenden Gedankengänge Willy Brandts entsprachen sehr viel eher der vorherrschenden entspannungsoptimistischen Stimmung in der SPD in den Jahren 1966/68. Beträchtliche Teile der Partei lustwandelten bereits wieder im „blumenreichen Paradies schöner Ideale", wie Julius Leber Ende der 20er Jahre so trefflich formuliert hatte.

### *c) Zwischen Euphorie und Ernüchterung: Kollektive Sicherheitsvorstellungen in der SPD 1968/69*

Auf dem Nürnberger Parteitag im Frühjahr 1968, auf dem Höhepunkt der „Heiterkeit des Entspannungsbewußtseins",[98] standen die Zielvorgaben Willy Brandts im Mittelpunkt der außen- und sicherheitspolitischen Debatte. In zahlreichen Anträgen wurde die „Friedenspolitik" des Parteivorsitzenden begrüßt, seine Perspektive für eine „europäische Friedensordnung" und ein „europäisches Sicherheitssystem" unterstützt, zum Teil sogar weiter konkretisiert.[99] Praktisch alle Anträge gingen davon aus oder ließen erkennen, daß eine „europäische Friedensordnung" die Auflösung von NATO und Warschauer Pakt voraussetzen würde.[100]

[97] Ebenda, S. 2.
[98] Schmidt, Strategie des Gleichgewichts, a.a.O., S. 48.
[99] Besonders ausführlich: Antrag 67 des Kreises Berlin-Charlottenburg, in: Vorstand der SPD (Hrsg.), SPD-Parteitag Nürnberg 17.–21. 3. 1968, Anträge/Vorlage Nr. 3, S. 59ff.
[100] S. die Anträge 30, 67, 156ff., in: SPD-Parteitag Nürnberg, Anträge/Vorlage Nr. 3, a.a.O.

Erstmals seit Ende der 50er Jahre sprach sich in Nürnberg eine sozialdemokratische Parteiresolution – wenngleich verklausuliert – wieder für die Konzeption kollektiver Sicherheit aus: Ein „System gesamteuropäischer Sicherheit" werde angestrebt, bis zu dessen Verwirklichung müsse die NATO allerdings funktionsfähig bleiben.[101] Und in den ebenfalls in Nürnberg beschlossenen „Perspektiven" hieß es noch genauer, Ziel sozialdemokratischer Außen- und Sicherheitspolitik sei „ein ganz Europa umschließendes System der Sicherheit, das die heutigen Militärblöcke ersetzt".[102]

Dieses Ziel sahen viele sozialdemokratische Politiker vor dem sowjetischen Einmarsch in die Tschechoslowakei in beträchtliche Nähe gerückt. So kann man z. B. im Protokoll des Nürnberger Parteitages nachlesen, daß Karl Wienand der Ansicht war, in den osteuropäischen Staaten sei eine neue Generation bereits dabei, „den seit 1945 in ihren Völkern realisierten ‚Sozialismus' allmählich mit demokratischen Forderungen und Prinzipien zu reformieren".[103] Es handele sich hier um eine Erscheinung, fügte er hinzu, „wie wir sie mit anderem Ausgangspunkt und unterschiedlichen Konsequenzen auch bei uns kennen und diskutieren. Wir stehen vor vergleichbaren Schwierigkeiten, indem wir unsere reformbedürftige und oft formale Demokratie durch Elemente des Sozialismus zu beleben versuchen".[104]

Dies hieß im Klartext: Der Osten braucht mehr Demokratie, der Westen mehr Sozialismus. Das Ergebnis dieser konvergenten Bewegung wäre dann wohl der „demokratische Sozialismus" gewesen, jedenfalls in der Theorie. Ob diese Gedankengänge auch den Hintergrund von Egon Bahrs berühmter Formel „Wandel durch Annäherung" bildeten, sei einmal dahingestellt.[105]

Unzweifelhaft ist allerdings, daß viele Sozialdemokraten – insbesondere natürlich die Partei-Linke – eine Annäherung der beiden Teile Europas durch einen Wandel der Staats-, Wirtschafts- und Gesellschaftsordnungen in Ost *und* West anstrebten und damit gleichzeitig das Fundament für eine „europäische Friedensordnung" legen wollten. Wir kommen darauf noch im Zusammenhang mit den jungsozialistischen Sicherheitsvorstellungen zu sprechen.

Die Ereignisse des 21. August 1968 ließen in der SPD die Begeisterung für alternative Sicherheitskonzeptionen und Friedensordnungen merklich abkühlen, führten jedoch zu keinem grundsätzlichen Umdenken in der Partei.

Karl Wienand beispielsweise plädierte bereits etwa ein halbes Jahr nach dem sowjetischen Einmarsch in Prag wieder öffentlich für eine Auflösung von NATO und Warschauer Pakt zugunsten eines „europäischen Sicherheitssystems" und einer diesem nachfolgenden „europäischen Friedensordnung".[106]

[101] Antrag Nr. 378 des SPD-Parteivorstands, in: Protokoll PT Nürnberg 1968, a.a.O., S. 995.
[102] Antrag Nr. 376 des SPD-Parteivorstands („Sozialdemokratische Perspektiven im Übergang zu den siebziger Jahren"), in: Protokoll PT Nürnberg 1968, a.a.O., S. 1032.
[103] Karl Wienand, in: Protokoll PT Nürnberg 1968, a.a.O., S. 714.
[104] Ebenda.
[105] S. Referat des Leiters des Presse- und Informationsamtes des Landes Berlin, Egon Bahr, vor der Evangelischen Akademie Tutzing am 15. 7. 1963, in: Deutschland Archiv, 8/1973, S. 862ff.
[106] S. Wienand, Karl, Innenpolitische Belastungen der deutschen Friedens- und Sicherheitspolitik, in: Informationen der Sozialdemokratischen Fraktion im Deutschen Bundestag, Nr. 153, 13. 3. 1969, S. 9.

Und im Juni 1969, auf einer Tagung des Kuratoriums Unteilbares Deutschland, führte der Fraktionsgeschäftsführer aus:

„Nach dem erklärten Willen der Bundesregierung streben wir eine europäische Friedensordnung an. Dies ist ein großes Ziel, und es ist nur wegen der heute in Europa wirkenden Systeme schwierig zu erreichen. Eine vertraglich geregelte und von allen beteiligten Partnern garantierte Friedensordnung hat es trotz aller früher in Europa geltenden Ordnungsprinzipien noch nie gegeben. Wir sind also an einem Punkt der historischen Entwicklung angelangt, an dem sich die Menschheit vor neue Aufgaben und deshalb vor neue Verpflichtungen gestellt sieht."[107]

Wienand sprach sich dafür aus, „die bestehenden Blocksysteme über verschiedene denkbare Stufen eines europäischen Sicherheitssystems in eine europäische Friedensordnung" zu transformieren. Mögliche Zwischenstufen könnten Gewaltverzichtserklärungen und Rüstungsbegrenzungen sein. Auf dem Wege zu einer „europäischen Friedensordnung" müsse aber auch ein Ausgleich zwischen den „verschiedenen gesellschaftspolitischen und wirtschaftlichen Faktoren"[108] in Ost und West hergestellt werden. Dies sei „ebenso wichtig wie ein Ausgleich auf dem militärischen Gebiet".

Willy Brandts Plädoyers für eine „europäische Friedensordnung" wurden nach dem gewaltsamen Ende des Prager Liberalisierungsexperiments seltener. Er verlegte sich stärker auf den noch unverbindlicheren, weil kein konkretes Ziel bezeichnenden Begriff „Friedenspolitik" bzw. „Entspannungspolitik".

In einer Rede in Washington im April 1969 sprach Brandt einen Gedanken aus, den seine Partei zehn Jahre später auf den umstrittenen Begriff „Sicherheitspartnerschaft" bringen sollte. Er sagte:

„Sicherheit wollen die Völker in Ost und West. Heute geht es noch um die Sicherheit voreinander. Sicherheit miteinander zu finden, würde dem eigentlichen Ziel der Allianz entsprechen."[109]

Hinter diesen Formulierungen stand aber im Grunde genommen keine neue Erkenntnis, sondern der alte sozialdemokratische Wunsch nach einem gesamteuropäischen kollektiven Sicherheitssystem anstelle der kollektiven Verteidigungsbündnisse.

### *d) Der Stufenplan Egon Bahrs zur Errichtung eines kollektiven europäischen Sicherheitssystems*

Das planerische Unterfutter für die öffentlichen Erklärungen Willy Brandts zu den Zielvorstellungen seiner Politik stellten 1967/69 Studien des Planungsstabs im Auswärtigen Amt unter der Leitung von Brandts engem Vertrauten Egon Bahr.

[107] Wienand, Karl, Europäisches Friedenssystem, in: Informationen der Sozialdemokratischen Fraktion im Deutschen Bundestag, Nr. 314, 12. 6. 1969, S. 2.

[108] Ebenda, S. 3f.

[109] Willy Brandt, zit. nach: Puttkamer, Jesco von, Ein Mann, der nicht zögert, seine Meinung zu sagen. Der deutsche Außenminister auf der NATO-Konferenz und zu Besuch in Kanada, in: SPD-Pressedienst, XXIV. Jhrg., Nr. 72, 16. 4. 1969, S. 3.

Nach Darstellung Bahrs untersuchten er und seine Planungsstab-Mitarbeiter 1967/69 in einem sicherheitspolitischen Papier verschiedene Modelle und Optionen für die weitere europäische Entwicklung in den 70er Jahren und darüber hinaus. Diese bewegten sich zwischen der Beibehaltung des Status quo und der Ablösung von NATO und Warschauer Pakt durch ein kollektives europäisches Sicherheitssystem.[110] Bahrs ehrgeiziges Ziel war die Errichtung eines solchen Systems in Europa. In einem Gespräch mit dem amerikanischen Wissenschaftler Walter F. Hahn entwickelte er im Januar 1969 einen Vier-Stufen-Plan zur Erreichung dieses Ziels:[111]

*Stufe 1:* Umfassende Generalbereinigung mit der DDR auf der Grundlage der staatsrechtlichen Anerkennung.

*Stufe 2:* Gewaltverzichtsabkommen und diplomatische Beziehungen mit allen osteuropäischen Staaten.

*Stufe 3:* Substantielle Reduzierung (30–50%) der amerikanischen und sowjetischen Truppen in beiden deutschen Staaten.

*Stufe 4:* Errichtung eines europäischen Sicherheitssystems in Mitteleuropa, eventuell bestehend aus der DDR, Polen, ČSSR und Ungarn auf östlicher Seite, der Bundesrepublik Deutschland, Dänemark und den Benelux-Staaten auf westlicher Seite. Eine Mitgliedschaft der beiden westeuropäischen Nuklearmächte Frankreich und Großbritannien in diesem Sicherheitssystem schloß Bahr aus.

Alle amerikanischen und sowjetischen Truppen würden vom Boden der Mitglieder des Sicherheitssystems abgezogen, NATO und Warschauer Pakt aufgelöst werden. Die territoriale Integrität der nichtnuklearen mitteleuropäischen Staaten würde von den Nuklearmächten garantiert werden. Außerdem würden die Mitglieder des Systems – so Bahrs Vorstellung – auf der Basis eines „ausgewogenen konventionellen Kräfteverhältnisses" kollektive Sicherheitsmechanismen vereinbaren.[112]

Hahn suchte die Wurzeln für Bahrs Ziel eines kollektiven europäischen Sicherheitssystems in ähnlich lautenden sowjetischen Vorstellungen und Kontakten der SPD mit der KPI Ende der 60er Jahre.[113] Er übersah, daß die Idee kollektiver Sicherheit in der SPD ihre eigene Tradition hat und in das sicherheitspolitische Zielsystem der Partei unabhängig von sowjetischen Ordnungsvorstellungen einging.

Bahrs Konzept eines europäischen Sicherheitssystems im Jahre 1969 stimmte fast nahtlos überein mit der Konzeption kollektiver Sicherheit, wie sie die SPD in den 50er Jahren erarbeitet und vertreten hatte.

Im Gegensatz zu früher war allerdings die Wiedervereinigung Deutschlands nicht mehr *Voraussetzung* bzw. Grundbestandteil eines kollektiven Sicherheitssystems. Diese Veränderung betraf nicht nur die Konzeption Egon Bahrs, sondern war insgesamt kennzeichnend für sozialdemokratische Überlegungen bezüglich eines kollektiven Sicherheitssystems Ende der 60er Jahre, vor allem im Lager der SPD-Linken.

[110] Gespräch mit Egon Bahr am 10. 7. 1985 in Bonn. Vgl. Staffa, Rangmar, Egon Bahr. Der geheime Diener, Landshut 1974, S. 116.

[111] S. Hahn, Walter F., West Germany's Ostpolitik: The Grand Design of Egon Bahr, in: Orbis, Vol. XVI, Winter 1973, No. 4, S. 869ff.

[112] Ebenda, S. 871.

[113] S. ebenda, S. 863ff.

Sicherheitspolitisch relevant war dieser Wandel nicht zuletzt deshalb, weil sich dadurch die sozialdemokratischen Vorstellungen von einem kollektiven Sicherheitssystem den sowjetischen Interessen beträchtlich annäherten.[114]
Als Walter Hahn seine Aufzeichnungen über das Gespräch mit Bahr 1973 in der Zeitschrift „Orbis" veröffentlichte, führte dies in Bonn zu einiger Aufregung. Die CDU/CSU-Opposition machte den Hahn-Artikel sogar zum Gegenstand zweier parlamentarischer Anfragen.[115] Sie SPD beeilte sich, die Bündnistreue Egon Bahrs zu bekräftigen, dementierte aber im übrigen weder den Stufenplan noch das „Endziel".[116]
Bahr sieht heute, daß sein Konzept, nach der relativ raschen Bewältigung der Stufen 1 und 2, an der Truppenreduktionsfrage scheiterte.[117]
Brandt und er hätten sich schon 1971 in Oreanda mit Breschnew auf Truppenreduzierungen ohne Nachteil für beide Seiten geeinigt. Die diesbezüglichen Bemühungen seien aber 1974 praktisch abgebrochen worden. Er habe dem damaligen Bundeskanzler gesagt, er glaube, das erste Truppenreduktionsabkommen bis Ende 1975 schaffen zu können. Aber es habe sich niemand mehr darum gekümmert.

## 10. Fixierung auf Nahziele während der Ostpolitik der Regierung Brandt/Scheel und Glaube an einen Entspannungsautomatismus

Die Ostpolitik der ersten Brandt/Scheel-Regierung konzentrierte sich auf die nächstliegenden Ziele, die „Generalbereinigung" mit der Sowjetunion, der DDR und den anderen osteuropäischen Staaten. Da diese Aufgabe angesichts einer starken parlamentarischen Opposition alle politischen Kräfte, auch die der SPD als Partei, in Anspruch nahm, rückten die langfristigen Ziele und „Endziele" der SPD-Außen- und Sicherheitspolitik naturgemäß stärker in den Hintergrund.
Ein weiterer Grund für das Zurücktreten der Langzeitziele (europäisches Sicherheitssystem/europäische Friedensordnung) lag in der parlamentarischen Schwäche der ersten sozialliberalen Koalition begründet und in dem vehementen Widerstand, den die CDU/CSU bereits den von SPD und FDP anvisierten Nahzielen entgegensetzte.
In dieser Situation hätte die SPD der Opposition zusätzlich Angriffsfläche gegen die Bundesregierung gegeben, wenn sie, mit der in den Jahren 1966/68 praktizierten Intensität, für die Errichtung eines europäischen Sicherheitssystems und damit zumindest implizit für die Auflösung der NATO plädiert hätte.
Schließlich dürfte auch eine wesentliche Rolle gespielt haben, daß sich die Jungsozialisten Anfang der 70er Jahre der Begriffe „europäisches Sicherheitssystem" und „europä-

[114] Vgl. Böge, Volker / Wilke, Peter, Sicherheitspolitische Alternativen. Bestandsaufnahme und Vorschläge zur Diskussion, Baden-Baden 1984, S. 192.
[115] S. Anfragen und Antworten der Bundesregierung, in: Verhandlungen, 29. Sitzung, 9. 5. 1973, S. 1514 und Verhandlungen, 61. Sitzung, 25. 10. 1973, S. 3534.
[116] S. Ehmke, Horst, Klarstellungen zur deutschen Außenpolitik. Ein aktueller Rückblick auf die „Affäre Hahn", in: SPD-Pressedienst, XXVIII. Jhrg., Nr. 83, 2. 5. 1973, S. 1f.; vgl. auch Egon Bahrs parlamentarische Stellungnahme, in: Verhandlungen, 30. Sitzung, 10. 5. 1973, S. 1622.
[117] Gespräch mit Egon Bahr am 10. 7. 1985 in Bonn.

ische Friedensordnung“ bemächtigten und diese mit einem Inhalt versahen, der nicht nur außerhalb der SPD heftig umstritten war. Darauf wird im Rahmen der Untersuchung der jungsozialistischen Sicherheitspolitik noch einzugehen sein.
Der große Wahlsieg der SPD in der vorgezogenen Bundestagswahl 1972, der in erster Linie ein Sieg des charismatischen Willy Brandt und seiner „Friedenspolitik“ war, verstärkte verständlicherweise die entspannungsoptimistische Grundstimmung in der SPD.[118] Diese führte allerdings nicht zu Forderungen nach einer Forcierung der operativen Entspannungspolitik, sondern im Gegenteil zu einer Verlagerung des Interesses von der Außen- und Sicherheitspolitik hin zu innenpolitischen Reformprojekten.
Offensichtlich glaubten viele Sozialdemokraten, daß nach der erfolgreichen ersten Phase der Entspannungspolitik weitere Entspannungsschritte, insbesondere im militärischen Bereich, nun quasi automatisch nachfolgen würden.
Sicherheitspolitische Aktivitäten der SPD-Linken in den Jahren 1972/74 konzentrierten sich im wesentlichen darauf, neue Rüstungsprojekte zu verhindern und die Rüstungsausgaben der Bundesregierung zu reduzieren. Dergleichen Maßnahmen hatten für die Linke vor dem Hintergrund der erreichten Entspannung und der projektierten weiteren Schritte jegliche Legitimation verloren.[119]

## 11. SPD zwischen Ziel- und Ordnungsorientierung: Brandts „Europäische Friedensordnung“ contra Schmidts „Strategie des Gleichgewichts“

Der Rücktritt Willy Brandts von seinem Amt als Bundeskanzler bezeichnete das Ende jener die sozialdemokratische Außen- wie Innenpolitik zu Beginn der 70er Jahre charakterisierenden Aufbruchstimmung.
Helmut Schmidts betont nüchternes erstes Regierungsprogramm verkündete „Konzentration und Kontinuität“,[120] die Rückkehr zur Normalität des Regierungsgeschäfts, zu einer pragmatischen Politik ohne große visionäre Ziele.
War Brandts außenpolitischer Schwerpunkt eindeutig die Ostpolitik gewesen, so sah Schmidt in der Festigung der europäischen und atlantischen Zusammenarbeit seine wichtigste Aufgabe.
Helga Haftendorn urteilt über den Regierungswechsel und die damit einhergehenden Politikveränderungen:

„Von der Öffentlichkeit wenig bemerkt, hatte die politische Führung der Bundesrepublik bereits Mitte der siebziger Jahre, mit dem Wechsel von Brandt zu Schmidt, begonnen,

[118] Vgl. Baring, Arnulf, Machtwechsel. Die Ära Brandt–Scheel, München 1984, S. 534f.
[119] S. Schmidt, Helmut, Kontinuität nach Konzentration, Bonn-Bad Godesberg 1975, S. 9–30.
[120] Vgl. die in dieser Hinsicht sehr interessante sicherheitspolitische Diskussion auf dem SPD-Parteitag 1973: Vorstand der SPD (Hrsg.), Parteitag der Sozialdemokratischen Partei Deutschlands vom 10. bis 14. April 1973 in Hannover, Band I: Protokoll der Verhandlungen/Anlagen, Hannover 1974, S. 751–801.

den mit dem Begriff einer ‚europäischen Friedensordnung' umschriebenen Zielhorizont zurückzunehmen zugunsten einer Politik des Gleichgewichts. Frieden wurde nicht mehr als Ergebnis einer Veränderung der bestehenden Sicherheitsstrukturen, sondern im Gegenteil, in ihrer Stabilisierung gesehen. ... Diese Kursberichtigung trug zum einen den reduzierten Erwartungen hinsichtlich der Entwicklung der Ost-West-Beziehungen Rechnung, die auch weiterhin von dem macht- und gesellschaftspolitischen Gegensatz geprägt sein würden, wie sie auch Ausdruck der unterschiedlichen politischen Vorstellungswelt Helmut Schmidts war, in der das Konzept des Gleichgewichts seit langem eine zentrale Rolle spielte."[121]

Dieser wichtige konzeptionelle Wandel wurde Mitte der 70er Jahre nicht nur von einer breiten Öffentlichkeit nicht wahrgenommen, sondern ebensowenig von der SPD. Dies erklärt, warum der überzeugte Atlantiker Schmidt mit seiner Partei sicherheitspolitisch zunächst kaum Probleme hatte. Lediglich die Jungsozialisten opponierten gegen die Sicherheitspolitik Schmidts. Sie verstärkten ihre sicherheitspolitischen Aktivitäten bezeichnenderweise, nachdem der damalige Verteidigungsminister ins Palais Schaumburg eingezogen war.

Die große Mehrheit der Sozialdemokraten interessierte sich allerdings Mitte der 70er Jahre kaum für die Sicherheitspolitik. Der Friede in Europa sei durch die sozialdemokratische Entspannungspolitik sicherer geworden, hatte schon Kanzler Brandt behauptet, und auch Helmut Schmidt bediente sich dieses Partei wie Wählerschaft beruhigenden Slogans.[122]

Aber es sprach Mitte der 70er Jahre ja in der Tat vieles dafür, daß ein entscheidender Durchbruch in den seit mehr als zwei Jahrzehnten festgefahrenen Ost-West-Beziehungen erreicht worden war und daß Ost und West sich sukzessive, wie nach einem Fahrplan, auf die von der SPD angestrebte „europäische Friedensordnung" zubewegten. Denn nach der „Generalbereinigung" mit den osteuropäischen Staaten, z. T. auch parallel dazu, hatte die Regierung Brandt im Konzert mit den westlichen Verbündeten multilaterale Verhandlungen über europäische Sicherheitsfragen eingeleitet.

Dies war zum einen die europäische Sicherheitskonferenz, aus der dann später die KSZE wurde, und zum anderen die MBFR-Konferenz,[123] auf der nun endlich über die von Sozialdemokraten schon in den 50er Jahren geforderten Truppenreduzierungen[124] verhandelt wurde.

Aus heutiger Sicht bezeichnet die Unterzeichnung der KSZE-Schlußakte in Helsinki im Sommer 1975 Höhepunkt und Wendepunkt der Ost-West-Entspannung in den 70er Jahren zugleich.[125] Den meisten Zeitgenossen blieb diese Einsicht jedoch verwehrt;

[121] Haftendorn, Sicherheit und Entspannung, a.a.O., S. 734.

[122] Vgl. Vorstand der SPD (Hrsg.), SPD-Regierungsprogramm 1976–1980. Beschluß des Außerordentlichen Parteitages in Dortmund 18./19. Juni 1976, Bonn 1976, S. 9.

[123] Zur MBFR-Konferenz ausführlich: Mutz, Reinhard (Hrsg.), Die Wiener Verhandlungen über Truppenreduzierungen in Mitteleuropa (MBFR), Baden-Baden 1983.

[124] Vgl. Helmut Schmidt, in: Verhandlungen, 87. Sitzung, 5. 11. 1959, S. 4758–4767.

[125] Die amerikanisch-sowjetischen Beziehungen hatten sich schon 1974 merklich verschlechtert, und zwar durch das Jackson-Vanik-Amendment im amerikanischen Kongreß und das sowjetische Engagement in Angola und Vietnam. Vgl. Schweigler, Gebhard, Von Kissinger zu Carter, München/Wien 1982, S. 202–214 und 247–264.

zumal wenn sie – wie viele Sozialdemokraten – Ost-West-Entspannung für einen nichtrevidierbaren Prozeß hielten. Der Mannheimer SPD-Parteitag im November 1975 war noch einmal ein Parteitag des Entspannungsoptimismus und der wohlwollenden Vernachlässigung sicherheitspolitischer Problemstellungen im Ost-West-Verhältnis. Im Zusammenhang mit der Verabschiedung des ökonomisch-politischen Orientierungsrahmens für die Jahre 1975–1985[126] standen wirtschafts- und gesellschaftspolitische Fragen im Zentrum der Parteitagsdiskussion.

Auf außenpolitischem Felde verlagerte die SPD deutlich ihr Interesse von der Ost- und Entspannungspolitik hin zum sogenannten Nord-Süd-Konflikt und der Entwicklungspolitik.[127] Der Ost-West-Konflikt schien durch die Vertragspolitik Willy Brandts und die eingeleiteten Abrüstungsverhandlungen grundsätzlich gelöst.

Insofern konnte es nicht überraschen, daß der in Mannheim verabschiedete Orientierungsrahmen '85 „kein Verteidigungskonzept" enthielt, wie Wilhelm Hennis schon bei der Analyse des Programmentwurfs bemerkte:

„Obwohl doch eine Analyse der bis zum Jahre 1985 vordringlichen Fragen versprochen wird, werden die großen Herausforderungen des kommenden Jahrzehnts schlicht vor die Klammer genommen. Gesicherter Friede und wirtschaftliches Wachstum sind für dieses programmatische Dokument der SPD Voraussetzungen, Bedingungen ihrer Politik. Die Verteidigungspolitik, der schon ob ihres quantitativen Gewichts im Haushalt der Bundesrepublik immense Bedeutung zukommt – von ihrer Rolle für die Erhaltung von Freiheit und Lebensfähigkeit unserer Gesellschaftsform nicht zu reden –, kommt in diesem Papier nicht vor."[128]

Die Ausklammerung der Verteidigungspolitik aus den Zukunftsperspektiven bedeutete allerdings nicht, daß sich die Partei mit der sicherheitspolitischen Situation in Europa sowie der Gleichgewichtspolitik Helmut Schmidts zufriedengab.

Dies machte ein Entschließungsentwurf des Bezirks Südbayern in Mannheim deutlich:

„Sozialdemokratische Sicherheitspolitik bezieht die Sicherheit des eigenen Landes auch auf die Sicherheit der Nachbarländer. Sie erstrebt in Europa ein System kollektiver Sicherheit, das Staatengruppen umfaßt, die gegeneinander Krieg führen können. Sie strebt an, das Prinzip der Sicherheit voreinander durch das Prinzip der Sicherheit miteinander zu ersetzen."[129]

Die alte, gewissermaßen zeitlose Zielvorstellung eines kollektiven Sicherheitssystems in Europa war also nach wie vor lebendig in der Partei. Sie war nur – wie schon Anfang der 60er Jahre – in den Hintergrund getreten. Hatte damals die Erringung der Regierungsmacht Priorität genossen, so hegte die Partei Mitte der 70er Jahre die durch die

[126] S. Vorstand der SPD (Hrsg.), Dokumente. Ökonomisch-politischer Orientierungsrahmen für die Jahre 1975–1985, Bonn 1975.

[127] S. Antrag Nr. 233 des SPD-Parteivorstandes, in: Vorstand der SPD (Hrsg.), SPD-Parteitag Mannheim 11.–15. 11. 1975, Allgemeine Anträge / Vorlage 3, Bonn 1975, S. 137f.

[128] Hennis, Wilhelm, Sozialismus – Medizin für Deutschland? Zum Orientierungsrahmen der SPD – Eine Einladung zur Diskussion, in: Deutsche Zeitung, 26. 9. 1975.

[129] Antrag 234 des Bezirks Südbayern, in: SPD-Parteitag Mannheim 11.–15. 11. 1975, Allgemeine Anträge/Vorlage 3, a.a.O., S. 142.

raschen Erfolge der Brandtschen Ostpolitik geweckten oder verstärkten Erwartungen, der Entspannungsprozeß werde sich mehr oder weniger automatisch weiterentwickeln und am Ende zu einer Auflösung der Militärbündnisse und einer harmonischen Friedensordnung in Europa führen.
Noch hatte die Ost-West-Entspannung keine wesentlichen Rückschläge erleben müssen. Auch die vordringlichen Wirtschaftsprobleme lenkten Mitte der 70er Jahre die Aufmerksamkeit ab. Zudem hatte die SPD – wie bereits bemerkt – noch nicht realisiert, daß Helmut Schmidt Außen- und Sicherheitspolitik von einem grundsätzlich anderen Ansatz her betrieb als Willy Brandt.
Ludolf Herrmann hat damals, als Beobachter des Mannheimer Parteitags, den Gegensatz zwischen Kanzler und Ex-Kanzler und das dadurch gegebene Konfliktpotential klar erkannt:

„Schmidt und Brandt, sie sind mehr als rivalisierende Persönlichkeiten, sie repräsentieren zwei einander widerstreitende Möglichkeiten der SPD, eben die Ziel- und die Ordnungsorientierung. Es gehört zu den vielen Widersprüchen dieser Partei, daß Brandt sie in die Zukunft führt, die von Schmidt gestaltet werden muß.“[130]

Auf die sicherheitspolitische Ebene übertragen, bedeutet Zielorientierung das Streben nach einer blockablösenden und die Gesellschaftsstrukturen in Ost und West einander angleichenden „Europäischen Friedensordnung“, während die Ordnungsorientierung Helmut Schmidts in seiner „Strategie des Gleichgewichts“ zum Ausdruck kommt. „Bezugspunkt seines politischen Handelns ist die Ordnung – mit ihren ärgerlichen Mängeln und Problemen –, in der er sich vorfindet, nicht ein Konzept, das dieser Ordnung zu verpassen wäre.“[131]
Zu allen Zeiten überwog in der SPD die Zielorientierung, wenngleich in den Anfängen der Partei sehr viel stärker als in den 60er und 70er Jahren dieses Jahrhunderts. Dies erklärt vielleicht auch, weshalb Willy Brandt mehr als zwanzig Jahre lang der unumstrittene Führer der SPD war.
Spannungen traten immer dann auf, wenn die Partei in einer gegebenen Ordnung wirken mußte und Regierungsverantwortung trug, ohne Aussicht auf eine rasche Veränderung dieser Ordnung im Sinne ihrer idealen Ziele.

130 Herrmann, Ludolf, In Mannheim herrscht des Kanzlers Knute. Die SPD will regierungsfähig bleiben, in: Deutsche Zeitung, 14. 11. 1975.
131 Ebenda.

## 12. Defensive Sicherheitspolitik im Zeichen sich verschlechternder Ost-West-Beziehungen: Entspannung sichern durch kooperative Rüstungssteuerung

Im März 1976 erklärte der amerikanische Präsident Ford in einem Fernsehinterview, er wolle das Wort „Détente" fortan nicht mehr verwenden. Die USA müßten gegenüber der Sowjetunion und China eine Politik des „peace through strength"[132] verfolgen.
Diese Erklärung Fords war eine Reaktion auf das offenkundige Scheitern des „linkage"-Konzepts Henry Kissingers.[133]
Egon Bahr antwortete darauf mit einem ausführlichen Aufsatz in der Wochenzeitung „Die Zeit", dessen Überschrift bereits die Gegenthese zu Ford formulierte: „Die Entspannung hat erst begonnen."[134]
Zur Entspannung gebe es „vernünftigerweise" keine Alternative, schrieb Bahr beschwörend. Sie müsse auch auf militärischem Gebiet wirksam werden. „Der komplizierte Prozeß der Entspannung könnte für Jahre angehalten werden, wenn man statt Truppenverringerung und Abrüstung Truppenverstärkung und Aufrüstung betreibt."[135]
Bundesminister Bahr präsentierte sich als ein Befürworter der Gleichgewichtspolitik seines Kanzlers. Sorgsam vermied er jeden Hinweis auf das traditionelle sozialdemokratische, den gegebenen Ordnungsrahmen sprengende Endziel militärischer Entspannungsmaßnahmen in Europa: das System kollektiver Sicherheit. Allerdings gab Bahr sich überzeugt:

„Wir haben eine Übergangsphase der geschichtlichen Entwicklung begonnen, die gekennzeichnet ist durch das Nebeneinander von Konflikt und Kooperation, reduziertem Konflikt und begrenzter Kooperation. Niemand kann sagen, wie lange diese Entwicklung dauern wird. Jedenfalls ist sie noch nicht frei von der Gefahr von Rückschlägen. Aber es liegt im Interesse Europas, diese Phase zielbewußt zu verkürzen zugunsten der Zusammenarbeit zwischen Ost und West, also der Verbreiterung der Entspannung."[136]

Was Bahr hier als „Übergangsphase" bezeichnete, faßte er einige Jahre später konkreter in dem Begriff „Gemeinsame Sicherheit". Er kreierte damit eine neue Zwischenstufe auf dem Wege zu einem kollektiven Sicherheitssystem.
Bahrs Aufsatz ließ die Kluft zwischen der sozialdemokratischen Entspannungskonzeption und derjenigen der amerikanischen Administration klar zutage treten: Während die SPD – jedenfalls die von Brandt und Bahr repräsentierte Mehrheit der Partei – Entspannung als eine unumkehrbare „geschichtliche Entwicklung" hin zu einem mehr oder weniger vage definierten idealen Endziel in Europa verstand, versuchte die Kissingersche Détente-Politik die Sowjetunion nicht nur bilateral oder im europäischen

[132] US-Präsident Gerald Ford am 1. 3. 1976, zit. nach Wireless Bulletin, 3. 3. 1976, S. 5.
[133] S. dazu Schweigler, Von Kissinger zu Carter, a.a.O., S. 265–279.
[134] Bahr, Egon, Die Entspannung hat erst begonnen, in: Die Zeit, 26. 3. 1976.
[135] Ebenda.
[136] Ebenda.

Kontext, sondern *global* zu einem zurückhaltenden, nichtexpansiven und kooperativen Verhalten zu veranlassen. Dieses Konzept galt in den USA ab etwa Mitte der 70er Jahre als gescheitert, und die Amerikaner begannen politisch-konzeptionelle Konsequenzen zu ziehen.

Bahr sah dadurch den europäischen Entspannungsprozeß gefährdet, der in seiner militärischen Phase ohnehin ins Stocken geraten war. Er forderte deshalb verstärkte Anstrengungen bei den Abrüstungsverhandlungen. Dies richtete sich natürlich indirekt auch gegen die nüchterne Sicherheitspolitik der Regierung Schmidt/Genscher.

Mit seinem beschwörenden Credo, die Entspannung habe gerade erst begonnen, setzte Egon Bahr im März 1976 für die SPD ein Signal, sich wieder stärker der im Grunde genommen seit Ende der 60er Jahre vernachlässigten Sicherheitspolitik zuzuwenden. Der in der Sozialdemokratie weitverbreitete Glaube an einen Entspannungsautomatismus löste sich allmählich auf.

Gleichzeitig wurde immer deutlicher, daß die UdSSR ihre Rüstung ungeachtet der Entspannung weiter vorantrieb, ja sogar forcierte. „Wohin treibt die NATO?“ fragte Johannes Steinhoff, Vorsitzender des NATO-Militärausschusses von 1971–1974, in einer ungeschminkten, weithin Aufsehen erregenden Lageanalyse 1976.[137]

Die SPD antwortete darauf mit der Forderung, der Rüstungswettlauf müsse gestoppt werden, und erklärte die sowjetische Hochrüstung z. B. folgendermaßen:

„Der große Waffenzulauf bei den sowjetischen Streitkräften in den letzten Jahren basiert vor allem auf Rüstungsentscheidungen aus den 60er Jahren, denn von der Planung bis zur Indienststellung moderner Waffensysteme bedarf es eines Zeitraumes von ca. zehn Jahren. Wahrscheinlich beruht die Plafond-Erhöhung auch auf der Einschätzung, daß es zu konkreten MBFR-Ergebnissen kommen wird, für die es eine möglichst günstige Ausgangslage herzustellen gilt.“[138]

Dies war die Einschätzung des SPD-Abgeordneten und Vorsitzenden des Bundestags-Unterausschusses für Abrüstung und Rüstungskontrolle, Alfons Pawelczyk.

Eine Erhöhung der westlichen Verteidigungsanstrengungen, wie von den NATO-Verteidigungsministern (einschließlich des sozialdemokratischen deutschen Verteidigungsministers) vorgeschlagen, lehnte Pawelczyk ab. Derartige Schritte könnten „nur eine Auffangposition zur Erhaltung militärisch-politischer Stabilität sein, da durch solche Maßnahmen der Rüstungswettlauf weiter angeheizt würde“.[139] Und an anderer Stelle behauptete der SPD-Abrüstungsexperte:

„Durch verstärkte Rüstungsaufwendungen ist aufgrund des damit verbundenen Rüstungswettlaufs bestenfalls verminderte Sicherheit zu höheren Kosten erreichbar. Ein Mehr an Sicherheit ist nur erreichbar durch eine Politik *kooperativer Rüstungssteuerung.*“[140]

[137] S. Steinhoff, Johannes, Wohin treibt die NATO?, Hamburg 1976.

[138] Pawelczyk, Alfons, Eine Bremse im Rüstungswettlauf. Bilanz des bisher Erreichten läßt hoffen, in: SPD-Pressedienst, XXXI. Jhrg., 20. 12. 1976, S. 5f.

[139] Ebenda, S. 6.

[140] Pawelczyk, Alfons, Erstes MBFR-Abkommen ist möglich, in: Die Welt, 13. 4. 1977.

Kooperative, präventive Rüstungssteuerung, ein theoretisches Konzept, das im wesentlichen von dem Hamburger Friedensforscher Wolf Graf Baudissin entwickelt worden war,[141] wurde dann in den ausgehenden 70er Jahren ein Schlüsselbegriff sozialdemokratischer Sicherheitspolitik.[142]
Diese war im Grunde genommen rein defensiv ausgerichtet. Langzeitperspektiven, die grundsätzliche Alternativen zur bestehenden sicherheitspolitischen Situation in Europa aufgezeigt hätten, wurden in der Partei – sieht man einmal von den Jungsozialisten ab – nicht diskutiert.
Die allgemeine Verschlechterung der Ost-West-Beziehungen, verursacht durch die fortgesetzte sowjetische Hochrüstung und das Ausgreifen des Kremls in der Dritten Welt, beschränkte die Perspektive der SPD weitgehend darauf, die regionale Entspannung in Europa zu sichern, neue Rüstungsschübe zu verhindern und Fortschritte bei den festgefahrenen Abrüstungsverhandlungen zu erzielen. Sozialdemokratische Sicherheitspolitik der ausgehenden 70er Jahre präsentierte sich also im wesentlichen als Schadensbegrenzungsstrategie.
Die Wiener MBFR-Verhandlungen standen bis Ende der 70er Jahre im Mittelpunkt dieser defensiven Politik.
In diesem Kontext fand auch die sozialdemokratische Neutronenwaffendiskussion 1977/78 statt, die außerdem durch eine weitgehende Beschränkung auf moralische und waffentechnische Fragen gekennzeichnet war.[143]
Die Debatte machte auch deutlich, daß in der SPD nach wie vor eine antinukleare Grundtendenz vorherrschte. All dies setzte sich dann in der Nachrüstungsdebatte fort – zur Überraschung mancher SPD-Sicherheitsexperten.
Diese erweiterte sich allerdings ab etwa 1981/82 von einer primär waffentechnischen Diskussion zu einer Strategiediskussion, in deren Mittelpunkt die Kritik an der nuklearen Abschreckung stand.
Nach dem Münchner Parteitag im April 1982 setzte der SPD-Parteivorstand eine Arbeitsgruppe „Neue Strategien" ein, deren Ergebnisse 1984 in den PV-Leitantrag „Für eine neue Strategie des Bündnisses" einflossen.[144]

[141] S. Baudissin, Wolf Graf, Grenzen und Möglichkeiten militärischer Bündnisse, in: Europa-Archiv, 25. Jhrg., 1/1970, S. 1–10.; Baudissin, Wolf Graf und Lutz, Dieter S., Kooperative Rüstungssteuerung in Theorie und Wirklichkeit, IFSH-Forschungsberichte, Heft 6/1978, Hamburg 1978.

[142] S. insbesondere den sicherheitspolitischen Leitantrag des SPD-Parteivorstandes für den Parteitag in Berlin 1979, in: Vorstand der SPD (Hrsg.), Sicherheitspolitik im Rahmen der Friedenspolitik. Leitantrag des Parteivorstandes für den Parteitag in Berlin, Bonn, September 1979, S. 11ff.

[143] Dazu ausführlich: S. Matthée, Die Neutronenwaffe zwischen Bündnis- und Innenpolitik, a.a.O., S. 59–68 und 123–127; Hoffmann, Die Atompartner Washington-Bonn, a.a.O., S. 220–232.

[144] S. Antrag Nr. 259 des Parteivorstands „Für eine neue Strategie des Bündnisses", in: Vorstand der SPD (Hrsg.), Parteitag der SPD vom 17.–21. Mai 1984 in Essen, Anhang: Angenommene und überwiesene Anträge, Bonn 1984, S. 744–747; vgl. dazu den Originalbericht der AG „Neue Strategien", in: Vorstand der SPD (Hrsg.), Kriegsverhinderung im Atomzeitalter. Bericht der Arbeitsgruppe „Neue Strategien" beim SPD-Parteivorstand, Bonn, Juli 1983.

## 13. Sicherheitspartnerschaft / Kollektives Sicherheitssystem / Europäische Friedensordnung – Das dreistufige Zielsystem der SPD-Sicherheitspolitik in den 80er Jahren

Parallel zur Strategiediskussion rückte ab etwa 1982 dann die grundsätzliche Zielorientierung sozialdemokratischer Sicherheitspolitik zunehmend in den Vordergrund. Damit hatte sich die sicherheitspolitische Debatte in der SPD, die Anfang der 80er Jahre im Rahmen einer breiten öffentlichen Diskussion stattfand, von einer engen Konzentration auf militärtechnische Fragen zu einer politisch-grundsätzlichen Debatte weiterentwickelt und verbreitert.

Dies bedeutete, daß nicht nur Strategie und Bewaffnung, sondern die deutsche und alliierte Sicherheitspolitik insgesamt auf den parteiinternen Prüfstand genommen wurden.

Eine logische Folge dieser Entwicklung wie insbesondere der in der SPD in den Jahren 1982/83 grassierenden „Atomtod"-Hysterie – die im Unterschied zur Situation Ende der 50er Jahre stark antiamerikanische Akzente aufwies – war, daß in Teilen der Partei nun auch die NATO-Mitgliedschaft der Bundesrepublik Deutschland zur Diskussion gestellt wurde.[145] Jedenfalls wurden längerfristige Perspektiven entwickelt, die auf die Überwindung der gegebenen sicherheitspolitischen Ordnungs- bzw. Blockstruktur in Europa abzielten. Der Machtverlust der SPD auf Bundesebene im Herbst 1982 wirkte hier eindeutig katalysatorisch.

Aus einer zunächst verwirrenden Vielzahl von Zielvorstellungen mit unterschiedlicher Zeitperspektive kristallisierte sich sukzessive ein dreistufiges Zielsystem heraus: „Sicherheitspartnerschaft" bzw. „gemeinsame Sicherheit", gefolgt von einem kollektiven europäischen Sicherheitssystem und schließlich eine „europäische Friedensordnung".

Dieses Zielsystem ist das Fundament zukünftiger sozialdemokratischer Sicherheitspolitik; es ist aber auch ein Produkt enttäuschter sozialdemokratischer Entspannungserwartungen in der „Ära Schmidt".

### *a) Sicherheitspartnerschaft / Gemeinsame Sicherheit*

Wollte man die Zielorientierung sozialdemokratischer Sicherheitspolitik zu Beginn der 80er Jahre auf einen einzigen Begriff bringen, so hieße dieser zweifellos „Sicherheitspartnerschaft" oder „gemeinsame Sicherheit"; beide Begriffe wurden und werden in der SPD synonym gebraucht.[146]

Die Verwendungsinflation dieser Termini in den Reden und Schriften führender SPD-Politiker erzeugte weithin den Eindruck einer grundsätzlich neuen sicherheitspolitischen Perspektive der Partei. Dies war jedoch, wie nachfolgend gezeigt werden wird, keineswegs der Fall.

Der Begriff „Sicherheitspartnerschaft" wurde 1978 von Helmut Schmidt in die politische Terminologie eingeführt. In einer Rede vor der 1. UN-Sondergeneralversammlung für Abrüstung führte er aus, im Interesse des Friedens brauche man eine „umfassende

[145] S. Lafontaine, Oskar, Angst vor den Freunden, Reinbek bei Hamburg 1983.
[146] Weitere Synonyme sind „Partnerschaft zur Sicherheit" und „Partner der Sicherheit".

politische Sicherheitspartnerschaft". Nur so könne ein „Prozeß wirklicher Begrenzung und Minderung der Rüstung in Bewegung gesetzt werden".[147]
Nach der Vorstellung Schmidts sollte sich die von ihm geforderte „Sicherheitspartnerschaft" aus vier Elementen zusammensetzen:

„Erstens: einer Politik des politischen, strategischen und militärischen Gleichgewichts
Zweitens: einer Politik der Entspannung, der Konflikteindämmung und des Interessenausgleichs
Drittens: der Fähigkeit zu wirksamer Krisenbeherrschung und
Viertens: der Voraussehbarkeit des politischen und militärischen Verhaltens."[148]

Zu Recht hat Alexander Theilmann festgestellt, daß dieses Konzept Helmut Schmidts „zugleich dem Programm sozialdemokratischer Außen- und Sicherheitspolitik in der Regierungsverantwortung" entsprach.[149]
Schmidt kreierte nur einen neuen Begriff, einen „Überbegriff" gewissermaßen, verließ dabei jedoch keineswegs den Rahmen seiner bisherigen Sicherheitspolitik. Bezeichnenderweise nannte er die Gleichgewichtspolitik als erstes Element einer Sicherheitspartnerschaft. Im Grunde genommen fügte er den beiden Elementen der Harmel-Formel lediglich zwei weitere Elemente hinzu, über deren eigenen Stellenwert man allerdings streiten mag.
In späteren Reden setzte Schmidt den Begriff „Sicherheitspartnerschaft" oft gleich mit „Vertragspartnerschaft" bzw. „Vertragspartnerschaft in Sachen Rüstungsbegrenzung".[150] Damit stufte er die „Sicherheitspartnerschaft" herab von einem „Überbegriff" für verantwortliche und realistische Sicherheitspolitik zu einer Bezeichnung für *eine* Komponente dieser Politik, nämlich vertraglich vereinbarte Rüstungskontrolle. In diesem Sinne äußerte er sich auch auf dem Essener SPD-Parteitag 1984 und in einem Buch Anfang 1986.[151]
Hier soll nun nicht der Versuch unternommen werden, aus vereinzelten und zum Teil recht verschiedenen Äußerungen Helmut Schmidts zu einer „Sicherheitspartnerschaft" zwischen Ost und West ein konsistentes Konzept zu destillieren. Denn der ehemalige Bundeskanzler „hat sich mit dem, was er zur Sicherheitspartnerschaft gesagt und geschrieben hat, unter inhaltlichen Aspekten relativ unangreifbar gemacht. Seine Gedanken hinsichtlich des politischen Inhalts einer stabilen Sicherheitspartnerschaft sind so allgemein formuliert, daß man sie kaum einer profunden Kritik unterziehen kann".[152]
Entscheidend sind vielmehr folgende Punkte:

[147] Schmidt, Helmut, Rede vor der 1. Sonderversammlung der Vereinten Nationen in New York am 25. 5. 1978, in: Bundespresseamt (Hrsg.), Stichworte zur Sicherheitspolitik, Bonn, Juni 1978, S. 2.
[148] Ebenda.
[149] Theilmann, Alexander, Sicherheitspartnerschaft. Eine Untersuchung des Konzepts, unveröffentl. Mag.-Arbeit, Bonn 1985, S. 39.
[150] S. Schmidt, in: Vorstand der SPD (Hrsg.), Parteitag der SPD vom 19.–23. April 1982 in München, Band I: Protokoll der Verhandlungen, Bonn 1983, S. 149; Vorstand der SPD (Hrsg.), Bundesdelegierten-Konferenz und Außerordentlicher Parteitag der SPD am 18. und 19. November 1983 in Köln, Protokoll der Verhandlungen/Dokumentarischer Anhang, S. 102.
[151] S. Schmidt, in: Vorstand der SPD (Hrsg.), Parteitag der SPD vom 17.–21. Mai 1984 in Essen, Protokoll der Verhandlungen, Bonn 1984, S. 7; Schmidt, Helmut, Eine Strategie für den Westen, Berlin 1986, S. 182.
[152] Theilmann, Sicherheitspartnerschaft, a.a.O., S. 50.

1. Maxime der Sicherheitspolitik Helmut Schmidts war und ist die „Strategie des Gleichgewichts". Dies zeigte nicht zuletzt seine Befürwortung der NATO-Nachrüstung Ende 1983.
2. Schmidt hat mit der Forderung nach einer „Sicherheitspartnerschaft" keine qualitativ neue Zielorientierung, etwa die Überwindung der nuklearen Abschreckung, verbunden, sondern das Bemühen, das militärische Ost-West-Verhältnis kooperativ zu stabilisieren. Dem liegt die keineswegs neue Erkenntnis zugrunde, „daß keine Seite für sich allein die eigene Sicherheit garantieren kann".[153]
3. „Sicherheitspartnerschaft" ist für Helmut Schmidt offensichtlich gleichbedeutend mit dem Führen von Rüstungsbegrenzungsverhandlungen zur „Herstellung eines stabilen Sicherheitsgleichgewichts".[154] Abschreckungs- und Verteidigungsfähigkeit sind für ihn allerdings nach wie vor die Grundlage der Sicherheit – entsprechend der Harmel-Formel von 1967.
4. Schmidt hat den Begriff bzw. das Konzept einer „Sicherheitspartnerschaft" nicht regelmäßig verwandt oder gar systematisch entwickelt. Er sprach während der letzten Jahre seiner Kanzlerschaft nur sporadisch von „Sicherheitspartnerschaft". Auffällig ist, daß der Begriff nach seinem Amtsverlust nur noch sehr selten verwandt wird. Sein vorrangiges Interesse galt der Entwicklung einer „Grand Strategy" für den Westen.[155]

Was bleibt, ist die Frage, ob der ehemalige Bundeskanzler gut beraten war, als er den Begriff „Sicherheitspartnerschaft", bezogen auf das antagonistische Ost-West-Verhältnis, in die politische Diskussion einführte. In der Anhörung des Verteidigungsausschusses des Deutschen Bundestages zum Thema „Alternative Strategien" wurde darauf hingewiesen, daß durch die Verwendung des Begriffs „Sicherheitspartnerschaft" ein falsches Sicherheitsbewußtsein erzeugt worden sei.[156]

Der Begriff „Sicherheitspartnerschaft" tauchte erstmals im Dezember 1979 in einem sicherheitspolitischen Leitantrag der SPD auf. Er war aus den Anträgen mehrerer Parteigliederungen in den PV-Antrag übernommen worden; in dem ursprünglichen Entwurf des PV war er nicht enthalten.[157]
Unter der Kapitelüberschrift „Entspannung" formulierte die in Berlin verabschiedete Entschließung, Entspannungspolitik sei ein Prozeß, der bei fortdauernden Interessenunterschieden darauf abziele, „Konfrontation durch Vereinbarungen auf immer weiteren Gebieten abzubauen, Konfliktherde durch kooperatives Verhalten zu entschärfen und die Zusammenarbeit zwischen Ost und West sowie Nord und Süd mit dem Ziel der Sicherheitspartnerschaft und regionaler und weltweiter Friedensordnungen auszubauen".[158]

[153] Schmidt, Eine Strategie für den Westen, a.a.O., S. 182.
[154] Ebenda, S. 192.
[155] Das Ergebnis war das schon zitierte Buch des Altbundeskanzlers: Schmidt, Eine Strategie des Westens, a.a.O.
[156] S. die Stellungnahme Falk Bomsdorfs in der Anhörung des Verteidigungsausschusses, in: Biehle, Alfred (Hrsg.), Alternative Strategien, Koblenz 1986, S. 452.
[157] Vgl. Vorstand der SPD (Hrsg.), Sicherheitspolitik im Rahmen der Friedenspolitik. Leitantrag des Parteivorstandes für den Parteitag in Berlin, Bonn, September 1979.
[158] Antrag Nr. 11 des Parteivorstandes, in: Vorstand der SPD (Hrsg.), Parteitag der SPD vom 3.–7. Dezember 1979 in Berlin, Band II: Angenommene und überwiesene Anträge, Bonn o. J., S. 1233.

Hier wurde also „Sicherheitspartnerschaft“ als Ziel eines Prozesses beschrieben, quasi als Endzustand ausschließlich kooperativer Sicherheitsbeziehungen. Allerdings war diese Zielbeschreibung inhaltlich äußerst vage gehalten: zum einen dadurch, daß neben die Ost-West-Dimension auch eine Nord-Süd-Dimension gestellt wurde, und zum anderen blieb vollkommen unklar, inwieweit „Sicherheitspartnerschaft“ und „Friedensordnungen“ den gleichen angestrebten Zustand oder aber unterschiedliche Ziele bezeichneten.

Deshalb war der Begriff „Sicherheitspartnerschaft“ in der Berliner Entschließung nicht viel mehr als eine Worthülse, jedenfalls eine vollkommen unausgegorene Konzeption. Dies wurde auch dadurch unterstrichen, daß der Münchner Parteitag den Begriff zwei Jahre später, in leicht abgewandelter Form („Partnerschaft zur Sicherheit“), in einem gänzlich anderen Kontext verwandte, nämlich zur Bezeichnung der bisherigen Sicherheitspolitik Willy Brandts und Helmut Schmidts einerseits sowie eines Zustandes andererseits, in dem es möglich wäre, „die Rüstungsspirale anzuhalten, Gleichgewichte zu vereinbaren, die Einführung neuer Waffensysteme zu verhindern, Abrüstungsvereinbarungen zu treffen und durch Vereinbarungen die Notwendigkeit der Abschreckung abzubauen“.[159]

Auf diesem letztgenannten Definitionsstrang hat sich die sozialdemokratische Diskussion über Ost-West-„Sicherheitspartnerschaft“ ab 1982 weiterentwickelt.

Diese Diskussion hat allerdings ihre wesentlichen Stimuli durch Egon Bahr erhalten. Bahr pflegte seine sicherheitspolitischen Erklärungen ab Ende 1981/Anfang 1982 regelmäßig mit einem Plädoyer für eine „Sicherheitspartnerschaft“ bzw. „gemeinsame Sicherheit“ zwischen Ost und West zu versehen. Dabei vertrat er im wesentlichen die Vorstellungen des Berichts „Common Security“, der von der sogenannten Palme-Kommission, in der u. a. auch Bahr Mitglied gewesen war, Anfang der 80er Jahre erarbeitet worden war.[160] Bahr knüpfte allerdings auch unübersehbar an eigene Vorstellungen aus den 60er und 70er Jahren an.

Anfang 1982 stellte er sein Konzept der „gemeinsamen Sicherheit“ wie folgt vor:

„Im Zeitalter der gegenseitig gesicherten Zerstörung ist Sicherheit nicht mehr vor dem Gegner, sondern nur noch mit ihm zu erreichen. Die Gegner wären im Untergang vereint; sie können nur gemeinsam überleben. Das nukleare Zeitalter verlangt die Doktrin der gemeinsamen Sicherheit.

Gemeinsame Sicherheit verlangt das Umdenken, den Gegner als Partner zu akzeptieren, weil und nachdem er durch Gewaltanwendung nicht mehr zu besiegen ist. ...

Wenn die Vorstellung der gemeinsamen Sicherheit akzeptiert wird, ersetzt sie jede Doktrin der Abschreckung. Wenn Ost und West darangehen, gemeinsam ihre Sicher-

[159] Antrag Nr. 1 des Parteivorstandes, in: Vorstand der SPD (Hrsg.), Parteitag der SPD vom 19.–23. April 1982 in München, Band II: Angenommene und überwiesene Anträge, Bonn o. J., S. 909.

[160] S. Der Palme-Bericht. Bericht der Unabhängigen Kommission für Abrüstung und Sicherheit, „Common Security“, Berlin 1982. – Für eine umfassende Darstellung des Konzepts „Gemeinsame Sicherheit“: S. Bahr, Egon / Lutz, Dieter S., Gemeinsame Sicherheit – Idee und Konzept, Baden-Baden 1986.

heit zu organisieren, ergibt sich das gemeinsame Interesse, keine neuen Waffensysteme einzuführen, also die explosive Entwicklung wissenschaftlicher Erkenntnisse nicht mehr militärisch anzuwenden, also die Hoffnung auf einen qualitativen technischen Durchbruch gemeinsam aufzugeben, der doch nur zeitlich begrenzt denkbar ist und einen gefährlichen Rückfall in die Vorstellung bedeuten würde, zuletzt vielleicht doch noch siegen zu können. Die erste Stufe gemeinsamer Sicherheit gestattet qualitativen und quantitativen Rüstungsstopp. ...
Gemeinsame Sicherheit eröffnet in der zweiten Stufe die Perspektive echter Abrüstung. Gemeinsame Sicherheit gestattet Absprachen des gemeinsamen Verhaltens in anderen Weltregionen, damit die weiterbestehenden unterschiedlichen Ideologien und ihre Auswirkungen nicht den Weltfrieden gefährden. ...
Gemeinsame Sicherheit ist auch die Antwort auf die wachsende Sorge Europas, daß die beiden Bündnisse zwar Schutz voreinander geben, aber nicht unbedingt vor einer wachsenden Rivalität zwischen Amerika und der Sowjetunion schützen."[161]

Aus der von ihm gesehenen „wachsenden Rivalität" der Supermächte zog Bahr jedoch keineswegs den Schluß, die West- und Osteuropäer sollten ihre jeweiligen Allianzen verlassen. Kategorisch befand er:

„Gemeinsame Sicherheit ist nur mit den Bündnissen und ihren Führungsmächten und nicht gegen oder ohne sie zu erreichen."[162]

Mit dieser apodiktischen Aussage grenzte Bahr die „Doktrin der gemeinsamen Sicherheit" von der in seiner Partei seit den 50er Jahren populären Idee eines kollektiven europäischen Sicherheitssystems ab. Er stand damit nicht allein, sondern repräsentierte den Standpunkt der Parteiführung.[163] Gleichzeitig wurde mit der von Bahr u. a. vorgenommenen Abgrenzung ein Schutzdamm gegen die in den Jahren 1982/83 ansteigende Flut derjenigen Sozialdemokraten errichtet, die nicht nur aus dem NATO-Doppelbeschluß, sondern aus dem westlichen Bündnis überhaupt „aussteigen" wollten.
Eine Überwindung der Militärblöcke in Ost und West wird von führenden Sozialdemokraten nur „auf lange Sicht"[164] für möglich gehalten. Nach Bahr bildet die Konzeption der „Sicherheitspartnerschaft" die Perspektive sozialdemokratischer Sicherheitspolitik „für den Rest des Jahrhunderts".[165]
Auf zwei Parteitagen, 1983 und 1984, hat die SPD mehrheitlich akzeptiert, daß die bestehende Blockstruktur die Grundlage für eine „Sicherheitspartnerschaft" zwischen Ost und West bilden soll. Allerdings wurde auch die langfristige Überwindung der

[161] Bahr, Egon, Was wird aus den Deutschen? – Fragen und Antworten, Reinbek bei Hamburg 1982, S. 229f.
[162] Sondervotum Egon Bahrs im Palme-Bericht, a.a.O., S. 199.
[163] S. dazu Vorstand der SPD (Hrsg.), Kriegsverhinderung im Atomzeitalter. Bericht der Arbeitsgruppe „Neue Strategien beim SPD-Parteivorstand, Bonn, Juni 1983, S. 1; Eppler, Erhard, Die tödliche Utopie der Sicherheit, Reinbek bei Hamburg 1983, S. 167; Voigt, Karsten D., Friedenspolitik der Grünen – Versuch einer fairen Auseinandersetzung, in: Neue Gesellschaft, 30. Jhrg., Heft 4/1983, S. 320.
[164] Voigt, Friedenspolitik der Grünen, a.a.O., S. 320.
[165] Bahr, Egon, Sozialdemokratische Sicherheitspolitik, in: Neue Gesellschaft, 30. Jhrg., Heft 2/1985, S. 109.

Blöcke anvisiert.[166] Damit wurde „Sicherheitspartnerschaft" als Zwischenschritt qualifiziert, auch wenn nicht ausdrücklich auf die Idee kollektiver Sicherheit Bezug genommen wurde.
Die Konzeption der "Sicherheitspartnerschaft" wird nicht nur von den Befürwortern einer am Harmel-Prinzip orientierten Gleichgewichtspolitik kritisiert,[167] sondern auch von denjenigen, denen dieses Ziel nicht weit genug gesteckt erscheint.
So haben Mitarbeiter des von Egon Bahr geleiteten Instituts für Friedensforschung und Sicherheitspolitik an der Universität Hamburg (IFSH) festgestellt:

„‚Sicherheitspartnerschaft' und ‚gemeinsame Sicherheit' beschreiben nicht viel mehr als Aktualisierungen von Grundgedanken sozialdemokratischer Entspannungs- und Rüstungssteuerungspolitik.
Der Kerngedanke ‚gemeinsamer Sicherheit' findet sich bereits in der Konzeption der ‚Kooperativen Rüstungssteuerung' (KRSt)."[168]

Auch sei die „Doktrin der gemeinsamen Sicherheit" keineswegs eine Alternative zur Abschreckungsdoktrin, vielmehr solle – wie schon bisher – „beides miteinander verbunden bleiben: stabile Abschreckung (Strategische Stabilität) durch kooperativ gehandhabte Entspannungs- und Rüstungssteuerungspolitik bzw. gemeinsame Sicherheit durch wechselseitige Abschreckung".[169]
Das Fazit der beiden Hamburger Wissenschaftler lautet deshalb, bei der Konzeption der „Sicherheitspartnerschaft" handele es sich um „nicht viel mehr als Wiederholungen von Grundgedanken der Brandt/Bahrschen Entspannungskonzeption aus den 60er Jahren".[170]
Diese Wertung besticht, wenn man sich etwa an Brandts vage Definition eines „europäischen Sicherheitssystems" Ende der 60er Jahre erinnert: ein solches System sei auch bei Weiterbestehen der beiden Bündnisse möglich, diese müßten dann nur in ein bestimmtes Verhältnis zueinander gebracht werden.

[166] S. Antrag 318 des Parteivorstandes, in: Vorstand der SPD (Hrsg.), Bundesdelegierten-Konferenz und Außerordentlicher Parteitag der SPD am 18. und 19. November 1933 in Köln, Protokoll der Verhandlungen/Dokumentarischer Anhang, Bonn o. J., S. 199f.; Antrag 259 des PV, in: Vorstand der SPD (Hrsg.), Parteitag der SPD vom 17.–21. Mai 1984 in Essen, Anhang: Angenommene und überwiesene Anträge, Bonn 1984, S. 744.

[167] Hier sind insbesondere zu nennen: Mertes, Alois, Friedenserhaltung – Friedensgestaltung. Zur Diskussion über „Sicherheitspartnerschaft", in: Europa-Archiv, 38. Jhrg., 7/1983, S. 187–196; Wettig, Gerhard, Eine alternative Sicherheitspolitik? Die Empfehlungen der Palme-Kommission, in: Europäische Wehrkunde, 32. Jhrg., 2/1983, S. 97–105. Für eine besonders scharfsinnige Kritik der „Doktrin der gemeinsamen Sicherheit" aus dem sozialdemokratischen Lager: S. Zepter, Bernhard, Abrüstung und Rüstungskontrolle – Ausweg aus der Krise durch „Suffizienz" und Vertrauensbildung?, in: Neue Gesellschaft, Heft 2/1985, S. 146–151.
Zepter macht auf den immanenten Widerspruch des Modells der „Sicherheitspartnerschaft" aufmerksam, das einerseits die nukleare Abschreckung überwinden wolle – so jedenfalls der ambitiöse Anspruch –, andererseits aber die Existenz der Massenvernichtungswaffen voraussetze, deren Abschreckungswert und kriegsverhindernde Wirkung unausgesprochen auch er anerkennt.

[168] Böge/Wilke, Sicherheitspolitische Alternativen, a.a.O., S. 138f.

[169] Ebenda, S. 139f.

[170] Ebenda, S. 142.

Rückblickend gewinnt man den Eindruck, als habe es Brandt nur an einem Begriff für das angestrebte neue „Verhältnis" der Bündnisse gemangelt, nämlich dem Begriff „Sicherheitspartnerschaft".
Auch Egon Bahrs – voreilige – Formulierung von 1976, Ost und West befänden sich in einer „Übergangsphase der geschichtlichen Entwicklung", ließe sich, wie bereits bemerkt wurde, leicht auf den Begriff „Sicherheitspartnerschaft" bringen.
Dennoch kann die Konzeption der „Sicherheitspartnerschaft" nicht einfach als „Aktualisierung" entspannungspolitischer Vorstellungen der SPD aus den 60er und 70er Jahren bezeichnet werden. Insofern nämlich, als das veränderte Ost-West-Kräfteverhältnis und insbesondere die Erfahrungen mit der sowjetischen Rüstungs- und Rüstungskontrollpolitik in den 70er Jahren[171] berücksichtigt werden müssen.
Vor diesem Hintergrund muß der Konzeption der „Sicherheitspartnerschaft" eine Realitätsferne attestiert werden, die diejenige der SPD-Entspannungskonzeption Ende der 60er/Anfang der 70er Jahre bei weitem übertrifft; denn die „Doktrin der gemeinsamen Sicherheit" ist gewissermaßen das Ergebnis einer Politik, die nach der Devise verfährt: Wenn das ideale Ziel nicht mit der Wirklichkeit in Übereinstimmung zu bringen ist – um so schlimmer für die Wirklichkeit.
„Sicherheitspartnerschaft" ist nichts weniger als die Absage an eine Politik des politischen und militärischen Gleichgewichts, wie sie unter Helmut Schmidt zu einem Aushängeschild sozialdemokratischer Sicherheitspolitik geworden war, aber offensichtlich nicht zu ihrem Kern. Die Konzeption hat mit der Verabsolutierung von Rüstungskontrolle und Abrüstung nicht zuletzt das Harmel-Prinzip über Bord geworfen.[172] Denn dies ist der Grundfehler der Konzeption: „Gemeinsame Sicherheit" gilt ihr alles, „abwehrende Sicherheit"[173] hingegen nichts. Die vollkommen andere Sicherheitsphilosophie der Sowjetunion wird einfach nicht zur Kenntnis genommen.[174]
Um zum Ausgangspunkt unserer Kritik an der Konzeption der „Sicherheitspartnerschaft", der Analyse von Böge/Wilke, zurückzukehren: Der Unterschied zwischen der sozialdemokratischen Entspannungskonzeption Ende der 60er/Anfang der 70er Jahre und der Konzeption der „Sicherheitspartnerschaft" in den 80er Jahren ist – prägnant formuliert – der zwischen Idealismus und sicherheitspolitischem Eskapismus, d. h. der Flucht aus der Realität.

171 Hierzu hat die Stiftung Wissenschaft und Politik (Ebenhausen) 1983 in zwei Bänden eine umfangreiche und bemerkenswerte Bestandsaufnahme vorgelegt, die gleichzeitig als ein Plädoyer für eine „realistische Machtpolitik" gegenüber der UdSSR gelten kann: Nerlich, Uwe (Hrsg.), Sowjetische Macht und westliche Verhandlungspolitik im Wandel militärischer Kräfteverhältnisse, Baden-Baden 1982; ders. (Hrsg.), Die Einhegung sowjetischer Macht – Kontrolliertes militärisches Gleichgewicht als Bedingung europäischer Sicherheit, Baden-Baden 1982.

172 So wird z. B. in der Entschließung des Kölner „Nachrüstungs"-Parteitags vom Herbst 1983 Entspannung als das „übergeordnete politische Instrument" sozialdemokratischer Sicherheitspolitik bezeichnet: S. Protokoll PT 1983 Köln, a.a.O., S. 199.

173 Vgl. Mertes, Alois, Friedenserhaltung – Friedensgestaltung, a.a.O., S. 187; ders., Abwehrende Sicherheit und Gemeinsame Sicherheit, in: BPA (Hrsg.), Bulletin der Bundesregierung, Nr. 85, 7. 9. 1983, S. 789–792.

174 Vgl. Wettig, Eine alternative Sicherheitspolitik?, a.a.O., S. 104.

### b) *Kollektives Sicherheitssystem in Europa*

Nach dem Ausscheiden der SPD aus der Regierungsverantwortung dynamisierte sich die innerparteiliche Diskussion über die Ziele einer neuen sozialdemokratischen Sicherheitspolitik. Wunsch und Wille Egon Bahrs, nämlich „gemeinsame Sicherheit" als Perspektive für den Rest des Jahrhunderts anzusehen, wurden nicht allgemein akzeptiert, da diese „Doktrin" den Bündnis- bzw. Blockrahmen nicht antasten wollte.

Aus „Angst vor den Freunden", wie Oskar Lafontaine treffend formulierte,[175] hielten viele Sozialdemokraten eine möglichst baldige Ablösung der Bündnisse in Europa für notwendig. Dieses Bedürfnis lenkte den Blick fast zwangsläufig auf das über eine bündniskonforme „Sicherheitspartnerschaft" hinausreichende Ziel eines kollektiven Sicherheitssystems in Europa.

Die Idee kollektiver Sicherheit war zuletzt Ende der 60er Jahre, vor dem sowjetischen Einmarsch in die ČSSR, in der SPD ernsthaft diskutiert worden. 1983 wurde sie wiederbelebt, und zwar vor allem durch Oskar Lafontaine und den IFSH-Wissenschaftler Dieter S. Lutz. Letztgenannter konnte im Sommer/Herbst 1983, zu einem Zeitpunkt also, als sich das unkonditionierte Nein der SPD zur NATO-Nachrüstung bereits deutlich abzeichnete, eine vielbeachtete, mehrteilige Artikelserie zum Thema „Kollektive Sicherheit" im SPD-Organ „Vorwärts" veröffentlichen.[176]

Lafontaine schenkte in seinem bereits zitierten Buch der von Bahr, Voigt u. a. SPD-Spitzenpolitikern in extenso erläuterten „Sicherheitspartnerschaft" keine Bedeutung. Er übersprang diese Zwischenstufe und befand: „Die Idee der kollektiven Sicherheit ist die Alternative zu den bestehenden Verteidigungsbündnissen."[177] Der demokratische Sozialismus sei eine blockfreie Ideologie. Daher müsse die „sozialdemokratische Sicherheitspolitik der 50er Jahre ... neu aufgegriffen und weiterentwickelt werden".[178]

Wie eng sich Lafontaine in der Tat an die SPD-Sicherheitskonzeption der 50er Jahre anlehnte, zeigt seine folgende Forderung:

> „Es muß versucht werden, im Rahmen der Vereinten Nationen ein international vereinbartes Sicherheitssystem zu schaffen. Nur ein internationales Sicherheitssystem, das sich auf die Einhaltung der Grundsätze der Vereinten Nationen und anderer universell anerkannter Instrumente des Völkerrechts stützt, kann die Alternative zu den Blocksystemen sein. Die Auflösung der Blocksysteme muß im Rahmen eines internationalen Sicherheitssystems stattfinden."[179]

[175] S. Lafontaine, Oskar, Angst vor den Freunden. Die Atomwaffen-Strategie der Supermächte zerstört die Bündnisse, Reinbek bei Hamburg 1983.

[176] Im einzelnen handelte es sich um die folgenden Aufsätze: Lutz, Dieter S., Mit „Kollektiver Sicherheit" gegen Denksperren, in: Vorwärts, Nr. 21, 19. 5. 1983; ders., Die „Vorleistung" beginnt im Kopf, in: Vorwärts, Nr. 29, 14. 7. 1983; ders., Statt kriegsbereit für den Frieden bereit sein, in: Vorwärts, Nr. 34, 18. 8. 1983; ders., Kollektive Sicherheit – „Sündenfall" oder Ausweg?, in: Vorwärts, Nr. 41, 6. 10. 1983. – Für eine Zusammenfassung der Kerngedanken dieser Aufsätze: S. Lutz, Dieter S., Auf dem Weg zu einem System kollektiver Sicherheit in und für Europa, in: Sicherheit + Frieden, 1/1984, S. 12–25.

[177] Lafontaine, a.a.O., S. 106.

[178] Ebenda, S. 105f.

[179] Ebenda, S. 91.

Lafontaines Zwischenstufe auf dem Weg zur Auflösung der Blöcke und der Errichtung eines kollektiven Sicherheitssystems war der Austritt der Bundesrepublik Deutschland aus der militärischen Integration der NATO.[180]

Dieter S. Lutz akzeptierte die „Doktrin der gemeinsamen Sicherheit" als Ausgangspunkt einer Neuorientierung sozialdemokratischer Sicherheitspolitik. Aber die SPD müsse „ihre historische Aufgabe angesichts der zu Ende gehenden ‚Atempause'" begreifen:

„Das sozialdemokratische Konzept der ‚gemeinsamen Sicherheit' muß in die Forderung nach einem System der kollektiven Sicherheit einmünden."[181]

Lutz hat einen sehr detaillierten Fahrplan mit dem Ziel der „Institutionalisierung eurokollektiver Sicherheit"[182] – eine neue Wortschöpfung und Synonym für System kollektiver Sicherheit in Europa – vorgelegt, auf den hier im einzelnen nicht eingegangen werden soll.[183] Zusammen mit Mitarbeitern des IFSH hat er seit 1983 weitere Arbeiten auf diesem Gebiet durchgeführt.[184]

Hervorstechende Charakteristik des Lutzschen Konzepts und der vergleichsweise vagen Gedanken Lafontaines ist die souveräne Vernachlässigung machtpolitischer Gegebenheiten und die Verabsolutierung vertragsrechtlicher Problemlösung, also ein legalistischer Politikansatz, wie er schon für die SPD-Sicherheitspolitik der 50er Jahre kennzeichnend gewesen ist.

Damit einhergeht, daß etwa die „Ostproblematik"[185] eines kollektiven europäischen Sicherheitssystems überhaupt keine Beachtung findet bzw. nur in dürftigen Halbsätzen, wie „ähnliche Abläufe lassen sich auch für Osteuropa und mit Blick auf die Sowjetunion vorstellen",[186] angerissen wird.

Diese Problemverdrängung ist einerseits Ausdruck einer Äquidistanz zu den Bündnisvormächten („Angst vor den Freunden") und liegt andererseits in dem Bemühen begründet, das ideale Ziel nicht durch östliche Imponderabilien belasten zu lassen.

Dennoch oder vielleicht gerade deshalb hat die Revitalisierung der Konzeption kollektiver Sicherheit durch Lafontaine, Lutz u. a. in der SPD große Resonanz gefunden. Ein Gradmesser für diese Resonanz sind beispielsweise die zahlreichen Anträge an den

180 Ebenda, S. 81ff.

181 Lutz, Kollektive Sicherheit – „Sündenfall" oder Ausweg?, a.a.O.

182 Ebenda.

183 S. dazu Sicherheit + Frieden, 1/1984, mit dem Themenschwerpunkt „Kollektive Sicherheit – Eine Alternative", insbesondere: Lutz, Auf dem Weg zu einem System Kollektiver Sicherheit in und für Europa, S. 12–25; Borkenhagen, Franz H. U., Militärische Defensivkonzepte in einem System der Kollektiven Sicherheit (SKS), S. 25–30.

184 S. Böge/Wilke, Sicherheitspolitische Alternativen, a.a.O., S. 201–252; Lutz, Dieter S. (Hrsg.), Kollektive Sicherheit in und für Europa – Eine Alternative, Baden-Baden 1985.

185 S. dazu Senghaas, Dieter, Die Ostproblematik eines europäischen Systems kollektiver Sicherheit, in: Sicherheit + Frieden, 1/1984, S. 37–40. – Senghaas weist die Protagonisten Kollektiver Sicherheit darauf hin, daß „die Normalisierung der Beziehungen der Sowjetunion zu ihren osteuropäischen Vorfeldstaaten als eine der wichtigsten Voraussetzungen für die Realisierungschancen eines Systems kollektiver Sicherheit" gesehen werden muß (S. 37).

186 Lutz, Kollektive Sicherheit – „Sündenfall" oder Ausweg?, a.a.O.

Essener Parteitag 1984, in denen die Errichtung eines Systems der kollektiven Sicherheit in Europa gefordert wurde.[187]

Egon Bahr hat anerkannt, daß „Sicherheitspartnerschaft" lediglich die Vorstufe eines kollektiven Sicherheitssystems sein kann.[188]

Lutz wiederum hat daraus folgenden Schluß gezogen:

„Ist es aber richtig, daß Gemeinsame Sicherheit langfristig zu einem System Kollektiver Sicherheit führt, so kann Gemeinsame Sicherheit nur aus der kurz- und mittelfristigen Perspektive als ein eigenständiges Zielkonzept angesehen werden. Methodisch korrekter ist es, den Zusammenhang von SKS (System Kollektiver Sicherheit, T.E.) und GS (Gemeinsame Sicherheit, T.E.) als ein Ziel-Mittel-Verhältnis zu betrachten: Das langfristige Ziel SKS soll mit Hilfe und auf dem Wege der gemeinsamen Sicherheit errichtet werden. Oder anders formuliert: Mit Blick auf die Überwindung und Ablösung der derzeitigen pakt- und abschreckungsorientierten Sicherheitspolitik ist Gemeinsame Sicherheit ein Zielkonzept; mit Blick auf die Errichtung eines Systems kollektiver Sicherheit ist sie ‚bloße' Methode bzw. Übergangsstrategie."[189]

Kollektive Sicherheit liegt in der Tat in der Logik „Gemeinsamer Sicherheit". Hierüber scheint es Mitte der 80er Jahre in der SPD einen breiten Konsens zu geben. Unterschiedliche Ansichten gibt es wohl lediglich hinsichtlich der zeitlichen Perspektiven.

### c) *Europäische Friedensordnung*

Die einst von Willy Brandt popularisierte Zielvorstellung einer „europäischen Friedensordnung" begann Anfang der 80er Jahre in der SPD wieder eine größere Rolle zu spielen. Allerdings in einem ganz anderen Kontext als Ende der 60er Jahre.

Hatte in den Jahren 1966/68 ein in den Reihen der SPD weitverbreiteter Entspannungsoptimismus die Zielperspektive „europäische Friedensordnung" in den Vordergrund gerückt, so war es Anfang der 80er Jahre die Perzeption einer zunehmenden Verschlechterung der Ost-West-Beziehungen, insbesondere des Verhältnisses der beiden Supermächte, die zu einer Renaissance der Zielvorstellung einer „europäischen Friedensordnung" führte.

Europa sollte von den Spannungen im Rest der Welt abgeschottet, Entspannung also – im Gegensatz zu der amerikanischen Linkage-Konzeption – teilbar gemacht werden.

Diese Perspektive war die Fortführung der defensiven Schadensbegrenzungsstrategie sozialdemokratischer Sicherheitspolitik Ende der 70er/Anfang der 80er Jahre, und zwar im Sinne einer „Flucht nach vorn".

[187] S. Vorstand der SPD (Hrsg.), Anträge zum Parteitag der SPD vom 17.–21. Mai 1984 in Essen, Bonn o. J., S. 274, 283, 296, 336, 400, 421, 428, 488.

[188] S. Bahr, Egon, Gemeinsame Sicherheit – Voraussetzung für Kollektive Sicherheit, in: Sicherheit + Frieden, 1/1984, S. 40–43. Vgl. auch Fuchs, Katrin und Jungmann, Horst, Von der gemeinsamen zur kollektiven Sicherheit, in: Sicherheit + Frieden, 1/1984, S. 44f.; Fuchs, Katrin, Frieden ist möglich – durch Abrüstung und Entspannung, in: Fuchs, Katrin (Hrsg.), Konzepte zum Frieden, Vorschläge für eine neue Abrüstungs- und Entspannungspolitik der SPD, Berlin 1985, S. 71.

[189] Lutz, Dieter S., Gemeinsame Sicherheit – das neue Konzept, in: Sicherheit + Frieden, 4/1985, S. 214.

Sie bezog starke Impulse von den außereuropäischen Konfliktherden (Iran, Afghanistan) und insbesondere durch den Amtsantritt des republikanischen Präsidenten Reagan in den USA.

Einen wichtigen programmatischen Beitrag zur Wiederbelebung der Zielperspektive „europäische Friedensordnung“ in der SPD leistete 1981 Peter Bender, der einen ausführlichen, wenngleich unscharf konturierten Stufenplan zur „Europäisierung Europas“ vorlegte.[190] Er ging dabei von zwei Prämissen aus, nämlich, daß das „Ende des ideologischen Zeitalters“ in den Ost-West-Beziehungen gekommen[191] und daß die dominierende Stellung der beiden Supermächte anomal sei.

Europa zwischen Bug und Atlantik, so die These Benders, befinde sich in einem Ausnahmezustand, „solange es in zwei, von halbeuropäischen Großmächten geführte Militärbündnisse geteilt bleibt. Europa ist ganz erst wieder Europa, wenn alle dort stationierten fremden Truppen nach Hause zurückgekehrt sind.“[192]

Der Abzug der USA und der UdSSR aus Europa sowie die Auflösung der Bündnisse könne aber erst der letzte Schritt der „Europäisierung“ sein, der Europa dann eine „Brückenfunktion“ geben würde:

„Die Alte Welt würde noch einmal eine weltpolitische Rolle spielen, indem sie als stabilisierende Größe wirkt – sowohl im Verhältnis zwischen Moskau und Washington als auch zwischen dem ‚Norden‘ und dem ‚Süden‘.“[193]

Beginnen sollte der Prozeß der „Europäisierung“ nach Benders Vorstellung mit einem „Minimalprogramm“ zur „Wahrung des Besitzstandes an Entspannung“.[194] Es gehe hierbei allein um eine „Verteidigung gegen die Fahrlässigkeiten und Zumutungen der Weltmächte“.[195]

Eine zweite Stufe wäre erreicht, wenn die Europäer trotz ihrer jeweiligen Bündnispflichten eine eigene Rolle in NATO und Warschauer Pakt spielen könnten und somit eine „europäische Verteidigungsgemeinschaft zum Schutze der Entspannung“ bilden würden.[196]

Drittens sollten sich die Osteuropäer dann, mit dem Einverständnis Moskaus, von dem sowjetischen Modell in Politik und Wirtschaft lösen.

Bis zur vierten und letzten Stufe der „Europäisierung Europas“ sollten die Europäer allerdings fest in ihre jeweiligen Bündnisse integriert bleiben:

„Nicht ein ‚disengagement‘, ein militärischer Rückzug der Großmächte ermöglicht, daß die Europäer zueinander kommen, sondern das Gegenteil, die weitere militärische Anwesenheit der Russen und Amerikaner, am längsten wahrscheinlich in Berlin, dem Kontrollzentrum für die heikelste Zone: Deutschland und Mitteleuropa. Die Großen

[190] S. Bender, Peter, Das Ende des ideologischen Zeitalters – Die Europäisierung Europas, Berlin 1981. Zur Kritik an Benders Buch vgl. Pfeiler, Wolfgang, Überall ist Europa. Von den Träumereien eines ostpolitischen Vordenkers, in: Die Politische Meinung, Heft 206, Januar/Februar 1983, S. 65ff.

[191] Zur Kritik an dieser Behauptung: S. Bracher, Zeitalter der Ideologien, a.a.O., S. 182ff., 283f., 351.

[192] Bender, a.a.O., S. 263.

[193] Ebenda, S. 267.

[194] Ebenda, S. 250.

[195] Ebenda.

[196] Ebenda, S. 253.

brauchen Garantien, daß ihnen nichts entgleitet – nur unter dem Dach der Allianzen hat eine größere Annäherung der Europäer Aussicht."[197]

Es ist nicht zu übersehen, daß Egon Bahr diese wichtige These Benders in sein Konzept der „gemeinsamen Sicherheit" übernommen hat.
Bender verwandte zur Zielbeschreibung zwar nicht den bekannten Begriff „europäische Friedensordnung", inhaltlich lief sein Stufenplan allerdings auf dieses klassische sozialdemokratische Ziel hinaus. In jedem Falle gab Bender mit seinem Stufenplan der allmählich in Gang kommenden sozialdemokratischen Zieldiskussion wichtige Anstöße. Dies zeigte sich, wie bereits gesagt, in der Konzeption der Gemeinsamen Sicherheit Egon Bahrs, aber auch in der Diskussion und in der sicherheitspolitischen Entschließung des Münchner Parteitages 1982. Dort hieß es:

„Die Entspannungspolitik erhält eine neue politische Qualität, wenn es gelingt, die Kräfte der ganzen Nation in beiden deutschen Staaten gemeinsam mit den europäischen Nachbarn in Ost und West auf das Ziel einer dauerhaften europäischen Friedensordnung zu lenken."[198]

Ende des Jahres 1982 präsentierte das Forschungsinstitut der Friedrich-Ebert-Stiftung „Überlegungen zu einer Europäischen Friedensordnung".[199] Ausgangspunkt war die Befürchtung, „daß außereuropäische Konflikte der beiden Weltmächte auf Europa übertragen werden[200] sowie die Behauptung der „Unvereinbarkeit der entspannungspolitischen Ziele" der USA einerseits und der Westeuropäer andererseits.[201]
Deshalb forderten die Autoren Wilhelm Bruns und Christian Krause die Westeuropäer auf, „sich langfristig dem amerikanischen Einfluß zu entziehen und eine mehr eigenständige Politik zu betreiben".[202]
Sie entwarfen vier verschiedene Modelle einer Europäischen Friedensordnung (restauratives Modell, unabhängiges Westeuropa, europäische Völkerfamilie, Harmel-Modell). Interessanterweise wurde die Möglichkeit eines kollektiven europäischen Sicherheitssystems vollkommen ausgeklammert und das Modell, welches einer solchen Zielsetzung am nächsten kam (restauratives Modell), als unrealistisch verworfen.[203]
Die Autoren plädierten schließlich für das Modell eines unabhängigen Westeuropa, „das zwar zum Westen gehört, aber sicherheitspolitisch auf eigenen Füßen steht".[204] Dabei ging es keineswegs um eine Entlastung der USA hinsichtlich der Verteidigung Westeuropas, sondern darum, sich von einer als riskant und spannungsverschärfend perzipierten Politik der Bündnisvormacht abzukoppeln. Diese Sicht der Dinge wird deutlich, wenn z. B. gesagt wird, durch einen Rückzug der amerkanischen Truppen aus

197 Ebenda, S. 262.
198 Antrag 1 des Parteivorstandes, in: Protokoll PT München 1982, Band II, a.a.O., S. 908.
199 Bruns, Wilhelm und Krause, Christian, Überlegungen zu einer Europäischen Friedenspolitik, Bonn, Dezember 1982. Vgl. auch Bruns, Wilhelm, Thesen zur europäischen Sicherheitspolitik, Bonn, Juli 1982.
200 Bruns/Krause, a.a.O., S. 8.
201 Ebenda, S. 9.
202 Ebenda, S. 10.
203 Ebenda, S. 24.
204 Ebenda, S. 34.

Europa „würde die unmittelbare militärische Konfrontation der USA und der UdSSR in Europa aufgehoben".[205]
Die Überlegungen von Bruns und Krause sind für die weitere Diskussion über eine Europäische Friedensordnung in der SPD bzw. im Umfeld der Sozialdemokratie nur von beschränkter Bedeutung gewesen. Der Grund hierfür dürfte sein, daß die Autoren eine dauerhafte Friedensordnung prinzipiell auch bei Fortbestehen des Ost-West-Konflikts und der Blockstruktur in Europa für möglich hielten, daß sie die Auflösung der beiden Bündnisse, die Errichtung eines kollektiven Sicherheitssystems, die Transformierung der beiden Teile Europas in einen wie auch immer gearteten „demokratischen Sozialismus" nicht einmal anvisierten.
Unmittelbare politische Resonanz haben die Vorstellungen von Bruns und Krause eigentlich nur in den Thesen Horst Ehmkes zur „Selbstbehauptung Europas"[206] gefunden. Hierbei handelte es sich allerdings, wie heute leicht zu erkennen ist, um einen Nebenstrang der sozialdemokratischen Zieldiskussion. Bruns/Krause und Ehmke blieben gewissermaßen auf der zweiten Stufe des Benderschen Plans zur „Europäisierung Europas" stehen.

1982/83 wurde auch in der vom SPD-Parteivorstand eingesetzten Arbeitsgruppe „Neue Strategien" über die Perspektive einer Europäischen Friedensordnung diskutiert, wiewohl diese Diskussion nicht Schwerpunkt der Kommissionsarbeit war. Im Bericht der von Bahr geleiteten Gruppe wurde einleitend festgestellt:

„Aufgabe der Politik muß es ... sein, die Ost-West-Konfrontation abzubauen und das Verhältnis zwischen den Bündnissen in eine europäische Friedensordnung überzuleiten.
Eine selbsttragende europäische Friedensordnung wird es in absehbarer Zeit nicht geben. Sie muß durch Mitwirkung der Weltmächte getragen werden. Beide Weltmächte müssen Teil einer solchen Friedensordnung sein, deren Bestand sie garantieren.
Unter dieser Zielsetzung bleiben die Fortsetzung und Vertiefung der Entspannungspolitik ohne Alternative. Um eine europäische Friedensordnung in Sicherheit zu erreichen, ist Entspannung das übergeordnete politische Instrument."[207]

Es wurde allerdings in dem Papier, in dem es überwiegend um Strategiefragen im Hinblick auf die Etablierung einer „Sicherheitspartnerschaft" ging, nicht recht deutlich, inwieweit sich „Sicherheitspartnerschaft" und eine Europäische Friedensordnung inhaltlich unterscheiden. An einer Stelle des Berichts war lediglich von dem Ziel einer Europäischen Friedensordnung „auf der Grundlage einer Sicherheitspartnerschaft"[208] die Rede.
Etwas deutlicher wurde hier die sicherheitspolitische Entschließung des Kölner Parteitages, in der eine Europäische Friedensordnung mit Blocküberwindung gleichgesetzt wurde.[209]

[205] Ebenda, S. 17.
[206] S. Ehmke, Horst, Überlegungen zur Selbstbehauptung Europas. Ein Diskussionspapier, hrsg. vom Vorstand der SPD in der Reihe „Politik", Bonn, Januar 1984.
[207] Vorstand der SPD (Hrsg.), Kriegsverhinderung im Atomzeitalter, a.a.O., S. 12.
[208] Ebenda, S. 6.
[209] S. Antrag Nr. 318 des Parteivorstandes, in: Protokoll PT Köln 1983, a.a.O., S. 200.

Die Resolution des Essener Parteitages 1984 brachte schließlich die Stufenfolge der sozialdemokratischen Ziele klar zum Ausdruck:

„Unser Ziel ist es, auf der Grundlage einer Sicherheitspartnerschaft der bestehenden Militärblöcke eine europäische Friedensordnung zu schaffen, die diese Blöcke überwindet."[210]

Es waren wiederum Mitarbeiter des SPD-nahen IFSH, die 1983/84 als erste eine Präzisierung und Abgrenzung des Ziels Europäische Friedensordnung leisteten. Dieter S. Lutz hat eine über die Errichtung eines kollektiven Sicherheitssystems hinausgehende „Neue Europäische Friedensordnung" (NEFO) wie folgt beschrieben:

„– Auf innergesellschaftlicher Ebene versteht sie sich als Versuch der umfassenden Verwirklichung demokratischer Strukturen und ökologischer Lebensweisen.
– Verteidigungspolitisch zielt sie auf ein System Kollektiver Sicherheit, das, anders als Militärallianzen, ohne Bedrohungswirkung der Friedenssicherung nach innen und nach außen dient.
– Im Ost-West-Verhältnis sucht sie die Interessenidentität der kleineren Staaten Ost- und Westeuropas über die Knüpfung eines dichten Netzes gegenseitiger Abhängigkeiten und Verpflichtungen zur Auflösung der Blockkonfrontation zu nutzen.
– Im Nord-Süd-Konflikt schließlich verfolgt sie durch partnerschaftliche Kooperation, aber auch durch Parteinahme für die Dritte Welt, die friedliche Entwicklung des Südens einerseits und den weltweiten Interessenausgleich andererseits."[211]

Eine Europäische Friedensordnung wird also von Lutz wesentlich umfassender definiert als ein Kollektives Sicherheitssystem. Nach Böge/Wilke würde die Schaffung eines solchen Systems die Basis für eine „Neue Europäische Friedensordnung" bilden, die „verändernd bis in das Bewußtsein jedes einzelnen" hineinwirken werde:

„Dabei geht es nicht nur um Bewußtseinswandel auf sicherheitspolitischem Gebiet i.e.S. – also etwa um Feindbildabbau –, sondern um das Aufbrechen von Bewußtseinsstrukturen, die von der gesamten Gesellschaft geprägt werden und diese – und dabei eben auch im Bereich der Sicherheitspolitik – wiederum prägen: Konkurrenz- und Leistungsdenken, Denken in Kategorien von Macht und Stärke, das sich unreflektiert von Alltagserfahrungen auf die Zusammenhänge internationaler Politik überträgt und dort dann zu Mustern einer ‚Politik durch (militärische) Stärke' und zur Akkumulation von militärischen Machtmitteln führt."[212]

Den grundsätzlichen Unterschied zwischen den Konzepten Sicherheitspartnerschaft und Kollektive Sicherheit einerseits und dem Ziel einer Europäischen Friedensordnung andererseits hat im Sommer 1985 ein Diskussionspapier des „August-Bebel-Kreises", eines Zirkels sozialdemokratischer bzw. der SPD nahestehender Intellektueller, aufgezeigt.

[210] Antrag Nr. 259 des Parteivorstandes, in: Protokoll PT Essen 1984, a.a.O., S. 744.

[211] Lutz, Auf dem Weg zu einem System Kollektiver Sicherheit in und für Europa, a.a.O., S. 16; vgl. Lutz, Dieter S., Sicherheitspolitik am Ende der Atempause? Wege in die Gefahr und Plädoyer für eine Neue Europäische Friedensordnung (NEFO), in: Neue Politik, IX/1982, S. 17–23.

[212] Böge/Wilke, Sicherheitspolitische Alternativen, a.a.O., S. 251.

Der Friedensgedanke, der der Sicherheitspartnerschaft, aber auch noch der Konzeption Kollektiver Sicherheit zugrunde liege, sei „eindeutig ein negativer im Sinne der Abwesenheit von Krieg".[213]

Demgegenüber ziele das weitergehende Konzept einer Neuen Europäischen Friedensordnung auf die Herstellung eines „positiven Friedens" im Sinne der Abwesenheit struktureller Gewalt bzw. der Schaffung sozialer Gerechtigkeit ab.

Europäische Friedensordnung bezeichnet also für den „August-Bebel-Kreis" den (nur theoretisch denkbaren) Zustand konflikt- und herrschaftsfreier Beziehungen auf zwischenstaatlicher wie innerstaatlicher Ebene. Mit anderen Worten: Hier erfährt die sozialistische Gesellschaftsutopie des 19. Jahrhunderts eine Wiederauflage im modernen und scheinbar wissenschaftlichen Gewand des „positiven Friedens". Insofern ist der Name des Diskussionskreises trefflich gewählt.

Auf der Ebene der praktischen Politik wird das intellektuelle Postulat eines „positiven Friedens" durch die SPD-Linke in die Forderung nach umfassenden gesellschaftlichen Veränderungen, d. h. der Verwirklichung des „demokratischen Sozialismus",[214] umgesetzt. „Die gewaltlose Welt, in der es keine Waffen mehr gibt, der Sozialismus, ist unsere Utopie", heißt es in den „Thesen zur Friedenspolitik der SPD" unter der Überschrift „Europäische Friedensordnung".[215] Dahinter steht ein Weltbild, wie es sich exemplarisch aus den folgenden Ausführungen von Konrad Gilges, dem Sprecher der AG Frieden des „Frankfurter Kreises" und Exponenten des linken Parteiflügels in der SPD-Bundestagsfraktion, erschließt:

„Es gibt keinen dauerhaften Frieden in Europa, wenn nicht die Ursachen für Aggressionen und kriegerische Konflikte in den anderen Teilen der Welt beseitigt werden. Diese Ursachen sind in der kapitalistischen Weltwirtschaftsordnung und in dem Gegensatz von zwei weltbeherrschenden Gesellschaftssystemen auszumachen. Die Aufrüstung und Politik der kapitalistischen Staaten in Westeuropa tötete und tötet Menschen in anderen Teilen der Welt. Deshalb ist der Prozeß hin zu einer waffenlosen und gewaltlosen Welt nicht ohne die anderen Nationen möglich. Auch hier sind die Träger einer fortschrittlichen Friedenspolitik die arbeitenden Menschen und ihre politischen Organisationen. Die Sozialistische Internationale kann hier in Anknüpfung an längst verschüttete Traditionen wieder eine Funktion gewinnen."[216]

Solange allerdings „die waffenlose und gewaltlose Welt, die klassenlose Welt" keine Realität sei, könne nur eine „Friedensordnung auf der Grundlage der Sicherheitspartnerschaft" den Frieden in Europa sichern. Sicherheitspartnerschaft und Bündniszugehö-

213 August-Bebel-Kreis, Elemente einer neuen Friedens- und Sicherheitspolitik der SPD (Teil I), in: Frankfurter Rundschau, 17. 8. 1985.

214 Vgl. Voigt, Karsten D., Neubestimmung einer Sicherheitspolitik der Linken, in: Sozialismus, 2/1986, S. 9.

215 AG Frieden des „Frankfurter Kreises", Thesen zur Friedenspolitik der SPD, Bonn, Oktober 1985; s. auch AG Frieden des „Frankfurter Kreises", Für eine neue Friedens- und Sicherheitspolitik der SPD, Oer-Erkenschwick/Bonn, 16./17. 2. 86.

216 Dreizehn Eckpunkte einer linken Friedenspolitik in der Sozialdemokratischen Partei Deutschlands, in: Gilges, Konrad, Frieden ohne NATO. Perspektiven einer linken Friedenspolitik, Hamburg 1985, S. 129.

rigkeit werden hier jedoch als unvereinbar bezeichnet,[217] d. h. Sicherheitspartnerschaft mit Kollektiver Sicherheit gleichgesetzt.
Gilges hat die marxistische Grundorientierung der nach dem Ende der „Ära Schmidt" bemerkenswert erstarkten SPD-Linken wie folgt deutlich gemacht:

„Ziel jeglicher Handlung eines Sozialisten, eines linken Sozialdemokraten und der sozialistischen und sozialdemokratischen Bewegung muß es sein, die im kommunistischen Manifest anvisierte Gesellschaftsordnung zu erreichen."[218]

Diese Ordnung ist die klassenlose, kommunistische Gesellschaft, und erst sie verdient es nach Ansicht der SPD-Linken als dauerhafte europäische Friedensordnung bezeichnet zu werden. Hier treffen sich also die Vorstellungen von einem „positiven Frieden", wie sie Ende der 60er Jahre von der sogenannten Kritischen Friedensforschung entworfen wurden und in den 80er Jahren von Linksintellektuellen wiederbelebt werden, sowie die altmarxistischen Heilserwartungen bzw. -hoffnungen der SPD-Linken.
Diese Positionen werden Mitte der 80er Jahre erst von einer Minderheit in der SPD vertreten; allerdings von einer immer stärker werdenden Minderheit, die sich vor allem aus jüngeren Sozialdemokraten zusammensetzt.
Die Mehrheit der Sozialdemokraten dürfte wohl eher vage Vorstellungen von der angestrebten Europäischen Friedensordnung haben; etwa im Sinne der Überlegungen Brandts Ende der 60er Jahre, die – wie wir feststellten – allerdings auch schon Elemente eines „positiven" bzw. sozialistisch-utopischen Friedensbegriffs enthielten.
Das harmonische, konfliktfreie Zusammenleben der Völker Europas ohne große und kostspielige Militärapparate und die „Zumutungen" der Supermächte gilt als anzustrebendes Ideal.
Auch wenn hier nicht – wie bei der SPD-Linken – die marxistische Ideologie bemüht wird, so ist das im Vergleich zu anderen Parteien besonders große Harmoniebedürfnis der SPD doch nicht zuletzt das Ergebnis marxistisch geprägter Heilserwartungen der Partei in der Vergangenheit.

## 14. Zusammenfassung

Die sozialdemokratische Sicherheitspolitik der letzten zwanzig Jahre kann nur der adäquat erfassen, der auch die davorliegenden einhundert Jahre in seine Betrachtung einbezieht; denn wie keine andere deutsche Partei blickt die Sozialdemokratie auf eine lange, weitgehend ungebrochene Tradition zurück.
Diese Tradition offenbart sich nicht nur in dem Absingen alter Arbeiterlieder auf SPD-Kongressen, sondern u. a. auch in den längerfristigen Zielsetzungen bzw. „Endzielen" sozialdemokratischer Sicherheitspolitik.

[217] Ebenda.
[218] Ebenda, S. 9.

Die SPD war Ende des letzten Jahrhunderts eine eindeutig marxistische Partei, d. h., sie hatte sowohl die Marxsche Analyse der Gesellschaft übernommen als auch die utopischen Zielvorstellungen bzw. -prophezeiungen Marx' zu ihrem Programm erhoben.

Angestrebt wurde eine klassenlose, herrschafts- und ausbeutungsfreie Gesellschaft in Deutschland sowie in den übrigen Industriestaaten. Das Friedensproblem galt als gelöst, sobald der Sozialismus verwirklicht war. Umgekehrt galt der Krieg als „unausrottbar in der Gesellschaft der Warenproduktion“ (Kautsky), in der kapitalistischen Wirtschaftsform, begründet.

Auf der Basis der marxistischen Ideologie und in der Überzeugung von der Exaktheit der Wissenschaftlichkeit dieser Lehre konnten Sozialdemokraten deshalb selbstgewiß erklären: „Der Sozialismus ist der Friede!“[219]

Frieden galt mithin als „postrevolutionäre Kategorie“ (Boll), was mit einer gewissen Zwangsläufigkeit dazu führte, daß den Problemen prärevolutionärer Friedenssicherung nur geringe Beachtung geschenkt wurde. Sie wurden aufgrund der ideologischen Perspektive nur sehr verzerrt wahrgenommen.

Je länger allerdings die erwartete Revolution und damit die Verwirklichung des Sozialismus auf sich warten ließ, desto notwendiger wurde die Entwicklung einer reformerischen Übergangsstrategie. Dies traf auch – wenngleich nicht zuvörderst – auf den Bereich der Außen- und Sicherheitspolitik zu.

Auch hier war der Boden bereits durch Karl Marx und – diesem vorausgehend – den Liberalismus bestellt worden: Konflikte zwischen Staaten sollten auf friedlichem, schiedsgerichtlichem Wege und nicht durch Machtmittel entschieden werden.

Hier liegt der Ursprung für die spätere und bis in die Gegenwart wirksame Fixierung der SPD-Sicherheitspolitik auf völkerrechtliche, „legalistische“ (Löwke) Sicherheitsarrangements und Vertragspolitik.

In den Jahren der Weimarer Republik, in denen die SPD zeitweise selbst Regierungsverantwortung trug, wurde der Partei die Diskrepanz zwischen der Realität und den weitgespannten Endzielen besonders schmerzlich bewußt. Deutlicher als je zuvor kam es zur Herausbildung von unterschiedlich stark zielorientierten Gruppen, zu Polarisierungen von Reformern bzw. pragmatischen Realisten einerseits und Revolutionären und Pazifisten bzw. Idealisten andererseits.

Die marxistische Prägung der Zielvorstellungen blieb erhalten, ja sie verstärkte sich sogar wieder – nach einem kurzen reformerischen Intermezzo (Görlitzer Programm) – in der zweiten Hälfte der 20er Jahre. „Der Sozialismus ist die Macht, die der Welt den dauernden Frieden bringen wird“, hieß es bezeichnenderweise in den „Richtlinien zur Wehrpolitik“ von 1929.

Dazu korrespondierte die These, die SPD könne ein „Wehrprogramm“ – mit heutigen Worten: ein verteidigungspolitisches Konzept – gar nicht haben, weil der Sozialismus eine gewaltlose Gesellschaft anstrebe, in der kein Raum mehr vorhanden sei für irgendeine gewaltsame Auseinandersetzung. Hier zeigt sich, wie die Fixierung auf das ideale

[219] Braun, Adolf (Hrsg.), Ziele und Wege. Erläuterungen der sozialdemokratischen Gegenwartsforderungen, Berlin 1908, S. 12.

Ziel einem Eskapismus Vorschub leistet, der das Wünschenswerte und nicht das Machbare zum politischen Programm erhebt.
Die SPD hat sich in den Jahren der Weimarer Republik aus der sicherheitspolitischen Verantwortung davongestohlen, wo immer dies möglich und mit ihrer zeitweisen Funktion als regierungstragende Partei vereinbar war.
Militärisch abgestützte Machtpolitik wurde aus programmatischen Überlegungen weitestgehend ausgeklammert, allenfalls als temporäres Übel einer noch nicht sozialistischen Staatenwelt hingenommen, während „Friedenspolitik" (internationale Schlichtungsinstanzen, Verträge, Abrüstung) den alleinigen positiven Inhalt sozialdemokratischer Sicherheitspolitik ausmachte.

In den ersten beiden Jahrzehnten nach dem Zweiten Weltkrieg kam es, bedingt vor allem durch die Erfahrung sowjetischer Herrschaftsausübung, zu einer „Entmarxifizierung" der sozialdemokratischen Programmatik. Die Partei entledigte sich des ideologischen Ballastes, blieb jedoch in ihren Zielsetzungen in hohem Maße idealistisch orientiert.
Außen- und sicherheitspolitisch schlug sich dies – wie schon in den Jahren der Weimarer Republik – in einem legalistischen Herangehen an die Probleme der internationalen Politik nieder. Paradebeispiel hierfür ist die Konzeption Kollektiver Sicherheit, die die SPD während der gesamten 50er Jahre als Alternative zur militärischen Westintegration präsentierte.
Diese in der legalistischen Tradition sozialdemokratischer Sicherheitspolitik fest verankerte Konzeption wurde 1960 nicht etwa aufgegeben, sondern nur zurückgestellt. Es war der SPD weder innenpolitisch noch außenpolitisch gelungen, die notwendige Unterstützung für die Errichtung eines Kollektiven Sicherheitssystems zu erlangen. Der Realismus der SPD-Parteiführung bestand nur darin, dies zu erkennen und die von Adenauer geschaffenen Fakten (NATO-Mitgliedschaft, Westintegration) als Basis für eine langfristig angelegte Transformationsstrategie zu akzeptieren.
Die wenig subtile West- und Deutschlandpolitik Nikita Chruschtschows erleichterte diese Umorientierung fraglos.
Von einer wirklichen Wende bei den Zielvorstellungen der SPD kann allerdings nicht die Rede sein, wie etwa eine genauere Betrachtung des Godesberger Programms deutlich macht. (Die SPD-Linke hat dies Anfang der 80er Jahre klar erkannt und berief sich bei der Forderung nach Alternativen zur Gleichgewichtspolitik Schmidts auf das Godesberger Programm.)
Nicht zuletzt wohl aus taktischen Überlegungen heraus trat in der ersten Hälfte der 60er Jahre die traditionelle Zielorientierung sozialdemokratischer Sicherheitspolitik zurück zugunsten einer Ordnungsorientierung, d. h. einer weitgehenden perspektivischen Beschränkung auf die NATO und den gegebenen Systemrahmen.
Dies änderte sich jedoch wieder nach dem Regierungseintritt der SPD in einem westlicherseits perzipierten Klima fortschreitender Ost-West-Entspannung. Willy Brandt entwarf, mit der ungeteilten Zustimmung seiner Partei, Modelle für ein „europäisches Sicherheitssystem" und eine darüber hinausgehende „europäische Friedensordnung" und begründete damit sein Image als „Friedenspolitiker".

Brandts Europäische Friedensordnung knüpfte deutlich an die auf allseitige gesellschaftliche und zwischenstaatliche Harmonie abhebenden Ziele der SPD früherer Tage an.

Der sowjetische Einmarsch in die ČSSR bewirkte auch in der SPD eine spürbare Ernüchterung im Hinblick auf das in einer überschaubaren Zukunft Machbare. Aber nur wenig später erzeugte die aus sozialdemokratischer Sicht erfolgreiche Ostpolitik der Regierung Brandt/Scheel erneut sehr hochfliegende Erwartungen an die Ost-West-Entspannung in der Partei.

Das führte allerdings nicht zu einem verstärkten Interesse der SPD für die Sicherheitspolitik, sondern nach Abschluß der Ostverträge überwog der Glaube an einen quasiautomatischen weiteren Verlauf der Entspannung, der die Partei zur Konzentration auf andere Politikfelder bewog – die jahrelange Diskussion über den ökonomisch-politischen Orientierungsrahmen '85 beweist dies.

Die Ablösung Brandts durch Schmidt an der Spitze der Bundesregierung war ein Wechsel von der zielpolitischen Vision einer „europäischen Friedensordnung" zu einer ordnungspolitischen „Strategie des Gleichgewichts". Aber dieser wichtige Wechsel schlug nicht durch auf die Grundorientierung der Partei; denn Helmut Schmidt, der nüchterne Realpolitiker, war immer mehr Außenseiter denn typischer Repräsentant seiner Partei gewesen. Der Einzug in das Bundeskanzleramt entrückte ihn der Parteibasis noch mehr.

Willi Brandt blieb hingegen auch nach seinem Sturz die emotionale Identifikationsfigur der SPD. Die Beibehaltung des Parteivorsitzes brachte dies zum Ausdruck.

In der zweiten Hälfte der 70er Jahre gerieten die allgemeine politische Entspannung zwischen Ost und West sowie die militärische Entspannung in Europa zunehmend ins Stocken. Die Gründe hierfür waren vor allem das sowjetische Ausgreifen in der Dritten Welt sowie die nukleare und konventionelle Hochrüstung Moskaus zu Lande wie zur See.

Diese Ursachen wurden allerdings nur von den „Realisten" um Helmut Schmidt erkannt. Die Mehrheit der SPD hingegen ignorierte weitgehend die sowjetische Rüstung, reagierte jedoch um so kritischer auf westliche Gegenmaßnahmen zur Aufrechterhaltung eines ungefähren militärischen Gleichgewichts. Von der Gefahr eines Scheiterns der Rüstungskontrollverhandlungen, von „Rüstungswettläufen", „Rüstungsspiralen" und „Rüstungswahnsinn" war die Rede. Diesen düsteren Aussichten setzte die SPD das von Friedensforschern entwickelte Modell einer „kooperativen Rüstungssteuerung" entgegen.

Mit der Neutronenwaffendiskussion begann schließlich eine jahrelange parteiinterne sicherheitspolitische Debatte in der SPD. Diese entwickelte sich zu einer Partei von Militärstrategen und Moraltheologen. Erst Anfang der 80er Jahre rückten sukzessive auch zielpolitische Fragestellungen wieder stärker in den Vordergrund der Debatte.

Bis Mitte der 80er Jahre entwickelte sich daraus ein dreistufiges Programm: Sicherheitspartnerschaft, Kollektive Sicherheit und als Endziel eine Europäische Friedensordnung.

Wiewohl nicht zu bestreiten ist, daß dieser Stufenplan an sozialdemokratische Zielvorstellungen der 50er und ausgehenden 60er Jahre anknüpft, ja inhaltlich teilweise mit jenen sogar identisch ist, so gibt es doch einen entscheidenden Unterschied: Während die Konzeptionen der 50er und 60er Jahre Ausdruck traditionellen sozialdemokratischen Idealismus waren, so kann das sicherheitspolitische Programm der SPD in den 80er Jahren nur mit einer Steigerungsform beschrieben werden: Eskapismus, d. h. Flucht vor der mißliebigen, den eigenen Idealvorstellungen entgegenstehenden Realität in eine Welt bzw. Politik des Wünschbaren.

Nicht zu übersehen ist, daß dieser Eskapismus seit einer Reihe von Jahren wieder stärker marxistische Züge annimmt. Viele Sozialdemokraten unterscheiden heute nicht mehr zwischen westlicher Demokratie und östlicher Diktatur, sondern zwischen Kapitalismus und Sozialismus, wobei dann die Sympathien „demokratischer Sozialisten" eindeutig letzterem gehören.

Eine weitere bemerkenswerte Facette des sicherheitspolitischen Eskapismus der SPD ist die Entkoppelung der Werte Frieden und Freiheit. Egon Bahr hat den Frieden zur absoluten Priorität erklärt, und die Partei ist ihm darin widerspruchslos gefolgt.[220]

Die Konstanten der Zielvorstellungen sozialdemokratischer Außen- und Sicherheitspolitik von Bebel bis Brandt lassen sich wie folgt zusammenfassen:

1. Sozialdemokratische Außen- und Sicherheitspolitik weist, basierend auf der marxistischen Ideologie oder der ideologischen, weniger rigiden „konkreten Utopie" des sogenannten Demokratischen Sozialismus, eine überwiegend zielpolitische Orientierung auf. Endziel ist die gewalt- und herrschaftsfreie Gesellschaft, die ihre Entsprechung auch auf internationaler Ebene finden soll („Positiver Friede").
2. Der ausgesprochen starke Idealismus in der SPD-Programmatik hat zu fast allen Zeiten dazu geführt, daß die Partei das Machbare zugunsten des Wünschenswerten vernachlässigt und die gegebene Ordnung geringgeschätzt hat.
3. Dies wiederum erklärt die lange Tradition legalistischer, d. h. auf die unmittelbare Wirksamkeit des Völkerrechts, von Verträgen und Deklarationen bauender Sicherheitskonzeptionen in der SPD. Realistische ordnungspolitische Konzeptionen, wie etwa Helmut Schmidts „Strategie des Gleichgewichts", waren und sind dagegen Ausnahmen.
4. Das Pendant zur legalistischen Grundorientierung in der internationalen Politik ist die weitgehende Ablehnung militärischer Macht als Instrument von Sicherheitspolitik. Sozialdemokratische Sicherheitspolitik läßt sich deshalb, cum grano salis, als „machtvergessen" (H.-P. Schwarz) charakterisieren.

Hinsichtlich der längerfristigen Zielsetzung weist die sozialdemokratische Sicherheitspolitik der letzten Jahrzehnte eine bemerkenswerte Konstanz auf. Dabei ist wichtig zu erkennen: Idealismus, wurzelnd letztendlich in der marxistischen Heilslehre und einem ausschließlich positiven Menschenbild, ist das sozialdemokratische Lebensgesetz.

Zwar hat es immer wieder Phasen gegeben, in denen sich die operative SPD-Sicherheitspolitik durch einen mehr oder weniger nüchtern-pragmatischen Ansatz auszeich-

[220] Vgl. hierzu das sehr aufschlußreiche Streitgespräch zwischen Egon Bahr und Alois Mertes (CDU) im Zweiten Deutschen Fernsehen, 20. 10. 1983, zum Thema „Frieden ohne Waffen?" (veröffentl. in: Kommentarübersicht [BPA], 21. 10. 1983). – S. auch: Bahr, Egon, Die Priorität bleibt der Friede, in: Vorwärts, 20. 10. 1983.

nete – wie etwa in den 60er und 70er Jahren. Aber diese Phasen wurden nur durch ganz spezifische Bedingungen ermöglicht:

1. Idealistische Konzeptionen führten nicht zur Erlangung der Regierungsmacht.
2. Relativ geringer Einfluß der marxistischen Ideologie auf die Programmatik der Partei.
3. Perzeption zunehmender Ost-West-Entspannung in der SPD trotz machtpolitischer „Strategie des Gleichgewichts".
4. Wahrnehmung einer militärischen Bedrohung durch die Sowjetunion.

Eine oder mehrere dieser Bedingungen mußten erfüllt sein, damit eine SPD-Führung eine ordnungsorientierte Politik des Gleichgewichts durchsetzen oder fortführen konnte. Aber auch dann nur mit der Versicherung, eine solche Politik sei lediglich eine Interimslösung auf dem Wege zur Verwirklichung der Idealziele.

Zwei der o. a. Bedingungen verwandelten sich in den 70er Jahren sukzessive in ihr Gegenteil: Die Reideologisierung der Jungsozialisten führte zu einem Vordringen des Marxismus in der SPD – ein Vorgang, dessen Bedeutung und Tragweite erst in den 80er Jahren allmählich deutlich wird –, und die Ost-West-Beziehungen verschlechterten sich in der zweiten Hälfte der 70er Jahre.

Man darf annehmen, daß es zwischen der Reideologisierung der SPD und der deutlich abnehmenden Bedrohungswahrnehmung bzgl. der Sowjetunion einen kausalen Zusammenhang gibt. Denn wenn Sozialdemokraten nicht mehr zwischen freiheitlicher Demokratie und kommunistischer Diktatur unterscheiden, sondern nur noch zwischen Kapitalismus und Sozialismus, dann führt dies fast zwangsläufig zu einer Verschiebung der Freund/Feind-Achse.[221]

Das Ergebnis der beschriebenen Veränderungen war ein sicherheitspolitischer Eskapismus, der sich in den 80er Jahren nicht mehr nur in den Stellungnahmen einzelner SPD-Politiker, sondern auch in den offiziellen Programmen und Entschließungen der SPD niederschlägt.

[221] Vgl. Martin Krieles Schreiben an Willy Brandt betr. Nicaragua vom 17. 1. 1985, S. 3, in: Informationsdienst Nicaragua (IDN), Dossier Mai 1985: „Wir wollten im Osten ‚Feindbilder abbauen'. Aber nun bestätigt sich anscheinend ein Grundgesetz der politischen Psychologie: Man kann Feindbilder offenbar nur verschieben, und wir dämonisieren die Amerikaner."

## II. Entscheidungsstrukturen und -prozesse – Entwicklung in drei Jahrzehnten

Zum tieferen Verständnis der Politik einer Partei genügt es nicht, deren diesbezügliche öffentliche Verlautbarungen und Programme zu analysieren. Wer sich darauf beschränkt, wird oft die deklaratorische Oberfläche von Parteipolitik nicht zu durchstoßen vermögen.

Genauso wichtig ist der Blick hinter die Kulissen, ist die Frage, wer politische Entscheidungen trifft und wer sie vorbereitet.

Oft genug ist in der Politik ein Wechselspiel zwischen Programmatik und Entscheidungsstruktur zu beobachten; in der Regel in der Form, daß Veränderungen in den Entscheidungsstrukturen (oder bei den Entscheidungsträgern) Umbrüchen in der Programmatik vorausgehen.

Erkenntnisleitende Frage dieses Kapitels ist: Wie hat sich die sicherheitspolitische Entscheidungsstruktur der SPD seit den 50er Jahren entwickelt bzw. verändert und welche Bedeutung hatten oder haben diese Veränderungen für den Kurs der SPD-Sicherheitspolitik?

Das Schwergewicht der Betrachtung wird dabei auf den 70er Jahren liegen.

Um einem möglichen Mißverständnis vorzubeugen, sei an dieser Stelle gesagt, daß nicht theoretisch-abstrakte „Strukturen" oder „Mechanismen" im Vordergrund der nachfolgenden Untersuchung stehen sollen, sondern die Akteure selbst; Politiker, aber auch deren „Wasserträger", Referenten und Assistenten, die eigentlichen Fachleute also, die nie im Rampenlicht der Öffentlichkeit stehen. Gerade deren Einfluß auf Entscheidungsvorlagen und -prozesse wird von Publizistik und Wissenschaft gleichermaßen oft vernachlässigt.

Die nachfolgenden Ausführungen beruhen zu einem ganz wesentlichen Teil auf zahlreichen Gesprächen, die der Verfasser 1983–1985 mit eben diesen Fachleuten und SPD-Politikern geführt hat.

Weitere wichtige Quellen waren SPD-Jahrbücher, Parteitagsprotokolle, Fraktionssitzungsprotokolle, Handbücher des Deutschen Bundestages u. a.[222]

### 1. Partei und Parlamentsfraktion[223] – Entscheidungsebenen mit variierendem Gewicht

Unter den Bedingungen eines parlamentarisch-demokratischen Regierungssystems kennt eine Partei – sofern sie im Parlament vertreten ist – grundsätzlich zwei Entschei-

[222] Einsicht in die Akten zweier wichtiger SPD-Gremien, der Arbeitsgruppe Sicherheitsfragen der SPD-Bundestagsfraktion und des Sicherheitsausschusses beim Parteivorstand, wurde dem Verfasser leider nicht gewährt.

[223] Zur historischen Entwicklung des Verhältnisses zwischen Partei und Fraktion in der deutschen Sozialdemokratie vom Kaiserreich bis zur Bildung der sozial-liberalen Koalition: S. Nowka, Harry, Das Machtverhältnis zwischen Partei und Fraktion. Eine historisch-empirische Untersuchung, Berlin/Bonn/München 1973.

dungsebenen, nämlich die parlamentarische oder Fraktionsebene und die Parteiebene.
Das in Artikel 38 des Grundgesetzes garantierte freie Mandat des Abgeordneten verbietet, daß die Fraktion nur Befehlsempfänger und Exekutor von Parteibeschlüssen ist. Auch eignet sich die parlamentarische Bühne, wo praktische Vernunft und hinreichend realistische Handlungsperspektiven gefordert werden, wenig zur Vertretung und Durchsetzung der „reinen Lehre"; weit weniger jedenfalls als etwa Parteitage.
Gegensätze zwischen Fraktions- und Parteiebene werden dadurch abgemildert, daß Führungsfunktionen in Partei und Fraktion oft in Personalunion wahrgenommen werden.
So war etwa der Parteivorsitzende Ollenhauer auch Vorsitzender der SPD-Fraktion im Bundestag. Seine Nachfolger im Amte des Fraktionsvorsitzenden Erler, Schmidt und Wehner waren gleichzeitig stellvertretende Parteivorsitzende oder zumindest Präsidiumsmitglieder (Schmidt 1966–1968). Der derzeitige Fraktionsvorsitzende Vogel wurde 1984 Stellvertreter des SPD-Parteivorsitzenden Brandt und 1987 dessen Nachfolger.
Vor Entritt der SPD in die Regierung im Jahre 1966 bestimmte die Fraktion eindeutig den Kurs der Gesamtpartei.[224] Politiker wie Erler und Schmidt rückten in die Parteiführung nach, *nachdem* sie sich im Parlament bewährt hatten und nicht umgekehrt.
Gerade im Bereich der Sicherheitspolitik war die Dominanz der Fraktion, ihre Meinungsführerschaft, unübersehbar. Die sicherheitspolitische Kursänderung der SPD in den Jahren 1958/60 wurde von der Fraktion eingeleitet und durchgesetzt gegen retardierende Kräfte in der Partei.
Dennoch waren die Gegensätze zwischen Fraktion und Partei bis 1966 relativ gering, weil die Fraktion eben nicht in die Regierungsverantwortung eingebunden war und also nicht tagtäglich ihre Politik- bzw. Kompromißfähigkeit unter Beweis stellen mußte. Dies änderte sich jedoch grundlegend beim Eintritt der SPD in die Große Koalition mit der jahrelang erbittert bekämpften CDU/CSU. Aus der großen Oppositionsfraktion im Bundestag wurde eine Regierungsfraktion, Kompromißfähigkeit wurde zur obersten Tugend des SPD-Abgeordneten erhoben.
Gerade deshalb war die Große Koalition in der SPD sehr umstritten. Es kam zu erheblichen parteiinternen Spannungen, beispielsweise im Zusammenhang mit der Notstandsgesetzgebung. Helmut Schmidt und der Fraktion wurde von der Parteilinken „Überanpassung" vorgeworfen.[225]
Es zeigte sich, daß trotz Godesberg sozialistische Ideale und Utopien in der sozialdemokratischen Partei immer noch eine große Rolle spielten.
Der Eintritt in die Regierungsverantwortung, der Funktionswechsel der Bundestagsfraktion, bewirkte also eine erhebliche Kluft zwischen der Fraktion und Teilen der

[224] Zum Verhältnis von Fraktion und Partei in den 60er Jahren ausführlich: Vgl. Soell, Hartmut, Fraktion und Parteiorganisation. Zur Willensbildung der SPD in den 60er Jahren, in: Politische Vierteljahresschrift, 4/1969, S. 604–626.

[225] Teile der SPD-Mitgliedschaft, insbesondere die Jungsozialisten, verlangten ab Ende der 60er Jahre eine stärkere Mitsprache bei der Verwirklichung sozialdemokratischer Politik im Parlament bis hin zum sogenannten imperativen Mandat. Diese Forderungen hatten zum einen eine starke sozialistische Wurzel (Unterordnung der Fraktion unter die Partei), zum anderen waren sie Ausdruck der Unzufriedenheit mit der eingegangenen Koalition. – Vgl. Nowka, Harry, Das Machtverhältnis zwischen Partei und Fraktion in der SPD, a.a.O., S. 102–116, 135–146.

Partei, zwischen parlamentarischen Pragmatikern und Partei-Programmatikern. Diese Kluft konnte nur mühsam überbrückt werden mit dem Eintritt des Parteivorsitzenden Brandt in die Regierung.

Die Bundestagsfraktion erfuhr aber durch die Regierungsbeteiligung der SPD keineswegs eine politische Aufwertung. Politik wurde nun nämlich von Regierung, Kanzleramt und Ministern bestimmt. Aufgabe der Fraktion war es im wesentlichen, Regierungsvorlagen „abzusegnen". Noch dazu wurden die fähigsten Köpfe der Fraktion in die Administration abgezogen. Ein „Aderlaß" der Fraktion fand vor allem 1969 bei Bildung der sozialliberalen Koalition statt.

Sicherheitspolitisch ist dies für die SPD-Fraktion der 70er Jahre – wie noch gezeigt werden wird – von großer Bedeutung gewesen.

Solange der Parteivorsitzende und große Integrator Brandt Bundeskanzler war, waren die Spannungen zwischen Partei und Fraktion/Regierung erträglich.

Aber auch schon unter der Kanzlerschaft Brandts, vor allem nach dem Wahlerfolg der Sozialdemokraten im Herbst 1972, der die SPD erstmals zur stärksten Bundestagspartei machte, drängte die Partei-Linke auf eine stärker sozialdemokratisch akzentuierte Politik. Der Koalitionspartner FDP wurde von diesen Kräften zunehmend als Klotz am sozialistischen Bein empfunden.

Der Graben zwischen Partei und Fraktion/Regierung vertiefte sich während der Kanzlerschaft Helmut Schmidts. Die Parteilinke, die zu integrieren Brandt stets leidlich verstanden hatte, hegte Schmidt gegenüber tiefe Abneigung und Mißtrauen.[226]

Diese Konstellation führte dazu, daß die Linke sich um Brandt scharte und dem nach seinem Sturz politisch schwer angeschlagenen Exkanzler den Rücken stärkte. Brandt blieb Parteivorsitzender. Er blieb auch Bundestagsabgeordneter, aber er hielt ganz betont Abstand zu den Führungszirkeln der Fraktion. Statt dessen fand er in der zweiten Hälfte der 70er Jahre als Vorsitzender der Sozialistischen Internationale ein neues Betätigungsfeld. Von hier aus konnte er Anfang der 80er Jahre subtile Angriffe gegen die Sicherheitspolitik Helmut Schmidts vortragen bzw. vortragen lassen.

Um die Fraktion brauchte sich Schmidt während seiner Regierungszeit wenig Sorgen zu machen. Trotz einer unübersehbaren Linksdrift, wie sie sich in den Wahlergebnissen niederschlug, hielt der Fraktionsvorsitzende Herbert Wehner die Zügel fast bis zum Ende der „Ära Schmidt" fest in der Hand. Hauptfunktion war die Unterstützung der Regierung Schmidt. Politik hingegen wurde – wie bereits gesagt – vom Kanzleramt und von den Ministern gemacht.

Gerade in der Sicherheitspolitik ließ sich der gelernte Verteidigungsexperte Schmidt von der Fraktion nicht gerne dreinreden. Er schwor die Abgeordneten immer wieder auf seine Politik ein, drohte mit seinem Rücktritt, wenn ihm die Unterstützung in der Nachrüstungsfrage entzogen würde. Damit war er erfolgreich bis zu seiner Abwahl, auch wenn er von Mal zu Mal auf mehr Widerstand stieß.

Was Schmidt in den letzten Jahren seiner Kanzlerschaft allerdings nicht verhindern konnte, war, daß die Partei sich unter der Führung Brandts und dem Druck der Friedensbewegung zunehmend von seiner Sicherheitspolitik abwandte.

[226] Vgl. dazu Dirks, Walter, Der Bundeskanzler und die Zukunft seiner Partei, in: Frankfurter Hefte, 8/1974, S. 553ff.

Auf dem Münchner Parteitag vom Frühjahr 1982 konnten sich der Bundeskanzler und der ihn unterstützende Regierungsflügel der SPD in der Nachrüstungsfrage nur noch mit größten Mühen durchsetzen.[227] Kein halbes Jahr später brach die sozialliberale Koalition auseinander.
Was dann geschah, brachte die Fraktion in arge Bedrängnis: Mit Schmidt-Gegnern wie Lafontaine und Eppler an der Spitze ging die Partei sehr schnell auf die Seite der kompromißlosen Nachrüstungsgegner über. Die Fraktion sah sich ausmanövriert und sprang schließlich 1983 auf den rollenden und scheinbar nicht mehr aufzuhaltenden Wagen der Nachrüstungsgegner, um nicht selbst überrollt zu werden.
Schritt- bzw. Meinungsmacher in der Nachrüstungsdebatte aber waren eindeutig Partei-Exponenten gewesen. Im Herbst 1983 mußte die Fraktion daher fürchten, daß es aufgrund der antinuklearen Dynamik in der Partei zu einem sicherheitspolitischen Dammbruch unter dem Motto „Raus aus der NATO!“ kommen könnte.
Diese Gefahr wurde zwar gebannt, die Fraktion, von Regierungsbürden befreit, konnte ihre Position auf dem Felde der Sicherheitspolitik konsolidieren. Allerdings nur für den hohen Preis der Anpassung an antinukleare, antiamerikanische und entspannungsillusionistische Strömungen in der Partei. Die Fraktion übte gewissermaßen präventives Wohlverhalten gegenüber den Richtungswünschen der Partei.

Festzuhalten ist, daß das Gewicht der Fraktion in der Vergangenheit maßgeblich abhängig war von ihrer parlamentarischen Funktion. In den Zeiten parlamentarischer Opposition war sie Schrittmacher der Gesamtpartei, als Regierungsfraktion und „Mehrheitsbeschaffer“ dagegen waren ihr die Hände gebunden; der Parteikurs entglitt der Kontrolle der Fraktion.
Dies wurde besonders deutlich ab Mitte der 70er Jahre, als Willy Brandt aus der Regierung ausgeschieden und damit auch die Personalunion von Parteivorsitz und dem Amt des Bundeskanzlers weggefallen war.
Persönliche Differenzen in der Führungs-Troika der SPD, insbesondere zwischen Wehner und Brandt, verstärkten das Auseinanderdriften von Partei und Fraktion noch.
Sicherheitspolitisch kam dies besonders klar zum Ausdruck in der Neutronenwaffendebatte der SPD von 1977/78, die der Fraktion und Regierung im Grunde genommen von der Partei (insbesondere Bundesgeschäftsführer Egon Bahr; Jungsozialisten) aufgezwungen wurde. Nicht anders war es wenige Jahre später mit der Nachrüstungsdiskussion.
Nach diesen sehr grobrastrigen Betrachtungen der Partei- und Fraktionsebene, soll sich nun dem eigentlichen Gegenstand dieses Kapitels, den Entscheidungsstrukturen auf „Mikroebene“, zugewandt werden.
Um *Entwicklungen* festzustellen und aufzuzeigen, ist es hier z. T. notwendig, hinter das Jahr 1966, d. h., den Eintritt der SPD in die Regierungsverantwortung, zurückzugehen.

[227] Vgl. dazu S. 218ff.

## 2. Die Fraktionsebene

Die Fraktionen des Deutschen Bundestages sind in Arbeitskreise (AK) und Arbeitsgruppen (AG) organisiert, wobei einem AK mehrere AG zugeordnet sein können. Sie sind – ähnlich den Fachausschüssen des Parlaments – „Hilfsorgane der Vollversammlung der Fraktion".[228] Strenggenommen ist es ihre Aufgabe, Entscheidungen dieser Vollversammlung sachlich vorzubereiten. Aber Hans Apel weiß aus eigener Erfahrung zu berichten:

„Tatsächlich geht die Macht dieser Untergliederungen der Fraktion weit über diese theoretisch fixierte Aufgabe hinaus. Wenn sich die Fachleute eines Fachbereichs einig geworden sind, und ihre Festlegung nicht mit der Meinung und der Interessenlage anderer Fachbereiche und ihrer Repräsentanten kollidiert, wird die Fraktion gemeinhin ohne viel Aufhebens den ihr vorgetragenen Sachverhalt und die dazu empfohlene Stellungnahme akzeptieren und zu ihrer eigenen machen."[229]

### *a) AK/AG Sicherheitsfragen*

Der Arbeitskreis Sicherheitsfragen wurde 1955 als achter Arbeitskreis der SPD-Bundestagsfraktion eingerichtet. Vorausgegangen war die Entscheidung der Parteiführung, sich trotz grundsätzlicher Ablehnung der Bündnis- und Verteidigungspolitik der Bundesregierung an der Wehrgesetzgebung zu beteiligen und also auch den Verteidigungsausschuß des Bundestages zu beschicken.
Demgemäß setzte sich der AK VIII aus den Mitgliedern und stellvertretenden Mitgliedern des Verteidigungsausschusses zusammen. Der Vorsitzende des AK war der Sprecher der Fraktion in Sicherheitsfragen nach außen wie auch im Verteidigungsausschuß des Parlaments.

#### *Fritz Erler und die Aufbauphase des AK VIII*

Erster Vorsitzender des AK wurde das Mitglied des Fraktionsvorstandes Fritz Erler, der damals der einzige wirkliche Sicherheitsexperte der SPD war – was seinen Grund nicht zuletzt darin hatte, daß er noch von Kurt Schumacher dazu verpflichtet worden war, sich mit der ungeliebten Wehrpolitik zu beschäftigen.
Erler baute sich bis Ende der 50er Jahre in der Fraktion, aber auch in der Partei eine sehr starke, auf Ämterkumulation beruhende Stellung auf. So war er 1958 u. a. Mitglied des Parteipräsidiums (zuständig für Wehrpolitik) und des Parteivorstandes (PV), Vorsitzender des Sicherheitsausschusses beim PV und stellvertretender Fraktionsvorsitzender. 1962 wurde er auch stellvertretender Parteivorsitzender. Die sicherheitspolitischen Fäden von Partei und Fraktion jedenfalls waren fest in seiner Hand.
Erler nutzte seine starke Position dazu, die SPD, im Einvernehmen mit Herbert Wehner, zu einer positiven Haltung zu NATO und Bundeswehr zu bewegen. Dieses Bemü-

[228] Apel, Hans, Die Willensbildung in den Bundestagsfraktionen – Die Rolle der Arbeitsgruppen und Arbeitskreise, in: Zeitschrift für Parlamentsfragen, 2/1970, S. 223.
[229] Ebenda, S. 223.

hen wurde 1959 (Ja zur Landesverteidigung im Godesberger Programm) und 1960 (Wehner-Rede im Bundestag) schließlich von Erfolg gekrönt.
Wesentlichen Anteil an der sicherheitspolitischen Wende der SPD hatte aber auch der erste wissenschaftliche Assistent des AK VIII, Dr. Fritz Beermann.
Beermann, der auch (seit 1955) Referent des PV für Wehrfragen und als solcher für die Betreuung und Geschäftsführung des Sicherheitsausschusses zuständig war, betrieb energisch die Annäherung der SPD an Bundeswehr und die Verteidigungs- und Bündnispolitik der Bundesregierung. Er tat dies weitgehend im Einvernehmen mit Erler, zeitweilig aber auch an diesem vorbei, so z. B., als er der Partei bereits 1958 empfahl, die Anschaffung atomarer Trägerwaffen für die Bundeswehr nicht grundsätzlich abzulehnen.[230]
Bemerkenswert ist auch, daß Beermann den Bonin-Plan von 1955 strikt ablehnte und so wohl wesentlich dazu beitrug, daß sich die SPD diese Wehrkonzeption nicht zu eigen machte. Er verließ die SPD-Fraktion 1959, um als Oberst in die Bundeswehr einzutreten.
Nachfolger Beermanns wurde der Hamburger Wolfgang Schult, der sich schon ab 1947 in einem Hamburger Kreis ehemaliger Offiziere (zu dem u. a. auch Fritz Beermann und Karl-Wilhelm Berkhan gehörten) intensiv mit wehrpolitischen Fragen beschäftigt hatte.[231] Auch Schult – wie ebenfalls seine Nachfolger bis Mitte der 70er Jahre – war gleichzeitig Referent des PV und Geschäftsführer des Sicherheitsausschusses.
In Schults Zeit (1960–1962) fällt eine intensive Bildungsarbeit des AK VIII in der Partei. Zahlreiche sicherheitspolitische Tagungen und Informationsreisen zur NATO wurden veranstaltet; denn allein mit Wehners Rede vom 30. 6. 1960 war es natürlich nicht getan, konnte ein neuer sicherheitspolitischer Kurs in der Gesamtpartei nicht durchgesetzt werden. Ergo wurde der AK Sicherheitsfragen offensiv und bemühte sich nach Kräften, die widerstrebenden Abgeordneten und nachgeordneten Funktionäre der Partei auf die Wehnersche (Pro-NATO-)Linie zu bringen.[232]
Daneben gelang es den führenden Leuten des AK VIII – neben Erler waren dies Helmut Schmidt und Karl Wienand – Anfang der 60er Jahre, in der westlichen Strategiedebatte Fuß zu fassen.[233]
Es kann also festgehalten werden, daß der AK VIII zu Beginn der 60er Jahre Aktivitäten auf den folgenden Feldern entfaltete:
- Kontrolle des Verteidigungsministeriums;
- Vorbereitung von Sitzungen des Verteidigungsausschusses und von Sicherheitsdebatten des Parlaments;

[230] Vgl. dazu Wilker, Die Sicherheitspolitik der SPD 1956–1966, a.a.O., S. 81. Für eine Würdigung der Verdienste Beermanns um die SPD-Sicherheitspolitik: Opitz, Eckardt, Friedrich Beermann und die Wehrpolitik der SPD von 1955–1959, in: NG 10/1977, S. 869ff.
[231] Gespräch mit Wolfgang Schult am 16. 5. 1984 in Königswinter.
[232] Ebenda. – Vgl. das „Rundschreiben an die Freunde der SPD in der Bundeswehr" des SPD-Parteivorstands vom 25. 6. 1962, in dem anläßlich des Abschieds von W. Schult dessen Arbeitsschwerpunkt hervorgehoben wurde. Das Schreiben ist im Nachlaß Fritz Erlers (NLE 138) zu finden.
[233] S. insbesondere Helmut Schmidts Buch „Verteidigung oder Vergeltung" von 1961, das international Anerkennung fand.

- Teilnahme an der westlichen Strategiedebatte;
- pädagogische Arbeit im Sinne der Anerkennung von Bundeswehr und NATO in der SPD.

Die beiden ersten Felder sind sozusagen die klassischen und primären Funktionen des AK VIII – vor 25 Jahren wie auch heute noch.
Hingegen kennzeichnen die Felder drei und vier die besondere Situation der SPD zu Beginn der 60er Jahre. Diese beiden Tätigkeitsfelder verloren in der zweiten Hälfte der 60er Jahre und vor allem in den 70er Jahren mehr und mehr an Bedeutung in der Arbeit des AK – aus Gründen, auf die weiter unten noch einzugehen sein wird.

*Wienand wird Nachfolger Erlers*

Im Jahre 1964 gab Erler, der Fraktionsvorsitzender geworden war, den Vorsitz im AK Sicherheitsfragen an Karl Wienand ab. (Helmut Schmidt war zu dieser Zeit Innensenator in Hamburg und schied daher als Nachfolger Erlers aus.)
Auch Wienand gehörte zu den SPD-Wehrpolitikern der ersten Stunde, und auch er beschränkte sich nicht auf reine Bundeswehrfragen, sondern schaltete sich z. B. in die damalige MLF-Debatte ein.[234] Aber Wienand erreichte als Sicherheitsexperte der Fraktion keine so starke Position wie vor ihm Erler; denn den Vorsitz im Sicherheitsausschuß des PV, sozusagen die komplementäre Funktion zum AK VIII-Vorsitz auf Parteiebene, konnte er nicht erringen. Hier wurde Helmut Schmidt Nachfolger Erlers. Wienand blieb stellvertretender Vorsitzender des Ausschusses, wie schon seit 1957.
Eine interessante Änderung in der Struktur des AK VIII trat 1965 ein.
Zunächst wurde Anfang des Jahres ein Nachfolger für den ausscheidenden Referenten John eingestellt. Der neue Mann, Oberst Hellmuth Roth, der zuvor Dozent an der Führungsakademie der Bundeswehr in Hamburg gewesen war und auf Drängen von Fritz Erler nach Bonn kam,[235] übernahm von seinem Vorgänger auch die Doppelfunktion (Ref. AK VIII und PV). Allerdings war die Referententätigkeit für den Fraktions-AK die bei weitem wichtigere Funktion. Das lag in der Natur der Oppositionsrolle der SPD begründet: Eine von der Regierung ausgeschlossene Partei kann nur in der Parlamentsarbeit öffentlich wirksam auftreten. Demgemäß beanspruchte die Arbeit im Fraktions-AK schon bald nach dessen Einrichtung die volle Arbeitskraft der „Doppelreferenten“. Die Arbeit für den PV und die Geschäftsführung des Sicherheitsausschusses erledigten die Fraktionsreferenten dagegen sozusagen mit der linken Hand.
Erst Mitte der 70er Jahre wurde die Doppelfunktion des Fraktionsreferenten aufgehoben, als der persönliche Referent des Vorsitzenden der PV-Kommission Sicherheitspolitik die Betreuung der Kommission übernahm. Dies brachte zwar eine Entlastung der Fraktionsreferenten, gleichzeitig aber verloren die Sicherheitsexperten des Bundestages dadurch erheblich an Einfluß auf die PV-Kommission.

[234] S. z. B. Wienand, Karl, Es muß eine Gemeinschaftslösung sein. Die Sozialdemokraten und die geplante Multilaterale Atomstreitmacht, in: Frankfurter Rundschau, 4. 12. 1964.

[235] Gespräch mit Hellmuth Roth am 20. 9. 1984 in Iversheim. – Roth war der erste *aktive* Bundeswehroffizier, der Referent des AK Sicherheitsfragen der SPD-Fraktion wurde. Er wurde für diese Tätigkeit vom Bundesverteidigungsminister beurlaubt. Seither hat es in der SPD-Bundestagsfraktion immer beurlaubte Offiziere in Referentenfunktion gegeben.

Auf Wunsch des AK-Vorsitzenden Wienand stellte die Fraktion im Herbst 1965 einen zweiten Referenten ein. Interessant ist nun, daß Wienand die Forderung nach einem zweiten Referenten damit begründet hatte, daß der AK VIII einen Fachmann für Fragen der Rüstungskontrolle und Abrüstung benötige. D. h., Rüstungskontrolle/Abrüstung wurde 1965 unwidersprochen und klar als ein dem AK Sicherheitsfragen obliegender Aufgabenbereich angesehen.
Diese Tatsache gilt es im Auge zu behalten, wenn wir weiter unten die Entwicklungen der 70er Jahre und zu Beginn der 80er Jahre erörtern werden.
Der neue Referent, Dr. Bernhard Bussmann, war von Hause aus Historiker und vor seiner Einstellung durch die SPD-Fraktion bei der Deutschen Gesellschaft für Auswärtige Politik (DGAP) beschäftigt gewesen. Dort war er auch mit rüstungskontrollpolitischen Fragen in Berührung gekommen.[236] Im Bundestagswahlkampf 1965 war Bussmann Wahlkampfleiter Karl Wienands gewesen.
Das Referentengespann Bussmann/Roth in den Jahren 1965–1969 bewährte sich nach dem Urteil seiner Vorgesetzten[237] sehr. Es kam zu einer sinnvollen Arbeitsteilung – die aber keineswegs strikt war –, bei der Bussmann mehr für die politischen und Roth mehr für die militärischen Fragen zuständig war.
Aber die beiden Experten beschränkten sich nicht darauf, die ihnen seitens des AK respektive der Fraktion zugewiesenen Aufträge zu erledigen. Sie wagten sich auch daran, neue sicherheitspolitische und verteidigungskonzeptionelle Perspektiven zu entwickeln.[238] Dies geschah vor dem Hintergrund optimistischer Entspannungserwartungen einerseits und der Bundeswehr- und Finanzkrisen Mitte der 60er Jahre andererseits.

*Wienands neue Wehrkonzeption und der Funktionswechsel der Fraktion*

Als Wienand Ende 1966/Anfang 1967 mit dem Wehrkonzept seiner Referenten vorsichtig in die Öffentlichkeit ging,[239] war es im Grunde genommen schon zu spät. Seine Hoffnung, die neuen Vorstellungen würden Eingang in das offizielle sicherheitspolitische Konzept der SPD finden, erfüllten sich nicht; denn mittlerweile hatten die SPD-Fraktion und mithin auch der AK VIII den entscheidenden Funktionswechsel erfahren. Hatte die primäre Aufgabe des AK VIII mehr als zehn Jahre lang darin bestanden, das Verteidigungsministerium einer steten Kontrolle zu unterziehen, die Wehrpolitik der Bundesregierung öffentlich wirksam – wenn auch nach 1960 weniger im Grundsätzlichen – zu kritisieren und Alternativen zur Regierungspolitik aufzuzeigen, so galt es nun, nach Eintritt der SPD in eine Große Koalition mit der CDU/CSU, auf eine nahezu diametral entgegengesetzte Handlungsweise umzuschalten.
Nicht mehr schonungslose Kritik, sondern regierungsloyales Verhalten war nun plötzlich gefordert.
Wienand zumal, aber nicht nur er, tat sich zunächst schwer mit der neuen, staatstragen-

[236] Gespräch mit Bernhard Bussmann am 18. 4. 1984 in Bonn.
[237] Gespräch mit Karl Wienand am 24. 11. 1984 in Windeck und Karl-Wilhelm Berkhan am 3. 5. 1984 in Bonn.
[238] Dazu ausführlich im Kapitel über die SPD-Sicherheitspolitik zur Zeit der Großen Koalition, S. 34ff.
[239] Vgl. S. 29ff.

den Rolle der SPD-Fraktion. Dies um so mehr, als auch in der Großen Koalition das Bundesverteidigungsministerium (BMVg) in der Hand der CDU/CSU verblieb.
Aber der neue starke Mann der Fraktion, Helmut Schmidt, wachte mit Argusaugen darüber, daß die SPD nicht wieder in den Verdacht sicherheitspolitischer Unzuverlässigkeit geriet. Wienands Ideen waren dazu jedoch angetan.
Im Frühjahr 1967 mußte Wienand den Vorsitz im AK VIII abgeben, weil er zum Parlamentarischen Geschäftsführer der SPD-Fraktion gewählt worden war.
Nachfolger Wienands wurde Karl-Wilhelm Berkhan, ein enger Freund Schmidts. Berkhan ließ seine Experten Bussmann und Roth zwar weiterhin ihre Studien über eine mögliche zukünftige Wehrkonzeption treiben, aber als die unkonventionellen Vorstellungen der beiden im Sommer 1967 dank einer Veröffentlichung im STERN für erhebliches Aufsehen und Irritationen in der Koalition sorgten, trat Berkhan auf Geheiß des verärgerten Schmidt auf die Bremse.[240]
Danach verlief die ganze Angelegenheit im Sande. Der AK VIII und insbesondere die beiden Sicherheitsreferenten hatten die Lektion begriffen, die Schmidt ihnen erteilt hatte: Sie nahmen die neue Rolle, die ihnen die Regierungsmitverantwortung ihrer Partei nun einmal zuwies, an.
Rückblickend kann man sagen, daß die innerfraktionellen Querelen um die „neue Verteidigungskonzeption" ein letztes Aufbäumen des AK VIII vor der neuen, beengenden Rolle der Regierungsfraktion („Mehrheitsbeschaffer") darstellte.
Nach 1967 kam dann keine politisch interessante Initiative mehr aus dem einstmals einflußreichen AK Sicherheitsfragen. Das politische Schicksal des AK war besiegelt, als 1969 die erste Garnitur (Helmut Schmidt) und die zweite Garnitur (K.-Wilhelm Berkhan) der SPD-Sicherheitspolitiker in die Regierung gingen und Verteidigungsminister bzw. Parlamentarischer Staatssekretär auf der Hardthöhe wurden.
Karl Wienand hatte sich zu diesem Zeitpunkt als Fraktionsmanager bereits unentbehrlich gemacht – was im übrigen auch ein Grund dafür war, daß nicht er, sondern Georg Leber 1972 Nachfolger Schmidts auf der Hardthöhe wurde.

### *Buchstaller und der Niedergang des AK VIII*

War schon Berkhan kein Sicherheitspolitiker von der Kompetenz eines Erler oder Schmidt oder auch Wienand gewesen, so galt dies noch viel weniger für seinen Nachfolger im Vorsitz des AK VIII Werner Buchstaller. Auch das politische Gewicht Buchstallers in der Fraktion war deutlich geringer als das seiner Vorgänger. Dies wurde deutlich, als es ihm im November 1969 nicht gelang, in den Fraktionsvorstand gewählt zu werden. Das war vor ihm noch keinem AK VIII-Vorsitzenden passiert. Fritz Erler war, zwischen 1957 und 1964, sogar stellvertretender Fraktionsvorsitzender gewesen. Erst die zweite Vorstandswahl im November 1970 bescherte Buchstaller einen Sitz im 24köpfigen Vorstand.
Buchstaller war im Grunde genommen kein Sicherheitspolitiker, sondern ein Bundeswehrpolitiker. Die Beschäftigung mit den Problemen der Bundeswehr und dem Verhältnis SPD–Bundeswehr war ihm als Abgeordneter der Garnisonstadt Koblenz ins

[240] Vgl. S. 57f.

politische Stammbuch geschrieben. Aber anders als etwa Helmut Schmidt in den 50er Jahren drängte es ihn offensichtlich nicht zur Beschäftigung mit der „großen" Sicherheitspolitik. Auch als Vorsitzender des AK VIII beschränkte er seine Aktivitäten und die des AK im wesentlichen auf Bundeswehrfragen und Verteidigungsfragen im engeren Sinne.

Deshalb wurde der AK VIII unter Buchstaller gewissermaßen zur parlamentarischen Filiale des BMVg. Diese Entwicklung wurde sicherlich auch durch das Reformfeuerwerk verstärkt, das der erste sozialdemokratische Verteidigungsminister entfachte. Die parlamentarische Behandlung dieser Reformen nahm den AK zeitlich voll in Anspruch. Sie gaben gewissermaßen den Stoff ab, aus dem der AK VIII in den ersten Jahren der sozialliberalen Koalition seine institutionelle Berechtigung ableitete.

Es scheint, daß in dieser Zeit bei den SPD-Verteidigungsexperten allgemein die Ansicht vorherrschte, Sicherheitsfragen im umfassenden Sinne lägen bei Verteidigungsminister Schmidt in besten Händen. Diese Selbstbeschränkung dürfte ein Grund gewesen sein dafür, daß ein junger und ehrgeiziger Mann wie der Hamburger Major a. D. Pawelczyk sein politisches Aktionsfeld bald außerhalb des AK VIII suchte.

Die enge Anlehnung an das BMVg brachte dem AK VIII in der Fraktion natürlich nicht nur Freunde ein. Insbesondere wuchs dadurch die Kluft zwischen den Verteidigungsexperten und den sich im Aufwind befindenden Ost- und Entspannungspolitikern der Fraktion.

Auch die bundesweiten sicherheitspolitischen Informationstagungen, die der AK seit 1969 jährlich im Namen der Fraktion veranstaltete, konnten den geschwundenen politischen Einfluß nicht wiederherstellen.

Um die Fraktionsarbeit zu straffen, wie es offiziell hieß,[241] wurde der Arbeitskreis Sicherheitsfragen nach der Wahl 1972 zur Arbeitsgruppe innerhalb des AK I (Außenpolitik) der Fraktion herabgestuft.[242] Diese Eingliederung wurde von Buchstaller und seinem Stellvertreter Paul Neumann klar als Degradierung empfunden.[243]

Buchstaller erklärte, er habe dagegen angekämpft wie ein Löwe und sei deswegen in eine schwere Auseinandersetzung mit Herbert Wehner geraten. Die Umwandlung des Arbeitskreises in eine untergeordnete Arbeitsgruppe sei für ihn keine Prestigefrage gewesen, sondern Ausdruck einer gefährlichen neuen Entwicklung: die Friedensideologien hätten sich damals zunehmend in der Fraktion durchgesetzt und die Verteidigungsexperten an den Rand gedrängt.

Natürlich habe diese Herabstufung auch die Arbeits- und Einflußmöglichkeiten der Verteidigungsexperten negativ verändert.

Der Arbeitskreis habe z. B. Empfehlungen beschließen und diese dann direkt an den Fraktionsvorstand weiterleiten können. Berichterstattung zur Sicherheitspolitik in der-

[241] S. SPD-Fraktion im Bundestag (Hrsg.), Die Fraktion der SPD im Deutschen Bundestag 1949–1981 – Eine Chronik, Bonn, Oktober 1981, S. 52.

[242] Auf Vorschlag des Parlamentarischen Geschäftsführers Karl Wienand hat die Fraktion am 13. 2. 1973 über die Eingliederung des AK VIII in den AK I beschlossen: S. Protokoll der Sitzung der Sozialdemokratischen Bundestagsfraktion vom 13. 2. 1973, in: Archiv der sozialen Demokratie/Friedrich-Ebert-Stiftung, Ak. Nr. 1055.

[243] Gespräche mit Werner Buchstaller am 14. 2. 1985 in Koblenz und Paul Neumann am 22. 1. 1985 in Bonn.

Fraktionsvollversammlung – vor oder nach einer Bundestagsdebatte – sei selbstverständlich Sache des Vorsitzenden des sicherheitspolitischen AK gewesen. Auch bei der Vorbereitung von Bundestagsdebatten, der Aufstellung von Themen- und Rednerlisten, habe der AK-Vorsitzende recht frei agieren können.
Durch die „Eingemeindung" des AK Sicherheitsfragen in den AK I sei dies alles anders geworden. Die Verteidigungsexperten seien nur noch gefragt gewesen, wenn es unmittelbar um die Bundeswehr oder den Wehrbeauftragten gegangen sei. Die AG Sicherheitsfragen sei im Grunde genommen zu einer AG Bundeswehr verkümmert.
Paul Neumann ist im nachhinein zu der Ansicht gelangt, die Integration des AK VIII in den AK I sei prinzipiell nicht schlecht gewesen.[244] Allerdings hätte sich der AK I auf die Außen- und Sicherheitspolitik beschränken bzw. konzentrieren sollen. Er sei jedoch mit allen möglichen Themen überfrachtet worden.
Ganz gleich, wie auch immer man die Reorganisation des Arbeitsbereiches Sicherheitsfragen im einzelnen bewerten mag, es kann kein Zweifel bestehen, daß sie in vermindertem politischem Gewicht der Verteidigungsexperten innerhalb der Gesamtfraktion resultierte. Zwischen dem Arbeitsbereich Sicherheitsfragen und Fraktion/Fraktionsvorstand wurde eine Filter- bzw. Kontrollinstanz etabliert, die es bisher nicht gegeben hatte. Über deren Bedeutung für die Arbeitsgruppen schreibt Hans Apel in dem schon zitierten Aufsatz: „Ihre Stellungnahmen und Anträge (die der AGs, T. E.) gelangen ... erst dann in die Fraktion, wenn sie durch den Arbeitskreis gelaufen sind. Hier können exzessive Forderungen der einzelnen Fachbereiche redressiert werden."[245]
Für Arbeitskreise hingegen gelte, so Apel, „daß ihre Willensbildung normalerweise direkt in das Plenum der Fraktion läuft".[246]
Möglicherweise urteilt Buchstaller zu apodiktisch, wenn er die Eingliederung des AK VIII in den AK I auf den zunehmenden Einfluß der „Friedensideologien" zurückführt. Schriftliche Quellen, die diese These stützen oder widerlegen könnten, gibt es wohl nicht. Es ist allerdings plausibel anzunehmen, daß zumindest der durch die Wahl 1972 erheblich erstarkte „linke Flügel"[247] der Fraktion „exzessive Forderungen" der Sicherheitsexperten und deren negative Folgen für die entspannungspolitischen Aktivitäten von Sozialdemokraten und Bundesregierung fürchtete und von daher eine feste Einbindung des Arbeitsbereichs Sicherheitsfragen in den AK I befürwortete.
Es mag für diesen Schritt auch gute organisatorische Gründe gegeben haben, die nicht richtungspolitisch motiviert waren. So forderte auch Helmut Schmidt, kurz nach seinem Einzug auf der Hardthöhe, „eine möglichst enge Verzahnung zwischen den Arbeitskreisen Außen- und Sicherheitspolitik".[248] Ob der Verteidigungsminister damit freilich auf eine Herabstufung des AK Sicherheitsfragen zu einer Arbeitsgruppe abzielte, ist nicht bekannt. Schließlich waren auch andere Formen einer engen Zusammenarbeit zwischen Außen- und Sicherheitspolitik denkbar.

[244] Gespräch mit Paul Neumann am 22. 1. 1985 in Bonn.
[245] Apel, Die Willensbildung in den Bundestagsfraktionen, a.a.O., S. 225.
[246] Ebenda.
[247] S. Arend, Peter, Die innerparteiliche Entwicklung der SPD 1966–1975, Bonn 1975, S. 190.
[248] Protokoll der Sitzung des SPD-Fraktionsvorstandes vom 25. 11. 1969, S. 2. – Eine Kopie des Protokolls wurde dem Verf. von sozialdemokratischer Seite zugänglich gemacht.

Es entbehrte jedoch nicht einer gewissen Ironie, wenn Helmut Schmidts Forderung nach „Verzahnung“ dazu beigetragen haben sollte, daß der AK VIII 1973 durch den AK I „geschluckt“ und damit politisch abgewertet wurde; denn Ende der 70er/Anfang der 80er Jahre zeigte sich, daß einem von seiner Partei sicherheitspolitisch immer mehr isolierten Bundeskanzler Schmidt verläßliche Unterstützung allein von seiten der Verteidigungsexperten in der AG Sicherheitsfragen der Fraktion zuteil wurde.
Nicht übersehen werden darf aber, daß der Arbeitsbereich Sicherheitsfragen seine Herabstufung zu wesentlichen Teilen selbst mitbewirkt bzw. provoziert hat durch die bereits weiter oben angesprochene Selbstbeschränkung. Schwer vorstellbar, daß dem AK VIII unter Fritz Erler oder Karl Wienand dergleichen hätte widerfahren können.

Nach vergeblichem Kampf gegen den Verlust des AK-Status für den Arbeitsbereich Sicherheitsfragen erhielt Buchstaller die relativ einflußlose Funktion eines Stellvertretenden Vorsitzenden im AK I. Wichtiger war da noch, daß er weiterhin Obmann der Fraktion im Verteidigungsausschuß blieb.
Den wichtigen Sitz im Fraktionsvorstand konnte sich der nunmehrige Arbeitsgruppen-Vorsitzende nur kurze Zeit sichern. Bereits im Dezember 1973 wurde Buchstaller aus dem Fraktionsvorstand abgewählt. Damit gehörte erstmals seit zwanzig Jahren kein Wehrpolitiker mehr dem SPD-Fraktionsvorstand an.
Das hatte für die AG Sicherheitsfragen zur Folge, daß die letzte Möglichkeit, am AK I vorbei in den Fraktionsvorstand direkt hineinzuwirken, entfiel. Neue Initiativen der AG mußten nun in jedem Falle, bevor sie in die höheren Fraktionsetagen vorstoßen konnten, den AK-I-Filter durchlaufen.[249]
Zehn Jahre lang, zwischen 1973 und 1983, war der Vorsitzende der AG Sicherheitsfragen *nicht* im Fraktionsvorstand vertreten und von 1973 bis 1977 niemand, den man auch nur entfernt als Wehr- oder Sicherheitspolitiker hätte bezeichnen können.
Der weitere Werdegang Buchstallers ist bezeichnend dafür, wie dünn die Personaldecke der SPD-Fraktion in den 70er Jahren im Bereich der Verteidigungspolitik war:
Im Frühjahr 1975 sollte Buchstaller – nach dem Willen Herbert Wehners – zum ersten sozialdemokratischen Wehrbeauftragten gewählt werden. Aber die Fraktion machte ihrem Vorsitzenden einen unerwarteten Strich durch die Rechnung. In einer Probeabstimmung, nur wenige Tage vor der Wahl im Bundestag, fiel Buchstaller durch. Viele Genossen hielten den „Farblosesten der Farblosen“[250] nicht einmal für das Amt des Wehrbeauftragten für qualifiziert genug. SPD-Linke dürften Buchstaller wegen dessen entspannungsskeptischer Einstellung die Zustimmung versagt haben.
Daraufhin mußte der Parlamentarische Staatssekretär Berkhan die Hardthöhe verlassen und in die Bresche springen. Nachfolger Berkhans wurde der bisherige Vorsitzende des

[249] Vgl. auch Karl, Wolf-Dieter und Krause, Joachim, Außenpolitischer Strukturwandel und parlamentarischer Entscheidungsprozeß, in: Haftendorn, Helga u. a. (Hrsg.), Verwaltete Außenpolitik. Sicherheits- und entspannungspolitische Entscheidungsprozesse in Bonn, Köln 1978, S. 75. – Karl/Krause schreiben betr. den Handlungsspielraum der Arbeitsgruppen im Deutschen Bundestag: „Was innovative Entscheidungen betrifft, so erfordern diese allerdings, daß im Arbeitskreis bzw. in Fraktionsplenum und -spitze eine Mehrheit dafür gewonnen wird“ (S. 75).

[250] „Farbloser als farblos“, in: Der Spiegel, 3. 3. 1975. (Die zitierte Qualifizierung stammte lt. „Spiegel“ von einem nicht näher genannten SPD-Abgeordneten.)

Verteidigungsausschusses Hermann Schmidt und dessen Platz wurde besetzt von Werner Buchstaller.

Der Mann also, den seine Fraktionskollegen nicht einmal für genügend befähigt gehalten hatten, das Amt des Wehrbeauftragten wahrzunehmen, wurde – nach einigen absurden Drehungen des dünnbesetzten Personalkarussels – auf den Vorsitz eines der wichtigsten Bundestagsausschüsse gehievt. Nicht nur die CDU/CSU-Opposition zeigte sich empört.[251]

Der Vorgang um Werner Buchstaller machte vor allem eines offenkundig: die große Personalnot der SPD im Bereich der Sicherheitspolitik. Die „Bremer Nachrichten" kommentierten:

„Glanzvolle Namen, wie die SPD sie einst unter ihren Verteidigungsexperten aufzuweisen hatte, stehen längst nicht mehr im Mitgliederverzeichnis des Verteidigungsausschusses. Die Zeiten, da Männer wie Fritz Erler oder Helmut Schmidt die verteidigungspolitische Diskussion in der Bundesrepublik befruchteten, scheinen unwiederbringlich dahin. Diese Erkenntnis stimmt zu einem Zeitpunkt, da es im Angesichte der neuen Weltlage erforderlich wäre, Europas Verteidigungspolitik neu zu überdenken, vor dem Hintergrunde von Buchstallers Bestallung so besonders nachdenklich."[252]

Bereits nach der Bundestagswahl 1976 mußte Buchstaller den Ausschußvorsitz an Manfred Wörner abgeben. In der Fraktion weitgehend kaltgestellt, beendete er seine parlamentarische Laufbahn als einflußloser Stellvertreter des CDU-Politikers. 1980 schied er aus dem Bundestag aus.

*AG Sicherheitsfragen 1975–1982: Niedriges Profil und weitere Machtverluste*

Den Vorsitz der AG Sicherheitsfragen übernahm 1975 der Abgeordnete Paul Neumann, bis dahin Stellvertreter Buchstallers.

Um den Vorsitz hatte sich auch der ehrgeizige Hamburger Abgeordnete Alfons Pawelczyk beworben. Aber Neumann – eine Legislaturperiode länger in Parlament, Verteidigungsausschuß und AG als Pawelczyk – konnte die älteren Rechte geltend machen. Zudem galt Neumann, im Unterschied zu seinem Konkurrenten, als ausgleichende Persönlichkeit mit breiter Akzeptanzbasis in der Arbeitsgruppe. Er war deshalb der Mann Herbert Wehners.

Die Zurückweisung Pawelczyks hatte für Einfluß und Profil der AG Sicherheitsfragen in der Fraktion Folgen:

1. Paul Neumann ließ die Arbeit der AG Sicherheitsfragen im wesentlichen auf der von seinem Vorgänger gewählten „bescheidenen" Linie weiterlaufen. Für gesamtstrategische und rüstungskontrollpolitische Fragen interessierte er sich genausowenig wie Buchstaller.
2. Die Niederlage gegen Neumann trieb den inzwischen zum Vorsitzenden des Bundestags-Unterausschusses für Abrüstung und Rüstungskontrolle avancierten Pawelczyk dazu, in Konkurrenz zur AG Sicherheitsfragen zu treten.[253]

[251] Vgl. Potyka, Christian, Die Qualitätslücke bleibt, in: Süddeutsche Zeitung, 15. 3. 1975.
[252] Michel, Siegfried, Bestallung, in: Bremer Nachrichten, 10. 4. 1975.
[253] S. dazu S. 175ff.

Dabei konzentrierte sich Pawelczyk ganz auf das Feld der Abrüstung und Rüstungskontrolle, das von der AG – wie bereits angesprochen – seit langem vernachlässigt wurde. Er hatte hier relativ leichtes Spiel, es fehlte der AG an einem dynamischen und kompetenten politischen Kopf, der Pawelczyk hätte Paroli bieten können. Neumann war dieser Mann nicht.
Der entscheidende Durchbruch gelang Pawelczyk, als die Fraktion auf sein Drängen hin einen Fraktionsreferenten für Abrüstung und Rüstungskontrolle einstellte. Damit wurde der AG Sicherheitsfragen im Grunde genommen die Zuständigkeit für Abrüstung und Rüstungskontrolle abgesprochen und Pawelczyk respektive dem ihm zuarbeitenden neuen Fraktionsreferenten zugeschlagen.

Zur Erinnerung: Karl Wienand hatte 1965 die Einstellung eines zweiten AK-Referenten *speziell* für Abrüstungs- und Rüstungskontrollfragen durchgesetzt. Zehn Jahre später scheint dies niemand mehr interessiert zu haben. Die AG Sicherheitsfragen ließ sich die Kompetenzwegnahme klaglos gefallen. Möglicherweise wurde sie von einigen AG-Mitgliedern sogar als Entlastung wahrgenommen.
Die Zuständigkeit der AG, die einmal ein einflußreicher Arbeitskreis gewesen war, war damit de facto auf den Bundeswehr-Bereich zusammengeschrumpft.

Das Erstarken Pawelczyks, der etwa ab Mitte der 70er Jahre die inoffizielle Funktion eines abrüstungspolitischen Sprechers der Bundestagsfraktion wahrnahm, sowie die Einstellung eines mit dem Hamburger Abgeordneten eng zusammenarbeitenden Abrüstungsreferenten rückten die AG Sicherheitsfragen in der Perzeption der Gesamtfraktion noch weiter nach „rechts“ („Bundeswehrlobby“).
So spielte die AG Sicherheitsfragen weder in der Neutronenwaffen- noch in der Nachrüstungsdebatte eine signifikante politische Rolle. Zwar unterstützte sie bis zuletzt den Kurs von Kanzler und Verteidigungsminister, aber das genügte eben nicht, um gegenüber den zunehmend offensiver und radikaler auftretenden „Abrüstern“ in Fraktion und Partei bestehen zu können.
Die Situation der AG Sicherheitsfragen verschlechterte sich noch, als 1980 Egon Bahr die Funktion Pawelczyks übernahm. Bahr, eine ungleich angesehenere Persönlichkeit als Neumann, der noch dazu über eine sehr starke Position in der Partei verfügte (Präsidiumsmitglied), drängte die AG Sicherheitsfragen vollends ins politische Abseits.
So waren in der 1982 vom Parteivorstand eingesetzten und von Egon Bahr geleiteten Arbeitsgruppe Neue Strategien nur zwei Mitglieder der AG Sicherheitsfragen vertreten (von 16 Mitgliedern insgesamt). Eine genauso deutliche Sprache spricht in diesem Zusammenhang, daß von drei Referenten, die Bahr zur Mitarbeit heranzog, keiner der Fraktions-AG angehörte. Dabei verfügte die Neumann-Gruppe mit dem Referenten Michael Forster über einen über die Fraktion hinaus anerkannten Strategie-Experten.
In konsequenter Fortführung der ab Mitte der 70er Jahre deutlich erkennbaren Entwicklung richtete die Fraktion bzw. der AK I in der 9. Legislaturperiode erstmals eine Arbeitsgruppe „Abrüstung und Rüstungskontrolle“ ein.[254]
Bei der Bundestagswahl im Frühjahr 1983 wurde Paul Neumann nicht wieder in den

[254] S. ausführlich S. 179–182.

Bundestag gewählt. Den AG-Vorsitz übernahm nun der langjährige zweite Mann, Erwin Horn.[255]

*Fazit:* Die Geschichte des AK respektive der AG Sicherheitsfragen während der SPD-Regierungsverantwortung ist eine Geschichte des politischen Niedergangs und Machtverlusts.

Dies lag zum einen im Funktionswechsel der Fraktion bei Eintritt in die Regierung begründet.

Wichtiger aber noch erscheint, daß die Fraktion ab Ende der 60er Jahre nicht mehr über Sicherheitsexperten und Persönlichkeiten vom Kaliber eines Erler, Schmidt oder Wienand verfügte.

Möglicherweise hat auch das erdrückende politische Gewicht des Verteidigungsministers und Kanzlers Helmut Schmidt dazu beigetragen, neue Talente nicht aufkommen zu lassen.

Aber die Verteidigungspolitik stand in der SPD in den 70er Jahren generell nicht in hohem Kurs. Sehr viel prestige- und karriereträchtiger war die Beschäftigung mit Entspannungs- und Abrüstungsfragen.

Besonders bemerkenswert ist außerdem, daß von den Nachfolgern Karl Wienands im AK/AG-Vorsitz niemand mehr in den Parteivorstand aufzusteigen vermochte. Diese Tatsache dokumentiert anschaulich die politische Schwäche der Fraktions-Wehrexperten seit den späten 60er Jahren.

Ein letzter Grund für den Niedergang des AK/AG Sicherheitsfragen: Parallel zu sukzessiven Kompetenzverlusten erlebte dieses Gremium in den 70er Jahren eine personelle Verkrustung, welche jungen, ehrgeizigen Abgeordneten mit frischen Ideen (und einem weiteren sicherheitspolitischen Horizont) den Zugang erschwerte bzw. verleidete.

### *b) Unterausschuß für Abrüstung und Rüstungskontrolle des Deutschen Bundestages*[256]

Der Unterausschuß (UA) für Abrüstung und Rüstungskontrolle ist ein Unterausschuß des Auswärtigen Ausschusses und natürlich *kein* SPD-Gremium wie der vorstehend behandelte AK/AG Sicherheitsfragen.

Der Grund, weshalb der UA hier dennoch behandelt wird, ist, daß SPD-Sicherheitspolitiker während der Regierungszeit Helmut Schmidts den Ausschuß und insbesondere die Funktion des Ausschußvorsitzenden als Forum zur innerparteilichen und öffentlichen Profilierung benutzten und damit in Konkurrenz traten zu den „herkömmlichen" Sicherheitsgremien der SPD.

[255] Horn stammt aus dem traditionell linken SPD-Bezirk Hessen-Süd, weshalb er eine Wendigkeit besitzt, die seinem Vorgänger Neumann abging. Diese Wendigkeit stellte er 1983 in der Nachrüstungsfrage unter Beweis, als er auf die Seite der stärkeren Bataillone, d. h. die Seite der kompromißlosen Nachrüstungsgegner überging.

[256] Informationen über Entstehung, Aufbau und Funktionsweise des UA Abrüstung und Rüstungskontrolle sowie die Ausschußvorsitzenden Pawelczyk und Bahr erhielt der Verfasser vor allem von dem langjährigen Sekretär des UA Peter von Schubert (Gespräch mit Peter v. Schubert am 14. 5. 1984 in Bonn).
Ohne die Hilfe von Schuberts hätte das nachfolgende Kapitel schwerlich geschrieben werden können. Ihm sei daher für seine Informationsbereitschaft an dieser Stelle ausdrücklich gedankt.

*Kind der Großen Koalition*

Eingesetzt wurde der UA für Abrüstung und Rüstungskontrolle erstmals in der 5. Wahlperiode, also in der Zeit der Großen Koalition. Die konstituierende Sitzung fand am 3. April 1968 statt.
Zuvor schon war auf administrativer Ebene, im Auswärtigen Amt, die Stelle eines Abrüstungsbeauftragten der Bundesregierung geschaffen worden.
Erster Vorsitzender des UA wurde der CDU-Verteidigungsexperte Dr. Kliesing. Er hatte den UA-Vorsitz bis zum Ende der 6. Wahlperiode (1972) inne. Man kann nicht sagen, daß der UA unter Kliesing besonders aktiv war. In den anderthalb Jahren bis zum Ende der 5. WP trafen die UA-Mitglieder zu fünf Sitzungen zusammen, in der 6. WP fanden sogar nur vier Sitzungen statt.
MBFR riß den UA aus seinem Dämmerdasein. Nimmt man die Anzahl der UA-Sitzungen als Gradmesser für politische Aktivität, so sprechen die neunzehn Sitzungen während der 7. Wahlperiode (gegenüber vier Sitzungen der 6. WP) eine deutliche Sprache.[257]

*Alfons Pawelczyk aktiviert den UA*

Seine politische Aufwertung in der 7. Wahlperiode verdankt der UA vor allem einem Mann: dem SPD-Politiker Alfons Pawelczyk. Nach Wischnewski (SPD) und Schulze-Vorberg (CDU) als Nachfolger Kliesings übernahm 1974 Pawelczyk den Vorsitz des UA. Am 6. November 1974 leitete er erstmals eine Sitzung des UA.
Pawelczyk erkannte, daß der politische Niedergang der AG Sicherheitsfragen eine „Marktlücke“ eröffnete. Diese hieß: Abrüstung und Rüstungskontrolle. Bekanntlich vernachlässigten die Verteidigungsminister der AG Sicherheitsfragen dieses Feld zugunsten der fast ausschließlichen Beschäftigung mit Bundeswehr-Angelegenheiten. Was lag also für den nach politischer Profilierung drängenden Hamburger Abgeordneten näher, als sich – über den Vorsitz im UA – zum abrüstungspolitischen Sprecher der SPD-Fraktion aufzuschwingen.
Zudem hatte es Major a.D. Pawelczyk schon immer zur „höheren“ Sicherheitspolitik hin gedrängt. Bereits nach seiner ersten Wahl in den Bundestag, 1969, gelang es Pawelczyk, ordentliches Mitglied sowohl im Verteidigungs- als auch im angesehenen Auswärtigen Ausschuß zu werden. Dies war für einen Parlaments-Neuling sehr außergewöhnlich. Aber Alfons Pawelczyk besaß die Protektion des SPD-Spitzengenossen Helmut Schmidt, dessen „Hamburger Kreis“ er in den 60er Jahren angehört hatte.[258]
Jedenfalls hatte Pawelczyk durch seine Mitgliedschaft im Auswärtigen Ausschuß und im Verteidigungsausschuß einen glänzenden parlamentarischen Start. Für seine Stellung in der Fraktion bedeutete diese Doppelmitgliedschaft, daß er sowohl im AK/AG Sicherheitsfragen als auch im außenpolitischen AK (bzw. der AG Außenpolitik) Sitz und Stimme hatte. Pawelczyk fuhr also von Beginn seiner Bundestags-Karriere an zweigleisig.

[257] In der 8. WP (1976–1980) fanden bereits 44 Sitzungen statt. In der nur zwei Jahre währenden 9. Legislaturperiode wurde der UA 32mal einberufen. – Die Zahlenangaben entstammen Unterlagen des UA, die Peter v. Schubert während des Gesprächs mit dem Verfasser am 14. 5. 1984 heranzog.

[258] S. auch S. 34.

1974 verlagerte er sein Gewicht mehr auf das außenpolitische und rüstungskontrollpolitische Gleis, ohne jedoch sein verteidigungspolitisches Engagement und die Mitarbeit in der AG Sicherheitsfragen aufzugeben. Wie im vorherigen Kapitel bereits ausgeführt wurde, war Pawelczyk 1975 sogar sehr interessiert, den Vorsitz der Sicherheits-AG von Buchstaller zu übernehmen. Dieses Vorhaben scheiterte jedoch, und Pawelczyk intensivierte nachfolgend seine rüstungskontrollpolitischen Aktivitäten.

Ein nicht gering zu veranschlagender Erfolg Pawelczyks war, daß er die Fraktionsführung zur Einstellung eines Referenten für Abrüstung und Rüstungskontrolle zu bewegen vermochte. Zwar war dieser Referent offiziell Fachkraft der gesamten Fraktion,[259] de facto aber arbeitete er in allererster Linie Pawelczyk zu.

Erster Mann auf dem neugeschaffenen Posten wurde der Hamburger Johannes Altmeppen. Altmeppen blieb bis 1981 in der Fraktion. Er war kein Abrüstungs-Doktrinär, sondern ein Pragmatiker. Er war auch kein eingeschworener Kernwaffengegner – sonst wäre er wohl kaum Anhänger des NATO-Doppelbeschlusses gewesen und 1981 zum „Deutschen Atomforum" übergewechselt.[260]

Aber nicht nur durch die Einstellung eines SPD-Referenten wurde der UA für Abrüstung und Rüstungskontrolle in der „Ära Pawelczyk" aufgewertet.

Er erhielt auch, als bis heute einziger von insgesamt etwa dreißig Bundestags-Unterausschüssen, einen ständigen administrativen Unterbau mit einem hauptamtlichen Ausschußsekretär. Ein ganzer Flur auf der 7. Etage des Hochhauses Tulpenfeld wurde dem UA zur Verfügung gestellt. Hier wurde dem SPD-Abrüstungsreferenten ein Büro in unmittelbarer Nähe zu dem von der SPD gestellten UA-Vorsitzenden eingerichtet.

Die herausgehobene Stellung des UA für Abrüstung und Rüstungskontrolle wird seit der 8. Wahlperiode auch bei den Verhandlungen der Fraktionen über die Ausschußvorsitze deutlich. Die SPD reklamiert regelmäßig den Vorsitz im Abrüstungsausschuß für sich, und zwar mit dem Hinweis darauf, nur so den Unions-Vorsitzenden im Auswärtigen Ausschuß und im Verteidigungsausschuß zustimmen zu können. Dieses „do ut des" hat dazu geführt, daß der UA-Vorsitz seit über einem Jahrzehnt fest in SPD-Hand ist.

Die Besetzung des UA erfolgte bis zur 9. Legislaturperiode nach dem Schlüssel: 3 (CDU/CSU) – 3 (SPD) – 1 (FDP).[261]

Sosehr Pawelczyk sich auch der Abrüstungspolitik verschrieb[262] und sosehr er ab 1975

[259] Dieses Reglement gilt grundsätzlich für alle Referenten der im Deutschen Bundestag vertretenen Fraktionen.

[260] Vgl. Altmeppen, Johannes, Einige Aspekte der Debatte über nukleare Mittelstreckenraketen, in: Neue Gesellschaft, 10/1979, S. 859ff.; ders., Möglichkeiten und Grenzen der Nuklearstrategie, in: Neue Gesellschaft, 11/1980, S. 952ff.

[261] In der 10. WP hatte der UA fünf CDU/CSU-Mitglieder, vier SPD-Mitglieder und je einen Vertreter der FDP und der Grünen.

[262] 1979 kritisierte der SPD-Abgeordnete Conrad Ahlers die Abrüstungsfixierung und Ungeduld seines Fraktionskollegen sogar öffentlich: S. Ahlers, Conrad, Die Unrast des Alfons Pawelczyk. Geduld tut not, in: Deutsche Zeitung, 30. 3. 1979. Die abrüstungspolitische „Unrast" Pawelczyks galt Ende der 70er Jahre vor allem den Wiener MBFR-Verhandlungen: S. Pawelczyk, Alfons, MBFR – Politische Voraussetzungen, Stand der Verhandlungen, weitere Aussichten, Manuskript, Bonn 14. 9. 1978 (veröffentlicht in der „Frankfurter Rundschau" am 16. und 19. 9. 1978); ders., Auf der Basis von Sicherheit, in: Das Parlament, 16. 9. 1978. Etwa zur gleichen Zeit, im Sommer 1978, regte Pawelczyk die Benennung eines Staatsministers für Abrüstungsfragen mit zugeordnetem Bundesamt an (S.

mit der AG Sicherheitsfragen konkurrierte, er achtete doch stets darauf, daß er sich nicht allzuweit von der Gleichgewichtspolitik seines ehemaligen Förderers Helmut Schmidt entfernte.

Beispielsweise trat er 1979 auf dem Berliner SPD-Parteitag als Verteidiger des Doppelbeschlusses auf, gegen scharfe Angriffe von links.

Aber 1980, kurz nach der Bundestagswahl, wurde Pawelczyk nach Hamburg gerufen, um das Amt des Innensenators zu übernehmen. Zwar wurde im zugestanden, auch weiterhin als Abrüstungsexperte der Partei agieren zu dürfen; nachdem er aber einmal von der Bonner Politikbühne abgetreten war, nahm sein Einfluß auf den sicherheitspolitischen Kurs der SPD rasch ab.[263]

Nur kurze Zeit nach Pawelczyks Weggang verließ auch Referent Altmeppen die SPD-Bundestagsfraktion.

*Egon Bahr wird Nachfolger Pawelczyks*

So kam es also 1981 zu einer doppelten Neubesetzung in der SPD-Fraktion, wenngleich auf unterschiedlichen Ebenen.

Nachfolger Pawelczyks als UA-Vorsitzender wurde der bisherige Bundesgeschäftsführer der SPD, Egon Bahr. Bahr, der dem 9. Deutschen Bundestag eigentlich nur noch als „schlichter Abgeordneter"[264] hatte angehören wollen, erkannte, welche politischen Möglichkeiten der durch Pawelczyks plötzlichen Weggang freigewordene UA-Vorsitz einem Mann seiner Statur eröffnete; auch wenn seine Kompetenzen gegenüber seinem Vorgänger etwas eingeschränkt wurden.[265]

Nach Auskunft eines Mitarbeiters war Bahr vor allem deshalb am UA-Vorsitz interessiert, weil er (1) als Architekt der Brandtschen Ost- und Entspannungspolitik die steckengebliebene militärische Entspannung vorantreiben wollte; (2) den UA-Vorsitz vor dem Hintergrund einer rasch anwachsenden „Friedensbewegung" als profilierungsträchtige Funktion erkannte.[266]

Bahrs Beschäftigung mit sicherheitspolitischen und insbesondere abrüstungspolitischen Fragen geht zurück bis in die 50er Jahre.[267] Besonders stark freilich widmete er sich diesen Fragen als Leiter des Planungsstabs im Auswärtigen Amt 1967–1969, wo er seinen bereits dargestellten Stufenplan zur Abrüstung in Europa entwickelte.[268]

„SPD will einen Staatsminister für Abrüstungsfragen", in: Frankfurter Allgemeine Zeitung, 19. 7. 1978; außerdem: Pawelczyk, Alfons, Sicherheitspolitik braucht neue Instrumente, in: Vorwärts, 27. 7. 1978). Pawelczyk machte kein Hehl daraus, daß er gerne erster deutscher Abrüstungsminister geworden wäre.

263 Pawelczyk blieb allerdings Mitglied der Kommission Sicherheitspolitik des SPD-Parteivorstandes und Leiter des Gesprächskreises „Sicherheit und Abrüstung" in der Friedrich-Ebert-Stiftung (s. dazu: Bruns, Wilhelm, Abrüstung – auch eine Aufgabe der Forschung. Ein Informations- und Orientierungspapier über die Arbeitseinheit „Sicherheit und Abrüstung" im Forschungsinstitut der Friedrich-Ebert-Stiftung, Bonn, September 1980). Nach dem Essener Parteitag 1984 wurde Pawelczyk stellvertretender Vorsitzender der Kommission Sicherheitspolitik.

264 Moniac, Rüdiger, Bahr für Pawelczyk, in: Die Welt, 15. 11. 1980.

265 S. dazu S. 178.

266 Hintergrundgespräch in Bonn; Gespräch mit Peter Männing am 10. 4. 1984 in Bonn.

267 Gespräch mit Egon Bahr am 10. 7. 1985 in Bonn.

268 S. dazu S. 129ff.

Nachfolger Altmeppens als Fraktionsreferent für Abrüstung und Rüstungskontrolle wurde 1981 Uwe Stehr, ein langjähriger Mitarbeiter der Hessischen Stiftung Friedens- und Konfliktforschung (1972–1980) und gelegentlicher Assistent Karsten D. Voigts.[269]
Stehrs sicherheitspolitisches Denken ist ganz auf die Notwendigkeit von Abrüstung fixiert, so daß es gerechtfertigt erscheint, ihm eine abrüstungspolitische Einseitigkeit zu attestieren. Er ist Anhänger der Senghaasschen „Autismus-Theorie".[270]
Wie sein Vorgänger, so untersteht auch Stehr formal dem SPD-Fraktionschef, dem Vorsitzenden des AK I und schließlich dem Vorsitzenden der AG-Abrüstung und Rüstungskontrolle. Tatsächlich arbeitet der Referent aber vorwiegend für den Vorsitzenden des Unterausschusses. Nach Angaben Stehrs wendete er Anfang der 80er Jahre ca. 70% seiner Zeit für Egon Bahr auf.[271]
Seit der 9. Legislaturperiode hat der Mutterausschuß den Aktionsradius des UA für Abrüstung und Rüstungskontrolle und insbesondere des UA-Vorsitzenden beschnitten. Peter Männing, SPD-Abgeordneter von 1975 bis 1983, weiß zu berichten, es habe 1980/81 im Auswärtigen Ausschuß heftige Auseinandersetzungen um die Kompetenzen des UA gegeben. Es sei dabei vor allem darum gegangen, ob der UA selbständig Beschlüsse fassen dürfe oder nicht.[272] Der UA-Vorsitzende darf seither grundsätzlich nur noch im Auswärtigen Ausschuß berichten. Er kann aber dort im Namen des UA sprechen, ohne sich vorher mit diesem Gremium abgestimmt zu haben. So ist also die Kompetenz des UA recht eng gezogen. Er ist vor allem *kein* vorbereitendes Beschlußorgan.
Bahr hat aber Anfang der 80er Jahre immer wieder Möglichkeiten gesucht und gefunden, am Auswärtigen Ausschuß und dessen Vorsitzenden Rainer Barzel vorbei, ins Parlament und in die Öffentlichkeit vorzustoßen.
Beispielsweise hat er im Herbst 1983 – unmittelbar vor der Stationierungsentscheidung des Deutschen Bundestages –, am Auswärtigen Ausschuß und dessen Vorsitzenden Marx vorbei, allen Parlamentsmitgliedern Berichte betr. „Ergebnisse von Delegationsreisen des UA für Abrüstung und Rüstungskontrolle nach Washington, Moskau und Genf" zugeleitet.[273]
Die teilweise stark subjektiv eingefärbten Berichte sollten laut Ausschußsekretär von Schubert zur Gewissensfindung der Abgeordneten gemäß Art. 38 GG beitragen.[274]
Mit den parlamentarischen Möglichkeiten des Abrüstungsausschusses läßt sich weder das Interesse Bahrs für die Funktion des UA-Vorsitzes noch der Prestigegewinn, den Bahr Anfang der 80er Jahre in Partei und Öffentlichkeit erzielte, hinreichend erklären. Hier wird die These vertreten, daß Bahr in erster Linie am Kompetenz suggerierenden Titel („Vorsitzender des UA für Abrüstung und Rüstungskontrolle des Deutschen

[269] Gespräch mit Uwe Stehr am 13. 1. 1984 in Bonn.
[270] Zum Autismus-Theorem s. Senghaas, Dieter, Aufrüstung durch Rüstungskontrolle, Stuttgart/Berlin 1972, S. 48–64.
[271] Gespräch mit Uwe Stehr am 13. 1. 1984 in Bonn.
[272] Gespräch mit Peter Männing am 10. 10. 1984 in Bonn.
[273] Die Berichte wurden in Form von UA-Drucksachen (Nr. 16, 19, 22) mit einem Begleitschreiben Bahrs vom 9. 11. 1983 an alle Mitglieder des Deutschen Bundestages verschickt.
[274] Gespräch mit Peter v. Schubert am 14. 5. 1984 in Bonn.

Bundestages") interessiert war. Dieser beförderte den Schöpfer des folgenreichen Verdikts über die Neutronenwaffe („Perversion des Denkens") quasi automatisch zum „Abrüstungsexperten" des Bundestages, seiner Fraktion und darüber hinaus der gesamten Sozialdemokratie.

Nun wäre Bahr das Expertenetikett nur von begrenztem Nutzen gewesen, hätte er nicht über eine außerordentlich starke Stellung in der Partei verfügt: Er ist seit seiner Zeit als Bundesgeschäftsführer Mitglied des SPD-Präsidiums und bekanntlich seit langen Jahren auch der besondere Vertraute des Parteivorsitzenden Brandt.

Das starke „Parteibein" Bahrs ist es denn auch vor allem, das ihn von seinem direkten Vorgänger im UA-Vorsitz unterschied und unterscheidet.

Die Kombination von Parteimacht und Expertentitel, die geschickte und medienwirksame Synthese beider Positionen bzw. Funktionen, ließ Egon Bahr Anfang der 80er Jahre zur sicherheitspolitischen Nummer eins in der SPD aufsteigen.

Sichtbaren Ausdruck fand dies in der Wahl Bahrs zum Vorsitzenden der wichtigen Partei-Arbeitsgruppe Neue Strategien 1982.[275]

### *c) AG Abrüstung und Rüstungskontrolle*

Welchen hohen eigenen Stellenwert Abrüstung und Rüstungskontrolle in der SPD-Bundestagsfraktion seit den 70er Jahren einnehmen, ergibt sich aus der Tatsache, daß hierfür eine eigene Arbeitsgruppe (AG) eingerichtet wurde. Sie untersteht – wie auch die AG Sicherheitsfragen – dem Arbeitskreis (AK) I der Fraktion.

Wie sich schon aus dem Namen der AG ergibt, soll sie ihre Arbeit vor allem auf den Unterausschuß (UA) für Abrüstung und Rüstungskontrolle hin ausrichten. So ist der Vorsitzende der AG Obmann der SPD-Fraktion im Abrüstungs-UA (wie der Chef der AG Sicherheitsfragen Obmann im Verteidigungsausschuß ist). Vor Gründung der Fraktions-AG war der Vorsitzende des Abrüstungs-UA, Pawelczyk, sozusagen sein eigener Obmann gewesen.

Die AG Abrüstung und Rüstungskontrolle gehört zu den jüngsten Arbeitsgruppen der SPD-Fraktion; sie wurde erst 1980, zu Beginn der 9. Legislaturperiode, eingerichtet. Ihr gehören die ordentlichen und stellvertretenden Mitglieder der SPD im UA Abrüstung und Rüstungskontrolle an. Auf Antrag des Abgeordneten Norbert Gansel wurden AG-Sitzungen in der 9. Wahlperiode „fraktionsöffentlich", d. h., jedes Fraktionsmitglied erhielt Zugang.[276]

Erster Vorsitzender der AG Abrüstung und Rüstungskontrolle und Obmann war der Berliner Abgeordnete Peter Männing. Männing war in der 9. Legislaturperiode ordentliches Mitglied im Auswärtigen Ausschuß und stellvertretendes Mitglied im Verteidi-

[275] Diese Arbeitsgruppe erarbeitete die Grundlagen für das wichtige programmatische Dokument „Für eine neue Strategie des Bündnisses", das 1984 von dem Essener SPD-Parteitag verabschiedet wurde und nach Überarbeitung und Erweiterung 1986 in Nürnberg im Leitantrag des Parteivorstands „Friedens- und Sicherheitspolitik" aufging (s. Vorstand der SPD [Hrsg.], Protokoll vom Parteitag der SPD in Nürnberg, 25.–29. 8. 86, Nürnberg 1986, S. 861ff.). – 1984 wurde Bahr auch zum Direktor des Instituts für Friedensforschung und Sicherheitspolitik in Hamburg berufen.

[276] Gespräch mit Peter Männing am 10. 10. 1984 in Bonn. – De facto, so Männing, habe aber eigentlich nur Gansel von dem Recht auf Sitzungsteilnahme Gebrauch gemacht.

gungsausschuß. Darüber hinaus wurde er gleich zu Beginn der Wahlperiode in den Fraktionsvorstand gewählt – was er in erster Linie seiner Zugehörigkeit zur Berliner Landesgruppe der SPD zu verdanken hatte.
Besonders interessant ist aber, daß der erste Vorsitzende der AG Abrüstung und Rüstungskontrolle und Nachfolger Pawelczyks als Obmann im Unterausschuß nicht dem linken Flügel, sondern dem rechten Flügel der SPD-Bundestagsfraktion, der sogenannten Kanalarbeiter-Riege um Egon Franke, angehörte. Sein Gegenkandidat war der spätere Vorsitzende der AG Sicherheitsfragen Erwin Horn.[277]
Außerdem wurde Männing in Journalistenkreisen gerne als informeller Sprecher einer Amerika-Fraktion in der SPD apostrophiert.[278]
Die Außen- und Sicherheitspolitik Helmut Schmidts unterstützte Männing, der 1972 und 1976 Wahlkampforganisator Schmidts gewesen war, uneingeschränkt. So hatte er im Dezember 1979, wenige Tage vor dem SPD-Parteitag in Berlin, den Nachrüstungsgegnern in der SPD eine deutliche Warnung zukommen lassen:

„Nie zuvor in der Geschichte des Bündnisses ist ein Problem wie das der Mittelstrekkenraketenmodernisierung so gründlich diskutiert worden. Daher ergeht die Warnung an alle, die essentiellen Fragen der westlichen Sicherheit für einen Spielball innerparteilicher Auseinandersetzungen anzusehen. ... Kein Parteitag darf sich anmaßen, Richtlinien zu verabschieden und durchzusetzen, die ein Bundeskanzler nicht mit seinem Eid auf das Grundgesetz für vereinbar hält."[279]

Stellt man in Rechnung, daß die Wahlen zum 9. Deutschen Bundestag der SPD-Fraktion einen beachtlichen Linksruck bescherten, so ergibt sich die Frage, warum ausgerechnet ein konservativer Sozialdemokrat, der Abrüstung und Rüstungskontrolle nach funktionalen Kriterien und ohne ideologische Voreingenommenheit anging, mit den wichtigen Aufgaben eines Obmanns im Abrüstungs-UA und eines Vorsitzenden einer Fraktions-AG für Abrüstung und Rüstungskontrolle betraut wurde.
Die Erklärung hierfür liegt im Stärkeverhältnis der innerfraktionellen Gruppierungen zueinander begründet:[280] In der 9. Legislaturperiode waren die „Kanalarbeiter" immer noch die stärkste Gruppe in der Fraktion.[281] Sie wollten mit der Wahl Männings erstens Helmut Schmidt in den voraussehbaren innerparteilichen Auseinandersetzungen um die Nachrüstung den Rücken stärken, zweitens eine Gegenposition aufbauen zu Egon

[277] Gespräch mit Peter Männing am 10. 10. 1984 in Bonn.
[278] S. z. B. Philipps, Peter, Ein Freund Amerikas, in: Die Welt, 6. 5. 1980. 1981 wurde Männing der erste Vorsitzende der Deutsch-Amerikanischen Parlamentariergruppe. Ebenfalls 1981 war Männing der einzige namhafte SPD-Politiker, der es wagte, Alexander Haig und dessen Auffassung, es gebe etwas Wichtigeres als den Frieden, öffentlich zu verteidigen: S. Männing, Peter, Vom Umgang mit der Wahrheit – Ist Alexander Haig ein Schwerverbrecher?, in: Sozialdemokratischer Pressedienst, 1. 6. 1981.
[279] Männing, Peter, Die westliche Sicherheit ist kein Spielball für Auseinandersetzungen in der SPD, in: Berliner Morgenpost, 1. 12. 1979.
[280] Vgl. dazu Müller-Rommel, Ferdinand, Innerparteiliche Gruppierungen in der SPD: Eine empirische Studie über informell-organisierte Gruppierungen von 1969–1980, Opladen 1982.
[281] Zu den „Kanalarbeitern", ihrer Entstehung und ihrer Organisationsstruktur: Müller-Rommel, Innerparteiliche Gruppierungen in der SPD, a.a.O., S. 161–182.

Bahr, der 1980 Vorsitzender des UA Abrüstung und Rüstungskontrolle und stellvertretender Vorsitzender des Auswärtigen Ausschusses des Bundestages wurde.[282]
Die SPD-Bundestagsfraktion verfügte also ab November 1980 über zwei abrüstungspolitische Sprecher und Experten, die sich bezüglich ihrer Rechte beide auf Alfons Pawelczyk berufen konnten.
Allerdings bestand praktisch von Anfang an kein Gleichgewichtsverhältnis zwischen den beiden Politikern. Gegenüber einem politischen Riesen wie Egon Bahr seien seine Möglichkeiten bescheiden gewesen, erklärte Männing. Er habe allenfalls eine Art Beobachtungsposition beziehen können.[283]
Der Berliner Abgeordnete hat es in den Jahren 1980–1982 als Vorsitzender der AG Abrüstung und Rüstungskontrolle dennoch vermocht, Helmut Schmidt und seiner Politik Schützenhilfe zu leisten. Er hat dazu beigetragen, provisorische Schutzdämme gegen antinukleare und antiamerikanische Strömungen in der SPD zu errichten, auch als außenpolitischer Sprecher der Fraktion von Mai 1982 bis März 1983.[284] Aber diese Dämme wehrten nur kurze Zeit. Als sie brachen, rissen die Wogen die parlamentarische Karriere Männings mit sich: Seine Berliner Parteigenossen versagten dem Mitstreiter Helmut Schmidts im Januar 1983 die Nominierung für den neuen Bundestag.[285] Seine kämpferische Standfestigkeit in Sachen NATO-Doppelbeschluß hatte ihm die erbitterte Feindschaft des linken SPD-Flügels eingetragen.
Nachfolger Männings im Vorsitz der AG Abrüstung und als Obmann der Fraktion im Abrüstungs-UA wurde im Mai 1982 der Parlamentsneuling Hermann Scheer.[286]
Scheer war in den 70er Jahren zeitweilig Juso-Vorsitzender in Baden-Württemberg und auch stellvertretender Juso-Bundesvorsitzender gewesen. Er hatte bei den Jusos dem gemäßigten „reformistischen" Lager angehört, in der SPD-Bundestagsfraktion war (und ist) er jedoch eindeutig dem linken Flügel zuzuordnen. Dennoch war Scheer die Wahl Männings als sein Nachfolger im Amt des Vorsitzenden der AG Abrüstung und Rüstungskontrolle.[287] Hierbei habe die Kompetenz Scheers den Ausschlag gegeben.[288]
Ein politisches Gegengewicht zu Egon Bahr stellte der neue AG-Vorsitzende natürlich nicht dar. Beide zogen weitgehend am gleichen politischen Strang, in den Jahren 1982/83 vor allem in der Nachrüstungsfrage.
Ein halbes Jahr vor dem Ende der Regierung Schmidt/Genscher bot sich somit das interessante Bild, daß alle rüstungskontrollpolitisch wichtigen Positionen in der SPD-

282 Diese Annahmen wurden von Männing bestätigt: Gespräch mit Peter Männing am 10. 10. 1984 in Bonn.
283 Ebenda.
284 Der Funktionswechsel Männings vom Vorsitzenden der AG Abrüstung und Rüstungskontrolle zum Vorsitzenden der AG Außenpolitik war Teil eines umfangreichen Ämtertausches. Dieser wurde notwendig durch den Wechsel des bisherigen AK-I-Vorsitzenden Wischnewski ins Kanzleramt. Nachfolger Wischnewskis wurde Karsten Voigt, auf dessen Platz dann Männing nachrückte. – Mitbewerber Männings um den Vorsitz der AG Außenpolitik war wiederum Horn gewesen.
285 S. „Darum fiel der außenpolitische Experte in Tempelhof durch – SPD-Linke hielten Männing ‚Sündenregister' vor", in: Berliner Morgenpost, 11. 12. 1982.
286 Scheer war in der 9. Legislaturperiode ordentliches Mitglied im Verteidigungsausschuß und stellvertretendes Mitglied im Auswärtigen Ausschuß. Im Gegensatz zu seinem Vorgänger hatte er keinen Sitz im Fraktionsvorstand.
287 Gespräch mit Peter Männing am 10. 10. 1984 in Bonn. – Der Kandidat des „Kanals" für Männings Nachfolger sei eigentlich Hartmut Soell gewesen.

Fraktion von Gegnern der Sicherheitspolitik Helmut Schmidts gehalten wurden: Egon Bahr war als Vorsitzender des UA Abrüstung und Rüstungskontrolle und stellvertretender Vorsitzender des Auswärtigen Ausschusses der herausragende und – in Fraktion und Partei gleichermaßen – einflußreichste Abrüstungsfachmann, und die beiden Ex-Jungsozialisten Karsten Voigt und Hermann Scheer leiteten den AK I respektive die diesem unterstehende AG Abrüstung und Rüstungskontrolle. Unterstützung erhielt der sicherheitspolitische Kurs Helmut Schmidts bis März 1983 durch den Vorsitzenden der AG Außenpolitik (P. Männing) und die AG Sicherheitsfragen (P. Neumann). Mit Eintritt in die 10. Legislaturperiode und der Ersetzung von Männing/Neumann durch die Nachrüstungsgegner Voigt/Horn schmolz die Unterstützung der Fraktion für den sicherheitspolitischen Kurs des Altbundeskanzlers weiter zusammen.

## 3. Der Parteiapparat

### *a) Sicherheitsausschuß/Kommission Sicherheitspolitik beim SPD-Parteivorstand*

„Ich halte es für dringend erforderlich, daß der Parteivorstand einen wehrpolitischen Ausschuß beruft (an dem ich mich gegebenenfalls gern beteiligen würde) und ein wehrpolitisches Referat einrichtet",[289] schrieb der Parlamentsneuling Helmut Schmidt am 6. März 1954 an seinen Fraktionsvorsitzenden.

Was Schmidt offensichtlich nicht wußte, als er seinen Brief an Ollenhauer abschickte, war, daß der Parteivorstand bereits zwei Tage zuvor die Einsetzung eines Sicherheitsausschusses unter dem Vorsitz des stellvertretenden Parteivorsitzenden Wilhelm Mellies beschlossen hatte.[290] Schmidt gehörte 1954 dem Parteivorstand noch nicht an.

Dennoch ist es interessant, die Begründung Schmidts für seine Forderung zu lesen; denn sie macht deutlich, in welchem unausgegorenen Zustand sich die SPD-Verteidigungspolitik im Frühjahr 1954 befand.

„Mir will scheinen", so Schmidt, „daß der unheilvolle Gegensatz zwischen der Linken und der Reichswehr im Weimarer Staat keineswegs ausschließlich von gewissen Faktoren in der Reichswehr verschuldet war, sondern daß daneben nicht übersehen werden darf, daß die Sozialdemokratie schon 1919 versäumt hat, in maßgeblicher Weise die Wehrverfassung und das innere Gefüge der Reichswehr den gegebenen und voraussehbaren politischen Notwendigkeiten entsprechend in der Reichsverfassung sowie später in den entsprechenden Gesetzen zu fixieren."[291]

[288] S. dazu die Beiträge Scheers zur Nachrüstungsdiskussion, insbesondere den Aufsatz: Scheer, Hermann, „Landgestützte Raketen gehören nach Alaska". Ein Plädoyer für die Stationierung der Systeme auf See, in: Die Zeit, 29. 5. 1981; vgl. auch Scheer, Hermann, Die Befreiung von der Bombe. Weltfrieden, europäischer Weg und die Zukunft der Deutschen, Köln 1986.

[289] Schreiben Helmut Schmidts an Erich Ollenhauer vom 6. März 1954. – Eine Kopie des Schreibens findet sich in NLE (Nachlaß Erler) 138, im Archiv der sozialen Demokratie der Friedrich-Ebert-Stiftung in Bonn (im folgenden kurz: NLE 138).

[290] Schreiben Wilhelm Mellies' an Fritz Erler vom 5. März 1984, in: NLE 138.

[291] Schreiben Helmut Schmidts an Erich Ollenhauer vom 6. März 1954, a.a.O.

Es sei „bestürzend zu sehen“, daß Jugend- und Studentenverbände im Hinblick auf das „innere Gefüge“ der neuen Streitkräfte „sehr viel differenziertere, konzisere Vorstellungen“ entwickelt hätten, „als das im Durchschnitt bei den Mitgliedern der Fraktion und bei anderen sozialdemokratischen Politikern“ der Fall sei.
Das war ein vernichtendes Urteil über die SPD-Verteidigungspolitik, ja im Grunde genommen – Schmidts Kritik macht das deutlich – gab es eine solche Politik im März 1954 noch gar nicht.
Aber nicht nur Helmut Schmidt, sondern auch andere SPD-Politiker, allen voran Fritz Erler, forderten bereits seit einiger Zeit die Einsetzung eines wehrpolitischen Ausschusses. Als der Mißstand unübersehbar wurde, stimmte der PV am 4. März 1954 zu.
Am 8. Mai 1954, zweieinhalb Monate nachdem der Bundestag gegen die Stimmen der SPD die Ergänzung des Grundgesetzes durch ein Wehrpflichtgesetz beschlossen hatte, trat der Sicherheitsausschuß[292] im Sitzungssaal der Bonner Arbeiterwohlfahrt erstmals zusammen.

*Aufgaben und Konstituierung*

Die wichtigsten Aufgaben des Ausschusses waren – sie sind es aber auch heute noch:
- Erarbeitung sicherheitspolitisch-konzeptioneller Vorgaben für die Partei;
- Erstellung von Parteitagsleitanträgen für den Parteivorstand;
- Übertragung von sicherheitspolitischen Beschlüssen (des Präsidiums, des Vorstandes, der Parteitage) in nachgeordnete Parteiorganisationen.

Die „Amtszeit“ aller Ausschüsse bzw. Kommissionen des SPD-Parteivorstands beginnt in der Regel nach einem ordentlichen Parteitag und erstreckt sich dann bis zum nächsten ordentlichen Parteitag, also über zwei Jahre.
Die Konstituierung der PV-Ausschüsse entwickelt sich nach dem folgenden Prozedere: Zunächst beruft der neugewählte PV für den jeweiligen Ausschuß einen neuen Vorsitzenden und den oder die stellvertretenden Vorsitzenden. Der Ausschuß-Vorsitzende, meist selbst PV-Mitglied,[293] legt dann dem PV eine Vorschlagsliste bzgl. der zu berufenden Ausschuß-Mitglieder vor.
Bei der Erstellung dieser Liste läßt sich der Vorsitzende von verschiedenen Kriterien leiten. Beispielsweise bemüht er sich, personelle Vorschläge oder Empfehlungen der größeren Bezirke der Partei zu berücksichtigen. Des weiteren kann der Vorsitzende versuchen, Teilbereiche seines Aufgabengebiets durch die Hinzuziehung ausgewiesener Experten abzudecken.
Ganz wesentlich aber bestimmen die politische Konzeption und die Perspektive des „Chefs“ die Auswahl. Damit einhergeht, daß – wie z. B. Karl Wienand, ehemaliger Vorsitzender (1970–1973) und stellvertretender Vorsitzender (1964–1970) des Sicherheitsausschusses, zugibt – die Vorschlagsliste oft auch nach Sympathien und Antipathien des Vorsitzenden erstellt wird.[294]

[292] Der Ausschuß firmierte im Laufe der Jahre unter wechselnden Bezeichnungen: Sicherheitsausschuß, Ausschuß für Sicherheitsfragen, Ausschuß für Sicherheitspolitik und – seit 1977 – Kommission Sicherheitspolitik.

[293] Mit Andreas von Bülow wurde im September 1983 erstmals seit 1954 ein Nicht-Vorstandsmitglied zum Vorsitzenden der Sicherheitspolitischen Kommission gewählt.

[294] Gespräch mit Karl Wienand am 24. 11. 1984 in Windeck.

Die Vorschlagsliste kann der PV theoretisch nach Belieben abändern. In der Praxis begnügt sich der Vorstand hingegen mit einzelnen Streichungen oder auch Ergänzungen.

Sitzungen des Ausschusses bzw. der Kommission werden vom Vorsitzenden in unregelmäßigen Abständen selbständig, d. h. ohne Mitwirkung des PV, einberufen. Grob geschätzt trat der Sicherheitsausschuß in der Vergangenheit einmal in 1–3 Monaten zusammen, mitunter aber auch wesentlich seltener.[295] Vor Parteitagen werden die Treffen grundsätzlich „dichter", weil es dann die sogenannten Leitanträge des Parteivorstandes zu erarbeiten gilt.

Ursprünglich, so Wienand, hatte der Sicherheitsausschuß beim PV eine wirklich umfassende Aufgabe;[296] er war nicht nur mit Fragen der äußeren Sicherheit und der Bundeswehr befaßt, sondern zu seinem Aufgabenbereich gehörten auch das Polizeiwesen und die „Dienste" (BND u. a.). Dies änderte sich Anfang der 70er Jahre, als SPD-Politiker das Bundesverteidigungsministerium führten und gleichzeitig Mitglieder oder gar Vorsitzende (1973–1975) des Ausschusses waren. Aber auch schon in den Jahren zuvor bildeten Fragen der äußeren Sicherheit und Bundeswehr-Probleme eindeutig den Schwerpunkt der Ausschußarbeit.

### *Die Anfangsjahre*

Dem ersten Sicherheitsausschuß gehörten, unter Führung des stellvertretenden Parteivorsitzenden Wilhelm Mellies, insgesamt siebzehn Männer an; darunter Fritz Erler, Carlo Schmid, Herbert Wehner und Helmut Schmidt.[297] Damit war das Expertengremium bei seiner Konstituierung etwa doppelt so groß wie vom Ausschußvorsitzenden Mellies zunächst vorgesehen.[298]

Von den siebzehn waren acht Abgeordnete des Deutschen Bundestages, bis auf einen alle Mitglieder bzw. stellvertretende Mitglieder im Parlamentsausschuß für Fragen der europäischen Sicherheit, dem späteren Verteidigungsausschuß. Erler, Schmid, Mellies und Wehner waren außerdem noch Mitglieder im Auswärtigen Ausschuß des Bundestages und im Außenpolitischen Ausschuß des PV.

Zwei Jahre später wuchs der Ausschuß auf insgesamt 22 Mitglieder an, von denen elf, also exakt die Hälfte, auch dem Deutschen Bundestag angehörten. Mit einer einzigen Ausnahme waren die Abgeordneten auch alle im Verteidigungsausschuß. Vier Parlamentarier – die bereits oben Erwähnten – hatten auch im Auswärtigen Ausschuß Sitz und Stimme.

Wie aus dem zitierten Schreiben Schmidts an Ollenhauer deutlich hervorgeht, war die bevorstehende Wiederbewaffnung unmittelbarer Anlaß zur Gründung des Sicherheits-

[295] So fanden z. B. zwischen dem Münchner Parteitag 1982 und dem Essener Parteitag 1984 insgesamt nur vier Vollsitzungen der Kommission Sicherheitspolitik statt.

[296] Gespräch mit Karl Wienand am 24. 11. 1984 in Windeck.

[297] Die Zusammensetzung der Sicherheitsausschüsse und Kommissionen wurde durchgängig den SPD-Jahrbüchern entnommen. Diese werden vom SPD-Vorstand in der Regel kurz vor ordentlichen Parteitagen herausgegeben und dienen gewissermaßen als Tätigkeits- und Rechenschaftsberichte für die Mitglieder.

[298] S. Schreiben Wilhelm Mellies' an Fritz Erler vom 5. März 1954, a.a.O. Mellies dachte zunächst an einen Ausschuß von 8–10 Personen.

ausschusses. Fragen im Zusammenhang mit der Wiederaufstellung westdeutscher Streitkräfte standen daher in den ersten zwei bis vier Jahren nicht nur im Vordergrund der Ausschußarbeit, sondern machten praktisch den alleinigen Inhalt derselben aus. So wurden bereits anläßlich der konstituierenden Sitzung des Ausschusses im Mai 1954 die „Sicherung der demokratischen Grundrechte für die Soldaten" und die „Arbeit der Dienststelle Blank" als Tagesordnungspunkte behandelt.[299] Später im Jahr, im Oktober 1954, wurden dann fünf Arbeitsgruppen gebildet, die – entsprechend einem Auftrag des Berliner Parteitages – die Grundlagen für eine seitens der Sozialdemokratie akzeptable Wehrverfassung erarbeiten sollten.[300] Von Anfang an nämlich verfolgte die SPD in der Wehrfrage eine Doppelstrategie: grundsätzliche Ablehnung der Wiederbewaffnung einerseits, Mitarbeit an der Wehrverfassung im Parlament andererseits. Nach dem NATO-Beitritt der Bundesrepublik konzentrierte der Sicherheitsausschuß seine Arbeit auf die Frage der Wehrform. Zur Diskussion standen, idealtypisch, eine Wehrpflichtigenarmee und eine Berufs- bzw. Freiwilligenarmee.

Obwohl sich der Sicherheitsausschuß noch im Sommer 1954 skeptisch bzgl. der Verträglichkeit einer Berufsarmee mit der jungen deutschen Demokratie geäußert hatte,[301] empfahl er am 11. April 1956 dem Parteivorstand, „eine auf der Grundlage der Freiwilligkeit geschaffene Truppe aufzustellen und die Heimatverteidigung im weitesten Sinne durch eine auf Dienstpflicht beruhende Miliz zu ergänzen".[302] Die Milizkomponente sollte nicht zuletzt unter Beweis stellen, daß die SPD ihrer traditionellen, schon in der Kaiserzeit erhobenen Forderung nach „allgemeiner Volksbewaffnung" nicht wirklich untreu geworden war.[303]

Gegen Ende der 50er Jahre, insbesondere in den Jahren 1958/59, war dann die sogenannte „Atombewaffnung der Bundeswehr" Hauptgegenstand der Arbeit im Sicherheitsausschuß.[304] Darauf soll jedoch hier nicht näher eingegangen werden.[305]

*Die Ära Erler/Schmidt: Enge Verzahnung von Partei und Fraktion*

Nach dem Parteitag 1958 übernahm Fritz Erler, der schon dem Arbeitskreis Sicherheitsfragen der Fraktion vorstand, auch den Vorsitz im Sicherheitsausschuß.

[299] S. Schreiben Wilhelm Mellies' an Fritz Erler vom 8. April 1954, in: NLE 138.

[300] S. Aktennotiz Fritz Erlers vom 21. 10. 1954, in: NLE 138.

[301] S. „Anregungen des Sicherheitsausschusses beim Parteivorstand zur Verwendung in einem Referat auf dem Parteitag (Juni 1954)", in: NLE 138. Auf Seite 2 des Textes hieß es: „Ein Berufsheer würde nach den Erfahrungen der deutschen Geschichte für den Bestand der Demokratie größere Gefahren bringen als eine Streitmacht, die ein wirklicher Querschnitt durch das ganze Volk wäre."

[302] S. „Empfehlung des Sicherheitsausschusses beim Parteivorstand der Sozialdemokratischen Partei Deutschlands an den Parteivorstand", 11. 4. 1956, in: NLE 138.

[303] 1958/60 wurde die Milizdiskussion in der SPD angefacht durch Überlegungen in Schleswig-Holstein, aufgrund der geographisch besonders exponierten Lage des Landes eine freiwillige Heimwehr nach dänischem Muster aufzustellen. Sozialdemokratische Überlegungen hierzu finden sich ebenfalls im Nachlaß Fritz Erlers. Mit einer Stellungnahme des SPD-Parteivorstands zur Territorialverteidigung vom 29. 11. 1963 (s. Vorstand der SPD [Hrsg.], SPD-Jahrbuch 1962/63, Bonn 1964, S. 50) fand die sozialdemokratische Milizdiskussion einen vorläufigen Abschluß.

[304] S. den wichtigen „Entwurf SPD und atomare Abrüstung der Bundeswehr. Empfehlung des Sicherheitsausschusses beim PV vom 3. Juli 1959", in: NLE 138.

[305] Ausführlich dazu: Wilker, Die Sicherheitspolitik der SPD 1956–66, a.a.O., S. 26–101.

Damit fand die enge Verklammerung zwischen dem PV-Ausschuß und dem AK VIII bzw. der Fraktion ihren sichtbarsten Ausdruck.
Nach dem Parteitag 1960 in Hannover dominierten die Bundestagsabgeordneten den Sicherheitsausschuß auch rein zahlenmäßig. Bis 1970 stellten sie, die fast ausschließlich Mitglieder oder stellvertretende Mitglieder im Verteidigungsausschuß des Parlaments waren, immer deutlich mehr als die Hälfte der Mitglieder im Sicherheitsausschuß des PV. Somit war gewährleistet, daß PV-Ausschuß und Fraktions-Arbeitskreis in sicherheitspolitischen Fragen konform gingen oder genauer, der Sicherheitsausschuß dem Fraktionskurs folgte. Dazu trug auch bei, daß der oder die Fraktionsreferenten (de facto Referenten des AK VIII) bis Mitte der 70er Jahre gewissermaßen „nebenbei" auch den PV-Ausschuß betreuten.
Vorteilhaft war diese sicherheitspolitische Gleichschaltung zunächst deshalb, weil die Partei nach ihrem grundsätzlichen Ja zur Bundeswehr und zur NATO ab Anfang der 60er Jahre bemüht war, ihre außen- und sicherheitspolitische Zuverlässigkeit und damit auch ihre Regierungsfähigkeit auf diesen Gebieten unter Beweis zu stellen. Dies konnte aber nur gelingen, wenn Fraktion und Partei mit einer Stimme sprachen. Anders konnte das Stigma der sicherheitspolitischen Unzuverlässigkeit, das in den Augen vieler Wähler auf der SPD lastete – nicht zuletzt infolge geschickter, wenngleich mitunter grobschlächtiger Angriffe Adenauers –, schwerlich überwunden werden.
Garant für die enge Verzahnung von Partei und Fraktion und die Meinungsführerschaft der letzteren[306] im Sicherheitsausschuß des PV war in der zweiten Hälfte der 60er Jahre Helmut Schmidt. Im Jahre 1964 übernahm er – damals noch Innensenator in Hamburg – den Ausschußvorsitz von Fritz Erler (der Fraktionsvorsitzender wurde). Stellvertretender Vorsitzender wurde der Chef des AK Sicherheitsfragen, Karl Wienand.
Schmidt hatte sich für die Nachfolge Erlers u. a. dadurch empfohlen, daß unter seiner Federführung die Entschließung des Karlruher Parteitags von 1964 „Zur Lage der Bundeswehr" erarbeitet worden war. Dieser wichtige Beschluß war dann fünf Jahre später auch das Programm des Verteidigungsministers Schmidt.
Während der gesamten 60er Jahre hat es praktisch keinerlei Reibungen zwischen dem PV-Ausschuß und dem AK Sicherheitsfragen der Fraktion gegeben. Etwas überspitzt formuliert und auf die Mehrheitsverhältnisse im Sicherheitsausschuß abstellend könnte man sogar sagen, daß es sich im Grunde genommen um ein und dasselbe Gremium handelte: Der AK Sicherheitsfragen *war* der Sicherheitsausschuß des PV. Dies kam praktisch auch dadurch zum Ausdruck, daß beide Gremien nicht selten gemeinsame Beschlüsse oder Beschlußvorlagen verabschiedeten. Es kam vor allem in den 50er Jahren, aber auch in den 60er Jahren vor, daß der SPD-Parteivorstand der Fraktion sicherheitspolitische Empfehlungen erteilte. Dies ist allerdings nicht als Falsifizierung der oben getroffenen Feststellungen der Fraktionsdominanz zu werten, denn Empfehlungen oder Beschlüsse des PV wurden ja immer durch den Sicherheitsausschuß erarbeitet. In diesem aber verfügten die Fraktionsexperten über ein deutliches Übergewicht, und zwar sowohl zahlenmäßig als auch hinsichtlich der Kompetenz. Problematisch war diese Präponderanz der Fraktion bzw. der Fraktionsexperten bei Zugrundele-

[306] Vgl. dazu auch ebenda, S. 18ff.

gung des traditionell sozialistischen Rollenverständnisses in bezug auf Partei einerseits und Fraktion andererseits. Hier galt die Fraktion als der verlängerte, parlamentarische Arm der Partei. Letztere hatte über die Einhaltung des beschlossenen Parteikurses durch die Fraktion zu wachen.

*Der Ausschuß wird „Frühwarnsystem" Schmidts*

Die enge personelle Verzahnung der beiden SPD-Sicherheitsgremien fand 1970, im Anschluß an den Parteitag von Saarbrücken, ein ziemlich abruptes Ende. Zwar änderte sich an der Spitze des Ausschusses nur wenig: Bundesverteidigungsminister Schmidt und Karl Wienand tauschten lediglich die Positionen (Wienand wurde also Vorsitzender, Schmidt sein Stellvertreter). Aber ansonsten wurde der Ausschuß vollkommen neu strukturiert. Von nunmehr 16 Mitgliedern waren elf Neulinge in diesem Gremium und nur noch drei Mitglieder auch Abgeordnete des Deutschen Bundestages. Selbst wenn man zu diesen dreien (Wienand, Schmidt, Ehmke) die ehemaligen MdBs hinzuzählt, kommt man lediglich auf fünf Personen, also weniger als ein Drittel des gesamten Ausschusses.
Interessanter noch: Unter den drei Parlamentariern befand sich *kein* ordentliches Mitglied des Verteidigungsausschusses. Wienand war lediglich stellvertretendes Mitglied in diesem Ausschuß.
Außerdem war erstmals seit 1955 der Vorsitzende des AK Sicherheitsfragen der Fraktion (Werner Buchstaller) in dem PV-Gremium nicht mehr vertreten. Daß er als „Gast" weiterhin an den Sitzungen teilnehmen durfte, änderte nichts an seiner grundsätzlichen Herabstufung.
An die Stelle der Verteidigungsexperten der Fraktion traten nun vor allem Wissenschaftler und Journalisten nebst Vertretern aus sicherheitspolitischen Ausschüssen namhafter SPD-Bezirke. Wie kam es zu diesem bemerkenswerten Bruch in der personellen Struktur des Ausschusses?
Karl Wienand bemerkt dazu, der Sicherheitsausschuß sei nach dem Parteitag 1970 ganz auf den Verteidigungsminister Schmidt zugeschnitten worden. Dieser habe sich mit dem Ausschuß eine Art „Frühwarnsystem" schaffen wollen. Deshalb habe er auf eine Besetzung mit Akademikern, Journalisten und anderen Personen aus dem öffentlichen Leben Wert gelegt.[307] Aufgabe dieses „Frühwarnsystems" sollte sein, zukünftige sicherheitspolitische Entwicklungen und Problemstellungen zu antizipieren, kritisch und kontrovers zu diskutieren, um so dem Verteidigungsminister rechtzeitig Möglichkeiten für eigene (Gegen-)Maßnahmen aufzuzeigen. Eine solche Ausschußkonstruktion war unproblematisch und sogar sinnvoll, solange es keine gravierenden politischen Differenzen zwischen Partei, Fraktion und Administration gab. Sie eignete sich jedoch nicht, wenn es darum ging, dem Kanzler bzw. dem Verteidigungsminister in Auseinandersetzungen mit der Partei eindeutig den Rücken zu stärken.

[307] Gespräch mit Karl Wienand am 24. 11. 1984 in Windeck.

*Der Verteidigungsminister als Vorsitzender*

Zwar wurde der abrupte Ausschlag von 1970 drei Jahre später wieder korrigiert – Werner Buchstaller, Chef der AG Sicherheitsfragen, wurde stellvertretender Vorsitzender des Ausschusses und die Abgeordneten des Verteidigungsausschusses „Mitglieder kraft Amtes“ –, aber auch diese neue Struktur des PV-Ausschusses bewährte sich nicht. Zum Teil sicher deshalb nicht, weil der Ausschuß auf 29 Mitglieder zuzüglich der 13 stellvertretenden Mitglieder, der „Mitglieder kraft Amtes“, aufgebläht wurde, was seiner Arbeitsfähigkeit kaum dienlich sein konnte.

Ein weiterer Grund dürfte in der Person bzw. außerparteilichen Funktion des Ausschußvorsitzenden gelegen haben. Von 1973–1975 war nämlich Bundesverteidigungsminister Georg Leber Vorsitzender des Ausschusses für Sicherheitspolitik.

Im Unterschied zu Helmut Schmidt, der den Ausschußvorsitz abgab, nachdem er Verteidigungsminister geworden war, drängte Leber schon bald nach seinem Einzug auf der Hardthöhe nach eben jenem Vorsitz. Er erhielt ihn auch nach dem Hannoveraner Parteitag.[308]

Damit aber geriet der Ausschuß, zumindest dem äußeren Anschein nach, in die Rolle eines Erfüllungsgehilfen des Verteidigungsministers. Kritik auch in diesem Gremium veranlaßte Leber dann, den Ausschuß kaum noch einzuberufen, ihn sozusagen „auszutrocknen“. Ausschußmitglieder wissen zu berichten, Leber sei als Vorsitzender des PV-Gremiums vor allem bestrebt gewesen, Störquellen für seine Politik auf der Hardthöhe auszuschalten.[309] Er habe – im Gegensatz zu seinem Vorgänger Helmut Schmidt – das intellektuelle Potential des akademisch-kritisch orientierten Ausschusses nicht zu nutzen vermocht.

Auch Georg Leber ist heute der Ansicht, daß es ein Fehler gewesen sei, als Verteidigungsminister den Ausschußvorsitz zu übernehmen:

> „Ich bin damals gedrängt worden, das zu machen und habe mir einen Versuch darunter vorgestellt, weil ich natürlich, wie jeder Verteidigungsminister, die Absicht hatte, im engsten Kontext mit den Überlegungen in der Partei Verteidigungspolitik zu machen. Ich habe dann aber doch sehr bald eingesehen, daß ein solcher Parteiausschuß freier sein muß in der Verfolgung von Gedanken, als der Verteidigungsminister sein kann.“[310]

Nach dem Mannheimer Parteitag 1975 wurde der Ausschuß erneut umstrukturiert. Nunmehr übernahm der stellvertretende Parteivorsitzende und Bremer Oberbürgermeister Hans Koschnick den Vorsitz im Ausschuß, Hermann Schmidt, der Parlamentarische Staatssekretär auf der Hardthöhe, wurde zu seinem Stellvertreter gewählt.[311]

[308] In Hannover geriet Leber 1973 unter heftige Kritik einer starken Partei-Linken. Nur mit Mühe gelang es dem Minister und der Parteispitze, die Attacken, die in erster Linie auf eine Kürzung des Verteidigungshaushaltes abzielten, abzuwehren. Dieses Ergebnis bestärkte Leber möglicherweise in der Absicht, den Sicherheitspolitischen Ausschuß des PV unter seine persönliche Kontrolle zu bringen, um in der Partei weitverbreitete neutralistische, antiamerikanische und verteidigungskritische Tendenzen einzudämmen.

[309] Hintergrundgespräche mit Mitgliedern des Ausschusses für Sicherheitspolitik des SPD-Parteivorstandes.

[310] Gespräch mit Georg Leber am 18. 3. 1985 in Schönau am Königssee.

[311] Nach Ansicht von damaligen Mitgliedern des Ausschusses für Sicherheitspolitik sollte mit der Wahl

Georg Leber, immer noch Verteidigungsminister, trat ins zweite Glied zurück und gehörte dem Gremium bis 1977 als „normales" Mitglied an.
Von den insgesamt 20 ordentlichen Mitgliedern des Gremiums gehörten nur zwei auch dem Bundestag an – Georg Leber und Hermann Schmidt. Diese beiden mußte man aber primär der Administration zurechnen.
Die SPD-Mitglieder im Verteidigungsausschuß des Bundestages konnten dagegen den Sitzungen der Kommission nur als „Gäste" beiwohnen. Dies traf auch für den Vorsitzenden der AG Sicherheitsfragen zu, der in den Jahren 1973–75 noch Stellvertreter Lebers als Ausschußvorsitzender gewesen war.
Bemerkenswert ist auf der anderen Seite, daß es den Jungsozialisten, die 1974 einen eigenen sicherheitspolitischen Arbeitskreis aufgebaut hatten, erstmalig seit den 60er Jahren wieder gelang, eigene Vertreter in den PV-Ausschuß zu entsenden.[312]
Erwartungsgemäß konzentrierten diese sich sehr rasch auf Kritik am Bundesverteidigungsminister, dem es wenig half, daß er nur noch einfaches Mitglied des Ausschusses war.
Rückblickend befindet Reimund Seidelmann, die eigentliche Demontage Georg Lebers sei in den Jahren 1975–1977 in der Sicherheitspolitischen Kommission des Parteivorstandes erfolgt.[313]
Auch wenn diese These die politische Bedeutung der Kommission überschätzen dürfte, so läßt sie doch deutlich werden, daß Verteidigungsminister Leber in der Kommission keinen leichten Stand hatte. Oder anders formuliert: Leber fand in dem Ausschuß keinen politisch wirksamen Rückhalt für seine Verteidigungspolitik. Kritik an der Regierungspolitik wurde während der Hardthöhen-Jahre Georg Lebers zu einem wichtigen Inhalt der Ausschußtätigkeit.
Kritisiert wurden vor allem Lebers Rüstungsvorhaben (z. B. MRCA-Tornado), die sich nach Ansicht vieler Ausschußmitglieder, insbesondere eben der Jusos, mit der Entspannungspolitik der Bundesregierung nicht vereinbaren ließen.

*Auflösung der Fraktion/Partei-Verzahnung auf Referentenebene*

Der Einfluß der Verteidigungsexperten der SPD-Bundestagsfraktion auf den Ausschuß wurde 1975 und in den folgenden Jahren nachhaltig dadurch abgeschwächt, daß die in zwanzig Jahren bewährte, enge organisatorische Bindung zwischen der AG Sicherheitsfragen und dem PV-Sicherheitsausschuß aufgelöst wurde.
Diese hatte darin bestanden, daß einer der Referenten der AG Sicherheitsfragen gleichzeitig Geschäftsführer des Sicherheitsausschusses war.[314] Natürlich hatte die Ausübung der vorgenannten Funktionen in Fraktion und Partei in Personalunion nicht nur zu enger organisatorischer Verklammerung der beiden Gremien geführt, sondern

eines stellvertretenden Parteivorsitzenden in den Ausschußvorsitz eine Aufwertung des Ausschusses als *Partei*organ bewirkt werden. Zwei Jahre später wurde der Ausschuß für Sicherheitspolitik zur Kommission Sicherheitspolitik befördert.

312 S. dazu das nächste Kapitel über die Sicherheitspolitik der Jungsozialisten.

313 Gespräch mit Reimund Seidelmann am 4. 5. 1984 in Marburg.

314 Der erste Sicherheitspolitische Referent der SPD auf Bundesebene, Dr. Fritz Beermann, war zunächst sogar PV-Referent bzw. Referent des Sicherheitsausschusses, bevor er wenig später nach Gründung des AK Sicherheitsfragen zur Fraktion überwechselte: vgl. dazu S. 165f.

auch zu sachlich-inhaltlicher Kooperation und Koordination. Dies war in den 50er und 60er Jahren von Fritz Erler und Helmut Schmidt durchaus auch so beabsichtigt worden. Als dann der stellvertretende Parteivorsitzende Koschnick nach dem Mannheimer Parteitag den Vorsitz des Sicherheitspolitischen Ausschusses übernahm, beauftragte er seinen persönlichen Referenten im Ollenhauer-Haus mit der Geschäftsführung des Ausschusses. Möglich, ja sogar wahrscheinlich ist, daß Koschnick damit keineswegs eine bewußte politische Entscheidung treffen wollte.

Horst Niggemeier, Mitglied der Kommission Sicherheitspolitik 1973–1982, glaubt jedenfalls, daß hinter der Ablösung des Referenten der Fraktions-AG in seiner Nebenfunktion als Sekretär des PV-Ausschusses nicht politisches Kalkül steckte, sondern „eine jener Zufälligkeiten, die in der Politik meist eine größere Rolle spielen als berechnende Rationalität".[315]

Diese Interpretation, sollte sie zutreffen, widerspricht allerdings nicht der weiter oben getroffenen Feststellung, daß die Auflösung der engen organisatorischen Bindung zwischen PV-Ausschuß und AG Sicherheitsfragen zu einer weiteren Distanz der beiden Gremien voneinander führte.

Hinzu kam noch, daß die persönlichen Referenten Koschnicks, die ab 1975 den Ausschuß betreuten, alles andere als ausgewiesene Sicherheitsexperten waren. So war etwa Rüdiger Reitz, Sekretär der Sicherheits-Kommission von 1978 bis Mai 1984, hauptamtlich Referent des PV für evangelische Kirchenfragen,[316] mit der Folge, daß er die Nachrüstungs- und Strategiedebatte der letzten Jahre sehr stark aus dem Blickwinkel kirchlicher Positionen sah. Natürlich beeinflußte diese Perzeption seine Kommissionsarbeit.

Hans Koschnick schließlich, fast acht Jahre Vorsitzender der Sicherheitskommission (1975–1983), tat wenig zur Herstellung enger Beziehungen zu den Verteidigungsexperten der Fraktion. Wiewohl er zu den gemäßigten Kräften in der SPD gerechnet wurde und wird, gehörte er in der Regierungszeit der SPD gleichwohl zu denjenigen, die an der These, die Partei müsse der Fraktion immer einen Schritt voraus sein, Gefallen fanden.[317] Allzu enge Zusammenarbeit mit der Fraktions-AG konnte da nur hinderlich sein.

### *Hans Apels „Verkleinerungsstrategie"*

Als im Februar 1978 Hans Apel in das von ihm ungeliebte Verteidigungsressort überwechselte, zog er aus den Problemen seines Vorgängers im Umgang mit der Sicherheitspolitischen Kommission Konsequenzen:

Zum einen ließ er die Kommission in Übereinstimmung mit der SPD-Geschäftsführung,

[315] Gespräch mit Horst Niggemeier am 8. 11. 1984 in Bonn.

[316] Hans Koschnick war im SPD-Präsidium auch für Kontakte zur Kirche zuständig.

[317] Der Vorsitzende der SPD-Bundestagsfraktion schrieb dazu am 30. 3. 1973, wenige Wochen vor dem „linkslastigen" Parteitag in Hannover, in der Wochenzeitung ‚Die Zeit', er halte die auch von dem früheren Bundesgeschäftsführer der SPD, Wischnewski, vertretene These, „die Partei müsse immer einen Schritt vor der Regierung sein, für verhängnisvoll". Wehner weiter: „Denn die Regierung würde doch nie regieren können, wenn die Partei sie nicht trägt. Sie kann darum nicht immer ‚einen Schritt vor der Regierung' sein. In ihr muß sich kumulieren, was es an Erkenntnissen, Einsichten und Fähigkeiten gibt. Die Partei muß zu der von ihr mitgetragenen Regierung und zum Bundeskanzler aus ihren Reihen stehen."

die aus finanziellen Erwägungen eine Reduzierung der PV-Kommissionen anstrebte, verkleinern (14 statt 20 Mitglieder). Bezweckt wurde damit vor allem die Säuberung der Kommission von kritischen Elementen wie etwa dem Juso-Vertreter Seidelmann, der als Wortführer der Leber-Kritiker in der Kommission gegolten hatte. Zum anderen hielt sich Apel selbst von der Kommission fern. Er ließ sich durch seinen Parlamentarischen Staatssekretär vertreten (Andreas v. Bülow).

Folge der „Verkleinerungsstrategie" war aber auch, daß die Mitglieder des Verteidigungsausschusses ihren bisherigen offiziellen Gaststatus verloren. Als eine Art „Trostpflaster" erhielten sie einen stellvertretenden Vorsitz für den Chef der AG Sicherheitsfragen, Paul Neumann, zugesprochen.

Sicherheitspolitisch Bemerkenswertes war von der Kommission in den Jahren 1977–79 nicht zu vernehmen, was wohl auch ganz im Sinne von Verteidigungsminister Apel war. Lediglich der Vorsitzende Koschnick machte 1978 von sich reden, als er die Einrichtung einer Abrüstungsbehörde beim Bundeskanzleramt vorschlug und sofort lebhafte Zustimmung in der SPD fand.[318]

Die Initiative Koschnicks zielte aber weniger gegen das sozialdemokratisch geführte Bundesverteidigungsministerium als gegen den FDP-Außenminister, den viele in der SPD für den Stillstand der Wiener MBFR-Verhandlungen verantwortlich machten. Aber Schmidt und Apel, Kanzleramt und Verteidigungsministerium, machten geschlossen Front gegen den Vorschlag des Kommissions-Vorsitzenden. Umgekehrt gewährte Koschnick der Regierung keinerlei Rückendeckung in der Frage der Neutronenwaffe.[319]

Überwiegend aber beschäftigte sich die PV-Kommission in den Jahren 1977–79 mit spezifischen Problemen der Bundeswehr.[320]

*Die Parteitage von Berlin und München und die „Zerfaserung der Kommission"*

An der Ausarbeitung des wichtigen sicherheitspolitischen Leitantrages des Parteivorstandes (betr. insbesondere den NATO-Doppelbeschluß) für den Berliner Parteitag 1979 war die Kommission Koschnicks, ganz entgegen den bisherigen Gepflogenheiten, nur unmaßgeblich beteiligt.

Der Leitantrag wurde, gemäß einem Antrag des PV, von einer Sonderkommission unter der Führung von Alfons Pawelczyk erstellt. Die Kommission bekam das Papier erst zu Gesicht, als es schon fertig und nicht mehr zu verändern war – ein Vorgang, der in der Kommission erhebliche Verärgerung hervorrief.[321]

Bezeichnenderweise waren von den Mitgliedern der Sicherheitspolitischen Kommission auch auf dem Parteitag selbst keinerlei wichtige Beiträge zu vernehmen. Dies traf im übrigen auch für die Mitglieder der AG Sicherheitsfragen zu.

318 In der SPD machte sich in der zweiten Hälfte der 70er Jahre eine zunehmende Ungeduld ob der ausbleibenden Abrüstungserfolge, insbesondere bei den Wiener MBFR-Verhandlungen, bemerkbar.

319 S. die Grundsatzrede des Bremer Bürgermeisters bei einer wehrpolitischen Tagung der SPD in Karlsruhe: Koschnick, Hans, Warum die „saubere" Bombe zum Bumerang werden kann, in: Frankfurter Rundschau, 29. 10. 1977.

320 So veröffentlichten Parteirat und PV am 5. 10. 1979 eine Ausarbeitung der Kommission zu den Themen Innere Führung, Tradition, Bildung und Ausbildung: S. „Beschluß zur Situation der Bundeswehr", in: Vorstand der SPD (Hrsg.), SPD-Jahrbuch 1979–1981, Bonn 1982, S. 525ff.

321 Gespräch mit Klaus von Schubert am 13. 12. 1984 in Heidelberg.

Nach Berlin wurde die Kommission Sicherheitspolitik um zwei auf insgesamt 16 Vollmitglieder erweitert. Neu hinzu kamen u. a. der Vorsitzende des Bundestags-UA Abrüstung und Rüstungskontrolle, Pawelczyk, und der Vorsitzende der AG Außenpolitik der SPD-Fraktion, der frühere Juso-Vorsitzende Voigt. Bülow und Neumann blieben weiterhin stellvertretende Vorsitzende.
In den folgenden Jahren „zerfaserte" die Sicherheitspolitische Kommission immer mehr, d. h., einzelne Mitglieder oder kleine Grüppchen der Kommission traten mit Erklärungen und Positionspapieren[322] an die Öffentlichkeit, während man von der Kommission in ihrer Gesamtheit so gut wie nichts hörte.
Zudem waren die Stellungnahmen aus dem Bereich der Kommission für die Regierung Schmidt kaum hilfreich, da sie sich in der Regel an dem Sowohl-Als-auch-Kurs des Parteivorsitzenden Brandt ausrichteten.
Lediglich von Horst Niggemeier, Sprecher der IG Bergbau und Energie und Bürgermeister der Stadt Datteln, der der Sicherheitspolitischen Kommission seit 1973 angehörte, vernahm man ab und an deutliche Worte. Aber er wurde, je länger, desto mehr, zu einem einsamen Rufer in der Wüste. Mit seinen ständigen Warnungen vor Pazifismus und kommunistisch gesteuerten Friedensbewegungen[323] war er Bundesgeschäftsführer Glotz ein Dorn im Auge. Dieser hatte nämlich schon bald nach Amtsantritt Anfang 1981 beschlossen, in einen „großen Dialog" mit der „Friedensbewegung" einzutreten.[324]
Niggemeier bezahlte seinen Nonkonformismus 1982, nach dem Münchner Parteitag, mit seiner Mitgliedschaft in der Sicherheitspolitischen Kommission.[325]
Die Vorbereitung des sicherheitspolitischen Leitantrags für den Münchner Parteitag oblag wiederum einer Sonderkommission, diesmal unter der Leitung Egon Bahrs. Mitglieder der Kommission Sicherheitspolitik wie der Direktor des Hamburger Instituts für Friedenspolitik und Sicherheit (IFSH), Graf von Baudissin, leisteten lediglich Beraterdienste.
Wenn man bedenkt, daß es traditionell die erste Aufgabe der Sicherheitspolitischen Kommission war, den PV in sicherheitspolitischen Fragen zu beraten, Grundsatzbeschlüsse und Parteileitanträge vorzubereiten, so wird deutlich, daß diese Aufgaben spätestens Ende der 70er/Anfang der 80er Jahre von der Kommission nicht mehr erfüllt werden konnten. An die Stelle der PV-Kommission traten ad hoc-Gremien im Auftrag des PV, in denen einerseits die Regierung (z. B. BMVg) und die Fraktionseliten, andererseits die „Abrüstungspolitiker" der Partei und die Kritiker der regierungsoffiziellen Sicherheitspolitik saßen.

[322] So veröffentlichte der Parteivorstand der SPD beispielsweise im Mai 1981 ein Papier Koschnicks und der Friedensforscher Graf Baudissin und von Schubert, das unter der Überschrift „Grundpositionen sozialdemokratischer Sicherheitspolitik" u. a. der Sicherheitspartnerschaft mit der UdSSR das Wort redete: Koschnick, Hans / von Baudissin, Wolf Graf / von Schubert, Klaus, Grundpositionen sozialdemokratischer Sicherheitspolitik, in: Vorstand der SPD (Hrsg.), Die Friedenspartei SPD. Argumente, Grundpositionen und Stellungnahmen zur deutschen Friedenspolitik 1981, Bonn 1981, S. 5–8.
[323] Z. B. Niggemeier, Horst, Schon Erler warnte seine Genossen: Geht die SPD einer falschen Friedenspropaganda auf den Leim?, in: Rheinischer Merkur, 20. 3. 1981.
[324] S. Glotz, Peter, Die SPD will in der Friedensbewegung eine stärkere Rolle spielen, in: Sozialdemokratischer Pressedienst, 13. 4. 1981.
[325] Gespräch mit Horst Niggemeier am 8. 11. 1984 in Bonn.

Demgegenüber setzte sich die Sicherheitspolitische Kommission Koschnicks zum Zeitpunkt des Münchner Parteitags, vereinfacht dargestellt, aus zwei verschiedenen Gruppen zusammen: den Vertretern der Sicherheitsausschüsse auf Bezirksebene („Bundeswehr-Lobby“) und den Friedensforschern akademischer Provenienz. Beide Gruppen kochten unter dem gemeinsamen Kommissionsdach ihr jeweils eigenes Süppchen.

*Bahr dominiert die Kommission (1982–84)*

Die Münchner Parteitagsbeschlüsse führten zwar zu einer Wiederbelebung der Sicherheitspolitischen Kommission – ihr wurden von den Delegierten konkrete Aufträge erteilt[326] –, indirekt aber bewirkten sie auch die Aufteilung der Kommission in zwei verschiedene Arbeitsgruppen entlang der vorstehend skizzierten Linien.
Der neue starke Mann in der Kommission, wiewohl nur einer der beiden stellvertretenden Vorsitzenden, wurde Egon Bahr. Er übernahm die Leitung der Arbeitsgruppe Neue Strategien.
Der zweite stellvertretende Vorsitzende und Chef der AG Sicherheitsfragen, Paul Neumann, stand der zweiten Arbeitsgruppe zum Thema „Bundeswehr und Gesellschaft“ vor.
In den zwei Jahren zwischen dem Münchner Parteitag und dem nächsten ordentlichen Parteitag in Essen im Mai 1984 tagte die Kommission nur viermal gemeinsam.
Die beiden Arbeitsgruppen standen zwar formal gleichberechtigt und gleichwertig nebeneinander, im Blickpunkt des innerparteilichen und auch des öffentlichen Interesses stand aber nur eine von ihnen: die Arbeitsgruppe Neue Strategien Egon Bahrs.
In ihr war alles vertreten, was Rang und Namen hatte; von Apel bis Lafontaine und natürlich die akademische Prominenz der SPD (Baudissin, v. Schubert) sowie Vertreter der Friedrich-Ebert-Stiftung.
Demgegenüber war die Arbeitsgruppe Paul Neumanns nur mit der zweiten politischen Garnitur besetzt, wenngleich hier, im Gegensatz zu der Gruppe Neue Strategien, die Anhänger Schmidtscher Gleichgewichtspolitik eindeutig dominierten. Neumann zufolge ist die Einteilung der Arbeitsgruppen 1982 so erfolgt, daß man in der Kommission Sicherheitspolitik übereingekommen sei, die Mitglieder des Verteidigungsausschusses und der regionalen wehrpolitischen Ausschüsse der Partei bilden die AG Bundeswehr und Gesellschaft, die übrigen formieren sich zur AG Neue Strategien.[327]
Auf die Ergebnisse und den Verlauf der Arbeit der beiden Gruppen soll an anderer Stelle näher eingegangen werden.[328]
Festzuhalten bleibt, daß die PV-Kommission Sicherheitspolitik mit ihrer Suche nach neuen Strategien noch zu „Lebzeiten“ der Regierung Schmidt der von dieser Regierung vertretenen Militärstrategie (MC 14/3) den Rücken kehrte. Der Auftrag zu dieser Suche aber stammte von einem SPD-Bundesparteitag, und zwar von einem Parteitag, der Helmut Schmidt in seiner Nachrüstungspolitik noch ein letztes Mal unterstützt hatte, jedenfalls dem äußeren Anschein nach. Im September 1983 löste der frühere

326 S. Vorstand der SPD (Hrsg.), Parteitag der SPD vom 19.–23. 4. 1982 in München, Band II: Angenommene und überwiesene Anträge, Bonn 1983, S. 912ff.
327 Gespräch mit Paul Neumann am 22. 1. 1985 in Bonn.
328 S. dazu S. 194–198.

Parlamentarische Staatssekretär im Verteidigungsministerium Andreas von Bülow den Bremer Oberbürgermeister im Vorsitz der Sicherheitspolitischen Kommission ab.
Wenige Monate zuvor hatte die Bahr-Gruppe ihren Bericht mit der Überschrift „Kriegsverhinderung im Atomzeitalter“ dem PV präsentiert, rechtzeitig zum außerordentlichen Parteitag in Köln. Dort war indes keine Zeit, um das Strategie-Papier zu diskutieren, Bahr mußte es bei einer kurzen Vorstellung belassen.
Zwischen dem Kölner und dem Essener Parteitag wurde der Bahr-Bericht in die Form eines Leitantrages umgegossen, der freilich nur den Rahmen für zukünftige Strategien abstecken sollte. Der Schlußpassus des in Essen mit großer Mehrheit angenommenen Antrages lautet: „Die Sicherheitspolitische Kommission des Parteivorstandes wird beauftragt, den hier umrissenen Rahmen mit seinen Grundentscheidungen zu konkretisieren und über in der Arbeitsgruppe ‚Neue Strategien‘ formulierte und weitere Alternativen dem Parteitag 1986 zu berichten.“[329] Nach dem Essener Parteitag bemühte sich die Kommission um die Aneinanderführung von Strategie und Landesverteidigung,[330] d. h. die konzeptionelle Verquickung beider Felder. Das Ergebnis war der umfangreiche und programmatisch bedeutsame PV-Leitantrag „Friedens- und Sicherheitspolitik“, der in Nürnberg am 27. August 1986 von einem ordentlichen Parteitag verabschiedet wurde.[331]
Durch das Ausscheiden der SPD aus der Regierungsverantwortung hat sich der politische Stellenwert der PV-Kommission Sicherheitspolitik fast automatisch erhöht. In der Opposition kann die SPD Sicherheitspolitik nun wieder grundsätzlicher und programmatischer betreiben bzw. konzipieren. Hier fällt der Kommission eine wichtige Rolle zu.

### Exkurs: Arbeitsgruppen Neue Strategien und Bundeswehr und Gesellschaft, 1982–1984

„Der Bundesparteitag beauftragt den Parteivorstand bis zum Sommer 1983 ... einen Bericht vorzulegen. Dieser Bericht soll Vorschläge zur Weiterentwicklung und Modernisierung sozialdemokratischer Sicherheitspolitik und der gegenwärtig geltenden sicherheitspolitischen Doktrinen enthalten und ist dem Parteitag zur Beschlußfassung vorzulegen.“[332]

So lautete die Schlußpassage eines Antrags (Initiativantrag 19, eingebracht von Hermann Scheer), der auf dem Münchner Parteitag 1982 mit großer Mehrheit angenommen wurde.
Der Parteivorstand beauftragte daraufhin die Kommission Sicherheitspolitik, „die für

[329] Antrag Nr. 259 des Parteivorstandes, in: Protokoll PT Essen 1984, a.a.O., S. 747.
[330] Gespräch mit Rüdiger Reitz am 1. 6. 1984 in Bonn.
[331] S. Antrag A 1 des Parteivorstandes, in: Vorstand der SPD (Hrsg.), Protokoll vom Parteitag der SPD in Nürnberg, 25.–29. August 1986, Beschlüsse, Nürnberg 1986, S. 861ff.
[332] Initiativantrag Nr. 19, in: Protokoll PT München 1982, a.a.O., S. 914.

die SPD unausweichlichen Probleme in der Friedens-, Sicherheits- und Verteidigungspolitik aufzuarbeiten".[333]
Zur Durchführung dieses Auftrages beschloß die Kommission die Einsetzung von zwei Arbeitsgruppen, mit allerdings recht unterschiedlichen Arbeitsgrundlagen.

*Arbeitsgruppe Neue Strategien*

Für die Arbeitsgruppe Neue Strategien war der Initiativantrag 19 zum Münchner Parteitag alleinige Arbeitsgrundlage. Unter dem Vorsitz von Egon Bahr wurde in dieser Gruppe der Versuch unternommen, dem Parteivorstand rechtzeitig zum außerordentlichen Parteitag in Köln 1983 ein Papier vorzulegen, wie „unter veränderten Problem- und Gefahrenbedingungen" (IA 19) sozialdemokratische Sicherheitspolitik aussehen sollte.
Am 8. September 1982, also wenige Wochen vor dem Regierungswechsel, nahm die Bahr-Gruppe ihre Arbeit auf. Sie bestand aus 16 Mitgliedern, von denen außer den außenpolitischen Sprechern der Fraktion, Horst Ehmke und Karsten Voigt, auch zwei Vertreter der Friedrich-Ebert-Stiftung (Wilhelm Bruns und Christian Krause) nichtordentliche Mitglieder der Kommission Sicherheitspolitik waren.
Verteidigungsminister Apel, der nach der Meinung vieler Genossen mit dem Bericht seiner Bundeswehr-Langzeitkommission[334] kaum Reformwillen gezeigt hatte, war in dem Gremium zunächst nur als Gast erwünscht.
In dieser Arbeitsgruppe waren zwei Mitglieder der AG Sicherheitsfragen der Fraktion vertreten (Hermann Scheer und Erwin Horn). Keiner dieser beiden war jedoch ein überzeugter Befürworter der gültigen NATO-Strategie oder der regierungsoffiziellen Sicherheitspolitik.[335] Auch unter den Mitarbeitern der AG Neue Strategien, die Bahr auswählte, war – dies wurde bereits erwähnt – kein Referent der Neumann-Gruppe.
Die Kritiker der Sicherheitspolitik Bundeskanzler Schmidts in der AG Egon Bahrs waren deutlich in der Mehrheit, zumindest im Verhältnis 2:1.
Gleichwohl bedeutete dies nicht, daß die „herkömmlichen" Sicherheitsexperten von den „alternativen" Denkern immer und überall überstimmt worden wären. In der entscheidenden Frage nämlich, welches Ziel eine neue Sicherheitspolitik unter Zugrundelegung verschiedener, hier nicht näher zu erläuternder Kriterien anstreben sollte, kam es zu einer Mischkonstellation: Die „Gemäßigt-Alternativen" unter Führung von Karsten Voigt stimmten zusammen mit Hans Apel gegen die „Radikal-Alternativen" um Egon Bahr und Oskar Lafontaine.[336]
Während letztere als Ziel formulierten, „eine Vereinbarung, keine Atomwaffen mehr auf dem Boden von Staaten zu stationieren, die über diese nicht verfügen", erklärte die

333 Rechenschaftsbericht der PV Kommission Sicherheitspolitik zum Essener SPD-Parteitag, unveröffentl. Manuskript, Bonn 1984, S. 1.
334 S. BMVg/IP-Stab (Hrsg.), Stellungnahme des BMVg, Dr. Hans Apel, zum Ergebnis der Arbeiten der Kommission für die Langzeitplanung der Bundeswehr, Material für die Presse, X/14, Bonn 21. Juni 1982.
335 Scheer war zudem seit Mai 1982 Vorsitzender der AG Abrüstung und Rüstungskontrolle der Fraktion und daher der AG Sicherheitsfragen eigentlich nur noch aufgrund seiner Mitgliedschaft im Verteidigungsausschuß zuzurechnen.
336 Hintergrundgespräch in Bonn.

Voigt/Apel-Gruppe: „Die Forderung nach Bildung atomwaffenfreier Zonen sollte sich nicht auf die Territorien nichtnuklearer Staaten beschränken."[337]
Daß Bahr und Lafontaine für ihre Zielvorstellung in der Arbeitsgruppe über keine Mehrheit verfügten, läßt sich daraus ersehen, daß in den von der AG Neue Strategien für den Parteivorstand entworfenen Leitantrag für den Essener Parteitag die Konzeption von Voigt/Apel – die im übrigen nicht über die entsprechende Formulierung des Godesberger Programms hinausgeht – eingearbeitet wurde.[338]
Insgesamt gesehen war der Bericht, den die AG im Sommer 1983 termingerecht der Kommission Sicherheitspolitik und dann dem Parteivorstand unter dem Titel „Kriegsverhinderung im Atomzeitalter" vorlegte, eine Ansammlung von Thesen, Behauptungen und Politikvorschlägen, die weder logisch aufeinander abgestimmt waren noch einer realistischen Bedrohungsanalyse folgten.
Der Bericht der AG war die Grundlage für den späteren Leitantrag des PV „Für eine neue Strategie des Bündnisses" zum Essener Parteitag im Mai 1984.
Zehn Sitzungen führte die Bahr-Gruppe zwischen 1982 und 1984 durch. Die gesamte Kommission Sicherheitspolitik brachte es hingegen nur auf vier Sitzungen, die andere Arbeitsgruppe der Kommission, Bundeswehr und Gesellschaft, sogar nur auf drei.
Dies zeigt deutlich, daß die Kommission Sicherheitspolitik beim Parteivorstand 1982/84 fast nur als AG Neue Strategien existierte. Egon Bahr war somit in diesen Jahren der eigentliche Kommissionsvorsitzende.

*Arbeitsgruppe Bundeswehr und Gesellschaft*

Der IA 19 des Münchner Parteitags spielte hier als Arbeitsgrundlage so gut wie keine Rolle, auch wenn der Antrag u. a. Fragen zur Bundeswehr formuliert hatte.
Im Rechenschaftsbericht der Kommission Sicherheitspolitik von 1984 werden Aufgaben und Arbeit der Bundeswehr-Gruppe wie folgt beschrieben:
„Unter dem Vorsitz von Paul Neumann (und ab September 1983 von Erwin Horn) wurden dort aktuelle und längerfristig klärungsbedürftige Fragen, die sich auf die Rolle der Bundeswehr in einem zukünftigen Verteidigungskonzept sowie auf das Verhältnis der SPD zu den Soldaten beziehen, erörtert. Es waren im wesentlichen zwei Beschäftigungsfelder:

1. Der Bericht der Kommission für die Langzeitplanung der Bundeswehr vom Juni 1982 wurde kritisch abgeklopft. Die Arbeitsgruppe unterbreitete dazu Vorschläge, auf welche Schwerpunkte bei der zukünftigen Beschäftigung der SPD mit der Bundeswehr besonderes Gewicht zu legen ist.
2. Darüber hinaus standen eine Reihe von Fragen zur Nacharbeit an, die im Zusammenhang des Forums Bundeswehr des SPD-Parteivorstandes vom 11. März 1982 in der Form von Merkpunkten für die Parteiarbeit festgehalten wurden:
   a) Die Bundeswehr als Instrument der Friedenssicherung und Verhinderung eines

[337] Vorstand der SPD (Hrsg.), Kriegsverhinderung im Atomzeitalter, a.a.O., S. 7.
[338] Die entsprechende Passage im Antrag des PV vom 30. 1. 1984 lautete: „... ein von allen atomaren Waffen und von anderen Massenvernichtungswaffen freies Europa, einschließlich des europäischen Teils der Sowjetunion".

Krieges bedarf eines stärkeren Einbezugs in die Themenpalette der sicherheitspolitischen Diskussion.

b) Eine Versorgung der Partei mit gezielten Informationen, auch zur historischen Fragestellung des Verhältnisses von Sozialdemokratie und Streitkräften in der Tradition der Arbeiterbewegung, ist sicherzustellen. ...

c) Die Funktions- und Mandatsträger der Partei müssen den Kontakt zur Bundeswehr ausbauen. Das Truppenbesuchsprogramm der Arbeitsgruppe Sicherheitsfragen der SPD-Fraktion ist ein erster Schritt hierzu.

d) Jedem Soldaten, der sich an der Arbeit der SPD beteiligen möchte, müssen unsere Ortsvereine offenstehen. Bundeswehrangehörige sollen spüren, daß sie genauso ernstgenommen und akzeptiert werden wie die Mitglieder aus den nichtmilitärischen Bereichen.

e) Die Arbeit der sicherheitspolitischen Ausschüsse in den Landesverbänden und Bezirken, insbesondere in Standortnähe der Bundeswehr, bedarf einer stärkeren Beachtung in den entsprechenden Vorständen und Beschlußgremien der SPD. ...

f) Anzustreben ist eine engere Zusammenarbeit von SPD-Betriebsgruppen in der Bundeswehr mit den sicherheitspolitischen Ausschüssen auf den Parteiebenen."[339]

Der Bericht der Langzeitkommission des BMVg und – vor allem – die Ergebnisse des Forums Bundeswehr[340] waren also die Arbeitsgrundlage der AG Bundeswehr und Gesellschaft.

Zwar hört sich der obige Bericht über die Aktivitäten der Gruppe zwischen 1982 und 1984 gewichtig an; die Anzahl der Gruppensitzungen in dieser Zeit (nur 3 Sitzungen in 2 Jahren) spricht hingegen eine andere Sprache, insbesondere wenn man zum Vergleich die Sitzungsanzahl der Bahr-AG heranzieht.

Zudem scheint sich die AG Bundeswehr und Gesellschaft nicht als *Arbeits*gruppe im eigentlichen Sinne, sondern als lockerer Gesprächskreis verstanden zu haben. Ein bedeutendes Papier, vergleichbar dem der Strategie-Gruppe, hat die Bundeswehr-Gruppe jedenfalls nicht erarbeitet.

Man kann sich schwerlich des Eindrucks erwehren, daß die Zusammenstellung der beiden Gruppen nicht nur einen organisatorischen, sondern auch einen politischen Zweck verfolgte: nämlich die konservativen Verteidigungspolitiker[341] aus dem Kreis der alternativen Sicherheitsdenker möglichst fernzuhalten, wo sie nur hemmend gewirkt hätten.

Daß diese Fraktionsexperten sich das gefallen ließen, ja daß nicht einmal der Chef der AG Sicherheitsfragen darauf bestand, in der Neue-Strategien-Gruppe mit von der Partie zu sein – schließlich war klar, daß hier die Weichen für die zukünftige sicher-

339 Rechenschaftsbericht der PV-Kommission Sicherheitspolitik, a.a.O., S. 2f.

340 S. Vorstand der SPD (Hrsg.), Forum Bundeswehr. Die Diskussion auf dem Forum der SPD am 11. März 1982 in Bonn, Dokumentation, Bonn 1982.

341 Außer den Verteidigungspolitikern der SPD-Bundestagsfraktion waren in der AG Bundeswehr und Gesellschaft noch Vertreter der Bezirke, meist Verbindungsleute der Partei zu Standorten der Bundeswehr, vertreten. Horst Niggemeier, dem der PV nach München die Wiederberufung in die Kommission Sicherheitspolitik versagte, durfte dennoch in der Bundeswehr-AG mitarbeiten.

heitspolitische Konzeption der SPD gestellt würden –, diese Tatsache wirft ein grelles Licht auf den Zustand der AG Sicherheitsfragen und darüber hinaus der Anhängerschaft Helmut Schmidts zu Beginn der 80er Jahre.

*Fazit*

Die Sicherheitspolitische Kommission beim SPD-Parteivorstand hat in den Jahren bis 1982 in der Entscheidungsstruktur der SPD nie eine überragende Rolle gespielt.
Obwohl sie zeitlich vor dem Arbeitskreis Sicherheitsfragen der Bundestagsfraktion entstand, wurde ihr doch bald schon von diesem der politische Rang abgelaufen. Gleichsam personifiziert wurde diese Entwicklung mit dem Wechsel des ursprünglich für den PV-Ausschuß eingestellten Sicherheitspolitischen Referenten in den Fraktions-Arbeitskreis.[342]
Aber dieser Gang der Dinge ist in keiner Weise charakteristisch für das Verhältnis der beiden SPD-Gremien zueinander, sondern unterstreicht nur die ganz generell herausragende Bedeutung der Fraktion unter den Bedingungen parlamentarischer Opposition, gleich welcher Partei.
Zudem ist eine strikte Abgrenzung der beiden Gremien voneinander wegen Doppelmitgliedschaft nicht möglich, jedenfalls nicht für die 50er und – vor allem – die 60er Jahre. Es waren die Jahre, in denen Sicherheitsausschuß und Arbeitskreis personell weitgehend identisch waren. Das bedeutete ganz konkret, daß diejenigen, die tagtäglich mit praktischer Verteidigungspolitik, mit Problemen der Rüstung, Bundeswehrorganisation usw. in Berührung kamen, dieselben Politiker waren, die sich von Zeit zu Zeit trafen, um über den konzeptionellen Rahmen, in dem all dies geschah bzw. in Zukunft geschehen sollte, zu diskutieren und gegebenenfalls zu beschließen.
Daher gab es kein signifikantes Auseinanderklaffen von Konzeption und verteidigungspolitischer Praxis – was sich nicht zuletzt auch auf das äußere Erscheinungsbild der Partei positiv auswirkte.
Diese Harmonie fand nach dem Parteitag von Saarbrücken 1970 ein abruptes Ende, als der Sicherheitsausschuß auf Betreiben des Verteidigungsministers Schmidt hin personell grundlegend neu strukturiert wurde. Theoretiker nahmen den Platz der Praktiker und Pragmatiker ein.
Damit begann für den Ausschuß eine Phase des Experimentierens, die unter dem Strich eine substantielle Schwächung des Einflusses der Fraktions-Verteidigungsexperten in dem PV-Ausschuß bewirkte.
Nachdem Georg Leber erfolglos versucht hatte, den Sicherheitsausschuß unter Kontrolle des BMVg zu bringen, ging das Gremium in der zweiten Hälfte der 70er Jahre immer stärker auf Distanz zu Regierung und Fraktion.
Dies geschah wohl nicht zufällig unter einem Vorsitzenden, der weder in der Regierung noch in der Bundestagsfraktion eingebunden war.
Als dann die Regierung Schmidt Ende der 70er Jahre für wichtige sicherheitspolitische

[342] Hartmut Soell hat Ende der 60er Jahre darauf hingewiesen, daß der organisatorische Unterbau der meisten PV-Fachausschüsse seit Ausgang der 50er Jahre zugunsten des Ausbaus des wissenschaftlichen Apparates der Bundestagsfraktion stark vermindert worden sei: Soell, Fraktion und Parteiorganisation, a.a.O., S. 623.

Entscheidungen (Neutronenwaffe, Mittelstreckenraketen) die Unterstützung der Sicherheitspolitischen Kommission benötigte, erhielt sie von ihr nur halbherzig geleisteten Beistand. Jetzt rächte sich, daß Helmut Schmidt Anfang der 70er Jahre die bewährte Struktur des Sicherheitsausschusses aufgebrochen hatte.
Daß nun der Bundeskanzler Schmidt unter den Spätfolgen des Handelns des damaligen Verteidigungsministers Schmidt zu leiden hatte, entbehrt nicht einer besonderen Ironie. Andererseits aber darf die Entscheidung des Verteidigungsministers Schmidt für einen stark akademisch-kritisch strukturierten PV-Ausschuß mit Frühwarnfunktion auch nicht überbewertet werden. Wahrscheinlich hätte der Ausschuß spätestens Mitte der 70er Jahre, als Willy Brandt begann, seine Parteimacht weiter auszubauen, eine fraktionsunabhängigere Gestalt erhalten.
Der an die Kommission in München 1982 erteilte Auftrag, nämlich „Neue Strategien" zu suchen und zu untersuchen, traf die langgehegten Ambitionen der Theoretiker in der Kommission („Friedensforscher").
In einer Arbeitsgruppe unter der Führung Egon Bahrs wurde der grundsätzliche Bruch mit der Außen- und Sicherheitspolitik Helmut Schmidts vorbereitet, in Köln 1983 und in Essen 1984 von einer deutlichen Mehrheit des Parteitags vollzogen.
Die Bahr-Gruppe war in den Jahren 1982–84 das wichtigste sicherheitspolitische Gremium in der SPD.

*b) Referat für Friedens- und Sicherheitspolitik beim PV*

Im Februar 1981 wurde Peter Glotz Bundesgeschäftsführer der SPD. Eines der Ziele, die er sich gesetzt hatte, war, mit der „Friedensbewegung" in einen „großen Dialog" einzutreten; denn Glotz, wie auch andere führende SPD-Politiker, war zu der Ansicht gelangt, daß die SPD das stete Anwachsen der „Friedensbewegung" nicht länger ignorieren dürfe, zumal sich auch immer mehr Sozialdemokraten der Bewegung anschlossen, allen voran die Jungsozialisten.
So schrieb Glotz am 13. April 1981 im Pressedienst seiner Partei:

„Die SPD-Führung hat sich von dem ganzen Umfang dieser Friedensbewegung überzeugt und einige wichtige Schritte vorgesehen, sich und die Partei auf den großen Dialog mit einer ‚alternativen' Sicherheitspolitik vorzubereiten."[343]

Diesen Dialog wollte der Bundesgeschäftsführer mit einer Doppelstrategie betreiben.[344] Zum einen sollte und mußte die Auseinandersetzung mit der „Friedensbewegung" natürlich öffentlich ausgetragen werden. Darüber hinaus aber sollte das Gespräch mit den Nachrüstungsgegnern auch auf inoffizieller Ebene gesucht, der Einfluß der SPD auf die Bewegung und in ihr vergrößert sowie der Boden für spätere Arrangements geebnet werden.
Für diese Aufgaben benötigte Glotz einen geeigneten Verbindungsmann; eine Person, die sein Vertrauen besaß, von der „Friedensbewegung" akzeptiert wurde (d. h. der Betreffende mußte zumindest Nachrüstungsgegner sein) und obendrein noch über sicherheitspolitische und militärische Kenntnisse verfügte.

[343] Glotz, Peter, Die SPD will in der Friedensbewegung eine stärkere Rolle spielen, in: Sozialdemokratischer Pressedienst, 13. 4. 1981.
[344] Hintergrundgespräche in Bonn.

Die Organisation des Ollenhauer-Hauses aber wies kein Referat auf, das mit der Umsetzung der Glotzschen Doppelstrategie hätte beauftragt werden können. Es gab 1981 in der „Baracke" überhaupt keinen Referenten mit sicherheitspolitischer Kompetenz, geschweige denn engen Kontakten zur „Friedensbewegung".[345]
Rüdiger Reitz, der Sekretär der Kommission Sicherheitspolitik beim Parteivorstand, war ja nicht wirklich Verteidigungsexperte, sondern Fachmann für evangelische Kirchenfragen.
Der SPD-Geschäftsführer mußte sich seinen Verbindungsmann also erst noch suchen. Die Wahl fiel auf den Jungsozialisten Wolfgang Biermann, den Glotz während seiner Zeit als Wissenschaftssenator in Berlin kennengelernt hatte.[346]
Dieser Wolfgang Biermann, Mitglied im Landesvorstand der Berliner SPD, hatte 1979 eine „Berliner Initiative für Frieden, internationalen Ausgleich und Sicherheit" ins Leben gerufen. Außerdem war er 1973/74 Landesvorsitzender der Berliner Jusos und 1974 Mitgründer des Arbeitskreises Sicherheitspolitik der Jungsozialisten auf Bundesebene gewesen.[347] Er war also, so durfte man annehmen, mit sicherheitspolitischen und militärischen Fragen hinreichend vertraut.
Trotz all dieser Aktivitäten hatte Biermann ein niedriges politisches Profil; über Berlin hinaus war er in der Partei kaum bekannt. Das war eine wichtige Voraussetzung für die heikle Rolle eines SPD-Verbindungsmannes zur „Friedensbewegung".
Wichtiger aber noch: Biermann war seit frühen Juso-Tagen ein Kritiker „etablierter" sozialdemokratischer Sicherheitspolitik, und er war – für einen Jungsozialisten fast eine Selbstverständlichkeit – ein eingeschworener Gegner der geplanten NATO-Nachrüstung.
Darüber hinaus verfügte der promovierte Politologe über gute persönliche Kontakte zu einem der Wortführer der „Friedensbewegung", Roland Vogt, der Mitte der 70er Jahre noch bei den Berliner Jusos mitgearbeitet hatte.
Biermann war also in mehr als einer Hinsicht die ideale Besetzung für das Vorhaben des SPD-Bundesgeschäftsführers. Auf einer Sitzung im August 1981 stimmte das SPD-Präsidium der Berufung Biermanns zu.[348]
Inwieweit Glotz das Präsidium in seine Pläne einweihte, ob er beispielsweise klar aussprach, daß der neue Referent inoffizielle Kontakte zur „Friedensbewegung" knüpfen sollte, ist nicht bekannt. Immerhin gab sich die SPD-Führung im Sommer 1981, vor der ersten großen „Friedensdemonstration" im Bonner Hofgarten, noch leidlich Mühe, Kanzler Schmidt und seine Sicherheitspolitik zu unterstützen.

[345] Die Forderung nach einem friedenspolitischen Referenten beim PV war bereits auf dem Parteitag 1973 erhoben worden. Der Bezirk Nord-Niedersachsen hatte in einem Antrag gefordert: „Ein Mitglied des Parteivorstandes wird in Zusammenarbeit mit einem dafür zuständigen und neu zu schaffenden Referat beim Parteivorstand beauftragt, die Vorbereitung des Verständnisses für den Zusammenhang zwischen Entspannungs- und Sicherheitspolitik als Teile einer Friedenspolitik zu verstärken, wobei auch die Friedens- und Konfliktforschung einzubeziehen ist" (Protokoll PT Hannover 1973, S. 1105f.). Der Antrag wurde an den PV überwiesen, der ihn allerdings nicht weiter berücksichtigte.
[346] Vgl. Herles, Helmut, Die Partei trifft sich auf zwei Ebenen, in: Frankfurter Allgemeine Zeitung, 19. 11. 1983.
[347] Gespräch mit Wolfgang Biermann am 26. 1. 1984 in Bonn.
[348] Ebenda.

Organisatorisch wurde Biermann der Abteilung IV („Wahlen und Projekte") und hier konkret der Gruppe 2 mit der genauso nichtssagenden Bezeichnung „Projekte" zugeordnet. Der Organisationsplan des Ollenhauer-Hauses von 1982 wies keine genauere Bezeichnung von Biermanns Tätigkeitsfeld auf.[349]

Dies ist auch ein Indiz dafür, daß Glotz und die Parteiführung die genaue Funktion Biermanns zunächst einmal nach Möglichkeit nicht nach außen dringen lassen wollten.

Biermann verfolgte, nachdem er sich im Ollenhauer-Haus eingerichtet hatte, ebenfalls eine Doppelstrategie. Als Jungsozialist war ihm dergleichen nicht fremd.

Biermanns Doppelgleisigkeit bestand darin, daß er es nicht bei Kontaktaufnahme und Diskussion mit der „Friedensbewegung" bewenden ließ, sondern sich umgekehrt bemühte, Vorstellungen und Argumente der Bewegung werbend in die SPD hineinzutragen.

Auf dem Münchner Parteitag im April 1982 z. B. verteilte der PV-Referent – ohne vorherige Genehmigung des PV – die Broschüre einer Studiengruppe für atomwaffenfreie Zonen an die Delegierten.[350] Der Protest Hans Apels konnte den angerichteten politischen Schaden nicht wieder gutmachen.

Für den Unterschied zwischen Glotz und Biermann bezüglich der Strategie gegenüber der „Friedensbewegung" galt, was Rolf Zundel im Herbst 1981 im gleichen Zusammenhang über Brandt und Eppler schrieb: Der eine (Brandt) wolle die Friedensbewegung soweit wie möglich in die SPD integrieren, der andere (Eppler) wolle die SPD in der Friedensbewegung aufgehen lassen.[351] Biermann war ein Vertreter der Eppler-Linie.[352]

Von Karsten Voigt übernahm Biermann 1981 die Geschäftsführung der bundesweiten sozialdemokratischen „Initiative für Frieden, internationalen Ausgleich und Sicherheit" (IFIAS).[353] Unter ihm wurde diese Initiative endgültig zu einer Untergruppe der „Friedensbewegung".

Ganz deutlich wurde dies, als Biermann im Sommer 1982 damit begann, im Namen der Initiative einen Informationsdienst „Frieden und Abrüstung" herauszugeben.[354]

[349] In der Fraktion bürgerte sich ein, Biermann als „Friedenspolitischen Referenten des PV" anzusprechen. Seit 1984 führt Biermann die Bezeichnung Referent für Friedens- und Sicherheitspolitik beim SPD-Parteivorstand.

[350] Gespräch mit Horst Niggemeier am 8. 11. 1984 in Bonn.

[351] S. Zundel, Rolf, Gratwanderung für den Kanzler. Die Sozialdemokraten debattieren den NATO-Doppelbeschluß, in: Die Zeit, 2. 10. 1981.

[352] Vgl. dazu Biermann, Wolfgang, Positionen der SPD zur Friedenspolitik und zum Verhältnis von SPD und Friedensbewegung, in: Pestalozzi, Hans A. u. a. (Hrsg.), Frieden in Deutschland, München 1982, S. 92–100; ders., Genfer INF-Verhandlungen und Friedensbewegung, in: Die Neue Gesellschaft, 9/1983, S. 854ff.

[353] Die Gründung einer sozialdemokratischen Friedensinitiative war auf dem Hamburger Parteitag 1977 von Karsten Voigt, Hans Koschnick u. a. vorgeschlagen worden. Sie sollte vor allem das friedenspolitische Engagement jener Sozialdemokraten binden, denen der PV 1977 die Mitarbeit im kommunistisch gesteuerten „Komitee für Frieden, Abrüstung und Zusammenarbeit" (KoFAZ) untersagt hatte. Im April 1979 trat die Initiative dann erstmals an die Öffentlichkeit. Ein Jahr später folgte die Gründung regionaler Friedensinitiativen, die in ihren Forderungen meist radikaler waren als die Bundesinitiative. Hier sind vor allem die Bremer und die Berliner Initiative (BIFIAS) zu nennen.

[354] Die Titelseiten der Hefte trugen das Emblem der Bundesinitiative, wobei, bezeichnenderweise, Frieden groß und Sicherheit klein geschrieben wurde.

Rücksichtnahme auf die immer noch SPD-geführte Bundesregierung fand bereits nicht mehr statt. Nichts unterschied die IFIAS-Hefte von einschlägigen Publikationen aus der „Friedensbewegung" – außer der Tatsache, daß der Herausgeber von „Frieden und Abrüstung" Referent des SPD-Parteivorstandes war.
Nach dem Münchner Parteitag 1982 wurde Biermanns Tätigkeitsfeld um die internationale Ebene erweitert: Er begann Kontakte zu den ausländischen „Friedensbewegungen" zu knüpfen, insbesondere zur amerikanischen „Freeze-Bewegung", von der sich die Nachrüstungsgegner innerhalb wie außerhalb der SPD wertvolle Schützenhilfe erhofften.[355]
Außerdem wurde Biermann 1982 von Egon Bahr als Mitarbeiter in die Arbeitsgruppe Neue Strategien berufen. Hier wirkte er, zusammen mit seinen Referenten-Kollegen Uwe Stehr und Rüdiger Reitz, im Hintergrund gegen die „etablierte" Sicherheitspolitik und Militärstrategie, gegen Kernwaffen, Abschreckung, militärisches Gleichgewicht und das bisherige Konzept der Rüstungskontrolle.
Im Herbst 1983 bereitete Biermann im Bonner Koordinationsausschuß der „Friedensbewegung" den Auftritt Willy Brandts vor Anhängern der „Friedensbewegung" im Bonner Hofgarten vor. Der Auftritt Brandts war auch ein persönlicher Erfolg Biermanns: Die SPD war zu einem Teil der „Friedensbewegung" geworden.
Das Nein zur Nachrüstung war für Biermann nur ein Zwischenziel auf dem Wege hin zu einem neuen sicherheitspolitischen Konzept der SPD. Daran arbeitete er nach Köln auf Referentenebene zusammen mit dem abrüstungspolitischen Referenten der Bundestagsfraktion, Uwe Stehr, und – ab Juni 1984 – dem neuen Bundeswehr-Referenten des SPD-Parteivorstandes.
Biermann hatte in der Sicherheitspolitischen Kommission des PV eine Art Beraterstatus inne: Ebenso konnte er an Sitzungen der Arbeitsgruppe Abrüstung und Rüstungskontrolle der Fraktion teilnehmen.
Auch ohne das Zutun eines Wolfgang Biermann hätte die SPD der Sicherheitspolitik Helmut Schmidts den Rücken gekehrt, hätte sie 1983 die Nachrüstung der NATO abgelehnt. Auch den Weg ins Lager der „Friedensbewegung" hätte die Partei ohne Biermann gefunden.
Biermann hat den Wandlungsprozeß der SPD allenfalls beschleunigt. Er hat durch sein Eintreten für die Vorstellungen der „Friedensbewegung" Unsicherheit über den wirklichen Kurs des PV in die Parteigliederungen hineingetragen, zu einem Zeitpunkt, als Helmut Schmidt noch Bundeskanzler war und die Fraktion noch fast geschlossen hinter ihm stand.
Im großen und ganzen aber war Biermanns Rolle eine bescheidene. Wirklich interessant und bemerkenswert ist nicht so sehr das persönliche Wirken des „Friedenspolitischen Referenten", sondern der Zeitpunkt und die Umstände seiner Einstellung durch das Parteipräsidium.
Im Sommer 1981 schien es nämlich durchaus noch nicht ausgemacht, daß die SPD über kurz oder lang mit fliegenden Fahnen in das Lager der „Friedensbewegung" übergehen würde. Helmut Schmidt war noch der starke Mann seiner Partei – jedenfalls dem

[355] Diese Kalkulation erwies sich jedoch sehr rasch als grobe Fehleinschätzung der innenpolitischen Situation in den USA.

öffentlichen Anschein nach –, und seine Anhänger beherrschten die sicherheitspolitische Diskussion. Als Erhard Eppler auf der ersten großen Friedensdemonstration im Oktober 1981 als Redner aufgetreten war, mußte er sich von Schmidt in aller Öffentlichkeit abkanzeln lassen.
In dieser Situation stellte das SPD-Präsidium einen Mann ein, von dem zumindest Bundesgeschäftsführer Glotz wußte, daß er ein vehementer Gegner der Schmidtschen Sicherheitspolitik war. Ob Schmidt dies ebenfalls wußte, oder ob er diesen Affront gegen sich und seine Politik gar nicht wahrgenommen hat?
Wie dem auch sei, mit der Einstellung Biermanns – ein Jahr vor dem Sturz Schmidts und zwei Jahre vor der Ablehnung der Nachrüstung – leitete die Parteiführung im Ollenhauer-Haus (Brandt, Glotz, Bahr) die Endphase einer endgültigen und grundsätzlichen Abkehr der Partei vor der Sicherheitspolitik ihres Kanzlers Schmidt und seiner „Strategie des Gleichgewichts" ein.

### *c) Referat Bundeswehr beim PV*

Im Juni 1984 errichtete der SPD-Parteivorstand ein neues Fachreferat, das Referat Bundeswehr. Dergleichen hatte es im Ollenhauer-Haus bislang noch nicht gegeben. Allenfalls Friedrich Beermann, der 30 Jahre zuvor Referent des PV geworden war, ließe sich – mit einer wesentlichen Einschränkung[356] – als Vorläufer des Bundeswehr-Referenten anführen.
Die Schaffung des Bundeswehr-Referats war keine Entscheidung von heute auf morgen, sondern in jahrelangen Diskussionen in der Parteispitze herangereift.
Ausgangspunkt war, noch zu Zeiten des letzten SPD-Verteidigungsministers, die Erkenntnis, daß das Verhältnis der Gesamtpartei SPD zur Bundeswehr nicht das beste war. Das hing nur zu einem sehr geringen Teil damit zusammen, daß dem in der Truppe sehr beliebten Georg Leber ein sich betont unmilitärisch gebender Hans Apel nachgefolgt war.
Wichtiger war, daß die Sicherheitspolitik der Sozialdemokratischen Partei Anfang der 80er Jahre zunehmend durch eine Sowohl-Als-auch-Haltung gekennzeichnet wurde, die unter Soldaten zwangsläufig zu Zweifeln an der verteidigungspolitischen Verläßlichkeit der SPD führen mußte.
Damit einherging, daß viele Soldaten sich in der aufbrechenden sicherheitspolitischen und militärstrategischen Diskussion mit der „Friedensbewegung" von den Politikern und insbesondere von den SPD-Politikern alleingelassen wähnten.
Die sozialdemokratische Führung konnte und wollte die zunehmenden Spannungen zwischen SPD und Bundeswehr nicht einfach ignorieren. Im März 1982 veranstaltete sie daher im Ollenhauer-Haus ein „Forum Bundeswehr" unter Leitung von Hans Koschnick, das den Auftakt bilden sollte zu neuen bzw. engeren Kontakten zwischen SPD und Bundeswehr.
Der damalige Oberst Winfried Vogel sagte vor dem Forum, keineswegs würden sozialdemokratische Verteidigungsminister in der Bundeswehr als „Betriebsunfälle" charakterisiert, wie das die Jusos behaupten. „Die Erfahrung besagt, daß bisher alle drei

[356] Diese Einschränkung betrifft die Tatsache, daß Beermanns Aufgabenbereich breiter angelegt war als der des gegenwärtigen Bundeswehr-Referenten.

akzeptiert, geschätzt und einer sogar geliebt wurde. Eine tiefe Verunsicherung herrscht hingegen, insbesondere, wenn man dies mit der Aufbruchstimmung Anfang der 70er Jahre vergleicht."[357]

Dies führte Vogel deutlich auf die ambivalente Politik der Partei zurück, den Unterschied zwischen Worten und Taten, wie er sagte, und das weitverbreitete Gefühl, daß einmal getroffene Entscheidungen in der Partei nicht mehr solidarisch getragen würden. Vogel hatte damit, in wenigen Sätzen, den Kern des Problems umrissen. Die Parteiführung um Brandt und Glotz mochte sich diese Analyse aber nicht zu eigen machen, weil sie ihren bewußt doppelgleisigen Kurs der Sicherheitspolitik verwarf.

Statt dessen wollten die Parteiführer die Bundeswehr an die „Friedensbewegung" heranführen („Soldaten sollen sich stärker an der Friedensdiskussion beteiligen") und – vor allem – die nicht-nuklear bewaffnete Bundeswehr sozusagen als einen „natürlichen" Bündnispartner für die sich abzeichnenden antinuklearen Strategievorstellungen der SPD gewinnen.[358]

Nach dem Münchner Parteitag vom April 1982 setzte die Sicherheitspolitische Kommission beim PV dann bekanntlich die AG Bundeswehr und Gesellschaft ein, die insbesondere die Nachbereitung des Forums Bundeswehr zu leisten hatte. Hier wurde deutlich, daß dem Parteiapparat für eine umfassende und fortlaufende Befassung mit der Bundeswehr die organisatorische Voraussetzung fehlte. Der „nebenberufliche" Sekretär der Kommission Sicherheitspolitik, Rüdiger Reitz, war mit dieser Aufgabe überfordert.

Nun war es allerdings nicht so, als wenn sich auf den oberen Ebenen der Sozialdemokratie niemand gezielt mit der Bundeswehr beschäftigt hätte. Seit Ende der 50er Jahre gehörte Kontaktpflege mit der Bundeswehr zu den Hauptaufgaben der AG Sicherheitsfragen der Fraktion. Von hier aus wurden Truppenbesuche, Sicherheitspolitische Tagungen u. v. a. organisiert. Zudem ist seit Mitte der 60er Jahre immer mindestens einer der Referenten der AG aktiver Offizier der Bundeswehr.

Die AG Sicherheitsfragen war und ist also durchaus eine kompetente Organisation für Kontakte zur Bundeswehr und besitzt hierfür auch fachkundige Referenten.

Nur wurde die Fraktions-AG Anfang der 80er Jahre von den Parteistrategen im Ollenhauer-Haus zunehmend nicht mehr als die ideale Kontaktstelle angesehen; denn sie marschierte nicht eben an der Spitze des sicherheitspolitischen Fortschritts, sondern befand sich im Kielwasser des sozialdemokratisch geführten BMVg, also der „etablierten" Politik.

Auch nach dem Regierungswechsel blieb die Fraktions-AG auf das BMVg fixiert. Und es blieb auch ein gewisses Mißtrauen der Parteistrategen gegenüber den ehemals treuesten Anhängern der Sicherheitspolitik Bundeskanzler Schmidts, auch wenn die meisten von ihnen nach der Bundestagswahl 1983 die sicherheitspolitische Wende der Gesamtpartei in erstaunlich schneller Zeit nachvollzogen.

Deshalb und natürlich auch weil das BMVg nicht mehr in sozialdemokratischer Hand war, wurde im Juni 1984 im Ollenhauer-Haus das Referat Bundeswehr geschaffen.

[357] Vorstand der SPD (Hrsg.), Forum Bundeswehr, a.a.O., S. 5.

[358] So hielt der PV in der o. a. Dokumentation als ein wesentliches Ergebnis des Forums bezeichnenderweise fest: „Auch in der SPD ist ein wachsendes Interesse an der konventionellen Waffenentwicklung festzustellen" (S. 19).

Seine Einrichtung wurde auch durch ein Gutachten des langjährigen Mitglieds der Sicherheitspolitischen Kommission des PV, Wolf Graf von Baudissin, unterstützt.[359]
Der erste Bundeswehr-Referent des PV war der schon an anderer Stelle erwähnte Hauptmann der Bundeswehr, Franz H. U. Borkenhagen. Borkenhagen war zuvor, nach Absolvierung des Generalstabslehrgangs, ein Jahr lang „Fellow" am Baudissin-Institut für „Friedensforschung und Sicherheitspolitik" gewesen.[360]
Die drei wesentlichen Aufgaben des Bundeswehr-Referenten sind:

1. Betreuung und Verbindung zu den sicherheitspolitischen Ausschüssen der Partei auf Bezirks- und Landesebene;
2. Betreuung der Kommission Sicherheitspolitik beim Parteivorstand als deren Sekretär;
3. Gewährleistung der Verbindung des PV zur Bundeswehr bzw. zu Bundeswehr-Institutionen.[361]

Eindeutiger Arbeitsschwerpunkt ist die Betreuung der Sicherheitspolitischen Kommission und insbesondere die Zuarbeit für den Kommissionsvorsitzenden.
Zusammenfassend läßt sich sagen, daß der Parteiapparat mit der Schaffung eines Bundeswehr-Referats beim PV gewissermaßen *sicherheitspolitisch autark* geworden ist. Mit einem „Friedenspolitischen Referenten" und einem Streitkräfte-Experten kann der Bundesgeschäftsführer nun praktisch den gesamten Bereich der Sicherheitspolitik mit Fachkräften aus dem Ollenhauer-Haus abdecken.
Auf die Unterstützung durch die Experten der Fraktion ist er mithin nicht mehr unbedingt angewiesen.

## 4. Parteitage – Das oberste Entscheidungsorgan

Parteitage sind das oberste Entscheidungsorgan der SPD. Sie setzen sich aus den Delegierten der Bezirke und Landesverbände zusammen und finden in der Regel alle zwei Jahre statt. Parteitage beschließen die politischen und organisatorischen Richtlinien für die Gesamtpartei und wählen den Parteivorstand. Außerordentliche Parteitage werden vor wichtigen Wahlen (Bundestagswahlen, Europaparlamentswahlen) und sonstigen, von der Partei als sehr wesentlich erachteten Richtungsentscheidungen einberufen.
Als Beispiel für die letztgenannte Kategorie von Parteitagen ist der SPD-Sonderparteitag vom November 1983 zu nennen, auf dem die SPD ihre Haltung zur anstehenden NATO-Nachrüstung festlegte. Dies macht deutlich, wie sehr die sicherheitspolitische Debatte zu Beginn der 80er Jahre die Partei aufwühlte.
Will man nun den Einfluß der Parteitage auf den sicherheitspolitischen Kurs der Gesamtpartei untersuchen, so genügt es natürlich nicht, die sicherheitspolitischen Beschlüsse der Parteitage zu analysieren. Erforderlich ist ein Vergleich zwischen den

[359] Gespräch mit Franz H. U. Borkenhagen am 12. 12. 1984.
[360] Zur sicherheitspolitischen Linie des ersten Bundeswehr-Referenten: S. z. B. Borkenhagen, Franz H. U., Militärische Defensivkonzepte in einem System kollektiver Sicherheit (SKS), in: Vierteljahresschrift für Sicherheit und Frieden (S+F), 1/1984.
[361] Gespräch mit Franz H. U. Borkenhagen am 12. 12. 1984 in Bonn.

Anträgen einerseits und den Beschlüssen andererseits. Von besonderem Interesse ist hier das Schicksal des PV-Leitantrages, d. h. die Frage, welche Änderungen an diesem Antrag vorgenommen wurden, bis er schließlich vom Parteitag mehrheitlich verabschiedet wurde. Interessant festzustellen ist auch, welche Parteiuntergliederungen welche Änderungsanträge stellten.
Freilich besitzen die Landesverbände, Bezirke, Unterbezirke und Ortsvereine der SPD nicht nur ein Recht zu Änderungsanträgen, sondern sie können auch selbständig mehr oder weniger lange Anträge oder Entschließungsentwürfe zur Abstimmung einreichen. Für den Zweck dieser Arbeit ist es nicht erforderlich, auf alle diese Anträge im einzelnen einzugehen. Wesentlich ist, aus der Antragsflut und auch aus den Diskussionen eine Tendenz bzw. Präferenz für bestimmte politische Entscheidungen und Richtungen festzustellen (z. B. Mehrheit für oder gegen Nachrüstung, Neutronenwaffe etc.).
In der politischen Praxis sind Parteitage keineswegs so souverän, wie es die Theorie bzw. die Parteisatzung will.[362] Die Parteiführung hat recht weitgehende Möglichkeiten, Parteitagsdiskussionen und vor allem die Beschlüsse in ihrem Sinn zu steuern. Aber diese Möglichkeiten sind von einer totalen Lenkung des Geschehens weit entfernt. Parteitage sind immer für Überraschungen gut, die selbst die geschickteste Regie nicht voraussehen oder verhindern kann. Nach dieser Vorbemerkung nun die wichtigsten Steuerungsmöglichkeiten der Parteiführung:

– PV-Leitanträge

Sie werden in der Regel vom Fachausschuß für Sicherheitspolitik beim PV im Vorfeld eines Parteitages erarbeitet und veröffentlicht. Leitanträge sollen dem PV auf dem Parteitag die Initiative sichern und die Verhandlungsagenda bestimmen. Sie stehen meist im Mittelpunkt der Parteitagsdiskussionen.

– Antragskommissionen

Antragskommissionen (bis Ende der 60er Jahre: Redaktionskommissionen) wurden bis 1970 erst nach Aufnahme der Parteitagsverhandlungen gewählt. Sie setzten sich bis dato aus je einem Vertreter der Landesverbände und Bezirke zusammen und wurden in der Regel vom Vorsitzenden des SPD-Parteirates geleitet. Ihre Aufgabe war, eingegangene Anträge systematisch zu ordnen und den Delegierten zu empfehlen, wie mit den einzelnen Anträgen verfahren werden sollte (Annahme, Ablehnung, Überweisung etc.). Insbesondere hatten sie zu prüfen, inwieweit Änderungs- bzw. Ergänzungswünsche bezüglich der Leitanträge des PV berücksichtigt werden konnten oder sollten. Dieser Aufgabenstellung vermochten die Kommissionen schon in den 60er Jahren aufgrund der von Parteitag zu Parteitag höher steigenden Antragsflut nicht mehr befriedigend zu entsprechen.
Auf dem Parteitag von Saarbrücken 1970 kam es zu heftiger Kritik an der – wie viele Delegierte meinten – mangelhaften Vorbereitung des Parteitags durch den Parteivorstand. Unter anderem wurde die Bildung der Antragskommission vor dem Zusammentreten des Parteitages gefordert. Diesem Begehren trug die Parteiführung in einem neuen Organisationsstatut Rechnung, das von einem außerordentlichen Parteitag 1971 verabschiedet wurde.

[362] Vgl. Dittberner, Jürgen, Die Rolle der Parteitage im Prozeß der innerparteilichen Willensbildung, in: Politische Vierteljahresschrift, Heft 2–3, 1970.

Seither besteht eine Parteitagsantragskommission aus je einem Delegierten der Bezirks- bzw. Landesverbände (22) und acht vom PV benannten Mitgliedern. Sie wird durch den PV eingeladen. Die Kommission sichtet alle fristgemäß eingegangenen Anträge der Organisationsgliederungen, ordnet sie nach systematischen Gesichtspunkten und beschließt Empfehlungen zur Behandlung der Anträge auf dem Parteitag. Anträge und Empfehlungen verschickt die Kommission in Form eines Antragsbuches[363] mindestens drei Wochen vor Beginn eines Parteitags.
Betrachtet man nur die zahlenmäßige Zusammensetzung, so haben die Parteiuntergliederungen in der Kommission eine eindeutige Mehrheit. Tatsächlich aber hatten die vom PV ernannten Mitglieder der Kommission immer einen überproportional starken Einfluß auf die Arbeit des Gremiums; denn bei den meisten von ihnen handelte es sich um prominente Sozialdemokraten, die auch Mitglieder der Bundestagsfraktion waren. Zudem war bei allen wichtigen Parteitagen in den Jahren 1973 bis 1983 der Vorsitzende der Antragskommission gleichzeitig Vorsitzender der Bundestagsfraktion. Bis 1982 nahm Herbert Wehner diese beiden Funktionen wahr. Er war bestrebt, die Parteitage zu disziplinieren und die Beschlüsse so zu steuern, daß seiner Partei die Regierungsfähigkeit erhalten blieb.
Das Ansehen, das Wehner in der SPD genoß, machte ihn in den Jahren 1973 bis 1982 zur dominierenden Figur jeder Antragskommission.

– Interventionen des Parteivorsitzenden oder anderer Spitzenpolitiker der Partei
Nimmt eine Diskussion auf einem Parteitag einen anderen Verlauf als vom PV gewünscht, sind Interventionen durch angesehene Spitzenpolitiker (Parteivorsitzender und/oder Stellvertreter, Bundeskanzler und/oder Bundesminister, Fraktionsvorsitzender und/oder Stellvertreter, Bundesgeschäftsführer etc.) der Partei ein probates Mittel, um widerspenstige oder unentschlossene Delegierte auf PV-Linie zu bringen.
Daneben gab und gibt es für die Parteiführung natürlich noch eine ganze Reihe anderer, weniger offensichtlicher Möglichkeiten zur Beeinflussung eines Parteitages. Diese werden gemeinhin unter dem Begriff Parteitagsregie zusammengefaßt. Im folgenden sollen nun in chronologischer Reihenfolge die sicherheitspolitischen Anträge, Debatten und Beschlüsse der ordentlichen SPD-Parteitage 1966 bis 1982 und des Sonderparteitages 1983 im Hinblick auf die oben aufgeworfenen Fragen untersucht werden.

*a) Dortmund 1966*

Auf den im Untersuchungszeitraum dieser Arbeit liegenden Parteitagen in den 60er Jahren stand die Sicherheitspolitik nicht im Vordergrund der Beratungen.
In Dortmund waren sicherheitspolitische Aspekte allerdings wichtiger Bestandteil der Debatte über „Deutschlandpolitik unter den sich ändernden weltpolitischen Bedingungen".[364] Hier wurde vor allem mit dem positiven Beschluß des Karlsruher Parteitags zur MLF (Befürwortung einer Gemeinschaftslösung bei der atomaren Verteidigung West-

[363] Die Antragsbücher und Antragsvorlagen für die SPD-Parteitage befinden sich im Archiv der sozialen Demokratie der Friedrich-Ebert-Stiftung in Bonn.

[364] S. Vorstand der SPD (Hrsg.), Protokolle der Verhandlungen und Anträge vom Parteitag der SPD vom 1.–5. Juni 1966 in Dortmund (im folgenden: Protokoll PT 1966), Hannover/Bonn o. J., S. 436–557.

europas) aufgeräumt, der vielen Sozialdemokraten als Gipfel eines Überanpassungskurses der SPD-Führung an die Regierungspolitik galt.
Aber der Rückzug von dem Karlsruher MLF-Beschluß wurde nicht durch den Parteitag initiiert, sondern bereits durch den PV in seinem Leitantrag vorgeschlagen. Der Parteitag zeichnete verantwortlich für eine Verschärfung der Absage an die Option atomaren Mitbesitzes der Bundesrepublik.[365]
Weitergehende Forderungen der SPD-Linken – insbesondere aus Hessen-Süd –, die u. a. auf einseitige Abrüstungsschritte und atomwaffenfreie Zonen in Europa hinausliefen,[366] wurden auf Empfehlung von PV-Sprechern und Antragskommission von einer Parteitagsmehrheit abgelehnt.
Helmut Schmidt, der als Mitglied des PV auch Vorsitzender des PV-Ausschusses für Sicherheitspolitik und außerdem stellvertretender Parteivorsitzender war, hielt in Dortmund das außen- und sicherheitspolitische Hauptreferat. Er dominierte und kontrollierte die sicherheitspolitische Debatte des Parteitages, so daß die gefaßten Beschlüsse nur unwesentlich von den Leitvorstellungen des PV abwichen. Ob Schmidt die Parteitagsmehrheit mit seiner kühlen Analyse allerdings wirklich überzeugte, muß dahingestellt bleiben.

### *b) Nürnberg 1968*

War der Dortmunder Parteitag ein Parteitag der relativen Harmonie gewesen, so blies der SPD-Führung in Nürnberg 1968 der Wind kräftig ins Gesicht.
Nach Sichtung der über 900 vorab gestellten Anträge der Organisationsgliederungen an den Parteitag schrieb Rolf Zundel:

„Im ganzen werden radikal demokratische und liberale Tendenzen spürbar, sozialistische Ideen werden betont, Gesinnungsethik spielt eine große Rolle. Ohne Zweifel ist eine Ideologisierung der Partei von unten her im Gange – ein Prozeß, der auch bei anderen Parteien zu erkennen ist. Das Ausmaß der Reideologisierung in der SPD ist ohne die große Koalition und ohne die Wahlniederlagen kaum zu erklären."[367]

Die SPD-Führung habe schon in ihren Leitanträgen ein Gutteil des schwelenden ideologischen Unbehagens aufgefangen; die Abgrenzung zur CDU werde aber in der revidierten Form dieser Anträge eher noch deutlicher werden, vermutete Zundel. Damit sollte er recht behalten.
In Nürnberg nahm die Außen- und Sicherheitspolitik keinen herausragenden Platz bei den Beratungen ein. Es gab Arbeitskreise für Finanzreform, Wirtschaftspolitik und Notstandsverfassung, jedoch keinen für Außen- und Sicherheitspolitik.
Dennoch wurden etwa 180 Anträge zu dem Themenkomplex Außen-, Deutschland- und Sicherheitspolitik gestellt.[368] Davon beschäftigten sich ca. 80 Anträge ganz oder teilweise mit der Sicherheitspolitik. Praktisch keiner dieser Anträge – darauf wurde

[365] S. Protokoll PT 1966, S. 557.
[366] S. Anträge B 31 und B 32, in: Protokoll PT 1966, S. 1021ff.
[367] Zundel, Rolf, Zurück zur Ideologie, in: Die Zeit, 8. 3. 1968.
[368] S. dazu die Anträge Nr. 155–336, in: Vorstand der SPD (Hrsg.), Parteitag der SPD vom 17.–21. März 1968 in Nürnberg, Anträge, Vorlage Nr. 3 (im folgenden: Anträge PT 1968), Bonn 1968.

bereits im Kapitel über die Große Koalition hingewiesen[369] – befürwortete die Verteidigungskonzeption der von der SPD mitgetragenen Regierung. Die meisten Anträge stellten Forderungen, die von Partei- und Fraktionsführung nicht akzeptiert werden konnten, weil sie bei Annahme durch den Parteitag die Koalitionsfähigkeit der SPD gefährdet hätten.

Wie ging nun die SPD-Führung mit den in der Mehrheit für sie unakzeptablen Anträgen um?

Zum einen durch Entgegenkommen bei der Revidierung des außen- und sicherheitspolitischen Leitantrages und der „Perspektiven"[370] und zum anderen durch Appelle und Versprechungen des Parteivorsitzenden Brandt.

In der kurzen sicherheitspolitischen Debatte rief Brandt den Delegierten zu:

„Der Parteitag kann sich darauf verlassen, daß der zu diesem Parteitag gehörende Außenminister der Bundesrepublik Deutschland bei sorgfältiger Abwägung dessen, was jetzt geht und was jetzt nicht geht, im Kontakt mit den Verbündeten, aber auch mit anderen, eine – wie es hier gewünscht wird – aktivere Politik der Rüstungsbegrenzung und Rüstungskontrolle betreibt ... . Die Sache wird nicht auf die leichte Schulter genommen. Aber sie wird nicht dadurch besser, daß wir uns in dieser Frage mehr vornehmen, als man sich jetzt vornehmen darf."[371]

Ohne Zweifel war Willy Brandt in Nürnberg *die* Klammer der Partei. Dazu verhalf ihm wesentlich sein Ansehen als Friedenspolitiker. Ein Indikator dafür ist, daß sich viele der außen- und sicherheitspolitischen Anträge aus den Organisationsgliederungen ausdrücklich auf Brandt und die von ihm wiederbelebte Zielvorstellung einer „europäischen Friedensordnung" bezogen.

Der Eindämmungs- und Beschwichtigungsstrategie der Parteiführung im Hinblick auf die Sicherheitspolitik kam außerdem zupaß, daß die Linke, die in Nürnberg erstmals als geschlossene Gruppierung auftrat, kein Interesse an der Sicherheitspolitik zeigte, sondern sich auf innenpolitische Themen konzentrierte.

Schließlich ist noch bemerkenswert, daß sich der SPD-Fraktionschef und Vorsitzende des Sicherheitsausschusses beim PV, Helmut Schmidt, im Gegensatz zum Dortmunder Parteitag überhaupt nicht an der sicherheitspolitischen Debatte in Nürnberg beteiligte. Offensichtlich sollte oder wollte Schmidt, dessen sicherheitspolitischen Kurs viele Anträge indirekt kritisierten, die starke Linke nicht provozieren. Außerdem stand zum ersten Mal seine Wahl zum stellvertretenden Parteivorsitzenden an.

Gemessen an der Antragslage vor dem Parteitag, dem ungeduldig-kritischen (d. h. antinuklearen, amerika-, allianz- und generell verteidigungskritischen) Grundton der meisten Anträge, konnte die Parteiführung mit dem Ergebnis ihrer Eindämmungsstrategie zufrieden sein. Ihre Linie war durch den Parteitag nur marginal nach links verschoben worden. Allerdings hatte niemand der Parteiführer gewagt oder es für nötig befunden – Helmut Schmidt wäre dazu wohl am ehesten in der Lage gewesen –, den

[369] S. dazu S. 82ff.
[370] S. dazu S. 85ff.
[371] Vorstand der SPD (Hrsg.), Parteitag der SPD vom 17.–21. März 1968 in Nürnberg, Protokoll der Verhandlungen, Bonn 1968, S. 723f.

verbreiteten Entspannungsoptimismus der Delegierten zu dämpfen oder gar zu kritisieren. Im Gegenteil: Willy Brandt schürte diese Stimmung sogar noch. Dies wurde zu einer schweren Hypothek der sozialdemokratischen Außen- und Sicherheitspolitik in den 70er Jahren.

*c) Saarbrücken 1970*

Auch auf dem ersten ordentlichen Parteitag der SPD nach Bildung der sozialliberalen Koalition, 1970 in Saarbrücken, war die Sicherheitspolitik nur ein Randthema. Im Kern ging es hier um die Politik der inneren Reformen, um Struktur-, Steuer- und Wirtschaftspolitik.

Allerdings hatten der Sicherheitsausschuß beim PV und der Fraktions-AK Sicherheitsfragen in enger Abstimmung mit dem neuen Verteidigungsminister Schmidt eine „Entschließung zur Sicherheitspolitik" erarbeitet, die dem Parteitag zur Verabschiedung vorgelegt wurde.[372] Nach den Worten Buchstallers war mit dem Entwurf „für den Verteidigungsausschuß und für die Verteidigungspolitik allgemein ein Instrument geschaffen worden ..., mit dem man nicht nur mittelfristig, sondern langfristig arbeiten und langfristig planen kann".[373]

Der Antrag war betont nüchtern gehalten. Er trug deutlich die Handschrift Helmut Schmidts. Von dem Ziel einer Europäischen Friedensordnung oder der Perspektive einer Auflösung von NATO und Warschauer Pakt war an keiner Stelle die Rede. Statt dessen wurde die Notwendigkeit von Gleichgewichtspolitik und Bündnisloyalität betont, auch und gerade im Falle von Rüstungsbegrenzungen. Ansonsten ging der Antrag vor allem auf Innenfragen der Bundeswehr sowie auf das Problem der Wehrdienstverweigerung ein.

Auch die 35 Anträge zur Sicherheitspolitik aus den Organisationsgliederungen befaßten sich ganz überwiegend mit Fragen der inneren Reform der Bundeswehr. Ein Antrag (UB Bremen-Nord) forderte die Abschaffung der allgemeinen Wehrpflicht, zwei andere die Senkung der Verteidigungsausgaben.[374]

Keiner der 35 Anträge ging in die „Entschließung zur Sicherheitspolitik" ein. Auf Empfehlung der Antragskommission wurden sie entweder als erledigt erklärt oder abgelehnt oder aber überwiesen (PV/Fraktion), was de facto einer Ablehnung gleichkam.

Kritik an der auf den Verteidigungsminister zugeschnittenen Entschließung kam in der Debatte des Parteitages auf. Der Delegierte Ernst von Weizsäcker sprach aus, was wohl viele Kritiker dachten:

„Die SPD ist nicht das Verteidigungsministerium. Wir müssen hier nicht in erster Linie eine bestimmte Gleichgewichtspolitik betreiben, sondern wir müssen in Richtung Abrüstung Zeichen für die Zukunft setzen."[375]

[372] S. Antrag Nr. 676, in: Vorstand der SPD (Hrsg.), Parteitag der SPD vom 11.–14. Mai 1970 in Saarbrücken, Protokoll der Verhandlungen / Angenommene und überwiesene Anträge (im folgenden: Protokoll PT 1970), Bonn 1970, S. 1108f.

[373] Protokoll PT 1970, S. 165.

[374] S. die Anträge Nr. 163, 169 und 170, in: Vorstand der SPD (Hrsg.), Parteitag der SPD vom 11.–14. Mai 1970 in Saarbrücken, Anträge, Vorlage Nr. 3, Bonn 1970, S. 35f.

[375] Protokoll PT 1970, S. 168.

Helmut Schmidt sah das anders. Selbstbewußt belehrte er seine Kritiker, daß Sicherheitspolitik aus zwei Hälften bestehe, „aus Verteidigungspolitik auf der einen und aus Entspannungs-, Abrüstungs- und Rüstungskontrollpolitik auf der anderen Seite“.[376] Außerdem, wenn er manches höre, was in der Partei zur Sicherheitspolitik gesagt werde, dann erscheine es ihm schon wünschenswert, daß der Parteitag sich loyal zum westlichen Bündnis erkläre.
Selbst relativ moderate Ergänzungswünsche zur Entschließung von Delegierten aus Bremen, Baden-Württemberg und Südbayern wurden von Schmidt zurückgewiesen.[377] Zweimal in der Debatte stellte sich auch Willy Brandt vor seinen Verteidigungsminister. Er ermahnte die kritischen Delegierten, die SPD sei nicht dazu da, dem Verteidigungsminister „nach innen und nach außen das Geschäft zu erschweren“.[378]
Am Ende wurde die Entschließung zur Sicherheitspolitik unverändert angenommen.
Im Vergleich zu Nürnberg war der Saarbrücker Parteitag für die Parteiführung ein Spaziergang. Das Bündnis mit der FDP und die knappe Mehrheit der Koalition im Parlament stärkten Helmut Schmidt innerparteilich den Rücken. Er konnte diese Probleme der Regierung gegenüber einem SPD-Parteitag als Disziplinierungsinstrument einsetzen, und Schmidt war sich dessen offensichtlich bewußt. Auch Willy Brandt mußte seinen Verteidigungsminister vorbehaltlos unterstützen.
Wiederum kam der Parteiführung das relative Desinteresse der organisierten Linken an der Sicherheitspolitik gelegen.

### *d) Hannover 1973*

Der Hannoveraner Parteitag von 1973, der nur wenige Monate nach dem großen Sieg der SPD in der vorgezogenen Bundestagswahl stattfand, stand unter dem Motto: „Für den Ausbau der sozialen Demokratie in unserem Staat“. Außen- und Sicherheitspolitik war wiederum nur als Randthema vorgesehen. Es kam jedoch anders, weil die Parteilinke sich darangemacht hatte, außen- und sicherheitspolitische Vorstellungen eng zu verknüpfen „mit gesellschaftspolitischen Zielsetzungen des demokratischen Sozialismus“.[379] Vorreiter waren hier die Jungsozialisten, die kurz zuvor begonnen hatten, sich eingehender mit Sicherheitspolitik zu beschäftigen, und vor allem der Parteibezirk Hessen-Süd (wobei die Erstgenannten teilweise auch Delegierte von Hessen-Süd in Hannover waren).
Von 44 Anträgen zu außenpolitischen Fragen generell adressierten acht ganz oder teilweise das Thema Sicherheitspolitik, darunter auch ein sehr langer Leitantrag des PV mit dem Titel „Für einen gesicherten Frieden und die Zusammenarbeit in der Welt“.[380] Der wichtigste und längste Antrag der Organisationsgliederungen kam von Hessen-Süd, der fast identisch auch durch den UB Wiesbaden gestellt wurde. Unter der Überschrift

[376] Ebenda, S. 174.
[377] Ebenda, S. 173.
[378] Ebenda, S. 171.
[379] So der ehemalige Vorsitzende der Jungsozialisten Karsten D. Voigt, in: Vorstand der SPD (Hrsg.), Parteitag der SPD vom 10.–14. April 1973 in Hannover, Band I: Protokoll der Verhandlungen/Anlagen (im folgenden: Protokoll PT 1973), Bonn 1974, S. 118.
[380] S. Vorstand der SPD (Hrsg.), Anträge zum SPD-Parteitag vom 10.–14. April 1973 in Hannover, Vorlage Nr. 3 (im folgenden: Anträge PT 1973), Bonn 1973, S. 141ff.

„Friedens- und Abrüstungspolitik“ wurden hier die Thesen der kritischen Friedensforschung vertreten. Unter anderem wurde gefordert der „Entwurf von konkreten Modellen über die Nutzung freiwerdender ökonomischer Kapazitäten im Sinne der Entwicklung humaner gesellschaftlicher Verhältnisse für den Fall des Ingangkommens des Abrüstungsprozesses“ und ein Einfrieren des Verteidigungshaushalts sowie ein Stufenplan zu seiner schrittweisen Verringerung ab 1974.[381]
Auch in den übrigen Anträgen wurde ein Einfrieren bzw. wurden Kürzungen des Verteidigungshaushalts gefordert, ferner ein Stopp der Devisenausgleichszahlungen an die USA wegen Vietnam und die Einrichtung eines PV-Referats für Entspannungs- und Sicherheitspolitik.
Der PV-Leitantrag, der in seinem sicherheitspolitischen Teil ganz der Linie von Schmidt und Leber entsprach, wurde nach nur unmaßgeblichen Änderungen durch die Antragskommission mit großer Mehrheit angenommen. Versuche des ehemaligen Juso-Chefs Voigt, die klaren Bekenntnisse zur NATO und insbesondere zum Bündnis mit den USA abzuschwächen, wurden durch Brandt persönlich vereitelt.[382] Danach kam es zu einer heftigen Auseinandersetzung über den Antrag von Hessen-Süd, insbesondere wegen der Forderung nach Kürzung des Verteidigungsbudgets. Die gesamte Parteispitze mußte in die Debatte eingreifen, um den Antrag zum Scheitern zu bringen: neben Parteichef Brandt (Bundeskanzler), seine beiden Stellvertreter Helmut Schmidt (Bundesfinanzminister) und Herbert Wehner (Vorsitzender der SPD-Fraktion im Bundestag) sowie Verteidigungsminister Leber.[383]
Die Angelegenheit war für die SPD-Führung deshalb so kritisch, weil nach Schätzungen von Beobachtern ca. 40% der Delegierten der Parteilinken zuzurechnen waren. Außerdem hatte sich die Linke im „Frankfurter Kreis“ (Sekretär: Karsten Voigt) in einem bisher nicht gekanntem Ausmaße organisiert und auf den Parteitag inhaltlich wie taktisch vorbereitet.[384]
Am Ende der Debatte obsiegte die Parteiführung. Keiner der verteidigungs- und amerikakritischen Anträge erhielt eine Mehrheit, der PV-Leitantrag passierte den Parteitag praktisch unverändert. Ausschlaggebend für den hart errungenen Erfolg dürfte der Einsatz Willy Brandts gewesen sein. Der Kanzler bemühte sich nicht um eine nüchterne Darstellung der sicherheitspolitischen Lage, wie etwa Georg Leber, sondern spielte gewissermaßen auf Zeit: „Im Prinzip ja, aber jetzt noch nicht“, das war sinngemäß seine Antwort auf die Forderung nach Drosselung der Verteidigungsleistung. Die innerparteiliche Opposition wurde nicht von der Richtigkeit der regierungsoffiziellen Sicherheitspolitik überzeugt, sondern lediglich temporär besänftigt. Die Linke steckte zurück, weil sie Brandt, auf den sie für die Zukunft ihre Hoffnungen richtete, nicht schaden wollte.

### *e) Mannheim 1975*

Unter der nüchternen Überschrift „Verantwortung für Deutschland“, charakteristisch für den Kanzler Helmut Schmidt, fand im November 1975 der Parteitag der SPD in

[381] S. Antrag Nr. 2, in: Anträge PT 1973, S. 148f.
[382] S. Protokoll PT 1973, S. 754–759.
[383] Ebenda, S. 763–803.
[384] Vgl. dazu Müller-Rommel, Innerparteiliche Gruppierungen in der SPD, a.a.O., S. 78ff.

Mannheim statt. Bemüht, den Unterschied zum vorausgegangenen Parteitag deutlich zu machen, schrieb ein Beobachter: „Damals herrschte noch der Glaube an die schönsten Möglichkeiten, heute herrscht die Angst vor den schlimmsten Notwendigkeiten.“[385]
Die Beratung und Verabschiedung des ökonomisch-politischen Orientierungsrahmens für die Jahre 1975 bis 1985 (OR ’85) bestimmte das Gesicht dieses Mannheimer Parteitags.
In diesem Langzeitprogramm fand die Verteidigungspolitik überhaupt keine Erwähnung.[386] Von einem Ost-West-Konflikt war keine Rede mehr, dagegen undifferenziert von einem anonymen Rüstungswettlauf. Die Partei orientierte bzw. konzentrierte sich deutlich wahrnehmbar auf die Nord-Süd-Problematik.
Unabhängig von der „Orientierungsrahmen ’85“-Debatte lagen in Mannheim ca. 30 Anträge zur Außen- und Sicherheitspolitik vor. Die meisten beschäftigten sich mit den Verhältnissen in Portugal, Spanien und Chile. Nur acht bis neun Anträge waren sicherheitspolitisch relevant, darunter auch wiederum ein Leitantrag des PV.[387]
Dieser Antrag war in seinen sicherheitspolitischen Aussagen genauso eindeutig wie der Beschluß von Hannover. Ausdrücklich sprach er sich gegen einseitige Abrüstungsvorleistungen aus, nur unwesentlich ergänzt durch einen Antrag aus dem Bezirk Südbayern. Er wurde vom Parteitag einstimmig angenommen.
Der Bezirk Südbayern spielte in Mannheim die Rolle, die Hessen-Süd zweieinhalb Jahre zuvor in Hannover gespielt hatte: Er legte eine lange Entschließung zur Sicherheitspolitik vor, in der interessanterweise erstmals seit langer Zeit wieder von dem Ziel eines kollektiven Sicherheitssystems in Europa die Rede war, sowie drei weitere Anträge zur Senkung von Rüstungskosten, der Umstellung von Rüstungsindustrien auf Friedenswirtschaft und zur Friedensforschung.[388]
Ferner gab es noch einen Antrag zum Einfrieren des Verteidigungshaushalts – das große Streitthema von 1973 – und zwei Anträge zur Beibehaltung einer restriktiven Rüstungsexportpolitik.[389]
Aber weder zu den Anträgen von Südbayern noch zu dem Antrag auf Einfrieren des Militärbudgets gab es nennenswerte Auseinandersetzungen. Die Delegierten folgten

[385] Zundel, Rolf, Mannhaft nach Mannheim, Wehner fordert von der Kanzlerpartei Disziplin – folgt sie ihm?, in: Die Zeit, 7. 11. 1975.

[386] Die einzigen sicherheitspolitisch relevanten Aussagen lesen sich wie folgt: „Unsere gemeinsam mit den westlichen Verbündeten geführte Entspannungs- und Friedenspolitik hat die Gefahr eines Krieges in Europa wesentlich vermindert ... Durch zunehmende Zusammenarbeit zwischen den Staaten und durch Verbindungen zwischen den Völkern müssen die Gegensätze in Europa und in der Welt überwunden werden; Ziel ist ein System internationaler Sicherheit und Zusammenarbeit auf der Grundlage gerechterer Verteilung ... Der Rüstungswettlauf, weit entfernt davon, den Frieden zu garantieren, stellt vielmehr eine ungeheure Vergeudung von Produktionskapazitäten dar ... Nur das Zusammenwirken aller Staaten, unabhängig von ihrer Gesellschaftsordnung, kann den Frieden sichern. Wir wollen daher in der internationalen Politik mit allen Kräften zusammenwirken, die wie wir den Frieden wünschen“ (Ökonomisch-politischer Orientierungsrahmen für die Jahre 1975–1985, in: Vorstand der SPD (Hrsg.), Parteitag der SPD vom 11.–15. November 1975 in Mannheim, Protokoll der Verhandlungen/Anlagen, Bonn/Mannheim 1976, S. 1020f.).

[387] S. Vorstand der SPD (Hrsg.), Allgemeine Anträge zum SPD-Parteitag in Mannheim vom 11.–15. 11. 1975, Vorlage Nr. 3 (im folgenden: Anträge PT 1975), Bonn 1975, S. 137ff.

[388] S. die Anträge Nr. 234, 248, 250 und 258, in: Anträge PT 1975, S. 141ff.

[389] S. die Anträge Nr. 249, 263 und 264, in: Anträge PT 1975, S. 151 und 157f.

den Empfehlungen der Antragskommission, die empfahl, diese Anträge entweder für erledigt zu erklären, zu überweisen oder abzulehnen (Antrag auf Umstellung von Rüstungsindustrien auf Friedenswirtschaft, Antrag auf Einfrieren des Verteidigungshaushalts). Lediglich bei den Anträgen zur Rüstungsexportpolitik entspann sich eine kurze Debatte, die mit einer Niederlage von Antragskommission und PV endete. Der Parteitag entschied sich mit knapper Mehrheit, den Plädoyers von Karl-Heinz Hansen, Manfred Coppik und Karsten Voigt zu folgen und die Anträge anzunehmen.[390] Dies konnte jedoch schwerlich als Erfolg der Rüstungskritiker gewertet werden, ging es doch lediglich um die Beibehaltung der bisherigen Politik, also um ein rein defensives Ziel. Im übrigen sah sich in Mannheim keiner der Parteiführer genötigt, in die kurze sicherheitspolitische Debatte einzugreifen.

Fazit nach Mannheim: Immer noch war das sicherheitspolitische Interesse in der Partei gering, der Glaube an einen Entspannungsautomatismus stark. So erklärt sich, daß nur Rand- oder Sekundärfragen der Sicherheitspolitik wie Budgetkürzungen, Rüstungskonversion und Rüstungsexport von einigen wenigen diskutiert wurden. Die SPD-Linke sah sich in Mannheim wie in den ersten Jahren der Regierung Schmidt generell in die Defensive gedrängt. Zudem konnte diese Regierung Ende 1975 auf sicherheitspolitischem Felde schwerlich von der Linken kritisiert werden. Das erst kurz zuvor unterzeichnete KSZE-Abkommen sowie die laufenden MBFR- und SALT II-Verhandlungen ließen sie erfolgreich erscheinen. Die Sicherheitspolitik der SPD-geführten Bundesregierung schien Ende 1975 innerparteilich unangefochtener denn je.

### *f) Hamburg 1977*

Zwei Jahre später stellte sich die Situation vollkommen anders dar. Mittlerweile war die Neutronenwaffendiskussion[391] über die SPD hereingebrochen. Aber sie war der Partei nicht eigentlich von außen oder von der Parteibasis aufgezwungen worden, sondern der Anstoß kam eindeutig aus der Parteiführung, genauer gesagt: von Egon Bahr und seinem moralischen Verdikt („Perversion des Denkens"), dem sich der Parteivorsitzende anschloß. Zum ersten Mal seit Eintritt der SPD in die Regierungsverantwortung war die Parteiführung in einer wichtigen sicherheitspolitischen Frage von außen deutlich erkennbar gespalten. Der Bundesgeschäftsführer der SPD preschte vor, ohne sich um die Einschätzung des sozialdemokratischen Kanzlers und seines Verteidigungsministers zu kümmern. Diese wurden regelrecht „überfahren". Als Ergebnis von Egon Bahrs Attacke wurde die Sicherheitspolitik, erstmals seit gut zehn Jahren, auf einem SPD-Parteitag wieder an prominenter Stelle behandelt.

Dem Hamburger Parteitag lagen 31 Anträge zu Fragen der Rüstung und Rüstungskontrolle vor (bei 34 Anträgen zur Außen- und Sicherheitspolitik insgesamt).[392] Dieser Antragslage trug der PV durch einen Leitantrag mit dem Titel „Rüstungskontrollvereinbarungen" Rechnung. Insgesamt 21 der o. a. Anträge aus den Organisationsgliede-

[390] Vgl. Protokoll PT 1975, S. 630ff.

[391] Dazu ausführlich: Hoffmann, Hubertus, Die Atompartner Washington – Bonn und die Modernisierung der taktischen Kernwaffen, Koblenz 1986, S. 163–253.

[392] S. Vorstand der SPD (Hrsg.), Anträge zum SPD-Parteitag vom 15.–19. November 1977 (im folgenden: Anträge PT 1977), Bonn 1977, S. 12ff.

rungen sprachen sich ausdrücklich gegen die Neutronenwaffe aus. Kein einziger Antrag sprach sich für Produktion oder Einführung dieser Waffe aus oder nahm zumindest eine neutrale Haltung ein. Fast alle Anträge bezogen sich bei ihrer ablehnenden Haltung ausdrücklich auf Egon Bahr. Der ursprüngliche PV-Leitantrag vermied eine eindeutige Stellungnahme zur Neutronenwaffe. Es müßten auch in diesem Bereich alle Anstrengungen gemacht werden, um zu Rüstungskontrollvereinbarungen zu kommen, hieß es dort relativ vage.[393]

Aufgrund der Antragslage sah sich die Antragskommission unter dem Vorsitz von Herbert Wehner veranlaßt, eine deutliche Verschärfung dieser Passage des PV-Leitantrags vorzunehmen. Erstmals seit Anfang der 60er Jahre wurde Bezug genommen auf die Forderung des Godesberger Grundsatzprogramms, Massenvernichtungsmittel auf der ganzen Welt zu ächten. Zweitens wurde insbesondere auf die von Bahr vorgebrachten moralischen Bedenken gegen die Neutronenwaffe hingewiesen, und drittens wurde die Bundesregierung aufgefordert, die Voraussetzungen dafür zu schaffen, daß eine Einführung der Neutronenwaffe auf bundesdeutschem Gebiet nicht notwendig würde.[394] Mit dieser Fassung des Leitantrages, der der Bundesregierung zumindest formal einen gewissen Verhandlungsspielraum zugestehen wollte, konnten sich auch Bahr und Brandt einverstanden erklären. Dies ging vielen Delegierten auf dem Hamburger Parteitag allerdings nicht weit genug. Sie unterstützten daher einen Initiativantrag von Karsten Voigt, der ein klares, uneingeschränktes Nein des Parteitags zur Neutronenwaffe forderte. In der Debatte sprachen sich 12 Delegierte für den Voigt-Antrag aus, nur neun Redner, darunter aber Brandt und Bahr, forderten dessen Ablehnung.[395] Der Bundeskanzler und der SPD-Fraktionschef beteiligten sich nicht an der Debatte. Die Haltung des Parteivorsitzenden und seines Bundesgeschäftsführers gab den Ausschlag für die letztendlich mehrheitliche Ablehnung des Initiativantrags und die Annahme des PV-Antrags in der verschärften Fassung der Antragskommission.

Die in ihrer Kritik bezüglich der Neutronenwaffe hinter dem Initiativantrag Voigts kaum zurückstehenden Anträge aus den Parteigliederungen wurden – mit einer Ausnahme – bezeichnenderweise nicht abgelehnt, sondern als erledigt erklärt durch Annahme der PV-Entschließung.

Elf der insgesamt 31 sicherheitspolitischen Anträge an den Hamburger Parteitag kamen aus dem Landesverband Baden-Württemberg, der damit den Bereich Sicherheitspolitik in Hamburg eindeutig dominierte und noch dazu die grundsätzlichsten Anträge formulierte. So wurde u. a. Strategiekritik geübt, indem auf alternative Sicherheitskonzepte hingewiesen und eine Untersuchung der NATO-Strategie gefordert wurde.[396] In mehreren Anträgen wurde auch wiederum die Einrichtung eines Abrüstungsamtes gefordert. Keiner dieser Anträge wurde vom Parteitag abgelehnt; sie wurden angenommen oder überwiesen.

Hamburg markierte das eigentliche sicherheitspolitische Erwachen der SPD in den 70er Jahren und den Beginn einer fast sieben Jahre währenden intensiven sicherheitspoliti-

393 S. Anträge PT 1977, S. 13.

394 S. Anträge PT 1977, S. 12.

395 S. Vorstand der SPD (Hrsg.), Parteitag der SPD vom 15.–19. November 1977 in Hamburg, Protokoll der Verhandlungen/Anlagen (im folgenden: Protokoll PT 1977), Bonn 1978, S. 257–289.

396 S. die Anträge Nr. 2, 3, 24, 27 und 29, in: Protokoll PT 1977, S. 718–725.

schen Diskussion in der Partei. Erstmals mußte die Parteiführung dem Druck der Basis (Organisationsgliederungen) wesentlich nachgeben, wobei dieser Druck eigentlich von Teilen der Parteiführung (Bahr/Brandt) induziert worden war. Von nun an wurde das Interaktionsgeflecht innerhalb der Parteispitze und zwischen Spitze und Basis komplizierter.

### *g) Berlin 1979*

Der Berliner Parteitag vom Dezember 1979 stand unter dem Motto „Sicherheit für die 80er Jahre". Erstmals seit Eintritt der SPD in die Bundesregierung stand die Sicherheitspolitik – neben dem Thema Kernenergie – wirklich im Mittelpunkt der Beratungen eines Parteitags.

Von 102 Anträgen zur Außen- und Sicherheitspolitik insgesamt beschäftigten sich mehr als 50 Anträge speziell mit sicherheitspolitischen Fragen.[397] Seit der Neutronenwaffendiskussion von 1977 war das sicherheitspolitische Interesse in der Partei hochgeschnellt. Aber die moralische Entrüstung über diese Waffenentwicklung reichte als Erklärung für das gewachsene Interesse nicht aus. Der tiefere Grund war die in der SPD um sich greifende Besorgnis über das Stocken der militärischen Entspannung. Deshalb gab es in Berlin relativ viele grundsätzliche Anträge zu „Frieden – Abrüstung – Entspannung", wie z. B. ein Antrag des Landesverbandes Berlin überschrieben war.[398]

Aktueller Antrags- und Diskussionsgegenstand in Berlin war die sogenannte Grauzonenproblematik und der anstehende Doppelbeschluß der NATO-Außen- und Verteidigungsminister. Acht Anträge sprachen sich ausdrücklich gegen eine mögliche Nachrüstung der NATO im Mittelstreckenbereich aus; praktisch alle übrigen Anträge, die sich zu diesem Punkt äußerten, ließen durchblicken, daß eigentlich nur der Verhandlungsteil des Doppelbeschlusses befürwortet wurde.

Die Parteiführung hatte sich gut vorbereitet auf die sicherheitspolitische Debatte des Berliner Parteitags. Seit Anfang 1979 hatten Bundesregierung, Fraktion und PV ihr Vorgehen eng aufeinander abgestimmt. Für Helmut Schmidt und seinen Verteidigungsminister galt es, eine Wiederholung des Neutronenwaffendebakels zu verhindern.

Entsprechend einem Auftrag des Hamburger Parteitags an den PV („Ein politisches Konzept zu entwickeln, in dem die Ziele, den Rüstungswettlauf von heute anzuhalten, Verminderungen zu ermöglichen und langfristig eine umfassende Abrüstung zu erreichen, miteinander verknüpft sind"),[399] hatte eine Sachverständigenkommission unter Leitung von Alfons Pawelczyk einen umfassenden Leitantrag unter der Überschrift „Sicherheitspolitik im Rahmen der Friedenspolitik" entwickelt. Dessen Herzstück waren Vorschläge für eine Politik der kooperativen Rüstungssteuerung, u. a. im Bereich nuklearer Mittelstreckensysteme. Betont nüchtern wurde in Punkt 28 des Leitantrages formuliert, den „Disparitäten" bei diesen Potentialen müsse durch eine Kombi-

[397] S. die Anträge Nr. 11–63, in: Vorstand der SPD (Hrsg.), Anträge zum SPD-Parteitag vom 3.–7. Dezember 1979 in Berlin (im folgenden: Anträge PT 1979), Bonn 1979, S. 19ff.

[398] Anträge PT 1979, S. 48.

[399] So lautet die Schlußpassage des angenommenen PV-Leitantrages „Rüstungskontrollvereinbarungen", in: Protokoll PT 1977, S. 718.

nation von verteidigungspolitischen und rüstungssteuerungspolitischen Maßnahmen begegnet werden, wobei letzteren Vorrang eingeräumt werden müsse.[400]
Die überwiegend negative bzw. skeptische Haltung der SPD-Untergliederungen zu einer NATO-Nachrüstung bei nuklearen Mittelstreckenwaffen veranlaßte die Antragskommission, wesentliche Ergänzungen, insbesondere des Punktes 28, vorzuschlagen. Diese waren Anträgen der Bezirke Hessen-Süd, Mittelrhein sowie der Landesorganisation Hamburg entnommen und liefen im Ergebnis auf eine Aufweichung der Nachrüstungsbereitschaft und Verhandlungsfixierung sowie Anbindung an SALT II hinaus. Darüber hinaus setzte die Antragskommission so viele Forderungen der „Basis" in Empfehlungen zur Änderung des PV-Leitantrags um, wie nie zuvor.[401] Verteidigungsminister Apel sagte in der Parteitagsdebatte, er sei bereits in der Antragskommission bis an die Grenze dessen gegangen, was für die Bundesregierung akzeptabel sei.[402] Dennoch wurden auf dem Parteitag eine Reihe Initiativanträge eingebracht mit dem Ziel, die SPD auf einen strikten Anti-Nachrüstungskurs festzulegen (Frankfurter Kreis) oder aber die Zustimmung der Partei zu einer eventuellen Nachrüstung so vage und konditioniert wie möglich zu formulieren (Karsten Voigt).[403]
In der Debatte hielten sich Befürworter und Kritiker eines Doppelbeschlusses der SPD im Bereich nuklearer Mittelstreckensysteme in etwa die Waage. Den Ausschlag gab schließlich das Engagement des Parteivorsitzenden, des Bundeskanzlers, seines Verteidigungsministers und des Fraktionsvorsitzenden für den PV-Leitantrag in der Fassung der Antragskommission. Wehner ließ durchblicken, daß die Regierungsfähigkeit der SPD auf dem Spiel stehe, wenn die Partei ihrem Kanzler in der Sicherheitspolitik die Gefolgschaft verweigere.[404] Ähnlich äußerte sich auch Bahr.[405] Die meisten Befürworter des Leitantrages und damit des Doppelbeschlusses der SPD, insbesondere Brandt und auch Pawelczyk, argumentierten, der Doppelbeschluß solle die Stationierung von Mittelstreckenwaffen in Westeuropa überflüssig und Abrüstung möglich machen.[406] Die Herstellung eines annähernden Gleichgewichts als Ziel der Doppelbeschlußpolitik (Schmidt, Leber) spielte in dieser Argumentation keine oder nur eine nachgeordnete Rolle. Am Ende wurde der Leitantrag zwar nicht einstimmig, aber doch mit großer Mehrheit angenommen. Allerdings war er soweit verändert worden, daß sich selbst Gegner einer Nachrüstung zunächst damit einverstanden erklären konnten. Die Parteiführung und mit ihr der Bundeskanzler hatten präventives Wohlverhalten gegenüber der ungeduldigen Abrüstungssehnsucht der Organisationsgliederungen geübt und damit *vorübergehend* die Regierungsfähigkeit der SPD gewahrt.

400 S. Vorstand der SPD (Hrsg.), Sicherheitspolitik im Rahmen der Friedenspolitik, Leitantrag des Parteivorstands für den Parteitag in Berlin, beschlossen am 10. 9. 1979, Bonn 1979, S. 15.
401 Die Änderungsvorschläge der Antragskommission sind aufgeführt in: Anträge PT 1979, S. 19–21.
402 Vorstand der SPD (Hrsg.), Parteitag der SPD vom 3.–7. Dezember 1979 in Berlin, Band I: Protokoll der Verhandlungen/Anlagen (im folgenden: Protokoll PT 1979), Bonn 1979, S. 301 und 349.
403 S. insbesondere die Initiativanträge I/2, I/3, I/13 und I/17. – Kopien dieser erst auf dem Parteitag eingebrachten Anträge wurden dem Verfasser von Karsten D. Voigt freundlicherweise zur Verfügung gestellt.
404 S. Protokoll PT 1979, S. 92ff.
405 Ebenda, S. 810.
406 Ebenda, S. 738ff. und 754ff.

### *h) München 1982*

Fast parallel zu dem Entstehen einer großen Anti-Nachrüstungs- und Anti-Nuklearwaffenbewegung in der Bundesrepublik zu Beginn der 80er Jahre intensivierte und emotionalisierte sich auch die Nachrüstungsdiskussion in der SPD. Zwei Mitglieder des SPD-Parteivorstandes, Oskar Lafontaine und Erhard Eppler, wurden zu Wortführern der innerparteilichen Kritiker Kanzler Schmidts und seiner Sicherheitspolitik.

Deshalb gelang es der Parteispitze nicht, zu verhindern, daß der Berliner Doppelbeschluß der SPD auf dem Münchner Parteitag im April 1982 erneut zur Debatte und in Frage gestellt wurde. Nie zuvor lagen einem SPD-Parteitag so viele Anträge zur Außen- und Sicherheitspolitik vor wie in München, nämlich 330 an der Zahl.[407] Davon beschäftigten sich 299 Anträge mit Fragen der Sicherheitspolitik (Rüstungskontrolle, Verteidigungsstruktur und Strategie, Bundeswehr, Rüstungsexportpolitik). Etwa 170 Anträge äußerten sich in der einen oder anderen Form zur Problematik der Mittelstreckensysteme in Europa. Die große Mehrheit dieser Anträge (ca. 130) forderte eine Rücknahme des NATO-Nachrüstungsbeschlusses oder des Berliner Doppelbeschlusses der SPD oder aber gab deutlich zu verstehen (z. B. durch die Forderung nach einem unbefristeten Stationierungsmoratorium), daß nur der Verhandlungsteil des Doppelbeschlusses unterstützt wurde. In fast allen Anträgen hieß es, Ziel der INF-Verhandlungen müsse sein, die Stationierung neuer Raketen in Westeuropa überflüssig zu machen. Bemerkenswert war, daß sich nicht nur die großen Parteiuntergliederungen eingehend mit der sicherheitspolitischen Problematik auseinandersetzten, sondern daß auch sehr viele Kreisverbände und Ortsvereine, also die kleinsten Organisationseinheiten, umfangreiche und detaillierte Anträge einbrachten. Dies zeigt deutlich, daß die Diskussion sich nicht auf die Führungs- und Expertenzirkel der Partei beschränkte, sondern auch und gerade die vielbesagte Parteibasis aufwühlte, und es war eben diese Parteibasis, d. h. Ortsvereine u. ä. Parteieinheiten, die mit besonders weitgehenden radikalen Forderungen, wie etwa einem unkonditionierten Verzicht auf die Nachrüstung,[408] hervorstach.

Die Antragslage im Bereich der Sicherheitspolitik war in München durch folgende Merkmale gekennzeichnet:

1. Eine Verengung der Nachrüstungsdebatte auf immer speziellere militärtechnische und militärstrategische Erwägungen, die Alfons Pawelczyk Anlaß gab zu der Bemerkung, die SPD sei dabei, sich im sicherheitspolitischen Feld zu einer Technikerpartei zu entwickeln;
2. verstärkte Verknüpfung von Rüstungsproblematik mit ökonomischen Fehlentwicklungen (z. B. durch Oskar Lafontaine);
3. zahlreiche Forderungen nach Konzipierung neuer Strategien und alternativen Sicherheitspolitiken;
4. wachsendes Mißtrauen gegenüber dem Bündnispartner USA;
5. wachsende Kritik an der perspektivlosen Strategie des Gleichgewichts (Helmut

[407] S. Vorstand der SPD (Hrsg.), Anträge zum SPD-Parteitag vom 19.–23. April 1982 in München (im folgenden: Anträge PT 1982), Bonn 1982, S. 2–251.

[408] S. dazu insbesondere die Anträge 125–175, in: Anträge PT 1982, S. 167–183.

Schmidt) bei gleichzeitigem Wiederaufbrechen zielpolitisch-idealistischer Orientierungen (europäische Friedensordnung, Sicherheitspartnerschaft, atomwaffenfreies Europa).

Die Erstellung des sicherheitspolitischen PV-Leitantrags für den Münchner Parteitag oblag einer Kommission unter Leitung Egon Bahrs. Der Antrag kam der rüstungsunwilligen Grundstimmung in der Partei soweit wie möglich entgegen.[409] Ziel der INF-Verhandlungen müsse die „Verminderung der Europa bedrohenden Mittelstreckenwaffen" sein. Vor Beginn einer etwaigen Stationierung von INF in der Bundesrepublik sollte ein weiterer SPD-Parteitag seine Meinung dazu äußern. Die Antragskommission unter Vorsitz von Herbert Wehner ergänzte den PV-Antrag um positive Zielvorstellungen (europäische Friedensordnung, atomwaffenfreies Europa), wie sie in vielen Anträgen der Parteigliederungen enthalten waren.[410]

In der Parteitagsdebatte schälten sich zwei Richtungen der Kritik an dem PV-Leitantrag heraus: zum einen radikale Kritik an der Doppelbeschlußpolitik, verbunden mit der Forderung, aus dem NATO-Nachrüstungsbeschluß auszusteigen, und zum anderen die Forderung nach einem (unbefristeten) Stationierungsmoratorium für beide Seiten während der Verhandlungen. Diese beiden Richtungen zusammengenommen wurden in der Debatte durch gut 50% der Redner vertreten.

Es gelang der Parteiführung und ihrem Sprecher Egon Bahr, eine Mehrheit der Delegierten zu überzeugen, daß weder für die eine noch für die andere Forderung der Kritik im April 1982 Handlungsbedarf bestand; denn eine Stationierung amerikanischer Mittelstreckenwaffen war technisch ohnehin erst ab Ende 1983 möglich.

Bahr und Brandt plädierten in München nicht für den NATO-Doppelbeschluß in seinen beiden Teilen, sondern sie betrieben augenzwinkernd eine Verzögerungstaktik des „Jetzt-noch-nicht",[411] deren Erfolg durch die innerparteilich populäre, scheinbar neue Zielperspektive der „gemeinsamen Sicherheit" (Bahr) zuminderst erleichtert wurde.

Die Delegierten verstanden, daß Bahr und Brandt im Grunde genommen das Nein der SPD zur NATO-Nachrüstung nur um eineinhalb Jahre hinausschieben wollten.

Der Erfolg des PV-Leitantrags und damit des Bundeskanzlers in München, der sich sehr bald als ein Pyrrhussieg erweisen sollte, wurde freilich auch dadurch bewirkt, daß der Kanzler sein politisches Schicksal von einer zumindest deklaratorischen Unterstützung seiner Doppelbeschlußpolitik durch die Partei abhängig machte. Genaugenommen aber hatte die SPD spätestens in München 1982 der Sicherheitspolitik Helmut Schmidts den Rücken gekehrt.

Dies wurde nicht zuletzt auch durch die Annahme eines Initiativantrages aus Baden-Württemberg demonstriert, der den PV aufforderte, eine Expertenkommission zur Untersuchung alternativer Sicherheitskonzepte bis zum nächsten ordentlichen Parteitag einzusetzen.[412] Der Auftrag führte bekanntlich zur Einsetzung der Arbeitsgruppe Neue Strategien.

[409] S. Antrag Nr. 1 des Parteivorstands, in: Anträge PT 1982, S. 8–11.

[410] Die Änderungsvorschläge der Antragskommission sind aufgeführt in: Anträge PT 1982, S. 8–13.

[411] S. dazu die Debattenbeiträge von Egon Bahr und Willy Brandt auf dem Münchner Parteitag, in: Vorstand der SPD (Hrsg.), Parteitag der SPD vom 19.–23. April 1982 in München, Band I: Protokoll der Verhandlungen/Anhang (im folgenden: Protokoll PT 1982), Bonn 1983, S. 752ff. und 756ff.

[412] S. Initiativantrag Nr. 19, in: Vorstand der SPD (Hrsg.), Parteitag der SPD vom 19.–23. April 1982 in München, Band II: Angenommene und überwiesene Anträge, Bonn 1983, S. 912ff.

*i) Köln 1983*

Bereits im Frühjahr 1983, wenige Wochen nach der Bundestagswahl, begann in der SPD der Countdown für den außerordentlichen Nachrüstungsparteitag im Herbst. Von Mai bis Mitte Oktober 1983 verging kaum ein Wochenende, an dem sich nicht irgendein Bezirks- oder Landesparteitag gegen die anstehende Nachrüstung aussprach.
Es gab jetzt, da die Sozialdemokratie nicht mehr in der Regierungsverantwortung stand, kein Halten mehr für die Parteibasis. Wie bei einem Dammbruch wurde die Parteizentrale im Ollenhauer-Haus von Anti-Nachrüstungsbeschlüssen der Organisationsgliederungen überschwemmt. Die Forderung der SPD-Führung, die Partei müsse bis November 1983 bei ihrer bisherigen Haltung in der Nachrüstungsfrage bleiben und erst nach dem Ende der Genfer INF-Verhandlungen über die Stationierung von Mittelstreckenraketen entscheiden, wurde an der Parteibasis schlicht ignoriert. Deshalb war bereits lange bevor der außerordentliche Parteitag zusammentrat abzusehen, wie sich die Partei entscheiden würde.
Das Antragsbuch für den Kölner Parteitag verzeichnete 292 Anträge zu dem Themenkomplex „Frieden und Sicherheit".[413] Darunter war kein einziger Antrag, der den Beginn der Nachrüstung befürwortet hätte. Alle antragstellenden Parteigliederungen forderten ein striktes Nein zur Stationierung. Sowohl den Anträgen als auch der Parteitagsdebatte war zu entnehmen, daß die Antragsteller und Delegierten sich damit nicht im Widerspruch zu den Beschlüssen von 1979 und 1982 sahen. So hieß es z. B. in dem Antrag eines Unterbezirks, die Sozialdemokraten hätten 1979 durch Unterstützung des NATO-Doppelbeschlusses weniger atomare Rüstung durch Verhandlungen erzielen wollen.[414] Dieses Ziel sei nicht erreicht worden und daher werde eine Stationierung von Mittelstreckenwaffen abgelehnt.
Ebenso Egon Bahr vor dem Parteitag: Mit dem Doppelbeschluß hätten alle Sozialdemokraten das gemeinsame Ziel verbunden, neue Raketen zu verhindern. „In dem Augenblick, in dem die erste Pershing II stationiert wird, ist der Versuch des Doppelbeschlusses zu Ende."[415]
Der PV-Leitantrag „Friedens- und Sicherheitspolitik" wurde von einer Expertengruppe um Bahr, Apel und Ehmke erstellt. Aufgrund des eindeutigen Votums der Parteibasis entschlossen sich die Experten – gegen den Widerstand von Apel – für ein unkonditioniertes Nein der SPD zur Stationierung. In der Antragskommission unter Leitung des Fraktionsvorsitzenden Vogel, der die drei o. a. Politiker ebenfalls angehörten, wurden weitere Anpassungen an die Forderungen der Parteimitglieder vorgenommen, so daß H. J. Vogel vor dem Parteitag sagen konnte, hinsichtlich der Begründung für das Nein der SPD schließe die PV-Vorlage keine der verschiedenen Argumentationslinien aus.[416]
Über 400 Delegierte stimmten dem PV-Leitantrag schließlich zu. Nur 14 Delegierte

[413] S. Vorstand der SPD (Hrsg.), Anträge zum außerordentlichen SPD-Parteitag vom 18.–19. November 1983 in Köln (im folgenden: Anträge PT 1983), Bonn 1983.
[414] S. Antrag Nr. 136, in: Anträge PT 1983, S. 121f.
[415] Vorstand der SPD (Hrsg.), Bundesdelegierten-Konferenz und Außerordentlicher Parteitag der SPD vom 18.–19. November 1983 in Köln, Protokoll der Verhandlungen/Dokumentarischer Anhang (im folgenden: Protokoll PT 1983), Bonn 1983, S. 172.
[416] S. Protokoll PT 1983, S. 137.

stimmten gegen ein striktes Nein zur Stationierung, darunter Altbundeskanzler Schmidt und seine beiden ehemaligen Verteidigungsminister; es gab drei Enthaltungen.
Es ist eine hypothetische Frage, wie der Parteitag wohl entschieden hätte, wenn der PV, wenn Brandt, Bahr und Vogel mit Helmut Schmidt zusammen für den Beginn der Stationierung oder wenn sie nur für ein bedingtes Nein plädiert hätten. Es ist sehr wahrscheinlich, daß die aufgewühlte Parteibasis in Köln auch ihren hochverehrten Vorsitzenden überstimmt hätte. Ein Disziplinierungsinstrument gab es schließlich nicht mehr, die Regierungsfähigkeit war ohnehin verloren.
In Köln gab es sogar eine starke Minderheit, die einen Parteitagsbeschluß herbeiführen wollte, jede Form der nuklearen Abschreckung und Bewaffnung zu ächten.[417] Nur mit Mühe und dem Hinweis darauf, daß alternative Strategievorstellungen auf dem nächsten ordentlichen Parteitag diskutiert werden sollten, wurde dieser Initiativantrag abgelehnt.[418]

*Fazit:*

In der sicherheitspolitischen Entscheidungsstruktur der SPD haben Parteitage während der Zeit der Regierungsverantwortung 1966 bis 1982 keinen konstanten Stellenwert innegehabt. Formal sind sie zwar das oberste Organ der SPD für politische Richtungsentscheidungen, in der Realität muß ihre Rolle jedoch wesentlich differenzierter gesehen werden; nicht zuletzt wegen der eingangs erwähnten Steuerungsmechanismen der Parteiführung.
Interventionen bzw. Stellungnahmen der Parteiführer in den Parteitagsdebatten haben sich über die Jahre hinweg als besonders wirksames Steuerungsinstrument erwiesen. Eine herausragende Bedeutung kam in dem Untersuchungszeitraum der Haltung des Parteivorsitzenden Willy Brandt zu. Sein hohes innerparteiliches Ansehen gab ihm einen Einfluß, der weit über das normale Maß eines Parteivorsitzenden hinausging. Ab etwa Mitte der 70er Jahre spielte auch Egon Bahr, der „Architekt der Ostpolitik“ und enge Vertraute Brandts, eine zunehmend wichtigere Rolle in der sicherheitspolitischen Diskussion der SPD vor und während Parteitagen. Einflußreiche SPD-Führer auf SPD-Parteitagen waren des weiteren Helmut Schmidt und Herbert Wehner, aber deren Einfluß sank mit zunehmender Regierungsdauer und zunehmender Regierungsmüdigkeit der Partei. Die sozialdemokratischen Verteidigungsminister waren auf Parteitagen nur so stark, wie sie von Parteivorsitzendem, Bundeskanzler und Fraktionsvorsitzendem eindeutig unterstützt wurden. Diese Führungs-Troika (Brandt/Schmidt/Wehner) arbeitete auf allen Parteitagen während sozialdemokratischer Regierungsverantwortung sozusagen mit Zuckerbrot und Peitsche. Aber während Wehner und Schmidt überwiegend die Peitsche (Regierungs- und Koalitionsfähigkeit) einsetzten, um sich Parteitage gefügig zu machen, verstand es Brandt mit undeutlichen, aber faszinierenden Zielformulierungen (z. B. europäische Friedensordnung), Zustimmung zu gewinnen. Oft gab er auch auf Parteitagen zu erkennen, daß er mit Anträgen und Forderungen der sicherheitspolitischen Kritiker (z. B. Kürzung des Verteidigungshaushalts, einseitige Abrü-

[417] Dies wollte der Initiativantrag Nr. 2 erreichen: Protokoll PT 1983, S. 179.
[418] S. Protokoll PT 1983, S. 189.

stung) grundsätzlich sympathisiere, diese aber „jetzt noch nicht" realisierbar seien. Sozialdemokratische „Friedenspolitik" werde jedoch zur Realisierbarkeit dieser Forderungen führen. Typische Beispiele für diese Vorgehensweise sind Brandts sicherheitspolitische Stellungnahmen auf den Parteitagen 1968 und 1973. Brandt hat eine nüchterne und sachliche Auseinandersetzung mit sicherheitspolitischen Fragen immer gemieden.
Generell waren die Steuerungsmöglichkeiten der SPD-Spitze auf Parteitagen am besten, solange Partei- und Regierungsflügel (einschließlich Fraktionsleitung) der SPD-Führung personell praktisch identisch waren. Diese Identität endete jedoch mit dem Sturz Willy Brandts als Kanzler und dessen Rückzug bzw. Konzentration auf seine Parteiaufgaben. In der Periode der Identität von Parteiflügel und Regierungsflügel in der Parteispitze waren auch die PV-Leitanträge zur Sicherheitspolitik und die Empfehlungen der Antragskommission ziemlich eindeutig darauf ausgerichtet, die Regierungspolitik zu stützen.
Erleichternd kam für die Parteiführung hinzu, daß die SPD-Linke eigentlich bis 1977 auf Parteitagen (aber auch außerhalb derselben) kaum Interesse für die Sicherheitspolitik zeigte, allenfalls sekundäre Fragen (z. B. Kürzungen des Verteidigungsbudgets, Rüstungskonversion), die interessanterweise im Grunde genommen von der Prämisse einer vollkommen veränderten sicherheitspolitischen Landschaft in Europa, d. h. erfolgreich vollzogener militärischer Entspannung, ausgingen, aufwarf. Auch die Ost-West-Situation konnte nach Abschluß der Ostverträge und des ersten SALT-Abkommens bis Mitte der 70er Jahre so perzipiert werden, daß auf die politischen Entspannungsschritte eine militärische Entspannung in Europa gewissermaßen automatisch nachfolgen würde.
SPD-Parteitage ab 1977 fanden unter gänzlich anderen Vorzeichen statt: Die sozialdemokratische Führung war deutlich gespalten in einen Parteiflügel (Brandt/Bahr) und einen Regierungsflügel (Schmidt/Wehner), und die militärische Entspannung war erkennbar ins Stocken geraten. Im Vorfeld des Hamburger Parteitags spielte sich eine subtile Interaktion zwischen Bahr/Brandt einerseits und der Parteibasis andererseits ab. Auf einen starken rüstungskritischen Impuls des Bundesgeschäftsführers hin (moralische Ablehnung der Neutronenwaffe) wurde dieser Impuls an der Parteibasis aufgefangen, verstärkt und in Form von Anträgen reflektiert. Das überwältigend negative Votum der Parteigliederungen, vor allem der Parteilinken, zur Neutronenwaffe und nuklearen Abschreckung generell veranlaßte die Antragskommission zu einer Verschärfung des PV-Leitantrags im Sinne einer deutlicheren – wenngleich nicht ganz eindeutigen – Ablehnung der Neutronenwaffe und Forcierung der Rüstungskontrolle. Diesen Antrag verteidigten dann Bahr und Brandt auf dem Parteitag gegen noch radikalere Forderungen (grundsätzliches Nein zur Neutronenwaffe) und präsentierten sich damit als Vermittler in der Parteimitte. Im Ergebnis allerdings wurden durch den sicherheitspolitischen Entschluß des Hamburger Parteitags und die dortige Diskussion der Handlungsspielraum der Regierung Schmidt in der Neutronenwaffenfrage ganz erheblich eingeschränkt und – was sich als noch wichtiger erweisen sollte – das sicherheitspolitische Koordinatensystem der SPD in Richtung auf antinukleare und strategiekritische Positionen verschoben.
Oberflächlich betrachtet war es der Parteitag, konkret: waren es die Parteigliederungen, die diese Verschiebung bewirkten und sich damit als wichtiger Faktor im sicher-

heitspolitischen Entscheidungssystem der SPD etablierten, tatsächlich aber kam die Initialzündung aus der Parteispitze.
Für die folgenden Jahre läßt sich eine so enge Interaktion zwischen Brandt/Bahr und der Parteibasis nicht mehr feststellen. Die beiden Politiker hatten aber auch auf den Parteitagen 1979 und 1982 eine Schlüsselrolle in der sicherheitspolitischen Diskussion. Von ihrer relativen Zurückhaltung in der Frühphase der Nachrüstungsdiskussion und, nachfolgend, ihrer abrüstungsfixierten Argumentation ging allerdings zweifellos auch eine Signalwirkung für die Basis aus.
Ende der 70er/Anfang der 80er Jahre übernahmen zunächst der ehemalige Juso-Vorsitzende Karsten Voigt (Parteitag 1979) und dann die PV-Mitglieder Erhard Eppler und Oskar Lafontaine (Parteitag 1982) die Rolle des innerparteilichen Impulsgebers.
Eingedenk der skizzierten Interaktionsverhältnisse zwischen Führungsfiguren der SPD und der Parteibasis läßt sich dennoch feststellen, daß die Parteigliederungen mit ihren Anträgen, beginnend mit dem Hamburger Parteitag 1977, den sicherheitspolitischen Kurs der Gesamtpartei ganz wesentlich beeinflußt haben. Ab 1977 sah sich auch die Antragskommission veranlaßt, den sicherheitspolitischen Forderungen der Parteigliederungen in einem Maße entgegenzukommen, wie dies früher nie üblich gewesen war; obwohl natürlich Herbert Wehner Gewähr dafür bot, daß die empfohlenen Anträge immer noch mit dem Regierungskurs vereinbar waren. Den eigentlichen Triumph feierte die Parteibasis freilich erst nach dem Ausscheiden der SPD aus der Regierungsverantwortung auf dem Kölner „Nachrüstungsparteitag" im November 1983.
Die Parteitage 1977 und folgende legten die SPD auf eine einseitig verhandlungs- bzw. abrüstungsfixierte Sicherheitspolitik fest – ganz im Gegensatz zu der gerade von der SPD häufig zitierten Harmel-Philosophie. Vorbereitet wurde diese schiefe Bahn allerdings nicht von der Parteibasis, sondern von zielpolitisch-idealistisch orientierten Sozialdemokraten in der Parteispitze.

## 5. Zusammenfassung

Die vorstehende Untersuchung der sicherheitspolitischen Entscheidungsstrukturen in der SPD kann nicht den Anspruch erheben, vollständig zu sein in dem Sinne, *alle* in irgendeiner Weise relevanten Entscheidungsträger identifiziert bzw. berücksichtigt zu haben.
Es wurden nur diejenigen Gremien und Organe einer näheren Betrachtung unterzogen, von denen die Recherche ergab, daß sie nicht nur formal, sondern real eine wichtige Rolle im sicherheitspolitischen Entscheidungssystem der Sozialdemokratie im Untersuchungszeitraum einnahmen.
So wurde z. B. bei der Durchsicht der Fraktionssitzungsprotokolle (1949–1980) festgestellt, daß das formal oberste Organ der Fraktion, die Fraktionsvollversammlung, nie sicherheitspolitische Richtungsentscheidungen getroffen hat, äußerst selten sicherheitspolitische Debatten erlebte und in der Regel lediglich Adressat von Berichten des

Bundeskanzlers, des Bundesverteidigungsministers oder der Sicherheitspolitiker der Fraktion war.[419]

Ganz ähnlich verhielt es sich mit dem SPD-Parteirat, dem höchsten Organ zwischen den Parteitagen.

Der Fraktionsvorstand befaßte sich fast ausschließlich mit organisatorischen und taktischen Fragen im Hinblick auf die parlamentarischen Aktivitäten der Partei. Er bereitete die Fraktionssitzungen vor.

Der ab 1973 stark aufgeblähte Arbeitskreis I der Fraktion (Außen- und Sicherheitspolitik, innerdeutsche Beziehungen, Europa- und Entwicklungspolitik) war ebenfalls in erster Linie ein Forum der Berichterstattung und Abstimmung der Arbeitsgruppen.

Der PV traf zwar wichtige sicherheitspolitische Entscheidungen – in Form von Anträgen oder Entschließungen –, aber er ließ diese Entscheidungen von Fachkommissionen vorbereiten, in denen immer auch wichtige PV-Mitglieder Sitz und Stimme hatten. In der Regel übernahm der PV die Empfehlungen der Experten unverändert.

Nicht oder nur am Rande berücksichtigt wurde ferner, welche Sicherheitspolitik die von sozialdemokratischen Politikern geleiteten Regierungsstellen (Auswärtiges Amt, Bundesverteidigungsministerium, Bundeskanzleramt) betrieben haben, da nicht die Regierungspolitik, sondern Parteipolitik Gegenstand dieser Arbeit ist. Es wurde allerdings festgestellt, wie sehr gerade die Fraktion durch den Regierungseintritt der SPD in ihren Einflußmöglichkeiten auf den sicherheitspolitischen Kurs der Gesamtpartei geschwächt wurde, insbesondere nach 1969.

Bis zum Eintritt in die Regierung war die Fraktion und hier insbesondere der einflußreiche Arbeitskreis Sicherheitsfragen unter Fritz Erler und Karl Wienand eindeutig Schrittmacher der Gesamtpartei in der Sicherheitspolitik. Die Geschichte des Arbeitskreises VIII (Sicherheitsfragen) während der Regierungsverantwortung der SPD ist hingegen durch einen ständigen politischen Niedergang und Machtverlust gekennzeichnet. Dies lag zum einen im Funktionswechsel der Fraktion bei Eintritt in die Regierung begründet. Wichtiger aber noch war wohl, daß die Fraktion Ende der 60er Jahre die erste und zweite Garnitur ihrer Sicherheitsexperten an die Administration (BMVg) abgeben mußte. Symbolcharakter für den Niedergang des AK Sicherheitsfragen hatte die Herabstufung zur Arbeitsgruppe 1973.[420]

Die Schwäche der AG Sicherheitsfragen und die Vernachlässigung von Rüstungskontrollfragen durch die Gruppe nutzte ab Mitte der 70er Jahre Alfons Pawelczyk als Vorsitzender des Unterausschusses (des Auswärtigen Ausschusses) für Abrüstung und Rüstungskontrolle zur eigenen Profilierung. Wesentlich durch Pawelczyk wurde Rüstungskontrolle in der zweiten Hälfte der 70er Jahre zum Hauptinhalt sozialdemokratischer Sicherheitspolitik befördert.

Egon Bahr wurde 1980 Nachfolger Pawelczyks, weil er erkannt hatte, welche Einflußmöglichkeiten in Partei und Öffentlichkeit die Funktion des UA-Vorsitzenden bot. Er avancierte sehr rasch zum Abrüstungsexperten und war in den Jahren 1981 bis 1984 der überragende Akteur sozialdemokratischer Sicherheitspolitik.

[419] Die Fraktionsprotokolle 1949–1980 befinden sich im Archiv der sozialen Demokratie der Friedrich-Ebert-Stiftung in Bonn, Ak.Nr. 1021–1066 und 2679–2688.

[420] S. Schaubilder 1 und 2 auf Seite 225.

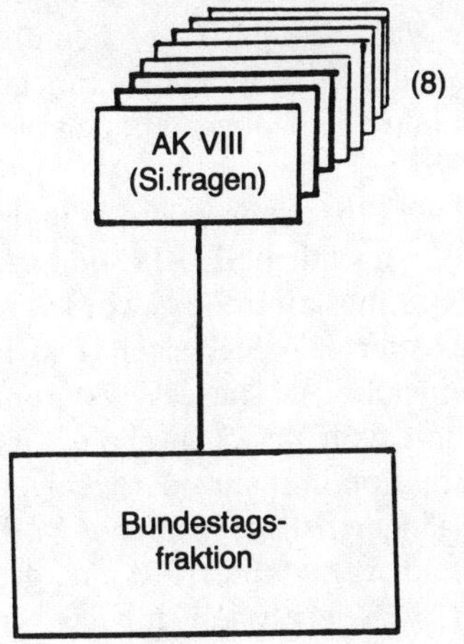


**Schaubild 1: Sicherheitspolitische Entscheidungsstruktur der SPD-Bundestagsfraktion bis 1973 (Grobschema).**

---

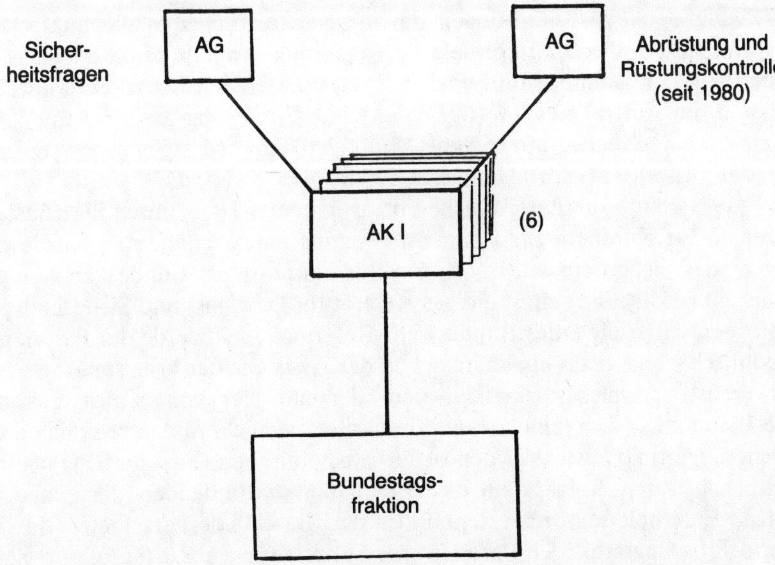


**Schaubild 2: Sicherheitspolitische Entscheidungsstruktur der SPD-Bundestagsfraktion seit 1973 (Grobschema).**

Ebenfalls 1980 bildete die Fraktion eine AG Abrüstung und Rüstungskontrolle, die sich unter der Leitung von „Kanalarbeiter" Peter Männing zwar um Abstützung der Politik Schmidts, vor allem in der Nachrüstungsfrage, bemühte, unter der Führung seines Nachfolgers Hermann Scheer allerdings auf Gegenkurs ging.
So ist etwa ab Mitte der 70er Jahre zu beobachten, daß die Schwäche der „traditionellen" Sicherheitsexperten, organisiert vor allem in der AG Sicherheitsfragen, korrespondierte mit dem wachsenden Einfluß der Abrüstungspolitiker in der Fraktion. Diese Entwicklung erreichte Anfang der 80er Jahre, nachdem SPD-Präsidiumsmitglied Egon Bahr Vorsitzender des UA Abrüstung und Rüstungskontrolle geworden war, ihren Höhepunkt.
Seit Mitte der 50er Jahre existiert ein Sicherheitsausschuß beim Parteivorstand (seit 1977: Kommission Sicherheitspolitik). Dieses PV-Gremium war bis Ende der 60er Jahre weitgehend identisch mit dem AK Sicherheitsfragen, d. h., hier trafen sich die Verteidigungsexperten der Fraktion in mehr oder weniger regelmäßigen Zeitabständen, um über grundsätzliche und längerfristige Probleme zu diskutieren und gegebenenfalls zu beschließen. Helmut Schmidt veranlaßte 1970 eine grundlegende Umstrukturierung des Gremiums, um eine Art Frühwarnsystem für das Bundesverteidigungsministerium zu erhalten. Dadurch verloren die Verteidigungspolitiker der Fraktion weitgehend ihren Sitz in dem Gremium. Sie wurden durch Akademiker (z. B. Friedensforscher), Journalisten u. a. ersetzt; mit der Folge einer zunehmenden Theorielastigkeit und Praxisferne des Ausschusses.
Georg Leber versuchte als Verteidigungsminister, den PV-Ausschuß unter seine feste Kontrolle zu bringen. Dieses Unterfangen scheiterte jedoch und hatte zur Konsequenz, daß die Kommission Sicherheitspolitik ab Mitte der 70er Jahre zunehmend auf Distanz zu Verteidigungsministerium, Regierung und Fraktion ging.
In der entscheidenden Phase im Ringen um die Nachrüstung und die nukleare Abschreckung Anfang der 80er Jahre erhielt die Regierung Schmidt kaum oder gar keine Unterstützung von der Kommission. Noch während der Kanzlerschaft Schmidts setzte die Kommission, im Auftrag des PV (der damit einer Forderung des Münchner Parteitags nachkam), eine Arbeitsgruppe Neue Strategien ein und signalisierte damit die Abkehr von der Sicherheitspolitik Helmut Schmidts.
Zuvor schon (1981) hatte die Parteiführung im Ollenhauer-Haus durch die Einstellung eines Referenten für Kontakte zur Friedensbewegung eine Annäherung an die prinzipiellen Gegner der Sicherheitspolitik des sozialdemokratischen Bundeskanzlers eingeleitet. Daraus entwickelte sich ein ständiges Referat für Friedens- und Sicherheitspolitik beim PV. Mit der Schaffung eines Bundeswehr-Referates 1984 wurde der Parteiapparat sicherheitspolitisch weitgehend unabhängig von der Assistenz der Fraktion.
Bemerkenswert ist, in welch starkem, in den 50er und 60er Jahren nicht gekanntem Ausmaß die Parteibasis (d. h. eine mittlere Funktionärsschicht in den regionalen Organisationsgliederungen) ab etwa 1977 den sicherheitspolitischen Kurs der SPD beeinflußt hat. Dies geschah durch Anträge an die regelmäßig stattfindenden Parteitage – das formal höchste Entscheidungsorgan der SPD – und Beschlüsse derselben. Die sicherheitspolitische Programmatik der Partei wurde sukzessive auf Rüstungskontrolle und Abrüstung reduziert, das Standbein der Harmel-Philosophie (Verteidigungsanstrengungen) gewissermaßen amputiert.[421]

[421] S. Schaubild 3 auf Seite 227.

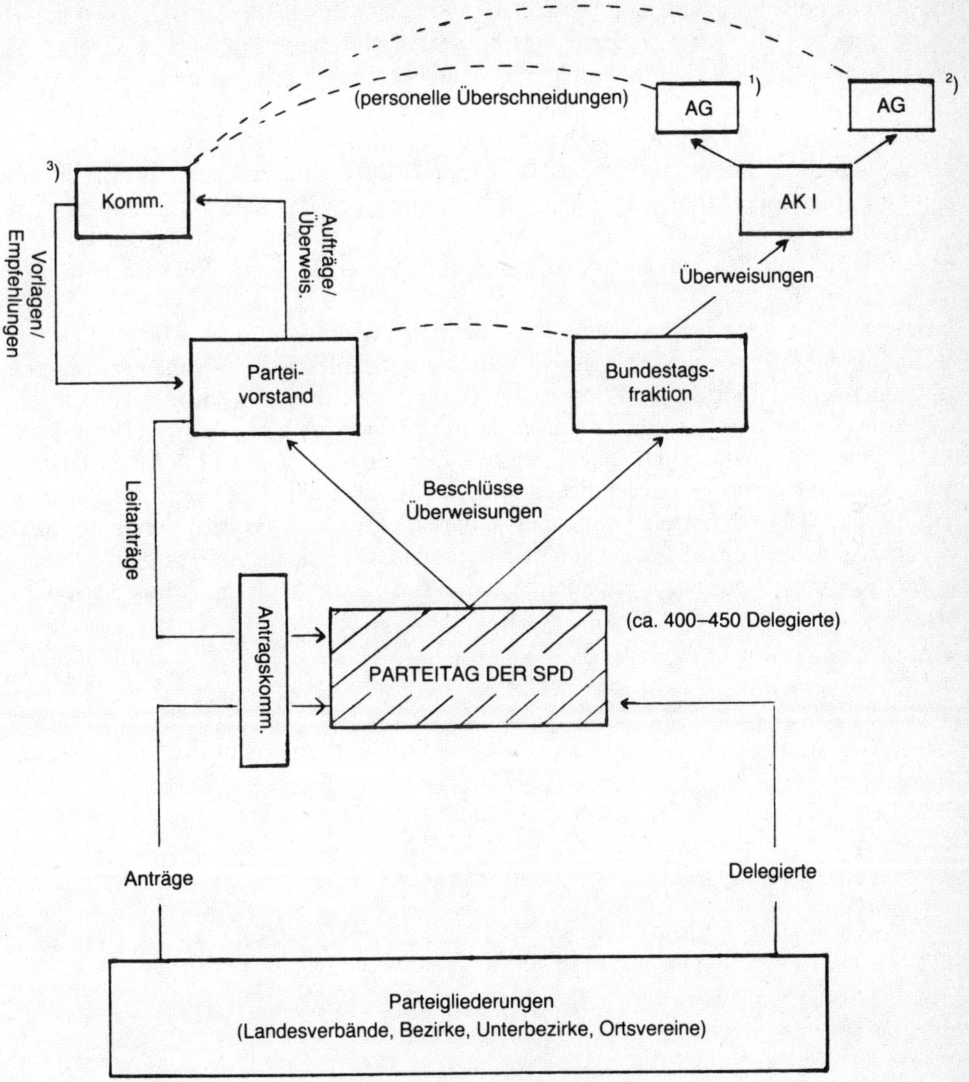


**Schaubild 3: Stellung der Parteitage in der sicherheitspolitischen Entscheidungsstruktur der Sozialdemokratie (Grobschema).**

[1]) Arbeitsgruppe Sicherheitsfragen
[2]) Arbeitsgruppe Abrüstung und Rüstungskontrolle
[3]) Kommission Sicherheitspolitik beim Parteivorstand

Allerdings ist das sicherheitspolitische Erwachen der Parteibasis in der zweiten Hälfte der 70er Jahre kein Phänomen, das sich mit Vorgängen an eben jener Basis oder externen Faktoren (Krise der Entspannung) hinreichend erklären läßt. Ganz wesentliche Anstöße für den sicherheitspolitischen Unmut der Organisationsgliederungen kamen von ganz oben, von seiten des nach 1974 immer schärfere Konturen gewinnenden Parteiflügels der SPD-Spitze – und hier kommt vor allem zwei Männern, die in der SPD in sehr hohem Ansehen standen, eine überragende Bedeutung zu: dem Parteivorsitzenden und Friedensnobelpreisträger Willy Brandt und Egon Bahr, dem „Architekten der Ostpolitik". Es mag späteren Biographen der beiden Politiker vorbehalten bleiben, ihren Einfluß auf den außen- und sicherheitspolitischen Kurs der SPD im einzelnen nachzuzeichnen.

Insgesamt hat unsere Untersuchung der Entscheidungsstrukturen zwei für den sicherheitspolitischen Kurs der SPD wichtige Verschiebungen feststellen können: zum einen schwindenden Einfluß der Fraktion in der Gesamtpartei nach Eintritt der SPD in die Regierung, mit einem – zeitlich nicht ganz korrespondierenden – Ansteigen der Selbständigkeitsbestrebungen und Einflußzuwachs des Parteiapparats und der Parteigliederungen, kulminierend in der deutlichen sicherheitspolitischen Hegemonie der Partei in den Jahren 1982/83. Weitgehend parallel zu dieser Entwicklung vollzog sich in der SPD in den 70er Jahren eine Verdrängung der herkömmlichen, meist im Verteidigungsausschuß des Bundestages anzutreffenden Sicherheitsexperten durch die Abrüstungspolitiker.

## III. Generationenwechsel – Reideologisierung der Jungsozialisten und die Folgen für die Sicherheitspolitik der SPD

„Wir sind die SPD der 80er Jahre!“

(Titel einer Sondernummer des JS-magazin nach der Linkswende der Jungsozialisten auf dem Bundeskongreß 1969, Dezember 1969.)

„Die jungen Sozialdemokraten – und wer wollte sie deswegen tadeln – sehen manchmal schon einige Jahre weiter.“

(Willy Brandt in einem Interview mit der Neuen Osnabrücker Zeitung, 12. Juni 1975.)

Es gibt mindestens zwei gute Gründe, sich im Rahmen einer Untersuchung über die Wandlungen sozialdemokratischer Sicherheitspolitik auch mit den Jungsozialisten, der Jugendorganisation der SPD, eingehender zu beschäftigen: Zum einen weisen die sicherheitspolitischen Konzeptionen der Jusos von Anfang/Mittte der 70er Jahre eine bemerkenswerte Ähnlichkeit auf mit bestimmten sicherheitspolitischen Positionen starker Gruppen in der SPD Anfang der 80er Jahre und der Gesamtpartei nach dem Ausscheiden aus der Regierungsverantwortung. Zum anderen ist unverkennbar, daß ehemals führende Jungsozialisten nach 1969 ebenfalls seit Anfang der 80er Jahre in zunehmendem Maße wichtige Führungsfunktionen in Partei und Fraktion übernehmen. Für den sicherheitspolitischen Bereich wurde darauf bereits im vorhergehenden Kapitel über die Veränderung der Entscheidungsstrukturen hingewiesen. Aber nicht nur auf der Führungsleiste der SPD haben die ehemaligen Jungsozialisten Fuß fassen können, sondern auch und schon erheblich früher auf der mittleren Funktionärsebene, wie sie etwa durch die Delegierten eines Parteitages repräsentiert wird. So setzte sich z. B. der wichtige Kölner „Nachrüstungsparteitag“ 1983 zu 70,3% aus Delegierten bis fünfzig Jahren zusammen,[422] d. h., die ältesten unter ihnen waren Ende der 60er/Anfang der 70er Jahre im Jungsozialistenalter gewesen.

Was hier beschrieben wird, läßt sich im Grunde auf einen einzigen Begriff bringen, nämlich den des Generationenwechsels. Dergleichen ist in politischen Parteien und sonstigen Gruppen und Organisationen nur natürlich, und es könnte daher der Eindruck entstehen, hier solle nur eine Banalität analysiert werden. Dies ist bei näherem Hinsehen allerdings nicht der Fall, weil

- die Jungsozialisten ab 1969 – auch nach eigener Einschätzung[423] – eine radikale Linkswendung von ihrem bisherigen Kurs und dem der Gesamtpartei vollzogen;
- dieser Kursänderung folgend sich auch die außen- und sicherheitspolitischen Positionen der Jungsozialisten von denen der Gesamtpartei bemerkenswert unterschieden;
- die Jungsozialisten ab 1969 mit dem erklärten Ziel antraten, ihre stark marxistisch geprägten Zielvorstellungen in der SPD insgesamt mehrheitsfähig zu machen („Wir sind die SPD der 80er Jahre!“).

[422] S. Protokoll PT 1983, S. 119.

[423] S. Bundesvorstand der Jungsozialisten (Hrsg.), Bundeskongreßbeschlüsse. Jungsozialisten in der SPD 1969–1976, Bonn-Bad Godesberg 1978, S. XIII.

Nachfolgend sollen im wesentlichen die sicherheitspolitischen Ziele und Aktivitäten der Jungsozialisten zwischen 1969 und 1982, ihre inhaltliche wie personelle Einflußnahme auf den Kurs der Gesamtpartei – insbesondere zu Beginn der 80er Jahre –, untersucht werden. Ein einleitender Blick auf den Zeitraum vor 1969 rundet die Betrachtung ab.

## 1. Jungsozialisten und Sicherheitspolitik vor 1969

Die Jungsozialisten wurden als Arbeitsgemeinschaft in der SPD auf dem ersten sozialdemokratischen Nachkriegsparteitag 1946 gegründet.
Rund zwanzig Jahre lang waren sie die „brave Parteijugend", d. h. Schulungsorganisation, Lieferant von Nachwuchsfunktionären und der verlängerte Arm der Partei im Jugendbereich. „Ein allgemein-politisches oder auch nur jugendspezifische Fragen betreffendes Mandat, in die SPD hineinzuwirken, haben die Jungsozialisten sich in diesem Zeitraum nie ‚angemaßt'."[424] Dies war vor allem darauf zurückzuführen, daß die SPD ihre Jugendorganisation – nach schlechten Erfahrungen in der Weimarer Zeit – an einer sehr kurzen Leine führte. Erst allmählich, in den Jahren 1959–1969, gelang es den Jusos, mehr Unabhängigkeit von der Mutterpartei zu erreichen – dies jedoch primär im organisatorischen Sinne; allenfalls ansatzweise, in der zweiten Hälfte der 60er Jahre, auch in inhaltlicher Hinsicht.
Spezifisch jungsozialistische Positionen in der Außen- und Sicherheitspolitik hat es deshalb bis Ende der 60er Jahre praktisch nicht gegeben. Die Jusos waren lediglich das Echo ihrer Mutterpartei, auch dann, wenn sie sich, wie auf ihrem Bundeskongreß 1959, „gegen die atomare Ausrüstung der Bundeswehr"[425] aussprachen.
Nachdem sich die SPD 1958 zu einem grundsätzlichen Ja zur Landesverteidigung und zur Bundeswehr durchgerungen hatte, bedachte die Parteiführung ihre Jugendorganisation insbesondere mit der Aufgabe der Kontaktpflege zur Bundeswehr. Der damalige, noch vom PV gewählte Zentralsekretär der Jungsozialisten, Werner Buchstaller, ließ daraufhin einen Wehrpolitischen Ausschuß der Jungsozialisten beschließen und übernahm zugleich dessen Vorsitz.[426]
Der Ausschuß bestand aus etwa 15 Mitgliedern aus den Parteibezirken und traf sich in unregelmäßigen Abständen. Die Organisation von Truppenbesuchen bildete den Schwerpunkt seiner Tätigkeit in den ersten Jahren. Längst bevor die Partei richtig Zugang zur Bundeswehr gefunden hatte, hätten die Jungsozialisten bereits über bessere Möglichkeiten verfügt, erklärte Buchstaller,[427] der auch noch Vorsitzender des Ausschusses blieb, als er 1961 in den Bundestag gewählt wurde. In einem Beschluß des Juso-Bundeskongresses in Düsseldorf 1961, der die Arbeitsgemeinschaften der Jung-

424 Schonauer, Karlheinz, Die Geschichte der Jusos von der braven Parteijugend zur innerparteilichen Opposition, Bonn 1982, S. 93.
425 S. den Beschluß „Gegen die atomare Ausrüstung der Bundeswehr" des Karlsruher Juso-Bundeskongresses (von Mai 1959, in: Götz, Christian, Jungsozialisten und Bundeswehr, Schriftenreihe der Jungsozialisten 8/62, Bonn 1962, S. 23).
426 Gespräch mit Werner Buchstaller am 14. 2. 1985 in Koblenz.
427 Ebenda.

sozialisten aufforderte, „noch engeren Kontakt mit den Einheiten der Bundeswehr herzustellen", wurde der Wehrpolitische Ausschuß bezeichnenderweise als Ausschuß „Zusammenarbeit mit der Bundeswehr" tituliert.[428]
Über ihre wehrpolitischen Aktivitäten berichteten die Jusos in einer 1962 vom Bundessekretariat der Jungsozialisten herausgegebenen Broschüre wie folgt:

„Seit Jahren ist für die Jungsozialisten die Kontaktpflege zur Bundeswehr ein selbstverständlicher Teil ihrer politischen Tätigkeit. Sie haben die Kontakte so gestaltet, daß die Angehörigen der Bundeswehr den Eindruck gewannen, daß es ihnen dabei nicht nur um die Betreuung ihrer Mitglieder ging, sondern zugleich auch um eine klare und positive Stellungnahme zur Landesverteidigung.
Die Jungsozialisten begrüßen das Prinzip der ‚offenen Tür' bei der Bundeswehr und machen von der Möglichkeit, sich an Ort und Stelle zu informieren und Gespräche zu führen, laufend Gebrauch. Eine große Anzahl von Jungsozialisten leisten z. Z. ihren Wehrdienst ab, bzw. haben ihn abgeleistet. In vielen Arbeitsgemeinschaften sind Soldaten Mitglieder. In Standorten werden die Soldaten zu Tagungen, Gemeinschaftsabenden und Diskussionsveranstaltungen eingeladen. ... So kann man heute zu Recht behaupten, daß über persönliche Freundschaften hinaus ganz allgemein das Verhältnis zwischen Jungsozialisten und Soldaten sehr gut ist."[429]

Auch unter den Nachfolgern Buchstallers als Führer der Jungsozialisten, den (ab 1959 von Juso-Bundeskongressen direkt gewählten) Bundesvorsitzenden Hans-Jürgen Wischnewski und Günther Müller, änderte sich der parteiloyale, mit der Parteilinie praktisch deckungsgleiche Kurs der Jungsozialisten nicht.
Zwar hat es Anfang der 60er Jahre ab und an – insbesondere im traditionell linken Hessen-Süd – noch Widerstand gegen den Godesberger Kurs und die Annäherung der SPD an die Außen- und Sicherheitspolitik der Bundesregierung gegeben, aber solchermaßen punktuelles Aufbegehren wurde von der großen Mehrheit der Jungsozialisten stets im Keim erstickt.[430] Marxistische Positionen galten bei den Jungsozialisten bis Mitte der 60er Jahre als antiquiert und überholt, die Etablierung der SPD als Volkspartei hingegen als fortschrittlich. Kein halbes Jahrzehnt später war dies genau umgekehrt.
Ab 1967 begannen die Jusos allmählich, in der Außen- und Sicherheitspolitik eigenes Profil zu zeigen. Dies begann zunächst mit dem Aufgreifen der Initiativen Karl Wienands, mit einer neuen Verteidigungspolitik die Entspannung zwischen West und Ost zu fördern.[431] Auch die Nuklearwaffenproblematik, die die Jusos seit Anfang der 60er Jahre – dem Beispiel der Mutterpartei folgend – nicht mehr thematisiert hatten, wurde im Zuge der Diskussion über den Nichtverbreitungsvertrag für Kernwaffen neu aufgewärmt.[432] Allerdings läßt sich keineswegs behaupten, daß die Jusos damit bereits auf

[428] Beschluß „Kontaktpflege" des Düsseldorfer Juso-Bundeskongresses von November 1961, in: Götz, Jungsozialisten und Bundeswehr, a.a.O., S. 24.
[429] Ebenda, S. 15f.
[430] Vgl. Engert, Jürgen, Die junge Garde ist folgsam, in: Christ und Welt, 22. 11. 1963. – Engert beschrieb in diesem Artikel den Verlauf des Juso-Bundeskongresses in Berlin von November 1963.
[431] S. JS-magazin (Zeitschrift der Jungsozialisten der SPD), 1/1967, S. 4.
[432] S. „Atomare Teilhabe?", in: JS-magazin, 2/1967, S. 4f.

Gegenkurs zur Parteilinie gegangen wären. Sie orientierten sich lediglich etwas weiter nach links auf die Positionen der Fraktionsverteidigungsexperten Wienand und Dröscher zu. Auch der Wehrpolitische Ausschuß der Jungsozialisten ließ seine Arbeit auf den von Buchstaller gelegten Gleisen weiterlaufen. In seinem Tätigkeitsbericht für die Delegierten des Mainzer Bundeskongresses Ende 1967 schrieb der Juso-Bundessekretär Ernst Eichengrün:

„Die ‚Tage mit der Bundeswehr' und andere Veranstaltungen für junge Soldaten, die von zahlreichen Jungsozialisten-Arbeitsgemeinschaften in Garnisonsorten immer häufiger durchgeführt werden, sind Aktivitäten, mit denen sich die Jungsozialisten durchaus sehen lassen können und die zur politischen Erziehung und sinnvollen Freizeitgestaltung vieler Soldaten beitragen. Der Wehrpolitische Ausschuß unter Vorsitz von Heinz Weigel ist seit seiner Berufung im Juni 1966 sehr aktiv gewesen, um die Arbeit mit der Bundeswehr anzuregen und zu fördern."[433]

Resolutionen des Mainzer Kongresses forderten unter anderem:
- Bemühungen um ein kollektives europäisches Sicherheitssystem;
- Erarbeitung einer neuen Verteidigungskonzeption, die bei geringerem Kostenaufwand ein Maximum an Sicherheit bieten und auf die atomare Aufrüstung der Bundeswehr verzichten würde.[434]

Aufsehen erregten aber nicht die sicherheitspolitischen Forderungen der Jusos, die ja – wie die Anträge der Organisationsgliederungen an den SPD-Parteitag 1968 beweisen – keineswegs über das 1967/68 in der Partei Übliche hinausgingen, sondern die Mainzer Juso-Resolution zur Deutschlandpolitik, in der die „Aufgabe des Alleinvertretungsanspruches der Bundesrepublik Deutschland" gefordert wurde.[435] Mit dieser und anderen Forderungen wurden die Jusos, im nachhinein betrachtet, in der Tat „Vorkämpfer für eine neue Deutschland- und Ostpolitik".[436] Der Mainzer Kongreß leitete eine radikale Politisierung der Jungsozialisten ein. Wenige Monate nach Mainz schrieb der stellvertretende Vorsitzende der Jusos, Herbert Ludz:

„Die Jungsozialisten haben in Mainz offiziell Abschied genommen von einer bildungspolitischen Tätigkeit, die zwar die permanente Revolution der Diskussion oft vitaminfreier Themen garantierte, aber ihre politische Funktion in der Partei vernachlässigte."[437]

Für eine glaubwürdige Politik der Jungsozialisten forderte Ludz u. a. „die Anerkennung der DDR als zweiten deutschen Teilstaat, die Anerkennung der Oder-Neiße-Linie als endgültige Grenze, Verzicht auf Atomwaffen und die Schaffung eines europäischen Sicherheitssystems und als ersten Schritt dazu den Gewaltverzicht".[438]

433 Tätigkeitsbericht des Bundessekretärs der Jungsozialisten, in: JS-magazin, 1–2/1968, S. 16.
434 S. ebenda, S. 11.
435 Ebenda, S. 14.
436 Schonauer, Die Geschichte der Jusos vor der braven Parteijugend zur innerparteilichen Opposition, a.a.O., S. 199.
437 Ludz, Herbert, Von Mainz nach Frankfurt, in: JS-magazin, 5/1968, S. 3.
438 Ebenda.

Die Juso-Bundesführung versuchte, den kritischen Strömungen innerhalb des Verbandes durch Entgegenkommen und vorsichtige Kritik an der Mutterpartei den Wind aus den Segeln zu nehmen. Aber dieser Versuch scheiterte. Auch der Machtwechsel in Bonn im Herbst 1969, den der Bundesvorsitzende Corterier den Jungsozialisten gleichsam beschwörend als Beweis für die Richtigkeit des Godesberger Programms und also der Öffnung zur Volkspartei „mit den Konsequenzen im Hinblick auf Außenpolitik, Deutschlandpolitik, Bundeswehr und Kirche und nicht zuletzt Wirtschaftspolitik"[439] präsentierte, konnte den Linksrutsch der SPD-Jugendorganisation nicht stoppen. Karlheinz Schonauer erklärte diese Entwicklung, für die er seine Sympathie nicht verhehlt, folgendermaßen:

„Die Politisierung verlief, versetzt um etwa zwei Jahre, parallel zur Entwicklung der Außerparlamentarischen Opposition, wobei die von der APO getragene Kritik an der Krise des Parlamentarismus in der Bundesrepublik und die hinter dem Wertsystem der ‚freien Welt' stehende zwiespältige Moral, besonders problematisiert am Beispiel des Vietnamkrieges, als außerparteiliche Indikatoren dieser Politisierung im wesentlichen übernommen wurden."[440]

Am Ende dieser etwa zweijährigen Politisierungsphase stand dann der Münchner Bundeskongreß von Dezember 1969, auf dem der alte, sich im wesentlichen auf Parteilinie bewegende Vorstand regelrecht gestürzt und von einer stark marxistisch ausgerichteten Führung ersetzt wurde. München bezeichnete für den neuen, aus Hessen-Süd stammenden Juso-Vorsitzenden Karsten Voigt das Ende einer Übergangsphase, „während der auch ehemals konservativere Bezirke eine entschieden antikapitalistische Wendung vollzogen hatten, um nun auf dem Bundeskongreß ebenfalls die Formulierung sozialistischer Alternativpositionen zu unterstützen".[441] Voigt räumte ein, dies sei nicht denkbar gewesen „ohne die Politisierung weiter Kreise der Jugend durch die Außerparlamentarische Opposition".[442]

## 2. Wende 1969: Die Jungsozialisten kehren zum Marxismus zurück

Eine ausführliche Beschäftigung mit der in München beginnenden Theorie- und Strategiedebatte,[443] ihren innerverbandlichen Auseinandersetzungen – insbesondere den sich

[439] Corterier, Peter, Die Strategie war richtig, in: JS-magazin, 10/1969, S. 3.

[440] Schonauer, a.a.O., S. 211.

[441] Voigt, Karsten D., Der Bundeskongreß: ein erster Schritt, in: JS-magazin, Sondernummer, Dezember 1969, S. 3.

[442] Ebenda. – Schonauer hat durch Befragungen festgestellt, daß die meisten Mitglieder des Juso-Vorstandes und Bundesausschusses von 1970 – also der Funktionärsgeneration, die 1969 den radikalen Kurswechsel zustande brachte – entweder aktiv an der APO beteiligt waren oder aber dieser offene Sympathie entgegenbrachten (s. Schonauer, a.a.O., S. 211f.).

[443] Vgl. dazu Gansel, Norbert (Hrsg.), Überwindet den Kapitalismus oder Was wollen die Jungsozialisten?, Reinbek 1971; Duve, Freimut (Hrsg.), Der Thesenstreit um Stamokap. Die Dokumente zur Grundsatzdiskussion der Jungsozialisten, Reinbek 1973.

Anfang der 70er Jahre sukzessive herausschälenden Fraktionierungen – sowie den Kontroversen mit der Mutterpartei und deren Führung würde den Rahmen dieser Arbeit sprengen. Dennoch sollen, bevor wir die Entwicklung der außen- und sicherheitspolitischen Positionen der Jusos ab 1969 untersuchen, einige Einschätzungen der jungsozialistischen Linkswende aus kompetenter Feder vorgestellt werden; denn die Tragweite dieses Vorgangs, seine Relevanz für die SPD-Sicherheitspolitik in den 70er und 80er Jahren ist ja eine Grundannahme dieses Kapitels.

Ernst Eichengrün, der bis zum Münchner Kongreß für eine Reihe von Jahren Bundesgeschäftsführer der Jungsozialisten gewesen war, schrieb Anfang 1970 eine vertrauliche Analyse „Zur Lage der Jungsozialisten",[444] die den Mitgliedern des SPD-Parteivorstandes zugestellt wurde. Darin urteilte er, der Bundeskongreß in München bedeute eine „totale Umwandlung der Jungsozialisten-Arbeit mit dem Ziel einer tiefgehenden Veränderung der Partei selbst".[445] Es gehe der Mehrheit dieser radikalen Jungsozialisten längst nicht mehr darum, „den einen oder anderen Akzent anders zu setzen, der Partei ein paar Schritte vorauszudenken oder die Partei in einigen Punkten zu reformieren":

„Hier ist eine Gruppierung zum Kampf angetreten, die die Partei umdrehen will. Hier geht es nicht mehr um das bisher gewöhnte Auftreten einer mit der Märtyrerpose wehleidig kokettierenden, isolierten Minderheit, sondern um die Frage, wer morgen die Mehrheit hat. Diese selbstbewußte Zielsetzung wird seit kurzem von der ‚Linken' offen ausgesprochen."[446]

Der Anspruch der neuen Juso-Führung „Wir sind die SPD der 80er Jahre" sollte ernstgenommen werden, empfahl Eichengrün; denn dieser Slogan übe „auf die Parteiloyalen Suggestivkraft aus, gibt den Linken Selbstvertrauen und macht manchen karrierebewußten Funktionär oder Mandatsträger zu kompromißbereit".[447]

Außenpolitisch werde noch nicht einmal ein „Dritter Weg" verfolgt, der zu Kapitalismus und Kommunismus den gleichen Abstand halte. „Die Außenpolitik hat nicht mehr die frühere Bedeutung, die Entspannung soll hauptsächlich die Voraussetzungen für innenpolitische Veränderungen in Westdeutschland schaffen." Das gesellschaftspolitische Verhältnis zum Kommunismus laufe letztendlich auf „Schönheitsoperationen am Leninismus" hinaus.[448]

Eichengrün wies darauf hin, daß es in Zukunft nicht mehr möglich sein werde, die Jungsozialisten für Kontakte mit der Bundeswehr einzusetzen. Zum Beispiel habe der neue Bundesvorstand vorgeschlagen, mit der Bundeswehr Themen wie „Bundeswehr und Notstand" oder „Wehrdienstverweigerung" zu diskutieren. Ein Bezirksvorstand wolle Seminare mit Soldaten überhaupt nur dann veranstalten, wenn der „imperialistische Gesamtzusammenhang" nicht zu kurz komme.[449]

[444] Eichengrün, Ernst, Zur Lage der Jungsozialisten. Analysen, Hinweise und Empfehlungen, Vertraulicher Bericht, Bonn 19. 1. 1970 (Kopie des Berichts im Archiv d. Verf.).
[445] Ebenda, S. 1.
[446] Ebenda.
[447] Ebenda, S. 15.
[448] Ebenda, S. 5.
[449] Ebenda, S. 9.

Der langjährige Bundesgeschäftsführer warnte die Parteiführung davor, das Problem der Jungsozialisten isoliert zu betrachten; denn der Münchner Bundeskongreß bedeute die „Kampfansage einer Fraktion an Führung, Politik und Selbstverständnis der ganzen Partei", die nicht unterschätzt werden dürfe. Die Radikalisierung der Jusos könne „nicht kurzfristig zurückgedreht werden"[450] – womit Eichengrün allerdings recht behalten sollte.

Zwei Jahre später berichtete ein SPD-Mitarbeiter dem stellvertretenden Parteivorsitzenden Helmut Schmidt in einem vertraulichen Schreiben über seine Eindrücke von einem Juso-Bundeskongreß in Oberhausen.

Bei den radikalen Jusos handele es sich, so der Schmidt-Vertraute, „um eine gutorganisierte Aktivgruppe (darunter meiner Schätzung nach eine nicht unbeträchtliche Anzahl KP-Geschulte oder -Sympathisanten), die bereits jetzt eine breite Anhängerschaft hat und die ohne weiteres in der Lage ist, in kurzer Frist vom Ortsverein aufwärts die Partei umzufunktionieren".[451] Es sei durchaus nicht ausgeschlossen, „daß die Jungsozialisten und ihre politischen (bzw. opportunistischen) Hilfstruppen schon auf dem nächsten Bundesparteitag in Hannover die Mehrheit der Delegierten stellen".[452] Und auch in diesem Bericht wurde vor einer Verharmlosung der Jungsozialisten gewarnt:

„Niemand sollte sich der Illusion hingeben, daß sich die Jusos und ihre Anhänger im Falle eines ernsten Konflikts etwa nach dem Muster der USPD aus ‚Prinzipientreue' von der SPD trennen werden. Der Marsch durch eine schlafende Partei ist viel zu bequem, risikolos und zugleich lukrativ. Daß die Jusos selbst ihren (‚eigenständigen') Wahlkampfbeitrag zur Stärkung ihrer eigenen Position nutzen wollen, haben sie ja ganz offen erklärt. Überhaupt kann man ihnen nicht nachsagen, daß sie hinsichtlich ihrer Ziele ein Versteckspiel treiben. Das haben sie ja auch gar nicht mehr nötig, denn es ist ihnen längst klar geworden, daß sich die brave Stammutter SPD nahezu alles bieten läßt."[453]

Die Berichte Eichengrüns und Gaeblers mochten zeitgenössischen Lesern vor siebzehn bzw. fünfzehn Jahren übertrieben alarmistisch erscheinen. Heute, da die Jungsozialisten der frühen 70er Jahre die Bundesparteitage der SPD dominieren und ehemals führende Juso-Funktionäre sukzessive hohe und höchste Funktionen in der Partei einnehmen, erscheinen die Berichte erstaunlich klarsichtig. Auch wenn die radikalmarxistischen Theoretiker von damals sich mittlerweile einer moderaten Rhetorik befleißigen.

Abschließend nun noch einige Erläuterungen zur strategischen Konzeption der Jungsozialisten durch den ersten Juso-Bundesvorsitzenden nach der Linkswendung von 1969, Karsten Voigt. Voigt schrieb 1973, in der „Strategie antikapitalistischer Strukturreformen", die seit den 60er Jahren international diskutiert und seit Mitte der 70er Jahre besonders von sozialistischen Gewerkschaften für die Situation in der Bundesrepublik weiterentwickelt worden sei, hätten die Jungsozialisten den Ausgangspunkt für ihre

[450] Ebenda, S. 1.

[451] Schreiben Wolfgang Gaeblers an Helmut Schmidt vom 14. 3. 1972, S. 2 (Kopie des Schreibens im Archiv d. Verf.). – Schmidt schickte Kopien des Gaebler-Briefs an Brandt, Wehner, Börner und Nau mit der Bitte, diesen Bericht genau zu lesen.

[452] Ebenda, S. 2f.

[453] Ebenda, S. 3.

eigenen strategischen Überlegungen gefunden.[454] Die Aufarbeitung der Erfahrungen aus der Großen Koalition, der Verabschiedung der Notstandsgesetze, der Erfolge und des schließlichen Scheiterns der Protestbewegung hätten schließlich zu der Einsicht geführt, „daß eine schlüssige sozialistische Strategie unter den Bedingungen der Bundesrepublik von den bestehenden Massenorganisationen der Arbeiterklasse, der SPD und den Gewerkschaften“ ausgehen müsse. Und weiter:

„Eine Beeinflussung der Gesetzgebung, der Parlamente und Verwaltungen wird aber nur dann einen Prozeß der Gesellschaftsveränderung mit sozialistischer Perspektive einleiten, wenn diese Beeinflussung mit einer Mobilisierung, Politisierung und Selbstorganisation der abhängig Beschäftigten verbunden wird: Dies ist der Kerngedanke der ‚Doppelstrategie‘ im Rahmen der ‚Strategie antikapitalistischer Strukturreformen‘.“[455]

## 3. Sicherheitspolitik als Teil einer gesellschaftspolitischen Zielen dienenden Ostpolitik (1969–1972)

Theorie- und Strategiedebatten, die Etablierung als innerparteiliche Opposition im Zeichen der „Doppelstrategie“ sowie die Konzentration auf vorwiegend wirtschafts- und innenpolitische Themen (Wirtschafts-, Kommunal- und Bildungspolitik) kennzeichneten die Aktivitäten der Jusos zu Beginn der 70er Jahre. Die überragende Bedeutung der Ökonomie für die Jungsozialisten kam dabei nicht von ungefähr, sondern lag in der Rückbesinnung auf die marxistische Analyse begründet.

Außenpolitik und – vor allem – Sicherheitspolitik waren in dieser Phase lediglich Randthemen und nicht Gegenstand besonderer, tiefschürfender Reflexionen, wie etwa die o. a. Themen.

Sofern die Jungsozialisten überhaupt sicherheitspolitische Vorstellungen bzw. Forderungen äußerten, geschah dies meist im Kontext mit der Ostpolitik, die in den Jahren 1969–1972 nicht nur für die Jungsozialisten das alle übrigen Bereiche deutscher Außenpolitik überragende Thema war. Sicherheitspolitik wurde mehr oder weniger explizit als Teil der Ostpolitik verstanden, so wie sie in den 50er Jahren ganz wesentlich als Element der Deutschland- bzw. Wiedervereinigungspolitik der SPD konzipiert gewesen war.[456] Und auch diese Perzeption beschränkte sich in der Sozialdemokratie keineswegs auf die Jungsozialisten.

Aber für diese war typisch, welche Rolle sie der Ost- bzw. Entspannungspolitik (und damit indirekt auch der Sicherheitspolitik) zugedachten. Aufschlußreich ist hier eine Interview-Äußerung des Juso-Bundesvorsitzenden Karsten Voigt: „Wir wollen die Errichtung des Sozialismus bei uns und in Westeuropa. Dazu brauchen wir die Entspannung.“[457]

[454] S. Voigt, Karsten D., Die Doppelstrategie im Rahmen einer „Strategie antikapitalistischer Strukturreformen“, in: Duve, Der Thesenstreit um Stamokap, a.a.O., S. 15.
[455] Ebenda.
[456] Vgl. Wilker, Die Sicherheitspolitik der SPD 1956–1966, a.a.O., S. 26–129.
[457] „Jugoslawischer Sozialismus ist Vorbild für junge SPD-Mitglieder“, in: Die Welt, 29. 12. 1969.

Im folgenden sollen nun die sicherheitspolitischen bzw. sicherheitspolitisch relevanten Aussagen der Jusos in den Jahren 1969–1972 untersucht werden. Dabei wollen wir uns in erster Linie an den Resolutionen der jährlichen Juso-Bundeskongresse orientieren. Wie bereits bemerkt, kann man die Jusos auch schon vor 1969 durchaus mit einigem Recht als Vorkämpfer einer neuen Ost- und Deutschlandpolitik in der SPD bezeichnen. Diese Linie überstand den turbulenten Münchner Bundeskongreß von Dezember 1969 bruchlos, wie überhaupt bemerkenswert ist, daß die Ostpolitik Kanzler Brandts immer breite Unterstützung bei den Jungsozialisten fand.
In der Münchner Resolution „Friedens- und Ostpolitik“[458] gab es auch noch andere Anknüpfungspunkte an frühere Beschlüsse, etwa die Forderung nach Schaffung eines Systems kollektiver Sicherheit in Europa oder nach deutschem Verzicht auf Mitbeteiligung und Mitverfügung über ABC-Waffen. Ansonsten aber legte die Resolution Zeugnis ab von der starken Reideologisierung der SPD-Jugendorganisation. Gleich im ersten Satz des Beschlusses wird deutlich, daß Ost- und Entspannungspolitik nicht als Selbstzweck gesehen wurde oder primär Abrüstung ermöglichen sollte, sondern als Voraussetzung für die Errichtung eines sozialistischen Gesellschaftssystems galt:

„Das Recht des größten Teils europäischer Staaten, über ihre gesellschaftliche Entwicklung selbst zu bestimmen, ist unter den gegenwärtig in Europa bestehenden politischen und militärischen Verhältnissen in Ost und West weitgehend außer Kraft gesetzt, soweit und sobald es den Systemzusammenhalt der Militärblöcke und den Vormachtanspruch der beiden Führungsmächte, damit also das ‚Gleichgewicht der Kräfte‘ zwischen USA und UdSSR bedroht oder zu bedrohen scheint. Innengesellschaftlicher Fortschritt, sei es im Sinne der Liberalisierung sozialistischer Systeme, sei es im Sinne der Sozialisierung formaldemokratischer Systeme, gerät damit unter das Veto der beiden Vormächte und ihrer blockstrategischen Interessen.“[459]

Immer noch existiere in Europa der Eindruck gegenseitiger Bedrohung. Dabei stünde das ständig wachsende Militärpotential der Mächte im Mittelpunkt der Besorgnisse. Verbunden damit nähmen „autoritär geführte militärische Kader“, die mit der Rüstungsindustrie kooperierten, deren Lobby wiederum die Politik beeinflusse, immer stärker Einfluß „auf die Richtung der Entwicklung gesellschaftlicher Verhältnisse“.[460]
Der sowjetische Vorschlag einer europäischen Sicherheitskonferenz (Budapester Appell) wurde als Ausgangspunkt für Schritte bezeichnet, „die das Gefühl gegenseitiger Bedrohung mindern und den Völkern die drückenden Rüstungslasten erleichtern können, die zugleich damit den beschriebenen gesellschaftspolitischen Gefahren begegnen sollen“.[461] Ziel müsse „eine möglichst weitgehende Abrüstung in Verbindung mit der Schaffung eines Systems kollektiver Sicherheit in Europa“[462] sein. Diese Zielformulierung wurde in der Resolution noch weiter präzisiert, und zwar ganz im Sinne der sozial-

458 Resolution zur Friedens- und Ostpolitik des ordentlichen Bundeskongresses der Jungsozialisten in München, 5.–7. 12. 1969, in: Bundesvorstand der Jungsozialisten, Bundeskongreßbeschlüsse, a.a.O., S. 13f.
459 Ebenda, S. 13.
460 Ebenda.
461 Ebenda.
462 Ebenda, S. 14.

demokratischen Konzeption kollektiver Sicherheit in den 50er Jahren.[463] Unter Aufhebung der bisherigen zwei- und mehrseitigen Bündnisse sollten die europäischen Staaten Vereinbarungen über gegenseitige Hilfeleistungen im Falle von Aggressionen treffen, die von den Großmächten garantiert werden sollten. Als Vorstufe zu einem kollektiven Sicherheitssystem wurde generell „eine quantitative wie qualitative Beschränkung und Verminderung der Rüstung“ in Europa gefordert. Speziell schlugen die Jusos die Errichtung einer Zone vor, in der ABC-Waffen weder angewendet noch gelagert oder hergestellt und konventionelle Streitkräfte reduziert werden sollten.[464] Auch dieser Vorschlag griff auf sozialdemokratische Vorstellungen der 50er Jahre zurück, insbesondere das „Disengagement“-Konzept und das Modell einer atomwaffenfreien Zone in Europa.

Zum Abschluß der Resolution Friedens- und Ostpolitik ließen sich die Jusos kurz zu dem Endziel ihrer Außen- und Sicherheitspolitik, der Europäischen Friedensordnung, vernehmen. Auch dies ist ein altbekanntes Ziel sozialdemokratischer Politik, das bekanntlich von Außenminister Brandt während der Großen Koalition wiederbelebt worden war. Interessant ist aber die inhaltliche Beschreibung dieses Ziels durch die sich wieder auf sozialistischen Pfaden bewegenden Jungsozialisten:

„Europäische Friedensordnung – gesamteuropäische Zusammenarbeit. Eine wirksame europäische Friedensordnung und eine vertrauensvolle gesamteuropäische Zusammenarbeit läßt sich nicht allein durch die formale Regelung der Grenzfragen in Europa und eine europäische Sicherheitskonferenz erreichen, sondern fordert parallel dazu die Veränderung der gesellschaftlichen Strukturen in den europäischen Staaten zu den Zielvorstellungen des demokratischen Sozialismus.“[465]

Damit knüpften die Jungsozialisten an die alte sozialistische Überzeugung an, nur der Sozialismus könne dauerhaften Frieden bringen.[466] Sie waren mit ihrer Definition einer Europäischen Friedensordnung auch präziser, als es etwa der Außenminister Brandt gewesen war.

Erwähnenswert sind noch zwei weitere Beschlüsse des Münchner Juso-Kongresses. Zum einen eine Resolution, auf die SPD-Bundestagsfraktion einzuwirken, „daß neben der konventionellen gewaltsamen Verteidigung die Friedensforschung unter besonderer Berücksichtigung der sozialen Verteidigung großzügig mit dem Ziel gefördert wird, die konventionelle Verteidigung zu ersetzen“.[467] Die finanziellen Mittel dazu seien dem Verteidigungshaushalt zu entnehmen.

Zum anderen verabschiedeten die Jusos erstmals eine Vietnam-Resolution, in der von einem „imperialistischen Krieg“ der Amerikaner die Rede war. Die Bundesregierung

463 S. dazu die Darstellung dieser Konzeption auf S. 110ff.
464 Resolution Friedens- und Ostpolitik, a.a.O., S. 14.
465 Ebenda.
466 S. dazu S. 100 und 103ff.
467 Resolution Friedensforschung des ordentlichen Bundeskongresses der Jungsozialisten in München, 5.–7. 12. 1969, in: Bundesvorstand der Jungsozialisten, Bundeskongreßbeschlüsse, a.a.O., S. 16.

wurde aufgefordert, ihre „Friedenspolitik" glaubwürdig zu vertreten und die „amerikanische Kriegspolitik" zu verurteilen.[468]
Diese Vietnam-Resolution ist deshalb von Bedeutung, weil die Jungsozialisten hier erstmals in einem Bundeskongreßbeschluß ihr marxistisches bzw. sozialistisches Analyseinstrumentarium gegenüber den USA und dem Vietnamkrieg zur Anwendung brachten. Weil die USA, aus marxistischer Perspektive betrachtet, der Hort des Kapitalismus waren, mußte ihr militärisches Engagement in Vietnam zwangsläufig als imperialistischen Zwecken dienend gewertet werden. Einen anderen Schluß ließ die marxistische Ideologie nicht zu. Ohne Zweifel hat der Vietnamkrieg und dessen stark ideologisch geprägte Betrachtung und Bewertung durch die Jungsozialisten einen wichtigen Nährboden bereitet für die wachsende amerikakritische Einstellung vieler Sozialdemokraten in den 70er und frühen 80er Jahren. Dies kam insbesondere in den beiden großen Nuklearwaffen- und Strategiedebatten während der Regierungszeit Helmut Schmidts zur Auswirkung.
In den knapp drei Jahren zwischen dem Münchner Kongreß und den vorgezogenen Bundestagswahlen haben sich die Jungsozialisten mit sicherheitspolitischen Fragen so gut wie nicht beschäftigt. Allenfalls im Zusammenhang mit der Ostpolitik, genauer gesagt: *ihrer* Ostpolitik, „die als Ziel eine Anerkennung der DDR, einen Abbau des Antikommunismus und die Einführung einer sozialistischen Gesellschaftsordnung in der Bundesrepublik"[469] vorsah. Zu Recht hat der frühere Juso-Bundesvorsitzende Günther Müller darauf hingewiesen, daß damit im Grunde genommen außenpolitische Fragen zu innenpolitischen umfunktioniert würden.[470] Um diese Beziehung hier noch einmal deutlich herauszuarbeiten: Sicherheitspolitik war für die Jusos ein Teil der Ostpolitik, und Ostpolitik sollte die (primär innenpolitischen) Voraussetzungen schaffen für die Errichtung einer sozialistischen Gesellschaftsordnung in der Bundesrepublik und darüber hinaus in ganz Westeuropa.
Ein weiterer Beleg dafür, daß die jungsozialistische Ost- und Sicherheitspolitik vorrangig innenpolitisch motiviert war, findet sich in den „Thesen zur Wahlkampfführung durch die Jungsozialisten" von 1972. Dort heißt es u. a.:

„Im Bereich der Ostpolitik gilt es, den Zusammenhang zwischen den Ostverträgen, der Konferenz für die Sicherheit Europas, der Senkung des Rüstungshaushaltes und Infrastrukturinvestitionen, z. B. im Bildungsbereich, herzustellen."[471]

In einer auf dem gleichen Kongreß verabschiedeten Resolution zu den Ostverträgen wurde der o. a. Problembereich noch von einer anderen Seite her beleuchtet. Dort wurde behauptet, die CDU/CSU befürchte als Folge der Ostverträge „den Antikommunismus nicht mehr als den zentralen Punkt ihrer Politik der Herrschaftssicherung des Monopolkapitals verwenden zu können".[472]

[468] Resolution Vietnam des ordentlichen Bundeskongresses der Jungsozialisten in München, 5.–7. 12. 1969, in: Bundesvorstand der Jungsozialisten, Bundeskongreßbeschlüsse, a.a.O., S. 16.
[469] Müller, Günther, Rote Zelle Deutschland – oder was wollen die Jungsozialisten wirklich?, Stuttgart 1972, S. 81.
[470] Ebenda, S. 81f.
[471] Thesen zur Wahlkampfführung durch die Jungsozialisten des ordentlichen Bundeskongresses der Jungsozialisten in Oberhausen, 26.–27. 2. 1972, in: Bundesvorstand der Jungsozialisten, Bundeskongreßbeschlüsse, a.a.O., S. 77.
[472] Resolution Ostverträge, a.a.O., S. 84.

## 4. Die Entwicklung einer eigenständigen sicherheitspolitischen Konzeption (1973–1975)

Bereits anläßlich der vorgezogenen Bundestagswahl vom Herbst 1972 hatten die Jungsozialisten auf weitere Schritte der „neuen Ostpolitik" der Regierung Brandt/Scheel, über die geschlossenen Ostverträge hinaus, gedrängt:

„Während die Regierungen noch über die Einberufung der Konferenz über Sicherheit und Zusammenarbeit beraten, diskutieren die Jungsozialisten bereits, wie wir auf der Grundlage der friedlichen Zusammenarbeit der Staaten aggressive und undemokratische Elemente in der gesellschaftlichen Wirklichkeit der Staaten Europas bekämpfen und überwinden können."[473]

Diesen Ansatz stellten die Jusos ausdrücklich in den Kontext ihrer – erst in Ansätzen vorhandenen – sozialistischen Konzeption einer „antikapitalistischen Politik in Westeuropa".[474]
Der große Erfolg der SPD in den Bundestagswahlen 1972, der die Partei erstmals in der bundesdeutschen Geschichte zur stärksten Fraktion im Parlament machte, beflügelte die Jusos dazu, Perspektiven für eine zweite Phase der Ost- und Entspannungspolitik zu erarbeiten. Dies erschien auch deshalb notwendig, weil die Arbeitsgemeinschaft sich in den drei Jahren seit dem Münchner Kongreß fast ausschließlich mit sich selbst und innenpolitischen Themen beschäftigt hatte und daher ein großes Defizit im Bereich der Außen- und Sicherheitspolitik aufwies.
Wenige Tage vor dem Juso-Bundeskongreß in Bad Godesberg erschien Anfang März 1973 in der Zeitschrift der Jungsozialisten ein Aufsatz, der innerparteilich und in der Öffentlichkeit erhebliches Aufsehen verursachte.[475] Von der Redaktion der Zeitschrift wurde er als „Diskussionsbeitrag zur Erarbeitung einer außenpolitischen Taktik" angekündigt. Hierbei müßten vor allem die Schwierigkeiten beachtet werden, die darin begründet seien, „daß es einerseits darum geht, sich aus den Zwängen des NATO-Bündnisses zu befreien, andererseits die Interessendifferenzen zwischen dem amerikanischen Imperialismus und dem sich formierenden Imperialismus der EG unbehindert aufeinanderprallen können".[476]
Der Artikel selbst zeichnete sich vor allem durch eine radikalmarxistische USA-Kritik aus, ja man kann durchaus von einer Verteufelung der westlichen Führungsmacht sprechen; denn der „US-Imperialismus" wurde nicht etwa mit den Herrschaftspraktiken der östlichen Großmacht verglichen, sondern mit dem Nationalsozialismus. So wie Hitler-Deutschland in den 30er Jahren komme den USA gegenwärtig „die Rolle des

[473] Juso-Argumente, Außen- und Europapolitik, in: Juso (Zeitschrift der Jungsozialisten in der SPD), 9–10/1972, S. 14.
[474] Ebenda.
[475] S. Zink, Peter, Außenpolitische Perspektiven, in: Juso, 1–2/1973, S. 3–6. Vgl. dazu die deutliche Kritik des SPD-Abgeordneten und ehemaligen Juso-Vorsitzenden Corterier und eines Fraktionskollegen: Corterier, Peter und Würtz, Peter, Distanzierung von einer Herausforderung. Klarstellung zu einem Juso-Artikel über Außenpolitik, in: SPD-Pressedienst, 2. 3. 1973, S. 4; „Außenpolitische Vorstellungen deutscher Jungsozialisten", in: Neue Zürcher Zeitung, 6. 3. 1973.
[476] Redaktionsvorspann zu: Zink, Außenpolitische Perspektiven, a.a.O., S. 3.

Vertreters der gesamtkapitalistischen Interessen gegenüber der Sowjetunion und den am Ende des Krieges sozialistisch gewordenen Staaten" zu.[477] Es sei durchaus möglich, daß die amerikanische Gewaltpolitik zu einem offenen Faschismus führen könne.[478]
Aufgrund dieser Analyse folgerte der Artikel, „daß wir uns schrittweise aus der Vormundschaft einer imperialistischen Großmacht befreien können, und daß es völlig unlogisch ist, wenn behauptet wird, unsere Sicherheit beruhe auf den Verträgen *und* den Waffen des NATO-Bündnisses".[479] Sicherheit könne nur auf einer nach allen Seiten offenen Friedenspolitik beruhen. Die Jusos glaubten, daß nur so „die systemverändernden Maßnahmen in der BRD und den übrigen europäischen Staaten" durchgeführt werden könnten, die für die Herstellung eines echten Friedens notwendig seien.[480]
Eine Auflösung der Militärblöcke, so der Artikel weiter, könnten in der Bundesrepublik nur diejenigen fürchten, die nicht bereit seien, auf jede Aggressivität gegen die UdSSR und die anderen osteuropäischen Staaten zu verzichten, oder die Angst vor gesellschaftlichen Veränderungen hätten. „Unser bester Schutz ist ein demokratisch-sozialistisches Gemeinwesen."[481] Außerdem, da die UdSSR die Ostverträge unterzeichnet habe, brauche man keine Angst mehr vor einem militärischen Angriff aus dem Osten zu haben.[482]
Der Diskussionsbeitrag hielt es auch für erforderlich, die Funktion der Bundeswehr zu überprüfen, wieweit sie überhaupt notwendig sei und wieweit sie nur Bürgerkriegswaffe oder Pfründe von Industrieinteressen oder einer privilegierten Offiziers- und Beamtenkaste sei.[483]
Sicherheitspolitische Experten der SPD-Bundestagsfraktion zeigten sich über den Juso-Artikel empört. Es handele sich hier nicht um eine individuelle Meinungsäußerung, sondern um einen zentralen Angriff der Jungsozialisten auf die gesamte Außen- und Sicherheitspolitik der sozialdemokratisch geführten Bundesregierung.[484] In dem Artikel würden nicht nur leninistische und stalinistische Imperialismustheorien übernommen, sondern der Boden für eine generelle Zusammenarbeit mit den Kommunisten vorbereitet. Die Größe dieser Herausforderung mache eine Reaktion der SPD-Führungsgremien erforderlich.[485] – Eine solche Reaktion erfolgte erst zehn Tage später, nach dem Bad Godesberger Juso-Kongreß durch den SPD-Bundesgeschäftsführer Holger Börner, und zwar in recht gedämpfter Form.
Der umstrittene Juso-Artikel war der Auftakt zu der außenpolitischen Diskussion auf dem Bundeskongreß der Jungsozialisten in Bad Godesberg. Das Thema Westeuropa war hier ein Kernpunkt der Debatte. Der stellvertretende Juso-Vorsitzende Karsten Voigt ging in einem Grundsatzreferat auf „Strategie im EG-Bereich"[486] ein. Wer in der

[477] Ebenda, S. 4.
[478] Ebenda, S. 3.
[479] Ebenda, S. 5.
[480] Ebenda.
[481] Ebenda, S. 6.
[482] Ebenda, S. 5.
[483] Ebenda, S. 6.
[484] S. Corterier/Würtz, Distanzierung von einer Herausforderung, a.a.O.
[485] Ebenda.
[486] Voigt, Karsten D., Strategie im EG-Bereich, Referat für den ordentlichen Bundeskongreß der Jungsozialisten in Bad Godesberg, 9.–11. 3. 1973, unveröffentl. Manuskript, Bonn 1973.

Bundesrepublik eine sozialistische Gesellschaftsordnung verwirklichen wolle, so Voigt, der müsse eine sozialistische Strategie im Bereich der Europäischen Gemeinschaft entwickeln und verwirklichen. Der stellvertretende Juso-Vorsitzende wies darauf hin, daß „nach den bisherigen Erfahrungen mit den USA die Anwesenheit amerikanischer Truppen in Westeuropa als ständige Bedrohung für sozialistische Transformationsstrategien“ angesehen werden müsse.[487] Die Jusos wollten allerdings auch keine sozialistische Neuordnung Westeuropas unter der Anwesenheit sowjetischer Truppen durchführen, „da ein auf diese Weise installierter Sozialismus nicht ihren Zielvorstellungen entsprechen könnte“.[488] Die Anwesenheit amerikanischer Truppen in Westeuropa sei aber auch für die Mehrheit der Bevölkerung überflüssig, wenn von den Warschauer-Pakt-Staaten offensichtlich keine Gefahr mehr drohe. Dies müsse die UdSSR nicht nur durch Worte, sondern durch ihre Militär- und Rüstungspolitik und ihre Haltung bei den Abrüstungsgesprächen unter Beweis stellen.[489]
Voigt erinnerte die Jusos daran, daß sie bisher keine militär- und sicherheitspolitischen Konzeptionen entwickelt hätten, die in einen inhaltlichen Bezug zu ihren westeuropäischen sozialistischen Strategien gestellt werden könnten. So wie die Jusos 1969 mit ihrer Resolution zur Ostpolitik in großen Teilen den Inhalt der späteren Ostpolitik der sozialliberalen Regierung vorweggenommen hätten, weil diese Resolution realisierbare Forderungen enthalten habe, so müßten die Jusos auch jetzt eine realistische außen- und sicherheitspolitische Konzeption und Strategie für ein sozialistisches Westeuropa entwerfen.[490] Mit einigen groben Strichen skizzierte Voigt eine mögliche sicherheitspolitische Konzeption für die Jungsozialisten: Konzeptionen, die auf einer westeuropäischen Basis unter Ausschluß der USA beruhten, hätten sich bisher als „unrealisierbare oder als gefährliche potentielle Stütze eines neuen westeuropäischen Imperialismus erwiesen“.[491] Die Alternative der Jusos sei „ein neues kollektives Sicherheitssystem in Europa, das die NATO und den Warschauer Pakt ablöst und vom Abzug der Truppen der USA und UdSSR von fremden Territorien in Mitteleuropa begleitet ist“.[492]
Ein erster Schritt zur Entwicklung einer eigenständigen sicherheitspolitischen Konzeption der Jungsozialisten war in Bad Godesberg die Verabschiedung von „Perspektiven einer sozialistischen Sicherheits- und Friedenspolitik in Europa“.[493] Weder vor noch nach der Linkswendung von 1969 hatten sich die Jusos je ausführlicher mit der Sicherheitspolitik beschäftigt. Der Beschluß eröffnete mit der Feststellung, die bisher in Europa praktizierte Sicherheitspolitik habe es nicht vermocht, den Zustand des Unfriedens und der Unsicherheit zu überwinden:

„Eine sozialistische Friedens- und Sicherheitspolitik hat sich daher nicht an der Erhaltung des Bestehenden, also dem Zustand der Abwesenheit von Krieg und direkter

487 Ebenda, S. 11.
488 Ebenda.
489 Ebenda.
490 S. ebenda, S. 4.
491 Ebenda.
492 Ebenda, S. 12.
493 Perspektiven einer sozialistischen Sicherheits- und Friedenspolitik in Europa des ordentlichen Bundeskongresses der Jungsozialisten in Bad Godesberg, 9.–11. 3. 1973, in: Bundesvorstand der Jungsozialisten, Bundeskongreßbeschlüsse, a.a.O., S. 93ff.

Gewalt zu orientieren, sondern darüber hinaus die innergesellschaftlichen Ursachen des Unfriedens zu beseitigen (Schaffung eines ‚positiven Friedens').“[494]

Ferner hieß es, der Kampf für die Rechte der arbeitenden Bevölkerung werde damit „unabdingbare Voraussetzung für die Schaffung einer internationalen Friedensordnung“.[495]
In der „Bestandsanalyse“ der Entschließung wurde der starke Einfluß der sogenannten Kritischen Friedensforschung[496] auf die Juso-Perspektiven deutlich, insbesondere hinsichtlich der Kritik an der Abschreckungspolitik:

„Die Politik der Abschreckung hat sich als Widerspruch in sich herausgestellt. Durch ständige Aufrüstung und Perfektionierung des Drohsystems schafft sie selbst immer wieder die Bedingungen von Unfrieden, die sie zu verhindern vorgibt.“[497]

Eine Verteidigung der Bundesrepublik im herkömmlichen Sinne, so die Jusos weiter, sei aufgrund der vorhandenen Nuklearpotentiale nicht mehr möglich. Auch widersprächen ständig steigende Rüstungsausgaben einer Politik der Entspannung und den Gewaltverzichtsverträgen mit dem Gegner.
Eine weitere zentrale Behauptung der Jungsozialisten lautete, die Integration der Staaten Mitteleuropas in NATO und Warschauer Pakt könne Sicherheit in Mitteleuropa nicht gewähren. Diese Integration verhindere die Möglichkeit, „die Außenpolitik und die Gesellschaftspolitik der jeweils führenden Macht des Bündnisses zu kritisieren“.[498]
Aus diesen und anderen Behauptungen leiteten die Jusos Forderungen für eine sozialistische Sicherheitspolitik ab. Dabei beriefen sie sich geschickt auf das Godesberger Grundsatzprogramm der SPD von 1959 und dessen Aufruf zu einer allgemeinen und kontrollierten Abrüstung. Das Konzept der „arms control“ bzw. „kooperativen Rüstungssteuerung“ dagegen verwarfen die Jusos. Dieses Konzept könne nicht als Beitrag zur Festigung des Friedens in Europa angesehen werden, da es lediglich auf eine kontrollierte Aufrüstung hinauslaufe.[499] Die europäische Konferenz zur Sicherheit und Zusammenarbeit in Europa (KSZE), die sich im Frühjahr 1973 erst im Vorgesprächsstadium befand, werteten die Jungsozialisten bereits als einen ersten Schritt „zur Schaffung eines kollektiven Gewaltverzichts- und Sicherheitssystems und somit einer europäischen Friedensordnung“.[500]

„Die BRD muß in eine europäische Zone der Entspannung einbezogen werden, in der

[494] Ebenda, S. 93.
[495] Ebenda.
[496] Dieter Senghaas war der führende Vertreter der Kritischen Friedensforschung in der Bundesrepublik: S. u. a. Senghaas, Dieter, Abschreckung und Frieden. Studien zur Kritik organisierter Friedlosigkeit, Frankfurt 1972; ders. (Hrsg.), Kritische Friedensforschung, Frankfurt 1972. – Besonderen Einfluß auf die Diskussion bei den Jungsozialisten hatte das Buch: Möller, Walter und Vilmar, Fritz, Sozialistische Friedenspolitik für Europa. Kein Frieden ohne Gesellschaftsreform in West und Ost, Reinbek 1972.
[497] Perspektiven einer sozialistischen Sicherheits- und Friedenspolitik in Europa, a.a.O., S. 93.
[498] Ebenda.
[499] Ebenda, S. 94.
[500] Ebenda.

Atomwaffen und andere Massenvernichtungsmittel weder gelagert noch verwendet werden dürfen (Godesberger Programm). Aus dieser europäischen Zone der Entspannung sind alle fremden Truppen, insbesondere die Truppen der USA und der UdSSR, abzuziehen. Die Bundeswehr hat auf atomare Trägerwaffen zu verzichten."[501]

Die Konsequenz aus den Gewaltverzichtsverträgen mit der UdSSR, Polen und der DDR sei, so eine weitere Forderung der Jusos, die Senkung der Rüstungsausgaben und die Verwendung der freiwerdenden Mittel für Bildung, Gesundheit und Sozialbelange. Darüber hinaus verlangte die SPD-Arbeitsgemeinschaft einen sofortigen Stopp der Devisenausgleichszahlungen an die USA, die Vergabe von Rüstungsaufträgen nur unter „öffentlicher Kontrolle", ein Verbot von Rüstungsexport und Bundeswehrhochschulen sowie die Abschaffung des Prüfungsverfahrens für Wehrdienstverweigerer.[502]

Wenige Wochen nach dem Juso-Kongreß in Bad Godesberg fand der Bundesparteitag der SPD in Hannover statt. Die Jusos, die als Arbeitsgemeinschaft selbst kein Antragsrecht besaßen, brachten ihre sicherheitspolitischen Forderungen vor allem durch einen Antrag von Hessen-Süd zur „Friedens- und Abrüstungspolitik" in die Parteidebatte ein. Zuvor hatte es hierüber auch eine Abstimmung mit der übrigen Parteilinken im „Frankfurter Kreis" gegeben. Der Hessen-Süd-Antrag, dessen Kernpunkt die Forderung nach Einfrieren des Verteidigungshaushaltes war, wurde schließlich von einer relativ knappen Parteitagsmehrheit abgelehnt. In Karsten Voigts Manöverkritik nach dem Ende des Parteitags war zu lesen:

„Selbstkritisch muß festgestellt werden, daß es eine der wesentlichen Schwächen der Parteitagslinken in der Auseinandersetzung mit der Argumentation besonders Willy Brandts und Herbert Wehners über die Höhe des Verteidigungshaushalts und die Rolle der USA war, daß die alternativen Einzelforderungen der Parteitagslinken nicht aus dem Zusammenhang einer für die Mehrzahl der Delegierten überzeugenden und realisierbaren Gesamtkonzeption einer zumindest anders akzentuierten Ost-, West-, Europa- und Sicherheitspolitik entwickelt wurden."[503]

Unter diesen Umständen, so Voigt, habe sich die Diskussion so dargestellt, „daß die Kritik der Linken an den Rüstungsausgaben prinzipiell von allen Rednern (am wenigsten wohl bei Georg Leber) geteilt wurde, jedoch ein Einfrieren des Rüstungsetats für die weit überwiegende Mehrheit der Delegierten noch nicht glaubwürdig widerlegt, als Gefährdung auch der Grundlagen der Politik der Verständigung mit Osteuropa dargestellt wurde".[504] Voigts Nachlese zur sicherheitspolitischen Diskussion auf dem Hannoveraner Bundesparteitag der SPD war also ein Appell an die Jungsozialisten, eine umfassende und konsistente sicherheitspolitische Konzeption zu entwickeln. Die „Resolution" des Godesberger Juso-Kongresses hatte nur Einzelelemente einer solchen Konzeption beinhaltet.

Voigt gab auch gleich den strategischen Rahmen vor, in den eine solche Konzeption gestellt werden sollte: Er sprach von einer „zweiten Phase der Ostpolitik", die von

501 Ebenda.
502 Ebenda.
503 Voigt, Karsten D., Die außenpolitische Diskussion in Hannover, in: Juso, 5–8/1973, S. 11.
504 Ebenda.

einer „möglichen Revision der bisherigen sicherheitspolitischen Konzeptionen“[505] geprägt sein werde.
Zwischen dem Hannoveraner SPD-Parteitag und dem nächsten Juso-Bundeskongreß im Januar 1974 lag ein Ereignis, das das sicherheitspolitische Interesse der Jungsozialisten generell verstärkte und insbesondere ihr Interessenfeld verbreiterte, nämlich der Putsch des chilenischen Militärs gegen Präsident Allende. Michael Müller, Mitglied des Juso-Bundesvorstandes, zog daraus die Konsequenz, die Jusos müßten „die politische Diskussion und Demokratisierung der staatlichen Ordnungsinstanzen“ in der Bundesrepublik vorantreiben. Bundeswehr, Bundesgrenzschutz und Polizei dürften von den Jusos „nicht rechts liegengelassen werden“.[506] Fortan kümmerten sich die jungen Sozialdemokraten nicht nur um die Entwicklung von neuen Sicherheitskonzeptionen für ein demokratisch-sozialistisches Gesamteuropa, sondern auch um die politische Arbeit in der Bundeswehr bzw. mit Bundeswehrangehörigen.
Vor dem Hintergrund des Voigtschen Appells für eine umfassende Sicherheitskonzeption der Jusos und der Ereignisse in Chile nahm es nicht wunder, daß sich der Juso-Kongreß im Januar 1974 noch intensiver mit sicherheitspolitischen Fragen beschäftigte als der Bad Godesberger Kongreß ein Jahr zuvor. In einem von mehreren sicherheitspolitisch relevanten Beschlüssen, der vom Juso-Bundesvorstand angeregt worden war, hieß es:

„Außenpolitisch und innenpolitisch gibt es Anlaß genug, die Anstrengungen zur Entwicklung einer militär- und sicherheitspolitischen Konzeption zu verstärken. Die Konferenzen zur Abrüstung in Wien und über Europäische Sicherheit und Zusammenarbeit in Genf bieten Ansatzpunkte, um in der Diskussion Alternativen zum heutigen Sicherheitskonzept Europas zu entwickeln. Innenpolitisch wird die Frage akut (in der allgemeinen Fragestellung angeregt auch durch die Ereignisse in Chile), weil sich offenbar einige Tendenzen verstärken, Polizei, Grenzschutz, Bundeswehr zum parlamentarisch und öffentlich nicht kontrollierten Staat im Staate werden zu lassen.“[507]

Bisher, so hieß es in dem Beschluß weiter, hätten die Jusos auf diesem Gebiet wenig gearbeitet. Bevor hier nun Beschlüsse gefaßt oder Aktionen angekündigt werden könnten, sei eine sorgfältige Vorbereitung notwendig. Deshalb werde der Bundesvorstand eine sicherheitspolitische Arbeitsgruppe bilden, die für 1974 oder 1975 eine Arbeitstagung vorbereiten solle.[508] Allerdings hatten die Godesberger „Perspektiven einer sozialistischen Sicherheits- und Friedenspolitik in Europa“ bereits wesentliche Elemente einer sicherheitspolitischen Gesamtkonzeption vorweggenommen, und auch in München wurde ein wiederum durch Hessen-Süd initiierter Beschluß gefaßt (Titel: „Zur sicherheits- und friedenspolitischen Situation in Europa“), der keinen Zweifel daran ließ, wohin die Reise gehen sollte, d. h., wie das angestrebte Ziel jungsozialistischer Sicherheitspolitik aussehen sollte:

505 Ebenda, S. 9.
506 Müller, Michael, Lehren aus dem Putsch, in: Juso, 11–12/1973, S. 4.
507 Beschluß Militär- und Sicherheitspolitik des ordentlichen Bundeskongresses der Jungsozialisten in München, 25.–27. 1. 1974, in: Bundesvorstand der Jungsozialisten, Bundeskongreßbeschlüsse, a.a.O., S. 178.
508 Ebenda.

„Eine Änderung der bestehenden Situation und eine Ablösung der NATO und des Warschauer Paktes durch ein kollektives Gewaltverzichts- und Sicherheitssystem, die Schaffung einer europäischen Zone der Entspannung und der Abzug aller fremden Truppen aus dieser Zone – und somit insgesamt eine europäische Friedensordnung – sind notwendige Voraussetzung dafür, daß in der BRD und Westeuropa eine Entwicklung zur sozialistischen Demokratie eingeleitet und durchgesetzt werden kann."[509]

Der gleiche Beschluß forderte den Juso-Bundesvorstand auf, „eine Strategie zu entwikkeln und innerparteilich und öffentlich zu diskutieren", vermittels derer vorangetrieben werden könne:
- die Senkung der Rüstungsausgaben;
- der Abzug fremder Truppen;
- die Auflösung der Militärblöcke und
- eine europäische Friedensordnung.[510]

Folgt man diesem Beschluß, so stand bereits in München Anfang 1974 nicht mehr die Zielformulierung, sondern lediglich die Strategiebestimmung in Frage. Nichts anderes meinte wohl auch die Juso-Vorsitzende Heidemarie Wieczorek-Zeul, wenn sie im Nachgang zu dem Münchner Kongreß darlegte, „daß die Frage der Sicherheitspolitik im Rahmen ihrer (der jungsozialistischen, T. E.) europäischen Strategie präziser gestellt und beantwortet werden muß als bisher, wenn die Jungsozialisten hier die Perspektive für die künftige SPD-Politik entwickeln wollen".[511]

Widersprüchlich war schließlich auch, daß ebenfalls schon in München ein Beschluß zu sicherheitspolitischen Aktionen der Jusos erging, der – folgt man dem gleichzeitigen Beschluß „Militär- und Sicherheitspolitik" – eigentlich noch gar nicht hätte erfolgen dürfen, sondern erst nach sorgfältiger Vorbereitung durch eine vom Bundesvorstand eingesetzte Arbeitsgruppe. Aber die Jusos übersahen die partielle Unvereinbarkeit der beiden Beschlüsse offensichtlich, weil bei ihnen die Kräfte an Boden gewannen, die Taten statt immer nur geschraubte Theorie- und Strategiediskussionen sehen wollten. Angestoßen durch „die Ergebnisse des Weltkongresses der Friedenskräfte 1973"[512] forderten sie in einer von mehreren Bezirksverbänden vorgeschlagenen Resolution „Aktivität zur Veranstaltung einer Abrüstungswoche im Jahre 1974", mit der sie u. a. über die politische Funktion der NATO als „imperialistisches Militärbündnis" und über militaristische und antidemokratische Tendenzen in der Bundeswehr aufklären und „gegen den militärisch-industriellen Komplex im internationalen Maßstab" agitieren wollten.[513]

Schließlich sorgte in München der in dieser Hinsicht sehr rührige Landesverband Baden-Württemberg dafür, daß auf der geplanten sicherheitspolitischen Fachtagung die Beschäftigung mit der Bundeswehr nicht zu kurz kommen würde. In einem vom Kongreß verabschiedeten Antrag forderte der Verband, diese Veranstaltung müsse u. a.

[509] Beschluß zur sicherheits- und friedenspolitischen Situation in Europa, a.a.O., S. 178.
[510] Ebenda, S. 177.
[511] Wieczorek-Zeul, Heidemarie, Sicherheitspolitik als Teil der europäischen Strategie, in: Juso, 2/1974, S. 34.
[512] S. Beschluß Aktionen gegen Rüstungsinteressen in der BRD und Westeuropa, a.a.O., S. 177.
[513] Ebenda.

„die Festlegung von Zielen, Bedingungen sowie Organisationsformen der Jungsozialistenarbeit mit Wehrdienstleistenden und Soldaten“ leisten.[514]
Die Münchner Beschlüsse verlangten die Bildung eines sicherheitspolitischen Arbeitskreises durch den Bundesvorstand. Dieser wurde dann auch nach gut fünfjähriger Pause, zum ersten Mal nach der Linkswendung der Jungsozialisten im Jahre 1969, 1974 gegründet.
Der Arbeitskreis (AK) umfaßte etwa ein Dutzend Mitglieder, von denen die meisten bei der Bundeswehr gedient hatten oder sogar Reserveoffiziere waren. Die einzige Frau des Kreises, gleichzeitig dessen Vorsitzende, war die Juso-Chefin Heidemarie Wieczorek-Zeul. Für die Zusammensetzung des Gremiums waren drei Aspekte maßgeblich: Sachkompetenz, regionale Abdeckung, Gleichgewichtserwägungen hinsichtlich des Verhältnisses von Reformisten und Stamokap-Anhängern.[515]
Dennoch war der AK insgesamt überwiegend reformistisch orientiert. Fraktionskämpfe habe es hier – im Gegensatz zu anderen Juso-Gruppen – nie gegeben, berichtete AK-Mitglied Wolfgang Biermann.[516]
Der Arbeitskreis hatte knapp ein Jahr Zeit, um die bundesweite Facharbeitstagung zur Sicherheitspolitik vorzubereiten. Er konnte, wie Wieczorek-Zeul in einem Ausblick auf die Tagung schrieb, „in der Erarbeitung der Materialien, die von einem überblickbaren Zeitraum bis 1985 ausgehen, auf viele Diskussionsprozesse und -ergebnisse aus Jungsozialistenbezirken zurückgreifen, vor allem aber auf die der Fachkonferenz der baden-württembergischen Jungsozialisten“.[517]
Daß die Jusos mit ihren sicherheitspolitischen Perspektiven das Jahr 1985 anpeilten, hatte seinen Grund in der Diskussion über den Orientierungsrahmen ’85 der Partei. Noch 1974 wurde nämlich angenommen, daß der Orientierungsrahmen auch die langfristige Planung sozialdemokratischer Sicherheitspolitik beinhalten würde, und diese Erwartung „übte einen sinnvollen Zwang auf Jungsozialisten aus, eigene Alternativen in die Parteidiskussion einzubringen“.[518]
Der Arbeitskreis Sicherheitspolitik erarbeitete Papiere zu folgenden drei Komplexen:
- Jungsozialisten und Bundeswehr – Vorschläge zur Demokratisierung;
- Vorschläge zur Umstrukturierung der Rüstungsindustrie;
- Perspektiven sozialdemokratischer Friedens- und Sicherheitspolitik.

Diese Papiere waren zusammengenommen beachtlich umfangreich und detailliert. Diesbezüglich konnten sich allenfalls die Karlsruher Beschlüsse der SPD von 1964 mit ihnen messen.

[514] Beschluß Arbeitstagung zur Sicherheits- und Friedenspolitik, a.a.O., S. 179.
[515] Gespräch mit Reimund Seidelmann am 4. 5. 1984 in Marburg. Arbeit und Zusammensetzung des AK Sicherheitspolitik der Jungsozialisten dokumentieren ausführlich Aktenbestände Karsten D. Voigts im Archiv der sozialen Demokratie (Deposita vom 27. 3. 1983 und 10. 4. 1985). – Die Akten können, mit einer entsprechenden Erlaubnis Voigts, im Archiv eingesehen werden.
[516] Gespräch mit Wolfgang Biermann am 26. 1. 1984 in Bonn.
[517] Wieczorek-Zeul, Heidemarie, Jungsozialisten, Sicherheitspolitik und Bundeswehr, in: Jungsozialisten-Informationsdienst, Nr. 9/1975, S. 2. – Zum Fachkongreß der Jusos in Baden-Württemberg am 19./20. 10. 1974 in Ulm: S. Potyka, Christian, Jusos für Mitbestimmung in der Armee, in: Süddeutsche Zeitung, 19. 10. 1974; ders., Juso-Wehrkunde, in: Süddeutsche Zeitung, 19. 10. 1974.
[518] Wieczorek-Zeul, Jungsozialisten, Sicherheitspolitik und Bundeswehr, a.a.O., S. 1.

Auf die o. a. ersten beiden Komplexe[519] soll hier nicht näher eingegangen werden. Die Betrachtung wesentlicher Aussagen der „Perspektiven“ mag genügen.
Die vom Arbeitskreis Sicherheitspolitik der Jungsozialisten formulierten „Perspektiven“ bauten inhaltlich auf den Kongreßbeschlüssen von 1973 und 1974 auf und präzisierten diese. Der prinzipielle, zielpolitische Denkansatz kam bereits in den ersten beiden Sätzen des Papiers zum Ausdruck:

„Sozialdemokratische Sicherheitspolitik orientiert sich an dem Ziel, die Konfrontation in Europa zu überwinden, die zwischen den Staaten bestehenden Spannungen abzubauen und eine europäische Friedensordnung zu schaffen, die frei von Ausbeutung, Unterdrückung, frei von Drohung oder Anwendung von Gewalt ist. Um dieses Ziel zu erreichen, ist es notwendig, außen- und sicherheitspolitische sowie außenwirtschaftliche und innengesellschaftliche Rahmenbedingungen herzustellen, die eine demokratisch-sozialistische Friedenspolitik ermöglichen und fördern; diese ist mit einer Politik konsequenter Gesellschaftsreform untrennbar verbunden.“[520]

Ausgangspunkt sozialdemokratischer Außen- und Sicherheitspolitik seien nach wie vor die Forderungen des Godesberger Programms, unterstrich das Papier. Davon ausgehend sähen die Jungsozialisten die Notwendigkeit, „die Entspannungspolitik mit neuen Impulsen zu versehen und für die Durchsetzung einer echten Abrüstungspolitik in Mitteleuropa zu sorgen“.[521] Der Entspannungsprozeß müsse insbesondere zwischen der DDR und der Bundesrepublik fortentwickelt werden.
Konkret schlugen die Jusos die Errichtung eines kollektiven Sicherheitssystems in Europa in neun Schritten vor.[522] Weder der Zielvorschlag noch die projektierten Einzelschritte waren wirklich neu. Sie waren sämtlich den sozialdemokratischen Sicherheitskonzeptionen der 50er Jahre entlehnt. Aber erstmals seit dieser Zeit wurden sie von einer wichtigen Arbeitsgemeinschaft der SPD wieder in Form eines umfangreichen und konsistenten Gesamtkonzepts präsentiert; bekanntlich war die Zielvorstellung eines kollektiven Sicherheitssystems schon 1967/68 für kurze Zeit und fragmentarisch in Teilen der SPD-Bundestagsfraktion und der Parteigliederungen debattiert worden. Neu war, daß die Jusos die Wiederbelebung der Konzeption kollektiver Sicherheit deutlich in ihr neosozialistisches Gesamtzielsystem einordneten. Das war weder in den 50er Jahren noch 1967/68 geschehen.
Aus heutiger Sicht ist auch interessant, daß der Juso-Plan zur Errichtung eines kollektiven Sicherheitssystems bereits alle jene Elemente enthielt, die dann später in der sozialdemokratischen Diskussion über eine neue Strategie und – nachfolgend – eine neue Sicherheitspolitik eine wichtige Rolle spielten: angefangen bei der Forderung nach einem Einfrieren der Verteidigungshaushalte in West und Ost über eine Denuklearisierung der Bundeswehrausrüstung und der Strategie bis hin zu atom- und chemiewaffenfreien Zonen in Mitteleuropa.[523] Es wurden auch bereits „begrenzte quantitative und

[519] S. Beschlüsse zur Facharbeitstagung Sicherheits- und Militärpolitik, in: Juso, 2/1975, S. 19–29.
[520] Perspektiven sozialdemokratischer Friedens- und Sicherheitspolitik, in: Juso, 2/1975, S. 29.
[521] Ebenda, S. 33.
[522] Ebenda, S. 33f.
[523] S. ebenda, S. 33.

qualitative" Vorleistungen als Signal an den Warschauer Pakt gefordert,[524] die von der Gesamtpartei vier Jahre später (Berliner Parteitag 1979) als „begrenzte einseitige Leistungen" befürwortet wurden. Wenn einzelne Juso-Bezirke bisher schon einmal mit der Forderung nach NATO-Austritt der Bundesrepublik in die Presse gelangt waren,[525] so machte das Arbeitskreis-Papier jetzt deutlich, „daß die Auflösung der bestehenden Blöcke nur im Laufe eines langen Abrüstungsprozesses" erreicht werden könne. An dessen Ende müsse dann ein neues kollektives Sicherheitssystem stehen.[526] Mittel zur Überwindung beider Militärblöcke würden vor allem zwei- oder mehrseitige Abrüstungsvereinbarungen sein. Das Papier schloß mit den Sätzen:

„Jene Fragen und Probleme, die nicht unmittelbar im täglichen Lebens- und Gesichtskreis der arbeitenden Menschen liegen, dürfen aber nicht nur Diplomaten und Militärs überlassen bleiben. Daher ist der Kampf für eine internationale Friedensordnung untrennbar mit dem Kampf für die Gesellschaftsordnung des demokratischen Sozialismus verbunden."[527]

Die Facharbeitstagung der Jungsozialisten zur Sicherheitspolitik fand am 7./8. Juni in Siegen statt. An ihr nahmen 58 Delegierte aus den Juso-Bezirken teil, von denen immerhin 29 eigene Erfahrungen mit der Bundeswehr gemacht hatten. Die Tagung selbst verlief ohne Überraschungen, da die Papiere des Arbeitskreises von den Delegierten ohne signifikante Veränderungen verabschiedet wurden. In Siegen habe ein glatter Durchmarsch der reformistischen AK-Positionen stattgefunden, bemerkt Reimund Seidelmann, Mitglied des damaligen Arbeitskreises Sicherheitspolitik der Jungsozialisten.[528]

Die unmittelbare öffentliche Reaktion auf die Beschlüsse der Siegener Fachtagung war überwiegend negativ.[529] Der parlamentarische Staatssekretär auf der Hardthöhe, der Sozialdemokrat Hermann Schmidt, nannte die Forderung nach einem kollektiven Sicherheitssystem schlicht „utopisch"[530]. Wesentlich positiver reagierte der Pressedienst der SPD-Parteizentrale.[531] Hier wurde darauf hingewiesen, daß die Jungsozialisten als erster politischer Jugendverband in der Bundesrepublik ein militär- und sicherheitspolitisches Konzept vorgelegt hätten, mit dem man sich in Zukunft auseinanderzusetzen haben werde. Zwar seien die in Siegen verabschiedeten Perspektiven sozialdemokratischer Friedens- und Sicherheitspolitik in der SPD umstritten; dies dürfe jedoch nicht heißen, daß die Sicherheitsexperten der Partei die Arbeitsergebnisse der Siegener Fachtagung als reine Makulatur betrachten könnten:

„Die Jungsozialisten haben eine Reihe von nachdenkenswerten Vorschlägen unterbreitet, die es Wert sind, diskutiert zu werden. Sie haben in Siegen ein neues Arbeitsfeld

524 Ebenda.

525 So forderten z. B. die baden-württembergischen Jungsozialisten im September 1973 den Austritt der beiden deutschen Staaten aus ihren Militärbündnissen: S. Frankfurter Rundschau, 18. 9. 1973.

526 Perspektiven sozialdemokratischer Friedens- und Sicherheitspolitik, a.a.O., S. 34.

527 Ebenda.

528 Gespräch mit Reimund Seidelmann am 4. 5. 1984 in Marburg.

529 Für eine ausgewogene Reaktion: S. Potyka, Christian, Jusos entdecken die Bundeswehr, in: Süddeutsche Zeitung, 13. 6. 1975.

530 Zit. nach Goos, Diethart, SPD und Jusos vor NATO-Kontroverse, in: Die Welt, 18. 6. 1975.

531 S. Japs, Gode, Jungsozialisten entdecken Sicherheitspolitik, in: SPD-Pressedienst, 9. 6. 1975, S. 6.

entdeckt, auf dem die Partei sie nicht alleinlassen darf. Jetzt sind die Verteidigungsexperten der Mutterpartei gefordert, sich mit den Tagungsergebnissen auseinanderzusetzen."[532]

Der SPD-Parteivorsitzende kommentierte die Juso-Perspektiven wenige Tage nach dem Siegener Fachkongreß mit den Worten: „Die jungen Sozialdemokraten – und wer wollte sie deswegen tadeln – sehen manchmal schon einige Jahre weiter."[533]
Nach Siegen kam es zu einer relativ kurzzeitigen Intensivierung der Kontakte zwischen dem Arbeitskreis Sicherheitspolitik der Jungsozialisten und den sicherheitspolitischen Gremien der Mutterpartei. So fand z. B. im November 1975, gemäß einem Auftrag des Bundesgeschäftsführers Holger Börner, ein Gespräch zwischen Vertretern der Fraktionsarbeitsgruppe Sicherheitsfragen und Mitgliedern des Juso-Arbeitskreises Sicherheitspolitik statt, in dem die Siegener Beschlüsse der Jungsozialisten und die entsprechenden Anträge zum Mannheimer SPD-Parteitag diskutiert wurden.[534] Außerdem gelang es den Jungsozialisten nach dem Mannheimer Parteitag, zwei Mitglieder des Arbeitskreises Sicherheitspolitik (Reimund Seidelmann, Manfred Rohde) in die sicherheitspolitische Kommission beim SPD-Parteivorstand zu entsenden. Zuvor (1973–1975) war bereits der Jungsozialist Heinz Kopp Mitglied der PV-Kommission gewesen.
Solange Heidemarie Wieczorek-Zeul Bundesvorsitzende der Jungsozialisten war, bemühte sie sich um enge Kontakte zu den sicherheitspolitisch tätigen Gremien in Partei und Fraktion,[535] – und zwar in dem Sinne, jungsozialistischen Positionen stärkere Geltung in der Gesamtpartei zu verschaffen. In einem Schreiben an den Vorsitzenden der Fraktionsarbeitsgruppe Sicherheitsfragen, Paul Neumann, vom Mai 1976 forderte die Juso-Chefin, Vertreter des Arbeitskreises Sicherheitspolitik der Jungsozialisten künftighin regelmäßig zu den sicherheitspolitischen Informationstagungen und den entsprechenden Geschäftsführertagungen der SPD-Fraktion einzuladen:

„Die institutionelle Absicherung unserer Kooperation würde unserer Auffassung nach sowohl den Jungsozialisten als auch der Partei zum Nutzen gereichen, der bisher geleisteten Arbeit der Jungsozialisten Rechnung tragen und die weitere Zusammenarbeit absichern. Sie würde unserer Auffassung nach vor allem zu einer fruchtbaren Belebung der Diskussion über Sicherheitspolitik als Friedenspolitik in unserer Partei führen."[536]

Dem Begehren der Juso-Bundesvorsitzenden wurde seitens der Fraktion stattgegeben. Betrachtet man die sicherheitspolitischen Aktivitäten der Jusos Mitte der 70er Jahre durch die jungsozialistische Strategie-Brille, so bleibt festzustellen, daß Wieczorek-Zeul in erster Linie innerparteiliche Einflußnahme als Teil der „Doppelstrategie" anstrebte. Und mit diesem Kurs, gewissermaßen dem kürzesten und schnellsten Weg zur Veränderung der sicherheitspolitischen Positionen der Gesamtpartei, hatte sie in den Jahren

532 Ebenda.
533 Willy Brandt in einem Interview mit der Neuen Osnabrücker Zeitung, 12. 6. 1975.
534 S. Informationen der Sozialdemokratischen Fraktion im Deutschen Bundestag, Tagesdienst Nr. 925, 3. 11. 1975.
535 Gespräch mit Michael Forster am 16. 12. 1983 in Bonn.
536 Schreiben Heidemarie Wieczorek-Zeuls an Paul Neumann vom 31. 5. 1976 (Kopie des Schreibens im Archiv d. Verf.).

1975/76 durchaus einigen Erfolg, wie etwa die Entsendung zweier Jungsozialisten in die sicherheitspolitische Kommission des SPD-Parteivorstandes deutlich macht. Aber etwa zeitgleich mit Wieczorek-Zeuls Rückzug aus der Juso-Führung war bereits wieder ein Rückgang des innerparteilichen Einflusses der Jungsozialisten im Bereich der Sicherheitspolitik festzustellen.

Diese Entwicklung war aber sicherlich nur zum Teil auf das Ausscheiden der sicherheitspolitisch sehr aktiven Reformistin aus Hessen-Süd zurückzuführen. Der wichtigere Grund war wohl, daß die Nachfolger Wieczorek-Zeuls auf die zweite Schiene der „Doppelstrategie" setzten, nämlich die außerparlamentarische Mobilisierung. Wie gezeigt wurde, war bereits 1974 bei den Jungsozialisten auf öffentlichkeitswirksame sicherheitspolitische Aktivitäten gedrängt worden, unabhängig von oder neben theoriebefrachteten Debatten in kleinen Expertenzirkeln. Dieser Ansatz, den wir nachfolgend als sicherheitspolitischen Aktivismus bezeichnen wollen, setzte sich 1977 durch.

## 5. Sicherheitspolitischer Aktivismus und Mobilisierung im Rahmen der „Doppelstrategie" (1977–1980)

Auf dem Hamburger Juso-Kongreß im März 1977, auf dem Heidemarie Wieczorek-Zeul sich aus der Juso-Spitze zurückzog, stand erstmals seit 1970 eine kontroverse Personalentscheidung um den Vorsitzenden an. Friedhelm Wollner schrieb im Vorfeld des Kongresses:

„Die Kontrahenten von 1970 (Voigt und Gansel, T.E.) sitzen heute gemeinsam mit ihrem Nachfolger (Roth, T.E.) im Bundestag und versetzen die CDU/CSU durch ihre bloße Anwesenheit in Angst und Schrecken. Dies deutet den Generationswechsel an, der bei den Jungsozialisten stattgefunden hat. Für die jetzt in Spitzenfunktionen nachrückende Juso-Generation ist die Studentenbewegung Geschichte, die sie aus Büchern kennt. Manche der Gruppen und Fraktionen, die alle Generationswechsel überdauert haben, meinen jedoch, in Hamburg sei ein Kurswechsel fällig, der Rost von Reformismus und Integration habe die Organisation befallen und vom rechten linken Wege abgebracht."[537]

Mit der Wahl Klaus-Uwe Benneters, eines Vertreters der Theorie vom Staatsmonopolistischen Kapitalismus (Stamokap),[538] zum Juso-Bundesvorsitzenden trafen die Jusos in der Tat die umstrittenste Personalentscheidung ihrer Geschichte. Dadurch wurde deutlich, daß die Antireformisten in der Juso-Arbeitsgemeinschaft die Oberhand gewonnen hatten.[539] Vor diesem Hintergrund war es auch nicht erstaunlich, daß die Jungsozialisten in Hamburg den Beschluß faßten, sich an den für Ende Mai 1977 geplanten Aktio-

[537] Wollner, Friedhelm, Die Jungsozialisten vor ihrem Kongreß, in: Neue Gesellschaft, 3/1977, S. 246.

[538] Zur Stamokap-Theorie: S. Strasser, Johanno, Zur Theorie und Praxis der Stamokap-Gruppe bei den Jungsozialisten, in: Duve, Der Thesenstreit um Stamokap, a.a.O., S. 101–126.

[539] Vgl. Heimann, Horst, Die „SPD der achtziger Jahre" rückt nach rechts, in: Neue Gesellschaft, 5/1977, S. 404–407.

nen des wesentlich von der DKP gesteuerten Komitees für Frieden, Abrüstung und Zusammenarbeit (KoFAZ) zu beteiligen[540] – und dies, obwohl das SPD-Präsidium am 15. März 1977, nur wenige Tage vor dem Hamburger Juso-Kongreß, eine Beteiligung von Sozialdemokraten an den Aktivitäten von KoFAZ untersagt hatte.[541]

Der Bundesgeschäftsführer der SPD, Egon Bahr, verlangte von den Jungsozialisten kategorisch die Rücknahme des Hamburger KoFAZ-Beschlusses, und diese gaben schließlich, nach tagelangen Auseinandersetzungen, nach.[542] Heidemarie Wieczorek-Zeul schrieb daraufhin im SPD-Pressedienst, eine Mitarbeit im KoFAZ hätte das sicherheitspolitische Profil der Jungsozialisten verwischt. Dies hätte den Jusos seit den Beschlüssen der Siegener Fachkonferenz klar sein müssen. Alle Mitglieder des Arbeitskreises Sicherheitspolitik der Jungsozialisten hätten sich gegen eine Beteiligung an den Aktivitäten des Komitees ausgesprochen. Die ehemalige Juso-Vorsitzende wies darauf hin, daß KoFAZ ganz überwiegend mit Negativ-Forderungen aufwarte („gegen ..."), während doch die Jusos konstruktive Alternativkonzepte zur herkömmlichen Sicherheitspolitik entworfen hätten.[543] Der Text schloß mit einer bemerkenswerten Analyse:

„An dem Konflikt um die Zusammenarbeit mit dem Komitee für Frieden, Abrüstung und Zusammenarbeit wird exemplarisch eine Schwäche von Sozialdemokraten und Jungsozialisten gegenüber Initiativen deutlich, die parallele Forderungen stellen. Eine Schwäche, die von der DKP geschickt genutzt wird, weil der Ablauf meistens so aussieht: Die SPD betreibt keine eigene Mobilisierungs- und Vertrauensarbeit – auch nicht in den zentralen Feldern ihrer eigenen Politik. Jungsozialisten – aber auch andere Jugendliche, die in Fragen der Abrüstung sehr stark moralisch engagiert sind, wollen aktiv werden und schließen sich bereits existierenden Gruppen an – zumal auch die Jungsozialisten meist keine eigenständigen Bewegungen organisiert haben. Arbeitet die DKP dort bereits sehr stark, reagiert die SPD mit der Aufforderung nach Rückzug. Allemal sind Jungsozialisten und SPD dann in der Defensive."[544]

Aus dieser Lageanalyse schloß Wieczorek-Zeul, daß die SPD gemeinsam mit den Jungsozialisten gesellschaftliche Initiativen und Bewegungen schaffen müsse, indem sie die Bevölkerung für ihre zentralen politischen Forderungen mobilisiere.

Eine zweifelsohne katalytische Wirkung auf den angestauten Aktivismusbedarf der Jungsozialisten hatte die im Sommer 1977 überraschend einsetzende Neutronenwaffendiskussion in der Bundesrepublik, in der die Jusos von Anfang an eine uneingeschränkt ablehnende Haltung einnahmen.[545] So kam es dann im Frühjahr 1978 zur

[540] S. Bundesvorstand der Jungsozialisten (Hrsg.), Beschlüsse – ordentlicher Bundeskongreß der Jungsozialisten in der SPD in Hamburg, 18.–20. März 1977, S. 37.

[541] S. die Mitteilung für die Presse des SPD-Vorstandssprechers Lothar Schwartz, in: Sozialdemokraten, Service Presse/Funk/TV, Nr. 117/77, 15. 3. 1977.

[542] Zur SPD-internen Auseinandersetzung um den KoFAZ-Beschluß der Jungsozialisten: S. Bundessekretariat der Jungsozialisten (Hrsg.), Dokumentation zum Beschluß L 3 (Komitee für Frieden, Abrüstung und Zusammenarbeit), Bonn, Juli 1977.

[543] S. Wieczorek-Zeul, Heidemarie, Inhaltliche Differenzen deutlich machen. Mitarbeit im „Komitee" hätte Profil der Jungsozialisten verwischt, in: SPD-Pressedienst, 12. 4. 1977, S. 4ff.

[544] Ebenda, S. 6.

[545] Pressemitteilung der Jungsozialisten vom 19. 7. 1977: „Jungsozialisten gegen Stationierung von Neutronensprengköpfen in der Bundesrepublik".

Gründung von gleich zwei sozialdemokratischen Abrüstungsinitiativen. Eine Initiative, mit dem Namen „Initiative für Frieden, Internationalen Ausgleich und Zusammenarbeit", wurde von dem ehemaligen Juso-Vorsitzenden Karsten Voigt u. a. gegründet und geleitet.[546] Sie sollte nicht nur Sozialdemokraten ansprechen, sondern auch andere, für die außen- und sicherheitspolitischen Zielsetzungen der SPD aufgeschlossene gesellschaftliche Gruppen und Einzelpersonen.

Die zweite Initiative war eine speziell jungsozialistische „Initiative für Frieden und Abrüstung". Hierzu seien bereits seit 1978 Vorüberlegungen im Arbeitskreis Sicherheitspolitik beim Bundesvorstand der Jungsozialisten angestellt worden, hieß es in einer Beschreibung der Initiative durch den Juso-Bundesvorstand.[547] In seiner konstituierenden Sitzung nach dem Hofheimer Juso-Bundeskongreß im Februar 1978 habe der Bundesvorstand „unter dem Eindruck der Diskussionen um den Beschluß des Bundeskongresses 1977 in Hamburg zur Unterstützung des Komitees für Frieden, Abrüstung und Zusammenarbeit, des Drängens etlicher Bezirke und der Diskussion um die Neutronenwaffe"[548] beschlossen, den Arbeitskreis Sicherheitspolitik zu beauftragen, bis zum Juni 1978 eine Plattform für eine Abrüstungsinitiative zu erarbeiten. Bereits im April 1978 konnte der Arbeitskreis ein „Manifest für eine aktive Friedenspolitik" vorlegen, das auf einem bundesweiten Seminar unter Beteiligung auch nicht-jungsozialistischer Gruppen und von Friedensforschern beraten wurde. Danach wurde das Papier vom Juso-Bundesvorstand verabschiedet, der Öffentlichkeit vorgestellt und den Juso-Untergliederungen zugeleitet. Die Zielsetzung der Initiative war, nach Bekunden des Juso-Bundesvorstandes, „mit dazu beizutragen, die sozialen Kräfte zu reorganisieren, die bereits Ende der 60er und Anfang der 70er Jahre die Entspannungspolitik der SPD unter Willy Brandt aktiv mitgetragen und gegen starke gesellschaftliche Widerstände seitens der Reaktion mitdurchgesetzt hatten".[549]

Damit wurde gewissermaßen der sechs Jahre alte Appell Karsten Voigts für eine zweite Phase der Ost- und Entspannungspolitik aufgegriffen, allerdings mit deutlich defensivem Akzent. Denn in der Präambel des Aufrufs zur „Initiative für Frieden und Abrüstung" hieß es, die Erfolge der von Willy Brandt eingeleiteten Entspannungspolitik seien gefährdet, und zwar im wesentlichen durch:

„– die zunehmende Eskalation des Rüstungswettlaufs zwischen den Blöcken
- die Herausbildung neuer militärischer Krisenherde besonders in der Dritten Welt
- die Versuche innerstaatlicher Militarisierung in der Bundesrepublik, den Staaten Westeuropas und den USA seitens konservativer Kräfte".[550]

Von der Sowjetunion und deren immenser konventioneller wie nuklearer Aufrüstung war nicht die Rede. Wie überhaupt für den Aufruf bezeichnend war, daß er zwar

546 S. dazu auch S. 269.

547 S. Funktion und Perspektive der Juso-Initiative für Frieden und Abrüstung, in: Bundesvorstand der Jungsozialisten (Hrsg.), Beschlüsse – Bundeskongreß der Jungsozialisten in Aschaffenburg 30. 3. – 1. 4. '79, Bonn 1979, S. 10.

548 Ebenda.

549 Ebenda.

550 Bundesvorstand der Jungsozialisten (Hrsg.), Aufruf zur Initiative für Frieden und Abrüstung der Jungsozialisten in der SPD: Für eine aktive Friedenspolitik! Schluß mit dem Rüstungswettlauf!, Bonn 1978, S. 1.

generelle Appelle an beide Supermächte richtete, konkret aber nur die USA, die NATO oder „konservative und reaktionäre Politiker in der BRD“ attackierte. Die Jungsozialisten taten sich nach ihrer Reideologisierung Ende der 60er Jahre und der damit einhergehenden Verengung von Politikanalyse auf im wesentlichen ökonomische Fragen schwer, ein objektives Interesse der Sowjetunion an Aufrüstung festzustellen. Dergleichen ließ sich im vorwiegend privatwirtschaftlich organisierten Westen viel leichter ausmachen, und deshalb wurde den USA und der NATO a priori unterstellt, sie seien die Schrittmacher des Rüstungswettlaufs.

Der Juso-Aufruf enthielt neun Appellpunkte: Für den Abbau von Feindbildern! – Gegen die Diskriminierung von Kriegsdienstverweigerern! Für eine aktive Friedenserziehung! – Für die Demokratisierung der Bundeswehr! – Gegen Aufrüstung als Krisenmanagement! – Gegen Imperialismus und militärische Interventionen ...! – Gegen Rüstungsexporte! – Gegen den Export nuklearer Technologien! – Für den Abbau des internationalen Rüstungswettlaufs! – Für eine Zone der militärischen Entspannung in Mitteleuropa![551] Die Initiative war also thematisch durchaus breit gefächert. Wesentliche Punkte der Siegener Beschlüsse wurden aufgegriffen, wenn auch bei weitem nicht so ausgefeilt und planmäßig präsentiert.

Zur Umsetzung der Abrüstungsinitiative entwarf die Juso-Bundesführung eine dreiphasige Strategie:

- Orientierungs- und Qualifikationsphase für die Juso-Organisation;
- Verbreiterungsphase zur Organisation der Bewegung und Stabilisierung des Umfelds unter Erprobung von Kommunikations- und Aktionsformen;
- Mobilisierungsphase, Entfaltung eines gesellschaftlichen Druckpotentials.[552]

Für die Mobilisierungsphase richteten die Jusos ihr Augenmerk insbesondere auf den 1. September 1979, den vierzigsten Jahrestag des Beginns des Zweiten Weltkriegs. Dieses Datum war aber gewissermaßen nur Aufhänger für ihre Aktivitäten, die sich zwar grundsätzlich an alle gesellschaftlichen Gruppen richteten, vor allem aber auf die Veränderung des sicherheitspolitischen Kurses der Gesamtpartei SPD abzielten:

„In der Mobilisierungsphase werden möglichst die Aktivitäten von Ortsvereinen aufgrund der SPD-Initiative und Juso-Aktivitäten miteinander koordiniert.
Bereits Ende 1978 müssen der Organisation Musteranträge zur Vorbereitung des Bundesparteitages 1979 vorliegen. Auf jedem UB-, Bezirks- und Landesparteitag 1979 muß Abrüstung einer der wesentlichen Beratungsgegenstände sein. Die Erarbeitung konkreter Vorschläge für die Aktivierung der Friedenspolitik muß in die Initiative einbezogen werden.“[553]

Die Antragsflut zum Thema Sicherheitspolitik auf dem Berliner SPD-Parteitag 1979 läßt sich sicherlich nicht allein durch die Juso-Aktivitäten erklären. Aber die intensive

[551] Aufruf der Initiative für Frieden und Abrüstung der Jungsozialisten in der SPD, a.a.O.

[552] S. Funktion und Perspektive der Juso-Initiative für Frieden und Abrüstung, a.a.O., S. 11.

[553] Ebenda, S. 12. Für die Mobilisierungsphase gab der Juso-Bundesvorstand 1979 ein recht ausführliches Argumenteheft heraus, das vom Arbeitskreis Sicherheitspolitik (z.T. noch unter Beteiligung der „Erstbesetzung“ des AK von 1974/75) zusammengestellt worden war und sich in seinen Forderungen deutlich an den Siegener Beschlüssen orientierte: Bundesvorstand der Jungsozialisten (Hrsg.), Für Frieden und Abrüstung, Bonn 1979, insbesondere S. 15.

Vorbereitung dieses sicherheitspolitisch wichtigen Parteitags durch die Jungsozialisten auf den verschiedenen Parteiebenen war ein wichtiger Faktor für die „Prominenz" des Themas Sicherheitspolitik in Berlin.

In der Nachrüstungsdebatte des Parteitags waren die sicherheitspolitischen Positionen der Jungsozialisten stark vertreten, insbesondere durch den Juso-Bundesvorsitzenden Schröder, die Ex-Jusos Wieczorek-Zeul, Gansel, Voigt, Gönner und Scherf sowie die seit Anfang der 70er Jahre eng mit den Jusos zusammenarbeitenden Bundestagsabgeordneten Hansen und Coppik.[554] Allerdings vertraten Karsten Voigt und Norbert Gansel in der Nachrüstungsfrage eine differenziertere Position als die übrige SPD-Linke. Voigt z. B. sprach sich nicht uneingeschränkt gegen eine Nachrüstung aus, sondern formulierte, in Abstimmung mit dem „Frankfurter Kreis", Konditionen – z. B. SALT-II-Ratifizierung –, die ihren Vollzug zumindest erschweren sollten.[555]

Demgegenüber brachten die Jusos, die sich ebenfalls mit der übrigen SPD-Linken abgestimmt hatten, einen Antrag folgenden Wortlauts ein:

„1. Der Parteitag stimmt der Produktion und Stationierung der Mittelstreckenraketen nicht zu. Der Parteitag drängt auf sofortige Verhandlungen mit der Sowjetunion unter Einbeziehung der Mitteleuropäischen Staaten im Rahmen von SALT III.
2. Vor Ratifizierung von SALT II wird nicht an weiteren Beschlüssen der NATO über Modernisierung und Umstrukturierung der NATO-Waffensysteme mitgewirkt.
3. Der Vorschlag, 1000 Atomsprengköpfe der NATO aus Westeuropa abzuziehen, wird ausdrücklich als Antwort auf die einseitigen Truppenreduzierungsbeschlüsse der Sowjetunion begrüßt."[556]

Dieser Antrag stand in grundsätzlichem Gegensatz zu den entscheidenden Passagen des PV-Leitantrages. Hier gab es keine Brücken und keine Möglichkeiten für einen Kompromiß. Dennoch erhielt der Juso-Antrag gut ein Drittel der Delegiertenstimmen des Berliner Parteitags. Dies war ein beachtlicher Erfolg und wurde von den Jusos auch so gewertet.

Juso-Vorstandsmitglied Willy Piecyk begrüßte, daß sich die SPD-Linke seit Jahren erstmals wieder qualifiziert vorbereitet und an Inhalten zusammengefunden haben: „40% und mehr, in einer Reihe von Einzelabstimmungen bei den Rüstungs- und Energiebeschlüssen, mit solchen qualifizierten Minderheitsvoten brauchen sich die Jusos nicht zu verstecken."[557] Piecyk erinnerte daran, daß es beim vorhergehenden Parteitag in Hamburg noch nur eine verschwindende Minderheit gewesen sei, die gegen die Vorstandsanträge gestimmt habe.

Praktisch noch bedeutender aber als der relative Erfolg des kompromißlosen Juso-Antrags war die Aufweichung des PV-Leitantrages zur Nachrüstung, die vor allem

[554] S. Protokoll PT 1979, S. 267–350 und 741–832.

[555] S. Initiativantrag I/2 zum Leitantrag des Parteivorstandes „Sicherheitspolitik im Rahmen der Friedenspolitik". – Karsten Voigt verschickte den Initiativantrag vor Beginn des Parteitages an alle Mitglieder des „Frankfurter Kreises" mit der Bitte, „soweit wie möglich diesen Entwurf mit Euren Delegierten vorher zu diskutieren" (Kopie des Anschreibens sowie des Initiativantrags wurden d. Verf. von Karsten Voigt zur Verfügung gestellt).

[556] Initiativantrag I/2 zum Leitantrag des Parteivorstandes „Sicherheitspolitik im Rahmen der Friedenspolitik" (Kopie im Archiv der sozialen Demokratie/FES).

[557] Piecyk, Willy, Die Linke muß ihre Lehren ziehen, in: Juso, 2/1980, S. 17.

durch die Änderungsbegehren Karsten Voigts bewirkt wurde. Denn diese schufen die Grundlage dafür, daß die SPD vier Jahre später die Nachrüstung bedingungslos ablehnen konnte, ohne in Widerspruch zu den Beschlüssen des Berliner Parteitags zu geraten.

**Exkurs: „Getrennt marschieren, vereint schlagen" – verbesserte innerparteiliche Einflußmöglichkeiten durch Zusammenwirken von Alt-Jusos und Jungsozialisten-AG**

Genau betrachtet, taktierte die SPD-Linke bei der Vorbereitung des Berliner Parteitags und während des Parteitags mit verteilten Rollen. Während die Jusos sich bemühten, die SPD-Basis und auch außerparteilich zu mobilisieren, nahmen die bereits etablierten Jungsozialisten bzw. Ex-Jungsozialisten Einfluß auf die inhaltliche Vorbereitung des Parteitags durch die SPD-Führung.

So war etwa Karsten Voigt, der seit seinem Einzug in den Bundestag 1976 und seinem Engagement in der sozialdemokratischen Neutronenwaffendebatte zum informellen Sprecher der Fraktions- und Parteilinken aufgestiegen war, Mitglied in der mit der Erarbeitung des sicherheitspolitischen Leitantrags beauftragten Gruppe um Alfons Pawelczyk. Nachdem diese Gruppe ihre Arbeit beendet hatte, übergab Voigt, der einer der Aktivsten in der Expertengruppe gewesen war,[558] gewissermaßen den Stab linker sicherheitspolitischer Positionen an Gesinnungsfreunde in der Antragskommission, u. a. Heidemarie Wieczorek-Zeul, Hermann Scheer und Willy Piecyk. Hier wurden weitgehende, linker Kritik an der Nachrüstungspolitik Helmut Schmidts entgegenkommende Veränderungen des Leitantrags vorgenommen; wobei die Antragslage, die als Begründung für die geforderten Veränderungen diente, wiederum wesentlich durch die Aktivitäten der Jungsozialisten auf Orts- und Bezirksebene beeinflußt worden war. Dieser Einfluß war deshalb möglich, weil die unteren Parteiebenen Ende der 70er Jahre vielerorts von der ersten „Generation" der ab 1969 reideologisierten Jungsozialisten durchsetzt und wichtige Funktionen besetzt worden waren.[559]

Auf dem Berliner Parteitag setzte sich das Spiel der SPD-Linken mit verteilten Rollen insofern fort, als Voigt mit relativ moderaten Änderungswünschen in bezug auf den Leitantrag aufwartete, während Jusos und „Frankfurter Kreis" einen uneingeschränkt konfrontativen Kurs einschlugen. So konnte die Voigt-Linie schon fast als eine Position der Mitte angesehen werden.

Der Berliner Parteitag 1979, ein Jahrzehnt nach dem dauerhaften Linksruck der Jungsozialisten, ist ein wichtiges Datum für die Untersuchung der Juso-Sicherheitspolitik und ihres Einflusses auf die Gesamtpartei, denn im Kontext dieses Parteitags wird deutlich, daß es eigentlich nicht mehr genügt, den Blick allein auf die SPD-Jugendorganisation zu richten. Hier hat eine Ablösung stattgefunden, ein Wechsel; zwar kein Generationenwechsel im eigentlichen Sinne, aber die „'69er" (z. B. Voigt, Gansel,

[558] Gespräch mit Hans Apel am 12. 6. 1985 in Bonn.

[559] Für eine lebendige und kenntnisreiche Darstellung der Juso-Strategie der Machtergreifung in der SPD in den 70er Jahren: S. Kronawitter, Georg, Mit allen Kniffen und Listen. Strategie und Taktik der dogmatischen Linken in der SPD, Wien/München/Zürich/Innsbruck 1979.

Wieczorek-Zeul, Scheer) sind überwiegend aus Juso-Alter und -Organisation herausgewachsen. Sie haben längst den Marsch durch die SPD angetreten und sind in wichtigen Führungsfunktionen angelangt oder befinden sich doch deutlich auf dem Wege dorthin. Ihre sicherheitspolitischen Positionen sind in der Regel weniger radikal und rhetorisch weniger stark marxistisch eingefärbt als zu Beginn der 70er Jahre, aber auf der Basis der Siegener Beschlüsse bewegen sich die meisten immer noch.

Wesentlich stärker und früher als in den Führungszirkeln der SPD haben sich die „'69er"-Jungsozialisten Ende der 70er Jahre auf den unteren Parteiebenen etabliert. Dies zum Teil als Folge eines natürlichen Generationenwechsels, zum Teil aber auch als Ergebnis einer – wie Kronawitter schreibt – „mit allen Kniffen und Listen" operierenden Machtergreifungsstrategie. Die Ebene der Ortsvereine und Bezirke kann hier allerdings nicht näher untersucht werden. Eine solche Untersuchung würde den Rahmen dieser Arbeit sprengen.

Dritte notwendige Betrachtungsebene ist natürlich nach wie vor die Arbeitsgemeinschaft der Jungsozialisten selbst, die seit 1976/77 kaum noch programmatische Arbeit leistete, sondern sich auf die Mobilisierung möglichst breiter gesellschaftlicher Schichten für die eigenen Zielvorstellungen konzentrierte. Damit sollte die Sicherheitspolitik der Partei und auch der Regierung zur Kursänderung gezwungen werden. Die Zielperspektive war allerdings gegen Ende der 70er Jahre im wesentlichen auf Rüstungsverhinderung beschränkt. Mittel- und langfristige Ziele, wie sie die Jusos in den Jahren 1973–1975 formuliert hatten, traten in den Hintergrund.

Im folgenden sollen nun die Aktionen und Positionen der Jungsozialisten in den frühen 80er Jahren betrachtet werden. Das Verhalten der Alt-Jusos in Parteiführungsfunktionen soll am Rande bzw. in einem abschließenden Exkurs Berücksichtigung finden.

## 6. Die Jungsozialisten als Speerspitze der Abrüstungs- und Friedensbewegung in der SPD (1980–1983)

Die Jungsozialisten waren die erste Arbeitsgemeinschaft in der SPD, die den NATO-Nachrüstungsbeschluß von Dezember 1979 und auch den Doppelbeschluß des Berliner SPD-Parteitags in dieser Frage geschlossen ablehnte. Mit dieser Haltung befanden sie sich zunächst innerparteilich in der Minderheit. Dies zu ändern, ihre ablehnende Position mehrheitsfähig zu machen, war ihr strategisches Ziel in den nächsten Jahren. Daß sie mit diesem Kurs in Konflikt gerieten mit der SPD-Führung, der Politik Kanzler Schmidts und nicht zuletzt verbindlichen Parteitagsbeschlüssen, schreckte die Jusos nicht. Ihr Verhältnis zur Mutterpartei war seit 1969 ein einziger Dauerkonflikt. Indes, die Parteiführung hatte sich praktisch nie dazu aufraffen können, gegenüber den Jungsozialisten hart durchzugreifen, wenn diese sich – wie das sehr häufig vorkam – nicht um Beschlüsse und Programm der Mutterpartei scherten. Der Parteiausschluß des Juso-Vorsitzenden Benneter 1977 war eine Ausnahme; die übrigen Stamokap-Anhänger durften in der SPD verbleiben.

Ende Dezember 1979 marschierte die Sowjetarmee in Afghanistan ein. Das Verhältnis der beiden Großmächte USA und UdSSR verschlechterte sich daraufhin. Entsprechend verringerte sich auch die Aussicht auf neue Rüstungskontrollverhandlungen und die Ratifizierung des SALT-II-Abkommens. In einigen Kreisen in Westeuropa grassierte bald Kriegsfurcht; allerdings nicht wegen der sowjetischen Invasion, sondern wegen der harten Reaktion darauf seitens der Regierung Carter.

Die Jusos reagierten auf die amerikanischen Boykottappelle mit demonstrativen Kontakten zu den Jugendorganisationen der DDR und der Sowjetunion. Auf Einladung der Jungsozialisten besuchte eine Delegation der „Freien Deutschen Jugend" (FDJ) der DDR vom 21. bis 23. März 1980 die Bundesrepublik. In einem gemeinsamen Kommuniqué stellten Jusos und FDJ fest, „daß die Jugendverbände mit ihrem entschiedenen Eintreten für eine Politik des Friedens und der Entspannung, gegen das Wettrüsten, wirksam dazu beitragen können, den Krieg aus dem Leben der Völker auszuschließen".[560] Weiter hieß es in den Kommuniqué:

„FDJ und Jungsozialisten wenden sich gegen den Abbau der Entspannungspolitik zugunsten einer Politik des Kalten Krieges. Sie treten gegen den weiteren Ausbau des Atomwaffenpotentials und für Schritte zu seiner Reduzierung ein. FDJ und Jungsozialisten erblicken in der Eskalation des Wettrüstens eine ernste Gefahr für den Weltfrieden."[561]

Beide Seiten forderten übereinstimmend u. a., Vernichtung aller Arten von Kernwaffen, das Verbot der Produktion der Neutronenwaffe, einen vollständigen Kernwaffenteststopp, einen Ersteinsatzverzicht für Kernwaffen sowie überhaupt ein vollständiges Entwicklungs- und Produktionsverbot für neue Arten von Massenvernichtungswaffen. Natürlich wurde auch die unverzügliche Ratifizierung des SALT-II-Abkommens gefordert.

Abrüstung und Entspannung wurden als Thema für weiteren Meinungsaustausch von FDJ und Jusos vorgesehen. Noch für 1980 wurde die Durchführung eines gemeinsamen Seminars zu diesem Thema geplant. Afghanistan wurde in dem Kommuniqué nicht erwähnt.

Unmittelbar nach diesem Treffen mit der FDJ reiste eine Jungsozialisten-Delegation unter Leitung des Bundesvorsitzenden Schröder nach Moskau und verhandelte dort mit dem Komitee der Jugendorganisationen (KJO) der UdSSR. Im Vordergrund der Gespräche standen „Schlüsselprobleme der gegenwärtigen internationalen Lage, die unmittelbar mit den Aufgaben des gemeinsamen Kampfes für die Festigung des Friedens, Entspannung, Stopp des Wettrüstens und Abrüstung verbunden sind".[562] Speziell zur

[560] Bundesvorstand der Jungsozialisten (Hrsg.), Gemeinsames Kommuniqué zwischen dem Zentralrat der Freien Deutschen Jugend und dem Bundesvorstand der Arbeitsgemeinschaft der Jungsozialisten in der SPD, Bonn, 23. 3. 1980, S. 1.

[561] Ebenda, S. 2f.

[562] Bundesvorstand der Jungsozialisten (Hrsg.), Kommuniqué über den Delegationsbesuch des Bundesvorstands der Jungsozialisten in der SPD bei der Leitung des Komitees der Jugendorganisationen der UdSSR in Moskau und Baku, Moskau, März 1980, S. 1.

Nachrüstungsproblematik ließ sich das gemeinsame Kommuniqué von Jusos und KJO wie folgt vernehmen:

„Beide Seiten gehen von der Erklärung von Leonid Breschnew und Helmut Schmidt im Mai 1978 über das Bestehen eines annähernden militärischen Gleichgewichts aus, das im Ergebnis der Ausführung des Beschlusses der NATO vom Dezember 1979 über Produktion und Stationierung der neuen amerikanischen Mittelstreckenraketen verletzt werden kann, und in diesem Zusammenhang treten das KJO der UdSSR und die Jungsozialisten in der SPD entschieden gegen die Stationierung der eurostrategischen Raketen auf dem Boden Westeuropas ein und sind der Meinung, daß die Verhandlungen über alle Mittelstreckenwaffen in Europa so bald wie möglich aufgenommen werden müssen."[563]

Bezüglich der Vorgänge in Afghanistan enthielt die vierseitige Verlautbarung nur einen einzigen dürren Satz: „Zu den Ereignissen in Afghanistan machten sie (KJO und Jusos, T.E.) ihre unterschiedlichen Auffassungen deutlich."[564]
Die gemeinsamen Erklärungen der Jungsozialisten mit den kommunistischen Jugendorganisationen in der UdSSR und der DDR nur wenige Monate nach dem sowjetischen Einmarsch in Afghanistan waren eine gezielte Provokation an die Adresse der Regierung Schmidt. Sie machten aber auch deutlich, daß die SPD-Jugend ihre Sicherheitspartner eigentlich nicht mehr im Westen, sondern in den Ländern des real existierenden Sozialismus ausmachte. Die SPD-Führung ließ die Jusos gewähren. An deren Provokationen hatte man sich längst gewöhnt.
Am 24. Mai 1980 veranstalteten die Jusos in Köln eine bundesweite Demonstration unter dem Motto „Für Frieden und Demokratie".[565] Rüstungsfragen standen im Mittelpunkt des Aufrufs zu dieser Demonstration. Merkenswert vor allem der Satz: „Politisch gesehen gibt es ein annäherndes militärisches Gleichgewicht zwischen den beiden großen Militärblöcken."[566] Im Grunde ist dieser Satz eine verschleierte Absage an den militärischen Gleichgewichtsbegriff: Zahlen sind unerheblich für die Jungsozialisten; jedenfalls dann, wenn sie neue Rüstungsmaßnahmen der NATO legitimieren könnten. Auch in der Demontage des Gleichgewichtsbegriffs waren die Jusos also der Gesamtpartei zeitlich voraus. In den folgenden Jahren war es dann vor allem Oskar Lafontaine, der die Demontage der Schmidtschen „Strategie des Gleichgewichts" öffentlichkeits- und parteiwirksam weiter vorantrieb.[567]
Ende Mai 1980 fand der erste Bundeskongreß der Jungsozialisten nach dem Berliner SPD-Parteitag statt. Dieser Kongreß verabschiedete den ausführlichsten sicherheitspolitischen Beschluß (Überschrift: „Kriege verhindern, Entspannungspolitik fortsetzen, abrüsten") seit der Siegener Fachtagung im Jahre 1975.
In der Einleitung des Beschlusses konstatierten die Jusos, die internationale Lage habe sich so zugespitzt, daß Krieg zwischen den beiden großen Militärblöcken nicht mehr

[563] Ebenda, S. 2.
[564] Ebenda, S. 3.
[565] Bundesvorstand der Jungsozialisten (Hrsg.), Aufruf zur Demonstration und Kundgebung „Für Frieden und Demokratie" am Samstag, den 24. Mai 1980 in Köln, Bonn 1980.
[566] Ebenda.
[567] Vgl. Lafontaine, Oskar, Das Festhalten an der Gleichgewichtsformel ist absurd, in: Frankfurter Rundschau, 23. 2. 1982.

ausgeschlossen werden könne. Ein solcher Krieg würde wegen der Massenvernichtungsmittel der beteiligten Seiten die totale Vernichtung Mitteleuropas, wenn nicht gar der gesamten Menschheit bedeuten.
Zur langfristigen Absicherung der politischen Entspannung müßten konkrete Schritte der Rüstungsbegrenzung und Abrüstung erfolgen. Rekursierend auf die marxistische Ideologie hieß es in dem Juso-Beschluß weiter:

„Der Kampf um die Fortsetzung der Entspannungspolitik für Frieden und Abrüstung ist eine Grundvoraussetzung für den Kampf um die Durchsetzung der sozialen und politischen Interessen der Arbeiterklasse und für den Sozialismus. Das heißt, zunächst entsprechen Frieden und Abrüstung den historischen Interessen der linken und antimilitärischen Tradition der Arbeiterbewegung. Zugleich ist der Kampf um Frieden und Abrüstung angesichts der riesigen Potentiale an Massenvernichtungswaffen eine Existenzfrage für alle Klassen und Schichten der Gesellschaft, abgesehen vom Bereich des militär-industriellen Komplexes. Diese Ausgangssituation muß in die politische Strategie der Jungsozialisten einbezogen werden."[568]

Zur Hauptursache für die von den Jungsozialisten perzipierte Kriegsgefahr wurde die amerikanische Politik erklärt, die verstärkt nach Erhalt und Ausbau der militärischen Überlegenheit in der Welt strebe und versuche, die Bündnispartner der USA auf denselben Kurs zu zwingen. Die Politik der militärischen Überlegenheit diene den „Interessen einer langfristig militärisch gesicherten Rohstoff- und Energieversorgung durch Ausbeutung der Dritten Welt und dem Profitinteresse einer gigantischen Rüstungsindustrie".[569] Ziel sei die militärische Einkreisung der Sowjetunion. Militärstrategische Argumente müßten zur Begründung von Truppenpräsenz und Interventionen herhalten, „die in Wirklichkeit der Sicherung der Ölpolitik der Multis und der Verhinderung sozialer Umwälzungen in den erdöl- und rohstoffliefernden Ländern dienen sollen". Um der aggressiven Militärpolitik Vorschub zu leisten, würden systematisch die Voraussetzungen der Entspannung zerstört. Und weiter:

„Die Politik der Konfrontation nach außen steht in einem wechselseitigen Verhältnis zur zunehmenden innenpolitischen Repression in etlichen Ländern des Westens.
Die Wiederbelebung überkommener äußerer und innerer Feindbilder durch reaktionäre Kräfte erzeugt die Angst, die zur Anerkennung des Primats aggressiver Militärpolitik zwingen soll."[570]

Mit dieser Charakterisierung der westlichen, vornehmlich der amerikanischen Sicherheitspolitik durch die Jungsozialisten ist gleichzeitig das Feindbild der SPD-Jugend zu Beginn der 80er Jahre umrissen. Es unterscheidet sich kaum von der Perzeption der USA und der NATO durch die Jusos ein Jahrzehnt zuvor, ist allenfalls in seiner theoretischen, „antikapitalistischen" Fundierung noch diffuser. Und wie alle Ideologien zeichnet sich auch die aus marxistischen Versatzstücken bestehende Juso-Ideologie durch einen deutlichen Hang zu Verschwörungstheorien aus.

568 Bundesvorstand der Jungsozialisten (Hrsg.), Beschlüsse – Bundeskongreß der Jungsozialisten in Hannover 30. 5. – 1. 6. '80, Bonn 1980, S. 20.
569 Ebenda.
570 Ebenda, S. 21.

Im Gegensatz zu einem ausgeprägten Feindbild West läßt sich für die Jungsozialisten zu Beginn der 80er Jahre (wie auch schon in den 70er Jahren), durchaus gemäß eigenem Anspruch, kein Feindbild Ost ausmachen. So wurde in dem bereits oben zitierten sicherheitspolitischen Beschluß der sowjetische Einmarsch in Afghanistan milde als „völkerrechtlich unwürdig" gerügt.[571] Die Auswirkung dieses militärischen Akts der UdSSR auf Europa wurde hauptsächlich in der Aufmunitionierung der Befürworter eines Kalten Krieges und einer aggressiven Militärpolitik im Westen gesehen.[572] Für den „Weg zurück in den Kalten Krieg" machten die Jungsozialisten in erster Linie den Nachrüstungsbeschluß der NATO von Dezember 1979 verantwortlich.[573] Die vehemente sowjetische Aufrüstung während der 70er Jahre wurde mit keinem Wort erwähnt, weder in diesem noch in einem anderen Kontext des Beschlusses. Statt dessen wurde viel Verständnis für die „Einkreisungsängste" Moskaus gezeigt.

Ideologische Affinität, d. h. gemeinsame marxistische Wurzeln, sind sicherlich ein wichtiger Grund für die Sorglosigkeit der Jungsozialisten in bezug auf die sowjetische Außen- und Sicherheitspolitik. Daneben aber läßt gerade der Hannoveraner Kongreßbeschluß auch das Fortwirken des traditionellen legalistischen Politikverständnisses in den Reihen der SPD-Jugend deutlich werden, so etwa, wenn von dem Anfang der 70er Jahre zwischen west- und osteuropäischen Staaten geknüpften Vertragsgeflecht behauptet wird, es sei die Grundlage der Entspannungspolitik und *garantiere* Gewaltverzicht, Unverletzbarkeit der Grenzen und Nichteinmischung in innere Angelegenheiten der jeweils anderen Seite.[574] Tatsächlich aber spricht vieles dafür, daß die wechselseitige nukleare Abschreckungsfähigkeit der Großmächte Grundlage der Ost-West-Entspannung war und ist.

Im konkreten abrüstungspolitischen Teil des Hannoveraner Beschlusses zeigte sich, daß sich die Jusos im Frühjahr 1980 bereits mitten in einer militärstrategischen und militärtechnischen Diskussion befanden, die sich natürlich vor allem um das Thema Nachrüstung drehte. So wurde etwa die Pershing-II-Rakete als „Überraschungserstschlagwaffe" bezeichnet, die im Konfliktfall die UdSSR zu Präventivschlägen provozieren würde.[575] Die USA wollten mit der Nachrüstung einen auf Europa begrenzten Atomkrieg möglich machen.[576]

In den folgenden Jahren griff diese Art der Diskussion auf die gesamte Sozialdemokratie über und wie immer, wenn komplizierte militärische Detailfragen von einem sachun-

[571] Ebenda.

[572] Ebenda.

[573] Ebenda.

[574] Ebenda. Vgl. dazu auch den Beitrag des Juso-Bundesvorsitzenden Gerhard Schröder in der Nachrüstungsdebatte des Berliner SPD-Parteitags, Protokoll PT 1979, S. 306: „Zu meiner politischen Selbstachtung als Mitglied dieser Partei ... hat zentral aber immer eine so motivierte Friedenspolitik gehört, daß die Priorität bei der Vertragspolitik liegt und damit verbunden bei dem Vertrauen, daß beide Seiten die Verträge einhalten und daß dadurch die Abwesenheit von politischer Bedrohung begründet ist." – Während am Anfang der Entspannungspolitik der Grundsatz gestanden habe, so Schröder, „die Sicherheit durch Verträge, durch den Moskauer Vertrag und durch andere Verträge, zu gewährleisten und nur daneben auf den militärischen Aspekt zu schauen, im Mittelpunkt jedoch die Vertragspolitik zu sehen", werde der NATO-Nachrüstungsbeschluß diese Rangfolge umkehren (S. 305f.).

[575] Ebenda, S. 22f.

[576] Ebenda, S. 22.

kundigen, aber emotionalisierten Publikum diskutiert werden, war nicht Aufklärung, sondern Verwirrung, gezielte Desinformation und am Ende gar ein gerüttelt Maß Hysterie das Ergebnis.

In Hannover stellten die Jungsozialisten kurz-, mittel- und langfristige Forderungen an die westliche und insbesondere die deutsche Sicherheitspolitik.
Kurzfristig ging es den Jusos um die Verhinderung der Nachrüstung und der Einführung der Neutronenwaffe. Außerdem wurden Verhandlungen über die Reduzierung des Nuklearwaffenpotentials in Europa auch außerhalb der SALT-Verhandlungen gefordert. Die Bundesrepublik müsse jede mögliche Gesprächsebene für dieses Ziel nutzen, z. B. „im Rahmen von Verhandlungen mit der DDR, um einen Stationierungsverzicht von Nuklearwaffen in beiden deutschen Staaten zu vereinbaren".[577]
Dieses entspräche – so die Jungsozialisten – „der spezifischen deutschen Verantwortung für die Sicherung des Friedens in Europa".[578]
Darüber hinaus forderten die Jusos den Verzicht auf die im NATO-Langzeitprogramm von 1978 festgelegte jährliche Steigerungsrate des Verteidigungshaushalts, weil dieses eine „der Friedenspolitik widersprechende Aufrüstungspolitik" bedeute, die Reduzierung des Rüstungshaushalts zugunsten der Entwicklungshilfe und eine gesamteuropäische Abrüstungskonferenz mit dem Ziel von Abmachungen, u. a. über: vertrauensbildende Maßnahmen, Reduzierung der taktischen und euro-strategischen Waffen, Verzicht auf den Ersteinsatz von Nuklearwaffen, Schaffung militärisch verdünnter Zonen entlang der Grenzen zwischen den Blöcken und zu blockfreien Ländern, Schaffung atomwaffenfreier Zonen in Europa.[579]
Mittel- und langfristig wurde außerdem – wie bisher – die „Schaffung eines gesamteuropäischen Sicherheitssystems bei schrittweiser Auflösung der Militärblöcke"[580] angestrebt.
Diese Forderungen waren im Grunde genommen eine Fortschreibung der Siegener Positionen von 1975, wenngleich z.T. in eine andere Begrifflichkeit gekleidet. Beachtenswert ist, daß die Jusos Ersteinsatzverzicht und kernwaffenfreie Zonen forderten, lange bevor diesen Forderungen im Zuge der Nachrüstungsdiskussion ein wichtiger Stellenwert in der Gesamtpartei zugemessen wurde.[581] Auch mit der Forderung nach

[577] Ebenda, S. 24.
[578] Ebenda.
[579] Ebenda.
[580] Ebenda.
[581] Die Forderung nach einem Ersteinsatzverzicht für Kernwaffen begann erst ab Mai 1982, durch einen entsprechenden Vorstoß Egon Bahrs, in der SPD weitere Kreise zu ziehen: S. Bahr, Egon, Die Strategie-Diskussion lohnt. Zu den Überlegungen, auf den Ersteinsatz von Atomwaffen zu verzichten, in: Vorwärts, 22. 4. 1982. Das Ziel einer atomwaffenfreien Zone in Europa fand erst ab 1982, im Vorfeld des Münchner Parteitags, wieder stärkere Resonanz in der SPD. Vorreiter war hier die Hamburger SPD, also der Landesverband von Helmut Schmidt und Hans Apel: S. „Hamburger Kompromiß: Die SPD stimmt in der Sicherheitspolitik gegen Schmidt und Apel", in: Frankfurter Allgemeine Zeitung, 25. 1. 1982; Moniac, Rüdiger, Eine atomwaffenfreie Zone wäre nicht frei von nuklearer Bedrohung. Die Hamburger Parteitags-Beschlüsse bringen der SPD neuen Konfliktstoff, in: Die Welt, 26. 1. 1982.

direkten deutsch-deutschen Abrüstungsverhandlungen waren die Jungsozialisten ihrer Mutterpartei einen Schritt voraus. Die SPD nahm 1984 Verhandlungen mit der SED über chemie- und nuklearwaffenfreie Zonen auf.
Der Hannoveraner Beschluß zur Sicherheitspolitik schloß mit einem Kapitel zur „Mobilisierungsarbeit". Darin wurde die sicherheitspolitische „Doppelstrategie" der Jungsozialisten für die nächsten Jahre festgelegt.
Der Kongreß forderte den neuen Juso-Bundesvorstand auf, „alles in seinen Kräften und Möglichkeiten Stehende zu tun, um die politischen Voraussetzungen in der Bundesrepublik zu schaffen, die eine Realisierung des NATO-Ratsbeschlusses verhindern können".[582] Zu diesem Zweck solle ein Mitglied des Juso-Bundesvorstands hauptsächlich für Frieden und Abrüstung eingesetzt werden. Die Arbeit des Arbeitskreises Sicherheitspolitik müsse noch verstärkt werden. Eine Zusammenarbeit mit Friedensforschungsinstituten sei anzustreben.

„Ziel muß es sein, durch:
eine außerparlamentarische, außerparteiliche Mobilisierungsarbeit jenen Problemdruck zu schaffen, der Vorbedingung ist für
eine innerparteiliche Aufklärungs- und Mobilisierungsarbeit mit dem Ziel, eine Änderung der innerparteilichen Beschlußlage auf Bundesebene herbeizuführen,
letztlich eine Korrektur der offiziellen ‚Sicherheitspolitik' zu erzwingen."[583]

Die Mobilisierungsarbeit der Jungsozialisten intensivierte sich gegen Ende des Jahres 1980. Am 8. November 1980 veranstaltete die SPD-Jugend in Bonn eine zentrale Demonstration unter dem Motto „Gemeinsam für weltweites Abrüsten".[584] Eine Woche später leitete ein von der DKP maßgeblich beeinflußtes Forum in Krefeld die Phase der Abrüstungsappelle an die Bundesregierung ein.[585]
Anfang Dezember gründeten Jungsozialisten aus Ostwestfalen eine eigene Abrüstungsinitiative. Auf einer Pressekonferenz in Bielefeld übergaben sie einen von mehr als 150 sozialdemokratischen Mandatsträgern unterzeichneten Brief an den SPD-Parteivorstand, die SPD-Bundestagsfraktion und Bundeskanzler Helmut Schmidt.[586] Zu den

582 Beschlüsse – Bundeskongreß der Jungsozialisten in Hannover 30. 5. – 1. 6. '80, a.a.O., S. 27.
583 Ebenda, S. 28.
584 Bundesvorstand der Jungsozialisten (Hrsg.), Aufruf „Gemeinsam für weltweites Abrüsten", Bonn 1980.
585 Die Kernforderungen des „Krefelder Appells" an die Bundesregierung waren: „... die Zustimmung zur Stationierung von Pershing-II-Raketen und Marschflugkörpern in Mitteleuropa zurückzuziehen; im Bündnis künftig eine Haltung einzunehmen, die unser Land nicht länger dem Verdacht aussetzt, Wegbereiter eines neuen, vor allem die Europäer gefährdenden nuklearen Wettrüstens sein zu wollen" (Der Appell von Krefeld: Keine Atomraketen in Europa, zit. nach: Apel, Hans (Mitverf.), Sicherheitspolitik contra Frieden? Ein Forum zur Friedensbewegung, Berlin/Bonn 1981, S. 145). Die sowjetische Vorrüstung (SS-20) wurde in dem Appell mit keinem Wort erwähnt.
586 S. Mut für eine bessere Zukunft. Sozialdemokraten appellieren an den SPD-Parteivorstand, die SPD-Bundestagsfraktion, den SPD-Bundeskanzler (Bielefelder Appell), in: Apel, Sicherheitspolitik contra Frieden?, a.a.O., S. 146f.
Etwa zeitgleich mit dem Bielefelder Appell starteten auch Hamburger Jungsozialisten eine Abrüstungsinitiative unter der Überschrift „Stoppt die Aufrüstung – Frieden durch Abrüstung". Der Aufruf wurde sogleich von zahlreichen sozialdemokratischen Bürgerschaftsabgeordneten, SPD-Landesvorstandsmitgliedern, der Vorsitzenden der Arbeitsgemeinschaft sozialdemokratischer Frauen (AsF) und anderen SPD-Mitgliedern unterschrieben: S. „Abrüstungs-Aufruf Hamburger Sozialdemokraten. Rücknahme von Brüssel", in: Die Neue, 12. 12. 1980.

Erstunterzeichnern dieses Bielefelder Appells gehörten neben dem Juso-Bundesvorsitzenden Piecyk und dem Bundessekretär Hartung eine Reihe mehr oder weniger prominenter Politiker der SPD-Linken aus Bundestagsfraktion (u. a. Karl-Heinz Hansen und Manfred Coppik) und Landesverbänden. Darüber hinaus gelang es den Initiatoren des Appells, bekannte Persönlichkeiten des öffentlichen Lebens wie Helmut Gollwitzer, Walter Jens, Heinrich Albertz, Ingeborg Drewitz u. v. a. zur Unterzeichnung des Aufrufs zu bewegen.
Inhaltlich entsprach der Aufruf weitgehend den Juso-Positionen, wie sie etwa auf dem Hannoveraner Kongreß beschlossen worden waren.
Die Adressaten des Appells wurden aufgefordert, dafür Sorge zu tragen, daß

„ohne Verzögerung ... Verhandlungen aufgenommen werden, um die eurostrategischen Waffensysteme in Europa zu begrenzen (miteinander reden statt gegeneinander rüsten);
die Stationierung atomarer Mittelstreckenraketen in Westeuropa durch die Rücknahme des NATO-Beschlusses doch noch verhindert wird;
die Wiener Verhandlungen über den Truppenabbau in Europa beschleunigt und intensiviert werden;
keine Neutronenbombe in der Bundesrepublik stationiert wird;
der Rüstungsétat zugunsten sozialer Investitionen gesenkt wird (soziale Sicherheit statt militärischem Aufwand);
schnellstmöglich eine europäische Abrüstungskonferenz einberufen und durchgeführt wird".[587]

Weiter hieß es in dem Aufruf, man wolle die sozialdemokratische Entspannungspolitik nicht verkommen lassen, nur weil die USA zur globalen Konfrontation zurückkehren wollten und dafür keinen anderen Weg wüßten, als die Bundesrepublik zu einer vorgeschobenen Raketenbasis gegen die Sowjetunion auszubauen. „Unter Mut zur Zukunft verstehen wir die Ablehnung der amerikanischen Zumutung und das Wagnis zur Abrüstung und zum friedlichen Wettbewerb der Systeme."[588]
Zwar hat der von den Jungsozialisten initiierte Bielefelder Appell nie die Bedeutung des überparteilichen Krefelder Appells gewonnen. Aber er war ein erstes deutliches Zeichen dafür, daß sich die Opposition gegen die Sicherheitspolitik Helmut Schmidts nicht auf die „traditionelle" SPD-Linke (zu der man Anfang der 80er Jahre auch die Jungsozialisten rechnen konnte) beschränken ließ. Umgekehrt gelang der Gesamtlinken ein Einbruch in Parteischichten, die sie bisher für ihre sicherheitspolitischen, abrüstungsfixierten Positionen nicht zu gewinnen vermocht hatte.
Knapp sechs Wochen nach Veröffentlichung des Bielefelder Appells hatten nach Aussage des Juso-Vorsitzenden im Parteibezirk Ostwestfalen-Lippe, einer der beiden Hauptinitiatoren des Aufrufs, bereits rund 5000 Sozialdemokraten den Appell gezeichnet.[589] Ein Jahr später meldete die „Deutsche Volkszeitung", schon 30000 SPD-Mitglie-

[587] Mut für eine bessere Zukunft, a.a.O., S. 147.
[588] Ebenda.
[589] S. „Die Diskussion über den Nachrüstungsbeschluß wird in der SPD neu geführt. DVZ-Gespräch mit den Sozialdemokraten Dieter Begemann und Peter Pahmeyer", in: Deutsche Volkszeitung, 22. 1. 1981.

der hätten den Bielefelder Appell unterzeichnet. „Worte und Gedanken des Aufrufs finden sich in einer großen Zahl von Anträgen und Beschlüssen auf allen Ebenen der SPD, von Ortsvereinen bis hin zu Landesparteitagen."[590]
Die Jungsozialisten entfalteten 1981 rege Aktivität, um ihre abrüstungspolitischen Forderungen in der Gesamtpartei fest zu verankern und sukzessive mehrheitsfähig zu machen.[591] Entgegen einer Forderung von Bundesgeschäftsführer Glotz riefen sie im April 1981 dazu auf, den maßgeblich von der DKP beeinflußten „Krefelder Appell" zu unterschreiben. Gleichzeitig wurde von der Bundesregierung die Aufkündigung des NATO-Doppelbeschlusses verlangt. Auf dem SPD-Parteitag im Frühjahr 1982 wollten die Jungsozialisten eine Aufhebung dieses Beschlusses durchsetzen.[592]
Der Widerstand der SPD-Führung gegen das Vorgehen der Jusos war nur lau und halbherzig. Schließlich kündigte Glotz ebenfalls im April 1981 an, die SPD wolle zukünftig eine stärkere Rolle in der Friedensbewegung spielen.[593] Die Jungsozialisten mochten diese behutsame Kursänderung der SPD-Führung nicht zuletzt ihrer hartnäckigen Agitation gegen die Nachrüstung und die Sicherheitspolitik von Bundesregierung und NATO zurechnen. Energische Stimmen gegen die Jungsozialisten waren allenfalls aus der SPD-Bundestagsfraktion zu vernehmen. Aber auch hier handelte es sich eigentlich nur um Einzelstimmen, so etwa, wenn die dem rechten Parteiflügel zugerechnete Bundestagsvizepräsidentin Annemarie Renger den Jusos vorwarf, sie verstießen gegen die Parteistatuten mit ihren Beschlüssen und ihrer Öffentlichkeitsarbeit.[594] Korrekturen durch die Parteiführung seien hier unausweichlich, wenn die SPD nicht ihr Profil verlieren solle. Die Parteiführung indes verstand sich nur zu pflichtgemäßer Formalkritik ohne wirkliche Konsequenzen für die Aktivitäten des SPD-Nachwuchses.
Ein gewisser Höhepunkt des Kampfes der Jungsozialisten gegen die NATO-Nachrüstung und die Sicherheitspolitik des sozialdemokratischen Bundeskanzlers war, wie schon im Vorjahr, der alljährlich stattfindende Juso-Bundeskongreß. Er fand im Juni 1981 in Lahnstein statt. Sicherheitspolitik bzw. der Kampf gegen die NATO-Nachrüstung war das beherrschende Kongreßthema, was seinen Niederschlag fand in einem elfseitigen Beschluß mit der Überschrift „Für eine wirkliche Friedenspolitik – Den NATO-Raketenbeschluß verhindern".[595] Die USA und die „Politik der Stärke" der Regierung Reagan[596] wurden wiederum als vorrangige Bedrohung des Weltfriedens ausgemacht:

[590] „Sozialdemokratische Politik – wohin? Die Initiatoren des Bielefelder Appells zu Rüstung und Sozialabbau", in: Deutsche Volkszeitung, 4. 2. 1982.

[591] Vgl. u. a. Genrich, Claus, Jungsozialisten und Grüne agitieren gegen den NATO-Beschluß, in: Frankfurter Allgemeine Zeitung, 9. 4. 1981; „Nachrüstungsdebatte flaut nicht ab", in: Frankfurter Rundschau, 11. 5. 1981. – Zur Resonanz der Juso-Aktivitäten in der DDR: S. „Jungsozialisten lehnen Hochrüstungskurs ab", in: Neues Deutschland, 3. 2. 1981.

[592] S. „Jungsozialisten werben für Krefelder Appell gegen NATO-Rüstung", in: Die Welt, 29. 4. 1981; vgl. Interview mit dem Bundesvorsitzenden der Jungsozialisten Willi Piecyk, in: Parlamentarisch-Politischer Pressedienst (PPP), Nr. 81, 29. 4. 1981, S. 5f.

[593] Vgl. Glotz, Peter, Die SPD will in der Friedensbewegung eine stärkere Rolle spielen, in: Sozialdemokratischer Pressedienst, 13. 4. 1981.

[594] S. Schelling, Siegmar, Jusos verletzen SPD-Statut. Interview mit Annemarie Renger zu Juso-Beschlüssen, NATO-Nachrüstung und Anti-Amerikanismus, in: Die Welt, 3. 5. 1981.

[595] S. Bundesvorstand der Jungsozialisten (Hrsg.), Beschlüsse – Bundeskongreß der Jungsozialisten in Lahnstein 26.–28. 6. '81, Bonn 1981, S. 3–13.

[596] Vgl. dazu Hoffmann, Die Atompartner Washington–Bonn, a.a.O., S. 323–329.

„Die im Hintergrund stehende Interessen- und Machtpolitik der neuen amerikanischen Administration und deren Grundelemente des Vorrangs des US-Kapitals im In- und Ausland, der Sicherung der Interessen mit allen Mitteln, besonders gerichtet auf die Länder der Dritten Welt, der Stützung von Diktaturen und Militärregierungen sowie die Ausrichtung auf den Sturz demokratischer und sozialistischer Regierungen in den Ländern der Dritten Welt, verbunden mit der Unterdrückung und Bekämpfung von Befreiungsbewegungen, führen neben der Verteilung von Rüstungslasten auf alle NATO-Partner zu einer politischen Formierung des kapitalistischen Westens, wobei politisches Verhalten der Bündnispartner nur akzeptiert wird, wenn sie sich im Sinne von Satelliten an den USA und deren Interessen bzw. Interessendefinition ausrichten. Zielrichtung ist ein monozentrales Bündnissystem unter unangefochtener Führung der USA."[597]

Infolge dieser durchgängig negativen Bewertung der amerikanischen Politik – eine Analyse, die ja nicht grundsätzlich neu war, sondern lediglich verschärfende Akzente durch den Amtsantritt Präsident Reagans gewann – ergab sich für die Jungsozialisten „die Notwendigkeit einer Neuformulierung der europäischen und insbesondere der bundesdeutschen Sicherheitspolitik".[598] Wohin diese Neuformulierung führen sollte, wurde mit der Forderung nach „Aufbau eines europäischen Gegengewichts innerhalb der NATO gegen die USA"[599] konkretisiert. Ansonsten wiederholten die Jungsozialisten in Lahnstein im wesentlichen die Forderungen ihres vorjährigen Kongresses. Sie beschäftigten sich in ihrem Beschluß u. a. mit den Themen Rüstungsexport, Bundeswehr und Demokratie, Kriegsdienstverweigerung und Friedenserziehung. Bemerkenswert ist, daß die Jusos in Lahnstein die Suche nach alternativen Strategien eröffneten und dabei insbesondere wiederum die Gleichgewichtskonzeption kritisierten.[600] Ein Jahr später, auf dem Münchner SPD-Parteitag, war die Forderung nach neuen Strategien in der Gesamtpartei mehrheitsfähig.[601]
Der Juso-Beschluß bestätigte, daß die innerparteiliche Auseinandersetzung auf der Basis des Bielefelder Appells „Mut für eine bessere Zukunft" geführt werden sollte. Im Sinne dieses Appells sollten in allen Ortsvereinen und Unterbezirken Anträge zu Bezirksparteitagen und zum Bundesparteitag 1982 gestellt werden. „Zahlreiche bereits gefaßte Unterbezirksparteitagsbeschlüsse und der Beschluß der AsF zeigen den Fortschritt in der innerparteilichen Diskussion."[602] Der Juso-Bundesvorstand werde Musteranträge in Zusammenarbeit mit den Bezirken und der Parteilinken („Frankfurter Kreis") erstellen und für die entsprechende Information und Koordination zwischen den Bezirken Sorge tragen.[603] Außerdem, so wurde in Lahnstein beschlossen, solle der Juso-Bundesvorstand offene Briefe u. ä. im Rahmen der geplanten Kampagne „Gegen

[597] Beschlüsse – Bundeskongreß der Jungsozialisten in Lahnstein 26.–28. 6. '81, a.a.O., S. 4.
[598] Ebenda.
[599] Ebenda, S. 5. – Vgl. dazu die Überlegungen Horst Ehmkes zur „Selbstbehauptung Europas" drei Jahre später.
[600] Ebenda, S. 7f.
[601] S. dazu S. 219.
[602] Beschlüsse – Bundeskongreß der Jungsozialisten in Lahnstein 26.–28. 6. '81, a.a.O., S. 8.
[603] Ebenda, S. 9.

atomare Aufrüstung" und der Schwerpunktaktionen auf Bezirksebene an die Parteilinke, die Bundestagsfraktion, den Parteivorstand, den Parteirat etc. richten. Entsprechende Artikel für innerparteiliche Medien sollten vorbereitet werden.[604] Natürlich riefen die Jungsozialisten auch zur Teilnahme an der Großdemonstration am 10. Oktober 1981 in Bonn auf.[605]

Auf dem Münchner SPD-Parteitag im April 1982 unterstützten die Jungsozialisten – wiederum in enger Abstimmung mit dem „Frankfurter Kreis", da sie selbst nicht antragsberechtigt waren – einen die Nachrüstung und die Gleichgewichtspolitik strikt ablehnenden Antrag des Landesverbandes Schleswig-Holstein und einen Initiativantrag Oskar Lafontaines und Erhard Epplers, der zumindest ein unbefristetes Stationierungsmoratorium für Mittelstreckenraketen in Europa forderte.[606] Bekanntlich war keiner der beiden Anträge in München direkt erfolgreich. Die Verzögerungstaktik der SPD-Führung verschleierte allerdings die wahren Mehrheitsverhältnisse in der Partei. Unsere Analyse hat ergeben, daß es in München bereits eine strukturelle Mehrheit für einen Ausstieg aus dem NATO-Doppelbeschluß und der „herkömmlichen" Sicherheitspolitik Helmut Schmidts („Strategie des Gleichgewichts") gab.[607]

Ungleich Berlin 1979 spielten Jungsozialisten und Alt-Jungsozialisten in der sicherheitspolitischen Diskussion des Münchner Parteitags keine herausragende Rolle mehr. Die in Berlin von Jusos und anderen Vertretern der Parteilinken geäußerte Kritik an der Sicherheitspolitik von Regierung und NATO hatte, gleich einem Flächenbrand, auf die gesamte Partei übergegriffen, und die Wortführerschaft der sicherheitspolitischen Kritiker war auf prominente Parteifiguren wie Erhard Eppler und Oskar Lafontaine übergegangen. Und Egon Bahr, der zum Abrüstungsexperten der SPD avanciert war, taktierte geschickt zwischen den Fronten. Spätestens ab 1982 wurden die Jungsozialisten als Impulsgeber für innerparteiliche Kritik eigentlich nicht mehr benötigt; jedenfalls ergibt sich dieses Bild in der analytischen Retrospektive. In der Partei hatte sich eine nicht mehr revidierbare Dynamik gegen die Nachrüstung und für eine neue Sicherheitspolitik aufgebaut. Wir können daher an dieser Stelle die Betrachtung der jungsozialistischen Sicherheitspolitik beenden.

Abschließend soll allerdings noch kurz auf die Rolle der „'69er"-Juso-Generation in dem wichtigen sicherheitspolitischen Diskussions- und Wandlungsprozeß der SPD Anfang der 80er Jahre eingegangen werden. Es wurde bereits weiter oben darauf hingewiesen, daß ab Ende der 70er Jahre die Sicherheitspolitik der Jungsozialisten und der Einfluß jungsozialistischer Positionen in der Gesamtpartei ein komplexer Untersuchungsgegenstand wird, weil im Grunde genommen zwei Juso-Generationen betrachtet werden müssen.

Denn ab Ende der 70er Jahre gelangten in zunehmendem Maße ehemals führende Jungsozialisten in wichtige Funktionen der Gesamtpartei, während jungsozialistische Kader die unteren Parteiebenen bereits in starkem Maße durchsetzt hatten. Die Einwirkungsmöglichkeiten der SPD-Linken insgesamt auf die Partei verbesserten sich deshalb

[604] Ebenda.
[605] Ebenda, S. 14.
[606] S. Genrich, Claus, Verzicht auf die Nachrüstung gefordert. Jansen, Lafontaine und Eppler gegen den Kurs des Leitantrags, in: Frankfurter Allgemeine Zeitung, 20. 4. 1982.
[607] Vgl. dazu S. 219.

gegenüber etwa Anfang der 70er Jahre durch das dreieckförmige Zusammenspiel von Alt-Jusos in der Parteispitze und der Bundestagsfraktion, in den regionalen und örtlichen Parteigliederungen und der Arbeitsgemeinschaft der Jungsozialisten erheblich. Signifikante inhaltliche Differenzen zwischen Alt-Jusos und der Jungsozialisten-Arbeitsgemeinschaft hat es, insgesamt gesehen, Anfang der 80er Jahre auf dem Felde der Sicherheitspolitik nicht gegeben. Es überwog eindeutig die Abrüstungsfixierung gegenüber einer Rüstungskontroll- oder gar Gleichgewichtsorientierung.[608] Allerdings ist festzustellen, daß sich Alt-Jungsozialisten in wichtigen Führungs- bzw. Sprecherfunktionen stärker an der offiziellen Parteilinie und der Sicherheitspolitik der sozialdemokratisch geführten Regierung orientierten, was im Grunde genommen nicht erstaunlich ist.
Hier ist Karsten Voigt, der erste Vorsitzende der reideologisierten Jungsozialisten nach 1969, eine bemerkenswerte Ausnahmeerscheinung, die eine gesonderte Würdigung verdient.

### Exkurs: Karsten Voigts Bemühungen um eine rationale Friedensbewegung

Bereits bevor er 1976 für Holger Börner in den Bundestag nachrückte, galt Voigts besonderes Interesse der Sicherheitspolitik.[609] Von Anfang an hielt er auch engen Kontakt zu der 1971 gegründeten Hessischen Stiftung Friedens- und Konfliktforschung, deren Überlegungen und Konzeptionen seine Politik immer stark beeinflußten.
Nach Abschluß der Ostverträge plädierte Voigt für eine zweite Phase der Entspannungspolitik im militärischen Bereich. Diese Forderung wurde in den folgenden etwa zehn Jahren sein Ceterum censeo, das er in unregelmäßigen Abständen immer wieder vorbrachte.
Als Repräsentant der jungen SPD-Linken war Karsten Voigt Antipode des in den konzeptionellen Fußstapfen Helmut Schmidts wandelnden Verteidigungsministers Georg Leber. Daß Leber dem ehemaligen Juso-Vorsitzenden 1976 den Frankfurter Wahlkreis 140 kampflos überlassen mußte,[610] hatte deshalb Symbolcharakter.
In der 8. Legislaturperiode wurde Voigt stellvertretender Obmann der SPD-Fraktion im Auswärtigen Ausschuß des Bundestages. Gleichzeitig war er der informelle Sprecher der vornehmlich im „Frankfurter Kreis" organisierten SPD-Linken in Sachen Sicherheits- bzw. Abrüstungspolitik.[611] Diese Funktion verlieh seiner Stimme in den sicherheitspolitischen Debatten der SPD von Ende der 70er / Anfang der 80er Jahre besonderes Gewicht.

[608] Vgl. Risse-Kappen, Gesellschaftlicher Konsens und internationale Kompatibilität, a.a.O., S. 92–111. – Risse-Kappen unterscheidet in der sozialdemokratischen Sicherheitspolitik drei Hauptströmungen, nämlich Gleichgewichtsorientierung, Rüstungskontroll- und Abrüstungsorientierung, wobei er die Jungsozialisten klar der letztgenannten Richtung zuordnet. Diese Klassifizierung ist jedoch – wiewohl erhellend und zutreffend im Falle der Jungsozialisten – nicht unproblematisch, da die Übergänge vor allem zwischen der zweiten und dritten Richtung fließend sind und die besonders wichtige *Ziel*frage nicht berücksichtigt wird.
[609] Vgl. dazu S. 242–245.
[610] S. dazu etwa Moniac, Rüdiger, Leber, die Generale und die SPD – ein Stück Zeitgeschichte, in: Die Welt, 17. 1. 1977.
[611] Gespräch mit Karsten D. Voigt am 14. 6. 1985 in Bonn.

In der Neutronenwaffendebatte 1977/78 war Karsten Voigt neben Egon Bahr der erste SPD-Bundespolitiker, der Kritik an dieser Waffe und ihrer möglichen Stationierung in der Bundesrepublik anmeldete.[612] Sein Initiativantrag für ein uneingeschränktes Nein zur Neutronenwaffe an den Hamburger Parteitag erhielt immerhin über 30% aller Delegiertenstimmen. Auf dem Hamburger Parteitag war Voigt die hervorragende Figur der Neutronenwaffengegner. Seine Position stimmte nahtlos überein mit der der Juso-Arbeitsgemeinschaft und der übrigen SPD-Linken.[613]
Wie Heidemarie Wieczorek-Zeul bereits einige Monate zuvor, so forderte auch Voigt in Hamburg die Gründung einer sozialdemokratischen Friedens- und Abrüstungsinitiative,[614] um so endlich das innerparteiliche und gesellschaftliche Druckpotential für die zweite Phase der Entspannungspolitik zu schaffen. 1978 wurde auf Betreiben Voigts u. a. die „Initiative für Frieden, internationalen Ausgleich und Sicherheit" (IFIAS) ins Leben gerufen. Karsten Voigt wurde ihr erster Geschäftsführer.[615] In einer Vorstellung der Initiative im sozialdemokratischen Wochenblatt „Vorwärts" kritisierte der ehemalige Juso-Vorsitzende, daß die SPD-Linke die Neutronenwaffendiskussion viel zu emotionalisiert geführt habe. Nach ihrer „kurzatmigen Empörung" über die Neutronenwaffe stehe die Linke nun fast völlig passiv den zahlreichen Waffenmodernisierungen in Ost und West gegenüber, von denen die Neutronenwaffe nur eine einzige wäre.[616] Neue Rüstungsprogramme lägen überall in der Schublade. Voigt machte deutlich, daß es seiner Meinung nach darum gehen müsse, Sicherheitspolitik in der Sozialdemokratie – und vor allem in der SPD-Linken – permanent, rational und kritisch zu diskutieren, um neue Aufrüstung zu verhindern und der militärischen Entspannung in Europa den Weg zu ebnen.
In die Vorbereitung des sicherheitspolitischen Leitantrags für den Parteitag 1979 durch die Parteiführung war Voigt von Anfang an integriert. Über seine Rolle in diesem Kontext wurde bereits an anderer Stelle berichtet.[617] Nach dem Parteitag und dem Doppelbeschluß der SPD in der Frage nuklearer Mittelstreckenwaffen war Voigt darauf bedacht zu verhindern, daß die Ende 1979 aufgeflammte Nachrüstungsdiskussion in SPD und Öffentlichkeit genauso rasch wieder verglimmen würde, wie dies seiner Ansicht nach bei der Neutronenwaffendebatte einige Jahre zuvor der Fall gewesen war.
In einer Nachlese zu den Berliner Parteitagsbeschlüssen schrieb Voigt im Januar 1980, Aufgabe der Sozialdemokraten in Parlament und Regierung werde es in den kommen-

612 S. Voigt, Karsten D., Auswirkungen der Neutronenbombe müssen in der Bundesrepublik diskutiert werden, in: Pressedienst des Bezirksvorstandes der Sozialdemokratischen Partei Hessen-Süd, 15. 7. 1977 („heute" Nr. 89/1977). – Voigts Stellungnahme lag zeitlich noch vor dem Bekanntwerden von Egon Bahrs berühmtem „Vorwärts"-Kommentar, in welchem er die Neutronenwaffe als eine Perversion menschlichen Denkens verdammte: Vgl. dazu Matthée, Volker, Die Neutronenwaffe zwischen Bündnis- und Innenpolitik, Eine Studie über die Verknüpfung nationaler und allianzinterner Willensbildungsprozesse, Bonn/Herford 1985, S. 59.
613 Vgl. Protokoll PT 1977, S. 258ff.
614 Ebenda, S. 92.
615 S. Deutschlandfunk, 31. 5. 1978, 12.20, „Informationen am Mittag", „Karsten Voigt über eine von ihm ins Leben gerufene Friedensinitiative", wiedergegeben in: BPA, Kommentarübersicht, 1. 6. 1978.
616 Voigt, Karsten D., Nie wieder Krieg – Plädoyer wider die Denkträgheit Abrüstungspolitik als Aufgabe demokratischer Sozialisten, in: Vorwärts, 31. 8. 1978.
617 S. dazu S. 255ff.

den Jahren sein, „alles in ihren Kräften Stehende zu tun, damit der politische Vorrang der Rüstungskontrolle bei den Diskussionen in der NATO und den Verhandlungen zwischen Ost und West im Sinne des Berliner Parteitages auch tatsächlich in der politischen Praxis Beachtung findet".[618] Der SPD-Politiker wies darauf hin, „daß der Parteitag durch weitere, über die ursprünglichen Empfehlungen des Parteivorstands und der Antragskommission hinausgehende Änderungen die rüstungskontrollpolitischen Schwerpunkte des Beschlusses weiter verstärkte".[619] (Daß viele der Änderungen auf seine eigene Initiative zurückgingen, ließ Voigt unerwähnt.) So sei in dem Beschluß zur Mittelstrecken-Problematik ausdrücklich festgehalten worden, daß eine Ablehnung des SALT-II-Abkommens durch den amerikanischen Senat eine neue Lage in der Nachrüstungsfrage schaffen würde.

Erstmals habe ein SPD-Parteitag seine ausdrückliche Unterstützung für die „Initiative für Frieden, internationalen Ausgleich und Sicherheit" erklärt.[620] Die Ortsvereine der SPD seien von dem Berliner Parteitag aufgefordert worden, die Bevölkerung vor Ort zu überzeugen, zu mobilisieren und für den Friedensgedanken zu gewinnen. Nicht zuletzt das sachkundige Engagement einzelner Bürger und interessierter Gruppen werde in den kommenden Jahren mit darüber entscheiden, „ob tatsächlich alle Anstrengungen unternommen werden, die Stationierung neuer amerikanischer Mittelstrekkenwaffen durch Verhandlungen überflüssig zu machen".[621] Speziell an die Adresse der eigenen Parteifreunde gerichtet erklärte Voigt:

„Ob die Weichenstellung in den nächsten Jahren in Richtung auf Rüstungskontrolle und Abrüstung oder in Richtung auf eine Wiederbelebung des Kalten Krieges gestellt wird, hängt nicht zuletzt auch davon ab, ob wir jeden Anflug von Resignation überwinden und uns gerade in den vor uns liegenden drei bis vier Jahren zäh und ausdauernd für neue Impulse in der Friedens- und Abrüstungspolitik engagieren.

Nur wer sich nicht mißmutig ins politische Abseits zurückzieht, sondern auf den politischen Vorrang der Rüstungskontrolle und die Verwirklichung der Berliner SPD-Parteitagsbeschlüsse in der politischen Praxis drängt, wird die notwendige politische Weichenstellung in Richtung auf einen sicheren Frieden bei weniger Rüstung beeinflussen können.

Es bleibt weiter unsere Aufgabe, den schrittweisen Ausstieg aus dem Rüstungswettlauf demokratisch möglich zu machen."[622]

Gebraucht werde jetzt eine zweite Phase der Ostpolitik, die vom „Thema der Sicherung des Friedens durch Zusammenarbeit, durch Abrüstung und Rüstungskontrolle" beherrscht sein werde.[623] Wettrüsten und Entspannung könnten nicht beliebig lange nebeneinander herlaufen. Entweder es gelängen in den kommenden Jahren Schritte zur gemeinsamen Begrenzung und Verringerung der Rüstung in Ost und West, oder der

618 Voigt, Karsten D., Schrittweiser Ausstieg aus dem Rüstungswettlauf – Nach dem Berliner Parteitag der SPD, in: Neue Gesellschaft, 1/1980, S. 47.

619 Ebenda.

620 S. ebenda, S. 47f.

621 Ebenda, S. 48.

622 Ebenda.

Mechanismus von Rüstung und Nachrüstung werde neues Mißtrauen und neue politische Konfrontation verursachen.

Voigt warnte vor der Illusion, „daß in den nächsten Jahren aus dem Rüstungswettlauf ein Wettlauf der Abrüstung und aus der bisher üblichen Abfolge von Vorrüstung und Nachrüstung ein neuer Automatismus von Vorleistung und Nachleistung entstehen könnte".[624] Die SPD müsse aber darauf drängen, daß das Gleichgewicht der militärischen Kräfte und Fähigkeiten schrittweise durch Rüstungskontrollvereinbarungen auf ein niedrigeres Niveau gesenkt würde, womit der SPD-Politiker seine prinzipielle Akzeptanz des Gleichgewichtskonzeptes zu erkennen gab.

Sein Plädoyer für eine breitangelegte und permanente sicherheitspolitische Diskussion in der SPD trug Voigt 1980 immer wieder vor, insbesondere in Aufsätzen und Aufsatzserien im sozialdemokratischen „Vorwärts".[625] Dabei stellte er klar, daß er nicht nach einer emotionalisierten Protestbewegung verlangte, sondern nach einer sachkundigen, druckvoll, aber ohne Hysterie agierenden Friedensbewegung. Anläßlich des jährlichen Antikriegstags (1. September) schrieb Voigt im August 1980:

„Unser Engagement für eine aktive Friedens- und Entspannungspolitik hat sich aus einer breiten Oppositionsbewegung der 60er Jahre in eine Regierungspolitik der 70er Jahre verwandelt. Dabei hat sie schrittweise ihren Charakter als politische Reformbewegung verloren. Diese friedenspolitische Reformbewegung gilt es auf der Grundlage einer möglichst *rationalen* sicherheits- und abrüstungspolitischen Diskussion mit dem Ziel eines breiten Engagements neu zu beleben."[626]

Nach der Bundestagswahl im Herbst 1980 verstärkte Voigt sein Engagement für eine „rationale" Friedens- bzw. Abrüstungsbewegung und – im Verbund mit der SPD-Linken – den Druck auf die Regierung Schmidt.

Auf die Initiative Voigts hin schrieben fünfzehn sozialdemokratische Bundestagsabgeordnete am 9. Oktober 1980 einen öffentlichen Brief an Helmut Schmidt, in dem sie dem Kanzler rüstungskontrollpolitische Anregungen für die Koalitionsverhandlungen mit der FDP mit auf den Weg gaben. Schmidt wurde aufgefordert, u. a. am politischen Vorrang der Rüstungskontrolle festzuhalten, auf Verhandlungen für den Bereich der Mittelstreckenwaffen mit dem Ziel einer westlichen Null-Lösung (bei nicht näher definierter Verringerung der sowjetischen Systeme) hinzuwirken und die Nachrüstungsbereitschaft von der SALT-II-Ratifizierung durch den amerikanischen Senat abhängig zu machen.[627]

Gleich zu Beginn des Jahres 1981 ging Voigt in die Offensive. Er war der Ansicht, daß die öffentliche und parteiinterne Diskussion über den Nachrüstungsbeschluß zwangsläu-

[623] Ebenda.

[624] Ebenda, S. 49.

[625] S. dazu z. B. Voigt, Karsten D., Der Kampf um die Bundeswehr. Was kann die demokratische Linke zur Friedenspolitik beitragen?, in: Vorwärts, 12. 6. 1980; ders., Rüstung macht nicht sicherer. Rüstungswettlauf und Verhandlungspolitik: Aufgabe der demokratischen Linken, in: Vorwärts, 19. 6. 1980; ders., Rückkehr der Bombe „N". Für die Neutronenwaffe fehlen die rüstungskontrollpolitischen Konzeptionen, in: Vorwärts, 14. 8. 1980.

[626] Voigt, Karsten D., Friedenspolitik am Scheideweg. Die Garantie des Friedens ist möglich, in: Sozialdemokratischer Pressedienst, Nr. 164, 28. 8. 1980, S. 4 (Hervorhebung d. Verf.).

[627] Der Brief der „Parlamentarischen Linken" wurde abgedruckt in: Frankfurter Rundschau, 5. 11. 1980.

fig neu geführt werden müsse, da wesentliche Grundlagen sich geändert hätten.[628] So war nach Einschätzung des außenpolitischen Sprechers der SPD-Bundestagsfraktion – und hierin sollte er recht behalten – nicht damit zu rechnen, daß der neue amerikanische Präsident Ronald Reagan SALT-II dem Senat zur Ratifizierung zuleiten würde. Außerdem waren die Genfer Vorgespräche zur Begrenzung der nuklearen Mittelstrekkensysteme in Europa nach nur kurzer Zeit abgebrochen worden. Voigt befürchtete, daß es hier nie zu wirklichen Verhandlungen kommen würde. Damit wären dann zwei Voraussetzungen, von denen die SPD auf dem Berliner Parteitag ihre Zustimmung zu dem NATO-Doppelbeschluß abhängig gemacht hatte, nicht mehr erfüllt gewesen.
In der SPD-Bundestagsfraktion forderte Voigt eine Debatte über „die Bilanz und die Konsequenzen der sich verschlechternden Rahmenbedingungen sozialdemokratischer Politik".[629] Darüber hinaus kündigte er an, eine sicherheitspolitische Debatte in der gesamten SPD entfachen zu wollen.[630] Im Frühjahr 1981 veröffentlichte Voigt Aufsatzserien im „Vorwärts" und in anderen Medien,[631] im Sommer erschien sein Buch „Wege zur Abrüstung",[632] bei dessen Vorbereitung die Hessische Stiftung Friedens- und Konfliktforschung wichtige Unterstützung leistete. Kein anderer SPD-Politiker war in den Jahren 1980/1981 so rührig darum bemüht, eine breite sicherheitspolitische Diskussion in der SPD und darüber hinaus zu erzeugen, um so entscheidenden Einfluß zu nehmen auf die Politik der eigenen Regierung und die des Bündnisses. Indes, was sich dann ab 1981 in der Bundesrepublik Deutschland sukzessive als „Friedensbewegung" herausbildete, hatte wenig gemein mit den Vorstellungen des ehemaligen Juso-Vorsitzenden. Im Schlußkapitel seines o. a. Buches schrieb Voigt:

„Wir brauchen eine Friedensbewegung, die sich dadurch politische Einflußchancen erwirbt, daß sie ihr friedenspolitisches Engagement mit einer ebenso großen Bereitschaft zur *rationalen* Auseinandersetzung mit sicherheitspolitischen und militärischen Fragestellungen verbindet. Es gibt nicht nur Sicherheitsängste, es gibt auch Sicherheitsprobleme! Die Wirklichkeit der Waffen in der Welt wird nicht dadurch verändert und überwunden, daß die demokratische Linke diese Wirklichkeit verabscheut und im übrigen die intellektuelle kritische Auseinandersetzung mit sicherheitspolitischen Problemen und Militärstrategien den Konservativen überläßt.[633] ...
Wir benötigen eine qualifizierte kritische Diskussion über Rüstungsplanungen und

[628] Vgl. dazu Mörbitz, Eghard, Neue Debatte über „Grauzone", in: Frankfurter Rundschau, 3. 1. 1981; „Nachrüstungsbeschluß in der Diskussion. Vorstoß von Karsten Voigt zu Mittelstreckenraketen", in: Tageszeitung, 9. 11. 1981.

[629] S. Genrich, Claus, Die SPD streitet über den Nachrüstungsbeschluß der NATO, in: Frankfurter Allgemeine Zeitung, 19. 1. 1981.

[630] Ebenda. – Vgl. auch ders., In der Sicherheitspolitik zieht für Bonn schwerer Sturm aus der SPD auf, in: Frankfurter Allgemeine Zeitung, 27. 1. 1981; Marscheid, Lothar M., Knüppel für des Kanzlers Beine. Helmut Schmidts politischer Spielraum ist auf ein Minimum geschrumpft, in: Rheinischer Merkur, 16. 1. 1981.

[631] S. u. a. Voigt, Karsten D., Vom wehrlosen und gepanzerten Frieden, in: Vorwärts, 23. 4. 1981; ders., Rüstungswettlauf: Vollbremsung im Netz der Verträge, in: Vorwärts, 30. 4. 1981; ders., Für die Abrüstung scheinen Geduld und Entschlossenheit zu fehlen, in: Frankfurter Rundschau, 20. 5. 1981.

[632] Voigt, Karsten D., Wege zur Abrüstung, Frankfurt a. M. 1981.

[633] Ebenda, S. 135 (Hervorhebung d. Verf.).

einzelne Rüstungsprojekte, die über eine nur kurzatmige Kritik an der Höhe der Verteidigungsausgaben hinaus auch militärische und ökonomische Argumente berücksichtigt."[634]

Voigt wollte also beides, eine breitangelegte *und* eine intelligente sicherheitspolitische Debatte. Es zeigte sich bald, daß diese beiden Forderungen unvereinbar waren. Innerhalb wie außerhalb der SPD erhielt die Friedensbewegung ihren großen Zulauf aufgrund alarmistischer, ja apokalyptischer Prognosen bezüglich der Folgen einer Stationierung amerikanischer Mittelstreckenwaffen in Europa.

1981 betraten die großen Vereinfacher und Demagogen auch die Bühne der sicherheitspolitischen Diskussion in der SPD. Dieses waren, allen voran, Oskar Lafontaine, der 1979 in Berlin noch für den Doppelbeschluß gestimmt hatte,[635] und Erhard Eppler. Die Geister, die Voigt jahrelang gerufen hatte, waren nun da, aber sie waren nicht mehr beherrschbar im Sinne der von Voigt geforderten Rationalität. Emontionalität, Wirklichkeitsverweigerung und Hysterie brachen sich Bahn.

Gegen Ende des Jahres 1981 war Voigt in bezug auf die Friedensbewegung bereits von seiner bisherigen Ermunterungs- zu einer behutsamen Eindämmungsstrategie übergegangen, so etwa, wenn er die Forderung nach atomwaffenfreien Zonen in Europa kritisch unter die Lupe nahm[636] oder vor unilateraler Abrüstung warnte. Anfang 1982 bezeichnete er seine früheren Zweifel an der Nachrüstungsentscheidung des Westens als „historisch überholt durch den NATO-Doppelbeschluß",[637] denn man stehe nicht mehr vor dem Beschluß, sondern verhandele auf seiner Grundlage. Damit habe sich gezeigt, daß mit dem rüstungskontrollpolitischen Teil des NATO-Doppelbeschlusses doch Fortschritte erzielt werden könnten.

Aufgrund dieser Einschätzung gehörte Karsten Voigt auf dem Münchner SPD-Parteitag nicht mehr zu den Kritikern des Doppelbeschlusses, sondern – zusammen mit dem Ex-Jungsozialisten Hermann Scheer, mit Egon Bahr und den sozialdemokratischen Regierungsvertretern – zu dessen Verteidigern gegen die Angriffe von Lafontaine/Eppler, der Jungsozialisten sowie der übrigen SPD-Linken.[638] Voigt fürchtete um die innenpolitische wie außenpolitische Glaubwürdigkeit der SPD, wenn die Partei noch während der Verhandlungen aus dem Nachrüstungsteil des Doppelbeschlusses ausstieg und damit die sowjetische Überlegenheit bei den weitreichenden nuklearen Mittelstreckensystemen hinnahm.[639] Damit stellte sich der außenpolitische Sprecher der SPD-Bundestagsfraktion gegen seinen Parteibezirk Hessen-Süd, mit dem er bereits als Juso-Vorsitzender und auch noch 1979 in der Vorbereitung von Parteitagsanträgen eng kooperiert hatte. Im Vorfeld des SPD-Sonderparteitags vom November 1983 plädierte Voigt für ein konditioniertes Nein, d. h., für einen Aufschub des Stationierungsbeginns, um noch

634 Ebenda, S. 137.

635 Gespräch mit Karsten D. Voigt am 14. 6. 1985 in Bonn.

636 S. Voigt, Karsten D., Atomwaffenfreie Zone in Europa. Zwölf Thesen, in: Vorgänge, Dezember 1981, S. 1–3.

637 „Atomwaffenfreie Zone in Europa muß auch panzerfrei sein". Interview der Frankfurter Rundschau mit dem SPD-Abrüstungsexperten Karsten Voigt, in: Frankfurter Rundschau, 13. 1. 1982.

638 S. Voigts Beiträge zur sicherheitspolitischen Diskussion des Münchner Parteitags, in: Protokoll PT 1982, S. 182ff., 364ff., 726ff.

639 Gespräch mit Karsten D. Voigt am 14. 6. 1985 in Bonn.

mehr Zeit für die INF-Verhandlungen in Genf zu gewinnen.[640] Aber die große Mehrzahl der Anträge aus den Parteigliederungen war so eindeutig und kompromißlos gegen *jegliche* Stationierung gerichtet, daß die Voigtsche Position schlicht nicht mehr vermittelbar war – und dies keineswegs nur für die Parteilinke. Auf dem Parteitag selbst unternahm Voigt keinen Versuch, für seine Position zu werben. Statt dessen flüchtete er sich in die Beschreibung des weitgespannten Ziels einer „europäischen Friedensordnung".[641] Dem Parteivorstandsantrag für ein uneingeschränktes Nein zur Nachrüstung stimmte er zu; nicht zuletzt wohl, weil er sonst um seine vielversprechende Parteikarriere hätte fürchten müssen.

Karsten Voigts sicherheitspolitische Linie läßt sich nicht auf einen einfachen Begriff bringen. Unübersehbar ist, daß sein sicherheitspolitisches Denken von Anfang der 70er bis Anfang der 80er Jahre eine bemerkenswerte Entwicklung durchlaufen hat; übrigens in auffälliger Parallelität zur Kritischen Friedensforschung der Voigt sehr nahestehenden Hessischen Stiftung Friedens- und Konfliktforschung.[642] Weitgehend abgelegt hat Voigt im Laufe der Jahre die von ihm Anfang der 70er Jahre gepflegte marxistische und antiamerikanische Rhetorik. Gleichgewichtserwägungen und militärstrategischen Überlegungen öffnete er sich im Laufe seines Wandlungsprozesses, ohne sich jedoch damit zu identifizieren, wie etwa Helmut Schmidt und Georg Leber. Als Konstanten des Voigtschen Sicherheitsdenkens lassen sich ein hoher Idealismus, eine zielpolitische wie legalistische Grundorientierung ausmachen, womit er sich – wie das Kapitel über die langfristigen Zielvorstellungen der Sozialdemokratie deutlich macht – durchaus in der Tradition sozialdemokratischer Sicherheitspolitik befindet. Was Voigt von den Jungsozialisten und der übrigen Parteilinken unterschied, war, daß er das Wort Rüstungskontrolle nicht nur auf den Lippen führte, sondern sich damit auch weitgehend – jedenfalls im Vergleich zur übrigen SPD-Linken – auf das ursprüngliche amerikanische Konzept der „arms control" bezog.[643] Dessen Stabilitätsorientierung vermochte er jedoch nur insofern nachzuvollziehen, als die konkrete politische Umsetzung auf zwei- oder mehrseitige Verhandlungen, Abrüstung oder zumindest Verhinderung zusätzlicher Rüstung hinauslief.

Von daher ist es problematisch, den „Rüstungskontroller" Voigt den „Abrüstern" in der SPD entgegenzusetzen. Die Grenzen sind hier fließend; insbesondere im Hinblick auf die Zielperspektiven. Die eigentlichen Unterschiede betrafen und betreffen die Zeitvorstellungen, d. h. die Frage, ob bzw. welche Zwischenschritte auf dem Wege zur

[640] Ebenda. – Vgl. auch Voigt, Karsten D., Nuclear Weapons in Europe: A German Social Democrat's Perspective, in: Pierre, Andrew J. (ed.), Nuclear Weapons in Europe, Council on Foreign Relations (Europa/America; 1), New York 1984, S. 110.

[641] S. Voigts Redebeitrag auf dem Kölner Sonderparteitag der SPD, in: Protokoll PT 1983, S. 73f.

[642] Vgl. dazu die Auseinandersetzung in „International Security" über den Einfluß der Kritischen Friedensforschung auf die deutsche Friedensbewegung: Herf, Jeffrey, War, Peace and the Intellectuals: The West German Peace Movement, in: International Security, Vol. 10, No. 4 (Spring 1986), S. 172–200 sowie die Entgegnungen von seiten namhafter Friedensforscher, in: International Security, Vol. 11, No. 2 (Fall 1986), S. 193–206. Siehe insbesondere das Schreiben Harald Müllers von der Hessischen Stiftung Friedens- und Konfliktforschung, in dem knapp die Entwicklung Kritischer Friedensforschung in den 70er Jahren skizziert wird (S. 199).

[643] Zur Theorie der „arms control" s. Thränert, Oliver, Rüstungssteuerung und Gradualismus: Möglichkeiten und Grenzen einer alternativen Sicherheitspolitik, München 1986, S. 34–54.

Abrüstung notwendig sind. Aber wenn das Beispiel Karsten Voigt etwas zeigt, so dieses: Massenbewegungen, gleich welcher Art, und intellektuelle Rationalität sind unvereinbar. Im Gegensatz zu Voigt hatte die Mehrheit der Jungsozialisten damit keine Probleme. Sie optierte, fasziniert von der eigenen „Doppelstrategie", für druckvolle Bewegungen. Rationalität wurde, je nach Bedarf, aus marxistischen Versatzstücken hausgemacht.

## 7. Zusammenfassung

Die Mutterpartei trage deutlichere Spuren des jungsozialistischen Aufbruchs der 70er Jahre als die Jugendorganisation selbst, schrieb Anfang 1987 ein Kenner der Jungsozialisten-AG in der SPD.[644] In dieser Beobachtung stecken zwei Aussagen: Zum einen die Feststellung, daß die Jungsozialisten von heute sehr verschieden sind von den aufbegehrenden Jungsozialisten von 1969 und danach (APO-Generation). Zwar sind stark marxistisch eingefärbte Rhetorik und Programmatik immer noch ein besonderes Kennzeichen der SPD-Jugendorganisation, aber diese stellen keine Provokation mehr dar an die Adresse einer gewandelten Partei; sie sind mittlerweile auch gewissermaßen Bestandteil der jungsozialistischen Traditionspflege. Die Ideologisierung der SPD-Jugend in den ausgehenden 60er und beginnenden 70er Jahren ist bis heute nicht rückgängig gemacht worden. Mutterpartei und Öffentlichkeit haben sich daran gewöhnt.
Aber die Einflußnahme und die Anstrengungen zur Einflußnahme auf die Position der Gesamtpartei sind generell in der zweiten Hälfte der 70er Jahre und – nach einer kurzen Revitalisierung der Arbeitsgemeinschaft in der Vorsitzendenzeit Gerhard Schröders – ab etwa 1982 merklich zurückgegangen. Innergemeinschaftliche Richtungsstreitigkeiten und eine Verschlechterung der äußeren Rahmenbedingungen waren die Gründe. Der innerparteiliche Stellenwert der sozialdemokratischen Jugendorganisationen ist heute nicht wesentlich höher einzuschätzen als in den Jahren 1946–1966.
Dies liegt aber nicht zuletzt daran – und damit kommen wir zur zweiten Aussage der o. a. Beobachtung –, daß die „APO-Generation" der Jungsozialisten so erfolgreich war bei ihrem Marsch durch die SPD. Zwar ist die SPD der 80er Jahre keineswegs ein Abklatsch der Juso-Organisation von 1969/70, aber daß die SPD seit einer Reihe von Jahren wieder stärker auf marxistische bzw. sozialistische Positionen rekursiert, ist ebensowenig umstritten wie die Tatsache, daß ehemals führende Jungsozialisten in zunehmendem Maße wichtige Führungsfunktionen in der SPD wahrnehmen. Dies gilt z. B. für alle Juso-Vorsitzenden der Jahre 1969–1980 (mit Ausnahme des aus der Partei ausgeschlossenen Benneter).
Überaus komplex (und im einzelnen hier nicht nachzuzeichnen) gestaltete sich das Dreiecksverhältnis, das sich ab etwa Ende der 70er Jahre zwischen der Arbeitsgemeinschaft der Jungsozialisten sowie Alt-Jungsozialisten in wichtigen Partei-/Fraktionsfunktionen auf Bundesebene und in den Parteiuntergliederungen herausbildete. Der Ein-

[644] S. Fuhr, Eckhard, „Mehr vom Leben – dank Klassenkampf". Die Jungsozialisten und die Erneuerung der SPD, in: Frankfurter Allgemeine Zeitung, 5. 2. 1987, S. 12.

flußverlust der Jungsozialisten-AG wurde durch den synergistischen Effekt dieses mehr oder weniger koordinierten Zusammenspiels der SPD-Linken mehr als wettgemacht.
Die Entwicklung der jungsozialistischen Positionen und Aktivitäten im Bereich der Sicherheitspolitik nach 1969 bietet, so das Ergebnis des vorstehenden Kapitels, eine wesentliche Erklärung für die Wandlungen in der Sicherheitspolitik der Gesamtpartei gegen Ende der sozialdemokratischen Regierungsverantwortung. Eine Zusammenfassung der Ergebnisse im einzelnen:

1. Bis Ende der 60er Jahre gibt es ein signifikantes Auseinanderklaffen sicherheitspolitischer Positionen von Jungsozialisten und Gesamtpartei nicht. Die Jusos machen selbst keine Sicherheitspolitik, sondern sind der Transmissionsriemen der SPD in den Jugend- und Bundeswehrbereich, vor allem hinsichtlich der Betreuung von Wehrpflichtigen. Allerdings sind die Jungsozialisten bereits vor der offenkundigen politischen Wende im Dezember 1969 Vorkämpfer für eine „neue Ostpolitik".
2. Die Reideologisierung der Jungsozialisten, die sich im Sturz der moderaten Juso-Führung im Dezember 1969 manifestiert, zieht auch einen abrupten Bruch mit der Sicherheitspolitik der Mutterpartei nach sich. Jedoch steht in den ersten Jahren der Regierung Brandt nicht die Sicherheitspolitik, sondern die Ostpolitik im Mittelpunkt des außenpolitischen Interesses der Jungsozialisten. Sicherheitspolitik ist in diesen Jahren in ihrem Verständnis Teil einer letztendlich gesellschaftlichen Zielen dienenden Ostpolitik. Übergreifendes Ziel ist die Errichtung eines demokratisch-sozialistischen Gesellschaftssystems in Westeuropa. Sicherheitspolitische Forderungen sind noch ohne konzeptionellen Gesamtzusammenhang, greifen jedoch vor allem auf sozialdemokratische Zielvorstellungen der 50er Jahre zurück (atomwaffenfreie Zone, gesamteuropäisches kollektives Sicherheitssystem etc.). Neu sind hier die stark amerikakritischen bis amerikafeindlichen Einstellungen und Aussagen, deren Ursache die marxistische bzw. marxistisch verbrämte Analyse der amerikanischen Wirtschafts- und Gesellschaftsordnung und des von den USA in Vietnam geführten Krieges darstellt.
3. Mit Abschluß der Ostverträge und nach dem großen Bundestagswahlerfolg von 1972 fordern die Jungsozialisten eine „zweite Phase der Ostpolitik", in der die sicherheitspolitische Landschaft Europas von Grund auf verändert werden soll. Treibende Kraft ist hier vor allen anderen Karsten Voigt. Die Anfang der 70er Jahre noch junge Kritische Friedensforschung in der Bundesrepublik Deutschland übt wichtigen Einfluß auf die sicherheitspolitische Ziel- und Strategiediskussion bei den Jungsozialisten aus.

   1974/75 erarbeitet eine Arbeitsgruppe unter der Leitung der Juso-Vorsitzenden Heidemarie Wieczorek-Zeul eine eigenständige sicherheitspolitische Konzeption für die SPD-Jugendorganisation, die im Juni 1975 in den sogenannten Siegener Beschlüssen zusammengefaßt wird. Diese ist im Kern auf die Auflösung der Militärbündnisse in Ost und West und die Errichtung eines kollektiven Sicherheitssystems ausgerichtet. Die Supermächte sollen sich aus West- und Mitteleuropa zurückziehen und so den Weg freigeben für eine demokratisch-sozialistische Gesellschaftsordnung in den dortigen Ländern. Militärische Abrüstung soll diesen Zustand herbeiführen, wobei die Abschaffung oder zumindest Reduzierung von Kernwaffen (z. B. über die alte SPD-Forderung nach atomwaffenfreien Zonen in Mitteleuropa) im Mittelpunkt steht. Die Jungsozialisten versuchen, diesen Vorstellungen innerparteilich Geltung zu verschaffen, indem sie in Parteigremien wie die PV-Kommission Sicherheitspolitik drängen.

4. Auch in der Sicherheitspolitik verfolgen die Jusos eine „Doppelstrategie" innerparteilicher Einflußnahme und außerparteilicher Mobilisierung für ihre Zielvorstellungen. Mit dem sukzessiven Herauswachsen der theorielastigen APO-Generation aus Juso-Alter und -Arbeitsgemeinschaft und den Siegener Beschlüssen als programmatischem Fundament steigert sich in der zweiten Hälfte der 70er Jahre der Aktivismusbedarf der Jungsozialisten. KoFAZ- und Neutronenwaffendiskussion im Jahre 1977 zeigen dies an. 1978 verabschieden die Jusos ein abrüstungspolitisches Manifest, in dem sie eine mehrphasige innerparteiliche wie außerparteiliche Mobilisierungskampagne für ihre Ziele niederlegen.
5. In die Implementierung dieses Programmes hinein beginnt 1979 die Nachrüstungsdiskussion, in der die Jungsozialisten von Anfang an eine uneingeschränkt negative Haltung zur möglichen Stationierung neuer amerikanischer Mittelstreckensysteme in Westeuropa einnehmen.
   In den Jahren 1980–1982 nimmt das Ziel Verhinderung westlicher Nachrüstung im politischen Zielkatalog der Jungsozialisten absolute Priorität ein. Sie bilden die Speerspitze der Friedensbewegung in der SPD, ungeachtet der damaligen Partei- und Regierungslinie. Politische Schlagkraft erhält die Mobilisierungsstrategie und Anti-Nachrüstungsagitation der Jungsozialisten durch das mehr oder weniger koordinierte Zusammenwirken mit Alt-Jusos auf Bundes-, Landes-, Bezirks- und Ortsebene. Diese Konstellation wird möglich, weil das außen- und sicherheitspolitische Vordenken der Jungsozialisten Anfang bis Mitte der 70er Jahre zumindest – wie auch Karsten Voigt meint – das Bewußtsein der jungen SPD-Generation geprägt hat.[645]

Die von der APO stark beeinflußten Jungsozialisten von 1969 wurden zwar nicht, wie sie selbstbewußt proklamierten, die SPD der frühen 80er Jahre, aber sie drückten der Partei noch zu Zeiten der sozialliberalen Regierungskoalition unverkennbar ihren außen- und sicherheitspolitischen Stempel auf; vor allem im Hinblick auf äquidistantes, ja teilweise sogar offen antiamerikanisches, antinukleares und legalistisches Denken.

[645] Gespräch mit Karsten D. Voigt am 14. 6. 1985 in Bonn.

## Ergebnisse und Schlußbetrachtungen

„Die Gleichgewichtspolitik gehorcht einer Regel des gesunden Menschenverstandes, sie entspricht der Klugheit, die für die Staaten notwendig ist, welche ihre Unabhängigkeit bewahren und nicht der Willkür eines anderen Staates ausgesetzt sein möchten, der über unwiderstehliche Mittel verfügt."[646]

Diesen Satz Raymond Arons aus dessen großen Werk „Frieden und Krieg" stellte Helmut Schmidt 1969 seinem Buch „Strategie des Gleichgewichts" gleichsam als Motto voraus. Wie Aron und die anderen Vertreter der Realistischen Schule so war auch der damalige SD-Fraktionsvorsitzende nicht geneigt, den Gleichgewichtsbegriff rein militärisch-numerisch zu definieren. Und wie der französische Philosoph so hat auch der deutsche Sozialdemokrat den Standpunkt vertreten, es müsse der Versuch unternommen werden, die Rüstungskonkurrenz zwischen Ost und West durch vertragliche Vereinbarungen einzuhegen. Schließlich aber herrschte auch Übereinstimmung darüber vor, daß solche Schritte nur dann vernünftig seien und zu mehr Sicherheit führen könnten, wenn sie das Gleichgewicht der Kräfte nicht gefährdeten.
In der Konsequenz dieses Denkansatzes liegt, das Gleichgewicht dort, wo es in ein politisch wirksames Ungleichgewicht umzuschlagen droht – wann dieser Punkt erreicht ist, ist weniger eine Frage von Zahlen als der Perzeption politischer Eliten –, durch eigene Anstrengungen wieder aufzurichten. Vertragspolitik in Gestalt von Rüstungskontroll- oder gar Abrüstungsabkommen mag hier das bevorzugte Instrument sein. Dahinter muß aber deutlich erkennbar die Bereitschaft vorhanden sein, notfalls auch durch einseitige militärische Anstrengungen das Gleichgewicht der Kräfte aufrechtzuerhalten bzw. wiederherzustellen.
Helmut Schmidt hat sich zwei Jahrzehnte lang bemüht, diese seine Sicherheitsphilosophie in der deutschen Sozialdemokratie fest zu verankern. Er ist damit letztlich gescheitert. Dies ist die eigentliche Bedeutung des SPD-Sonderparteitages von Köln 1983, auf dem es vordergründig um die NATO-Nachrüstung ging, und der nachfolgenden Parteitage von Essen (1984) und Nürnberg (1986).
Es mochte in den Jahren sozialdemokratischer Regierungsverantwortung zeitweilig so scheinen, als stehe die Partei fast geschlossen hinter der Gleichgewichtspolitik Helmut Schmidts. Aber dieses Bild täuschte. Als sich die Bundesrepublik Ende der 70er Jahre aufgrund der globalen und auf Europa bezogenen Kräfteverschiebungen vor wichtige nukleare Rüstungsentscheidungen gestellt sah, bröckelte die Zustimmung der SPD zur „Strategie des Gleichgewichts" des sozialdemokratischen Kanzlers sehr rasch ab. Sie entpuppte sich weitgehend als Lippenbekenntnis, das der ersten wirklichen Belastungsprobe nicht standhielt.
Die Anhängerschaft für eine nüchterne Gleichgewichtspolitik ist in der SPD immer eine kleine Minderheit gewesen. Ihr Sprecher und Vordenker war – nach dem frühen Tod von Fritz Erler Anfang 1967 – fraglos Helmut Schmidt. Neben ihm sind vor allem noch Georg Leber und Hans Apel, die beiden Schmidt-Nachfolger als Verteidigungsminister, als prominente Verfechter des Gleichgewichtsgedankens zu nennen. Auch bei den wenigen Verteidigungsexperten der SPD-Bundestagsfraktion (AG Sicherheitsfragen) fand die Gleichgewichtspolitik Unterstützung.

[646] Aron, Frieden und Krieg, a.a.O., S. 156.

Es drängt sich hier natürlich die Frage auf, wieso eine Minderheit gut zwanzig Jahre lang den sicherheitspolitischen Kurs der Gesamtpartei SPD bestimmen konnte. Die Antwort, zu der im übrigen nicht nur diese Arbeit gelangt ist,[647] lautet: Eine außen- und sicherheitspolitische „Strategie des Gleichgewichts" war die unabdingbare Voraussetzung für die Erlangung der Regierungsfähigkeit der SPD auf Bundesebene.

Regierungsfähigkeit und Übernahme der Regierungsmacht in Bonn wurde Ende der 50er/Anfang der 60er Jahre zum alle programmatischen Erwägungen überragenden Ziel der SPD-Führung. Deshalb wurde die Gleichgewichtspolitik auch von jenen unterstützt, die sich mit dieser nüchternen Konzeption und dem dahinterstehenden Menschenbild im Sinne des politischen Realismus nicht zu identifizieren vermochten. (Erleichtert wurde die damalige außen- und sicherheitspolitische Umorientierung der SPD ohne Zweifel durch die wenig subtile, konfrontative West- und Deutschlandpolitik des sowjetischen Generalsekretärs Chruschtschow.)

Spätestens Anfang der 80er Jahre aber, nach gut eineinhalb Jahrzehnten ununterbrochener Partizipation an der Regierung, wurde dem Ziel Regierungsfähigkeit bzw. Erhalt derselben in der Sozialdemokratie kein überragender Eigenwert mehr beigemessen; weder in der SPD-Führung (mit der Ausnahme von Herbert Wehner) noch auf den mittleren und unteren Funktionärsebenen der Partei. Die „Strategie des Gleichgewichts", die viele Sozialdemokraten schon immer als der Partei wesensfremd empfunden haben mochten, wurde abgeschüttelt. An ihre Stelle trat die „Doktrin der gemeinsamen Sicherheit" (Egon Bahr), die sich machtpolitischer Instrumente im Verhältnis zur östlichen Großmacht weitgehend begibt und statt dessen auf deren – höherer Einsicht in die gemeinsamen Überlebensinteressen beider Seiten entspringenden – Kooperationswilligkeit setzt. Diese Konzeption ist mit dem idealistischen Grundcharakter der deutschen Sozialdemokratie fraglos eher vereinbar als die rationale und pragmatische „Strategie des Gleichgewichts".

Nun wäre es freilich verfehlt, die Frage nach den Ursachen für den Wandel der SPD-Sicherheitspolitik Anfang der 80er Jahre mit Verweis auf die Regierungsmüdigkeit der Partei beantworten zu wollen. Vielmehr ist es so gewesen, daß das Argument „Regierungsfähigkeit" keine parteidiziplinierende Funktion mehr wahrnehmen konnte und deshalb die auf Veränderung drängenden Kräfte zum Durchbruch gelangten. Die eingehende Untersuchung dieser Kräfte bzw. Faktoren des Wandels war das Hauptanliegen der vorliegenden Arbeit, nicht die Darstellung der nuklearwaffenzentrierten innerparteilichen Diskussion zwischen 1977 und 1982/83. Denn die Nuklearwaffenproblematik hat den Paradigmenwechsel der offiziellen sozialdemokratischen Sicherheitspolitik – von der „Strategie des Gleichgewichts" hin zur „Doktrin der gemeinsamen Sicherheit" – nicht verursacht, sondern nur beschleunigt.

Die hohe Emotionalität, die von Fragen der Nuklearrüstung und Nuklearstrategie ausgeht, hängt damit zusammen, daß Nuklearwaffen von einer großen Mehrheit der Sozialdemokraten – und nicht nur von diesen – als höchste Ausdrucksform einer prinzipiell verabscheuten militärischen Machtpolitik angesehen wurden und werden. Die Frage nach den Ursachen des Wandels muß also tiefer gehen und darf nicht haltmachen

[647] Vgl. Risse-Kappen, Gesellschaftlicher Konsens und internationale Kompatibilität, a.a.O., S. 93f.; Hütter, SPD und nationale Sicherheit, a.a.O., S. 155ff.

bei die öffentliche Diskussion beherrschenden „Oberflächenphänomenen" wie Neutronenwaffen- und Nachrüstungskontroversen.
Die Untersuchungsergebnisse in Kurzform:[648]

1. Bereits die – als ausführlicher Prolog intendierte – Betrachtung der *SPD-Sicherheitsdiskussion in den Jahren der Großen Koalition* in Bonn hat ergeben, daß der weiter oben beschriebene Grundkonflikt (Gleichgewichts- versus Entspannungspriorität) schon in diesen Jahren sehr ausgeprägt war. Den Hintergrund der sicherheitspolitischen Diskussion der Jahre 1966–1968 bildete die beginnende Ost-West-Entspannung (oder das, was man damals allgemein dafür hielt). Helmut Schmidt vertrat den Gleichgewichtsansatz, d. h. die Auffassung, das annähernde militärische Gleichgewicht zwischen den beiden Machtblöcken in West und Ost sei notwendige Voraussetzung für Entspannung in Europa. Fortschritte auf dem Entspannungsfeld dürften das militärische Gleichgewicht nicht gefährden. Schmidt war, nach dem Tode Erlers, praktisch der einzige prominente SPD-Politiker, der den Gleichgewichtsansatz überzeugend und engagiert vertrat.
Die Gegenposition zu Schmidt wurde von Männern wie Walter Möller, Karl Wienand und Wilhelm Dröscher und der SPD-Linken vertreten. Hier dominierte die Vorstellung, die zart keimende Entspannung müsse durch eine neue, „zeitgemäße" Sicherheitspolitik gefördert werden. Verteidigung wurde der Entspannung konzeptionell untergeordnet, militärisches Gleichgewicht als Voraussetzung wirksamer Entspannung geleugnet. Diesem Denkansatz lag zumindest implizit das Bild einer permanent saturierten Sowjetunion zugrunde; und zwar unabhängig von den globalen und europäischen Kräfteverhältnissen. Mit dieser Prämisse erschien es möglich, der Sowjetunion vermittels einer strikt defensiven und nichtnuklearen Verteidigungskonzeption den uneingeschränkt friedlichen Charakter der deutschen Außen- und Sicherheitspolitik unmißverständlich vor Augen zu führen. Auch einseitige Abrüstungsschritte konnten in diesem Kontext anvisiert werden.
Es ist schwierig, sich über die tatsächlichen Kräftverhältnisse der beiden Gruppen klar zu werden. Allerdings läßt die Antragslage auf dem wichtigen SPD-Parteitag von Nürnberg 1968 den Schluß zu, daß die große Mehrheit der Partei den Entspannungsansatz favorisierte. Daß die sicherheitspolitische Diskussion in der SPD trotzdem noch vor Ende der Großen Koalition wieder versandete, hatte vor allem drei Gründe:
Erstens, das Argument „Regierungsfähigkeit" hatte in diesen ersten Jahren sozialdemokratischer Regierungsbeteiligung noch seine volle disziplinierende Wirkung.
Zweitens, der Parteivorsitzende und Außenminister Willy Brandt gewährte Helmut Schmidt in der entscheidenden Phase der innerparteilichen Auseinandersetzung seine Unterstützung – wenngleich nur mit recht vagen und den transitorischen Charakter der von Schmidt vertretenen Gleichgewichtspolitik suggerierenden Formulierungen. Das Ziel einer „europäischen Friedensordnung" malte er dagegen in inspirierenden Farben.
Drittens schließlich ließ der Einmarsch der UdSSR und anderer Warschauer-Pakt-Staaten in die ČSSR im August 1968, wodurch sich die Präsenz der Sowjetarmee in Mitteleuropa erheblich verstärkte, Experimente mit einer neuen Sicherheitskonzeption nicht

[648] Für ausführliche Zusammenfassungen der einzelnen Kapitel siehe Seiten 94–97, 154–159, 223–228, 275–277.

ratsam erscheinen. Die diesbezüglich ausgearbeiteten Vorschläge verschwanden wieder in den Schubladen. Weitgespannte Entspannungserwartungen erfuhren eine – vorübergehende – Ernüchterung.
Die sicherheitspolitische Diskussion in der SPD in der zweiten Hälfte der 60er Jahre läßt sich nicht nur als Auseinandersetzung zwischen Gleichgewichts- und Entspannungspriorität charakterisieren, sondern, mit einer etwas anderen Akzentuierung, auch als Auseinandersetzung zwischen Ordnungs- und Zielorientierung. Bei diesem Unterscheidungsmodus ist dann Willy Brandt eindeutig der zielpolitischen Richtung zuzuordnen, was ihn auch als Vertreter der Mehrheitsrichtung in der SPD ausweist.
Dieser Gegensatz ist auch in der Umbruchphase der SPD-Sicherheitspolitik in den 70er und frühen 80er Jahren wirksam gewesen. Er ist sowohl konstitutiver Faktor der SPD-Außen- und Sicherheitspolitik allgemein und zeitübergreifend wie auch wesentliche Ursache für den Wandel der sozialdemokratischen Sicherheitskonzeption am Ende der „Ära Schmidt".

2. Unsere Untersuchung der *langfristigen Zielvorstellungen* der SPD-Außen- und Sicherheitspolitik vom Ende des letzten Jahrhunderts bis zur Gegenwart hat das Bild einer Partei des „historischen Optimismus" im Sinne Niebuhrs ergeben. Angesichts der marxistischen Wurzeln der Sozialdemokratie ist dies verständlich. Dieses Grundbild, das auch nach Verabschiedung des Godesberger Grundsatzprogramms 1959 deutlich erkennbar bleibt, schließt zwei wesentliche Ausprägungen ein: ein überwiegend „legalistisch-moralistisches" (Hans J. Morgenthau) Verständnis der internationalen Politik und eine weitverbreitete, idealistische Zielfixierung, d. h., das Streben nach einer macht- und konfliktfreien Staatengesellschaft auf regionaler oder globaler Ebene, was zwangsläufig zu einer Geringschätzung der gegebenen, unvollkommenen Ordnung im Zeichen internationaler Machtpolitik führt.
Vertragspolitik und Modelle kooperativer Sicherheitsgewährleistung (z. B. Kollektives Sicherheitssystem) haben zu fast allen Zeiten die sozialdemokratischen Sicherheitskonzeptionen dominiert. Militärische Machtpolitik in Form nuklearer und/oder konventioneller Abschreckungsstreitmacht wurde nur unter ganz bestimmten Bedingungen in bestimmten Zeitphasen als Kernelement einer SPD-Sicherheitskonzeption (neben Vertragspolitik) akzeptiert bzw. toleriert.[649]
Eine solche Phase waren die 60er und 70er Jahre. Die sie prägende langfristige Zielvorstellung war die einer „europäischen Friedensordnung", wie sie von Willy Brandt insbesondere von Ende der 60er bis Anfang der 70er Jahre proklamiert, allerdings nie näher definiert wurde.
Die Ostpolitik Brandts wurde von Sozialdemokraten als erster Schritt auf dem Wege zu einer Europäischen Friedensordnung verstanden, dem in einer „zweiten Phase" der Entspannungspolitik, quasi automatisch, die Auflösung der militärischen Konfrontation und letztlich der Blöcke folgen würde. Es gab in der ersten Hälfte der 70er Jahre sogar eine Phase (ca. 1972–1975), in der offensichtlich viele Sozialdemokraten der Meinung waren, das Problem der äußeren Sicherheit sei prinzipiell bereits gelöst. Ein SPD-

[649] Zu diesen Bedingungen ausführlicher: S. S. 159.

Verteidigungspolitiker beklagte in diesem Zusammenhang eine „Wertfeldverengung“[650] bei vielen Parteigenossen, die sich in finanzieller Vernachlässigung des Verteidigungssektors niederschlage.

Die hochfliegenden militärischen Entspannungserwartungen vieler Sozialdemokraten zerstoben in der zweiten Hälfte der 70er Jahre, wofür in erster Linie das sowjetische Rüstungsverhalten ursächlich war. Dies wurde allerdings nur von den wenigen Verfechtern der „Strategie des Gleichgewichts“ um Helmut Schmidt erkannt. Der enttäuschte Idealismus der Parteimehrheit schlug um in einen sicherheitspolitischen *Eskapismus,* als Ende der 70er Jahre nukleare Rüstungsentscheidungen der NATO zur Aufrechterhaltung eines ungefähren militärischen Gleichgewichts und wirksamer Abschreckung notwendig wurden. Der deutliche Bruch der Parteimehrheit mit der Gleichgewichtspolitik Kanzler Schmidts ließ sich zwar unter Anwendung des alterprobten Disziplinierungsinstruments „Regierungsfähigkeit“ verzögern, jedoch nur um wenige Jahre.

Bereits vor diesem Bruch, recht deutlich aber erst danach, begann sich ein dreistufiges Zielsystem für die SPD-Sicherheitspolitik in den 80er Jahren abzuzeichnen, das auch als Ausdruck von Fluchtverlangen aus einem nach wie vor machtpolitisch determinierten internationalen Umfeld verstanden werden kann: „Sicherheitspartnerschaft“ oder „gemeinsame Sicherheit“ mit der Sowjetunion (in Anknüpfung an das entspannungspolitische Konzept von Brandt/Bahr in den 60er Jahren), gefolgt von der Errichtung eines „Systems kollektiver Sicherheit in Europa“ (Auflösung der Militärbündisse), welches irgendwann in eine Europäische Friedensordnung im Sinne eines harmonischen, konfliktfreien Zusammenlebens der Völker in Europa oder gar der Herstellung eines (utopischen) „positiven Friedens“ einmünden soll.

Sicherheitspolitische Konzeption im Falle einer erneuten Regierungsübernahme der Sozialdemokraten wäre – nach den derzeit gültigen Beschlüssen der Partei – zunächst „gemeinsame Sicherheit“. Vorrangiges, wenn nicht gar alleiniges operatives Instrument wäre Vertragspolitik, d. h., kooperative Rüstungsbegrenzung und Abrüstung mit der Sowjetunion, mit dem Ziel einer Denuklearisierung Deutschlands und Europas. Militärischer Machtentfaltung käme allenfalls im konventionellen Bereich noch eine Rolle zu, und zwar in Form von reduzierten, „strukturell nichtangriffsfähigen“ Streitkräften.[651] Es ist nicht zu übersehen, daß diese Konzeption anknüpft an die Vorstellungen der Schmidt-Gegner von 1966–1968.

3. Die Wandlungen der SPD-Sicherheitspolitik lassen sich jedoch nicht nur mit der idealistischen, zielpolitischen Grundorientierung der Parteimehrheit und ihres Vorsitzenden Brandt erklären. Eng verbunden mit den hohen Entspannungserwartungen und Entspannungszielen der SPD vom Ende der 60er/Anfang der 70er Jahre ist die Verände-

[650] Horn, Erwin, Sachkundige Diskussion notwendig, in: Sozialdemokratische Sicherheitspolitik, 8/1973, S. 3.

[651] S. dazu Bülow, Andreas von, Die eingebildete Unterlegenheit. Das Kräfteverhältnis West-Ost, wie es wirklich ist, München 1985.

rung der *sicherheitspolitisch relevanten Entscheidungsstruktur* in Parteiorganisation und Bundestagsfraktion. Die Untersuchung konnte feststellen, daß – allgemein gesagt – die traditionellen Verteidigungsexperten, die in der Regel auch Anhänger des Gleichgewichtsgedankens waren, in den 70er Jahren sukzessive durch Rüstungskontroll- und Abrüstungsexperten verdrängt wurden. Dieses traf auch für die Gremien der Verteidigungsexperten zu, vor allem in der Bundestagsfraktion. Hinzu kam hier ein Defizit an herausragenden politischen Persönlichkeiten, wie dies einst Fritz Erler und Helmut Schmidt gewesen waren. Auf der anderen Seite, der Seite der Abrüstungsexperten, stand dagegen u. a. der in der SPD hochangesehene und einflußreiche „Architekt der Ostpolitik" Egon Bahr.

In den letzten Jahren der „Ära Schmidt" besaß der Parteiapparat eindeutig eine sicherheitspolitische Hegemonie in der SPD. Die Fraktion unter Herbert Wehner hatte die Initiative längst verloren. Der Parteiapparat bereitete die Annäherung an die antinukleare Friedensbewegung und den Bruch mit der Gleichgewichtspolitik bereits zu einem Zeitpunkt vor, als die SPD ihren Kanzler offiziell und öffentlich noch unterstützte.

Interessant war aber auch die Feststellung, daß die Parteibasis – die wir als die auf Parteitagen zahlenmäßig dominierende mittlere Funktionärsschicht definierten – ab etwa 1977 den sicherheitspolitischen Kurs der SPD maßgeblich beeinflußt hat. Praktisch alle Untersuchungen des sicherheitspolitischen Entscheidungsprozesses in der SPD im Zeitraum vor 1977 haben dagegen die relative Einflußlosigkeit der Parteibasis gegenüber der Parteiführung betont. Allerdings darf nicht übersehen werden, daß wichtige Stichwortgeber für die sicherheitspolitische Kritik der Parteibasis, wie sie in Anträgen zu den Parteitagen zum Ausdruck kam, in der Parteispitze saßen. Hier sind vor allem Willy Brandt und Egon Bahr zu nennen. Insofern läßt sich der sicherheitspolitische Entscheidungsprozeß in der SPD von 1977–1982/83 nicht mit den herkömmlichen Erklärungsmustern – Dominanz der Parteiführung oder Dominanz der Parteibasis – erfassen. Vielmehr handelte es sich hier um eine wechselseitige Beeinflussung mit dem gemeinsamen Ziel einer neuen sozialdemokratischen Sicherheitskonzeption entlang der traditionellen idealistischen Linien.

4. Als dritten Faktor für den Wandel der SPD-Sicherheitskonzeption haben wir die *jungsozialistischen Sicherheitskonzepte* im Untersuchungszeitraum und die innerparteilichen Aktivitäten des SPD-Nachwuchses analysiert. Die besondere Bedeutung dieses Faktors liegt in der Reideologisierung der Jungsozialisten ab Ende der 60er Jahre begründet. Unter dem selbstbewußten Motto „Wir sind die SPD der 80er Jahre!" und der Zielsetzung eines sozialistisch-demokratischen Gesamteuropas entwickelten diese bis Mitte der 70er Jahre eine eigene Sicherheitskonzeption, die damals noch in krassem Gegensatz zur offiziellen Gleichgewichtskonzeption der Gesamtpartei stand. Inhaltlich knüpfte der jungsozialistische Sicherheitsplan an die legalistischen SPD-Modelle der 50er Jahre an. Hier ist insbesondere die Vorstellung eines Kollektiven Sicherheitssystems in Europa zu nennen. Besonders stark ausgeprägt war auch die Ablehnung der nuklearen Abschreckung, was sich – wiederum wie in den 50er Jahren – in der Forderung nach atomwaffenfreien Zonen niederschlug.

Der marxistische Denk- und Analyseansatz sowie die Perzeption der USA im Kontext des Vietnam-Krieges führten einerseits zu einer betont amerikakritischen Einstellung der Jungsozialisten und auf der anderen Seite zu einer Annäherung an den realen Sozialismus in Osteuropa und der Sowjetunion. Oder anders ausgedrückt: Die Sowjetunion war für die Jungsozialisten bereits ein „Sicherheitspartner", lange bevor dieser Begriff Anfang der 80er Jahre in der Gesamtpartei in einen konzeptionellen Rahmen eingefügt wurde.

In der entscheidenden Umbruchphase 1977–1982/83 übten die Jungsozialisten über ihre „Doppelstrategie" Veränderungsdruck auf die SPD aus. Auf verschiedenen Ebenen trugen sie ihre sicherheitspolitischen Vorstellungen in die Gesamtpartei hinein. Diese Strategie war besonders wirkungsvoll durch das konzertierte Vorgehen von Alt-Jusos (APO-Generation) und Jungsozialisten-Arbeitsgemeinschaft auf den verschiedenen Parteiebenen, welches ab Ende der 70er Jahre deutlich zu erkennen ist. Dabei verstanden sich die Jungsozialisten als Speerspitze der Friedensbewegung in der SPD.

Der bemerkenswerte Einflußzuwachs der Parteibasis bzw. Parteitage auf den sicherheitspolitischen Kurs der Sozialdemokratie Ende der 70er/Anfang der 80er Jahre dürfte zu einem nicht geringen Teil auf die innerparteiliche Agitation der Jungsozialisten gegen die Gleichgewichtspolitik Helmut Schmidts zurückzuführen sein. Genau nachweisen läßt sich dies empirisch zwar nicht, aber sowohl die Lektüre der Strategiepapiere der Jungsozialisten als auch der Parteitagsanträge von Ortsvereinen und Bezirken legen diesen Schluß nahe. Viele der aktiven Jungsozialisten von Anfang der 70er Jahre sind heute in wichtigen Führungspositionen der SPD angelangt. Ihre noch vor zehn Jahren vielfach belächelten sicherheitspolitischen Vorstellungen weisen eine frappierende Ähnlichkeit mit der gegenwärtigen Sicherheitskonzeption der Gesamtpartei auf.

Wenn man die analysierten Faktoren gewichtet, so gehören langfristige Zielvorstellungen und das diesen zugrundeliegende Verständnis der internationalen Politik zweifelsohne an die erste Stelle. Hier handelt es sich gewissermaßen um eine Grundbedingung sozialdemokratischer Außen- und Sicherheitspolitik, ohne die weder die sozialdemokratischen Entspannungseuphorien zu Beginn der 70er Jahre noch die tiefe Frustration am Ausgang dieses Jahrzehnts und der daraus folgende sicherheitspolitische Eskapismus zu erklären sind. Abrüstungsdominante Entscheidungsstrukturen und die ideologischem Antrieb entspringende „Doppelstrategie" der Jungsozialisten haben den Wandlungsprozeß der SPD-Sicherheitspolitik erleichtert bzw. beschleunigt.

Hier soll keineswegs behauptet werden, daß mit der vorstehenden Analyse wirklich *alle* Ursachen des Wandels erfaßt wurden. Allerdings decken die ausführlichen Untersuchungen der drei ausgewählten Hauptfaktoren sehr viel mehr Aspekte ab, als die Betrachtung der Überschriften zunächst scheinen läßt.

An dieser Stelle sei daran erinnert, daß lebendige Politik sich nicht allein durch die Analyse von Faktoren, Strukturen und Prozessen erfassen läßt, wie dies Politikwissenschaftler oft mit Vorliebe versuchen. Damit sei nun nicht behauptet: „Männer machen Geschichte." Aber auf die besondere Bedeutung eines Mannes wie Willy Brandt – abgeschwächt gilt dies auch für seinen Vertrauten Egon Bahr – für den Wandlungsprozeß der SPD-Sicherheitspolitik wurde in dieser Arbeit mehrfach hingewiesen. Wie kein anderer verkörpert der seit seiner Zeit als Außenminister der Großen Koalition oft als „Friedenspolitiker" titulierte Brandt den idealistischen, Machtpolitik verabscheuenden

Grundzug der deutschen Sozialdemokratie. Es wäre ein lohnendes Thema für zukünftige Untersuchungen (oder Brandt-Biographien), das Wirkungsverhältnis Brandt – SPD in Fragen der Außen- und Sicherheitspolitik genauer auszuleuchten.

Die vorliegende Arbeit wollte keinen Beitrag leisten zu politikwissenschaftlicher Theoriebildung, sondern in erster Linie mittels einer historisch-genetischen, auf den Untersuchungsgegenstand zugeschnittenen Vorgehensweise die Grundbedingungen sozialdemokratischer Sicherheitspolitik und die tieferen Ursachen für den Umbruch am Ende der Regierung Schmidt erforschen.

Der wissenschaftliche Standpunkt des Betrachters war dabei der des politischen Realismus gemäß der Macht- und Interessenlehre Morgenthaus u. a. Von daher war die Frage nach der Einstellung zu militärischer Machtpolitik bzw. Gleichgewichtspolitik gewissermaßen die Gretchenfrage an die SPD-Sicherheitspolitik. Unter der deklaratorischen Oberfläche von Parteiprogrammen und -entschließungen bot sich das – in dieser Deutlichkeit nicht erwartete – Bild einer Partei, die auch nach Godesberg und nach Regierungseintritt 1966 gleichgewichtsorientierte militärische Machtpolitik und deren höchste Ausdrucksform in Gestalt der nuklearen Abschreckung nur noch als vorübergehend notwendiges Übel hinnahm; und zwar in dem Glauben an die baldige Verwirklichung einer Ordnung in Europa, die die Blockkonfrontation durch legalistische Konstruktionen aufbrechen und schließlich militärische Machtpolitik im Verhältnis der Staaten untereinander überflüssig machen würde. Diese Grundorientierung auf ideale Ziele, die praktisch die gesamte SPD-Geschichte bis auf den heutigen Tag durchzieht, vermochte der nüchternen und ordnungsorientierten „Strategie des Gleichgewichts" nichts abzugewinnen. Sie war eigentlich immer ein Fremdkörper in der Partei. Im Grunde genommen ist die SPD-Sicherheitspolitik nach 1982/83 in ihren militärische Macht verabscheuenden, „legalistisch-moralistischen" Normalzustand zurückgekehrt.

Ob die SPD sich irgendwann wieder zu einer „verantwortlichen Machtpolitik" (Hans-Peter Schwarz) verstehen wird, ist nicht vorauszusehen. In den 60er und 70er Jahren war das Streben nach Regierungsfähigkeit bzw. der Wunsch, dieselbe zu erhalten, ausschlaggebend für die Übernahme der Gleichgewichtskonzeption. Das Bedürfnis nach Regierungsfähigkeit wird die SPD sicherlich bald wieder verspüren. Die Frage ist allerdings, ob zukünftige sozialdemokratische Regierungsfähigkeit eine sicherheitspolitische Konzeption im Sinne des politischen Realismus zur Voraussetzung haben wird, wie dies vor über einem Vierteljahrhundert der Fall war, bzw. ob SPD-Führern wiederum eine veränderte Haltung der Partei zu Grundfragen der Sicherheitspolitik „als notwendige Bedingung einer Strategie der kalkulierten Machtübernahme"[652] erscheinen wird. Das gegenwärtige Elektorat in der Bundesrepublik Deutschland unterscheidet sich ganz erheblich von dem der 50er und 60er Jahre, insbesondere sind machtabstinente und legalistische Einstellungsmuster zur Frage der Gewährleistung äußerer Sicherheit sehr viel stärker verbreitet als früher.

Es bleibt zum Schluß die Zuversicht des früheren Verteidigungsministers Georg Leber, der in den Jahren sozialdemokratischer Regierungsverantwortung neben Helmut

652 Pfeiler, Wolfgang, SPD und nationale Sicherheit (Rezension von J. Hütter), in: Deutschland Archiv, 3/1976, S. 327.

Schmidt der engagierteste Verfechter des Gleichgewichtsgedankens in der SPD war: „Ich bin überzeugt davon, wenn die SPD wieder Regierungsverantwortung zu übernehmen hat, wird sie für die Sicherheits- und Verteidigungspolitik wieder so einstehen, daß ich als Bürger in diesem Lande – mit welchen Konzepten auch immer sie antritt – ruhig schlafen kann.“[653]

[653] Gespräch mit Georg Leber am 18. 3. 1985 in Schönau am Königssee.

# Quellen- und Literaturübersicht

## I. Quellenverzeichnis

### 1. Nichtveröffentlichte Quellen

*a) Archiv der sozialen Demokratie* (Friedrich-Ebert-Stiftung, Bonn)

Sitzungsprotokolle der SPD-Bundestagsfraktion, 1949–1980, Ak.-Nr. 1021–1066, 2679–2688.

Sitzungsprotokolle des Vorstands der SPD-Bundestagsfraktion, 1953–1965, Ak.-Nr. 1017–1020.

Nachlaß Fritz Erler (NLE), Sicherheitsausschuß beim SPD-Parteivorstand 1953–1965, Ak.-Nr. 138.

Aktenbestände Karsten D. Voigt, Ak.-Nr. 123–187 (Depositum 27. 3. 1983); 223, 224, 231, 243, 254, 255, 270–275, 278, 307–310 (Depositum 10. 4. 1985).

Korrespondenz des SPD-Vorsitzenden Erich Ollenhauer, 1954–1960, Ak.-Nr. 1320–1321.

Korrespondenz des SPD-Fraktionsgeschäftsführers Heinz Frehsee, 1967–1969, Ak.-Nr. 1322.

*b) Archiv des Verfassers* (Kopien der Schriftstücke)

SPD-Studie Überprüfung der Verteidigungskonzeption (1967), Bonn o. J.

Eichengrün, Ernst, Zur Lage der Jungsozialisten. Analysen, Hinweise und Empfehlungen, Vertraulicher Bericht, Bonn, 19. 1. 1970.

Schreiben Wolfgang Gaeblers an Helmut Schmidt vom 14. 3. 1972.

Schreiben Heidemarie Wieczorek-Zeuls an Paul Neumann vom 31. 5. 1976.

Rechenschaftsbericht der PV-Kommission Sicherheitspolitik zum Essener SPD-Parteitag, unveröffentl. Manuskript, Bonn 1984.

*c) Informationsgespräche* (SPD-Politiker, -Referenten, sonstige Sicherheitsexperten)

Apel, Hans, Bundesminister der Verteidigung 1978–1982, Bonn, 12. 6. 1985.

Bahr, Egon, Bundesgeschäftsführer der SPD 1976–1981, Vorsitzender des Unterausschusses für Abrüstung und Rüstungskontrolle des Deutschen Bundestages seit 1981, Bonn, 10. 7. 1985.

Berkhan, Karl-Wilhelm, Vorsitzender des Arbeitskreises Sicherheitsfragen der SPD-Bundestagsfraktion 1967–1969, Parlamentarischer Staatssekretär im Bundesministerium der Verteidigung 1969–1975, Bonn, 3. 4. 1984.

Biermann, Wolfgang, Gründungsmitglied des Arbeitskreises Sicherheitspolitik der Jungsozialisten (1974), Referent für Friedens- und Sicherheitspolitik beim SPD-Parteivorstand seit 1981, Bonn, 26. 1. 1984.

Bruns, Wilhelm, Leiter der Studiengruppe Sicherheit und Abrüstung im Forschungsinstitut der Friedrich-Ebert-Stiftung, Bonn, 9. 11. 1983.

Borkenhagen, Franz H. U., Referent für Bundeswehrfragen beim SPD-Parteivorstand 1984–1987, Bonn, 12. 12. 1984.

Buchstaller, Werner, Bundesgeschäftsführer der Jungsozialisten 1949–1961, Vorsitzender des Arbeitskreises (ab 1973: Arbeitsgruppe) Sicherheitsfragen der SPD-Bundestagsfraktion 1969–1975, Koblenz, 14. 2. 1985.

Bussmann, Bernhard, Referent für Rüstungskontroll- und Verteidigungspolitik der SPD-Bundestagsfraktion (AK Sicherheitsfragen) 1966–1969, Mitglied des Deutschen Bundestages 1969–1980, Bonn, 18. 4. 1984 und 7. 6. 1984.

Corterier, Peter, Bundesvorsitzender der Jungsozialisten 1967–1969, Vorsitzender der Arbeitsgruppe Außenpolitik der SPD-Fraktion 1976–1980, des Arbeitskreises I der SPD-Fraktion 1980/81, Staatsminister im Auswärtigen Amt 1981/82, Bonn, 4. 7. 1985.

De Maizière, Ulrich, Generalinspekteur der Bundeswehr 1966–1972, Bonn, 29. 5. 1985.

Forster, Michael, Referent für Verteidigungspolitik der SPD-Bundestagsfraktion (AG Sicherheitsfragen) 1974–1983, Bonn, 31. 10. 1983 und 16. 12. 1983.

Leber, Georg, Bundesminister der Verteidigung 1972–1978, Schönau am Königssee, 18. 3. 1985.

Männing, Peter, Vorsitzender der Arbeitsgruppe Abrüstung und Rüstungskontrolle 1980–1982, Mitglied des Deutschen Bundestages 1975–1983 (SPD), Bonn-Bad Godesberg, 1. 10. 1984, 11. 10. 1984 und 20. 11. 1984.

Neumann, Paul, Vorsitzender der Arbeitsgruppe Sicherheitsfragen der SPD-Bundestagsfraktion 1975–1983, Mitglied des Deutschen Bundestages 1965–1983, Bonn-Bad Godesberg, 22. 1. 1985.

Niggemeier, Horst, Mitglied der Kommission Sicherheitspolitik beim SPD-Parteivorstand 1973–1982, Bonn, 8. 11. 1984.

Reitz, Rüdiger, Sekretär der Kommission Sicherheitspolitik beim SPD-Parteivorstand 1978–1984, Bonn, 1. 6. 1984.

Roth, Hellmuth, Referent für Verteidigungspolitik der SPD-Bundestagsfraktion (AK Sicherheitsfragen) 1965–1969, Iversheim, 20. 9. 1984.

Rühle, Hans, Leiter des Planungsstabes im Bundesministerium der Verteidigung seit 1982, Bonn, 29. 11. 1983.

Scheer, Hermann, Vorsitzender der Arbeitsgruppe Abrüstung und Rüstungskontrolle der SPD-Bundestagsfraktion seit 1982, Mitglied des Verteidigungsausschusses des Deutschen Bundestages seit 1980, Bonn, 26./29. 3. 1985.

Schubert, Klaus von, Mitglied der Kommission Sicherheitspolitik beim SPD-Parteivorstand seit 1970, Heidelberg, 13. 12. 1984.

Schubert, Peter von, Sekretär des Unterausschusses für Abrüstung und Rüstungskontrolle des Deutschen Bundestages 1979–1987, Bonn, 14. 5. 1984.

Schult, Wolfgang, Referent für Verteidigungspolitik der SPD-Bundestagsfraktion (AK Sicherheitsfragen) 1960–1962, Königswinter, 15. 5. 1984.

Schulz, Günther, Referent für Außenpolitik der SPD-Bundestagsfraktion (AG Außenpolitik) seit 1982, Bonn, 25. 5. 1984.

Schwan, Gesine, Mitglied der Kommission Grundwerte beim SPD-Parteivorstand 1977–1984, Berlin, 18. 6. 1985.

Seidelmann, Reimund, Gründungsmitglied des Arbeitskreises Sicherheitspolitik der Jungsozialisten (1974), Mitglied der Kommission Sicherheitspolitik beim SPD-Parteivorstand 1975–1977, Marburg, 4. 5. 1984.

Soell, Hartmut, Assistent der SPD-Bundestagsfraktion 1965–1968, Mitglied des Deutschen Bundestages (SPD) seit 1980, Bonn, 30. 11. 1983.

Stehr, Uwe, Referent für Abrüstung und Rüstungskontrolle der SPD-Bundestagsfraktion (AG Abrüstung und Rüstungskontrolle) seit 1981, Bonn, 13. 1. 1984.

Stützle, Walther, Leiter des Planungsstabes im Bundesministerium der Verteidigung 1976–1982, Stuttgart, 13. 12. 1984.

Vogel, Winfried, Mitglied der Kommission Sicherheitspolitik beim SPD-Parteivorstand 1982–1986, Bonn, 30. 8. 1984.

Voigt, Karsten D., Bundesvorsitzender der Jungsozialisten 1969–1972, Vorsitzender der Arbeitsgruppe Außenpolitik der SPD-Bundestagsfraktion seit 1980, Bonn, 14. 6. 1985.

Wienand, Karl, Vorsitzender des Arbeitskreises Sicherheitsfragen der SPD-Bundestagsfraktion 1964–1967, Mitglied des Deutschen Bundestages 1953–1974, Windeck, 24. 11. 1984.

Wust, Harald, Generalinspekteur der Bundeswehr 1976–1978, Rheinbach, 9. 7. 1985.

Zepter, Bernhard, Referent für Außen- und Sicherheitspolitik der SPD-Bundestagsfraktion (AK I), Bonn, 19. 7. 1985.

## 2. Veröffentlichte Quellen

*a) Parteioffizielle Publikationen*


Veröffentlichungen des SPD-Parteivorstands (Parteitagsanträge und -protokolle, Jahrbücher, sonstige Texte):

Vorstand der SPD (Hrsg.), Protokoll über die Verhandlungen des Parteitages der Sozialdemokratischen Partei Deutschlands, abgehalten zu Erfurt vom 14. bis 20. Oktober 1891, Berlin o. J.

Vorstand der SPD (Hrsg.), Protokoll über die Verhandlungen des SPD-Parteitages in Magdeburg 1929, Berlin 1929.

Vorstand der SPD (Hrsg.), Aktionsprogramm der Sozialdemokratischen Partei Deutschlands, beschlossen auf dem Dortmunder Parteitag 1952, Bonn, Oktober 1952.

Vorstand der SPD (Hrsg.), Protokoll der Verhandlungen und Anträge vom Parteitag der Sozialdemokratischen Partei Deutschlands in Stuttgart, 18.–23. Mai 1958, Bonn/Hannover 1958.

Vorstand der SPD (Hrsg.), Protokoll der Verhandlungen und Anträge vom Parteitag der Sozialdemokratischen Partei Deutschlands vom 21.–25. November 1960 in Hannover, Bonn/Hannover o. J.

Vorstand der SPD (Hrsg.), Protokoll der Verhandlungen und Anträge vom Parteitag der SPD vom 23.–27. November 1964 in Karlsruhe, Bonn/Hannover o. J.

Vorstand der SPD (Hrsg.), Anträge zum Parteitag der SPD in Dortmund vom 1.–5. Juni 1966, Vorlage Nr. 3, Bonn 1966.

Vorstand der SPD (Hrsg.), Protokolle der Verhandlungen und Anträge vom Parteitag der SPD vom 1.–5. Juni 1966 in Dortmund, Bonn/Hannover o. J.

Vorstand der SPD (Hrsg.), Parteitag der SPD vom 17.–21. März 1968 in Nürnberg, Anträge, Vorlage Nr. 3, Bonn 1968.

Vorstand der SPD (Hrsg.), Parteitag der SPD vom 17.–21. März 1968 in Nürnberg, Protokoll der Verhandlungen, Bonn 1968.

Vorstand der SPD (Hrsg.), Parteitag der SPD vom 11.–14. Mai 1970 in Saarbrücken, Anträge, Vorlage Nr. 3, Bonn 1970.

Vorstand der SPD (Hrsg.), Parteitag der SPD vom 11.–14. Mai 1970 in Saarbrücken, Protokoll der Verhandlungen / Angenommene und überwiesene Anträge, Bonn 1970.

Vorstand der SPD (Hrsg.), Anträge zum SPD-Parteitag vom 10.–14. April 1973 in Hannover, Vorlage Nr. 3, Bonn 1973.

Vorstand der SPD (Hrsg.), Parteitag der SPD vom 10.–14. April 1973 in Hannover, Band I: Protokoll der Verhandlungen/Anlagen, Bonn 1974.

Vorstand der SPD (Hrsg.), Allgemeine Anträge zum SPD-Parteitag in Mannheim vom 11.–15. November 1975, Vorlage Nr. 3, Bonn 1975.

Vorstand der SPD (Hrsg.), Parteitag der SPD vom 11.–15. November 1975 in Mannheim, Protokoll der Verhandlungen/Anlagen, Bonn/Mannheim 1976.

Vorstand der SPD (Hrsg.), SPD-Regierungsprogramm 1976–1980. Beschluß des Außerordentlichen Parteitags in Dortmund, 18./19. Juni 1976, Bonn 1976.

Vorstand der SPD (Hrsg.), Anträge zum SPD-Parteitag vom 15.–19. November 1977 in Hamburg, Bonn 1977.

Vorstand der SPD (Hrsg.), Parteitag der SPD vom 15.–19. November 1977 in Hamburg, Protokoll der Verhandlungen/Anlagen, Bonn 1978.

Vorstand der SPD (Hrsg.). Sicherheitspolitik im Rahmen der Friedenspolitik. Leitantrag des Parteivorstandes für den Parteitag in Berlin, Bonn, September 1979.

Vorstand der SPD (Hrsg.), Anträge zum SPD-Parteitag vom 3.–7. Dezember 1979 in Berlin, Bonn 1979.

Vorstand der SPD (Hrsg.), Parteitag der SPD vom 3.–7. Dezember 1979 in Berlin, Band I: Protokoll der Verhandlungen/Anlagen, Bonn 1980.
Vorstand der SPD (Hrsg.), Parteitag der SPD vom 3.–7. Dezember 1979 in Berlin, Band II: Angenommene und überwiesene Anträge, Bonn 1980.
Vorstand der SPD (Hrsg.), Anträge zum SPD-Parteitag vom 19.–23. April 1982 in München, Bonn 1982.
Vorstand der SPD (Hrsg.), Parteitag der SPD vom 19.–23. April 1982 in München, Band I: Protokoll der Verhandlungen, Bonn 1983.
Vorstand der SPD (Hrsg.), Parteitag der SPD vom 19.–23. April 1982 in München, Band II: Angenommene und überwiesene Anträge, Bonn 1983.
Vorstand der SPD (Hrsg.), Anträge zum Außerordentlichen SPD-Parteitag vom 18.–19. November 1983 in Köln, Bonn 1983.
Vorstand der SPD (Hrsg.), Bundesdelegierten-Konferenz und Außerordentlicher Parteitag der SPD vom 18.–19. November 1983 in Köln, Protokoll der Verhandlungen / Dokumentarischer Anhang, Bonn 1983.
Vorstand der SPD (Hrsg.), Anträge zum Parteitag der SPD vom 17.–21. Mai in Essen, Bonn 1984.
Vorstand der SPD (Hrsg.), Parteitag der SPD vom 17.–21. Mai 1984 in Essen, Protokoll der Verhandlungen / Angenommene und überwiesene Anträge, Bonn 1984.
Vorstand der SPD (Hrsg.), Protokoll vom Parteitag der SPD in Nürnberg, 25.–29. August 1986, Bonn/Nürnberg 1986.
Vorstand der SPD (Hrsg.), Jahrbuch der Deutschen Sozialdemokratie für das Jahr 1928, Berlin 1929.
Vorstand der SPD (Hrsg.), Jahrbuch der Sozialdemokratischen Partei Deutschlands 1948/49, Hannover/Bonn o. J.
Vorstand der SPD (Hrsg.), Jahrbuch der Sozialdemokratischen Partei Deutschlands 1957/58, Bonn 1958.
Vorstand der SPD (Hrsg.), SPD-Jahrbuch 1962/63, Bonn 1964.
Vorstand der SPD (Hrsg.), SPD-Jahrbuch 1966/67–1982/83, Bonn 1968ff.
Vorstand der SPD (Hrsg.), Sozialdemokratie und Bundeswehr, Berlin/Hannover 1957.
Vorstand der SPD (Hrsg.), Deutschlandplan der SPD. Kommentare, Argumente, Begründungen, Bonn, April 1959.
Vorstand der SPD (Hrsg.), Grundsätze sozialdemokratischer Wehrpolitik, Bonn 1965.
Vorstand der SPD (Hrsg.), Bestandsaufnahme 1966, Bonn 1966.
Vorstand der SPD (Hrsg.), Grundsätze sozialdemokratischer Wehrpolitik, Bonn 1969.
Vorstand der SPD (Hrsg.), Grundsätze sozialdemokratischer Sicherheitspolitik, Reihe Sicherheitsfragen, Heft 3, Bonn 1973.
Vorstand der SPD (Hrsg.), Dokumente. Ökonomisch-politischer Orientierungsrahmen für die Jahre 1975–1985, Bonn 1975.
Vorstand der SPD (Hrsg.), Sicherheit im Bündnis. Sozialdemokratische Fachkonferenz, 8./9. Mai 1976 in München, Bonn 1976.
Vorstand der SPD (Hrsg.), Die Friedenspartei SPD. Argumente, Grundpositionen und Stellungnahmen zur deutschen Friedenspolitik 1981, Bonn 1981.
Vorstand der SPD (Hrsg.), Forum Bundeswehr. Die Diskussion auf dem Forum der SPD am 11. März 1982 in Bonn, Dokumentation, Bonn 1982.
Vorstand der SPD (Hrsg.), Kriegsverhinderung im Atomzeitalter. Bericht der Arbeitsgruppe „Neue Strategien" beim SPD-Parteivorstand, Bonn, Juni 1983.

Veröffentlichungen der SPD-Bundestagsfraktion:

SPD-Fraktion im Bundestag (Hrsg.), Für Sicherheit und Frieden. Sicherheitspolitische Informationstagung der SPD-Bundestagsfraktion am 19./20. Mai 1979 in Bremen, Bonn 1979.

SPD-Fraktion im Bundestag (Hrsg.), Sicherheit für die 80er Jahre. Sicherheitspolitische Informationstagung der SPD-Bundestagsfraktion am 19./20. April 1980 in Köln, Bonn 1980.
SPD-Fraktion im Bundestag (Hrsg.), Die Fraktion der SPD im Deutschen Bundestag 1949–1981. Eine Chronik, Bonn, Oktober 1981.

Veröffentlichungen des Bundesvorstands der Jungsozialisten in der SPD:

Götz, Christian, Jungsozialisten und Bundeswehr, Schriftenreihe der Jungsozialisten 8/1962, Bonn 1962.
Bundesvorstand der Jungsozialisten (Hrsg.), Bundeskongreßbeschlüsse. Jungsozialisten in der SPD 1969–1976, Bonn-Bad Godesberg 1978.
Bundesvorstand der Jungsozialisten (Hrsg.), Beschlüsse – Ordentlicher Bundeskongreß der Jungsozialisten in der SPD in Hamburg, 18.–20. März 1977, Bonn 1977.
Bundessekretariat der Jungsozialisten (Hrsg.), Dokumentation zum Beschluß L 3 (Komitee für Frieden, Abrüstung und Zusammenarbeit), Bonn, Juli 1977.
Bundesvorstand der Jungsozialisten (Hrsg.), Aufruf zur Initiative für Frieden und Abrüstung der Jungsozialisten in der SPD: Für eine aktive Friedenspolitik! Schluß mit dem Rüstungswettlauf!, Bonn 1978.
Bundesvorstand der Jungsozialisten (Hrsg.), Beschlüsse – Bundeskongreß der Jungsozialisten in Aschaffenburg 30. 3. – 1. 4. 1979, Bonn 1979.
Bundesvorstand der Jungsozialisten (Hrsg.), Für Frieden und Abrüstung, Bonn 1979.
Bundesvorstand der Jungsozialisten (Hrsg.), Aufruf „Gemeinsam für weltweites Abrüsten", Bonn 1980.
Bundesvorstand der Jungsozialisten (Hrsg.), Kommuniqué über den Delegationsbesuch des Bundesvorstands der Jungsozialisten in der SPD bei der Leitung des Komitees der Jugendorganisation der UdSSR in Moskau und Baku, Moskau, März 1980.
Bundesvorstand der Jungsozialisten (Hrsg.), Gemeinsames Kommunique" zwischen dem Zentralrat der Freien Deutschen Jugend und dem Bundesvorstand der Arbeitsgemeinschaft der Jungsozialisten in der SPD, Bonn, 23. 3. 1980.
Bundesvorstand der Jungsozialisten (Hrsg.), Aufruf zur Demonstration und Kundgebung „Für Frieden und Demokratie" am Samstag, den 24. Mai 1980 in Köln, Bonn 1980.
Bundesvorstand der Jungsozialisten (Hrsg.), Beschlüsse – Bundeskongreß der Jungsozialisten in Hannover 30. 5. – 1. 6. 1980, Bonn 1980.
Bundesvorstand der Jungsozialisten (Hrsg.), Beschlüsse – Bundeskongreß der Jungsozialisten in Lahnstein 26.–28. 6. 1981, Bonn 1981.

Sonstige Veröffentlichungen:

AG Frieden des „Frankfurter Kreises", Thesen zur Friedenspolitik der SPD, Bonn, Oktober 1985.
AG Frieden des „Frankfurter Kreises", Für eine neue Friedens- und Sicherheitspolitik der SPD, Oer-Erkenschwick/Bonn, 16./17. 2. 1986.

*b) Veröffentlichungen sozialdemokratischer Politiker und Sicherheitsexperten*

Ahlers, Conrad, Leber steht vor harten Kämpfen. Verlust des militärischen Gleichgewichts könnte die Entspannung gefährden, in: Vorwärts, 5. 7. 1973.
Ahlers, Conrad, Die Unrast des Alfons Pawelczyk. Geduld tut not, in: Deutsche Zeitung, 30. 3. 1979.
Altmeppen, Johannes, Einige Aspekte der Debatte über nukleare Mittelstreckenraketen, in: Neue Gesellschaft, 10/1979.
Altmeppen, Johannes, Möglichkeiten und Grenzen der Nuklearstrategie, in: Neue Gesellschaft, 11/1980.

Apel, Hans, Die Willensbildung in den Bundestagsfraktionen – Die Rolle der Arbeitsgruppen und Arbeitskreise, in: Zeitschrift für Parlamentsfragen, 2/1970.

Apel, Hans, Strategie des Gleichgewichts in unserer Zeit, in: Sozialdemokratische Sicherheitspolitik, 7/1980.

Apel, Hans (Mitverf.), Sicherheitspolitik contra Frieden? Ein Forum zur Friedensbewegung, Berlin/Bonn 1981.

August-Bebel-Kreis, Elemente einer neuen Friedens- und Sicherheitspolitik der SPD, in: Frankfurter Rundschau, 17. 8. 1985.

Bahr, Egon, Wandel durch Annäherung. Referat des Leiters des Presse- und Informationsamtes des Landes Berlin vor der Evangelischen Akademie Tutzing am 15. 7. 1963, in: Deutschland Archiv, 1973.

Bahr, Egon, Die Entspannung hat erst begonnen, in: Die Zeit, 26. 3. 1976.

Bahr, Egon, Was wird aus den Deutschen? – Fragen und Antworten, Reinbek bei Hamburg 1982.

Bahr, Egon, Die Priorität bleibt der Friede, in: Vorwärts, 20. 10. 1983.

Bahr, Egon, Die Strategiediskussion lohnt. Zu den Überlegungen, auf den Ersteinsatz von Atomwaffen zu verzichten, in: Vorwärts, 22. 4. 1982.

Bahr, Egon, Gemeinsame Sicherheit – Voraussetzung für Kollektive Sicherheit, in: Sicherheit + Frieden, 1/1984.

Bahr, Egon, Sozialdemokratische Sicherheitspolitik, in: Neue Gesellschaft, 2/1985.

Berkhan, Karl-Wilhelm, Neuer Auftrag für die Bundeswehr? Sicherheitspolitik und Finanznot, in: SPD-Pressedienst, 17. 3. 1967.

Berkhan, Karl-Wilhelm, Allianz und europäische Friedensordnung, in: Wehrkunde, 3/1969.

Biermann, Wolfgang, Positionen der SPD zur Friedenspolitik und zum Verhältnis von SPD und Friedensbewegung, in: Pestalozzi, Hans A. u. a. (Hrsg.), Frieden in Deutschland, München 1982.

Biermann, Wolfgang, Genfer INF-Verhandlungen und Friedensbewegung, in: Neue Gesellschaft, 9/1983.

Borkenhagen, Franz H. U., Militärische Defensivkonzepte in einem System der Kollektiven Sicherheit (SKS), in: Sicherheit + Frieden, 1/1984.

Brandt, Willy, Koexistenz – Zwang zum Wagnis, Stuttgart 1963.

Brandt, Willy, Außenpolitik, Deutschlandpolitik, Europapolitik. Grundsätzliche Erklärungen während des ersten Jahres im Auswärtigen Amt, Berlin 1968.

Brandt, Willy, Friedenspolitik in Europa, Frankfurt a. M. 1968.

Brandt, Willy, Sicherheitspolitik als Problem des äußeren Ausgleichs und der inneren Stabilität, in: Vorstand der SPD (Hrsg.), Grundsätze sozialdemokratischer Wehrpolitik, Bonn 1969.

Brandt, Willy / Schmidt, Helmut, Deutschland 1976. Zwei Sozialdemokraten im Gespräch, Reinbek 1976.

Bruns, Wilhelm, Abrüstung – auch eine Aufgabe der Forschung. Ein Informations- und Orientierungspapier über die Arbeitseinheit „Sicherheit und Abrüstung" im Forschungsinstitut der Friedrich-Ebert-Stiftung, Bonn (Friedrich-Ebert-Stiftung), September 1980.

Bruns, Wilhelm, Thesen zur europäischen Sicherheitspolitik, Bonn (Friedrich-Ebert-Stiftung), Juli 1982.

Bruns, Wilhelm / Krause, Christian, Überlegungen zu einer Europäischen Friedensordnung, Bonn (Friedrich-Ebert-Stiftung), Dezember 1982.

Bruns, Wilhelm / Krause, Christian / Lübkemeier, Eckhard, Sicherheit durch Abrüstung, Orientierende Beiträge zum Imperativ unserer Zeit, Bonn 1984.

Buchstaller, Werner, Um Abbau der Spannungen bemüht, in: Rhein-Zeitung, 6. 8. 1970.

Bülow, Andreas von, Die eingebildete Unterlegenheit. Das Kräfteverhältnis West-Ost, wie es wirklich ist, München 1985.

Corterier, Peter, Die Strategie war richtig, in: JS-magazin, 10/1969.
Dröscher, Wilhelm, Den Wind im Rücken, in: Rhein-Zeitung, 5. 3. 1970.
Ehmke, Horst (Hrsg.), Perspektiven. Sozialdemokratische Perspektiven im Übergang zu den siebziger Jahren, Reinbek b. Hamburg 1969.
Ehmke, Horst, Klarstellungen zur deutschen Außenpolitik. Ein aktueller Rückblick auf die „Affäre Hahn“, in: SPD-Pressedienst, 2. 5. 1973.
Ehmke, Horst, Überlegungen zur Selbstbehauptung Europas. Ein Diskussionspapier, hrsg. vom Vorstand der SPD in der Reihe „Politik“, Bonn, Januar 1984.
Eppler, Erhard, Die tödliche Utopie der Sicherheit, Reinbek b. Hamburg 1983.
Erler, Fritz, Soll Deutschland rüsten? Die SPD zum Wehrbeitrag, Bonn 1952.
Erler, Fritz, Was ist kollektive Sicherheit?, in: Vorwärts, 15. 10. 1954.
Forster, Michael, Juso-Sicherheitspolitik, in: Loyal, 11/1975.
Fuchs, Katrin / Jungmann, Horst, Von der gemeinsamen zur kollektiven Sicherheit, in: Sicherheit + Frieden, 1/1984.
Fuchs, Katrin (Hrsg.), Konzepte zum Frieden. Vorschläge für eine neue Abrüstungs- und Entspannungspolitik der SPD, Berlin 1985.
Gansel, Norbert (Hrsg.), Überwindet den Kapitalismus oder Was wollen die Jungsozialisten, Reinbek b. Hamburg 1971.
Gilges, Konrad, Frieden ohne NATO. Perspektiven einer linken Friedenspolitik, Hamburg 1985.
Glotz, Peter, Der Weg der Sozialdemokratie, Wien u. a. 1975.
Glotz, Peter, Die SPD will in der Friedensbewegung eine stärkere Rolle spielen, in: Sozialdemokratischer Pressedienst, 13. 4. 1981.
Heimann, Horst, Die „SPD der achtziger Jahre“ rückt nach rechts, in: Neue Gesellschaft, 5/1977.
Horn, Erwin, Sachkundige Diskussion notwendig, in: Sozialdemokratische Sicherheitspolitik, 8/1973.
Kautsky, Karl, Der Weg zur Macht (Reprint der 2. Aufl. von 1910), Frankfurt a. M. 1972.
Kautsky, Karl / Schoenlank, Bruno, Grundsätze und Forderungen der Sozialdemokratie. Erläuterungen zum Erfurter Programm, Berlin 1892.
Koschnick, Hans / Baudissin, Wolf Graf / Schubert, Klaus von, Grundpositionen sozialdemokratischer Sicherheitspolitik, in: Vorstand der SPD (Hrsg.), Die Friedenspartei SPD. Argumente, Grundpositionen und Stellungnahmen zur deutschen Friedenspolitik 1981, Bonn 1981.
Koschnick, Hans, Warum die „saubere“ Bombe zum Bumerang werden kann, in: Frankfurter Rundschau, 29. 10. 1977.
Koschnick, Hans (Hrsg.), Sozialdemokratie und Streitkräfte, Bonn, April 1982.
Kronawitter, Georg, Mit allen Kniffen und Listen. Strategie und Taktik der dogmatischen Linken in der SPD, Wien/Zürich/München/Innsbruck 1979.
Lafontaine, Oskar, Das Festhalten an der Gleichgewichtsformel ist absurd, in: Frankfurter Rundschau, 23. 2. 1982.
Lafontaine, Oskar, Angst vor den Freunden, Reinbek b. Hamburg 1983.
Leber, Georg, Goodwill allein reicht nicht. Die Konferenzen in Wien und Helsinki dürfen kein falsches Sicherheitsgefühl erwecken, in: Süddeutsche Zeitung, 24. 2. 1973.
Leber, Georg, Amerika erhält für Europa das Gleichgewicht. Warnung vor den Folgen einer Erosion des NATO-Bündnisses, in: Frankfurter Allgemeine Zeitung, 5. 3. 1973.
Leber, Georg, Der Primat der Balance. Forderungen zur Friedensbewahrung in unserer Zeit, in: Sozialdemokratischer Pressedienst, 12. 6. 1974.
Leber, Georg, Vom Frieden, Stuttgart 1979.
Leber, Julius, Versammlungsrede in Lübeck 1929, in: Drott, Karl (Hrsg.), Sozialdemokratie und Wehrfrage. Dokumente aus einem Jahrhundert Wehrdebatten, Berlin/Hannover 1956.

Ludz, Herbert, Von Mainz nach Frankfurt, in: JS-magazin, 5/1968.
Lutz, Dieter S., Sicherheitspolitik am Ende der Atempause? Wege in die Gefahr und Plädoyer für eine Neue Europäische Friedensordnung (NEFO), in: Neue Politik, IX/1982.
Lutz, Dieter S., Mit „Kollektiver Sicherheit" gegen Denksperren, in: Vorwärts, Nr. 21, 19. 5. 1983.
Lutz, Dieter S., Die „Vorleistung" beginnt im Kopf, in: Vorwärts, Nr. 29, 14. 7. 1983.
Lutz, Dieter S., Kollektive Sicherheit – „Sündenfall" oder Ausweg?, in: Vorwärts, Nr. 41, 6. 10. 1983.
Lutz, Dieter S., Statt kriegsbereit für den Frieden bereit sein, in: Vorwärts, Nr. 34, 18. 8. 1983.
Lutz, Dieter S., Auf dem Weg zu einem System kollektiver Sicherheit in und für Europa, in: Sicherheit + Frieden, 1/1984.
Lutz, Dieter S., Gemeinsame Sicherheit – das neue Konzept, in: Sicherheit + Frieden, 4/1985.
Männing, Peter, Die westliche Sicherheit ist kein Spielball für Auseinandersetzungen in der SPD, in: Berliner Morgenpost, 1. 12. 1979.
Männing, Peter, Vom Umgang mit der Wahrheit – Ist Alexander Haig ein Schwerverbrecher?, in: Sozialdemokratischer Pressedienst, 1. 6. 1981.
Möller, Walter / Vilmar, Fritz, Sozialistische Friedenspolitik für Europa. Kein Frieden ohne Gesellschaftsreform in West und Ost, Reinbek 1972.
Markscheffel, Günter, Brandt steht vor großen Aufgaben. Auf dem Wege zu einer dauerhaften europäischen Friedensordnung, in: SPD-Pressedienst, Nr. 124, 4. 7. 1967.
Markscheffel, Günter, Europäische Friedensordnung vorbereiten! Interview mit Bundesaußenminister Willy Brandt, in: SPD-Pressedienst, Nr. 132, 14. 7. 1967.
Müller, Michael, Lehren aus dem Putsch, in: Juso, 11–12/1973.
Neumann, Paul, Weder einseitig noch unfreiwillig, in: Das Parlament, 16. 9. 1978.
Niggemeier, Horst, Schon Erler warnte seine Genossen: Geht die SPD einer falschen Friedenspropaganda auf den Leim?, in: Rheinischer Merkur, 20. 3. 1981.
Pawelczyk, Alfons, Eine Bremse im Rüstungswettlauf. Bilanz des bisher Erreichten läßt hoffen, in: SPD-Pressedienst, 20. 12. 1976.
Pawelczyk, Alfons, Erstes MBFR-Abkommen ist möglich, in: Die Welt, 13. 4. 1977.
Pawelczyk, Alfons, Sicherheitspolitik braucht neue Instrumente, in: Vorwärts, 27. 7. 1978.
Pawelczyk, Alfons, Auf der Basis von Sicherheit, in: Das Parlament, 16. 9. 1978.
Pawelczyk, Alfons, MBFR – Politische Voraussetzungen, Stand der Verhandlungen, weitere Aussichten, Manuskript, Bonn, 14. 9. 1978, veröffentl. in: Frankfurter Rundschau, 16./19. 9. 1978.
Piecyk, Willy, Die Linke muß ihre Lehren ziehen, in: Juso, 2/1980.
Scheer, Hermann, „Landgestützte Raketen gehören nach Alaska". Ein Plädoyer für die Stationierung der Systeme auf See, in: Die Zeit, 29. 5. 1981.
Scheer, Hermann, Die Befreiung von der Bombe. Weltfrieden, europäischer Weg und die Zukunft der Deutschen, Köln 1986.
Schmid, Carlo, Remilitarisierung Deutschlands. Statt eines ausweglosen Problems – Ein neuer Vorschlag, in: Die Welt (Berliner Ausgabe), 14. 12. 1948.
Schmidt, Helmut, Verteidigung oder Vergeltung. Ein deutscher Beitrag zum strategischen Problem der NATO, Stuttgart 1961.
Schmidt, Helmut, Deutschland und das europäische Sicherheitssystem der Zukunft, in: Wehrkunde, 3/1967.
Schmidt, Helmut, Die deutsche Frage im nächsten Jahrzehnt, in: Die SPD-Fraktion teilt mit, Nr. 150/67, 20. 3. 1967.
Schmidt, Helmut, Prag und wir, in: Informationen der Sozialdemokratischen Fraktion im Deutschen Bundestag, Nr. 405/68, 23. 8. 1968.

Schmidt, Helmut, Konsequenzen der Breschnew-Doktrin, in: Gedanken zur Politik. Eine „Vorwärts"-Beilage, Bonn, Februar 1969.

Schmidt, Helmut, Sozialdemokratische Sicherheits- und Verteidigungspolitik, hrsg. vom Vorstand der SPD, Bonn, Juli 1969.

Schmidt, Helmut, Strategie des Gleichgewichts, Stuttgart 1969.

Schmidt, Helmut, Vom Selbstverständnis sozialdemokratischer Sicherheitspolitik, in: SPD-Pressedienst, Nr. 183, 25. 9. 1975.

Schmidt, Helmut, Kontinuität und Konzentration, Bonn-Bad Godesberg 1975.

Schmidt, Helmut, Rede vor der 1. Sonderversammlung der Vereinten Nationen in New York am 25. 5. 1978, in: Bundespresseamt (Hrsg.), Stichworte zur Sicherheitspolitik, Bonn, Juni 1978.

Schmidt, Helmut, Eine Strategie für den Westen, Berlin 1986.

Soell, Hartmut, Sich barfuß in die Tür der Weltpolitik klemmen? Genese und Bedeutung des NATO-Doppelbeschlusses für die SPD, in: Frankfurter Allgemeine Zeitung, 12. 11. 1983.

Strasser, Johanno, Zur Theorie und Praxis der Stamokap-Gruppe bei den Jungsozialisten, in: Duve, Freimut (Hrsg.), Der Thesenstreit um Stamokap. Die Dokumente zur Grundsatzdiskussion bei den Jungsozialisten, Reinbek 1973.

Voigt, Karsten D., Der Bundeskongreß: ein erster Schritt, in: JS-magazin, Sondernummer, Dezember 1969.

Voigt, Karsten D., Die Doppelstrategie im Rahmen einer „Strategie antikapitalistischer Strukturreform", in: Duve, Der Thesenstreit um Stamokap, a.a.O.

Voigt, Karsten D., Strategie im EG-Bereich, Referat für den ordentlichen Bundeskongreß der Jungsozialisten in Bad Godesberg, 9.–11. 3. 1973, Manuskript, Bonn 1973.

Voigt, Karsten D., Die außenpolitische Diskussion in Hannover, in: Juso, 5–8/1973.

Voigt, Karsten D., Auswirkungen der Neutronenbombe müssen in der Bundesrepublik diskutiert werden, in: Pressedienst des Bezirksvorstandes der Sozialdemokratischen Partei Hessen-Süd, 15. 7. 1977.

Voigt, Karsten D., Nie wieder Krieg – Plädoyer wider die Denkträgheit. Abrüstungspolitik als Aufgabe demokratischer Sozialisten, in: Vorwärts, 31. 8. 1978.

Voigt, Karsten D., Schrittweiser Ausstieg aus dem Rüstungswettlauf – Nach dem Berliner Parteitag der SPD, in: Neue Gesellschaft, 1/1980.

Voigt, Karsten D., Der Kampf geht um die Bundeswehr. Was kann die demokratische Linke zur Friedenspolitik beitragen?, in: Vorwärts, 12. 6. 1980.

Voigt, Karsten D., Rüstung macht nicht sicherer. Rüstungswettlauf und Verhandlungspolitik: Aufgabe der demokratischen Linken, in: Vorwärts, 19. 6. 1980.

Voigt, Karsten D., Rückkehr der Bombe „N": Für die Neutronenwaffe fehlen die rüstungskontrollpolitischen Konzeptionen, in: Vorwärts, 14. 8. 1980.

Voigt, Karsten D., Friedenspolitik am Scheideweg. Die Garantie des Friedens ist möglich, in: Sozialdemokratischer Pressedienst, Nr. 164, 28. 8. 1980.

Voigt, Karsten D., Wege zur Abrüstung, Frankfurt a. M. 1981.

Voigt, Karsten D., Vom wehrlosen und gepanzerten Frieden, in: Vorwärts, 23. 4. 1981.

Voigt, Karsten D., Rüstungswettlauf: Vollbremsung im Netz der Verträge, in: Vorwärts, 30. 4. 1981.

Voigt, Karsten D., Für die Abrüstung scheinen Geduld und Entschlossenheit zu fehlen, in: Frankfurter Rundschau, 20. 5. 1981.

Voigt, Karsten D., Atomwaffenfreie Zone in Europa. Zwölf Thesen, in: Vorgänge, Dezember 1981.

Voigt, Karsten D., Sozialdemokratische Sicherheitspolitik. Die Position des demokratischen Sozialismus zu militärischen Sicherheitsproblemen, in: Sozialismus, 2/1982.

Voigt, Karsten D., Friedenspolitik der Grünen – Versuch einer fairen Auseinandersetzung, in: Neue Gesellschaft, 4/1983.

Voigt, Karsten D., Nuclear Weapons in Europe: A German Social Democrat's Perspective, in: Pierre, Andrew J. (ed.), Nuclear Weapons in Europe, Council on Foreign Relations (Europe/America; 1), New York 1984.

Voigt, Karsten D., Neubestimmung einer Sicherheitspolitik der Linken, in: Sozialismus, 2/1986.

Wehner, Herbert, Voraussetzungen der Wiedervereinigung Deutschlands (März/April 1956), in: Bundesministerium für Gesamtdeutsche Fragen (Hrsg.), Dokumente zur Deutschlandpolitik, III. Reihe / Band 2: 1. Januar bis 31. Dezember 1956 (Erster Halbband), Bonn/Berlin 1963.

Wieczorek-Zeul, Heidemarie, Sicherheitspolitik als Teil der europäischen Strategie, in: Juso, 2/1974.

Wieczorek-Zeul, Heidemarie, Jungsozialisten, Sicherheitspolitik und Bundeswehr, in: Jungsozialisten-Informationsdienst, Nr. 9/1975.

Wieczorek-Zeul, Heidemarie, Jungsozialisten und Sicherheitspolitik, in: Friedensanalysen für Theorie und Praxis, 7. Sonderband: Jungsozialisten und Jungdemokraten zur Friedens- und Sicherheitspolitik, hrsg. von der Hessischen Stiftung für Friedens- und Konfliktforschung, Frankfurt a. M. 1977.

Wieczorek-Zeul, Heidemarie, Inhaltliche Differenzen deutlich machen. Mitarbeit im „Komitee“ hätte Profil der Jungsozialisten verwischt, in: SPD-Pressedienst, 12. 4. 1977.

Wienand, Karl, Es muß eine Gemeinschaftslösung sein. Die Sozialdemokraten und die geplante Multilaterale Atomstreitmacht, in: Frankfurter Rundschau, 4. 12. 1964.

Wienand, Karl, Mit einer neuen Politik die Entspannung fördern. Vorschläge für eine zeitgemäße Sicherheitspolitik, in: Vorwärts, 7. 12. 1966.

Wienand, Karl, Innenpolitische Belastungen der deutschen Friedens- und Sicherheitspolitik, in: Informationen der Sozialdemokratischen Fraktion im Deutschen Bundestag, Nr. 153, 13. 3. 1969.

Wienand, Karl, Europäisches Friedenssystem, in: Informationen der Sozialdemokratischen Fraktion im Deutschen Bundestag, Nr. 314, 12. 6. 1969.

Wienand, Karl, Alternativen zur Abschreckungsstrategie? – Sicherheit durch Interdependenz, in: Wehrkunde, 3/1972.

Wischnewski, Hans-Jürgen, Zu den Ereignissen in der ČSSR, in: SPD-Pressedienst, Nr. 157/68, 21. 8. 1968.

Wollner, Friedhelm, Die Jungsozialisten vor ihrem Kongreß, in: Neue Gesellschaft, 3/1977.

Zepter, Bernhard, Abrüstung und Rüstungskontrolle – Ausweg aus der Krise durch Suffizienz und Vertrauensbildung?, in: Neue Gesellschaft, 2/1985.

Zink, Peter, Außenpolitische Perspektiven, in: Juso, 1–2/1973.

*c) Parteioffizielle und -offiziöse Zeitungen, Zeitschriften und Pressedienste*

Die SPD-Fraktion teilt mit

Informationen der Sozialdemokratischen Fraktion im Deutschen Bundestag

JS-magazin

Jungsozialisten-Informationsdienst

Juso

Neue Gesellschaft

Parlamentarisch-Politischer Pressedienst

Sozialdemokraten, Service Presse / Funk / TV

Sozialdemokratische Sicherheitspolitik

Sozialismus

SPD-Pressedienst / Sozialdemokratischer Pressedienst

Vorwärts

*d) Amtliche Drucksachen, Dokumentensammlungen, Dokumentationen*

Bulletin der Bundesregierung, Bonn 1966ff.

Bundesminister der Verteidigung (Hrsg.), Weißbuch 1969. Zur Verteidigungspolitik der Bundesregierung, Bonn 1969.

Bundesminister der Verteidigung (Hrsg.), Weißbuch 1970. Zur Sicherheit der Bundesrepublik Deutschland und zur Lage der Bundeswehr, Bonn 1970.

Bundesminister der Verteidigung (Hrsg.), Weißbuch 1971/1972. Zur Sicherheit der Bundesrepublik Deutschland und zur Entwicklung der Bundeswehr, Bonn 1971.

Bundesminister der Verteidigung (Hrsg.), Weißbuch 1973/1974. Zur Sicherheit der Bundesrepublik Deutschland und zur Entwicklung der Bundeswehr, Bonn 1974.

Bundesminister der Verteidigung (Hrsg.), Weißbuch 1975/1976. Zur Sicherheit der Bundesrepublik Deutschland und zur Entwicklung der Bundeswehr, Bonn 1976.

Bundesminister der Verteidigung (Hrsg.), Weißbuch 1979. Zur Sicherheit der Bundesrepublik Deutschland und zur Entwicklung der Bundeswehr, Bonn 1979.

Dokumentation zur Abrüstung und Sicherheit, Band IV: 1966 – Band XIX: 1981, hrsg. von Heinrich Siegler / Hanswilhelm Haefs, Bonn/Wien/Zürich 1967ff.

Dowe, Dieter / Klotzbach, Kurt (Hrsg.), Programmatische Dokumente der deutschen Sozialdemokratie, Berlin/Bonn 1984.

Drott, Karl (Hrsg.), Sozialdemokratie und Wehrfrage. Dokumente aus einem Jahrhundert Wehrdebatten, Berlin/Hannover 1956.

Drucksachen des Deutschen Bundestages, Bonn 1966ff.

Verhandlungen des Deutschen Bundestages, Stenographische Berichte, Bonn 1953ff.

Wehrstruktur-Kommission der Bundesregierung (Hrsg.), Die Wehrstruktur in der Bundesrepublik Deutschland. Analysen und Optionen, Bonn 1972.

*e) Zeitungen, Zeitschriften, Pressedienste*

Baseler Nachrichten
Bayern-Kurier
Berliner Morgenpost
Bonner Rundschau
Bremer Nachrichten
Christ und Welt
Deutsche Zeitung
Deutsche Volkszeitung
Frankfurter Allgemeine Zeitung
Frankfurter Rundschau
Freie Demokratische Korrespondenz (fdk)
fdk-Fachdienst für Sicherheits- und Verteidigungspolitik
Generalanzeiger, Bonn
Hamburger Abendblatt
Hannoversche Presse
Kieler Nachrichten
Kölner Stadt-Anzeiger
Loyal
Mainzer Allgemeine Zeitung
Münchner Merkur
Die Neue
Das Parlament
Neues Deutschland
Revue

Rheinischer Merkur (Rheinischer Merkur / Christ und Welt)
Rhein-Zeitung
Der Spiegel
Stern
Stuttgarter Zeitung
Süddeutsche Zeitung
Die Tat
Wehr und Wirtschaft
Die Welt
Westdeutsche Allgemeine Zeitung
Westfälische Rundschau
Wiesbadener Kurier
Die Zeit
Kommentarübersicht (Bundespresseamt)

## II. Literaturverzeichnis

### 1. Wissenschaftliche Periodika

Deutschland Archiv
Europa-Archiv
Foreign Affairs
Foreign Policy
International Security
Neue Politik
Orbis
Political Science Quarterly
Die Politische Meinung
Politische Vierteljahresschrift (PVS)
Sicherheit + Frieden
Vierteljahreshefte für Zeitgeschichte
Wehrkunde / Europäische Wehrkunde
World Politics
Zeitschrift für Parlamentsfragen

### 2. Einzeldarstellungen und Sammelbände

Aberspach, Ute, Sicherheitspolitische Konzeptionen der SPD 1949–1969, Mag.-Arbeit, Bonn 1984.

Arend, Peter, Die innerparteiliche Entwicklung der SPD 1966–1975, Bonn 1975.

Aron, Raymond, Frieden und Krieg. Eine Theorie der Staatenwelt, Frankfurt a. M. 1986 (Originalausgabe Paris 1962).

Baring, Arnulf, Machtwechsel. Die Ära Brandt – Scheel, München 1984.

Baudissin, Wolf Graf / Lutz, Dieter S., Kooperative Rüstungssteuerung in Theorie und Wirklichkeit, IFSH-Forschungsberichte, Heft 6/1978, Hamburg 1978.

Bender, Peter, Das Ende des ideologischen Zeitalters – Die Europäisierung Europas, Berlin 1981.

Bergsdorf, Wolfgang, Politik und Sprache, München/Wien 1978.

Besson, Waldemar, Die Außenpolitik der Bundesrepublik, München 1970.

Biehle, Alfred (Hrsg.), Alternative Strategien, Koblenz 1986.
Blumenberg, W. (Hrsg.), August Bebels Briefwechsel mit Friedrich Engels, London/The Hague/Paris 1965.
Boll, Friedhelm, Frieden ohne Revolution? Friedensstrategien der deutschen Sozialdemokratie vom Erfurter Programm 1891 bis zur Revolution 1918, Bonn-Bad Godesberg 1980.
Böge, Volker / Wilke, Peter, Sicherheitspolitische Alternativen. Bestandsaufnahme und Vorschläge zur Diskussion, Baden-Baden 1984.
Bonin, Bogislaw von, Atomkrieg – unser Ende, Düsseldorf 1955.
Boutwell, Jeffrey, External and Domestic Determinants of West German Security Policy: Adenauer, Schmidt and Nuclear Weapons, Diss., Cambridge (MIT) 1984.
Bracher, Karl Dietrich, Zeit der Ideologien. Eine Geschichte politischen Denkens im 20. Jahrhundert, Stuttgart 1982.
Brauch, Hans Günter (Hrsg.), Sicherheitspolitik am Ende? Eine Bestandsaufnahme, Perspektiven und neue Ansätze, Gerlingen 1984.
Braun, Adolf (Hrsg.), Ziele und Wege. Erläuterungen der sozialdemokratischen Gegenwartsforderungen, Berlin 1908.
Braunmühl, Claudia von, Kalter Krieg und friedliche Koexistenz. Die Außenpolitik der SPD in der Großen Koalition, Frankfurt a. M. 1973.
Brodie, Bernard, War and Politics, London 1974.
Buczylowski, Ulrich, Kurt Schumacher und die deutsche Frage. Sicherheitspolitik und strategische Offensivkonzeption vom August 1950 bis September 1951, Stuttgart 1973.
Butterwegge, Christoph / Hofschen, Heinz-Gerd, Sozialdemokratie, Krieg und Frieden. Die Stellung der SPD zur Friedensfrage von den Anfängen bis zur Gegenwart. Eine kommentierte Dokumentation, Heilbronn 1984.
Claude, Inis L., Power and International Relations, New York 1966.
Cornides, Wilhelm (Hrsg.), Die internationale Politik 1956/57 (Jahrbuch des Forschungsinstituts der Deutschen Gesellschaft für Auswärtige Politik), München 1961.
Duve, Freimut (Hrsg.), Der Thesenstreit um Stamokap. Die Dokumente zur Grundsatzdiskussion der Jungsozialisten, Reinbek b. Hamburg 1973.
Enders, Thomas, Franz-Josef Strauß – Helmut Schmidt und die Doktrin der Abschreckung, Koblenz 1984.
Günther, Klaus, Sozialdemokratie und Demokratie 1946–1966. Die SPD und das Problem der Verschränkung innerparteilicher und bundesrepublikanischer Demokratie, Bonn-Bad Godesberg 1979.
Haftendorn, Helga u. a. (Hrsg.), Verwaltete Außenpolitik. Sicherheits- und entspannungspolitische Entscheidungsprozesse in Bonn, Köln 1978.
Haftendorn, Helga, Sicherheit und Entspannung. Zur Außenpolitik der Bundesrepublik Deutschland 1955–1982, Baden-Baden 1983.
Hennis, Wilhelm, Organisierter Sozialismus. Zum strategischen Staats- und Politikverständnis der Sozialdemokratie, Stuttgart 1977.
Herles, Helmut, Machtverlust oder Das Ende der Ära Brandt, Stuttgart 1983.
Hoffmann, Hubertus, Die Atompartner Washington–Bonn und die Modernisierung der taktischen Kernwaffen, Koblenz 1986.
Hofmann, Robert, Die Sicherheitspolitik der SPD 1966–1977. Innerparteiliche Willensbildung und praktizierte Regierungspolitik im nationalen und internationalen Bezugsrahmen, Puchheim b. München 1987.
Hrbek, Rudolf, Die SPD – Deutschland und Europa, Bonn 1972.
Hütter, Joachim, SPD und nationale Sicherheit. Internationale und innenpolitische Determinanten des Wandels der sozialdemokratischen Sicherheitspolitik 1959–1961, Meisenheim am Glan 1975.

Kahn, Helmut W., Die Russen kommen nicht. Fehlleistungen unserer Sicherheitspolitik, München/Bern/Wien 1969.

Kaiser, Karl, Friedensforschung in der Bundesrepublik, Göttingen 1970.

Kaiser, Karl / Schwarz, Hans-Peter (Hrsg.), Weltpolitik. Strukturen – Akteure – Perspektiven (Schriftenreihe der Bundeszentrale für politische Bildung, Bd. 217), Bonn 1985.

Kempe, Martin, SPD und Bundeswehr. Studien zum militärisch-industriellen Komplex, Köln 1973.

Kiersch, Gerhard / Seidelmann, Reimund, Sicherheit und Entspannung in Europa. Die Antwort des Demokratischen Sozialismus, Frankfurt a. M./Köln 1977.

Kissinger, Henry A., The Necessity for Choice, New York 1960.

Klotzbach, Kurt, Der Weg zur Staatspartei. Programmatik, praktische Politik und Organisation der deutschen Sozialdemokratie 1945–1965, Berlin/Bonn 1982.

Köser, Helmut, Die Grundsatzdebatte in der SPD von 1945/46 bis 1958/59. Entwicklung und Wandel der Organisationsstruktur und des ideologisch-typologischen Selbstverständnisses der SPD, Diss., Freiburg 1971.

Löwenthal, Richard, Weltpolitische Betrachtungen. Essays aus zwei Jahrzehnten, Göttingen 1983.

Löwke, Udo F., Für den Fall, daß ... Die Haltung der SPD zur Wehrfrage 1949–1955, Hannover 1969.

Lutz, Dieter S. (Hrsg.), Kollektive Sicherheit in und für Europa – Eine Alternative, Baden-Baden 1985.

Maruhn, Jürgen / Wilke, Manfred (Hrsg.), Wohin treibt die SPD? Wende oder Kontinuität sozialdemokratischer Sicherheitspolitik, München 1984.

Matthée, Volker, Die Neutronenwaffe zwischen Bündnis- und Innenpolitik. Eine Studie über die Verknüpfung nationaler und allianzinterner Willensbildungsprozesse, Bonn/Herford 1985.

Miksche, Ferdinand O., Die Zukunft der Bundeswehr. Gedanken über den Umbau der westdeutschen Verteidigung, Stuttgart 1967.

Miksche, Ferdinand O., Vom Kriegsbild, Stuttgart 1976.

Morgenthau, Hans J., Macht und Frieden. Grundlegung einer Theorie der internationalen Politik, Gütersloh 1963.

Müller, Günther (Hrsg.), Die Zukunft der SPD. Sozial-Demokratische Konzeption für die Zukunft, Hamburg 1968.

Müller, Günther, Rote Zelle Deutschland – oder was wollen die Jungsozialisten wirklich?, Stuttgart 1972.

Müller-Rommel, Ferdinand, Innerparteiliche Gruppierungen in der SPD: Eine empirische Studie über informell-organisierte Gruppierungen von 1969–1980, Opladen 1982.

Mutz, Reinhard (Hrsg.), Die Wiener Verhandlungen über Truppenreduzierungen in Mitteleuropa. Chronik, Dokumentation, Bibliographie, Baden-Baden 1983.

Nerlich, Uwe (Hrsg.), Sowjetische Macht und westliche Verhandlungspolitik im Wandel militärischer Kräfteverhältnisse, Baden-Baden 1982.

Nerlich, Uwe (Hrsg.), Die Einhegung sowjetischer Macht – Kontrolliertes militärisches Gleichgewicht als Bedingung europäischer Sicherheit, Baden-Baden 1982.

Niebuhr, Reinhold, The Nature and Destiny of Man, New York 1949.

Nowka, Harry, Das Machtverhältnis zwischen Partei und Fraktion. Eine historisch-empirische Untersuchung, Berlin/Bonn/München 1973.

Der Palme-Bericht. Bericht der Unabhängigen Kommission für Abrüstung und Sicherheit. „Common Security", Berlin 1982.

Pestalozzi, Hans A. u. a. (Hrsg.), Frieden in Deutschland, München 1982.

Pierre, Andrew J. (ed.), Nuclear Weapons in Europe, Council on Foreign Relations (Europe/America; 1), New York 1984.

Pozzoli, Claudio (Hrsg.), Jahrbuch Arbeiterbewegung, Bd. 3: Die Linke in der Sozialdemokratie, Frankfurt a. M. 1975.

Risse-Kappen, Thomas, Gesellschaftlicher Konsens und internationale Kompatibilität. Anforderungen und Entscheidungen zur westdeutschen Sicherheitspolitik 1977–1984, Diss., Frankfurt a. M. 1986.

Roth, Reinhold, Parteiensystem und Außenpolitik, Meisenheim a. Glan 1973.

Sarcinelli, Ulrich, Das Staatsverständnis der SPD, Meisenheim a. Glan 1979.

Schatz, Heribert, Der parlamentarische Entscheidungsprozeß. Bedingungen der verteidigungspolitischen Willensbildung im Deutschen Bundestag, Meisenheim a. Glan 1970.

Schmid, Günther, Entscheidung in Bonn. Die Entstehung der Ost- und Deutschlandpolitik 1969/1970, Köln 1979.

Schmückle, Gerd, Ohne Pauken und Trompeten, Stuttgart 1982.

Scholz, Arno / Oschilewski, Walter G., Turmwächter der Demokratie. Ein Lebensbild von Kurt Schumacher, Band I: Sein Weg durch die Zeit, Berlin 1954.

Schonauer, Karlheinz, Die Geschichte der Jusos von der braven Parteijugend zur innerparteilichen Opposition, Bonn 1982.

Schubert, Klaus von, Sicherheitspolitik der Bundesrepublik Deutschland, Dokumentation 1945–1977, Teil I und II (Schriftenreihe der Bundeszentrale für politische Bildung, Bd. 116), Bonn 1978.

Schwan, Alexander / Schwan, Gesine, Sozialdemokratie und Marxismus, Hamburg 1974.

Schwan, Gesine, Sozialismus in der Demokratie? Theorie einer konsequent sozialdemokratischen Politik, Stuttgart/Berlin/Köln/Mainz 1982.

Schwarz, Hans-Peter, Die gezähmten Deutschen. Von der Machtbesessenheit zur Machtvergessenheit, Stuttgart 1985.

Schweigler, Gebhard, Von Kissinger zu Carter, München/Wien 1982.

Seidel, Peter, Nachrüstung oder Modernisierung? Die wissenschaftliche Diskussion um die kontinentalstrategischen Nuklearwaffen in Europa 1979–1983, Diss., Oldenburg 1986.

Seidelmann, Reimund (Hrsg.), Der demokratische Sozialismus als Friedensbewegung, Essen 1982.

Senghaas, Dieter (Hrsg.), Kritische Friedensforschung, Frankfurt 1972.

Senghaas, Dieter, Abschreckung und Frieden. Studien zur Kritik organisierter Friedlosigkeit, Frankfurt 1972.

Senghaas, Dieter, Aufrüstung durch Rüstungskontrolle, Stuttgart/Berlin 1972.

Soell, Hartmut, Fritz Erler. Eine politische Biographie, 2 Bde., Bonn-Bad Godesberg 1976.

Staffa, Rangmar, Egon Bahr. Der geheime Diener, Landshut 1974.

Steinhoff, Johannes, Wohin treibt die NATO?, Hamburg 1976.

Stratmann, K.-Peter, NATO-Strategie in der Krise? Militärische Optionen von NATO und Warschauer Pakt in Mitteleuropa, Baden-Baden 1981.

Studiengruppe Militärpolitik, Ein Anti-Weißbuch. Materialien für eine alternative Militärpolitik, Reinbek b. Hamburg 1974.

Taylor, Maxwell D., The Uncertain Trumpet, New York 1959.

Theilmann, Alexander, Sicherheitspartnerschaft. Eine Untersuchung des Konzepts, Mag.-Arbeit, Bonn 1985.

Thränert, Oliver, Rüstungssteuerung und Gradualismus: Möglichkeiten und Grenzen einer alternativen Sicherheitspolitik, München 1986.

Uhle-Wettler, Franz, Leichte Infanterie im Atomzeitalter, Darmstadt 1966.

Weber, Max, Wirtschaft und Gesellschaft, 1. Teil, Tübingen 1947.

Weeck, Werner, Funktionen und funktionelle Merkmale der politischen Parteien in der modernen Demokratie, Freiburg 1982.

Wilker, Lothar, Die Sicherheitspolitik der SPD 1956–1966. Zwischen Wiedervereinigungs- und Bündnisorientierung, Bonn-Bad Godesberg 1977.

## 3. Aufsätze in Sammelbänden und Periodika


Baudissin, Wolf Graf, Grenzen und Möglichkeiten militärischer Bündnisse, in: Europa-Archiv, 1/1970.

Brodie, Bernard, The McNamara Phenomenon, in: World Politics, Vol. 17, No. 4 (July 1965).

Cornides, Wilhelm / Kahn, Hans Wolfgang, Die Hoffnungen auf ein Disengagement und ihr Scheitern im Frühjahr 1957, in: Cornides, Wilhelm (Hrsg.), Die internationale Politik 1956/57, a.a.O.

Dirks, Walter, Der Bundeskanzler und die Zukunft seiner Partei, in: Frankfurter Hefte, 8/1974.

Dittberner, Jürgen, Die Rolle der Parteitage im Prozeß der innerparteilichen Willensbildung, in: Politische Vierteljahresschrift, Heft 2–3/1970.

Forschungskreis Wehr und Wirtschaft (Hrsg.), Die Krise der deutschen Wehrpolitik, in: Wehr und Wirtschaft, 1/1967.

Forschungskreis Wehr und Wirtschaft (Hrsg.), Grundfragen der deutschen Wehrpolitik, in: Wehr und Wirtschaft, 1/1969 und 2/1969.

Hahn, Walter F., West Germany's Ostpolitik: The Grand Design of Egon Bahr, in: Orbis, Vol. XVI, Winter 1973, No. 4.

Haftendorn, Helga, Das doppelte Mißverständnis. Zur Vorgeschichte des NATO-Doppelbeschlusses von 1979, in: Vierteljahreshefte für Zeitgeschichte, 2/1985.

Hellwig, Achim, Die SPD der 70er Jahre. Dokumentation der Wandlungen und Auseinandersetzungen, in: Die Politische Meinung, Heft 160, Mai/Juni 1975.

Herf, Jeffrey, War, Peace and the Intellectuals: The West German Peace Movement, in: International Security, Vol. 10, No. 4 (Spring 1986).

Kaiser, Karl, Prioritäten sozialdemokratischer Außen- und Sicherheitspolitik, in: Maruhn, Jürgen / Wilke, Manfred (Hrsg.), Wohin treibt die SPD?, München 1984.

Kaiser, Karl, Der Zerfall des sicherheitspolitischen Konsenses in der Bundesrepublik Deutschland, in: Funke, Manfred / Jacobsen, Hans-Adolf / Knütter, Hans-Helmuth / Schwarz, Hans-Peter (Hrsg.), Demokratie und Diktatur (Schriftenreihe der Bundeszentrale für politische Bildung, Bd. 250), Bonn 1987.

Karber, Philipp A., Die konventionellen Kräfteverhältnisse in Europa 1965–1980, in: Nerlich, Uwe (Hrsg.), Sowjetische Macht und westliche Verhandlungspolitik im Wandel militärischer Kräfteverhältnisse, Baden-Baden 1982.

Karl, Wolf-Dieter / Krause, Joachim, Außenpolitischer Strukturwandel und parlamentarischer Entscheidungsprozeß, in: Haftendorn, Helga u.a. (Hrsg.), Verwaltete Außenpolitik. Sicherheits- und entspannungspolitische Entscheidungsprozesse, Bonn/Köln 1978.

Kindermann, Gottfried-Karl, Hans J. Morgenthau und die theoretischen Grundlagen des politischen Realismus, in: Morgenthau, Hans J., Macht und Frieden. Grundlegung einer Theorie der internationalen Politik, Gütersloh 1963.

Link, Werner, Außen- und sicherheitspolitische Forschungsansätze in der Bundesrepublik Deutschland, in: Bracher, Karl Dietrich u. a., Entwicklungslinien der Politikwissenschaft in der Bundesrepublik Deutschland (Forschungsbericht / Konrad-Adenauer-Stiftung; 17), Melle/Sankt Augustin, Mai 1982.

Mertes, Alois, Friedenserhaltung – Friedensgestaltung. Zur Diskussion über „Sicherheitspartnerschaft", in: Europa-Archiv, 7/1983.

Mertes, Alois, Abwehrende Sicherheit und Gemeinsame Sicherheit, in: Bulletin der Bundesregierung, Nr. 85, 7. 9. 1983.

McNamara, Robert S., The Military Role of Nuclear Weapons, in: Foreign Affairs, Vol. 62, No. 1 (Fall 1983).

Neustadt, Richard E., Kennedy in the Presidency: A Premature Appraisal, in: Political Science Quarterly, Vol. 74, No. 3 (September 1964).

Opitz, Eckardt, Friedrich Beermann und die Wehrpolitik der SPD von 1955–1959, in: Neue Gesellschaft, 10/1977.

Papcke, Sven, Karl Kautsky und der historische Fatalismus, in: Pozzoli, Claudio (Hrsg.), Jahrbuch Arbeiterbewegung, Bd. 3: Die Linke in der Sozialdemokratie, Frankfurt a. M. 1975.

Pfeiler, Wolfgang, SPD und nationale Sicherheit (Rezension von J. Hütter), in: Deutschland Archiv, 3/1976.

Pfeiler, Wolfgang, Überall ist Europa. Von den Träumereien eines ostpolitischen Vordenkers, in: Die Politische Meinung, Heft 206, Januar/Februar 1983.

Rühle, Hans, Sicherheitspolitik auf sozialistisch, in: Die Politische Meinung, Heft 148, Mai/Juni 1973.

Rühle, Hans, Der Verlust der Gemeinsamkeit. Sicherheit, wie sie neuerdings SPD-Politiker sehen, in: Die Politische Meinung, Heft 172, Mai/Juni 1977.

Rühle, Hans, Von „Ohne mich" bis Georg Leber. Das gebrochene Verhältnis der SPD zur Bundeswehr, in: Die Politische Meinung, Heft 170, Januar/Februar 1977.

Schmückle, Gerd, Strategien für Europa, in: Wehrkunde, 11/1967.

Schröder, Gerhard, Die Verteidigungskonzeption der flexiblen Reaktion, in: Bulletin der Bundesregierung, Nr. 58, 2. 6. 1967.

Schwan, Gesine, Die SPD und die westliche Freiheit, in: Maruhn, Jürgen / Wilke, Manfred (Hrsg.), Wohin treibt die SPD?, München 1984.

Schwarz, Hans-Peter, Der Faktor Macht im heutigen Staatensystem, in: Kaiser, Karl / Schwarz, Hans-Peter, Weltpolitik. Strukturen – Akteure – Perspektiven (Schriftenreihe der Bundeszentrale für politische Bildung, Bd. 217), Bonn 1985.

Senghaas, Dieter, Die Ostproblematik eines europäischen Systems kollektiver Sicherheit, in: Sicherheit + Frieden, 1/1984.

Soell, Hartmut, Fraktion und Parteiorganisation. Zur Willensbildung der SPD in den 60er Jahren, in: Politische Vierteljahresschrift, 4/1969.

Wettig, Gerhard, Eine alternative Sicherheitspolitik? Die Empfehlungen der Palme-Kommission, in: Europäische Wehrkunde, 2/1983.

Wohlstetter, Albert, Is There a Strategic Arms Race? (Part 1), in: Foreign Policy, No. 15, Summer 1974.

Wohlstetter, Albert, Rivals But No „Race" (Part 2), in: Foreign Policy, No. 16, Fall 1974.

## 4. Namentlich gekennzeichnete Artikel in Zeitungen, Magazinen und Pressediensten

Bissinger, Manfred / Kahn, Helmut W. M., Ist die Bundeswehr zu nichts nütze?, in: Stern, Nr. 28, 9. 7. 1967.

Bonin, Bogislav, Die Schlacht von Kursk – Ein Modell für die Verteidigung der Bundesrepublik, in: Der Spiegel, Nr. 48/1966, 21. 11. 1966.

Bonin, Bogislav von, Die Bundeswehr halbieren!, in: Stern, Nr. 29/1967.

Engert, Jürgen, Die junge Garde ist folgsam, in: Christ und Welt, 22. 11. 1963.

Fuhr, Eckhard, „Mehr vom Leben – dank Klassenkampf". Die Jungsozialisten und die Erneuerung der SPD, in: Frankfurter Allgemeine Zeitung, 5. 2. 1987.

Genrich, Claus, Die SPD streitet über den Nachrüstungsbeschluß der NATO, in: Frankfurter Allgemeine Zeitung, 19. 1. 1981.

Genrich, Claus, In der Sicherheitspolitik zieht für Bonn schwerer Sturm aus der SPD auf, in: Frankfurter Allgemeine Zeitung, 27. 1. 1981.

Genrich, Claus, Jungsozialisten und Grüne agitieren gegen den NATO-Beschluß, in: Frankfurter Allgemeine Zeitung, 9. 4. 1981.

Genrich, Claus, Verzicht auf die Nachrüstung gefordert. Jansen, Lafontaine und Eppler gegen den Kurs des Leitantrags, in: Frankfurter Allgemeine Zeitung, 20. 4. 1982.

Gillessen, Günther, Differenzen in der SPD wegen der atomaren Bewaffnung, in: Frankfurter Allgemeine Zeitung, 16. 8. 1967.

Goos, Diethart, SPD und Jusos vor NATO-Kontroverse, in: Die Welt, 18. 6. 1975.
Guha, Anton-Andreas, SPD wird nach links offen sein. Bundestagsabgeordneter Dröscher gibt Abgrenzungsthese kaum Chancen, in: Frankfurter Rundschau, 13. 6. 1968.
Hennis, Wilhelm, Sozialismus – Medizin für Deutschland? Zum Orientierungsrahmen der SPD – Eine Einladung zur Diskussion, in: Deutsche Zeitung, 26. 9. 1975.
Herles, Helmut, Die Partei trifft sich auf zwei Ebenen, in: Frankfurter Allgemeine Zeitung, 19. 11. 1983.
Hermann, Ludolf, In Mannheim herrscht des Kanzlers Knute. Die SPD will regierungsfähig bleiben, in: Deutsche Zeitung, 14. 11. 1975.
Japs, Gode, Jungsozialisten entdecken Sicherheitspolitik, in: SPD-Pressedienst, 9. 6. 1975.
Kaiser, Carl-Christian, Der Kommandeur im Grabenkampf. Georg Leber – Ein exemplarischer Fall, in: Die Zeit, 26. 9. 1975.
Liddel Hart, Basil Henry, Schmeißt eure Raketen weg, in: Stern, Nr. 41/1967.
Marscheid, Lothar M., Knüppel für des Kanzlers Beine. Helmut Schmidts politischer Spielraum ist auf ein Minimum geschrumpft, in: Rheinischer Merkur, 16. 1. 1981.
Michel, Siegfried, Bestallung, in: Bremer Nachrichten, 10. 4. 1975.
Mörbitz, Eghard, Entspannungspolitik ohne Geschenke für Moskau, in: Frankfurter Rundschau, 8. 2. 1968.
Mörbitz, Eghard, Neue Debatte über „Grauzone", in: Frankfurter Rundschau, 3. 1. 1981.
Moniac, Rüdiger, Leber, die Generale und die SPD – ein Stück Zeitgeschichte, in: Die Welt, 17. 1. 1977.
Moniac, Rüdiger, Bahr für Pawelczyk, in: Die Welt, 15. 11. 1980.
Moniac, Rüdiger, Eine atomwaffenfreie Zone wäre nicht frei von nuklearer Bedrohung. Die Hamburger Parteitagsbeschlüsse bringen der SPD neuen Konfliktstoff, in: Die Welt, 26. 1. 1982.
Philipps, Peter, Ein Freund Amerikas, in: Die Welt, 6. 5. 1980.
Potyka, Christian, Juso-Wehrkunde, in: Süddeutsche Zeitung, 19. 10. 1974.
Potyka, Christian, Jusos für Mitbestimmung in der Armee, in: Süddeutsche Zeitung, 19. 10. 1974.
Potyka, Christian, Die Qualitätslücke bleibt, in: Süddeutsche Zeitung, 15. 3. 1975.
Potyka, Christian, Jusos entdecken die Bundeswehr, in: Süddeutsche Zeitung, 13. 6. 1975.
Ruehl, Lothar, Suche nach der Balance auf der schiefen Ebene des Machtgefälles, in: Die Welt, 23. 4. 1970.
Scheel, Walter, Europäische Sicherheit für die siebziger Jahre, in: fdk-Fachdienst für Sicherheits- und Verteidigungspolitik, Nr. 2/1969 (SVP 1/69).
Schelling, Siegmar, Jusos verletzen SPD-Statut. Interview mit Annemarie Renger zu Juso-Beschlüssen, NATO-Nachrüstung und Anti-Amerikanismus, in: Die Welt, 3. 5. 1981.
Schultz, Fritz-Rudolf, Der Auftrag der Bundeswehr muß neu überdacht werden, in: fdk-Tagesdienst, Nr. 464/66, 21. 12. 1966.
Schultz, Fritz-Rudolf, Mehr Sicherheit für das gleiche Geld, in: fdk-Tagesdienst, Nr. 506/68, 20. 12. 1968.
Titzrath, Werner, Die SPD wieder auf dem Weg nach links?, in: Die Welt, 22. 3. 1968.
Willner, Herbert, Neue verteidigungspolitische Orientierung der FDP, in: fdk-Tagesdienst, 8. 11. 1966.
Willner, Herbert, FDP-Verteidigungspolitik eklatant bestätigt, in: fdk-Tagesdienst, 21. 10. 1968.
Zundel, Rolf, Zurück zur Ideologie, in: Die Zeit, 8. 3. 1968.
Zundel, Rolf, Mannhaft nach Mannheim. Wehner fordert von der Kanzlerpartei Disziplin – folgt sie ihm?, in: Die Zeit, 7. 11. 1975.
Zundel, Rolf, Gratwanderung für den Kanzler. Die Sozialdemokraten debattieren den NATO-Doppelbeschluß, in: Die Zeit, 2. 10. 1981.

# Der Autor

Enders, Thomas

Geboren 1958; Studium der Politischen Wissenschaft, Neueren Geschichte und Volkswirtschaftslehre an der Rheinischen Friedrich-Wilhelms-Universität zu Bonn; 1981/82 Studienaufenthalt am Center for International and Strategic Affairs der University of California/Los Angeles; 1983 Magister Artium und 1987 Promotion zum Dr. phil. an der Universität zu Bonn; 1982–1985 Assistent im Deutschen Bundestag; 1985–1988 Wissenschaftlicher Mitarbeiter im Forschungsinstitut der Konrad-Adenauer-Stiftung, Sankt Augustin; seit Februar 1988 Wissenschaftlicher Mitarbeiter im Forschungsinstitut der Deutschen Gesellschaft für Auswärtige Politik, Bonn.

**Bisher erschienene Forschungsberichte:**

1. Helga Neumann
   Zur Machtstruktur in der Bundesrepublik Deutschland
2. Die Neue Soziale Frage
   M. Groser, Theoretische, programmatische und ordnungspolitische Grundlagen
   W. W. Veiders, Empirische Befunde

   Dezentralisierung des politischen Handelns
3. Bd. 1: Ökonomische, politologische und verfassungsrechtliche Ansätze
4. Bd. 2: Konzeption und Positionen
5. Eberhard Wagemann
   Überlegungen zum Ausbildungssystem der Streitkräfte
6. Elisabeth Harder
   Rückkehr oder Verbleib – Eine Befragung griechischer Arbeiter in Nordrhein-Westfalen
7. Jugendarbeitslosigkeit
   – Ursachen, Folgen, Lösungswege –
8. Franz Böhm: Beiträge zu Leben und Wirken
9. 25 Jahre Volksabstimmung an der Saar

   K. Heinemann, P. Röhrig, R. Stadié
   Arbeitslose Frauen im Spannungsfeld von Erwerbstätigkeit und Hausfrauenrolle
10. Bd. 1: Analysen
11. Bd. 2: Datendokumentation
12. Ludwig Heck
    Wohnumwelt – Siedlungsstrukturelle Bedingungen des Wohnens
13. Günter Rau, Georg Rieger
    Möglichkeiten einer Gemeindebeteiligung an der Umsatzbesteuerung
14. Bärbel Steinkemper
    Die Förderung sozialwissenschaftlicher Forschung
15. Josef Beyerle: Beispiel eines christlichen Politikers
16. Hans Rühle / Hans-Joachim Veen (Hrsg.)
    Der Neo-Konservativismus in den Vereinigten Staaten und seine Auswirkungen auf die Atlantische Allianz
17. Karl Dietrich Bracher u. a.
    Entwicklungslinien der Politikwissenschaft in der Bundesrepublik Deutschland
18. Lothar Theodor Lemper / Raban Graf von Westphalen
    Privatschulen im öffentlichen Schulwesen
19. Gerhard Baumann
    Die Blockfreien-Bewegung
20. Hans Rühle / Hans-Joachim Veen (Hrsg.)
    Die Zukunft der Kernenergie
21. Herbert Kühr / Klaus Simon
    Lokalpartei und vorpolitischer Raum
22. Das neue Seerecht – Die Bundesrepublik Deutschland vor der Entscheidung
23. Hans-Joachim Veen (Hrsg.)
    Die Zukunft der deutsch-amerikanischen Beziehungen
24. Hans Braun / Stephan Articus
    Hilfeleistungen in Familie und Nachbarschaft als Ansatzpunkte kommunaler Sozialpolitik
25. Argumente für Frieden und Freiheit
26. Kirche und Wirtschaft
27. Christian Nienhaus
    Die Rentenreform – Kritische Würdigung des geltenden Rentenrechts und ausgewählter Reformvorschläge
28. Wege aus der Arbeitslosigkeit?
    Mehr Arbeitsplätze
    – durch technologischen Fortschritt?
    – durch Umverteilung von Arbeit?
29. Jo Klein / K.-J. Kierey / N. Lammert
    Bürgernahe Organisation großstädtischer Parteien
30. Hans-Joachim Veen (Hrsg.)
    Entsorgung von Kernkraftwerken – Politische und technische Probleme
31. Politische Bildung heute – Beiträge für: Unterricht an Schulen · Außerschulische Jugendbildung · Weiterbildung · Erwachsenenbildung
32. Der Beitrag des Rechts zum europäischen Einigungsprozeß
33. Neue Medien
34. Praktische Erfahrungen mit dem Bundesbaugesetz
35. Eberhard Kuhrt
    Wider die Militarisierung der Gesellschaft: Friedensbewegung und Kirche in der DDR
36. Hans K. Schneider/Werner Deichmann
    Der Weg zur sozialen Wohnungsmarktwirtschaft
37. Peter Eichhorn
    Leistungssteigerung in der öffentlichen Verwaltung
38. Wohin entwickelt sich die Sowjetunion? – Zur außenpolitischen Relevanz innenpolitischer Entwicklungen

## Bisher erschienene Forschungsberichte:

39. Perspektiven der Kernenergie – Kernenergiepolitik in der Bundesrepublik Deutschland, den USA und Japan
40. Hans Braun / Stephan Articus
Die häusliche Versorgung pflegebedürftiger alter Menschen – Eine empirische Untersuchung der Erscheinungsformen, Probleme und Unterstützungsmöglichkeiten
41. Heinz Riesenhuber (Hrsg.)
Wagnisfinanzierung und technologieorientierte Unternehmensgründung
42. O. W. Gabriel / Peter Haungs / Matthias Zender
Opposition in Großstadtparlamenten
43. Neues Städtebaurecht
44. Familie und Familienpolitik
Zur Situation in der Bundesrepublik Deutschland
45. Wolfgang Schreiber
Die Strategische Verteidigungsinitiative – Vorgeschichte, Konzeption, Perspektiven
46. Manfred Wilke
Einheitsgewerkschaft zwischen Demokratie und antifaschistischem Bündnis
47. Manfred Hättich u.a.
Die politische Grundordnung der Bundesrepublik Deutschland in Politik- und Geschichtsbüchern
48. Die notwendige Hilfe –
Grundlagen, Leitlinien und Instrumente der Entwicklungszusammenarbeit
49. Standpunkte zu SDI in West und Ost
50. Das Deutschland- und Amerikabild – Beiträge zum gegenseitigen Verständnis beider Völker
51. Flucht und Vertreibung in der Nachkriegsliteratur – Formen ostdeutscher Kulturförderung
52. Friedhelm B. Meyer zu Natrup
Sozialismus und Verteidigung –
Die Sicherheitspolitik der Parti Socialiste und der sozialistischen Regierung Frankreichs 1970–1985
53. Deutsche Frage und Westbindung
54. Karl Heinrich Oppenländer
Auftrag des Staates und der Kommunen in der Informationstechnik
55. Leitbild Stadt – Diskussionsforum
56. Neue Informations- und Kommunikations-Technologien in der Anwendung
57. Zukunftschancen im Einzelhandel
58. Weniger Staat – Weniger Bürokratie
59. Dieter Mahncke
Vertrauensbildende Maßnahmen als Instrument der Sicherheitspolitik
Ursprung – Entwicklung – Perspektiven
60. Rolf Stadié
Altsein zwischen Integration und Isolation
61. Dezentralisierung des politischen Handelns (III)
62. Elisabeth Harder
Das immissionsrechtliche Genehmigungsverfahren – Ein bürokratisches Investitionshemmnis?
63. Wolfgang Pfeiler
Deutschlandpolitische Optionen der Sowjetunion
64. Thomas Enders
Die SPD und die äußere Sicherheit –
Zum Wandel der sicherheitspolitischen Konzeption der Partei in der Zeit der Regierungsverantwortung (1966–1982)
65. Klaus Simon
Repräsentative Demokratie in großen Städten